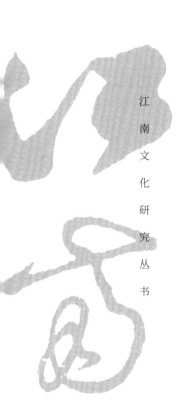

江南文化研究丛书

近代上海与江南

传统经济、文化的变迁

戴鞍钢 著

上海人民出版社
上海书店出版社

目录

图表目录

前　言

当代中国的现代化进程中，"三农问题"及城乡经济的协调发展，仍是亟待解决的主要难题。2007年12月18日，中共中央政治局召开会议认为，我国农业农村发展面临着不少新情况新问题，农业基础薄弱的局面没有根本改变，城乡发展差距扩大的趋势尚未根本扭转。转变农业发展方式，提高农业综合生产能力，确保农产品供求平衡，保持农民收入稳步增长的良好势头，促进城乡经济社会协调发展，仍然要进行长期艰苦努力。[1] 2010年2月3日，胡锦涛同志在省部级主要领导干部专题学习研讨班开班式上，强调转变经济发展方式已刻不容缓，其中包括要加快调整城乡结构和加快推进城镇化。[2] 党的十八大召开以来，习近平同志又有一系列重要讲话和部署。2013年12月23日至24日召开的中央农村工作会议，明确指出我们必须坚持把解决好"三农"问题作为全党工作重中之重，坚持工业反哺农业、城市支持农村和多予少取放活方针，不断加大强农惠农富农政策力度，始终把"三农"工作牢牢抓住、紧紧抓好。[3] 2015年2月2日，中共中央和国务院印发了《关于加大改革创新力度加快农业现代化建设的若干意见》，其中强调改革开放以来，"城乡资源要素流动加速，城乡互动联系增强，如何在城镇化深入发展背景下加快新农村建设步伐、实现城乡共同繁荣，是必须解决好

---

[1] 详可参阅《上海证券报》2007年12月19日，封2版。
[2] 详可参阅上海《每日经济新闻》2010年2月4日，A2版。
[3] 详见上海《解放日报》2013年12月25日，第1、5版。

的一个重大问题"[1]。2015年4月30日，习近平同志在主持中共中央政治局集体学习时，指出推进城乡发展一体化，着力点是通过建立城乡融合的体制机制，形成以工促农、以城带乡、工农互惠、城乡一体的新型工农城乡关系。[2]历史与现实有着割不断的联系，深入剖析近代中国城乡关系的演进，有助于加深对国情的认识和对现实问题的思考。其中，重点研究近代以来居全国经济发展前列的江南核心区域长江三角洲以上海为中心的城乡经济及文化关系的历史演变，尤为必要。

2014年5月，习近平同志在上海指出，发挥上海在长三角地区合作和交流中的龙头带动作用，既是上海自身发展的需要，也是中央赋予上海的一项重要使命。[3]2016年1月5日，习近平同志在推动长江经济带发展座谈会上强调，长江流域今天仍然是连接丝绸之路经济带和21世纪海上丝绸之路的重要纽带，是我国经济重心所在、活力所在。他指出，长江经济带作为流域经济，是一个整体，必须全面把握、统筹规划。要优化长江经济带城市群布局，坚持大中小结合、东中西联动，依托长三角、长江中游、成渝这三大城市群带动长江经济带发展。[4]2016年3月25日，习近平同志主持召开中共中央政治局会议，审议通过《长江经济带发展规划》，强调要充分发挥黄金水道作用，把长江经济带建成环境更优美、交通更顺畅、经济更协调、市场更统一、机制更科学的黄金经济带。[5]2016年5月11日，国务院常务会议通过《长江三角洲城市群发展规划》，提出培育更高水平的经济增长极，要创造联动发展新模式，发挥上海中心城市作用，推进南京、杭州、合肥、苏锡常、宁波等都市圈同城化发展。构建以铁路、高速公路和长江黄金水道为主通道的综合交通体系，促进信息、能源、水利等基础设施互联互通。到2030年，全面建成具有全球影响力的世界级城市群。[6]

2017年12月28日至29日，中央农村工作会议在北京召开。会议深入贯彻党的十九大精神、习近平新时代中国特色社会主义思想，全面分析"三农"工作面临的形势和任务，研究实施乡村振兴战略的重要政策。其中强调必须重塑城乡

---

[1] 详见《光明日报》2015年2月2日，第1版。
[2] 详见上海《东方早报》2015年5月2日，A7版。
[3] 《光明日报》2016年2月18日，第1、2版。
[4] 上海《东方早报》2016年1月8日，A1版。
[5] 《人民日报》2016年3月26日，第1版。
[6] 上海《东方早报》2016年5月12日，A14版。

关系，走城乡融合发展之路。[1] 2018 年 1 月 12 日，长江三角洲地区主要领导座谈会在苏州举行。会议提出，长三角地区要深入贯彻落实党的十九大精神，坚持以习近平新时代中国特色社会主义思想为指导，深刻认识区域协调发展战略的新内涵新要求新任务，实现高质量发展，继续在创新引领、转型升级、绿色发展、改革开放等方面走在全国前列。[2] 2018 年 1 月，《上海市城市总体规划（2017—2035）》正式对外公布，上海的城市性质定为长江三角洲世界级城市群的核心城市，国际经济、金融、贸易、航运、科技创新中心和文化大都市。[3] 2018 年 1 月 30 日，习近平同志在中共中央政治局集体学习时强调，深刻认识建设现代化经济体系的重要性，要建设彰显优势、协调联动的城乡区域发展体系，实现区域良性互动、城乡融合发展。[4]

现实与历史有着割不断的联系。地处长江入海口的上海，与长江三角洲和长江沿岸各地区之间的经济交往源远流长。这种经济联系曾在多方面推动了近代上海的崛起，也带动了整个长江流域的经济发展。总结这段内容丰富的历史进程，研究与此相关的诸多问题，探索其中的相互联系和内在规律，有助于充实以往研究的薄弱环节，对当代上海进一步加强和推进与长江流域各地区的经济联系，更好地建设中国经济重心所在和活力所在的长江经济带，可以从把握历史演进的角度，提供有益的启示。一个国家的现代化，一般是指其传统社会向近代社会的转变。在近代中国，它又有着特定的含义，即谋求民族独立和国家富强，两者互有关联。前者，学术界已有很多论述，本书着重研究在传统社会向近代社会转型过程中，近代上海与长江三角洲城乡经济及文化关系的历史演进。

需要说明的是，唐宋以来人们习称的江南，其核心区域便是太湖平原和杭嘉湖宁绍地区，从地理学的角度，又可称为长江三角洲。自上海作为近代中国经济文化中心城市崛起后，对其所在的江南核心区域即长江三角洲传统的经济格局和文化形态，带来广泛而深刻的影响，促使其较之国内其他地区率先开启向现代转型的历史进程。本书旨在重点考察以近代上海为基点的近代贸易、工业、交通、金融、教育、文化和科技的推进，所引发的江南传统经济生活、文化教育、思想

---

[1]《解放日报》2017 年 12 月 30 日，第 1 版。

[2]《解放日报》2018 年 1 月 13 日，第 1 版。

[3]《解放日报》2018 年 1 月 8 日，第 2 版。

[4]《解放日报》2018 年 2 月 1 日，第 1、4 版。

观念乃至社会习俗的现代转型，论证其多方面的内在的互动关系，阐述其历史作用、特点和局限，深化对上海与江南文化的认识，以及对当代相关问题特别是如何更好地发挥上海的龙头带动作用推进长三角地区一体化进程的思考。

当代城乡经济关系的研究，有徐建青主持的中国社会科学院 B 类课题《1949年以来的城乡经济关系若干问题研究》，其阶段性成果由武力撰写的《1949—2006年城乡关系演变的历史分析》，已刊载《中国经济史研究》2007年第1期；并有如厉以宁：《走向城乡一体化——建国60年城乡体制的变革》（《北京大学学报》2009年第6期），高帆：《中国城乡经济关系的演变逻辑：从双重管制到双重放权》（《学术月刊》2012年第6期），王忠武：《当代中国城乡关系的三重建构机制》（《学术月刊》2012年第12期），陈钊等：《迈向社会和谐的城乡发展》（北京大学出版社2015年版）等。立足于当代的历史考察，则有熊月之：《从城乡联系史看中国城镇化愿景》（《中原文化研究》2013年第5期）；有关上海与周边省份的专题研究，则有阮清华：《特殊的城乡关系——从1955—1956年上海动员农民回乡运动看新中国成立初期上海与周边省份关系》（朱英主编：《近代史学刊》第14辑，社会科学文献出版社2015年版），陈熙：《大跃进影响下的城乡人口迁移——以上海为中心》（《中国经济史研究》2016年第2期），等。

近代中国城市和农村的经济状况，近年来国内外分别已有一些扎实的研究。综合性的有虞和平主编：《中国现代化历程》（江苏人民出版社，2001年），张海鹏主编：《中国近代通史》（江苏人民出版社，2006年）；专题性的有林刚：《长江三角洲近代大工业与小农经济》（安徽教育出版社，2000年），陈其广：《百年工农产品比价与农村经济》（社会科学文献出版社，2003年），萧公权著、张皓等译：《中国乡村：论19世纪的帝国控制》（联经出版事业股份有限公司，2014年）；较多的仍分别侧重城市和农村经济史的探讨。王先明主编的"20世纪之中国——乡村与城市社会的历史变迁丛书"共10册，2014年由山西人民出版社出版，内有《管治京城：北洋政府时期京师警察厅研究》《因革之变：中原区域中心城市的近代变迁》《窝棚中的生命：近代天津城市贫民阶层研究（1860—1937）》《融入与疏离：乡下人的城市境遇——以青岛为中心（1927—1937）》《落日挽歌：华北牙商研究（1912—1949）》《离乡不离土：20世纪前期华北不在地主与乡村变迁》《聚同道于乡野：华北乡村建设工作者群体研究（1926—1937）》《民生维艰：田赋负担与乡村社会变迁——以20世纪前期的山西为范围》《乡村的民意：陕甘宁边区的基层参议员研究》《复而不兴：战前江苏省保甲制度研究》。赵晓阳等主编的《中西交汇中的近代中国都市和乡村》（社会科学文献出版社 2015 年版），其中收录的论文有梁元生《城与乡的界线及"城市化"问题的思考——以香港和上海为例》，等。

在城市史研究方面，自 20 世纪 80 年代始，受国家社科基金的资助，近代上海、天津、汉口、重庆城市史研究率先起步，其代表性成果均已出版。继而，青岛、大连、厦门、镇江、芜湖等城市史专著陆续出版。在此基础上，有一些综合性的研究成果出版，如隗瀛涛主编：《中国近代不同类型城市综合研究》（四川大学出版社，1998 年），何一民主编：《近代中国城市发展与社会变迁》（科学出版社，2004 年）和《20 世纪中国西部中等城市与区域发展》（巴蜀书社，2005 年）。海外学者的代表性论著也被翻译出版，其中有〔美〕施坚雅主编、叶光庭等译校：《中华帝国晚期的城市》（中华书局，2000 年），〔美〕罗威廉著、江溶等译校：《汉口：一个中国城市的商业和社会》（中国人民大学出版社，2005 年），〔美〕柯必德著、何方昱译：《天堂与现代性之间：建设苏州（1895—1937）》（上海辞书出版社，2014 年）等。新近出版的由张宪文、张玉法主编《中华民国专题史》，其中第九卷为《城市化进程研究》（南京大学出版社 2015 年版）。

在农村经济史研究领域，华北、江南等区域的研究引人注目，有从翰香主编：《近代冀鲁豫乡村》（中国社会科学出版社，1995 年），乔志强主编：《近代华北农村社会变迁》（人民出版社，1998 年），段本洛等：《近代江南农村》（江苏人民出版社，1994 年），曹辛穗《旧中国苏南农家经济研究》（中央编译出版社，1996 年）等。也有一些综合性的研究，如丁长清等：《中国农业现代化之路》（商务印书馆，2000 年），苑书义等：《近代中国小农经济的变迁》（人民出版社，2001 年），李文治等：《中国地主制经济论》（中国社会科学出版社，2005 年），马俊亚：《区域社会发展与社会冲突比较研究——以江南淮北为中心（1680—1949）》（南京大学出版社，2014 年），李学昌等：《近代江南农村经济研究》（华东师范大学出版社，2015 年），王先明：《乡路漫漫：20 世纪之中国乡村（1901—1949）》（社会科学文献出版社，2017 年）等。

中国台湾学者的研究成果，主要是其 20 世纪 80 年代始着手的集体项目"中国现代化的区域研究（1860—1916）"，其中分别论及中国一些省区城市和农村的社会演变。近年来，则有如巫仁恕等主编的《从城市看中国的现代性》（台湾

"中研院"近代史研究所，2010年）等。

海外学者的代表性论著，有〔美〕杜赞奇著、王福明译：《文化、权力与国家：1900—1942年的华北农村》（江苏人民出版社，1996年），〔美〕马若孟著、史建云等译：《中国农民经济》（江苏人民出版社，1999年），〔美〕彭慕兰著、马俊亚译：《腹地的构建：华北内地的国家、社会和经济（1853—1937）》（社会科学文献出版社，2005年），〔美〕穆素洁著、叶篱等译校：《中国：糖与社会——农民、技术和世界市场》（广东人民出版社，2009年）等。

上述成果，深化了我们对近代中国城乡经济的认识，为进一步探究两者关系的演进，奠定了丰厚的学术基础。但细细读来，其论述的重点或是城市，或是农村，将两者有机地结合起来，并置于中国现代化进程的视野中，较全面地剖析其内在互动关系的研究尚不多见。这种状况，已引人关注，并有一些专题研究陆续问世。

其中有一些区域性的历史考察。张仲礼主编的《东南沿海城市与中国近代化》，专列一章"城乡互动——农村经济与东南沿海城市近代化"，考察了东南沿海五口通商城市近代化的兴起，对各个城市周边农村经济的影响以及农村产业结构的变迁情况。认为其近代城乡关系表现为矛盾的综合体：一方面，农村在卷入城市近代化的进程中，既支持了城市的近代化，同时自身也获得了发展的利益；而另一方面，农村又不得不受制于城市，接受由于经济、政治差异而形成的城乡不平等关系，并因此遭受损害。[1]

张仲礼等主编的《长江沿江城市与中国近代化》，列有专章"城市化影响下周边农村经济结构的变迁"，分别论述了其周边农村产业结构的变迁、土地所有制结构的变动、农村社会生活的结构性变迁和农村经济结构变迁的历史意义，并界定所谓"周边农村，是指沿江城市的郊区以及与城市经济联系较紧密的邻近县份"。[2]隗瀛涛主编的《近代长江上游城乡关系研究》，认为近代城市通过商业、工业的发展使得城市自身的经济功能增强，并因此对周围的农村地区产生了较大的辐射力和吸引力，密切了城乡间的经济联系，一定程度上带动了乡村的发展；与此同时，农村自然经济解体的缓慢和农村经济的萧条，制约了城市的进一步发

---

[1] 详见张仲礼主编：《东南沿海城市与中国近代化》，上海人民出版社1996年版，第520页。
[2] 详见张仲礼等主编：《长江沿江城市与中国近代化》，上海人民出版社2002年版，第316页。

展。[1] 李学昌等的《近代江南农村经济研究》，认为江南市镇继明清时期的勃兴时期后，在 20 世纪上半期经历了又一个明显发展时期，其始于 19 世纪后期，一直持续到 20 世纪 30 年代中期。其间，在农村经济商品化发展和对外贸易扩大的情况下，农业和手工业专业化生产、城市工业发展、产品与要素市场整合等多种因素，都倾向于促进市镇的市场网络节点作用，何况，近代水陆交通运输、近代工业也为市镇发展（及新的市镇的兴起）提供了契机。同时，也有少部分市镇因交通运输线路的变更等因素而衰落。[2] 张小林具体考察了苏南地区，认为城市近代化带动了乡村地域空间的社会经济变迁，但是分枝状的市场体系的联系力比较脆弱，极易受到外部市场波动的影响，城乡之间的联系还停留在一般商品的相互买卖这个层次上，所以当时的城乡联系只能是初步的，并未带动乡村空间系统与城市之间的一体化发展。[3]

林仁川认为，近代福建厦门、福州、三都澳通商口岸的开放，对邻近地区的现代化带来一系列的积极影响，如在农业方面，由于农产品的输出，价格上扬，使周边地区的经济作物得到较大的发展，致使农业生产结构朝向多元化演变。[4] 类似的区域性考察，还有沈毅《近代旅大租界地的农业与城乡关系研究》、赵彬《近代烟台贸易与城乡关系》和熊亚平、任云兰《铁路与沿线地区城乡经济关系的重构——以 1888—1937 年间的石家庄、郑州、天津为例》等论文。[5]

还有一些概论性的考察。任吉东认为，中国传统城乡关系演变经历了西周时期的国野分立，春秋战国时期的城乡分离，秦汉隋唐时期的城乡分化以及宋元明清时期的城乡一体[6]。翁有为等认为在近代中国，城市经济和各项建设都有了很大的发展，但是与之相对照的是日益贫困的农村，城乡差距在不断扩大。城市对

[1] 隗瀛涛主编：《近代长江上游城乡关系研究》，天地出版社 2003 年版。
[2] 李学昌等：《近代江南农村经济研究》，华东师范大学出版社 2015 年版，第 11 页。
[3] 详见张小林：《乡村空间系统及其演变研究（以苏南为例）》，南京师范大学出版社 1999 年版，第 273 页。
[4] 林仁川：《清代福建通商口岸的开放及其对邻近地区的正面影响》，朱德兰主编：《中国海洋发展史论文集》第 8 辑，"中研院"中山人文社会科学研究所 2002 年版。
[5] 沈毅：《近代旅大租界地的农业与城乡关系研究》，《华东师范大学学报》1992 年第 3 期；赵彬：《近代烟台贸易与城乡关系》，《山东师范大学学报》2002 年第 2 期；熊亚平、任云兰《铁路与沿线地区城乡经济关系的重构——以 1888—1937 年间的石家庄、郑州、天津为例》，《安徽史学》2009 年第 3 期。
[6] 任吉东：《历史的城乡与城乡的历史：中国传统城乡关系演变浅析》，《福建论坛》2013 年第 4 期。

乡村的剥削，随着城市经济的发展愈演愈烈，主要表现为："一是工业品与农产品的不平等交换。在交换过程中，通过提高工业产品价格，降低农产品的售价，使乡村经济发展受挫。二是金融城市化，农村的资金日益减少。工业品与农产品的不平等交换，从乡村吸收大量资金流入城市，与此同时，城市的巨大吸引力使大批富户带着资金进入城市。三是几乎所有的传统金融机构和外国银行都把资金投入城市的工商业中，致使乡村资金奇缺。四是乡村经济的破产使大批青壮年劳力进入城市，为城市提供了大量的廉价劳动力，同时也使乡村劳动力缺乏，大批农田荒芜。"[1]

徐永志则以天津为例，指出天津开埠后，"津冀城乡间的经济联系也日益增强，并产生了明显的互动作用。这种作用集中表现在城乡商品交流扩大；适应天津城市内外贸易需求的乡村新兴农产品和手工业部门的出现及其产销关系紧密而广泛；城乡间的工业资本输出与融资、先进生产技术、机器设备和管理制度的接纳与传导，以及传统产业的转换与创新逐渐增多等方面"。他认为："随着以近代物质文明为内涵的天津城市经济要素向直隶农村的传导，乡村既有的社会经济开始从属于城市资本主义发展的需要，演变成为直接附属于城市工商业发展的经济腹地。这些因素的交互产生和作用使津冀社会经济日益联结成为一个不可分割的整体，过去城乡间那种相对独立、彼此隔绝的特性开始消融了，代之而起的是城乡经济相辅相成、良性互动的新型城乡关系，从而有力推动二者共同迈入到城市近代化和乡村城市化，即近代城乡一体化发展的时代主流当中，加快了地方社会的变迁。"[2]其上述观点，显然有别于前引翁有为等的认识。李学昌等的《近代江南农村经济研究》，也认为城市工业和乡村农业之间存在着密切关联，从乡村农业对城市工业作用的角度看，农业为工业提供生产原料，提供农村劳动力；反过来，从城市工业对农业经济作用的角度来看，工业为农村劳动力提供了就业机会，为农村经济作物的种植提供了市场。城市与农村、工业与农业之间，实际上存在着相互依存、休戚与共的关系。[3]

---

[1] 翁有为等：《近代西方市制的引入与近代中国城市制度的转型》，上海市档案馆编：《上海档案史料研究》第4辑，上海三联书店2008年版。

[2] 徐永志：《中国近现代政治社会史论》，中央民族大学出版社2009年版，第197—198、205—206页。

[3] 李学昌等：《近代江南农村经济研究》，华东师范大学出版社2015年版，第290页。

林刚指出，近代中国的基本状况是，虽然出现了新式工商业和生产型工业城市，但它们在国民经济中的比重仍然十分弱小，新型城市工业对全国经济的拉动作用十分有限，从整体上看，它们毫无疑问仍处于汪洋大海的农村经济包围之中。它们难以凭借自己单一之力，使农民能够脱离农村进城就业。尽管如此，新式工业的出现毕竟标志着新生产力和新生产方式的出现。而中国要现代化，"本身要求农业和农村经济发生重要变革，以适应发展工业和现代城市的要求。但是，传统农村经济完全凭借自己内部因素是难以实现这个变革的，这一定要借助于新型工商业的拉动。但问题恰恰在于，现代工商业的拉动力量远远不足"。[1]

章有义强调，"近代中国没有实现工业化，其根本原因在于农业劳动生产力太低，没有为发展现代工业提供足够的剩余劳动和市场条件。而农业劳动生产力的低落，主要是由地主所有制支配下的小农经济的先天局限和沉重的封建剥削，包括地租、赋税和商业高利贷盘剥所造成的。帝国主义贸易和资本剥削起着不容忽视的破坏作用，但不能说是主要的原因。在中国这样一个农业大国，没有农业生产力的发展就不可能实现工业化，这是值得记取的历史教训"。[2]

杜恂诚认为，"对于传统经济的评价，应着眼于它对社会转型所起的作用上；这种社会转型，不仅意指经济转型，而且包括社会结构转型和政治转型。由于巨大的人口压力和低的投资率，农村人口不可能完成对城市和工业的转移，在近代中国，传统的一极始终是占主导地位的。这种状况导致社会的不均衡进步，特别是政治转型的困难"。[3] 林刚则认为，"在中国现代化过程中，传统部门和现代部门可以在一定条件下互补互动。通过三元结构，中国经济现代化途径不是单向的现代部门取代传统部门，而是多方向的、特别是通过传统部门自身的现代化来消化劳动力，通过传统部门和现代部门的协调发展提高全社会的现代化水平"。[4]他指出："从鸦片战争开始，对中国走向现代的路径、传统农业经济对现代工业经济的作用、二者相互关系等问题，争执达170余年仍远未平息。第一次鸦片战

[1] 林刚：《良性互动与恶性循环——关于中国城乡关系历史变动的一点思考》，〔美〕黄宗智主编：《中国乡村研究》第5辑，福建教育出版社2007年版。
[2] 朱荫贵：《章有义先生传略》，上海中山学社编：《近代中国》第3辑，上海社会科学院出版社1993年版。
[3] 杜恂诚：《二元经济：近代中国全面转型的基础障碍》，上海社会科学院经济研究所等主办"中国近代经济演进学术研讨会"论文，2008年8月。
[4] 林刚：《关于中国经济的二元结构和三元结构问题》，《中国经济史研究》2000年第3期。

争失败后，朝野就有了'以工商立国'和'以农为本'的激烈论争。至 20 世纪初至 40 年代，又发生过数次全国性的大争论。1949 年新中国成立后，如何处理好工农业关系，对全国经济产生了极为重大的影响，成为执政党核心决策之一。20 世纪 80 年代初计划经济的终结，也是以农村破除'集体经济'体制，实行'家庭责任联产承包制'（实际上恢复农民家庭生产）为开端。直至当前的城市化大潮，要处理的关键性问题仍然集中在如何处理好城市、工业与农业、农民、农村经济的关系问题上。"[1]

　　海外学者也有相关论述。卢汉超指出，在人类历史上，有了城市就有城乡差别。但是传统中国的城乡差别并不十分明显。一直到通商口岸的出现，城市优越感才普遍形成。其中像上海这样的通商大埠则在促成城市优越感上，起了举足轻重的作用。[2]王国斌指出，中国的城乡关系变化不同于欧洲的发展道路，要解决中国现有经济发展动力的问题，应该从自身的城乡经济关系入手而不能照搬西方的模式。[3]

　　有的学者则断然认为："中国的城乡二元结构，是指近代以来逐渐形成的城乡隔绝且各自演进的一种经济社会结构。"具体而言，"是伴随着工业文明的兴起逐步形成的，是指以社会化大生产为主要特点的城市经济和以小生产为主要特征的农村经济同时并存，且城乡彼此隔绝、各自演进的一种经济结构与状态"。[4]

　　凡此种种，均提示我们对近代中国的城乡关系，有必要作进一步的深入研究。李长莉指出，鸦片战争后，中国被迫对外通商，西方列强竞相在中国开辟商埠，倾销商品，一批由进出口贸易带动起来的新型商业贸易城市兴起。这些通商城市具有新的结构和功能，打破了中国延续千百年的以农业为基础、农村为主导的城乡一体的传统格局，出现了与传统城市迥然不同的城市面貌和生活空间。[5]罗志田认为："所谓城乡差别、沿海和内地的差别，都是近代最为凸显的现象。颇具诡论意味的是，在受到'三大高潮'说影响的具体研究中，城市和沿海区域实际受到更多的关注，而内地，特别是乡村，却始终是相对薄弱的环节。"[6]赵

---

[1] 林刚：《从国情出发以长时段的基本规律把握中国问题》，《中国经济史研究》2015 年第 4 期。

[2] 卢汉超：《美国的中国城市史研究》，《清华大学学报》2008 年第 1 期。

[3] 详可参阅上海社会科学院历史研究所编：《史林》2008 年第 6 期，第 183—184 页。

[4] 辛逸等：《从"以农补工"到"以工补农"》，《中共党史研究》2009 年第 9 期。

[5] 李长莉：《中国人的生活方式：从传统到近代》，四川人民出版社 2008 年版。

[6] 罗志田：《近三十年中国近代史研究的变与不变》，《社会科学研究》2008 年第 6 期，第 137 页。

世瑜发问："研究中国城市是否可以完全独立于乡村？"认为"只有通过中国与域外城市、中国内部城市与乡村的比较研究，才有可能回答关于城市的世界性提问"。[1]熊月之指出："要注意城乡关系的变化。传统社会中的城与乡是同质的，两者在道德观念上多有互通之处，而现代社会则是城乡泾渭分明，其中的转变与联系值得研究。"[2]王日根等认为，近年来区域性的实证研究成果丰硕，显示了历史发展的多样性、生动性，"但有些仍过于注重城市而忽视农村或农村与城市的关联，本土性的揭示尚不够深入"。[3]李金铮细致梳理了以往学界有关中国近代乡村经济史研究的十大论争，其中包括人地关系、土地分配关系、租佃关系、经营方式、家庭手工业、金融、市场、经济行为、经济演变趋势、经济性质等，但尚无城乡经济关系专题的内容和概括。[4]任吉东指出，在中国近代城市史研究中，城乡问题一直处于薄弱环节。他认为，城市史研究应该具备城乡视野，实现城乡角色的自我定位和转化，采用"从下而上"的观察视角来分析城乡问题。[5]有学者梳理了美国的相关研究，指出："美国的城市史研究，因为囿于各种局限，鲜见学者能够完全摆脱近代中国'内陆衰败论'，从区域一体化角度探讨城乡互动；美国学术界的中国城市与乡村研究，依旧是两条平行线般的存在。"[6]

总体而言，近代上海与长江三角洲城乡经济关系历史演进的专题研究尚显薄弱，但与此相关的研究成果颇丰，以江南史研究为例，近年出版的由陈忠平、唐力行主编的《江南区域论著目录（1900—2000）》（北京图书馆出版社，2007年）、王家范主编的《明清江南史三十年（1978—2008）》（上海古籍出版社，2010年）、张国义著《学术寻踪：明清以来江南社会经济史研究概览（1978—2013年）》（上海人民出版社，2015年）等，对此已有较为全面的梳理，本书不再罗列，其中明清江南市镇或近代江南城市研究论著引人注目。

明清以来的江南市镇，是国内外学术界长期关注和研究的热点。影响较大的成果，有傅衣凌：《明清时代江南市镇经济的分析》（《历史教学》1964年第5

———————————

[1] 详见上海《社会科学报》2009年5月7日，第4版。

[2] 详见上海社会科学院编：《社会科学》2008年第4期，第155页。

[3] 王日根等：《近年来中国近代社会演变研究的学术反思》，《学术研究》2010年第1期。

[4] 李金铮：《中国近代乡村经济史研究的十大论争》，《历史研究》2012年第1期。

[5] 任吉东：《近代城市史研究中的城乡问题探微》，《武汉大学学报》2017年第1期。

[6] 王路曼等：《再评史翰波〈乱世中的信任〉——兼论美国的中国城市史研究》，《史林》2016年第3期。

期），刘石吉：《明清时代江南市镇研究》（中国社会科学出版社，1987 年），樊树志：《明清江南市镇探微》（复旦大学出版社，1990 年），陈学文：《明清时期杭嘉湖市镇史研究》（群言出版社，1993 年），朱小田：《江南乡镇社会的近代化转型》（中国商业出版社，1997 年），包伟民主编：《江南市镇及其近代命运》（知识出版社，1998 年），〔日〕森正夫等：《江南三角洲市镇研究》（名古屋大学出版会，1992 年），〔日〕川胜守：《明清江南市镇社会史研究》（东京汲古书院，1999 年），陈国灿：《江南农村城市化历史研究》（中国社会科学出版社，2004 年），樊树志：《江南市镇：传统的变革》（复旦大学出版社，2005 年），冯贤亮：《太湖平原的环境刻画与城乡变迁（1368—1912）》（上海人民出版社，2008 年），陈国灿：《浙江城镇发展史》（杭州出版社，2008 年），罗婧：《江南市镇网络与交往力：以盛泽经济、社会变迁为中心（1368—1950）》（上海人民出版社，2010 年），安涛：《中心与边缘：明清以来江南市镇经济社会转型研究——以金山县市镇为中心的考察》（上海人民出版社，2010 年），王家范：《漂泊航程：历史长河中的明清之旅》（北京师范大学出版社，2013 年）等。

明清以来尤其是近代江南城市研究，近年来颇受国内外学术界的重视，佳作不少。其中有张仲礼主编：《近代上海城市研究》（上海人民出版社，1990 年），茅家琦主编：《横看成岭侧成峰——长江下游城市近代化轨迹》（江苏人民出版社，1993 年），张仲礼主编：《东南沿海城市与中国近代化》（上海人民出版社，1996 年），王卫平：《明清时期江南城市史研究：以苏州为中心》（人民出版社，1999 年），张海林：《苏州早期城市现代化研究》（南京大学出版社，1999 年），虞小波：《比较与审视——"南通模式"与"无锡模式"研究》（安徽教育出版社，2001 年），万灵：《常州的近代化道路——江南非条约口岸城市近代化的个案研究》（安徽教育出版社，2002 年），张仲礼等主编：《长江沿江城市与中国近代化》（上海人民出版社，2002 年），〔美〕施坚雅主编、叶光庭等译、陈桥驿校：《中华帝国晚期的城市》（中华书局，2000 年），〔美〕林达·约翰逊主编、成一农译：《帝国晚期的江南城市》（上海人民出版社，2005 年），唐力行主编：《明清以来苏州城市社会研究》（上海书店出版社，2013 年），黄仁伟主编：《江南与上海：区域中国的现代转型》（上海社会科学院出版社，2016 年）等。

此外，在一些通史或专题类著作中，也有相关的论述。如李国祁：《中国现代化的区域研究：闽浙台地区》（"中研院"近代史研究所，1982 年），王树槐：

《中国现代化的区域研究：江苏省》（"中研院"近代史研究所，1984年），熊月之主编：《上海通史》（上海人民出版社，1999年），金普森等主编：《浙江通史》（浙江人民出版社，2005年），〔法〕白吉尔著、王菊等译：《上海史：走向现代之路》（上海社会科学院出版社，2005年），傅璇琮主编：《宁波通史》（宁波出版社，2009年），苏利冕主编：《近代宁波城市变迁与发展》（宁波出版社，2010年），苏智良主编：《上海城区史》（学林出版社，2011年），李永鑫主编：《绍兴通史》（浙江人民出版社，2012年），宋林飞主编：《江苏通史》（凤凰出版社，2012年）等。

综观以往的成果，对各自的研究对象，多有很好的阐述。但受各自论题的牵制，尚无对近代上海与长江三角洲城乡经济及文化关系历史演进的专题研究，但这些成果为本书的研究提供了必不可少的基础，笔者对此抱有至深的敬意。鉴于以往的研究即使论及近代中国城乡经济关系，大多仍属宏观层面，对诸如资金、技术、劳动力等当时曾发生直接影响的经济要素，尚少具体实在的深入剖析，本书重点研究近代中国由传统社会向近代社会转型过程中，上海与长江三角洲城乡经济关系多方面的历史演进。在此基础上，探究其特点、局限和暴露的问题。对国内外学术界已有的一些专题研究的相关论断，本书将在各章节研究过程中，依据史实和自己的思考，有针对性地展开具体的讨论。

本书所称的近代上海，是指1843年作为通商口岸对外开埠后逐渐扩展的上海城区，包括其中的租界和华界[1]；上海所在的长江三角洲，其前近代的地域范围，学术界曾有不同的界定。诸如有的是指苏南浙北八府一州，即苏州、松江、常州、镇江、江宁、杭州、嘉兴、湖州八府和太仓州[2]；有的侧重苏南浙北六府，即苏州、松江、常州、杭州、嘉兴、湖州六府[3]；有的扩大至苏南浙北和皖南[4]。本书结合经济、地理、人文、社会诸因素，对前近代长江三角洲空间范围有自己

---

[1] 按：今上海地区清代属江苏省，1927年7月7日上海特别市政府成立，市郊各县此后仍属江苏省。1958年1月17日，国务院将原属江苏省的嘉定、宝山、上海三个县划归上海市。同年12月21日，又将原属江苏省的川沙、青浦、南汇、松江、奉贤、金山、崇明七个县划归上海（详见熊月之等主编：《上海：一座现代化都市的编年史》，上海书店出版社2009年版，第532页）。

[2] 详见刘石吉：《明清时代江南市镇研究》，中国社会科学出版社1987年版。

[3] 详见樊树志：《明清江南市镇探微》、《江南市镇：传统的变革》（复旦大学出版社1990年和2005年版）。

[4] 如唐力行等《苏州与徽州》（商务印书馆2007年版）称："对于江南的区域范围，各家均有不同的界定。本书界定为苏南、浙北和皖南。"（详可见该书第14页）

的界定，认为其地理特征明显，北起扬州、泰州、海安、拼茶一线，东临大海，西至镇江，沿大茅山、天目山东麓南迄杭州湾北岸，包容清代镇江府、常州府、苏州府、松江府、杭州府、嘉兴府、湖州府、太仓州、通州、海门厅和扬州府局部，从地貌地形考察，由里下河平原南缘、河口沙洲区和太湖平原三部分组成，总面积约4万平方公里，其间土地肥沃，河道纵横，交通便利。

上述区域特别是长江以南各府州，是当时江浙两省经济重心之所在，自然环境和地理条件亦很相近，"苏、松接壤，东接嘉、湖，西连常、镇，相去不出三四百里，其间年岁丰歉、雨旸旱溢、地方物产、人工勤惰皆相等也"；同时也是全国范围内经济相对发达地区，"以苏、松、常、镇、杭、嘉、湖、太仓推之，约其土地无有一省之多，而计其赋税实当天下之半，是以七府一州之赋税，为国家之根本也"。[1] 以近代上海开埠并迅速崛起为契机，与其毗邻的长江三角洲城乡经济深受促动，发生一系列深刻变化，本书拟从各方面加以具体论析。

本书的研究时段，上限始于1840年鸦片战争，下限为1937年抗日战争全面爆发。鸦片战争后，中国传统经济结构包括城乡经济关系，受到外国资本主义入侵的猛烈冲击，开始发生较明显的变化，作为最早被辟为对外通商口岸的上海地区尤为突出；1937年日本帝国主义全面侵华，中华民族遭受空前危难并奋起反抗，包括城乡经济关系在内的国民经济进入战时状态，拟另作专题研究。

总体框架，是重点考察在中国传统社会向近代社会转型过程中，上海开埠后迅速崛起，并以其为基点的近代贸易、工业、交通、金融、教育和科技的推进，所引发的城乡经济及文化关系的深刻变化；论证在近代上海经济发展进程中，城乡之间多方面的互动关系，总结其历史作用、特点和局限，深化对国情的认识和对当代相关问题的思考。

具体内容，以专题的方式研究论述：

一、以近代上海为基点的中外贸易的推进，对所波及的农村地区农产品商品化及其重点产区形成的影响。

二、以近代上海为基点的商品运销网络的伸展，对所涉及地区集镇乡村传统交易贩销渠道的冲击和重组；城乡商品流通层级市场的衔接，对城市商贸业的促进。

---

[1]（清）梁章巨：《浪迹丛谈》卷5，均赋；（清）钱泳：《履园丛话》卷4，水学。

三、以近代上海为基点的进出口贸易品种需求及其变化，与农村传统家庭手工业的结构性演变和多元化选择。

四、以近代上海为基点的近代工业的兴起，在劳动力和产品市场等方面与农村的联系；劳动力在城乡间流动的途径、方式，及其与城市工业和城区结构的关联。

五、以近代上海为基点的近代交通业的拓展，对沿线农村经济乃至生活方式变革的推动；农村经济状况与近代交通业的布局及交通线的走向。

六、以近代上海为基点的近代金融业对农村金融市场的经营，城乡间的资金融通和实际效应。

七、以近代上海为基点的新式教育的开展，对农村传统教育模式的冲击，新式教育在农村开展的坎坷；城市知识分子在农村的社会调查和改良举措。

八、以近代上海为基点的科学技术的传播，中外工商资本的介入与农产品改良、新品种引进、种植技术和经营方式的改进。

九、当时的社会环境对城乡经济及文化关系良性互动的制约。

研究方法，在着力收集包括海关和乡土文献在内的各类中外文资料的基础上，广泛参考前人包括相关学科的研究成果，坚持马克思主义唯物史观的指导，进行实证研究，注重计量分析，力求研究的科学性。

第一章　近代上海的崛起

　　城市是人类社会发展进步的产物。中国是世界上城市历史悠久、数量众多的国家之一。早在先秦时期，就有一些人口众多、商业繁盛的城市存在。时至清代，城市的发达，超过以往。与欧洲历史上的城市相比较，中国古代城市有其鲜明的特点。具体表现为城市的兴建，往往首先是出于政治、军事上的需要；与此相联系，城市的居民，首先是官吏、地主、军人、僧侣以及其他消费人口，从事于手工业生产和商品流通的工匠、商人却居从属地位。

　　而传统的欧洲城市，很多是手工业、商业中心，其居民以手工业者、商人居多，有些城市如意大利的威尼斯、热那亚等，通过向国王交纳永久税获得自治权，成为在经济上、政治上都相对独立的实体。

　　两相对照，中国古代城市的政治功能，即作为封建集权制度下政治权力所在地的功能，异常突出。在这种封建制度下，一个城市的地位和规模，主要是由其在政治权力中的地位决定的。唐代长安（今西安）、南宋临安（今杭州）、明清北京等繁华城市，同时又都是封建王朝都城所在地；下至苏州、扬州、广州等城，也无一不是府郡州县治所设置地。政治功能的这种重要作用，使之成为左右中国古代城市兴衰的主要因素。

　　唐宋以后，随着运河的开凿和漕运的兴起，运河沿岸出现了一批城市。明清时期，南方的农业、手工业进一步发展，远远超过了北方，商品经济也较为活跃，区域性的市场和全国性的商路网基本形成，内河和海上贸易也有发展，东南地区的城市越来越多，西部和北部的城市则相对减少，城市分布的不平衡性日趋显现。[1] 鸦片战争后则更为明显，一些突破旧有发展模式，以对外贸易和工商业发展为主要依托的新兴城市相继出现，并在推动中国社会发展进程中发挥着越来越大的作用。这批新兴城市崛起的背景和动力，决定了它们的发展道路明显有别于中国古代城市，其城市面貌和功能另具近代特色。近代中国最大的通商口岸上海，是这批新兴城市的突出代表。

一、城市近代化的起步

如前所述，上海地处富饶的长江三角洲，位居中国海岸线中段和长江出海口，背靠广袤的长江流域腹地，面对浩瀚的太平洋，这种优越的地理位置和自然条件，为上海作为港口城市的发展，提供了良好的条件。在鸦片战争前，上海已是东南沿海著名的商贸港口城市。但是，由于清朝政府只准广州一口对外通商的禁令，当时的上海港除了与南洋、朝鲜和日本维持为数不多的传统贸易往来外，主要以进行中国沿海各地的转口贸易以及长江和内河航运贸易为主。上海只是一个面向国内市场的中等海口城市，上海所具有的各种地理、经济优势在传统经济背景下，还难以施展，很长一段时间，上海的城市规模和地位，一直无法与苏南地区郡府首邑苏州相匹敌。

上海开埠后，繁忙的进出口贸易，直接推动了上海城市的发展。以租界为中心，经销进出口货物的店铺相继开张。与此同时，服务于进出口贸易的船舶修造业等陆续创办。此外，外商为适应他们在华活动的需要，还在上海陆续开办了面粉厂、汽水厂、酿酒厂、制药厂、印刷厂等一些轻工企业和食品加工业。在此基础上，上海的公用事业也开始建立和发展。19世纪60年代大英自来火房和法商自来火房建立，租界开始供应煤气。80年代租界又先后建立了电厂和自来水厂，电灯、电话、电报、自来水在上海相继出现。水、电的供应，大大促进了商业的繁荣，加速了工业的发展。近代西方的物质文明和科学技术已经较为广泛地进入上海城市的生活领域，是上海城市近代化历程的重要方面。

上海作为近代中国最大的通商口岸，与中国其他地区相比，遭受外国资本主

---

[1] 何一民主编：《近代中国城市发展与社会变迁（1840—1949年）》，科学出版社2004年版，第13页。

义的冲击格外剧烈，资本主义生产方式所赖以发生的各种客观条件也较早在这里具备，从而为中国近代工业在上海兴起，准备了必要的物质前提。19世纪六七十年代后，一批洋务企业及民间资本企业陆续在上海创办，开始用先进的机器生产代替传统的手工业生产方式，推动了上海城市社会生产力的发展。

甲午战后，列强的资本输出，加剧了中国社会经济结构的变动，在外资企业大量开办的同时。民间资本企业也在上海纷纷创办。工业的发展，明显推动了商业、金融、交通运输、市政建设等各个方面的发展。经济近代化的进程，带动了城市科技和教育的近代化。早在洋务运动发端时期，上海就于1863年设有广方言馆，后并入江南制造总局，成为企业附属的新式学堂。一批有近代意识的科学家如华蘅芳、徐寿等人，积极从事近代科学技术知识的引进和应用。1897年，交通大学的前身——南洋公学在上海设立；次年，中国人自办的第一所女子学堂——经正女塾创办。与此同时，近代新闻事业也在上海兴起和发展，促进了近代民主思想的传播。上海的城区范围，也有极大的扩展。

20世纪初年，上海的城市面貌已有根本的变化。随着租界的设立和扩张、中外贸易的推进和城市经济的发展，城区范围大为扩大。1845年英租界设立时，面积830亩，东至黄浦江，南至洋泾浜，北至李家厂，西界未定。一年后定界路（今河南中路）为西界，增为1080亩。1848年11月，英租界向西扩展至泥城浜（今西藏中路），面积2080亩。同年美租界设立。1863年英美租界合并为公共租界，经两次扩张后，到1899年面积达33503亩。1849年法租界设立，经三次扩张后，至1914年面积达到15150亩。两者合计，为48653亩。这一面积是原来传统上海县繁华地区的五六千亩的8倍之大。[1]可以作为衡量近代城市的几个要素，如资本主义工商业，近代市政设施和管理，新式科技、文化、教育事业等，在这里都已有了较大的发展，上海已从一个旧式县城发展成为中国最大的近代城市，1910年人口已从开埠初期的27万增至128万余人。[2]无论城市规模还是人口总数，都是苏州不能望其项背的。[3]

---

[1] 周振鹤：《城外城——晚清上海繁华地域的变迁》，复旦大学文史研究院、哈佛大学东亚系编：《都市繁华——1500年来的东亚城市生活史国际学术研讨会论文集》(2009年编印)，第373页。

[2] 〔美〕罗兹·墨菲著，章克生等译：《上海：现代中国的钥匙》，上海人民出版社1986年版，第82页；邹依仁：《旧上海人口变迁的研究》，上海人民出版社1980年版，第90页。

[3] 民国初年，上海城市人口约200万，而苏州城厢内外总计才约17万人。详可参阅邹依仁：《旧上海人口变迁的研究》，第60页；王树槐：《清末民初江苏省城市的发展》，台北《近代史研究所集刊》第8辑，第81页。

上海口岸独具的诸优势，成为外国商人注目的焦点。1832 年，英国东印度公司曾派人至上海港刺探，并想立刻在上海通商，未能如愿。[1]于是他们在返航后，鼓动英国政府用武力实现上海开埠。[2]吸引他们的是上海的地缘优势、市场潜力和已有的港口条件。其船员记述，在进入上海的时候，"我们看到了大批的平底帆船，今天有 200 艘进入了港口，它们都是同样大小的四桅平底帆船，全都属于这个港口……当我们沿着一条河向城里驶去的时候，河上船只那种密密麻麻的程度，我从前从未见过，港口里船只的数量不会少于 2000 艘"[3]。他们认为，通过上海可以将在华经济活动的区域，扩大并延伸至整个东南沿海和广袤的长江流域，尤其是富庶的长江三角洲。1836 年，曾任职英国东印度公司的戴维斯追述，在当时抵沪的那些英国人看来，"上海是沿海最重要的港口城市，因为它离苏州和杭州不远"[4]。而这些都是中国其他口岸无法提供的，因此《南京条约》订立后不久，就有多艘英、美商船径赴上海，"意在通商"，清政府地方官员"以税则未定，码头未立，不便先行交易"，未予准允。[5]

1843 年开埠后的最初一个多月里，上海港就有 6 艘外国商船抵达。[6]后又不断增加，1844 年为 44 艘，1849 年达 133 艘。[7]与此同时，越来越多的中国商船被吸引到上海，"自从开港以来，这些船只带来大量的茶和丝供应在这里的英国

[1] 许地山：《达衷集》卷上，商务印书馆 1928 年版，第 49、50 页。此前，欧美国家对上海港尚未注意。乾隆后期即 1787 年和 1793 年，英国使臣两次来华要求增开通商口岸，都未提到上海港。这与上海港在嘉道年间趋旺的进程，是吻合的。

[2] 严中平辑译：《英国鸦片贩子策划鸦片战争的幕后活动》，《近代史资料》1958 年第 4 期，第 40、41 页。

[3] 沈弘编译：《遗失在西方的中国史：〈伦敦新闻画报〉记录的晚清（1842—1873）》，北京时代华文书局 2014 年版，第 18 页。

[4] 〔英〕约翰·弗朗西斯·戴维斯著，易强译：《崩溃前的大清帝国：第二任港督的中国笔记》，光明日报出版社 2013 年版，第 104 页。1842 年 6 月 19 日，英军占领上海。次日，英军由上海出发，乘汽船向黄浦江上游探查，寻找前往苏州的水道，但以失败告终。当英军沿江而上到达青浦泖湖时，水道变得浅狭，改用吃水最浅的汽船也无济于事。时任江苏布政使的李星沅也有记述："夷船十四日辰刻入横罗泾，掠王姓牛只，即入斜塘点水，以浅而止。"原想进攻苏州的英军，不得不折返上海（详见王涛：《天险变通途：鸦片战争时期英军在中国沿海的水文调查》，《近代史研究》2017 年第 4 期）。

[5]《护理两江总督孙善宝奏报吴淞口英美船只来去情形并英船呈递照会折》（道光二十三年四月十七日），中国第一历史档案馆：《鸦片战争档案史料》第 7 册，天津古籍出版社 1992 年版，第 145—148 页。

[6]《江苏巡抚孙善宝奏报办理上海开市情形折》（道光二十三年十一月初九日），《鸦片战争档案史料》第 7 册，第 370 页。

[7] 〔美〕马士：《中华帝国对外关系史》第 1 卷，三联书店 1957 年版，第 401、402 页。

商人，在回程中把换到的欧美制造品运走"[1]。广州一口通商禁令解除，上海港久被压抑的潜能得以释发。最集中的体现，是取代广州成为中国对外贸易的首要港口。在进口方面，外国商船涌入，经由上海港输入的大宗进口商品的数量逐渐超过广州。1855年七种进口英国棉、毛纺织品，除棉纱一项，其余六种都是经由上海的多于从广州的输入。[2]1853年，上海港丝出口达58319包，是同年广州出口数量的11倍多，占当年全国生丝出口总数的92.7%。同年，上海港茶叶出口是广州的2倍多。此后，上海港丝、茶出口数量始终超过广州雄居各港之首。

表1-1 上海、广州丝茶对英出口量（1843—1856）

单位：磅

年份	丝		茶	
	上海	广州	上海	广州
1843		1787		17727750
1844		2604	1149000	49457250
1845	6433	6787	3801000	49769250
1846	15192	3554	12460000	47488500
1847	21176	1200	12494000	45246750
1848	18134		12711000	46290167
1849	15237	1061	18303000	34797600
1850	17245	4305	22363000	40100000
1851	20631	2409	36722500	42204000
1852	41293	3549	57675000	35617250
1853	58319	4577	69431000	29700000
1854	54233		50344000	48200000
1855	56211		80221000	16700000
1856	79196		59300000	30404400

资料来源：〔美〕马士著，张汇文等译：《中华帝国对外关系史》，三联书店1957年版，第1卷，第413页。

---

[1] 丁名楠等：《帝国主义侵华史》第1卷，人民出版社1973年版，第89页。
[2] 《英国棉毛织品输入上海、广州统计表》，《中国近代手工业史资料（1840—1949）》，中华书局1962年版，第1卷，第492页。

进出口总值的统计，同样显示了这种兴替。

表 1-2 上海、广州对英进出口贸易总值（1844—1856）

单位：万美元

年份	上海	广州	年份	上海	广州
1844	480	3340	1851	1600	2320
1845	1110	3840	1852	1600	1640
1846	1020	2520	1853	1720	1050
1847	1100	2530	1854	1280	930
1848	750	1510	1855	2330	650
1849	1090	1930	1856	3190	1730
1850	1190	1670			

资料来源：马克思：《中国和英国的条约》，中共中央编译局编译：《马克思恩格斯文集》第2卷，人民出版社2009年版，第647页。

上表显示，1843年底上海开埠后，广州对英进出口明显下降，其间有的年份偶有回升，隔年大都又跌至原有水平之下；上海对英贸易总值则几乎总是逐年上升，并在1853年超过了广州。英国是当时欧美各国对华贸易的主要国家，直到1860年代初，对英贸易仍占中国对外贸易的80%以上。[1]因此，上表记录的进出口贸易消长，足以说明上海开埠后，中国对外贸易重心由广州向上海的转移。

相比之下，上海开埠后进出口贸易之盛格外突出。1846年香港《中国邮报》称："迄今为止，上海是新开各口中进行大规模贸易的唯一港口，但上海的贸易量已经达到许多人所预期于所有北部港口者的总和。"[2]究其因，无疑是前述上海具有的潜在的综合优势释放的结果。最直接的是，上海邻近出口丝、茶产区，背倚富庶的江南地区，开埠后虽清政府规定"湖丝旧例，应出粤海关，经过浙、赣、韶三关，例应完纳三关税课；嗣改上海通商，由湖州径来上海，先令补完三关税课"。出口商品仍多循地理之便，就近转往上海出口。其他四口则受地理条件、市场需求的制约，出口货物运输不便，"进口之货不能旺销"。[3]旨在赢利的

［1］ 姚贤镐编：《中国近代对外贸易史资料（1840—1895）》，中华书局1962年版，第624页。
［2］ 严中平辑译：《英国资产阶级纺织利益集团与两次鸦片战争的史料》，《经济研究》1957年第2期，第120页。
［3］ 《蓝蔚雯吴煦等密禀鸦片贸易情形及设卡征税办法》（1856年）、《福建茶商暂开海禁于上海关税大有关碍节略》（1855年），太平天国历史博物馆：《吴煦档案选编》，江苏人民出版社1983年版，第6辑，第189、169页。

众多外商裹足不前，纷趋上海，"故贸易之旺，非他处所能埒。虽有人事，亦地势使然"[1]。

远处北地、素少交往的俄国商人也闻风而至。以往论及早期中俄贸易，每多述及恰克图陆路通商。现据清代档案记载，早在1805年（嘉庆十年）已有俄国商船"来粤求市"，径直驶抵广州要求通商，同年并有两艘俄舰强行驶入黄埔港贸易之举，均遭清政府拒绝，未得遂愿。清廷后又谕令："如再有此等外洋夷船向未来粤者，其恳请贸易之处，断不可擅自准行"[2]。故上海开埠后，随着中国外贸重心的北移，俄商旧话重提，"垂涎各国夷商之往来海上，利市十倍，意欲效尤"，转而要求在沪通商[3]。1848年至1854年，先后有多艘俄国商船驶抵，"求在上海地方贸易"[4]。清政府答以俄国"系北路陆地通商之国，上海非所应到"[5]，未予应允。

据统计，1853年经由上海的对英进出口货值，已分别占全国各港口对英进出口总值的59.7%和52.5%。[6]上海取代广州，成为中国对外贸易的首要港口。1860年抵沪的法国人F.卡斯塔诺记述：

> 数年来，聚集在上海港的欧洲船只始终数目众多。我们发现了一份上海海关署发布的商贸活动报告书，日期是1855年7月1日至12月31日，这份报告就是上海港贸易迅速增长的惊人证明。在这6个月的时间里，入港船只多达364艘，其中有249艘英国船，57艘美国船，7艘丹麦船，11艘汉堡船，11艘荷兰船，9艘瑞典船，6艘西班牙船，5艘葡萄牙船，3艘秘鲁船，4艘暹罗船，以及2艘不莱梅船。我们很难过地看到：即便全世界的商人都在此出现，其中却独独没有法国人。从这一

[1]（清）王韬：《瀛壖杂志》卷6，上海古籍出版社1989年版。同书卷3载："苏郡濒海诸邑镇，聚贾舶，通海市，始集于白茆，继盛于刘河，后皆淤塞，乃总汇于上海，西人既ءّ通商，南北转输，利溥中外。"按：白茆，在刘河口北。冯焌光《西行日记》称："白茆港口在刘河口北，太湖泄海支流也"（陈左高等编：《清代日记汇抄》，上海人民出版社1982年版，第322页）。

[2]《两广总督耆英等奏》（道光二十五年三月四日），《鸦片战争档案史料》第7册，第559页；刘选民：《中俄早期贸易考》，《燕京学报》第25期（1939年6月），第196—197页。

[3]《两江总督恰良等片奏》（1854年3月25日），《四国新档·俄国档》，（台北）近代史研究所1966年版，第9页。

[4]《两广总督叶名琛奏》（1854年6月23日），《四国新档·俄国档》，第103页。

[5]《上谕》（道光二十八年九月十日），《鸦片战争档案史料》第7册，第876页。

[6] 黄苇：《上海开埠初期对外贸易研究》，上海人民出版社1961年版，第142、143页。

时期开始，法国的商贸活动大幅增加，而且还保持着增加的趋势。现今的统计数据显示，对法国海上商人以及我们的国家都更有利了。我们可以期待法国商船从此在上海港占据越来越重要的地位。[1]

综合外文资料的记载，"上海开埠后的第一年中，有44条（8584吨）外国船进入该港，到1855年，这一数字上升到437条（157191吨），其中249条为英国船，96条为美国船"；上海"既是长江流域及华中的贸易中心，又是整个东亚的集散地，上海占中国出口贸易的比重不断增长，从1846年的16%上升到1861年的50%"。[2]这种兴替是上海开埠后从沿海诸口岸中脱颖而出的集中体现，其底蕴是上海作为港口城市所独具的地缘、经济优势终于得有机会释放。

同期开埠的宁波，与上海相比较，对外贸易增长迟滞。其主要原因，在于宁波虽是宁绍平原和浙西南丘陵地带主要的出海口，但从港口布局言，它与上海相距不远，又受地理环境限制，自身经济腹地狭小，"所借以销卖洋货者，唯浙东之宁、绍、台、金等府；其内地贩来货物，仅有福建、安徽及浙省之绍属茶斤，并宁、绍、金、衢、严等府土产油蜡、药材、麻棉、纸、席、杂货等物"[3]，发展余地有限，所以开埠不久其进出口贸易就被吸引到了上海港。"盖宁波密迩上海，上海既日有发展，所有往来腹地之货物，自以出入沪埠较为便利。迨至咸丰初年，洋商始从事转口货物运输，所用船只初为小号快帆船及划船，继为美国式江轮，但此项洋船仅系运输沪甬两埠之货物，与直接对外贸易有别。"[4]

宁波实际已成为上海在浙东南的一个转运港，通过它的中介，杭嘉湖以外的浙江大部分地区乃至毗邻的江西广信、安徽徽州等府，都成为上海港间接腹地的一部分。1870年，经由宁波运往内地的洋布共有281187匹，其中运往衢州府33454匹，广信府25429匹，绍兴府22312匹，金华府18208匹，温州府16346匹。"广信府的洋货供应从自然位置看来，应当是依赖江西的九江，但是从宁波至广信的路程虽比较远，却比较方便而且省费，所以走这一条路的很多"，该府

---

[1]〔法〕F. 卡斯塔诺著，张昕译：《中国之行》，中西书局2013年版，第78—79页。
[2]〔美〕费正清等编，傅曾仁等译校：《赫德日记（一）》，中国海关出版社2003年版，第208、313页。
[3]《鸦片战争档案史料》第7册，第441页。
[4] 姚贤镐编：《中国近代对外贸易史资料（1840—1895）》，第618页。

玉山县年销洋布达 20517 匹，超过金华、温州等府销量。[1]

出口方面，徽州等府外销茶叶，"经过山区到宁波后，仍然留在中国人手里，外国人只能在它运到上海后并经行帮的准许才能得到"。在整个流通网络中，"上海是宁波销售其出产物和购买所需物资的市场"。[2] 如 1905 年英国驻宁波领事所称："虽然宁波有相当一部分的外贸生意，但直接与外国进行的贸易总量却很小。假如没有从香港和怡朗进口糖的话，那么进口量就会微乎其微。上海充当了宁波所有其它货物的分配中心。这是由于某些商品，如煤油，从这条道上运输比较方便，而有些商品，如丝织品，当地商人更愿意到上海这一较大的市场上去收购，因为在那里他们有更大的选择余地。"1911 年的报告亦称："交通方便而且运费便宜，促使许多中国人都直接到上海购买他们所需的洋货，因为那里选择余地大而且价格更为便宜。"它强调："宁波离上海太近以至不能再发展直接贸易。自从有了一种运茶的快速帆船以来，中国其它小地方的贸易经销都集中在香港或上海，这里的外商数量就逐渐减少，并被中国商人所代替。"[3]

1921 年的浙江经济调查载，宁波是"上海的一个附属港，仅仅是浙江省东南部区域的一个商港"[4]。沪甬间交通条件的改善，更密切了彼此的经济联系和往来，如经营宁绍轮船公司的虞洽卿所描述："当时运输到沪，须二十余日，现在一日可到。"[5] 1932 年中国银行史料载："上海十六铺以南为南市，十六铺以北租界为北市。近年北市营业固较南市发达，但南市外外马路有大达、宁绍两公司码头，米行、木行等颇多；里马路咸瓜街、洋行街、豆市街商号林立，颇称繁盛，如参燕、药材、水果、咸货各行尤伙。本行（指中国银行——引者）距离较远，精神有时难以贯注，故在南市设立办事处，以便利社会，且兼用汇款银洋营业方法，务求与旧习惯融洽，俾商号咸感便利。开办以来，存款、放款、汇款均甚发达，足证社会上确有此需要。"[6] 宁绍轮船公司等包括沪甬航线在内的经营和拓展，对上海城市尤其是诸如南市这样租界以外地区经济生活的助益，于此可见一斑。

[1] Trade Reports，1870 年，宁波，第 64 页。
[2] 姚贤镐编：《中国近代对外贸易史资料（1840—1895）》，第 619 页；《海关十年报告》，1882—1891 年，宁波，第 362 页。
[3] 陈梅龙等：《宁波英国领事贸易报告选译》，《档案与史学》2001 年第 4 期，第 3、7 页。
[4] 丁贤勇等译编：《1921 年浙江社会经济调查》，北京图书馆出版社 2008 年版，第 354 页。
[5] 虞洽卿：《虞洽卿自述》，《宁波旅沪同乡会纪》（《上海文史资料选辑》2010 年第 1 期），第 163 页。
[6] 刘平编纂：《稀见民国银行史料三编》，上海书店出版社 2015 年版，第 15 页。

同时应该指出，上海开埠后的迅速崛起，与五口通商时期中外关系的演进也有一定的关联。中国国门被打开后，外国人在一些通商口岸的活动，并没有像他们原先预想的那么顺利，其中尤以广州和福州两地最为突出。1842 年至 1849 年间，广州人民坚持进行的反对外国人进入广州城的斗争，迫使外国人不得不暂时放弃入城的要求，外国商人的经济活动也常常受阻，1845 年的文献记载，"粤东风俗强悍，在粤夷商往往被民人蔑视，气不得舒"[1]。广州城外"夷商栖身储货"的十三行住所，也不时有人"纠众前往构衅"[2]。1847 年英国议会的一份文件承认，尽管"满清政府已'忠实履行五口通商条约'"，但是由于广东民众的抵制，"广州的贸易尚有困难"。[3] 福州的情况，相去不远。1847 年福州英国领事报告，自从 1846 年春福州发生人民抵制外国势力入侵的斗争以后，"没有一只（外国）商船到过这个港口"。1849 年，福州英国领事若逊抱怨："我们曾经怀抱的使这个港口成为欧洲商船的常临之地和英国商人的驻足之点的希望，仍未实现。"[4]

同一时期，外国人在上海的活动则相对得逞。1845 年 11 月，上海开埠不到三年，英国领事巴富尔就以欺诈手段，与上海道台签订了《上海租地章程》。以此为开端，英、法、美等国相继在上海强行开辟了后演变成租界的外国人居留地。它们都设置在上海县城附近水路交通最便利、地理位置最重要的地点，英租界即位于黄浦江与吴淞江的交汇处，扼上海航运交通的咽喉所在。据英国外交部档案记载，至 1846 年底，上海已有 24 家外国商号开张（其中三家是美国的），还有 5 家零售店，25 所私人住宅，若干货栈，一座教堂，一家旅馆，一个门诊部，一个俱乐部和一个基督徒墓地，地皮和建筑支出（保守的估算）至少也有636820 美元。[5] 1848 年 3 月，英国三名传教士擅自前往上海远郊青浦活动，与当地船民发生冲突。事后，英国驻沪领事阿礼国在法、美等国领事支持下，公然以封锁海口，不许漕船出海，胁迫中国方面"拿人惩治"。在列强的威逼下，清

［1］《筹办夷务始末》（道光朝），中华书局 1964 年版，第 74 页。

［2］《筹办夷务始末》（道光朝），第 78 页。

［3］严中平：《英国资产阶级纺织利益集团与两次鸦片战争的史料》，《经济研究》1955 年第 2 期，第120 页。

［4］姚贤镐编：《中国近代对外贸易史资料（1840—1895）》，第 604、608 页。

［5］王铁崖：《中外旧约章汇编》第 1 辑，三联书店 1957 年版，第 65—70 页；《阿礼国致戴维斯的港口情况汇报》（1847 年 1 月 12 日），转引自〔美〕张琳德：《上海的英国会馆（1843—1854）》，载《国外中国近代史研究》第 24 辑，中国社会科学出版社 1994 年版，第 16 页。

政府最后枷责船民十人，并将其中两人投入监狱。[1] 此后，在上海的外国人更加趾高气扬，与其他口岸相比，他们的经济活动也得有更多的便利。

二、上海的经济中心城市地位

继上海、宁波开埠后，长江三角洲地区又有镇江、苏州、杭州和南京先后开埠，对外通商。但它们并没有动摇上海作为长江三角洲乃至全国经济中心城市的地位，反而因这些通商口岸均被纳入上海内外贸易转运港的体系，其经济中心城市的功能更为增强。[2] 1876年的《沪游杂记》就有这样的描述："本邑于前明分自华亭，盖滨海一小县耳。我朝因之，自太仓之浏河日淤浅后，海舶改由吴淞出入，于是渐臻繁盛。迨道光季年，五口通商，中外互市，遂成巨观。近则轮舶愈多，外海、长江四通八达，人物之至止者，中国则十有八省，外洋则廿有四国，猗欤盛哉！"[3]

（一）镇江的江河转运区位

镇江，扼长江与京杭大运河交会的要冲，是江南经长江和京杭大运河通往苏

---

[1]《青浦事件信稿》，《近代史资料》1957年第2期，第1—8页；《筹办夷务始末》（道光朝），第3131—3141页。

[2] 即使不属长江三角洲的温州，1876年规定开埠通商后，其内外贸易亦被主要纳入以上海为中心的这一体系。1876年（光绪二年），英国借口"马嘉理案"，迫使清政府签订《烟台条约》，增开温州、芜湖、宜昌等为通商口岸。次年4月1日，地处瓯江畔的温州对外开埠通商。瓯海关统计资料表明，"该港进口的洋货和土货，大部分都是从上海转运而来，出口的土货大部分也是运到上海以后再转销国内外各地，所以温州最主要的贸易对象港是上海"（详可参见《浙江航运史》（古近代部分），人民交通出版社1993年版，第20页）。当时，"商务均在城内，以南门大街、北门直街、府县街、五马街为最繁盛。但以介于宁波、福州两内埠之间，又以瓯江口狭滩浅，大舰不能自由进出，因之商业未见兴盛"（民国《浙江新志》上卷，第7章，浙江省之社会，商埠）。海关资料亦载："温州的地理位置，处在福州、宁波和上海这三大商业口岸之间，而其出海口使稍大吨位轮船难以进入，直接出口和进口贸易不可能与邻近口岸竞争。本口岸（指温州——引者）惟一展望，看来是有可能增加土产的沿海口岸贸易，以及直接从上海进口洋货供应当地，并分运至周边地区，而目前仍是由宁波或许由福州来供应。这一目标，不论怎样有希望，但只要本口岸与上海间保持高运费率，就不能达到。内地的零售商贩，仍会选择从宁波获取所需的洋货，这更有利可图"（中华人民共和国杭州海关译编：《近代浙江通商口岸经济社会概况——浙海关、瓯海关、杭州关贸易报告集成》，浙江人民出版社2002年版，第423页）。

[3]（清）葛元煦撰，郑祖安标点：《沪游杂记》，袁祖志序，上海书店出版社2009年版，第6页。

北地区乃至长江以北更广大地区的主要中转地。这里也是长江沿线各地商船循长江、运河赴苏州的必经要道，"系苏州门户"[1]。第二次鸦片战争期间，镇江和九江、汉口等被辟为通商口岸。其"城周九里，临大江与运河会合之口，为南北通津。1858年，《天津条约》开为商埠，商场在城西银台山下。银台山下沿江一带，1860年划为英国租界"[2]。

自辟为商埠，"大量的布匹、糖和金属系由轮船运往镇江在那里分运，因为镇江具有通往南北水路以及长江河流的有利条件"[3]。1890年镇江海关资料载：其"外洋贸易进口洋货，并非由外洋径行来镇，均由上海转运而来，与沿海之贸易相似"；其"出口土货，亦非由本口径行运往外洋，如金针菜、药材、丝、鸡毛、鸭毛等类，由上海转运者居多"。[4]1896年英国驻沪领事指出，经由镇江转运的进口货销售区域，是地处长江和黄河之间的广大地区。镇江的海关统计资料亦显示，"鲁南起码黄河北道（1855年后）和运河相交接的地方，处于镇江集货区之内"。[5]1898年实地游历的英国人称："此间生意，除洋商外，其各业本地商人多与上游之汉口、九江、芜湖等处相往来，极形繁盛，惟转运之利，多属之英商轮船"。据他观察："镇江商货多运于山东、河南各省，常年出入所值不赀。"[6]1900年，《江南商务报》亦载："凡由镇江购运洋货之处，以江北及山东、河南、安徽等省水路近便者居多，镇江为该水路之总口，水路指运河而言，可通江北、山东等处，若往安徽、河南两省，则清江浦过洪泽湖及淮河一带均属一水可达。"[7]

经由镇江的中转，长江三角洲苏北地区的扬州、泰州、江都等地与上海的航运网络沟通。"江都为鱼米之乡，轮船、火车通行，贩运沪上，而本地之水产入市者转日见少且贵。"1899年，"扬州钱铺殷实可靠者不过数家，市上现银时虑

[1] 中国社会科学院近代史研究所资料室：《曾国藩未刊函稿》，岳麓书社1986年版，第303页。
[2] 民国《江苏六十一县志》上卷，镇江县，城市。
[3] 李必樟译编，张仲礼校订：《上海近代贸易经济发展概况（1854—1898年）：英国驻上海领事贸易报告汇编》，上海社会科学院出版社1993年版，第352页。
[4] 中国第二历史档案馆等编：《中国旧海关史料（1859—1948）》，京华出版社2001年版，第16册，第135、136页。
[5] 李必樟译编，张仲礼校订：《上海近代贸易经济发展概况（1854—1898年）：英国驻上海领事贸易报告汇编》，第916页；〔美〕周锡瑞著，张俊义译：《义和团运动的起源》，江苏人民出版社1994年版，第6页。
[6] 国家清史编纂委员会编：《晚清文献七种》，齐鲁书社2014年版，第367页。
[7] 《江南商务报》第21期（1900年9月14日），列说。

不敷周转，全赖上海、镇江、汉口等处通融挹注"。扬州城内蛋品加工厂的产品，亦都装运上海出口。[1] 江北的兴化县，"输入之货，南来自沪、镇，经过扬、泰；北来自盐城、宝应、淮安、淮阴等县，大率集中县城，然后分布于各镇。输出之品，米稻为大宗，大小麦、黄豆、菜籽次之，鸡、鸭、蛋、鱼虾近年亦运销沪上"[2]。泰州东侧的泰县，"布来自上海、江阴、南通、常州、如皋，棉纱来自通、如、上海"；其"稻、麦、油、酒、猪仔、鸡、鸭之类，产自里下河一带，运销于苏、沪各地者每年当亦在数百万金以上"[3]。

镇江在以上海为中心的江南城镇体系中的地位，因此格外重要。自1858年开埠通商后，成为中外轮船经停的要口，据1891年镇江海关资料载："轮船进口之次数、吨数皆比去年加增。本年计1186次，计1266000余吨；上年计1165次，计1153000余吨；本年计多21次，计多112000余吨。""查本年旅客往来本口者，洋人来者计200余人，往者计100余人。华人来者计73000余人，往者计60500余人。"[4] 镇江港客货进出之旺，于此可见一斑。一些可靠泊长江大、中型轮船的栈桥码头陆续兴建。1900年，上海鸿安轮船公司在镇江设置了轮船码头，趸船名"平安号"。同年，德商美最时公司和英商华昌轮船公司分别在运河入江口门东西两边建造码头，置泊趸船。1901年，日商大阪公司的趸船码头设在运河小闸之东。此外，美孚、亚细亚等煤油公司也在镇江建造了专用码头。

随着镇江小轮航运业的兴起和发展，沿江一带还设立了不少小轮码头，停靠内河和长江区间各航线的小轮船。如丰和小轮公司、顺昌和记轮局、戴生昌轮船局、泰昌轮船局、华通小轮公司、天泰轮船局等，均先后在镇江设置了自己的小轮码头。1910年，在镇江考察的美国商人称，镇江的"所有产品好像都被上海商人买走，这个城市与美国没有直接贸易，要造成直接贸易的唯一办法，似乎是要求我们的商人需有代理人在这个地方"[5]。1921年实地调查的日本人记述："它（指镇江——引者）在扬子江与大运河的交叉点上，在运河交通最盛时，该城市

[1] 民国《续修江都县志》卷6，实业；《刘坤一遗集·奏疏》卷32，第10页。
[2] 民国《兴化县续志》卷4，实业。
[3] 民国《泰县志稿》卷21，商业。
[4] 镇江市图书馆藏《清末民初镇江海关华洋贸易情形》，《近代史资料》总103号，中国社会科学出版社2002年版，第24页。
[5] 虞和平等译校：《大来日记——1910年美国太平洋沿岸联合商会代表团访华记》，《辛亥革命史丛刊》第9辑，中华书局1997年版，第216页。

亦繁盛，但现在不是这样了，不过由于它是进入江苏北部的口子，交易还是相当可观的。因大运河之便，来自江苏南北的货物汇集于此处，由轮船或大型民船（用于长江上）运往上海或汉口。作为扬子江沿岸的港口之一，长江航线上的大轮船都在这里停靠，航行于长江上的民船亦然，民船聚集的数量常不下400到500只。在长江上有航线的轮船公司都有码头，以作为重要的停靠地。"据他们观察："此地通过大运河扼江北肥沃的平原，故集散农产品众多，杂谷交易最为兴盛，其中为主的是豆类、小麦、落花生、胡麻等，运往上海及海外的很多。"[1]

（二）苏州、杭州和南京的开埠

苏州和杭州，素为江南名城和江浙两省的省会城市。甲午战争后的中日《马关条约》，将它们和重庆、沙市等增辟为通商口岸。1897年，中日签订《苏州日本租界章程》，辟苏州盘门外相王庙对岸青旸地，西起商务公司，东至水绿泾岸，北自沿河十丈官路外起，南至采莲泾岸，为日本租界。[2]时至1906年，苏州日租界的商务仍无起色，当时在苏州游历的日本人宇野哲人目睹，其虽设立多年，"然其规模仍是可怜至极，虽道路纵横，然我国之建筑仅数十，惟占据中国街之一侧及河岸道路之一侧而已，且极其粗恶"[3]。

苏州的开埠，并没有改变它与上海在江南城市体系中的地位。沿途城镇的经济生活也得益于苏沪间的这种经济联系，"苏省昆山、新阳两县境为自苏至沪必由之道，向来商业本甚繁盛，自内河创行小轮，苏沪商旅往来尤便，贸易亦日有起色"。"苏州府属吴江、震泽两县同城，东南平望镇，东通梨里、芦墟、金泽等镇，南连盛泽镇，西至梅堰、双阳、震泽六镇，北界县城暨同里、八斥两镇，其余乡村小集，均有朝发夕至之便。自苏省以达嘉、湖，必由此路，是以商业繁盛，甲于诸镇。所有货物，以丝绸、纱布、米、油为大宗。近来内河小轮盛行，客商往还日多。"[4]

---

[1] 冯天瑜等选编，李少军等译：《东亚同文书院中国调查资料选译》，社会科学文献出版社2012年版，第1542—1543、1578页。

[2] 陆允昌编：《苏州洋关史料》，南京大学出版社1991年版，第133页。

[3] 〔日〕宇野哲人著，张学锋译：《中国文明记》，中华书局2008年版，第184、185页。

[4] 章开沅等主编：《苏州商会档案丛编》第1辑，华中师范大学出版社1991年版，第88、89页。

1906 年苏州商会档案称："查苏州商市行情涨落，大致悉依上海市价为准，苏沪商业一气联络。《新闻日报》《申报》各载省商务类志一项，所有商货行情随时涨落，立即登报，朝发夕至。近今宁沪铁路火车开行，尤为捷速，是以一切市面与沪市不相上下。至于货产进出，均以沪地转运。"[1] 1911 年，苏州"洋货由外洋径运进口及由通商口岸运来者，由外洋径入之货自属微细，由通商口岸运入之货其价约增关平银五十余万两，来自上海几占全数"[2]。有学者指出 1895 年后，"苏州作为通商口岸，在贸易额及税收方面，未能达到预期的收益。苏州海关税务司在他的第一份任职报告中预测，作为通商口岸的苏州仍然无足轻重。正如钱庄与当铺老板所预见的，苏州因为距离上海太近，凭借自身力量不太可能成为对外贸易的主要港口或者工业中心，这一困境实际上消解了日本租界的存在理由"[3]。日本东亚同文书院在苏州的实地调查报告载，直到 1921 年，"现在租界里只有官吏居住，而商人则居住在反向的地方"；目睹此景，其抱怨"现在的租界没有什么政治、经济价值"。[4]

距上海稍远的杭州，虽地处钱塘江口、杭州湾畔，但受涌潮涨落及泥沙淤积的阻碍，近海、远洋船只无法驶入，原先与外地的经济交往主要借助内河特别是京杭大运河经由苏州的周转。自上海开埠及江南经济中心由苏州向上海的转移，杭州连同杭嘉湖地区其他城镇的进出商品，大多直接纳入上海港内河航运货物集散渠道。"浙江的丝，不管政治区域上的疆界，总是采取方便的水路运往上海这个丝的天然市场"。即使在太平天国战争期间，由于太平天国在辖区内允许丝货贩运，大量的出口丝仍被吸纳到上海成交，"自浙江以达上海，帆樯林立，来去自如"。[5] 它们多循大运河至江浙接壤的平望镇转道芦墟镇，经青浦县金泽镇、西岑镇、练塘镇入黄浦江抵沪。1861 年英国人吟唎携银 4 万两至平望镇收购生丝，

[1] 章开沅等主编：《苏州商会档案丛编》第 1 辑，第 202—203 页。按：沪宁铁路上海至苏州段于 1906 年先行通车。

[2] 陆允昌编：《苏州洋关史料》，第 144、102、222 页。

[3] 〔美〕柯必德著，何方昱译：《天堂与现代性之间：建设苏州（1895—1937）》，上海辞书出版社 2014 年版，第 79 页。

[4] 《大运河调查报告书（1927 年 7 月）》，冯天瑜等选编，李少军等译：《东亚同文书院中国调查资料选译》下册，第 1576 页。

[5] 〔美〕马士著，张汇文等译：《中华帝国对外关系史》，三联书店 1957 年版，第 1 卷，第 405 页；（清）王韬：《弢园尺牍》，第 62 页。

返程时在芦墟镇目击为数很多满载货物的"运丝船、乡下船和上海船"。[1]

杭州被辟为通商口岸，同样没有动摇上海作为江南经济中心的地位。杭州开埠后，"只有两个国家——英国和日本——派遣领事到杭州"，"英国领事馆于1900年建成，坐落在运河岸边，与日本租界相对"。[2]1904年美国在杭州开设领事馆，但1906年就关闭，相关事务转由美国驻上海领事馆接手。之后，日本即提出租借前美国驻杭领事馆洋楼的要求。1906年7月10日《申报》载："杭州自日本开埠时，即派领事前来驻扎。奈商务未兴，故在城内马所巷租赁某绅大厦办公。兹因美领事署（馆）裁撤，所遗之钱塘门外西湖宝石山洋房已由日领事高洲君租赁移住矣。"并一直沿用至1945年12月，而拱宸桥旁的日租界则始终没有建起日本驻杭州领事馆的新楼。[3]沪杭两地的经济联系依旧频繁密切，据1909年乡土调查资料载，嘉兴、海盐、沈荡、平湖、乍浦、石门、桐乡、屠甸等地所产蚕丝、棉花、茶叶、土布等农副产品，都有很大部分直接销往上海。[4]折返时运回各类工业品，"闵行为沪南通衢，各货以上海为来源，杭、嘉、湖等属为去路，通过居多"[5]。

这种经由内河航运沟通的经济纽带是坚韧的，即使发生歹船拦劫如1906年"有匪船数十只在沪杭往来孔道，将中外轮船围攻拦劫，毙伤多命"[6]，事后仍续行船。在清末民初社会动荡时也未中断，只是相应"改变了它的长久的贸易路线，即原来用平底船从北浙运到上海，而现在则改用汽船经苏州运往上海"[7]。1906年在杭州游历的日本人宇野哲人，记述了杭州日租界的萧条："拱宸桥在杭州城北约二里处，往上海往苏州之汽船在此发着。中国街之次，有各国租界；再次，河之下游有我国专管之租界"；其中"仅有大东公司之职员宿舍及仓库、邮电局、警察署寂寞无邻，立于原野之中。原野中有供在杭日本人游乐之网球场，

————————————

[1] 《柳兆薰日记》，太平天国历史博物馆：《太平天国史料专辑》，上海古籍出版社1979年版，第317页；〔英〕呤唎著，王维周等译：《太平天国革命亲历记》，上海古籍出版社1985年版，第47页。

[2] 陈梅龙等译编：《近代浙江对外贸易及社会变迁——宁波、温州、杭州海关贸易报告译编》，宁波出版社2003年版，第218—217页。

[3] 杭州市政协文史委员会等编：《杭州文史》2016年第1辑，杭州出版社2016年版，第110页。

[4] 《嘉兴府各属物产调查表》，《杭州商业杂志》1909年第1期。

[5] 《匡凤逵洪锡范厘捐调查报告》（1911年），章开沅等主编：《苏州商会档案丛编》第1辑，第875页。

[6] 中国第一历史档案馆编：《清代军机处电报档汇编》第3册，中国人民大学出版社2007年版，第205页。

[7] 《海关报告（1912—1921）》，陆允昌编：《苏州洋关史料》，第115页。

而道路尚未开通，有时甚至在我租界内可捕得野鸡"。他感叹："我租界之位置，虽较苏州为便，然其寂寞凋零一如苏州。"[1]

1921 年的实地调查报告载："杭州的运河码头在杭州城外日本租界拱宸桥，与杭州城内交通不便，码头附近只在小区域里有人家，除了轮船公司之外，看不到大的商店。"[2] 为此，日租界竟"不遗余力，凡可助市场发达之事业，虽鄙贱亦不禁阻，故首倡公娼，以招徕游客"。其结果，商埠区内"多娼寮，而桥东尤盛于桥西"。娼业遂成为这一地区妓馆、茶馆、菜馆、戏馆、烟馆、赌馆这"六馆"之首。据统计，1929 年在这一区域竟有"悬馆营业"的妓馆 223 家，妓女434 人，此外还有为数更多的暗娼。[3] 1921 年，在华日本人的实地调查报告亦载："日本租界沿着运河，长约 2300 余尺，面积总计有 728 亩，……我国（指日本——引者）之居留者共有 100 余名，但住在租界里的只不过是少数官吏。有100 多亩土地虽然已借与我国（指日本——引者）之人，但大部分土地还是 22 年前的模样，一点都没有改变，满目荒凉，没有一家商贾住进去。"[4] 直到 1931 年的杭州海关报告仍称："据目前所知，杭州商人还没有建立起直接与国外通商的网络，这就是说，在海关报告中，几乎没有直接从国外进口的商品，所有到达这一口岸的商品，按规定首先要进口到上海，取得免重征执照后再船运到杭州。"[5]

南京的开埠，颇显曲折。1858 年的中法《天津条约》规定南京为通商口岸，称："将广东之琼州、潮州、福建之台湾、淡水，山东之登州，江南之江宁六口，与通商之广州、福州、厦门、宁波、上海五口准令通市无异。"但当时南京为太平军占领，开埠之事落空。太平天国失败后，列强重提此事，但无实际进展。曾是江南重镇的南京，太平天国战争时遭遇重创，1883 年从长沙到南京游历的粟奉之目睹："城郭萧条，瓦砾弥望，城南稍复市聚，余则桑田菜圃，结茅沿涧，往往墟墓，多不见人，徘徊中道，愀然悲矣。"[6] 自经历太平天国战事，时隔 30 余

---

[1]〔日〕宇野哲人著，张学锋译：《中国文明记》，第 190、191 页。

[2]《大运河调查报告书（1927 年 7 月）》，冯天瑜等选编，李少军等译：《东亚同文书院中国调查资料选译》下册，第 1567 页。

[3]何扬鸣等：《解放前拱宸桥娼妓业》，杭州市政协文史委编：《杭州文史丛编》，第 5 册，第 593 页。

[4]《大运河调查报告书（1927 年 7 月）》，冯天瑜等选编，李少军等译：《东亚同文书院中国调查资料选译》下册，第 1571 页。

[5]陈梅龙等编：《近代浙江对外贸易及社会变迁——宁波、温州、杭州海关贸易报告译编》，第287 页。

[6]粟奉之著，江潮等整理：《粟奉之日记》，凤凰出版社 2017 年版，第 81 页。

年，"元气至今（时为光绪二十一年即 1895 年——引者）未复，民生萧索，城市空旷，毫无振兴之机"[1]。在沪宁铁路通车前，贸易活动相当冷落，与上海的经贸往来亦主要通过镇江的中介。此后，南京的商贸业也难有振作。1897 年从安庆去南京参加科举考试的陈独秀，对他眼中的南京城曾有生动的描述：

> 我坐在驴子背上，一路幻想着南京城内的房屋街市不知如何繁华美丽，又幻想着上海的城门更不知如何的高大，因为曾听人说上海比南京还要热闹多少倍。进城一看，我失望了。城北几条大街道之平阔，诚然比起安庆来在天上，然而房屋却和安庆一样的矮小破烂，城北一带的荒凉也和安庆是弟兄。南京所有的特色，只是一个"大"。可是房屋虽然破烂，好像人血堆起来的洋房还没有。城厢内外唯一的交通工具，只有小驴子。[2]

1898 年，列强再次要求南京开埠。次年 4 月 1 日，南京对外开埠通商，修改后的长江通商章程规定"凡有约国之商船，准在后列之通商各口往来贸易，即镇江、南京、芜湖、九江、汉口、沙市、宜昌、重庆八处"。同年 5 月 1 日，位于下关江畔的金陵海关设立，验货征税照章办理，并由江海关照会各国领事转饬商民知照，故通常又称南京开埠为"下关开埠"。[3]

但南京的城市经济并无明显起色，日本汉学家内藤湖南 1899 年来到南京，目睹"马路两侧亦稀有人家，田畴竹树犬牙交错，若行于村落之间"[4]。1903 年，美国人盖洛坐船从上海去南京，惊讶地看到南京"城内的大片空地足以生产充裕的粮食"[5]。1907 年 8 月 16 日《北华捷报》称："南京的进出口几乎全部通过上

---

[1] 张之洞：《筹办江浙铁路折》（光绪二十一年十一月十二日），赵德馨主编：《张之洞全集》，武汉出版社 2008 年版，第 3 册，第 300 页。

[2] 《陈独秀自传》（1937 年 11 月），陈元晖主编：《教育思想》（中国近代教育史资料汇编），上海教育出版社 2007 年版，第 962 页。

[3] 侯风云：《传统、机遇与变迁——南京城市现代化研究（1912—1937）》，人民出版社 2010 年版，第 37、38 页；黄鹏：《近代中外南京口岸范围之争疏证》，《史林》2015 年第 5 期。

[4] 〔日〕内藤湖南、青木正儿著，王青译：《两个日本汉学家的中国纪行》，光明日报出版社 1999 年版，第 63 页。

[5] 〔美〕威廉·埃德加·盖洛著，晏奎等译校：《扬子江上的美国人——从上海经华中到缅甸的旅行记录（1903）》，山东画报出版社 2008 年版，第 23 页。

海，其中大部分经由上海的中国商家代理。"在 1910 年抵达南京考察的美国商人的眼中："南京是一个政治城市，贸易是非常不受重视的，要使他们打破习俗得费许多口舌。这个城市里除了蚕丝业外没有机器制造工业。"[1] 1923 年，游历南京的美国记者记述："自从 1911 年的战争以来，南京城中有大片尚未重新耕种的土地，穷人分散的住家四周，种着很多商品菜。"[2] 1923 年至 1924 年在南京居住的舒新城忆述：

> 南京在当时是一座古老大城……而城内的空旷，更是任何城市所没有。从下关到鼓楼的十余里，不过三牌楼有数十户的小市集，其余散在路旁的住户也不过数十户。鼓楼的两旁有金陵大学及东南大学，两大学之中有北门桥的市集，但也不过数百户，散居在附近的居民也不过千数户。再过去五六里便是花牌楼，算是南京商业区，但也不过千数户；再南便是靠秦淮河的夫子庙，为南京游乐场所，但仍不过千数户。[3]

直至 1930 年代，并无太大改变。1934 年《南京经济社会的一瞥》载："南京农地面积，约有三十六万余亩；而城内的农地面积，则占百之十二，计四万四千余亩。"[4] 有学者指出，抗战以前，南京共有 96 个行业，其中资金在 20 万元以上的有 20 个行业。这些行业中，最发达的是洋货店、杂货店和酒馆。全市洋货店和杂货店共有 1981 家，酒馆有 1151 家。全市共有工厂 847 家，主要是面粉厂、米厂、纺织厂、砖瓦厂、印刷厂。机械制造厂只有 20 家，平均每家资本额 2100 元。在 20 世纪 30 年代，南京的就业男子有 29.8 万，其中有 18.5 万从事农业、小手工业、小商贩、人力车夫和机关工役的工作；就业女子有 17.7 万人，其中有 12.8 万人当保姆或女佣人。这说明，南京的现代工业建设不理想。[5]

显然，镇江、苏州、杭州和南京的相继开埠，在总体格局上并没有改变在江

---

[1] 虞和平等译校：《大来日记——1910 年美国太平洋沿岸联合商会代表团访华记》，《辛亥革命史丛刊》第 9 辑，中华书局 1997 年版，第 216 页。

[2] 〔美〕格蕾丝·汤普森·西登著，邱丽媛译：《中国灯笼：一个美国记者眼中的民国名媛》，中国言实出版社 2015 年版，第 265 页。

[3] 舒新城著，文明国编：《舒新城自述》，安徽文艺出版社 2013 年版，第 222、223 页。

[4] 刘平编纂：《稀见民国银行史料二编》，上海书店出版社 2015 年版，第 77 页。

[5] 李良玉：《李良玉史学文稿》，合肥工业大学出版社 2011 年版，第 215 页。

南城镇体系中，上海的经济中心城市地位。英国驻沪代理总领事满思礼1897年度贸易报告称：

> 汽艇拖着中外商号的货船定期往返于上海与这些新口岸（指苏州和杭州——引者）之间，杭州新发展的贸易可能会抽走宁波的部分贸易，如果苏州有较大发展的话，上海或许也会受到影响，但只会是轻度的影响，而它与苏州之间更方便和更频繁的交通将带给上海的更大繁荣，从而将补偿可能会从上海被引到苏州去的一些贸易而有余。[1]

京杭大运河穿越而过的无锡、常州，向以从属于苏州中心城市的米、布转运码头著称。自上海开埠，它们与苏州间传统的经济联系被削弱，贸易往来改趋上海。进口商品及南北杂货，经由上海的采购量常占无锡转口内销总额的70%—80%。1908年沪宁铁路贯通后，常州的糖、杂货、洋布、煤油等大宗商货均来自上海，当地所产茧丝直接运沪销售[2]；"茧子、小麦、黄豆和米从无锡运往上海"更为便捷，彼此的联系更加紧密[3]。有人在考察近代无锡农村集镇变迁后认为，"无锡是随着上海的兴起而兴起，而无锡农村集镇则是随着无锡的勃兴而发展起来的，这是一个大的区域经济中心和小的区域经济中心及其卫星城镇的变迁发展史"[4]。1930年出版的《无锡年鉴》称："无锡向有'小上海'之誉。"[5]

三、口岸经济的辐射

近代中国以通商口岸即习称的"条约口岸"为主体的市场经济的发展，直接推动了城乡商品流通和农村集市贸易的兴盛。上海开埠通商后，城郊嘉定县娄塘

---

[1] 李必樟译编，张仲礼校订：《上海近代贸易经济发展概况（1854—1898年）：英国驻上海领事贸易报告汇编》，上海社会科学院出版社1993年版，第923页。
[2] 常州市地方志办公室编：《常州地方资料选编》第1辑，第1页。
[3] 《海关报告（1902—1911）》，陆允昌编：《苏州洋关史料》，南京大学1991年版，第103页；茅家琦：《横看成岭侧成峰：长江下游城市近代化的轨迹》，江苏人民出版社1993年版，第19页。
[4] 赵永良：《百余年来无锡农村集镇的变迁》，《中国地方志通讯》1984年第1期，第80页。
[5] 无锡市史志办公室等编：《民国时期无锡年鉴资料选编》，广陵书社2009年版，前言，第1页。

镇上的地货行和洋货经销店也应运而生。前者专门收购周边乡村的农副产品贩运到上海，其中的一部分再转销至海内外，后者则从上海购进俗称的洋货即机制工业品向乡民推销。以大井塘为中心，大北街、小北街、小东街、宣家后门等几条街上店铺相连，窑湾里、瞿家弄等处则有一些地货行排开。每逢镇上的赶集日，四乡村民纷至沓来，娄塘镇因此以"乡脚远"而成为小有名气的农副产品与工业品的集散地。所谓"乡脚远"，即指前来赶集的乡民地域覆盖面较广，具体而言，东至徐行、罗店，北到陆渡桥、太仓，西至朱家桥、外冈，南至嘉定城外都有人来这里赶集买卖。[1]

在初级市场商品交易活跃的基础上，国内各商埠间商品流通额不断增长。1872年，各商埠相互贸易总值为2.52亿海关两，1894年则增至4.42亿海关两，较1872年增长约75%。[2]就全国市场而言，1840年前后，国内市场几种主要商品值约为38762万两，全部市场交易约为4亿两，到1894年已增至约10亿两，较前者增长150%。[3]时至甲午战后，随着自然经济加速分解和铁路、轮船等交通运输业的发展，无论是埠际贸易还是国内市场交易总值，增长幅度更大。有一项截至1913年的统计表明，1895年进出口贸易总值为4.91亿元，1913年达14.22亿元，增加3.1倍。而国内埠际贸易总额，也从1895年的7.40亿元，增至1913年的17.42亿元，前后相较，增加2.4倍。[4]与上海隔江相望的江苏南通，"东西大街市肆颇盛，南门次之，西门外则为帆樯所集，以近上海，贸易便利"[5]。清末浙江台州驶往上海的先后有海门、锦茂、永宁、永江、永利、可贵等商轮，两地间的"商业往来甚为频繁"[6]。民国《象山县志》载："近年商轮畅行，上达宁郡者五艘，直达沪上者五艘，更有小轮通驶南田、宁海各乡"，因商贸活跃，"至有'小杭州'之谚"。[7]

通商口岸对所在及邻近地区城乡商品流通的促进和带动显而易见，从中最得益的自然是享有诸多特权和把持进出口贸易的在华列强。甲午战后，起意"振兴

---

[1] 上海市档案馆编：《上海古镇记忆》，东方出版中心2009年版，第49、54页。

[2] 赵德馨等：《中国近代国民经济史教程》，高等教育出版社1988年版，第40页。

[3] 许涤新等主编：《中国资本主义发展史》第2卷，人民出版社1990年版，第996页。

[4] 赵德馨等：《中国近代国民经济史教程》，第153页。

[5] 民国《江苏六十一县志》上卷，南通县，城市。

[6] 黄秉义著，周兴禄整理：《黄秉义日记》，凤凰出版社2017年版，第1册"前言"第12页，第2册第809、810页，第3册，第1243页。

[7] 民国《象山县志》卷13，实业考，商业。

商务"的清朝政府，设想通过自开商埠，挽回利权。此前，已有广东在与澳门接壤的拱北自开商埠。1898年6月，光绪帝颁布上谕称："欧洲通例，凡通商口岸，各国均不得侵占，现当海禁洞开，强邻环伺，欲图商务流通，隐杜觊觎，惟有广开口岸一法……着沿江沿海各将军督抚迅就各省地方悉心筹度，如有形势扼要、商贾辐辏之区，可以推广口岸展拓商埠者，即行咨商总理衙门，惟须详定节目，不准划作租界，以均利益以保事权。"[1]

朝野人士也多有动议，端方认为时下中国"不独门户洞辟，即堂奥腹地亦无不流通，贸易日盛月新，居交通之时代而为闭塞抵制之谋，诚非策矣"[2]。有人指出："时至今日既不能闭关绝市，而各国借端要挟又复日出不穷，然则于千万不得已之中而思一两全之计，惟有于江海要区自行辟作商埠"，以求"利权不至外溢，而于富强之道亦得焉"。[3] 1898年，两江总督刘坤一奏请吴淞自开商埠获准。次年，福建三都澳和湖南岳阳奏准自开商埠。此后，自开商埠接踵准行，民国初年仍有续开[4]。

自开商埠的着眼点，虽有振兴商务的考虑，但首先是在政治层面，即通过所谓"自开"，防堵列强增开口岸的要求。1901年，两江总督刘坤一称："广开口岸之旨，原冀预杜侵占，第一口岸，于税厘即增一漏卮，于国帑即多一份费用。通盘筹计，沿海择要开口利多害少，沿江内地多开口岸实属有害无利。盖内地与沿江断不虑有侵占，而于华洋杂处、厘务、制造皆有大损。且内地开口，沿途经由之地皆隐类口岸，是内地明虽开通一处。实则沿江海而至内地开口之处均与口岸无异，所损尤大，而于商务未必真有利益。"[5] 1908年，外务部仍强调："开埠通商事关交涉，虽自辟稍可保主权，而内地究不同口岸，当此治外法权尚未收回之时，多一商埠即多一纠葛。"[6]

从总体上考察，自开商埠在中国近代城市体系中的作用和影响力，远不及那

[1] 朱寿朋：《光绪朝东华录》，中华书局1958年版，第4189页。
[2] 《湘抚端方自开商埠筹办情形折》，《湖南历史资料》1980年第1期。
[3] 佚名：《与客谈通商口岸》，《皇朝新政类编》，（台北）文海出版社1985年影印本，第2568页。
[4] 关于近代中国"自开商埠"的全面研究，可参见杨天宏《口岸开放与社会变革——近代中国自开商埠研究》（中华书局2001年版）、唐凌等《自开商埠与中国近代经济变迁》（广西人民出版社2002年版）等。
[5] （清）刘坤一撰，陈代湘等校点：《刘坤一奏疏》（二），岳麓书社2013年版，第1724页。
[6] 王彦威、王亮辑：《清季外交史料》卷215，第11—12页。

些沿海沿江的条约口岸。从 19 世纪 70 年代始，至 1947 年止的统计数字表明，上海一直是近代中国对外贸易的中心，其在对外贸易总值中所占的比重，多数年份保持在 50% 以上，如再加上广州和天津的对外贸易额，则占到 70% 以上。如以地区划分，早期 90% 以上的对外贸易是在华东和华南市场上进行的。20 世纪初年以后，华北和东北的对外贸易市场扩大，西北和西南地区的对外贸易额则始终微乎其微。[1]

即使在紧邻上海的吴淞，自开商埠也一波三折，筹开而又中辍。位于黄浦江入长江口要冲的吴淞，是中外船只进出近代中国第一大港上海的必经之地，经内河也可通往苏杭。1859 年，王韬记述："吴淞江口温草浜（今称蕴藻浜——引者），港面辽阔，内则达苏杭，外则达各海口。"[2] 1860 年乘坐侵华军舰抵沪的法国海军军官帕吕描述："吴淞位于黄浦江出口，船只云集，市容破败。该城位于黄浦江左岸，是长江与一条小运河的交汇之处，吴淞的城郊几乎寸草不生，除竹林外别无遮蔽之物。当地种植水稻和棉花，土质为冲击平原。"[3] 同年抵沪的法国人 L. F. 朱以亚记述："一条长长的街道将吴淞城一分为二，道路两侧是各式各样的建筑。小镇的房屋低矮，约有 2 万中国居民，大部分都是水手、渔民或食品商贩。"[4]

1860 年代后，进出上海港的外国商船日多，而面对吴淞口外的淤沙，大吨位远洋船只常受滞阻，往往要候潮进港。在沪英国人记述："黄浦江在吴淞的入海口处的沙滩，在涨潮时平均水深为 19 英尺……这些沙滩阻碍了海轮的航行，给船主和商人造成了重大损失。"[5] 因而曾有开辟吴淞港区的动议，海关报告载："在上海开埠以后的年代里，进口船只的体积大大增加，而长江进口水道一直没有疏浚修治，浅水时江口拦沙水位比黄浦江还要浅。所有巨轮都只能停留在口外，航商对这种情况啧有烦言。"[6] 吴淞口内沙的淤积也很严重，在吴淞附近的黄浦江有一处水上沙洲叫江心沙或高桥沙，将水道一分为二。靠左岸的水道较宽但较浅，只有

[1] 王玉茹等：《制度变迁与中国近代工业化》，陕西人民出版社 2000 年版，第 333 页。
[2] 中华书局编辑部编，汤志钧等校订：《王韬日记（增订本）》，中华书局 2015 年版，第 267 页。
[3] 〔法〕帕吕著，谢洁莹译：《远征中国纪行》，中西书局 2011 年版，第 41 页。
[4] 〔法〕L. F. 朱以亚著，赵珊珊译：《中国战争纪行》，中西书局 2013 年版，第 52 页。
[5] 〔美〕D. 沃尔斯·史密斯著，施恬逸译，王敏校：《1900 年以前的上海》，熊月之主编：《上海史国际论丛》第 3 辑，上海人民出版社 2017 年版，第 112 页。
[6] 徐雪筠等译编，张仲礼校订：《上海近代社会经济发展概况（1882—1931）——〈海关十年报告〉译编》，上海社会科学院出版社 1985 年版，第 287 页。

中式帆船会航行；吃水较深的轮船行驶的是较窄的右岸水道。内沙就位于这个右岸水道的入口处，比位于黄浦江入长江口的外沙更浅，对吃水较深的轮船造成更大威胁。[1] 1870年，德国人李希霍芬就向德国政府提议占据舟山，"他盛赞舟山拥有一个易守及易于设防守的港口"，认为"如果采用适当的措施，如设立自由商埠，该岛（指舟山——引者）不难发展成为商业大都市，不但能吸取邻地宁波之商业，并能在该方面的交通上起而代替上海之地位，因为上海海港不易容纳大船进出"。[2] 1897年在华游历的德国港口工程专家乔治·弗朗鸠斯记述，就上海港而言，"这里的主要威胁来自内河上的沙洲，它们对跨大西洋的轮船驶进上海制造了巨大困难，这是因为涨潮时的水高约6米，低潮时的水高仅5米"[3]。

　　清政府则出于防务考虑，拒绝疏浚黄浦江，列强便起意开辟吴淞港区，先是提议修筑淞沪铁路，1866年英国驻华公使阿礼国致书清廷："上海黄浦江地方，洋商起货不便，请由海口至该处于各商业经租就之地，创修铁路一道。"强调"浦江淤浅挑挖不易，铁路修成，水路挑挖无关紧要"。经清廷议复，认为"开筑铁路妨碍多端，作为罢论"。[4] 1873年10月13日，上海公共租界工部局董事会商议所谓"吴淞的沙洲以及对黄浦江的保护"，会上有人"建议工部局应和商会共同采取有力措施来搬掉吴淞的沙洲，以维护黄浦江的畅通。由于水道淤泥堵塞，新的沙洲和淤泥的沉积不断形成，情况日趋严重，并且他认为如果不采取措施加以控制，则所有在上海拥有产业或经营各种行业的人，他们的利益将受到威胁"。[5] 此前的1872年，美国驻沪领事布拉德福背着清政府组织吴淞道路公司，并于1874年兴筑淞沪铁路，1876年2月铺轨，企图在吴淞开辟水陆转运泊岸。一位美国学者在参阅美国国会档案后指出，美国领事此举"是受横滨—东京间建筑铁路的刺激的，上海港口的运输问题与东京有些相似。外国船舶认为碇泊在距离外国租界下游十二英里的吴淞江（应为黄浦江——引者）中比较便利。从这个碇泊处建一条铁路通到这个城市，将会起与横滨—东京线的类似作用"。而日本

---

[1] 朱玛瓍：《"港际工程"：1875年来自日本的两位荷兰水利工程师对上海吴淞内沙的调查》，"中研院"《近代史研究所集刊》第90期（2015年12月）。

[2] 清华大学历史系编：《戊戌变法文献资料系目》，上海书店出版社1998年版，第7页。

[3] 〔德〕乔治·弗朗鸠斯著，刘姝等译：《1897：德国在东亚考察报告》，福建教育出版社2016年版，第53页。

[4] 王彦威、王亮辑：《清季外交史料》卷5，第19页。

[5] 上海市档案馆编：《工部局董事会会议录》，上海古籍出版社2001年版，第5册，第663页。

的那条铁路，正是由美国人在 1869 年承建于 1872 年通车的。[1]

列强筹开吴淞港区的举措，惊动了上海地方官员。1876 年 3 月，苏松太兵备道冯焌光照会英、美驻沪领事："通商章程第六款载明，各口上下货物之地，均由海关妥为定界。又江海关定章，浦江泊船起下货物之所，自新船厂起至天后宫为界，商船只许在例准起货下货之界内起货下货各等语。是吴淞既非起货下货之所，又吴淞口一段尽属海塘，关系民生、农田保障，为中国最紧要之事，断不能任百姓将官地盗卖，建造房屋、码头。"强调"上海贸易租界，自洋泾浜起至虹口止，有法国租界，有美国租界，吴淞口系宝山县所管，不在通商租地界限之内。又各国通商章程，只有上海口岸，并无宝山地界通商"。[2]英、美领事无言以对。后经交涉，由清政府出巨资将淞沪铁路购下拆毁。

列强筹开吴淞港区的举措虽然受挫，但淤沙仍横亘吴淞口外，列强据此仍不断发难。1881 年 12 月，两江总督刘坤一遂上书奏称："吴淞口在黄浦江口内，本与长江防务无涉，惟赴上海必经此沙。此沙日积日高，各国大船出入不便，有碍洋商生计，故彼饶舌不休。夫中外既经通商，水道本应疏浚，如我置之不理，彼得借以为词，抽费兴工，势必永远占据，谓系洋商捐办，华官不能与闻。……再四思维，只有自行筹款挑挖，则所挖之宽窄浅深，作缀迟速，均可操纵自由，只令通船而止，万一有事，则沉船阻塞，亦反掌间事也。"[3]意在通过自主疏浚淤沙，堵塞列强口实。次年，从国外进口的设备运抵，进度缓慢的疏浚工程开始，筹开吴淞港区的动议一度沉寂。原因之一，吴淞系江防重地。英国人麦克莱伦记述，1884 年中法战争爆发，"根据（两江）总督指示，（上海）道台采取了行动，把一艘小型护卫舰和几艘旧帆船拖到吴淞，船上满载石头，故意在河道最窄处沉船"；后"在缔约国领事的紧急抗议之下，这些命令被取消"。[4]1894 年 7 月 28 日，法国《全球画报》（周报）曾报道："目前形势十分紧张，战争似乎不可避免……上海道台已正式通知各国领事，必要的时候，中国将随时封锁吴淞口。"[5]甲午战争

［1］宓汝成：《中国近代铁路史资料》，中华书局 1963 年版，第 1 册，第 34、35 页。

［2］宓汝成：《中国近代铁路史资料》第 1 册，第 43、44 页。

［3］（清）刘坤一：《订购机器轮船开挖吴淞口淤沙片》，（清）刘坤一撰，陈代湘等校点：《刘坤一奏疏》（一），岳麓书社 2013 年版，第 738 页。

［4］〔美〕朗格等著，高俊等译，王敏等校：《上海故事》（上海地方志外文文献丛书），三联书店 2017 年版，第 114 页。

［5］赵省伟主编，沈弘等编译：《海外史料看甲午》，中国画报出版社 2015 年版，第 3 页。

期间，日本对吴淞及上海的觊觎，令英国颇为紧张，1895年1月2日李鸿章记述："英廷不准倭（指日本——引者）至吴淞外。"[1]英国驻沪领事哲美森忆述：

> 甲午战争进入白热化阶段时，他正在上海。他清晰地记得一个周日下午，道台过来叙谈。道台说得到在南京的总督电报指示，因为担心日本海军袭击，要准备一大堆垃圾，掺上石头沉入吴淞港。沉下去的垃圾可能阻止日本人，但毫无疑问，也会阻碍商用蒸汽船的通行，导致港口贸易停顿感。形势相当严峻，有个委员会被派去考察，看看能够做些什么。他们的建议是警报可能没有依据，或许可以得到日本人不干涉上海贸易的许诺。一封电报发到了英国外交部，并立即转到东京。周一下午得到英国公使的电报，内容是："我得到了日本政府的书面承诺，禁止对上海和其附近地区的敌对行动"。这封电报被传达给中国人，垃圾没有被倾倒，港口贸易也因此未中断。[2]

但列强并未止步，张之洞1895年12月曾奏称："查吴淞口沙浅胶舟，必须乘潮出入，海轮剥载进口甚为不便，故近年来洋人屡有疏浚吴淞之请，此次日本议约（指马关议和——引者）时，日本人亦曾议及此。"[3]1887年1月3日，在沪游历的日本人宗方小太郎记述："上海乃东洋一大良港，欧美各国之商船辐辏港内，煤烟蔽三吴之空，汽笛响沪城之天，最令人目眩之事，乃英法等强国之东洋舰队之兵舰系泊于黄浦江心，出入不绝，国旗随风翻飞之状，既令人振奋亦可羡也。"他抱怨："此间特特不见旭旗翩翻，诚可谓遗憾至极！"[4]甲午战争后日本报纸公然声称："日本在上海择地开租界一事，以吴淞为佳。黄浦江淤沙日厚，其势迟早必至无法可治，不能行船。如吴淞则日后必大兴胜之地，与上海来往之路又极便，本当择租界于吴淞。"[5]沿江一些地段则先后易主，至1898年初"吴

---

[1] 清华大学历史系编：《戊戌变法文献资料系日》，第3页。

[2] 〔美〕朗格等著，高俊等译，王敏等校：《上海故事》（上海地方志外文文献丛书），第199页。

[3] 张之洞：《筹办江浙铁路折》（光绪二十一年十一月十二日），赵德馨主编：《张之洞全集》，武汉出版社2008年版，第3册，第300页。

[4] 〔日〕宗方小太郎著，甘慧杰译：《宗方小太郎日记（未刊稿）》，上海人民出版社2016年版，第1页。

[5] 《时务报》第22册（1897年3月），译载。

淞口之蕴藻浜南沿江水深之地，除操厂一块，悉为洋人所得"[1]。当时的海关报告亦载："修筑堤岸的作业，继续由日本人进行。"[2]英、德等国还以兵船进出吴淞口不便为由，向清政府索要蕴藻浜以北沿江百余亩空闲官地，以建造所谓兵船码头，企图再开吴淞港区。[3]其间，英国海军和驻沪领事曾致函上海道台，"欲借吴淞炮台前操场为兵士游玩之地"[4]。如1898年4月15日《申报》所言，"自上海通商，外洋轮船出入，吴淞为咽喉要路……第水路虽为通商要道，而岸上未有租界，且地属太仓州之宝山县，又非上海所辖，西商欲于此间设栈起货，格于成例，不克自由；而淞沪铁路工程又未告竣，公司货物必由驳船起运，船乘潮水涨落，未能迅速克期，此西人之心所以必须辟租界于吴淞者"。

为杜列强觊觎，1898年初两江总督刘坤一奏请吴淞自开商埠获准。事后他陈述说："上海近来商务日盛，各项船只由海入江，以吴淞为要口。只因拦江沙淤，公司轮船必须起货转运，致多阻滞。现值淞沪铁路将次竣工，商货往来自必益形繁盛。经臣商准总理衙门，将吴淞作为海关分卡，添建验货厂，俾得就近起下货物以顺商情，并于该处自开商埠，准中外商民公同居住，饬道会商税司妥切筹议，将马路、捕房一切工程仿照沪界认真办理，期于商务、地方均有裨益。"[5]消息传出，吴淞地价陡升。同年5月22日《申报》以《吴淞口开埠近闻》为题载："张华浜以及吴淞炮台一带农田已为中西商人购置殆尽，地价飞涨，每亩可值五六百金，至灯塔左近沿浦滩地则更涨至每亩四千五六百两矣。"而先前每亩只值数十两，至多也不过百余两。[6]

随后，自开商埠的步骤渐次展开。未来商埠的地域，确定为"以北过炮台至宝山县南石塘东西大路为界；南界牛桥角，以东西进深三里为界；西面浜北，以泗塘河为界；东以泗塘河对岸起，距浦进深三里为界"[7]。即沿黄浦江从吴淞炮台

[1] 北京大学历史系编：《盛宣怀未刊信稿》，中华书局1960年版，第61页。"蕴藻浜"，今正作"蕰藻浜"。

[2] 徐雪筠等译编，张仲礼校订：《上海近代社会经济发展概况（1882—1931）——〈海关十年报告〉译编》，上海社会科学院出版社1985年版，第48页。

[3] 《盛宣怀未刊信稿》，第61页。

[4] 清华大学历史系编：《戊戌变法文献资料系日》，第437页。

[5] （清）刘坤一：《吴淞新开商埠仿照沪界办理片》，（清）刘坤一撰，陈代湘等校点：《刘坤一奏疏》（二），第1126页。

[6] 《申报》1898年5月23日。

[7] 李明勋等主编：《张謇全集》，上海辞书出版社2012年版，第1册，第589页。

向南，越过蕰藻浜，迄于陈家宅这一狭长地带。为此成立了开埠工程总局、清查滩地局等机构，次年在蕰藻浜北筑成东西向马路五条、南北向马路三条，沿江驳岸也着手兴建。[1]中国自开商埠的举动，招致列强的忌恨，英国领事抱怨"由于这个港口是'自动地'开放的，因此中国有权指定开放的条件，其中之一就是外国人不得在租界（应为商埠——引者）之外取得土地"[2]。诚如刘坤一所指出的，"彼族觊觎吴淞已非一日，今幸自开商埠，不能占我要隘，必思挠我利权"。手法之一，是对招租官地反应冷漠，使刘坤一等欲将官地变价用于开发商埠的设想受挫。[3]

日本则公然要求在吴淞设立日租界。1898 年 4 月，日本驻沪代理总领事小田切万寿之助获悉清政府将在吴淞自行开埠，便向本国政府提议在吴淞设立日租界，并前往考察，并就附近形势、内部各区域状况、适于设租界之处，撰写了报告书。1898 年 5 月 31 日，日本驻华公使矢野文雄奉命照会总理各国事务衙门，请"允上海之处改自吴淞口灯塔起，沿江而南一百丈，其北亦沿江二百丈，共合三百丈；东至西之南北两面各五百丈，西边自北而南亦三百丈之地，作为日本专管租界"。对日本的要求，刘坤一以"吴淞商埠与约开通商口岸不同，各国均无自立租界之例"，予以拒绝。[4]不久北方义和团起，1901 年《辛丑条约》规定疏浚黄浦江包括吴淞口淤沙，"洋商营业趋势益集中于上海，淞口无转移之希望"，列强不复再提开辟吴淞港区或设立租界事，清政府的"自开商埠"遂也陷于停顿。[5]"埠工、升科、会丈等局亦于是年次第撤销"，"惟筑成之马路交错纵横，犹存遗迹"。[6]

1906 年 12 月 7 日，日本驻沪总领事永泷久吉曾向日本政府报告，自黄浦江航道有所疏浚，"进出船舶直航上海而不在吴淞停泊，只有邮船、大型轮船及军舰因吃水关系不能开入黄浦江而都停泊吴淞港外，在此处将客货转至小轮船开往上海，故不需要陆上设施"，也"一直没有外国人居住吴淞展开经营，而一

---

[1] 民国《宝山县续志》卷 3，营缮。

[2] 李必樟译编，张仲礼校订：《上海近代贸易经济发展概况（1854—1898 年）：英国驻上海领事贸易报告汇编》，上海社会科学院出版社 1993 年版，第 949 页。

[3]（清）刘坤一：《吴淞官地暂设公司召售折》，（清）刘坤一撰，陈代湘等校点：《刘坤一奏疏》（二），第 1260 页。按：此处官地，系指"吴淞一带滨海沿江历年涨出滩地"（同前注，第 1260 页）。

[4] 李少军：《甲午战争后六年间长江流域通商口岸日租界设立问题述论》，《近代史研究》2016 年第 1 期。

[5] 民国《宝山县续志》卷 6，实业。

[6] 民国《宝山县续志》卷 6，实业；卷 1，舆地。

任道路杂草繁茂"。[1] 从其"市街东西长而南北短"的布局走向中，人们仍依稀可见当年的开发设想。[2] 由筹开吴淞港区引发的自开商埠规划虽告夭折，但余音未绝。时至民国初年，张謇曾受命赴"吴淞重兴埠政"，旋遇1924年齐卢之战，"经费告竭"被迫停办。[3] 吴淞自开商埠的夭折，对周围乡村经济不无影响，地方史料载："吴淞村集颇多，近则大多衰落，惟炮台湾车站附近有茶酒杂货店等数家，专供营兵旅客之便利。陈家巷在吴淞镇西北三里许，有杂货店等二三家。"[4]

1929年7月，上海市政府曾有建设新的市中心区域的计划，"正式划定黄浦江以西，淞沪路以东之间，北至闸殷路，南至预定路线，西至淞沪路，为市中心区域"。时任上海市工务局长沈怡忆述，当时上海的英文《字林西报》曾用《梦想的城市》作标题挖苦嘲讽。他坦陈："的确，如果这计划得不到两个重大因素的配合，第一是吴淞开港，第二是把上海总站北移，并将铁路和商港连接起来，则市中心发展的结果，充其量只不过做到一个政治区和住宅区而已"，也就不能实现"'取租界而代之'的理想"。他感叹，因日本侵华战争等破坏，其结果是"像吴淞开港这样一件大事，毫未着手。吴淞未能开港，则铁路改线及车站北移，自亦无从谈起"。[5]

口岸经济的辐射，很大程度上决定了上海周边地区乡镇经济的兴衰。上海开埠后，郊县农村的物质生产和交换率先受到外国商品输入的冲击，一些原先以个体小生产者之间交换日用必需品或家庭手工业所需原料为基本特征的农村集镇的商业活动日趋衰落，代之而起的则是一批适应上海开埠后进出口贸易迅速增长的需要，依附、服务于对外贸易和近代城市经济颇具活力的农村集镇。明清时期，上海地区农村的商品生产特别是手工棉纺织业的发展，促使一批农村集镇兴起和繁盛。嘉定县娄塘镇，"所产木棉、布匹倍于他镇，所以客商鳞集，号为花、布码头，往来贸易岁必万余，装载船只动以百计"[6]。宝山县罗店镇，"东西三里，

［1］ 李少军：《甲午战争后六年间长江流域通商口岸日租界设立问题述论》，《近代史研究》2016年第1期。
［2］ 民国《宝山县续志》卷6，实业；卷1，舆地。
［3］ 民国《宝山县再续志》卷6，实业。
［4］ 民国《宝山县续志》卷1，舆地志，市镇。
［5］ 沈怡：《沈怡自述》，中华书局2016年版，第153、155、183、184页。
［6］ 上海博物馆：《上海碑刻资料选辑》，上海人民出版社1980年版，第96页。

南北二里，出棉花纱布，徽商丛集，贸易甚盛"[1]。

上海开埠后，大量廉价外国机制棉纺织品的涌入，致使农民的家庭手工棉纺织业趋于衰败，原先一批立足于手工棉纺织业发展基础上的农村集镇的商业活动渐趋冷落。嘉定县城南门，以往"布经市极盛，城内吴三房最著，城外业此者十余家，远自刘河浮桥，近则一二十里内外，布经买卖麇集于此，辰聚西散，熙攘竟日"；"自洋纱盛行，不数年间无复有布经营业，而市况顿衰"。前述娄塘镇，"从前布市最盛，近年减色"。[2]宝山县高桥镇，"从前布市颇盛，由沙船运往牛庄、营口者，皆高桥产也，今利为洋布所攘"，市面萧条；罗店镇，昔日因棉布贸易兴旺而有"金罗店"之称，这时也随土布的衰落而趋冷落。[3]一项以金山县市镇为中心的专题研究显示，上海开埠前，在以苏州为中心的传统商品经济体系下，金山县市镇依托其传统资源和传统商路，适应了商品经济的发展，与苏州关系密切并因此纳入了江南乃至全国的市场网络。上海开埠并取代苏州成为经济中心城市后，传统市镇体系开始分化，部分市镇融入以上海为中心的经济体系得以继续发展，而朱泾等部分以传统手工棉纺织品产销为主业的市镇风光不再渐趋萧条。[4]

同一时期，另有一批集镇则随着上海开埠并迎合口岸经济发展的需求而兴盛。宝山县彭浦、江湾等乡镇村集颇为典型。

> 彭浦，道光十三年由大场、江湾、真如分出，地跨彭越浦，俗称庙头，市面狭小，南北一街长不及半里，广不足百步，商馆十五六家，以邻近闸北，又为刘河、罗店、大场等镇至沪之孔道，比年市况稍佳。村集潭子湾，在彭浦镇西南乡四里许，地濒吴淞江，又为彭越浦出口处，从前只有村店数家，今则厂栈林立，商铺日增，居屋多系新建，帆樯往来，运输便利，商业之进步远逾本镇而上之矣。

> 江湾，以虬江蟠曲象形而得名，故别称虬江，亦称曲江。地当上

---

[2] 民国《嘉定县续志》卷1，市镇。
[3] 民国《宝山县续志》卷1，舆地志，市镇。
[4] 详可参阅安涛：《中心与边缘：明清以来江南市镇经济社会转型研究——以金山县市镇为中心的考察》，上海人民出版社2010年版。

（海）宝（山）往来要冲，明嘉靖间毁于倭寇，市肆荡然，清初稍复生聚。迨五口通商，江湾一隅以逼近租界，南乡结一等图马路日辟，外人争租地杂居，经营商业，几与沪埠相衔接。市街东西长五里，南北广一里，以秋季棉布为最旺，大小商铺三百余家，水道则有走马塘之运输，陆道则有淞沪铁路之便捷，其骎骎日上之势殆将甲于全邑市乡。村集天通庵，在江湾镇南十里，地跨芦泾浦，商铺二十余家，本一小村集，近以毗连商埠，有丝厂、染织厂等，市面日繁，几与上海商场无异，迥非曩时村集气象矣。屈家桥，在江湾镇南五里，沙泾之旁，为江湾至沪必经之路，有茶、酒、杂货等店七八家。谈家桥，在江湾镇西南九里，斗入彭浦界内，自民国五年开设同茂丝厂，并建市房三四十幢，铺户居民渐见繁盛，翌年筑通新闸马路，厂栈益增。[1]

民国初年，有人纵览宝山县境内诸集镇盛衰的历史过程后感叹："综计三十年来，历时初非久远，而生计之丰约，一视地势之通塞为衡。自铁路通，商埠辟，或昔盛而今衰，或昔衰而今盛，非独市镇，即小而村集且然。"[2] 1932 年在上海县各乡镇的实地调查："一切商业市面，多以上海市区商情为转移。"[3] 可见近代上海的崛起，对所在地区城乡市镇格局的影响深刻。其生动地体现，"江南腹地对经济发展机遇的反应相当灵敏，并给了上海市场有力的支撑。经济利益的驱动，不到二三十年的时间，十府城乡几乎大半都卷入了外贸出口的热潮之中"；并说明"经历四百余年商品经济熏陶的江南人，表现出了应对挑战、抓住机遇的特殊潜力。只要旧体制稍微松动，提供施展身手的缺口"，局面就相应大变。[4]它促使长江三角洲区域经济中心城市由苏州向上海的转移，并相应导致原先以苏州为中心的城镇体系转而归向上海。长江三角洲地区城乡市镇的商品流通结构，也由先前面向国内市场并以粮棉产品交换为主，逐步转化为纳入国际市场的以机制工业品与农副产品间的交换为主，并在一定程度上打破了原有的封闭状态，使这一地区在中国率先卷入了世界资本主义市场，从而推动了这一地区城乡经济结构的历史演进。

---

[1][2] 民国《宝山县续志》卷 1，舆地志，市镇。
[3] 南京图书馆编：《二十世纪三十年代国情调查报告》，凤凰出版社 2012 年版，第 258 册，第 377 页。
[4] 王家范：《漂泊航程：历史长河中的明清之旅》，北京师范大学出版社 2013 年版，第 199 页。

第二章　城乡交通的拓展

开埠后上海作为近代城市崛起的历程，也是以其为基点的与长江三角洲各地城乡间近代交通方式逐渐拓展的过程。

一、江河航运

上海开埠后，受外国列强青睐的一个重要原因，是其深知上海地处长江入海口所蕴含的市场潜力和发展前景。在他们看来，"世界未有任何他埠，其潜蓄之供求范围有如上海之大者"[1]。1853 年 7 月，美国驻华公使致函美国国务卿，认为"一旦在长江及其支流应用轮船运输，就可以想象得到整个长江流域的贸易将会全部为上海所吸纳"。次年他在江苏昆山会见清两江总督恰良时，公开提出要清政府开放长江，让"美国公民任意船载货物从上海进入长江及其支流的任何口岸、城市或港湾"[2]。第二次鸦片战争后，其目的部分达到，镇江、九江、汉口相继开埠，外商船只可贸易往来。

自长江开放，以上海为起点，外国商船争相驶入。1863 年 2 月 21 日《北华

---

[1]《费唐法官研究上海公共租界情形报告书》，熊月之主编：《稀见上海史志资料丛刊》，上海书店出版社 2012 年版，第 8 册，第 335 页。
[2] American diplomatic and public papers：The United States and China（〔美〕戴维斯：《美国外交文书：美国和中国》）第 1 辑，第 4 卷，第 71 页；第 5 卷，第 126 页。

捷报》称："去年一年内，华北（指华南以外的沿海地区——引者）对外贸易关系一个最重要的方面，是从欧洲和美国开到中国各通商口岸的商船在数量上的大增长，它们从事沿海与沿江的航运，使商船队得到永久性的扩大"；"各式各样的轮船参加长江上交通运输业的竞争，从拖曳船到海洋大轮船，从以螺旋摆动机器推动的暗轮，到从美国开来以左右舷引擎推动的大明轮，无不具备。"它们麇集上海，"因为不论各船在抵沪后将再开到哪个地方去，上海是海外开来的一切船只都要停靠的港口"。

此前，美商琼记洋行"火鸽号"已在 1861 年 4 月率先投入长江航运，历时一个月完成了上海与汉口间约 500 英里的往返航程。当它返抵上海时，琼记洋行得意地宣称他们已"把长江开发了"。其他洋行不甘落后，紧随其后。1862 年至 1863 年间，上海约有 20 家外国商行"每家都经营一二艘轮船，从此长江贸易特别兴旺，大多数行号都想在长江经营船运"。1864 年的一份船期表记载，有 7 家洋行的 15 艘轮船在长江航线定期行驶，其中美国位居第一，共 9 艘 98250 吨，分属旗昌、同孚、琼记洋行；英国 6 艘 8983 吨，名列第二。[1] 上海第一家近代航运企业，1862 年开业的美商旗昌轮船公司，经营长江沿岸及中国沿海的客货运输，业务发展很快，后与英商怡和、太古并列早期在沪三大外资轮船公司。[2] 其经营者获利丰厚，其中，"乔治·泰森是 1856 年到 1868 年旗昌洋行的合股人，并帮助创办了扬子江上的轮船航运业。他回国后，成为芝柏昆系统的董事之一和总审计员。还有其他一些人，福士的一个堂弟保罗·福士是美国旗昌洋行的经理，既为扬子江也为美国海军建造轮船，同时又把他从中国获得的利润源源不断地投资于中西部铁路"[3]。

这也促使中国本国轮船公司的兴办，"盖长江未通商以前，商贾运货，行旅往来。悉系雇佣民船，帆樯如织。自有轮船行驶，附载便捷，商贾士民莫不舍民船而就轮船"[4]。1872 年 5 月 30 日《申报》载文指出，由上海至汉口搭乘轮船仅需三日，如坐木船最快也得二十天，"其途间之累赘阻滞，较之轮船已可往返三

---

[1] 聂宝璋：《中国近代航运史资料》第 1 辑，上海人民出版社 1983 年版，第 260、263、264 页。

[2] 聂宝璋：《中国近代航运史资料》第 1 辑，第 727 页。

[3] 费正清：《七十年代的任务》，《现代史学的挑战——美国历史协会主席演说集》，上海人民出版社 1990 年版，第 145—146 页。

[4]《江西巡抚德馨奏》（光绪十四年四月二十日），中国社会科学院经济研究所藏"清户部档案抄件"。

次矣"。它进而赞叹"舟楫之利，至轮船为已极矣。大则重洋巨海可以浮游而自如，小则长江内河可以行走而无滞。其运载重物也为至便，其传递紧信也为至速，其护送急客也为至妥且捷"。上海滩对轮船的优越性已广为人知，"各省在沪殷商，或置轮船，或挟资本，向各口装载贸易，俱依附洋商名下"。美商旗昌轮船公司一百万两开业资本，有六七十万两是华商投资，其中后来涌现出唐廷枢等一些中国早期实业家。[1]中国第一家本国轮运企业——轮船招商局不久也在上海设立，因为面对旗昌轮船公司等企业的经营，李鸿章等人已认识到"为将来长久计，舍轮船公司一层，此外别无办法"[2]。

1907年，步欧美商人的后尘，着意经营长江流域航运的日资"日清轮船公司"开张，开业资本810万日元，1908年增至1200万日元，"公司总部位于东京，在上海、汉口、镇江、南京、芜湖、九江、长沙、常德、沙市、宜昌、重庆、香港、苏州、杭州和清江浦设有分公司和代理处"[3]。长江轮运航线的开通，密切了上海与长江沿岸各地原本薄弱的经济联系。上海开埠前，它与这些地区的经济交往多由苏州沟通。尽管上海位于长江入海口，顺江而下的木帆船多由镇江入运河至苏州上下货物，少有直接驶抵上海者。1832年英国东印度公司成员在吴淞口暗中观察过往船只，所见南北海船数目之大令其惊讶不已。唯独没有提及来自长江的商船。上海地方史料《阅世编》亦载，"往来海舶俱入黄浦编号，海外百货俱集，然皆运至吴门发贩"。长江航线联通，频繁的轮船运输和各口岸间定期航线的开辟，以上海为中心和沿江口岸城市为支点，长江沿岸各地的城乡经济往来空前紧密。

自中国通商口岸相继开埠后，外国货船特别是轮船纷至沓来。铁路、公路出现以前，船舶是上海与外界交往的主要交通工具。1865年海关贸易报告称"只要上海作为对外贸易中心的情况不变，那么对外贸易活动就必须完全依赖船舶来进行"。[4]轮运业逐渐取代木帆船成为主要的运输工具，为上海港的发展提供了充要条件。进出上海港的船舶总吨位直线上升。

---

[1] 汪敬虞：《唐廷枢研究》，中国社会科学院出版社1983年版，第106页。
[2] 丁日昌：《抚吴公牍》卷32，第7页。
[3] 夏伯铭编译：《上海1908》，复旦大学出版社2011年版，第144—145页。
[4] 聂宝璋：《中国近代航运史资料》第1辑，第1269页。

表 2-1　进出上海港船舶总吨位（1844—1899）

单位：吨

年　份	总吨位	年　份	总吨位
1844	8584	1879	3060000
1849	96600	1889	5280000
1859	580000	1899	8940000
1869	1840000		

资料来源：尚刚：《上海引水史料》,《学术月刊》1979 年第 8 期。

以 1899 年与 1844 年比，增长幅度高达千余倍。1913 年已跃升至 19580151 吨，较 1899 年又翻一番多，与 1844 年比已是二千余倍[1]。至 1933 年，中国对外贸易的 53.4% 和国内外船舶的 25.6% 经由上海港进出。[2]

上海地处江南水网地带，通过河湖港汊与苏州等地交通，是开埠前上海港内地货物进出的主要通道。自广州一口通商禁令解除和内向型经济格局分解，众多顺长江东下的商船不再奔赴苏州，径趋东海之滨的上海，同时在上海港还聚集着大量“载客运货的小船和驳船”，它们都来自毗邻的长江三角洲乡村集镇。[3]

19 世纪 50 年代，为扩大进出口贸易和在华活动范围，欧美商人就以上海为基地，将轮运业的触角伸向四周的内河水道，“置造小火轮船装运银两前赴内地，采办丝斤并各项货物回沪”。1865 年 2 月，结束国内战事后的清政府宣布不准外轮驶入通商口岸以外的内河。在沪外国商人反应激烈，称“这些小轮全都锚泊停航，一点都派不上用场，因为它们是为内陆贸易而特制，完全不适合海运”，联名要求各国驻华使节出面干预。清政府对外国轮船深入内河深为顾忌，担心“若一处准行，处处皆援例而起，夺目前商船之生业，弛日后军之防闲，关系利害极重．是以屡议未允，即再续请，仍不便行”。[4]

时至 1895 年，《马关条约》在规定增辟沙市、苏州、杭州通商口岸的同时，准许外国船只“从上海驶进吴淞口及运河以至苏州府、杭州府”。1898 年颁布的《内港行船章程》，又将范围扩大到各通商省份的内河水道。[5] 此后，以上海港为

---

[1] 罗志如：《统计表中之上海》，南京中央研究院 1932 年版，第 52 页。

[2] 杜恂诚：《民族资本主义与旧中国政府（1840—1937）》，上海社会科学院出版社 1991 年版，第 253 页。

[3] 聂宝璋：《中国近代航运史资料》第 1 辑，第 555 页。

[4] 聂宝璋：《中国近代航运史资料》第 1 辑，第 350、352、367 页。

[5] 王铁崖：《中外旧约章汇编》第 1 辑，三联书店 1957 年版，第 616、786 页。

重点，专营内河航线的外国轮船公司相继设立。1898 年 6 月 24 日，英国驻镇江代理领事的情报报告载：

> 内河航运：这里已经组建了若干小火轮公司，从上海得到了许多用于运输的小火轮。目前运营的那些公司是：一家有部分中国资本的公司，代理人是格雷格森先生。一家有部分中国资本的公司，代理人是斯塔基先生。两艘小火轮属于格雷格森先生，注册为他的独有财产，悬挂英国国旗。一家法国公司奥利弗与德兰根哈根已通过其代理人通知我，他们打算在大运河行驶悬挂法国国旗的小火轮。一家德国公司的代理人，英国臣民鲍尔恩告诉我，他将获得小火轮。一家美国公司也将开设，它有部分中国资本。[1]

另一方面，19 世纪 70 年代后本国商人兴办内河轮运的要求曾久被搁置。"苏杭内地水道，若以小轮船行驶，极为便捷。历年中外商人皆以厚利所在，多思禀准试办。只恐碍民船生路及税卡抽厘等情，辄格于时议，未肇准行。"即使已经成船，也被迫中止。[2]几艘行驶沪苏杭间的内河小轮，多经清政府特许，其用途受到严格限制，"准行内河并带官物，不准带货搭客作贸易之事，以示与商船有别"[3]时任两江总督刘坤一称："查向来商置小火轮，只准行驶通商口岸，光绪十年复经总理衙门明定章程，不准擅入内河。又有江海关一口，每有华洋官商雇往内地，相沿已久，特立专章，必须报关给照查验，仍不准装货搭客，只准至苏州、杭州等处为止，并不准驶入长江及江北各内地，以示限制，此外均不得援以为例。诚以利害所关，不能不始终坚执也。"[4]1895 年后对华商内河轮运业的束缚相应减轻，如张之洞所称："自苏杭运河准外人行轮，于是奉旨亦准民间于苏杭行轮，为稍挽利权之计。"[5]至 1898 年，"通商省份所有内河，无论华、洋商

---

[1] 吴乃华摘译：《英国议会文件有关瓜分狂潮列强争夺中国铁路权益资料选译》，《清史译丛》第 6 辑，中国人民大学出版社 2007 年版，第 178 页。
[2] 《申报》1882 年 7 月 8 日、1890 年 4 月 25 日。
[3] 《交通史航政编》，交通史编纂委员会 1935 年版，第 1 册，第 482 页。
[4] （清）刘坤一：《严禁内河行驶小轮折》（光绪十七年五月二十六日），（清）刘坤一撰，陈代湘等校点：《刘坤一奏疏》（一），岳麓书社 2013 年版，第 745、746 页。
[5] 国家清史编纂委员会：《晚清文献七种》，齐鲁书社 2014 年版，第 101 页。

均可行驶小轮船,藉以扩充商务,增加税厘"[1]。上海港本国资本内河轮运公司的经营,突破原先的限制,扩大至商业领域的客货运输,并开辟了新的航线,渐次形成"内河小火轮船,上海为苏、杭之归宿,镇江为苏、宁、清江之枢纽"的基本格局。[2]当时常常往返于苏沪间的包天笑忆述:"小轮船苏沪往来,也不过十五六个小时,每天下午三四点钟开船,到明天早晨七八点钟便可到了。"[3]

内河轮运的发展势头,促使轮船招商局不落人后,参与角逐。1902年,由它组建的招商内河轮船公司在上海设立。1902年11月13日《中外日报》刊载其"告白":"本公司今于十月十七日(即1902年11月16日——引者)自上海开班,先走苏、杭、常州等地,其余逐渐推广。"其拥有小轮7艘、拖船6条,先驶往苏、杭,后航线伸展至南浔、湖州、宜兴、溧阳、江阴,从苏州经无锡、常州至镇江,过长江抵扬州、清江,又从清江越宿迁至窑湾,濒淮河至正阳关,形成一覆盖长江三角洲和苏北大部的内河航运网,轮船也从最初的7艘增加到1911年的近30艘,成为上海乃至全国规模最大的内河轮运企业。[4]"在初办数年间,每年盈余数百至数千元不等。"[5]1904年,其增设的短途航线有上海、嘉定航班,"每逢单日上午十点钟由上海开往,每逢双日上午十点钟由嘉定开回,风雨不更",途经黄渡、安亭、望仙桥、外冈、嘉定等处,"沿途各埠,均有码头";长途航线有上海、嘉兴、杭州航班,"逐日来往嘉、杭,其中间驻泊码头则为嘉兴"。[6]

内河轮运禁令解除,以上海港为中心,航行长江口江面及江浙沿海的华商轮船公司也得以一试身手。较早者有1901年行驶南通、海门的广通公司;较具规模的有1904年张謇等人创办的上海大达轮步公司,上海与通、海地区的航运业务大部归其经营。1903年8月24日《中外日报》载:"上海、海门自有小轮船以来,行旅咸颂利便,每日每船搭客不下三四百人,多时有至五六百人者。"专走上海与浙东沿海航线者,早期有1903年锦章号"锦和"轮往来上海和舟山、镇

---

[1] 王彦威、王亮辑:《清季外交史料》卷130,第15页。

[2] 张之洞:《筹设商务局片》(光绪二十二年正月初五日),赵德馨主编:《张之洞全集》,武汉出版社2008年版,第3册,第360页。

[3] 包天笑:《钏影楼回忆录》,上海三联书店2014年版,第171页。

[4] 樊百川:《中国轮船航运业的兴起》,四川人民出版社1985年版,第432页。

[5] 陈玉庆整理:《国民政府清查整理招商局委员会报告书》,社会科学文献出版社2013年版,第124页。

[6] 《中外日报》1904年9月27日,1904年12月12日。

海，1909年又添置"可贵"轮，航线延至象山、石浦、海门。[1] 1905年，上海怡泰轮船公司曾租赁外轮"史各脱号"，"拟往来镇海、定海、石浦、海门等处，并定每逢礼拜六日开行马鞍岛一次，专为西人夏季纳凉避暑之需。其开行时刻定以礼拜六之正午展轮，以便当晚即可抵岛晚餐，然后乘凉洗澡，游览风景，至礼拜一清早即行回沪"[2]。

正是在上述背景下，上海港登记注册的内河轮船，从1901年的142艘攀升至1911年的359艘。

表2-2　上海港内河小轮船注册统计（1901—1911）

单位：艘

年　份	注册数	指　数	年　份	注册数	指　数
1901	142	100	1907	334	235
1902	144	101	1908	360	254
1903	180	127	1909	360	254
1904	216	152	1910	381	268
1905	275	194	1911	359	253
1906	314	221			

资料来源：据历年海关报告，《上海民族机器工业》上册，中华书局1966年版，第130页。

无论其绝对数或增长量，都居全国首位。上海不仅是江南乃至中国第一港城，也是最大的内河轮运中心，凭借连同木帆船在内的四通八达的航运网络，长江三角洲各地城乡以上海为中心的经济联系更加紧密。1900年的《东西商报》载："杭州府开市以来，此地方土货悉经由杭州到上海，其间以轮船则三十点钟，以民船则四五日间，而以轮船曳民船，则亦不多出三十点钟间外。故民船每月仅止往复三次者，被轮船曳为往复十次，于是船夫省劳力，增收利，民船欲待轮船往复者为此也。"[3]

地处长江口江面的崇明县，1896年其县城"南门外海塘设汽船埠，有船二艘，每日自埠启碇至二条暨河新开河，当沙头港折南入吴淞口至上海"[4]。浙江平湖县，1895年当地士绅王铭贵创办了"王升记轮船局"，次年首先开通了前往

[1]《申报》1901年4月19日；《中外日报》1904年5月2日；《交通史航政编》第2册，第538页。
[2]《中外日报》1905年6月20日。
[3] 聂宝璋等：《中国近代航运史资料》第2辑，中国社会科学出版社2002年版，第1402、1403页。
[4] 聂宝璋等：《中国近代航运史资料》第2辑，第958页。

上海的班轮，继而又增开沿平湖塘开往嘉兴、新塍、乌镇的航线，配置了"盛源""飞艇""飞航""纶华"4艘燃煤蒸汽机木轮船。[1]《1896—1901年杭州海关报告》载："本地区各方向都有运河支流，主要靠小船运输货物，运输的数量和种类非常多……各种各样大小不一的无锡快是附近最主要和最有用的船，几乎都被轮船公司用来运载乘客和货物到上海和苏州。有时几条无锡快被租用几个月，跑一趟运输，偶尔也租用几天，运价2—3元，视船只大小和货运要求而定。这些船由住在船上的船主及其家人驾驶，如果运载的客人增加，他们就再雇用别人，这些雇工工钱是一天一角并提供伙食，船运的利润估计是运费的10%。"[2]

表2-3 沪苏杭甬间的内河运输船（1896—1901）

船　　只	普通货物（担）	出发点	货物名	船员数	价值（元）
乌山船	300—800	宁波、上海	普通货物	3—6	300—1200
百官船	300—900	宁波、上海	普通货物	3—6	300—1200
乌篷船	100—400	宁波、上海	普通货物	5—7	150—250
无锡西庄船	300—700	苏州、上海	普通货物	6—7	1000—1400
常州船	100—400	苏州、上海	普通货物	4—6	500—900
常熟船	100—200	苏州、上海	普通货物	3—5	400—800
江北船	60—100	苏州、上海	普通货物	2—3	70—200
芦墟船	70—200	苏州、上海	普通货物	3—4	200—400
蒋村船	400—1000	苏州、上海	普通货物	4—6	500—1300
长安船	500—800	苏州、上海	普通货物	5—6	600—900
湖遍子船	50—100	苏州、上海	普通货物	2—3	120—200
满江红	300—600	苏州、上海	乘客、普通货物	8—12	1000—3000
蒲鞋头	200—400	苏州、上海	乘客、普通货物	5—9	600—1200
南湾子	200—600	苏州、上海	乘客、普通货物	5—9	600—1200
无锡快	200—300	苏州、上海	乘客、普通货物	4—7	700—1100
吴江快	70—200	苏州、上海	普通货物	3—6	400—900
丝网船	50—100	苏州、上海	普通货物	3—5	500—800
驳　船	100—300	苏州、上海	普通货物	2—4	200—600

资料来源：陈梅龙等译编：《近代浙江对外贸易及社会变迁——宁波、温州、杭州海关贸易报告译编》，第234—235页。

---

[1] 上海社会科学院中国城市史研究中心、浙江省嘉兴市南湖区大桥镇人民政府合著：《浙北一座名镇的兴起——嘉兴大桥镇社会变迁》，上海辞书出版社2012年版，第104页。
[2] 陈梅龙等译编：《近代浙江对外贸易及社会变迁——宁波、温州、杭州海关贸易报告译编》，宁波出版社2003年版，第233—235页。

江南向以水乡著称，境内江河纵横、湖泖众多，与国内大水系大多有河道相通。舟楫便利的河道水系为内河航运提供了得天独厚的自然地理条件。以上海为例，其西邻的通航干流如娄江，"为太仓、松江、崇明、昆山必由之要道"；福山塘，为输运必经之路，商贾必由之所，舟楫赖以通行。[1]明清时期，上海与江南各地的贸易往来，多经上述航道沟通。如吴淞江北岸的孔泾，又称林道浜，沿浜有江湾、真如、南翔、娄塘诸镇，"嘉（兴）、湖（州）贾贩多从此道以避江潮之险"。又如淀山湖西侧有双塔镇，因地处苏松水路适中之地，客商往返至此时近傍晚，多"住此停榻"，故又称商榻镇[2]。鸦片战争后，商品经济的活跃更推内河航运业的发展。在松江县，清光绪初年出现平底方头航船，载重 5 吨至 20 吨，经营客货运，因船头呈方形，俗称"马头船"。其航速不快，但航行平稳。行船工具有橹、舵、布帆、竹篙、纤绳等，出航至少要有 2 名船员。每天清晨从浦南塘口、横潦泾等处，开出一两艘马头船到松江县城，停泊在竹竿汇、秀塘桥滩、大仓桥滩等处，下午返回。农民携带瓜果、蔬菜、家禽和自织的土布等，乘船到县城出售，返程时带上在县城购买的生产和生活必需品。船资每人铜圆数枚，来往方便，人称"水渡船"。1886 年，又有人从绍兴引进脚划船经营客货运，其船身狭长，船头尖，航速更快。[3]该县张泽乡间，"水上交通有张、陆二姓民航船各一艘，俗称张家船、陆家船，每日载旅客、带商货，驶松江郡城，早开暮返"[4]。

宝山县杨行镇，"清光绪间，至吴淞有舢舨候潮来往，专运淞沪间杂货、油、酒、豆饼等类。至南翔、罗店等有航船，专运锡箔、纸货、烧酒等货。至民元，有班船，船主多绍兴帮，不候潮水，船夫均刻苦耐劳，不论风霜雨雪，按时开行，淞沪、南翔、罗店、嘉定各路多通，商家称便"[5]。南汇县，"邑境汊港纷歧，往来利便。富者家置一船，陈设精雅，名曰帐船。其次为码头船，皆有棚者也。又其次为无棚之小船，极小者才容三四人，船轻而行速，妇孺亦能打桨。其载人运货者曰航船，开驶停泊皆有一定之地点及时间。光绪中，棉产日盛，轧衣贩运兼载客货，名曰花衣船；贩鱼虾之属者曰鲜船，此二种皆以上海为目的地"[6]。

［1］ 道光《元和唯亭志》卷3，风俗；万历《常熟水利全书》。
［2］ 正德《松江府志》卷2，水；崇祯《松江府志》卷3，镇市。
［3］ 张汝皋主编：《松江历史文化概述》，上海古籍出版社 2009 年版，第 95 页。
［4］ 光绪《张泽志》卷4，水利志，舟楫。
［5］ 民国《杨行乡志》卷8，交通志，航行船舶。
［6］ 民国《南汇县续志》卷22，杂志。

19 世纪 60 年代，就有外国人驾驶小轮船从上海由苏州河经黄渡镇驶往苏州，"始仅专雇之轮，继有搭客装货之轮，均由上海至苏州，中途经过黄渡，概不停泊"[1]。但那尚是无条约依据的零星举动。19 世纪 80 年代至 90 年代，苏、锡、杭、嘉、湖等地与上海的联系更趋密切，货运往来频繁，人力摇曳的航船难当此任。自苏、杭开埠和小轮开禁，人们纷纷易辙，"一时航运事业非常发达，所有内河客货运大都改用小火轮船"。从上海驶往苏南浙北的小火轮激增。[2]如 1898 年 11 月 10 日《中外日报》载，戴生昌的班轮"每日由申开往嘉兴、塘栖、石门、杭州，杭亦每日开往上海，逐日往来上海、苏州；每逢双日由申开往平望、南浔、湖州，由湖再开往菱湖、杭州"。

其中，"走吴淞江者，由苏州而上达常熟、无锡，或达南浔、湖州"。一些固定航班相继开设，最繁忙的当数上海至苏州航线，"往来苏沪小轮每日四五只"。1896 年据苏州海关统计："自开关后，由申进口小轮 353 只，拖船 1004 只；出口往申小轮 355 只，拖船 902 只"。载运旅客，"计往沪者 12142 人，由沪来者 16008 人"。[3]以新闸为始发码头，也有固定班轮经黄渡驶往上海远郊朱家角等地[4]。邻近地区的人们，往往也先坐木船至朱家角再搭乘轮船去上海，原籍江苏吴江县黎里镇的柳亚子忆述，1903 年他从家乡去上海时，"父亲伴我雇了一支民船，由黎里出发，经过芦墟，想到青浦的朱家角去叫小轮船拖着走"。途中遇到风浪，险些翻船，好在次日"就一帆风顺，在朱家角拖上了小轮船，直开上海了"。[5]1899 年 8 月 4 日《申报》曾以赞叹的口吻，记述了苏州河口以西轮船运输繁忙的景象："内地通行小轮船，取费既廉，行驶亦捷，绅商士庶皆乐出于其途。沪上为南北要冲，商贾骈阗，尤为他处之冠。每日小轮船之来往苏、杭、嘉、湖等处者，遥望苏州河一带，气管鸣雷，煤烟聚墨，盖无一不在谷满谷，在坑满坑焉。"内河轮运业的兴盛，直接促成苏州河两侧内河港区的形成。

---

[1] 宣统《黄渡续志》卷 1，疆域。

[2] 上海市第一机电工业局机器工业史料组等编：《上海民族机器工业》上册，中华书局 1966 年版，第 128 页；《总领事韩能 1896 年度上海贸易报告》，李必樟译编，张仲礼校订：《上海近代贸易经济发展概况（1854—1898 年）：英国驻上海领事贸易报告汇编》，上海社会科学院出版社 1993 年版，第 923 页。

[3] 民国《上海县志》卷 12，交通；《光绪二十二年、二十三年苏州口华洋贸易情形论略》，陆允昌编：《苏州洋关史料》，南京大学 1991 年版，第 151、146 页。

[4] 宣统《黄渡续志》卷 1，疆域；民国《青浦县续志》卷 5，山川。

[5] 柳亚子著，文明国编：《柳亚子自述》，人民日报出版社 2012 年版，第 140、141 页。

当时，"往来申、苏、杭小轮公司码头均设沪北"，即在英租界北端的苏州河畔。"著名的有戴生昌、老公茂、大东（日商）、内河招商等，大都开设在铁大桥下塊（今河南路桥北塊——引者），其他小轮船局尚不少。"[1] 其中也包括开往朱家角等地的短途班轮[2]。内河航运工具的改进即轮船的运营，连同原先就有的众多大小木帆船的输运，进一步密切了上海与长江三角洲各地的联系。据统计，1897 年沪苏杭之间乘坐轮船往来者已超过 20 万人次。[3] 相关航线也进一步伸展，1901 年 5 月 15 日公茂轮船公司在《中外日报》的广告称：

> 自内港驶行小轮以来，商贾咸称便捷。惟上海直抵无锡埠延未开行，绅商往来不无转辗不便。本公司有鉴于此，特遵奉内河行驶小轮章程，自制坚快小轮，兼备宽畅拖船，专走上海、苏州、无锡。兹择于四月初二日起，每逢双日下午四点钟由上海开往苏州、无锡，上午十点钟由无锡开往苏州、上海。风雨无阻，照应周到。

继而，因客流踊跃，又增开航班和航线。1903 年 4 月 22 日《中外日报》又见其广告：

> 本公司向章，每逢双日往来上海、苏州、无锡，轮船之快捷，客舱之宽畅，附拖之妥当，莫不尽善尽美，历蒙绅商光顾，素皆称赏。今届新茧将次登场，绅商往来诚恐有滞日期，诸多不便，本公司转辗筹思，特添单日快轮数艘，择于四月初一日起，逐日下午四点钟由上海开往苏州、无锡，上午十点钟由无锡开往苏州、上海，风雨无阻。

1904 年 12 月 14 日《中外日报》再见其广告：

> 本公司创办上海、苏州、无锡轮船以来，久蒙海内绅商乐为附搭，兹又特制造坚快小轮数艘，并宽大快船，应酬周到，价目格外克己。准

[1]《东方杂志》第 4 卷第 3 号，第 66 页；《上海民族机器工业》上册，第 128 页。
[2] 民国《青浦县续志》卷 5，山川。
[3] 聂宝璋：《聂宝璋集》，中国社会科学出版社 2002 年版，第 282 页。

于十一月十二日起，每日上午九点钟由常熟开往苏州，下午二点钟由苏开回常熟，风雨不停。

客流和航班增加，一些地方的码头资源跟不上需求，各航运公司间甚而出现纷争。1902年8月14日《中外日报》载："常州小轮往来苏、沪各埠者，向只戴生昌、利用两公司，轮日开班。近又添大东、丰和，往来苏、常、镇。"1905年12月5日该报称："常地（指常州——引者）西门外生意繁盛，各航船皆停泊于此，自轮局设立码头，诸航船均已为难。近自无锡老公茂局轮直放常州，而大盛又谋继之，两家争租一埠，以致成讼。而招商、戴生昌、大东三家，除其原有之码头外，又合租一地，设立三局公码头，以为抵制，各恃势力，纷争互控。而各航船停泊之地益少，亦向县中控诉，故赖大令颇觉左右为难。"1907年，着意经营长江流域航运的日商日清轮船公司成立后，也涉足长江三角洲的内河航运，其中"上海到苏州、上海到杭州、苏州到杭州，每天各有一船从两地开出；苏州到镇江，每3天各有一船从两地开出；镇江到扬州，每天从两地开出三班轮船；镇江到清江浦，每天各有一船从两地开出"[1]。

上海至浙江方向的航线也很繁忙。1900年的《东西商报》载：

大东轮船公司，本店在东京，分店在上海。苏州、杭州设支店，以从事上海苏州间、上海杭州间运输业。现杭州支店，设其便店于城内昌佑桥及城外新码头，以集收乘客货物，日日以数艘船舶运到拱宸桥支店，于此处转载乘客货物于他船。每日下午五点钟出船开行，乘客及曳船数不一定，然概五六十名内外。货物由时季有多寡，其主要物为制茶、扇子、绸子、湖丝、火腿等。拱宸桥下流至上海，塘楼（疑应为塘栖——引者）镇、石门县、石门湾、嘉兴府、嘉善县置代理店，处分乘客及货物。

其中，"嘉兴府在杭州上海中央，水陆至便，其土产出绸子、茶油、谷类，其输入品为洋油、仔油、刻芋（即芋丝）杂货，乘客货物进出频繁，每月乘客

---

[1] 夏伯铭编译：《上海1908》，复旦大学出版社2011年版，第145页。

一千二三百名"[1]。1901年1月17日《中外日报》载，大东轮船公司又增设苏湖杭班轮航线，沿途"经过湖州、平望、南浔、吴江、震泽等处地方，隔日一回，与向来由申到苏杭两路接头，将三州航路串通一线，庶几于顺商路，便行旅，稍有小补"。在浙江杭州，"直通上海、苏州等地的运河码头都在拱宸桥地区，这些码头属于招商局、戴生昌以及其他日本、清国轮船公司所有。通往钱塘江流域桐庐、富阳等地码头在江干，属于钱江公司所有。民船专用码头大多散落在斗富三桥、拱宸桥、菜市桥、章家桥、横家桥等地"[2]。

1901年，周作人走水路从绍兴经上海去南京报考江南水师学堂，对沿途各类内河航船有生动的记载：

绍兴和江浙一带都是水乡，交通以船为主，城乡各处水路四通八达，人们出门一步，就须靠仗它，而使船与坐船的本领也特别的高明，所谓南人使船如马这句话也正是极为确当的。乡下不分远近，都有公用的交通机关，这便是埠船，以白天开行者为限，若是夜里行船的则称为航船，虽不说夜航船而自包夜航的意思。

普通船只，船篷用竹编成梅花眼，中间夹以竹箬，长方的一片，屈两头在船舷定住，都用黑色油漆，所以通称为乌篷船，若是埠船则用白篷，航船自然也是事同一律。此外有戏班所用的"班船"，也是如此，因为戏班有行头家伙甚多，需要大量的输送地方，便把船舱做得特别的大，以便存放"班箱"，舱面铺板，上盖矮矮的船篷，高低只容得一人的坐卧，所以乘客在内是相当局促的，但若是夜航则正是高卧的时候，也就无所谓了。

绍兴主要的水路，西边自西郭门外到杭州去的西兴，东边自都泗门外到宁波去的曹娥，沿路都有石铺的塘路，可以供舟夫拉纤之用，因此夜里航行的船便都以塘路为标准，遇见对面的来船，辄高呼曰"靠塘来"，或"靠下去"，以相指挥，大抵以轻船让重船，小船让大船为原则。

［1］ 聂宝璋等：《中国近代航运史资料》第2辑，中国社会科学出版社2002年版，第219、220页。
［2］ 施茂华译：《日本〈支那省别全志浙江省卷〉杭州史料译编（一）》，《杭州文史》2016年第3辑，杭州出版社2016年版，第105页。

旅客的船钱，以那时的价格来说，由城内至西兴至多不过百钱，若要舒服一点，可以"开铺"，即摊开铺盖，要占两个人的地位，也就只要二百文好了。航船中乘客众多，三教九流无所不有，而且夜长岑寂，大家便以谈天消遣，就是自己不曾插嘴，单是听听也是很有兴趣的。[1]

而往返于杭沪间的戴生昌和大东两家轮船公司则各有特色，"戴生昌系是旧式，散舱用的是航船式的，舱下放行李，上面住人，大东则是各人一个床铺，好像是分散的房舱，所以旅客多喜欢乘坐大东。价钱则是一样的一元五角，另外还有一种便宜的，号称'烟篷'，系在船顶上面，搭盖帐幕而成，若遇风雨则四面遮住，殊为气闷，但价钱也便宜得多，只要八角钱就好了。普通在下午四时左右开船，次日走一天，经过嘉兴、嘉善等处，至第三天早晨，那就一早到了上海码头了"[2]。

苏州、杭州、无锡、嘉兴等城镇，因此与前述宁波、南京、镇江等构成以上海为中心的江河海航运体系的主要支点，成为转运江南各地客货的集散点。如1900年的嘉兴，"轮船公司有二，曰戴生昌，曰大东公司。此二公司，每日往来轮船于杭苏申间，运搬货客。此余嘉兴硖石间，有萃顺昌公司、合义公司，其轮船发硖石到嘉兴，更发嘉兴到上海。又有平湖县通松江府之轮船，间日发两地。又有嘉兴南浔间轮船，间日往来。前记各水路，随小轮船往来频繁，商业自旺盛"[3]。其中，萃顺昌的1艘轮船，"上海开往硖石，路过嘉兴、王店等处，每逢三六九日自申往硖，一四七自硖回申"；因来往乘客多，自1900年11月22日始，"添开轮船一只往来硖石，每逢一四七日自申往硖，三六九日自硖回申"。[4]

1902年，又有德商华新洋行小轮船公司在上海设立，"自备坚固小火轮数艘，每逢单日来往，专走上海、嘉兴、硖石、平湖、乍浦等埠，雇用快船搭客附拖"。1905年，大东轮船公司亦新开上海硖石班轮，"每逢单日下午四点钟两头开班，风雨无阻，路经嘉善、嘉兴、王店三处，均设分局"。[5]江苏吴江县平望

---

[1] 周作人：《知堂回想录》，安徽教育出版社2008年版，第49—50页。
[2] 周作人：《知堂回想录》，第53页。
[3] 聂宝璋等：《中国近代航运史资料》第2辑，第229页。
[4] 《中外日报》1900年11月27日。
[5] 《中外日报》1902年12月15日，1905年9月22日。

镇，稻米运销也因江河海航运的衔接而发生相应变化，原先多经由内河输运，此时则"多运白籼至上海由轮船装往闽广、天津，此又今昔情形之不同也"[1]。1918年，在华日本人的《大运河调查报告书》载："平望不过是一个有数千人口的小镇，但因北通苏州、南通嘉兴、西通湖州、东通上海，是各条运河的中心，乘客上下、货物集散量不小，加上周围出产大米和蚕茧不少，因而这些产品的外运量也不小。在水道各处停泊的民船，大小合计有百数十只。"[2]

这类乡镇又成为整个城乡运输网络中，沟通与周边农村联系的节点。浙江平湖县，1896年有王升记轮船局设立，"自平湖至上海每日往来，禀请专利十五年。是年冬，增海盐、硖石航线，次年又增嘉兴、新塍、乌镇航线"[3]。以后，还有上海多家轮船公司的长途班轮途经和停靠平湖。

表2-4　途经和停靠平湖的部分长途班轮航线

轮船公司名称	船　名	行驶线路	创办年份
时和轮船公司	不详	上海—嘉兴	1916 年 8 月
招商内河轮船公司	新飞马	嘉兴—海盐	1916 年 9 月
嘉懋轮局	路迪马	上海—杭州	1917 年 9 月
凌季记	大东	上海—双林	1918 年 12 月

资料来源：上海社会科学院中国城市史研究中心、浙江省嘉兴市南湖区大桥镇人民政府合著：《浙北一座名镇的兴起——嘉兴大桥镇社会变迁》，第105页。

浙江湖州吴兴县，20世纪30年代有6条通往上海、杭州、苏州等地的定期班轮航线，即驶往上海的湖申线、驶往苏州的湖苏线、驶往杭州的湖杭线、驶往无锡的湖锡线、驶往嘉兴的湖嘉线、驶往长兴的湖长线。其下"吴兴各大镇市，如南浔、旧馆、织里、菱湖、袁家汇、双林、乌镇以及其他较大乡村，各有定班航船直通附近各村。船系木制，一二人搬橹，可坐十余人。……每日开行一二班不等，视航途远近而定，大约每晨由各乡村开船来镇，中午由镇返船；每日均有定时，来往尚称便利[4]。"其中的丝业重镇南浔，航运交通尤为兴旺。1921年

---

[1] 光绪《平望续志》卷1，疆土，风俗。

[2] 冯天瑜等选编，李少军等译：《东亚同文书院中国调查资料选译》，社会科学文献出版社2012年版，第1361页。

[3] 民国《平湖县续志》卷1，建置，交通。

[4] 中国经济统计研究所编：《吴兴农村经济》，1939年版，第7、132页。

的《浔游小志》描述南浔："东通苏省，西达湖杭，为轮航必经之道。每日有苏杭湖嘉各轮周番经此，不下二十余次。更有驶赴各镇之夜航快船又约百余。往来行旅，每日可三万余人。"[1]江苏昆山县巴城镇，有分别驶往上海、苏州、常州、昆山等地的各类班轮，为便于辨识各条航线，各自都有名号，如沪锡、沪常、浒昆、张昆、常昆等航船。[2]

内河航运工具的改进即轮船的运营和航线的拓展，连同原先就有的众多大小木帆船的输运，进一步密切了长江三角洲地区城乡间的经济联系。太湖岸边的宜兴、荆溪，"百二十里达于常州府，百五十里达于无锡，西至溧阳九十里，东至浙江湖州府百四十四里，虽一苇可杭，顾风雨不时，往往停顿，或因以裹足。自光绪二十九年以后轮船通行，常、锡、溧阳、乌溪、湖州均即日可达，从此征帆如驶，商业日增，土产流出殆难数计，物价由兹骤昂，风俗因而滋侈，回溯光绪初年景象，未可同日而语矣"[3]。1907年，崇明富商王清穆集资创办了朝阳轮船公司（后改称崇明轮船公司）并任董事长，在上海求新造船厂购造"朝阳轮"，首开崇明与上海间的轮船航班[4]；其经营"沪崇间行轮逾十年，以此船为较大，而速率亦较胜"[5]。

民国初年，松江县的脚划船从清末的40多艘增至百余艘，除了从松江县城到县域内各乡镇的定期航班，还开设了到上海、朱泾、张堰、青浦等地的定期航班，均可当天往返。此外，还有一些小型脚划船停泊在县城河边，可随时供人雇用。[6]1914年出生于青浦的杨宽忆述："长途航行的内河小轮船，从朱家角出发，经青浦县城和白鹤江镇，沿着大盈港和吴淞江直达上海。隔天这只小轮船再从上海出发沿原路回来，带有较多行李和商品的旅客都是搭乘这种内河小轮船。"[7]

1922年，崇明富商杜少如与上海实业家姚锡舟等集资12余万银圆，开办永裕轮船公司，向上海合兴造船厂购置500吨级轮船1艘，取名"大运轮"，行驶

［1］陆剑等辑录：《留下南浔的脚印：民国报刊涉浔文图选辑》，浙江摄影出版社2015年版，第13页。

［2］民国《巴溪志》，交通。

［3］民国《光宣宜荆续志》卷1，津梁。

［4］南通市政协学习、文史委员会编：《张謇的交往世界》，中国文史出版社2011年版，第151页。

［5］王清穆著，周惠斌等整理：《农隐庐文钞》（崇明历代文献丛书），上海社会科学院出版社2015年版，第267页。

［6］张汝皋主编：《松江历史文化概述》，上海古籍出版社2009年版，第95页。

［7］杨宽：《历史激流：杨宽自传》，（台北）大块文化出版股份有限公司2005年版，第20页。

于上海与崇明之间；1928 年，又以 18 万银圆添置快轮 1 艘，定名"大连轮"，亦投放沪崇航线。[1] 同年，崇明轮船公司从上海求新造船厂添购一艘客轮，取名"天赐轮"，投运沪崇间；后又从香港购置一艘客货两用轮，取名"天佑轮"，也用于崇沪航线。[2] 1932 年在上海县的实地调查：

> 水路则轮船行驶浦江者，有闵南、平沪、沪张三轮船公司。闵南、平沪两轮船，均自上海起，经王家渡、塘口、杜家行、闵行、洙泾、新埭，至浙江之平湖止，航线长约一百八十里。沪张轮船，自上海起，经闵行、松江，至金山县张捻止，航线长约一百余里，交通最称便利。[3]

成书于 1936 年的《江苏六十一县志》称："内河小轮则集中于上海、南京、镇江、吴县、无锡、武进诸处，各城市乡镇除偏僻不通水道者外，几于皆有小轮定期开驶。民船尤多，到处可通。"[4] 1937 年抗战爆发前，上海市内河轮船商业同业公会有会员 30 余家[5]。

上海县陈行、题桥、塘口三镇："航船逐日往返上海者，陈行两艘，题桥、塘口各一艘。由周浦往返松江，道出本乡者四艘。光绪季年，闵南公司创办内河小轮，往来上海及松江、平湖等处，道经塘口，初则暂泊浦面，以小舟接载旅客，风涛殊险，后就塘口市北公地建筑轮埠，人始称便。"[6] 1902 年的松江县，"松沪来往小火轮向来止有一艘，间日开往。现（即 1902 年 7 月 3 日——引者）经永利公司商人于本月廿三日添开一艘，逐日往来，从此商旅又增一便"[7]。因客源踊跃，1905 年戴生昌增开上海至闵行、松江、平湖间班轮，"逐日上午十点钟由申开往闵行、松江、平湖等处，午前十点钟由平湖开回上海，特备坚固小轮拖

---

[1] 崇明县档案馆等：《话说上海·崇明卷》，上海文化出版社 2010 年版，第 156、157 页。

[2] 南通市政协学习、文史委员会编：《张謇的交往世界》，第 151 页。

[3] 南京图书馆编：《二十世纪三十年代国情调查报告》，凤凰出版社 2012 年版，第 258 册，第 367、368 页。

[4] 民国《江苏六十一县志》上卷，江苏省总说，交通。

[5] 董婷婷等整理：《上海市内河轮船商业同业公会调查抗战期间船舶损失档案选》，《上海档案史料研究》第 18 辑，上海三联书店 2015 年版，第 285 页。

[6] 民国《陈行乡土志》，第 37 课，交通。

[7] 《中外日报》1902 年 7 月 3 日。

带锡纲式快船，一泊南市永盛码头，一泊铁大桥西埭本局码头"。[1]

浦东南汇县，"浦江轮船停泊王家浜、闸港口者，皆属于闵南轮船局。至光绪二十九年，闸港始有轮船驶入，其航线自浦东第一桥而东，过鲁家汇、航头，以达新场西市，间驶至邑城南门外，终以水浅行缓，不久即止。于是邑城及大团、三墩之趁轮者用民船接送，皆以新场为枢纽。初止新昌公司之新丰船，至宣统三年有协昌公司之吉安船。两公司分双单日开轮赴上海。后新昌又增一艘，与协昌同日竞驶[2]。"宝山县高桥乡，"僻处浦东，至沪交通全恃舟楫，惟帆船迟缓，行驶多感不便，同兴、和记两轮乃应时开驶轮渡"。后又合并为同济和轮船局，航线自高桥天灯口起至上海铜人码头止。[3]

1913年2月，杜锦祥、连锦棠等人集资在川沙设立协昌小轮公司，"租新吉利小轮拖带无锡快船，每日上午九时由川沙鼓轮，经由本邑（指川沙县——引者）三王庙、陈推官桥，南邑（指南汇县——引者）徽州店、牛角尖、北蔡，上邑（指上海县——引者）严家桥、六里桥，而至上海，停泊董家渡。下午二时，由上海循原路驶回川沙，停泊西门外吊桥南首，平均载客五六十人"。次年因客流量大，又集股增资扩组大川小轮股份有限公司，添置船舶，"逐日两轮，一由上海驶至南汇，一由南汇驶至上海，皆绕道川沙，而在上海仍泊董家渡，南汇泊于东城外吊桥。其路线所经停船搭客地点，为南汇、四团仓、祝家桥、六团湾（以上均南境）、川沙、三王庙、陈推官桥（以上均川境）、徽州店、牛角尖、北蔡（以上又均南境）、严家桥、六里桥、上海董家渡（以上均上境）。上海上午九时开行，下午七时到南汇。南汇上午七时开行，下午五时到上海"。载客多者400余人，少者100人以下。1915年2月，又有"南汇凌季潭等在上海以平安公司名义，加入老公茂轮船局，试行大北汽油船，继又添驶裕和小轮，逐日轮流来往，其南汇至上海路线与大川同"。[4]同年11月4日《申报》载：华商裕新号的"裕和""裕安"2艘轮船"均起上海迄湖州，经过浦东、川沙、南汇、松江、平湖、嘉兴、硖石、海宁等处"。

晚清以来，即使对上海周围众多小城镇来说，河道通塞或交通条件的变革，

[1] 聂宝璋等：《中国近代航运史资料》第2辑，中国社会科学出版社2002年版，第1353、1354页。
[2] 民国《南汇县续志》卷22，杂志，遗事。
[3] 民国《宝山县再续志》卷6，实业志，工商业。
[4] 民国《川沙县志》卷7，交通志，舟车。

也是直接影响其发展进程的主要因素。前者如嘉定县纪王庙镇，"在吴淞江南，与青浦接壤，俨傀浦经流镇中，市街南北二里强，东西二里弱，大小商店二百余家，以大街中市及林家巷最热闹，布商、靛商向为各业最，今靛业衰落，布业亦不如昔，贸易以棉花、蚕豆、米、麦、土布、蔬类为大宗，每日晨昼两市，市况以俨傀浦、吴淞水道之通滞为盛衰"[1]。

具体考察，河道通塞与晚清以来江南小城镇兴衰的关系，主要有以下几种表现。

其一，因河道淤滞而渐趋衰落。青浦县小蒸镇，"自宋、元以来，文人蔚起，为一邑望，铺户毗接，商贩交通。国朝道、咸间，河道淤塞，市廛日衰"。宝山县新兴镇，"又名新镇，在罗店镇之东南十二里，与月浦接壤，光绪初年，只茅屋三、四家。该处跨马路河有木桥一座，一日雷击桥栏，迷信者谓可以医疾，有僧人借以集资，其后建庙造桥，居户渐多，今有小木行一家，南货、布庄、药铺、茶、酒等店十余家，日昃后赶集颇盛，近以马路河淤塞，货船渐少，市面稍衰"[2]。其特点是，大多地处上海远郊，又偏离主干河流，河道通塞基本上放任自流，乏人关注。也有因地理环境变化，不复往日之盛者，浦东高桥"清浦港绕其北，有东行、西行、中市、北行之别，故居人总谓之行，早市热闹，惟以棉花、布、米为主，向时特盛，今因旧城坍没，东海日逼，镇亦渐觉衰颓矣"[3]。

其二，因航道疏浚或顺畅而日渐兴盛。松江县张泽镇，"因烂泾深阔，时舟楫往来，遂成市集"[4]。上海县漕河泾镇朱家巷，"县治西南二十四里，西属华亭，市临春申塘港，道咸间市商寥落；同治时，开浚是河，客商渐集，市亦渐盛"[5]。毗邻的梅家弄市，亦是"道光以前不足言市，同光以来日见其盛，今不亚于漕河泾"[6]。宝山县大川沙口，"其地向无市面，仅有二、三店铺，以便行人休息，解渴疗饥。清光绪元年，浚大川沙河，舟楫往来，交通便利，居民筑室海塘上，开张店肆，以有易无。市分南北，北市较胜南市，中有大川沙桥（俗名马桥），东

[1] 民国《嘉定县续志》卷1，疆域志，市镇。
[2] 宣统《蒸里志略》卷1，疆域上，镇市；民国《宝山县续志》卷1，舆地志，市镇。
[3] 光绪《江东志》（上海乡镇旧志丛书），上海社会科学院出版社2006年版，卷1，地理志，市镇。
[4] 同治《张泽志稿》（上海乡镇旧志丛书），上海社会科学院出版社2005年版，镇市。
[5][6] 民国《二十六保》（上海乡镇旧志丛书），上海社会科学院出版社2006年版，卷1，镇市。

设栏杆焉"。南汇县泥城镇，"自光绪初元有张锦之，朱曾三先后建屋于城中心之横港西岸，于是商贩纷至，蔚成市镇，是为横港镇。后又展拓往北，跨港而东，有陆姓等建廛，面西列肆，总计南北延袤二里余，间有断续处，而有衙署（旧粮署），有善堂（纯阳堂），有学堂（发蒙小学，以旧义塾改），有工厂，市廛栉比，百业完备。殷实大户多在东西两岸，为泥城菁华所萃"[1]。

其三，因地处水路要冲而繁盛依旧并有新的发展。1887年在沪游历的日本人宗方小太郎描述嘉定南翔镇："此地当沪苏嘉邑之通衢，水陆之要冲也。人烟一千余，买卖颇盛。商铺不少，日用之饮食器具皆可就其办用。市镇南北长，东西短，几为曲尺形。嘉定县县丞一员常驻此地，掌管市政云。"[2]宝山县杨行镇，"清光绪间，至吴淞有舢舨候潮来往，专运淞沪间杂货、油、酒、豆饼等类。至南翔、罗店等有航船，专运锡箔、纸货、烧酒等货。至民元，有班船，船主多绍兴帮，不候潮水，船夫均刻苦耐劳，不论风霜雨雪，按时开行，淞沪、南翔、罗店、嘉定各路多通，商家称便"[3]。青浦县朱家角镇，水路通达，较之县城更热闹。1974年在华游历的日本人曾根俊虎先至青浦县城，但见"城墙之构造高二丈余，以石为基础，余皆砖砌。城墙上面按照中国固有筑城法，呈凹凸之形，处处开有小炮之门。城外人家稀少，不见买卖之繁荣"。继而"船到名叫朱家角的地方抛锚停泊，此地虽没有城郭之设，与前面之青浦相比，人户稠密，买卖亦有繁荣之景象"。[4]青浦县练塘镇，"滨湖接荡，四面皆水，为吴越分疆之要点，松沪西北之屏藩。明季之剿倭寇，清季之御粤寇（诬指太平军——引者），盖尝先后鏖兵于此。镇市居民稠密，百货俱备，水栅东、西、北各一，南二，镇东太平桥，左右为米市，上海米舶及杭、湖、常熟之来购米谷者多泊焉。镇东新街至轿子湾，西界桥至湾塘，每早市，乡人咸集，舟楫塞港，街道摩肩，繁盛为一镇之冠"。上海县陈行镇，"塘口地滨黄浦，船厂最多，夏间帆船聚修于此，市面为之一振。舟行候潮，皆寄泊港口，港内有税务分所（前清名抽厘分卡），以征往来商货"[5]。

---

[1] 民国《盛桥里志》卷3，礼俗志，风俗；民国《南汇县续志》卷1，疆域志，邑镇。

[2] 〔日〕宗方小太郎著，甘慧杰译：《宗方小太郎日记（未刊稿）》，上海人民出版社2016年版，第5—6页。

[3] 民国《杨行乡志》卷8，交通志，航行船舶。

[4] 〔日〕曾根俊虎著，范建明译：《清国漫游志》，中华书局2007年版，第349页。

[5] 民国《章练小志》卷1，形胜；民国《陈行乡土志》第四课，市镇。

南汇县苏家桥镇，"地处周浦、召家楼、三林塘之适中，有航船可达松江等处"；太平桥镇，"镇西北有彭家渡轮埠，闵行轮船往来上海，朝夕停泊，故交通尚便"；杜家行镇，"跨王家浜为市，东西横街长约里许，南北街仅四之一，大小商店约百余家，内以杨恩桥迆南迄南栅口即景星街，迆西迄土地堂桥即庆云街，最称热闹。西越黄浦距上境塘湾镇，西北距上境塘口镇，南距邑境闸港口镇，均约六里，为沿浦市集之最大者。水陆交通，贸易兴盛，浦口设有轮埠，往来申沪尤便"。[1]奉贤县城"西门外，停泊船只甚多，信局航船日必一至。信局可通新场以及上海，航船可通南桥以及松江，故客货往来交通甚便"。该县青村镇，"在泰日乡南，居奉贤县中心，市况极盛。东到四团镇三十里，西到庄行镇三十四里，水运畅通。程伟渔、程伟杰昆仲在此创办实业，颇为蒸蒸日上，尤以程恒昌轧米厂闻名遐迩。每届籴谷时期，晒谷场延长里余，真属罕见"[2]。

此外，清末内河小轮船的运营，推动了一些小城镇的崛起。金山县枫泾镇，"道光以后，泰西各国通商，麇集沪渎，枫泾为沪浙出入孔道，轮舶往来晨夕无闲"[3]。南汇县闸港口镇，"为邑西南境门户，向来商店寥寥，近自轮舶通行后，商市大增，百货都有"[4]。上海县陈行，"本乡航船逐日往返上海者，陈行二艘，题艘、塘口各一艘。由周浦往返松江，道出本乡者四艘。光绪季年，闵南公司创办内河小轮，往来上海及松江、平湖等处，道经塘口。初则暂泊浦面，以小舟接载旅客，风涛殊险。后就塘口市北公地建筑轮埠，人始称便"[5]。地处上海南北两北两翼内河船只进出港要道的闵行、黄渡，客货船过往频繁，如"闵行为沪南通衢，各货以上海为来源，杭、嘉、湖等属为去路，通过居多"[6]，城镇经济活跃，"有小上海之称"[7]。《上海乡土地理志》记述："闵行为本邑首镇，地当水陆之

[1][4] 民国《南汇县续志》卷1，疆域志，邑镇。

[2] 宣统《乡土地理·航路电线》，《奉贤县志》（上海府县旧志丛书），上海古籍出版社2009年版，第694页；民国《奉贤县志稿》卷10，地方区域志。

[3] 宣统《续修枫泾小志》卷1，区域，形胜。

[5] 民国《陈行乡土志》（上海乡镇旧志丛书），上海社会科学院出版社2006年版，第37课，交通。

[6]《匡凤逵洪锡范厘捐调查报告（1911年）》，章开沅等主编：《苏州商会档案丛编》第1辑，华中师范大学出版社1991年版，第875页。

[7]《上海特别市各区农村概况》，原载《社会月刊》第2卷第5—11号（1930年11月至1931年5月），转引自李文海主编：《民国时期社会调查丛编（二编）·乡村社会卷》，福建教育出版社2009年版，第463页。

冲，户口殷阗，商业繁盛，距县治约六十里许。地产棉花多于粳稻。风俗素称朴实，近亦渐趋浮靡。水道有小轮，陆路有汽车，交通颇便。"[1] 1928 年的实地调查载：

> 陆有沪闵长途汽车往来其间，水有轮船行驶浦江，虽无火车、电车等设置，而汽车、汽船、人力车等络绎不绝，交通便利，邮电信件瞬息可达，闵行镇市廛栉比，工业振兴，商贾辐辏。[2]

浦东杨思的周家渡至浦西的董家渡，"有小轮往来，为南柘公司所设立；距周家渡里许，有白莲泾镇，镇中船埠甚多，缘该镇为入浦之孔道"[3]。浦东三林乡，"王家渡南，有浦益轮埠，民国五年招股建筑，由闵行至上海之小轮，至必停泊"；塘口镇，"街之西北浦滨，光绪三十三年建四达小轮船埠。南滨塘者名河南，即塘之北滩，茶馆、糖食店、竹行等之所在"；周浦镇，"街道回复，绵亘四五里。其东西街夹碱塘，南北街夹周浦塘。民居稠密，为南邑巨镇"[4]。浦东高行区，"自上海英租界南京路外滩俗名铜人码头，乘市政府公用局渡轮，不到一小时即可达本区之东沟镇"[5]；二区五团乡大水桥船埠，"接送上川南汽车、轮船外，长班轮船二艘，转运航船六艘，均达上海船埠"[6]。位于上海远郊的朱家角镇，也因内河小轮船的开通而闻名遐迩。位于上海远郊的朱家角镇，也因内河小轮船的开通而闻名遐迩，清末民初时商业之盛已列青浦县之首，为周围四乡八里农副产品集散地。抗日战争前，镇上商贾云集，以北大街、大新街、漕河街为商业中心，从一里桥元号油厂至东市街梢，街长 3 华里多，店铺林立。[7]

---

[1] 民国《上海乡土地理志》第九课，闵行。

[2]《上海特别市各区农村概况》，转引自李文海主编：《民国时期社会调查丛编（二编）·乡村社会卷》，第 463 页。

[3]《上海特别市各区农村概况》，转引自李文海主编：《民国时期社会调查丛编（二编）·乡村社会卷》，第 452、453 页。

[4] 民国《三林乡志残稿》（上海乡镇旧志丛书），上海社会科学院出版社 2006 年版，卷 1，地名。

[5] 民国《上海特别市高行区概况》（上海乡镇旧志丛书），上海社会科学院出版社 2006 年版，交通。

[6] 民国《二区旧五团乡志》（上海乡镇旧志丛书），上海社会科学院出版社 2006 年版，卷 3，建设。

[7] 上海市档案馆编：《上海古镇记忆》，东方出版中心 2009 年版，第 146、147 页。

二、陆路交通

（一）铁路

铁路在 1825 年创行于英国。十余年后，有关铁路、火车的知识通过来华的外国人传入中国。鸦片战争前后，由林则徐主持编集的《四洲志》和魏源的《海国图志》，都曾提到火轮车和铁路，表现出对它们的兴趣。太平天国期间，洪仁玕在《资政新篇》中明确提出，在倡设近代工业的同时，推行近代交通运输业，其中包括仿造外国的火轮车，表示了对建设铁路的积极态度。

上海所在的长江三角洲，因其执近代中国经济牛耳的地位，是铁路最先动议和兴建之地。1849 年 7 月，在广州出版的英文《中国丛报》就刊文称："中国国内贸易外国人了解得少，显然它的数量一定很大，它的分支遍及全国，如果有任何办法（从上海）修建两条短短的铁路，一头扩展到杭州，一头扩展到苏州，在那两个城市中如果再允许外国人自由访问和贸易，那么上海的国际和国内贸易就会同时在大得多的幅度上进行。"[1]第二次鸦片战争后，就有外商将此付诸行动，最早的是在沪的美商琼记洋行。1859 年 4 月，该行老板曾通过美国驻华公使华若翰向清朝政府提出修造一条上海苏州间约 60 英里铁路的计划，遭清朝政府的拒绝。

时隔三年，筑路计划再次提出。1862 年，包括琼记在内的上海 28 家洋行共同签署了首先由上海英商商会向英国当局提出的一项建议，其中提到为在整个中国不受限制地进行贸易，必须不断地施加压力，迫使清朝政府给予外商通向内地的特权。随后，这些洋行联名向江苏巡抚李鸿章申请成立"苏州上海火车局"，要求修筑沪苏线铁路。尽管这项联合提出的申请较之琼记独家倡议来得有力，但仍遭拒绝。李鸿章认为铁路只有由中国人自行管理，才会对中国有利，而且民众对于因筑路而被夺去铁路也一定会非常反对。这个计划也因此作罢。[2]

但是，事情并没有结束。1865 年，一些和对华贸易有关系的英国商人在伦敦

---

[1]　汪敬虞：《十九世纪西方资本主义对中国的经济侵略》，人民出版社 1983 年版，第 435 页。
[2]　聂宝璋：《聂宝璋集》，中国社会科学出版社 2002 年版，第 50 页。

成立了中国铁路有限公司，筹划修建上海至苏州的铁路。这次的计划比较详细，拟议中的铁路以上海苏州河桥为起点，取道吴淞、嘉定、昆山，到达苏州大东门外，先铺设单轨，准备投资214万两，预期每年能获利7.5%即17000两。但这个计划很快就发生变化，同年以英商怡和洋行为主，在上海成立了吴淞道路公司，计划修筑上海至吴淞的铁路，也就是原先筹划的上海至苏州铁路的起始段，以方便上海港进出口货物的运输，仍遭清朝政府的拒绝。[1]

1872年，旧话重提。美国驻上海副领事布拉特福在美国驻华公使和美国国务院的支持下，组织吴淞公司，开始进行修筑铁路的准备。不久因经济困难，布拉特福把公司转让给资金雄厚的英商怡和洋行，由后者组织名义上由英美合资，实际以英商为主的吴淞铁路公司。此后，由英国驻上海领事麦华陀出面以修筑"一条寻常马路"为由，向上海地方当局提出购买上海至吴淞间筑路所需土地的要求，获取了征地权，随即开始铺设路基。接着，麦华陀又致函上海道台，将运抵的铁路器材谎称"供车辆之用"，获准运入。1876年1月路基铺成，开始路面工程，2月14日通行运料车，6月30日上海至江湾段试车成功，7月3日正式通车运营。《申报》记者登车而行，观察了沿途乡民的反应，并以《民乐观火车开行》为题有生动的描述：

> 此处素称僻静，罕见过客，今忽有火车经过，既见烟气直冒，而又见客车六辆皆载以鲜衣华服之人，乡民有不诧为奇观乎？是以尽皆面对铁路，停工而呆视也。或有老妇扶杖而张口延望者，或有少年荷锄而痴立者，或有弱女子观之而喜笑者，至于小孩或惧怯而依于长老前者仅见数处，则或牵牛惊看似作逃避之状者，然究未有一人不面带喜色也。[2]

吴淞铁路的修筑和首段告成，招致清朝政府的强烈反应。经交涉，英美最终接受了中方"给价买回"和"另招华商股本承办"的方案，同意由中方赎回吴淞铁路。1876年10月，中英双方签订了《收买吴淞铁路条款》，由清朝政府用28.5万两白银赎回吴淞铁路，一年之内付清。在此期间，仍由吴淞铁路公司行车营

[1]〔英〕肯德著，李宏等译：《中国铁路发展史》，三联书店1958年版，第4—8页。
[2]《申报》1876年7月10日。

业。该条款订立后，吴淞铁路公司继续向吴淞方向筑路。1876 年 12 月 1 日，这条从上海到吴淞长约 15 公里的铁路全线通车。1877 年夏秋间，一年期满，清朝政府在交付赎金后，拆毁了这条在中国最早出现的铁路。

英美之所以接二连三地图谋首先在长江三角洲修筑铁路，主要是着眼于这里所具有的巨大商机。事实也证明，吴淞铁路在运营不到一年的时间里，获利丰厚，"从 1876 年 12 月 1 日至 1877 年 8 月 25 日，共运客 16 万多人次，平均每英里每周可赚 27 英镑，与英国国内铁路的利润率相当"。如果再加上货运，则赢利更多。丰厚的利润，驱使外商乐此不疲。其次，则是旨在借此稳固并扩大其在华利益，如 1876 年英国驻沪领事商务报告所称"举办铁路和电报，乃是拯救贫困和挽救贸易衰微的唯一办法，乃是开发落后国家资源的一个手段"。[1] 长江三角洲再见铁路兴筑，是在 20 余年后的 19 世纪末 20 世纪初，主角是本国资本实业界人士。

1894 年的中日甲午战争和次年被迫签订的中日《马关条约》，使得民族危机空前深重，中国朝野"实业救国"呼声高涨，自建淞沪铁路被提上议事日程。1897 年，南洋通商大臣刘坤一奏请官费自办吴淞至南京的铁路，后获准先筑淞沪铁路，任命盛宣怀为铁路总办，于当年 2 月 17 日动工。此举引起列强的关注，1898 年 4 月 4 日，香港汇丰银行致函英国外交部："这条位于上海、苏州和南京之间的拟议中的铁路，引起了我们的特别注意。该铁路将经过中国最富庶、人口最多的区域。它的修筑将有助于中国的开放，而且当该铁路确实证明有利可图的时候，它还会极大地刺激类似企业向其他有利于英国贸易的方面扩展。"[2] 1898 年 8 月，淞沪铁路通车至蕴藻浜，次年冬筑至吴淞炮台湾，全线通车，长 15.87 公里。设有宝山路、天通庵、江湾、高境庙、张华浜、蕴藻浜、吴淞镇、炮台湾等车站，主要办理客运。上海始发站原在河南北路塘沽路口，后因扩建马路移至宝山路。[3] 据 1930 年代初的记载，淞沪铁路每天往返有 60 车次[4]。

1903 年，中英银公司取得沪宁铁路借款权，开始着手筹建。次年动工，至

---

[1] 马长林等：《吴淞铁路的拆除及其影响》，《档案与史学》2002 年第 3 期。

[2] 吴乃华摘译：《英国议会文件有关瓜分狂潮列强争夺中国铁路权益资料选译》，《清史译丛》第 6 辑，中国人民大学出版社 2007 年版，第 150 页。

[3] 上海市档案馆编：《上海古镇记忆》，东方出版中心 2009 年版，第 61 页。

[4] （民国）倪锡英：《上海》，南京出版社 2011 年版，第 42 页。

1908 年 3 月 29 日全线竣工，4 月 1 日正式通车，大大便利了彼此间的客货往来。此前，上海至苏州间已先期通车。1906 年 7 月 16 日，张謇记述："沪宁铁路行开车礼，九时自沪行，十一时半至苏。"[1] 沪苏间的交通较前更为便捷，"查苏州商市行情涨落，大致悉依上海市价为准，苏沪商业一气联络。《新闻日报》、《申报》各载省商务类志一项，所有商货行情随时涨落，立即登报，朝发夕至。近今宁沪铁路火车开行，尤为捷速，是以一切市面与沪市不相上下。至于货产进出，均从沪地转运"。[2] 上海境内真如、南翔、安亭等车站附近的村镇，商业活动亦呈活跃，真如镇旁的"杨家桥（镇北三里）前本荒村，以邻近车站，且设有商埠、警察派出所，故商铺续增，渐形热闹"[3]；南翔镇，"距沪宁铁路车站两里，宣统初建筑马路，自南街迤西直达车站，交通极便。云翔寺前东街、南街最繁盛，大小商铺四百数十家，晨间午后集市两次，往昔布市绝早，黎明出庄，日出收庄，营业甲于全邑。近年贸布多在昼市，销路又为洋布所夺，所业遂不如前。大宗贸易为棉花、蚕豆、米麦、土布、鲜茧、竹木、油饼、洋纱、鱼腥、虾蟹、蔬笋之属亦饶。自翔沪通轨，贩客往来尤捷，士商之侨寓者又麇至，户口激增，地价房价日贵，日用品价亦转昂，市况较曩时殷盛"[4]；安亭镇，"北距沪宁车站三里，交通便捷，市况较前兴盛"[5]。有的村镇则因铁路开通后，乡村交通格局的变更而趋冷落，上海县江桥镇，"为上海、嘉定水陆交通要道，市面虽不甚旺，而环镇村落实视此为中心点，乃自（沪宁）铁路开行以来，绕越镇东，要道变为僻径，顿失过客买卖之利"[6]。

通车的第一年，沪宁铁路运载旅客 325 万人次，收入为 138.5 万元。1910 年乘客数增至 425 万人次，收入为 170 万元。1911 年，收入再增至 200 万元。受沪宁铁路借款权被英商攫取的刺激，江浙地区一些士绅和实业界人士等决意筹集资本，自主修筑铁路。次年 4 月，张謇发起成立江苏铁路公司。1906 年，浙江方面率先修建杭州至嘉兴段铁路。次年 4 月，在张謇的主持下，上海至嘉兴段也开工兴建。[7]

---

[1] 李明勋等主编：《张謇全集》，上海辞书出版社 2012 年版，第 8 册，第 631 页。
[2] 章开沅等主编：《苏州商会档案丛编》第 1 辑，华中师范大学出版社，第 202—203 页。
[3] 民国《真如志》卷 3，实业志，商业。
[4][5] 民国《嘉定县续志》卷 1，疆域志，市镇。
[6]（清）李维清纂修：《上海乡土志》，第 17 课，江桥。
[7] 丁日初主编：《上海近代经济史》第 2 卷，上海人民出版社 1997 版，第 339—340 页。

沪嘉杭铁路的修建，其意义不仅在于唤醒了国民的利权思想，从外人手中争回了路权；而且在于它把实业界的视线引向了铁路，以与列强对中国路权的攫夺相抗衡。沪杭铁路资本以商界为大宗，商界的投资又集中在杭州、嘉兴、湖州、宁波、绍兴五府，皆浙江工商业相对发达地区，其中宁、湖二府尤多富商。宁波府的商人多以上海为营业基地，上海集中了约3万名宁波商人，号称"宁波帮"。他们以经营钱庄、银号为主，兼营洋药、五金等业，"其大者往往拥数百万金之资产，每年为二三百万之买卖"。[1]

由江浙两省商办铁路公司集资兴筑的沪杭铁路，是近代中国以民族资本独立建成的主要铁路干线，其中上海的投资起了至关重要的作用。按照当时的预估，修筑1公里铁路，至少需要投资4万元，相当于一家中小型企业的投资，沪杭铁路全长200余公里，包括站线在内，至少需要1000万元以上的投资，因此江浙两省铁路公司都把争取上海的投资视为公司资本的重要来源，确定了"筹集股款自以沪上巨商为大宗"的筹款方针。

由于江浙两省铁路公司的成立得到上海商界的大力支持，上海的投资又在两省铁路公司中占有极大比重，所以这两家铁路公司在组织形式上也有别于省内的一般企业，江苏铁路公司设总公司于上海，在苏州设分公司；浙江铁路公司虽把总公司设在杭州，但在上海专设分公司，并将每年一届的公司股东常会轮流在沪杭两地举行。沪杭铁路全长210公里，其中浙路公司筑140公里，苏路公司筑70公里，总计占当时全国商办铁路通车里程的三分之二。

有学者仔细研究后指出："倘若没有上海的投资，这条铁路的修筑是不可想象的。"而投资于江浙铁路公司的上海人，尽管有典当商、木材商，但居于主导地位的，是与进出口贸易有关的生丝、洋货、五金、药材等行业的商人，以及与上海人口骤增相联系的粮食商。这些商人因其所从事的行业与近代经济接触较多，成为他们投资近代企业的一大动因。他们所选择的地区，除上海外，往往是其籍贯所在的家乡，来自江浙两省的商帮是上海商界中实力最强者，"这就在一定程度上使江浙两省成为上海向外投资的重点地区"。[2]

---

[1] 详见闵杰：《浙路公司的集资与经营》，《近代史研究》1987年第3期。
[2] 闵杰：《清末上海对沪杭铁路的投资》，《上海研究论丛》第9辑，上海社会科学院出版社1993年版。

历时两年多，1909 年 5 月 30 日沪嘉段（上海至枫泾）举行开车典礼。当时在华的日本人记述："目下仅上海与松江之间通车，但一天车票收入不下六百元。每到周日，因游客多，一天可收入一千元。将来通到杭州，其收益更为可观而有余。"[1] 次月，杭嘉段（杭州至枫泾）通车。同年 8 月 13 日，沪杭铁路全线正式通车。经邮传部派员考核，全线共有 15 站，全长 331.2 华里，桥梁 144 座，涵洞 14 处，水管 113 处，机车 43 台，工程造价低、质量优，为全国商办铁路之冠。[2] 清末乡土文献载："光绪丁未，由沪至杭创筑沪杭铁路，枫泾设站，火车通行较轮船尤捷。"[3] 原籍青浦县朱家角镇的实业界人士蔡承烈，"以铁路营业重在转输，珠街阁（即今朱家角——引者）产销米、油额甚巨，谋自松江筑支路至镇，展拓至安亭，与沪宁接轨"，并"派员测勘路线，卒以河港纷歧，工程过巨，未果"。[4]

铁路的修筑，对沿线城镇民智的启迪影响颇大[5]。1909 年 8 月沪杭铁路全线通车，沿途观者如堵。当时的情景，身为杭州人的夏衍晚年曾有追忆："艮山门是杭州至上海的第一站。通车的第一天，整个杭州——包括沿路乡村都轰动了，我母亲也很高兴地带了二姐、四姐和我，背了条长板凳，带了干粮（南瓜团子），走了二里多路，到艮山门车站附近沿线的空地，排着队去看火车这个从来没有见过的'怪物'，沿线挤满了人，连快要收割的络麻地也踏平了。在盛夏的烈日下晒了两个多钟头，好容易看到一列火车从北面开来。隆隆的车轮声和人们的呼喊声溶成一片，这个大场面，尽管时隔七十多年，到现在依旧是记忆犹新。"[6] 沪杭铁路的开通，大大便捷了彼此间的交往，"原来从上海到杭州之间小轮船需要 20 多小时，而现在铁路只需要 6 小时就可到达"[7]。

沪杭铁路通车后的运营，时人曾有记述："1910 年秋行车次数，每日沪杭间

［1］ 李少军编译：《武昌起义前后在华日本人见闻集》，武汉大学出版社 2011 年版，第 251 页。

［2］ 汪林茂编：《中国近代思想家文库·汤寿潜卷》，中国人民大学出版社 2015 年版，第 602—603 页。

［3］ 宣统《续修枫泾小志》卷 1，区域，形胜。

［4］ 民国《青浦县续志》卷 24，杂记下，遗事。

［5］ 长江三角洲地区公路的兴筑，起步较晚。近代的公路，是以汽车这一新的机器动力车辆的使用为前提的。即使在上海，直到 1901 年才有汽车从国外引进，这一年上海出现 2 辆载客小汽车。19 世纪末 20 世纪初，随着租界的扩张和越界筑路，公共租界先后越界筑路达 38 条，法租界在 1900 年至 1914 年间越界筑路 24 条。与道路相应的是市中心区内连接苏州河两岸的桥梁的建设。

［6］ 夏衍：《懒寻旧梦录》（增补本），三联书店 2006 年版，第 10 页。

［7］ 丁贤勇等译编：《1921 年浙江社会经济调查》，北京图书馆出版社 2008 年版，第 71 页。

客运列车3对，定期货车1对，杭嘉间客货混合区间车1对，江墅间客货混合列车4对。行车最高时速为80华里。嘉兴杭州间快车行驶（包括停站）共为2个半小时（仅停硖、长、艮三站），各站都停的客车杭嘉间须行3个小时。"[1]

1916年，又建成上海站至新龙华间的铁路，联结了沪宁、沪杭两条铁路，形成贯通长江三角洲主要经济发达地带的交通干线——宁沪杭铁路。其具体经过，当事人曾有追述：沪杭甬铁路上海车站原设在南市，凡由沪宁路前往沪杭路各站的旅客，都须穿越租界到南市转车。1914年沪杭甬铁路收归国有，便着手筹划由沪宁路上海站筑联络线，"经由上海西站、徐家汇站至新龙华站与沪杭线衔接。此项工程于1916年完成。衔接之后，列车由沪宁路上海站可以直达杭州，旅客到达上海亦无转车之烦。同时将原有沪杭路上海站至新龙华站一段作为支线，并改沪宁上海站为上海北站，沪杭上海站为上海南站"。[2]

宁沪杭铁路的衔接，以及沿途各地较多车站的设立，使上海与长江三角洲各地城乡的联系更为密切。如沪杭铁路区段，全长约200公里，沿途共设有28个车站，平均不到10公里就有一个火车站，票价分为三等，可供选择。

表2-5 沪杭铁路沿线车站的设置

站 名	距上海北站的距离（公里）	票价（元）		
		头等座位	二等座位	三等座位
上海北站				
梵王渡	10	0.35	0.25	0.15
徐家汇	13	0.45	0.30	0.20
新龙华	17	0.60	0.40	0.25
龙 华	19	0.65	0.45	0.25
上海南站	24	0.80	0.55	0.30
梅家弄	21	0.70	0.50	0.30
莘 庄	26	0.85	0.60	0.35
新 桥	33	1.10	0.75	0.40
明星桥	42	1.40	0.95	0.55
松 江	45	1.50	1.00	0.55

[1] 陈亦卿：《沪杭甬铁路修筑与营运的追述》，全国政协文史资料委员会：《文史资料存稿选编·经济（下）》，中国文史出版社2002年版，第758页。原编者注：陈亦卿曾任沪杭甬铁路局副局长。
[2] 汪佩青：《沪宁、沪杭甬两路接通和统一调度的经过》，《文史资料存稿选编·经济（下）》，第762页。原编者注：汪佩青曾任沪宁、沪杭甬铁路调度所主任调度员。

站　　名	距上海北站的距离（公里）	票价（元）		
		头等座位	二等座位	三等座位
石湖荡	56	1.80	1.20	0.70
枫　泾	71	2.30	1.55	0.85
嘉　善	81	2.60	1.75	0.95
嘉　兴	99	3.15	2.10	1.20
王　店	116	3.60	2.40	1.35
硖　石	126	3.95	2.65	1.45
斜　桥	139	4.35	2.90	1.60
周王庙	145	4.50	3.00	1.70
长　安	151	4.60	3.05	1.70
许　村	160	4.85	3.25	1.80
临　平	166	5.05	3.35	1.90
笕　桥	179	5.45	3.65	2.05
艮山门	186	5.65	3.80	2.10
拱宸桥	192	5.85	3.90	2.15
杭　州	190	5.80	3.85	2.15
南星桥	193	5.85	3.90	2.20
闸　口	196	5.95	4.00	2.20

资料来源：林震编：《上海指南》（增订版），卷四，交通，商务印书馆1930年版，第25页，转引自冯贤亮：《公共服务的现代化：江南城镇地区的交通与食宿（1912—1949）》（"首届江南文化论坛"论文，2011年7月，浙江金华）。

随着铁路的运营，专业技术和管理人才的培养也被提上议事日程。浙江铁路公司成立后：

> 以路事草创，需人孔急，乃于1906年秋，在杭州设立浙江铁路学校。先办营业速成班，聘日本铁路专业人员为主教，一年毕业。学生一切费用全由路方供给。1907年续招测绘及营业速成各一班，1908年修业期满，派沿线各部门实业一年，始正式毕业。此班不收学费及书籍费，实业时给津贴9元。
>
> 1908年招建筑、机械、营业各一班，聘日本专业人员三人分任主教。修业期限，机、建为三年，营业一年半，实习各一年。学杂费均向

学生收取，惟学行兼优或屡试优等者，免其学膳费。先后获得优待者十余人。1909 年冬，营业班毕业。

1910 年，浙省当局拟将路校改为浙江高等工业学校，拨给官款协助。但公司不愿更改，力却官款，因而中止。1911 年，建筑、机械班相继毕业。适辛亥光复，路款支绌，不再续招新生。计前后五班，共毕业学生 400 余人。后因新人员的需要，由公司吸收数批青年，派各部门各车站，自费学习一年或二年，再派充实习员司。[1]

应该指出的是，虽有铁路的开通，但相当发达的水路航运，一直是江南地区各城镇之间主要的交通渠道。[2] 即使在有铁路经过的地方，水路航运也因其价格低廉和招呼方便、停靠点多而继续运营，在松江县"自沪杭铁路开车，小轮船之往来松沪者无法营业，惟因船资取费较廉，乡村中人犹乐就之。凡苏州、杭州、盛泽、张堰、平湖、湖州等班小轮船，经过松江者，必于米市渡得胜港口岸稍停，另有拖船接送上下旅客，再有拖船载客送至竹竿汇、秀野桥两处登岸"。[3]

宁沪杭铁路的贯通，为长江三角洲增添了一条便捷的交通干道。1912 年杭州海关报告载：

杭州到上海的铁路最近才建成，它是沪杭甬铁路的组成部分，本来该铁路在 1898 年由中英公司承担，然而该公司发起的贷款和有关情况遭到了浙江省的强烈反对，合同最后也于 1908 年 3 月被撕毁。该铁路的建设就由中国公司独立承担，使用国内的资金，并由中国人监督。

1907 年完成了单线 12 英里长的铁路，连接钱塘江上的闸口和外国租界，沿城墙的东面有两个站分别靠近清泰和艮山，从闸口到艮山站段铁路从属于沪杭铁路干线，其东北方向通往上海。1908 年初，该线路通到了距离杭州 55 英里的嘉兴，同时江苏铁路公司又把该线从上海终点站修至浙江—江苏交界的枫泾。

---

[1] 陈亦卿：《沪杭甬铁路修筑与营运的追述》，《文史资料存稿选编·经济（下）》，第 758 页。
[2] 上海的公路运输起步较晚。1919 年兴筑的军工路是上海第一条近郊公路。详可见熊月之主编：《上海通史》，上海人民出版社 1999 年版，第 8 卷，第 201—210 页。
[3] 民国《松江志料》，交通类。

1909 年 8 月，从杭州到上海全长 145 英里的铁路线修成并开始通车。无论是干线还是支线，都受到了很好的保护。五列火车每天在租界和闸口之间奔驰，除了运送来往于城市之间的旅客外，还运送大量前往上海或来自上海的货物。

1910 年清泰车站被移到城内，并命名为杭州站，火车可进入城墙。杭州到上海之间的火车每天来回三次。现在快车在这段距离上行驶只需 5 个小时，而轮船大约要花 24 小时。每天除了一辆货车来往于上海与杭州外，还有嘉兴到杭州、嘉兴至上海的区间火车。

铁路通过的村庄，地势都很平坦，没有遇到施工上的困难，也没有隧道。该铁路建设中虽然有许多方面需要提出批评，但必须承认该服务行业很守规则，因此很少发生严重事故。由于能与上海快速联系，本地的生活条件有了很大提高。在闸口设计了一座桥，可使铁路线通过钱塘江，并与正在建设中的宁波——杭州段相连。[1]

沪杭铁路的开通，还带动了莫干山的旅游业。位于浙江省武康县境内的莫干山，风景优美，气候宜人，为避暑胜地。但以往从杭州去莫干山，交通并不方便，须由杭州乘船经水路到三桥埠，然后步行上山，山路曲折难行，游客往往畏而止步。沪杭铁路开通后，经由水陆联运的方式，去莫干山的交通大为便捷。1916 年 7 月 9 日，《申报》以《莫干山避暑之便利》为题载："沪杭铁路上海车站营业部以每届炎夏，中外人士之往莫干山避暑者实繁有徒。今该山避暑会已经开幕，特订定便利办法，凡有乘车赴杭转往该山者，由杭路特备小轮载送，所有火车与轮船在途之时间仅须十二小时。如沪站上午八点时开行，至下午八时可抵山上。倘欲回沪，由山于上午六时起程，至下午六点半可抵上海。车、轮两费，每客收洋五元，幼童仆役减半，小孩四岁以下者免费。"

1920 年，经沪杭甬铁路局沈叔玉等人实地考察，决定由该局在山上出资购买原由德国人经营的旅舍作为铁路旅馆，"并收回杭州至莫干山水路汽船营业由铁路办理，由工程处派工程队到三桥埠测量和建筑到山上旅馆这 10 余里一段的公

[1] 陈梅龙等译编：《近代浙江对外贸易及社会变迁——宁波、温州、杭州海关贸易报告译编》，宁波出版社 2003 年版，第 252—253 页。

路。该路地质坚实，都是红砂石底，除二三处石潭用炸药爆破和筑多处涵洞以泄山水外，工程顺利而迅速地完成。除水泥外，其他用料都是就地取材。以上的计划，除公路修筑费外，共费8万余元。旅馆开业后，营业发达。遂于1921年添建房屋一所，共有房63间及其他设备，共费65000元"。[1]

据同年日本驻杭州领事馆的一项调查：

> 莫干山是离上海最近的避暑地，因此开始逐渐在此处建造别墅和洋房，现在外国人拥有的房屋约有130幢，盛夏时节约有600人聚集到此地，俨然已经形成一个小部落了。从上海来的游客，如果是从上海出发走水路，可以先利用沪杭间的大运河到达塘栖镇，然后再由塘栖镇北折，直达三桥埠。一般游客都是先利用沪杭甬铁路到达艮山门车站，换乘后再到达拱宸桥车站，然后再乘坐石油发动机船。该铁路公司还在上海出售车、船以及轿子的联票。[2]

此外，如果上海的旅客"早上7点从上海北站乘火车出发，有拱宸桥出发的石油发动机船与该趟列车相衔接，每日发船1次，当天晚上9点左右可以到达莫干山。柴油发动机船，在每年的4月1日至10月31日之间定期发船。而在三桥埠码头，该铁道公司还设立了一个办事处，帮助乘客安排轿子以及搬运行李"。[3]

游客的增多，促进了相关的服务业，同时也提供了不少就业机会。上述调查称：

> 关于居住在此地的中国人，在此地被开辟之前仅有两户。现在逐渐多起来，他们大多散居在外国人部落的四周，约有500人。他们多是轿夫、担夫、建筑工人以及佣人等，一年四季居住在此。除了冬季的三四个月外，这里可见到的中国人超过千人，他们建小茅屋作为居住的地方。这里的商店几乎都是由中国人经营的，有食品店、杂货店、书店、五金店、鞋店、洋服店、竹器店、水果店、牛肉店、豆腐店、酒馆、干

---

[1] 沈叔玉：《关于沪宁、沪杭甬铁路的片断回忆》，《文史资料存稿选编·经济（下）》，中国文史出版社2002年版，第750—751页。原编者注：沈叔玉曾任沪宁、沪杭甬铁路局局长。
[2][3] 丁贤勇等译编：《1921年浙江社会经济调查》，北京图书馆出版社2008年版，第292—293页。

货店、理发店、洗衣店等，这些店穿插在外国人的房屋之间，或散落在其附近。[1]

自 1921 年始，"中国银行杭州分行从 5 月到 9 月之间也在此地设立办事处，办理银行的一般业务。从船码头到三桥埠之间，已经由避暑协会架设了电话线，并且在每年夏季，还在此地开设电报局，可受理海外电报业务。邮局一年四季在此开设业务，因此，第二天早上就可以看到上海的报纸，还可以得到一些日常生活的资料。通讯比当地的县城还要方便。另外，还设有教堂，在夏季的每个星期天，教堂都会做礼拜。这里还设有一座医院，夏季有一名常驻医生，方便大家看病"[2]。有人回忆："因有铁路提倡和浙省公路衔接的便利，山中私人的避暑住宅到 1925 年止已发展到 700 余所。"[3]

宁沪杭铁路通车后，客货运量节节攀升。1914 年 9 月，中华民国政府交通总长朱启钤与中英银公司代表梅尔思订立收回杭甬之浙段铁路条款，正名为沪杭甬铁路总局，并设于上海，委任钟文耀任沪杭甬铁路管理局长。1916 年 12 月，沪杭甬与沪宁铁路接轨工程竣工，大大方便了乘客，运量大增。据记载，两路接通的第二年，沪宁铁路的乘客由 550 万人次增至 600 万人次，沪杭甬铁路的乘客由 111 万人次增至 450 万人次。[4]据估计，1905 年至 1936 年，沪宁、沪杭甬铁路的输送量占同期全国铁路 27.8% 的客运量。[5]

另据海关资料统计，沪宁铁路 1912 年客运人数为 4882000 人次，到 1920 年增至 8200000 人次，增长率为 68%。商品和煤炭运输量的增长更为突出，1912 年的货运总吨位为 490000 吨，1920 年增至 1400000 吨，增长率为 185.71%。沪杭铁路 1915 年客运量为 3379000 人次，到 1920 年稳步上升至 3571000 人次。1920 年货运量为 587000 吨，与 1915 年的 482000 吨相比，增长率为 22.04%。[6]

---

[1][2]　丁贤勇等译编：《1921 年浙江社会经济调查》，第 295 页。

[3]　沈叔玉：《关于沪宁、沪杭甬铁路的片断回忆》，《文史资料存稿选编·经济（下）》，第 751 页。

[4]　邵力夫等：《上海南火车站》，本书编委会编：《20 世纪上海文史资料文库》，上海书店出版社 1999 年版，第 3 册，第 429 页。注：1937 年淞沪抗战爆发，上海南火车站被日军炸毁，后只留存南车站路、车站支路等路名。

[5]　岳钦韬：《近代长江三角洲地区的交通发展与人口流动——以铁路运输为中心》，《中国经济史研究》2014 年第 4 期。

[6]　徐雪筠等译编，张仲礼校订：《上海近代社会经济发展概况（1882—1931）——〈海关十年报告〉译编》，上海社会科学院出版社 1985 年版，第 219、220 页。

1921 年的杭州海关报告有更详细的记载：

> 尽管受到第一次世界大战和当地动乱之影响而导致交通紊乱等等不利因素，但是这条沪杭甬铁路的最近十年来之客运和货运都是蒸蒸日上。然而从杭州到宁波这段却仍未全部修通，只能从杭州接通到百官。百官位于曹娥江之东岸，当时曾有德国工程师负责修筑一座桥横跨曹娥江，恰巧是在大战开始那年 1914 年，当时该桥预计可于 1915 年 3 月竣工通车。战争爆发，架桥计划也从此落空。……下列统计数据系由上海之沪杭甬铁路运输车务主任所供给：

年　　份	载客数（人）	运载货量（吨）
1914	954462	2584574（市担）
1915	3378991	460463
1916	4121493	365218
1917	4682645	464059
1918	5100452	494497
1919	5445502	494497
1920	5743286	585070

> 当时沪杭甬铁路所运载的主要货物有：水果、蔬菜、大米、豆类、茶叶、煤、煤油、丝及丝织品、木材、木料、柴、纸张、文具、蚕茧、食物和食糖之类。[1]

此后，这种增长势头得以延续。据 1931 年的一项调查，凡嘉兴需要进口的绸、布、糖、煤、卷烟、化肥、洋广货物等 36 种货物，全部来自上海的占 12 种，局部来自上海的有 9 种，两者合计占进口货种数的 58%；在当地包括米、黄豆、丝、纸板等 52 种输出货物中，销往上海的达 45 种，占货物种类的 86% 以上。[2]

---

[1] 中华人民共和国杭州海关译编：《近代浙江通商口岸经济社会概况——浙海关、瓯海关、杭州关贸易报告集成》，浙江人民出版社 2002 年版，第 683、684、703、704 页。
[2] 建设委员会经济调查所统计课编：《中国经济志》，转引自张忠民主编：《近代上海城市发展与城市综合竞争力》，上海社会科学院出版社 2005 年版，第 22 页。

1922年至1931年《海关十年报告》称："沪杭甬铁路也同沪宁铁路一样，本期既未铺设路线，亦未延长干线，但因货运畅旺，所有岔路都已成为85磅铁轨，原来的75磅干线铁轨也都在改换成85磅铁轨。"[1] 沿途各站运往上海等地的土特产，可见下表：

表2-6　沪杭甬铁路沿线各站物产运销一览

站　别	物　产	产　量	产　地	运销地点	销　量
上海南站	桃子	约1500担	龙华	上海	全销
莘　庄	浜瓜	约4000担	本地	上海及内地	全销
	米	约10000担	本地	上海	全销
	豆	约4000担	本地	上海及嘉兴	全销
新　桥	米	约10000担	本地	松江及上海	全销
枫　泾	西瓜	约2000担	本地	上海及内地	全销
	牛	约1000余头	本地	上海	全销
嘉　善	蟹	约2000件	本地	上海及杭州	全销
	鲜虾鱼	约10000桶	本地	上海	全销
王　店	豆	15000担	王店院	上海	12000担
硖　石	鸡	200担	硖石	上海	200担
	羊	200担	硖石	上海及香港	200担
周王庙	鲜蔬菜	250余吨	周王庙及邻村	上海	无限量
许　村	鲜鱼	1000余担	许村	上海	
笕　桥	鲜菜	1500吨	本地	上海	
拱宸桥	鲜柿子	每年约六七万件	蒋村古塘	上海	年约五六万件
	鲜笋	每年约七八万件	上柏武康	上海	年约六七万件
艮　山	蔬菜	约十万件	艮山门外	上海	约六七万件
南　星	火腿	750吨	金华义乌东阳	上海及嘉兴	750吨转各处
	冬笋	625吨	龙游江山	上海及嘉兴	625吨转各处

资料来源：《中华民国全国铁路沿线物产一览》，1933年，铁道部联印处编印；转引自唐艳香、褚晓琦：《近代上海饭店与菜场》，上海辞书出版社2008年版，第303页。

---

[1] 徐雪筠等译编，张仲礼校订：《上海近代社会经济发展概况（1882—1931）——〈海关十年报告〉译编》，第282页。

规划中的沪杭甬铁路曹娥江至宁波段全长约 78 公里，至 1910 年（宣统二年）6 月初动工兴建，1914 年 1 月竣工。时因第一次世界大战爆发，预订的由德国制造的钢质桥墩未能运抵，曹娥江大桥没有建成，钢轨只铺设到曹娥江东岸。

1934 年 11 月 11 日钱塘江大桥开工，1937 年 9 月 26 日铁路桥通车。杭州南星桥至萧山段亦同时建成。10 月，公路桥通车。因日军逼近，钱塘江桥由我方于 1937 年 12 月自行炸毁。萧山至曹娥江段于 1936 年 10 月 21 日开工，1937 年 11 月通车。沪杭甬铁路除曹娥江桥外，全线建成。[1]

苏嘉铁路是沪宁、沪杭甬铁路的一条支线。在晚清商办铁路兴起时期，江苏全省铁路公司曾规划修筑苏杭甬铁路，其中一段便是苏州至嘉兴的铁路。后来，由于江苏全省铁路公司以苏嘉线路依太湖而行，地势低洼，河流纷歧，填土、桥梁诸工程困难，决定同意浙省铁路公司的要求，先修上海至嘉兴的铁路即沪杭甬铁路，苏嘉线被搁置。

1931 年 1 月 28 日，日本侵略者在上海挑起了"一·二八"事变，中国守军奋起抵抗。上海发生战事，南京至杭州的铁路运输因必经上海而受阻。同年 5 月，南京国民政府与日本签订《淞沪停战协定》，规定中国军队退出上海以后，不得在沪宁铁路安亭车站暨安亭镇以东至长江边的浒野口地区驻军和布防，这不仅使上海成了不设防的城市，而且势必造成南京国民政府经由上海及其附近地区，在南京与杭州间调动军队也很困难，因此重修苏嘉铁路显得很有必要。

1934 年 4 月，南京国民政府铁道部委托沪宁、沪杭铁路管理局派员代为测量设计。定线测量从 1934 年 11 月 13 日开始，分三队分段进行，每天约 500 米，至 12 月 13 日沪宁、沪杭两路局拟订《苏嘉线建筑计划书》。12 月 1 日，沪宁、沪杭甬路在工务处下设工程处，下分第一、二、三段，全线设苏州站、相门站、吴江站、八坼站、平望站、王江泾站和嘉兴站。1935 年 2 月 22 日，苏嘉铁路正式动工修筑，次年 7 月完成，全长约 74 公里。全路有桥梁 73 座，拱桥 2 座，涵洞 24 处。1936 年 7 月 15 日正式通车。[2]

---

[1] 王致中：《中国铁路外债研究（1887—1911）》，第 143 页。1938 年，萧曹段为战时需要拆除。1953 年 7 月，萧山至曹娥江段重建开工，后一度停工，至 1954 年 9 月复工，12 月通车。曹娥江大桥亦于同月开工，1955 年 3 月竣工。至此，沪杭甬铁路真正实现全线贯通。此时距 1906 年 10 月苏杭甬铁路杭枫段开工，已近 50 年。
[2] 黄华平：《国民政府铁道部研究》，合肥工业大学出版社 2011 年版，第 281 页。

苏嘉铁路的开通，大大缩短了苏州与嘉兴间铁路运行的时间。苏州以西、嘉兴以南之间往来的客货运输均可不再绕道上海，可缩短行程约110公里。不久，淞沪会战开始，苏嘉铁路与沪宁、沪杭甬共同担负抗日军运任务，直到1937年11月中旬日寇侵入平望站的前夕才停止行车。此后，苏嘉铁路沦落敌手。[1]

1922年，川沙交通工程事务所和上海浦东塘工善后局筹划，由川沙县西门三灶港至庆宁寺塘工局浦东轮渡码头修筑公路。1924年，经黄炎培等人商议，将其改为小火车路，成立上川交通股份有限公司，黄炎培出任董事长，着手筑路工程，铺设轻型钢轨，决定分段实施，先募股金15万元，每股20元，在上海和川沙城内分别设立了股金收款处，认股者踊跃，很快募集到所需资金。1925年10月，庆宁寺至龚家路口段工程竣工通车，沿线设庆宁寺、金家桥、新陆、邵家弄、曹家路、龚家路6站，川沙城内的居民可坐小轮船到龚家路换乘火车往返上海，每日乘客约千人。1926年1月，按原定计划，又募集股金15万元，修筑龚路至川沙段。同年7月通车，增设大湾、小湾、暮紫桥3站，抵川沙县城。[2]1930年，卢作孚至川沙考察实业，搭乘上川线前往，印象深刻，"是一条轻便铁路，隔三四里有一个简单的小车站，据陆君（指陪同者——引者）说：这条路已经修成了三十几里，每年营业十一万几，而开支则只有六万几；车头、柴油、蒸汽、洋油三种都有"[3]。1932年的实地调查："初仅有黑油机车、油电机车各一辆，拖车二辆。行驶一载，乘客日增，乃添购黑油机车一辆、拖车三辆。嗣后陆续更新，现有机车六辆、拖车九辆，较创办时增四倍余矣。"[4]

1934年5月，上川交通股份有限公司与川沙县政府订立租用川钦县道合同，将上川铁路向东延伸至小营房。原在四灶港北的川沙站移至川沙城北重建。1936年3月，又从小营房向南修筑至南汇县的祝桥镇。至此，联结上海与川沙、南汇的上川铁路全长35.35公里，彼此间的交通联系空前便捷。[5]

［1］丁贤勇：《新式交通与社会变迁——以民国浙江为中心》，中国社会科学出版社2007年版，第121、122、123页。1944年3月，为收集钢铁支撑战局，该线被侵华日军拆除。

［2］上海市档案馆编：《上海古镇记忆》，东方出版中心2009年版，第205、206页；丁日初主编：《上海近代经济史》第2卷，上海人民出版社1997年版，第341、342页。

［3］张守广：《卢作孚年谱长编》，中国社会科学出版社2014年版，第201页。

［4］南京图书馆编：《二十世纪三十年代国情调查报告》，凤凰出版社2012年版，第254册，第438、439页。

［5］上海市档案馆编：《上海古镇记忆》，206页。按：这条小铁路，直到1976年才拆除（柴志光等编著：《浦东名人书简百通》，上海远东出版社2011年版，第111页）。

长江三角洲地区的一些城镇，因铁路的修筑而盛衰互见。其中江苏较明显的，有南京和镇江。南京向为政治要地，商务欠发达。1911年津浦铁路通车后，局面改变，是年该口岸土货出口总值为297万两，洋货进口净值为395万两；两年后，出口总值增至581万两，进口总值增至641万两；1920年，又分别增至2500万两和2100万两，几达1911年的10倍和7倍。[1]

同一时期，不远处的镇江则明显萧条。原先豫东、鲁南等地外运物产，多经运河南下经镇江抵上海，内销货物则反向输运。1904年胶济铁路通车和1906年京汉铁路建成后，上述地区的输出入货物呈多头去向，或仍抵镇江，或去青岛，或往汉口；津浦铁路通车后，又有就近去南京者，镇江乃趋于衰落。1911年镇江口岸土货出口总值为436652两，次年则降至210827两。[2]

1900年沪杭铁路规划时，原拟于经过桐乡去杭州，因遭桐乡官绅的反对，改为南折，取道海宁去杭州。这一改道，对桐乡、海宁两地城镇及经济的发展影响很大，桐乡境内的崇福、石门、梧桐、乌镇、濮院等市镇，因偏离铁路线相对衰落；海宁境内的斜桥、长安、硖石等市镇，因铁路的经过而兴旺。1936年成书的《浙江新志》载，海宁县"各商场，以硖石为最繁盛，因该处扼沪杭交通之要冲，内地交通亦四通八达；其次为袁花、长安等镇，惟较硖石有霄壤之别。硖石商业之经营形式，合股与有限或无限公司为多，独资次之"[3]。

应该指出，很长一段时期，与发达的海运以及长江和内河航运相比，宁沪杭铁路在整个长江三角洲货物运输总量中所占比重仍居后。在中国的其他地区，也有类似情形。清末民初在华的德国传教士卫贤理，注意到中国铁路交通中的"一个奇怪现象"，"这就是即使客运出现了堵塞，货运却永远吃不饱。这可能是因为在中国的国内贸易中，最重要的东西往往是那些不需要快速运输的商品，所以速度慢但价格便宜的人力和畜力运输，比铁路运输更适合这些货物"[4]。

在长江三角洲，则主要是这里河道纵横交错，又临江面海，轮船和木帆船水运通达四方，是线路受限制的铁路难以匹敌的。至1927年，沪宁、沪杭两条铁路全年货运量129万吨，而同一年上海海运河运的货运总量为1082万余吨，铁

---

[1] 宓汝成：《帝国主义与中国铁路》，上海人民出版社1980年版，第612页。

[2] 宓汝成：《帝国主义与中国铁路》，第611页。

[3] 民国《浙江新志》上卷，第十三章，海宁县，实业。

[4] 〔德〕卫贤理著，王宇洁等译：《中国心灵》，国际文化出版公司1998年版，第397页。

路的货运量只是后者的约 12%[1]。此外，铁路的运费明显高于水运，也影响了铁路的货运业务。如 1928 年的实地调查显示："干茧运沪，嘉兴从前由火车运输者多，但近年火车运费昂贵，多改由水运。火车运费，每百斤计 1.20 元左右，船运仅 3 角有零。"[2] 但铁路运输的快捷，仍被广泛认同，1911 年杭州海关报告称，自沪杭铁路全线通车，"干线和支线客货运输都很踊跃……与上海的快捷交通大为改善本地区的生活条件"。[3] 其自身货运量也节节攀升，1912 年沪宁线货运总量为 49 万吨，1920 年增至 140 万吨。沪杭线 1915 年货运总量为 48.2 万吨，1920 年增至 58.7 万吨。[4]

位于长江三角洲的上海，地处江南水乡，境内河道纵横，湖泖众多，舟楫便利的水系，为内河航运提供了得天独厚的自然地理条件。进入近代以后，以上海为枢纽的内河航运工具的改进即轮船的运营，连同原先就有的众多大小木帆船的输运，进一步密切了上海与长江三角洲各地的经济联系。"苏省昆山、新阳两县境为自苏至沪必由之道，向来商业本甚繁盛，自内河创行小轮，苏沪商旅往来尤便，贸易亦日有起色。"[5]"苏州府属吴江、震泽两县同城，东南平望镇，东通梨里、芦墟、金泽等镇，南连盛泽镇，西至梅堰、双阳、震泽六镇，北界县城暨同里、八斥两镇，其余乡村小集，均有朝发夕至之便。自苏省以达嘉、湖，必由之路，是以商业繁盛，甲于诸镇。所有货物，以丝绸、纱布、米、油为大宗。近来内河小轮盛行，客商往还日多。"[6]

1921 年，"经营杭州以北运河航运的航运公司，有戴生昌、招商局、正昌公司、立兴公司，以上四家的总部设在上海；宁绍公司、长杭公司、庆记公司，以上三家总部设在杭州拱宸桥；通利公司、久安公司、泰昌公司，以上三家的总部

[1][4] 丁日初主编：《上海近代经济史》第 2 卷，第 340 页。

[2] 曲直生等：《浙西农产贸易的几个实例——米粮、丝茧、山货贸易的概况》，原载《社会科学杂志》第 3 卷第 4 期（1932 年 12 月），转引自李文海主编：《民国时期社会调查丛编（二编）·乡村社会卷》，福建教育出版社 2009 年版，第 727 页。

[3] 中华人民共和国杭州海关译编：《近代浙江通商口岸经济社会概况——浙海关、瓯海关、杭州关贸易报告集成》，浙江人民出版社 2002 年版，第 683—684 页。

[5]《昆新商董请设商务分会禀苏商总会稿》（光绪三十二年十一月），章开沅等主编：《苏州商会档案丛编》第 1 辑，华中师范大学出版社 1991 年版，第 88—89 页。

[6]《凌莱等呈请设会禀》（光绪三十二年四月二十一日），章开沅等主编：《苏州商会档案丛编》第 1辑，第 88—89 页。

设在嘉兴；交通公司、通源公司，以上两家的总部设在湖州，共十二家。在杭州以南钱塘江及宁萧运河方面，有钱江公司、杭诸公司，以上两家的总部设在杭州闸口；振兴公司，总部设在杭州南星桥；越安公司，总部设在萧山县的西兴；永安公司、利运公司、美益公司，以上三家总部设在宁波，共计七家。各公司设有小轮船出发和回到的停泊处和营业所"。在杭州以北的运河上，小轮船航行的起点主要有杭州、嘉兴、湖州三地。杭州以南钱塘江及宁萧运河上，杭州南星桥、西兴和宁波三地为小轮船航行的起点。其中，杭州拱宸桥至上海的航程为432华里，湖州至上海的航程为360华里。这些小轮船除运载旅客外，还拖带货船，"运输的货物以上海过来的为多"。[1]

表 2-7　杭州拱宸桥至上海航线（1921 年）

起讫及停靠站	距离杭州（华里）	航班往返时间	
		开往上海	从上海出发
杭　州		下午 5 时	晚上 8 时
塘　栖	45	晚上 7 时半	下午 5 时
石　门	99	晚上 10 时半	下午 2 时
石门湾	117	晚上 11 时半	下午 1 时
嘉　兴	153	次日 2 时半	次日 11 时
上　海	432	次日下午 8 时	下午 5 时

资料来源：丁贤勇等译编：《1921 年浙江社会经济调查》，第 228 页。

表 2-8　湖州至上海航线（1921 年）

起讫及停靠站	距离湖州（华里）	航班往返时间	
		开往上海	从上海出发
湖　州		中午 12 时	次日下午 2 时
南　浔	63	下午 4 时	次日 10 时
震　泽	81	下午 5 时	次日 9 时
平　望	117	晚上 7 时	次日 7 时
上　海	360	次日 9 时	下午 5 时

资料来源：丁贤勇等译编：《1921 年浙江社会经济调查》，第 240 页。

---

[1]　丁贤勇等译编：《1921 年浙江社会经济调查》，北京图书馆出版社 2008 年版，第 227、228、240、241 页。

与此同时，穿梭往来的内河小轮船和木帆船，将上海地区各城镇乡村更便捷地联结起来。即使在有铁路经过的县乡，内河航运也因其价格低廉和招呼方便、停靠点多而继续运营，在松江县"自沪杭铁路开车，小轮船之往来松沪者无法营业，惟因船资取费较廉，乡村中人犹乐就之。凡苏州、杭州、盛泽、张堰、平湖、湖州等班小轮船，经过松江者，必于米市渡得胜港口岸稍停，另有拖船接送上下旅客，再有拖船载客送至竹竿汇、秀野桥两处登岸"。[1] 地处上海港南北两翼内河船只进出港要道的闵行、黄渡，客货船过往频繁，市镇经济活跃。

毗邻上海内河港区的曹家渡，先前"地甚荒僻，绝少行人"，自内河轮运开通，得助于便捷的水路运输，"面临吴淞江，帆樯云集，富商巨贾莫不挟重资设厂经商，除蚕丝、面粉两厂外，若洋纱厂、织布厂、鸡毛厂、牛皮厂、榨油厂、电灯厂，不数年间相继成立，市面大为发达，东西长两里，鳞次栉比，烟户万家"。[2] 俨然是一个新兴的工业区，并成为上海城区的一部分。潭子湾，"在彭浦镇西南方四里许，地濒吴淞江，又为彭越浦出口处，从前只有村店数家，今则厂栈林立，商铺日增，居屋多系新建，帆樯往来，运输便利，商业之进步，远逾本镇而上之矣"。[3] 如海关报告所称，民国初年，"各类工厂像雨后春笋般开设起来，厂址大多在公共租界西北区，沿苏州河的两岸。本省（指当时上海所属的江苏省——引者）的水路运输费用最便宜。可以说，哪里有宽阔的通往江河的水道，哪里就会有工厂"。[4]

（二）公路

上海及长江三角洲地区公路的修筑，稍晚于铁路。

1. 上海的率先

近代的公路，是以汽车这一新的机器动力车辆的使用为前提的。即使在上海，直到 1901 年才有汽车从国外引进，这一年上海出现 2 辆载客小汽车。19 世纪末 20 世纪初，随着租界的扩张和越界筑路，公共租界先后越界筑路达 38 条，

---

［1］ 民国《松江志料》，交通类。

［2］ 民国《法华乡志》卷 1，沿革。

［3］ 民国《宝山县续志》卷 1，市镇。

［4］ 徐雪筠等译编，张仲礼校订：《上海近代社会经济发展概况（1882—1931）——〈海关十年报告〉译编》，上海社会科学院出版社 1985 年版，第 208 页。

法租界在 1900 年至 1914 年间越界筑路 24 条。与道路相应的是市中心区内连接苏州河两岸的桥梁的建设。1900 年 1 月 4 日，公共租界工部局董事会曾利用北方义和团运动兴起、列强蠢蠢欲动之际，开会商讨通往佘山的公路修筑事宜：

> 会上提交了工程师编制的修筑和维护这条道路的成本概算，接着就关于这项工程究竟会有多大效用问题，展开了充分的讨论。总董强烈主张，如果不重视目前的机会，去争取如此重要的蕴藏有发展周围地区各种资源的一个娱乐活动去处，将来将成为一件遗憾的事。但董事中大多数人认为，如果把用于这个方案上的计划费用，转而用于租界内或租界界限附近的道路延伸，则所产生的结果将会更好，更切实用。最后经举手表决，决定工部局对这件事不采取进一步行动。[1]

时隔五年，旧话重提，并有实际行动。清朝政府外务部档案载，1904 年 12 月，上海县令"禀称由沪至青浦佘山开筑马路，洋人插有标记，遵经函致娄、青二邑于十月三十日传集董保耆人等前往该处一带会勘。得上、青交界之处有老鸦浜地方之河道，洋人开筑马路，势将填塞，此浜共有三四图分之乡民公用汲饮，于农务水利最关紧要，请照会转饬勿任阻塞，以通水利而便耕田等情到道"[2]。上海道台闻报，认为洋人此举无条约依据，不得继续，并照会英国驻沪领事。英国领事则辩称，据工部局报告沿路并无民众反对，仍拟动工。上海道台再次强调："查青浦县远在内地，万无洋人筑路之理，纵有奸民将地私卖，地方官例得究竟。至老鸦浜河道亦为内地乡民农田汲饮所关，前因工部局在彼兴筑，势将填塞，民情不愿，始由上海县勘请饬阻。今工部局谓沿路华人地主今皆情愿等语，果何所据而言。即有其事，事关大局，岂能徇一二贪利奸民之请，而置内地多数农民于不问。且工部局为本埠洋商工程之代表人，只能于约准洋人通商居住界内工作，今来文所云公会皆保荐工部局承办一节，事属越组，本道碍难承认。想贵领袖总领事及领事公会极讲公法，约章所无，决不照准。"[3]但洋人仍执意孤

---

［1］ 上海市档案馆编：《工部局董事会会议录》，上海古籍出版社 2001 年版，第 14 册，第 520 页。

［2］ 中国第一历史档案馆等：《清代外务部中外关系档案史料丛编·中英关系卷》第 1 册，中华书局 2006 年版，第 363 页。

［3］ 中国第一历史档案馆等：《清代外务部中外关系档案史料丛编·中英关系卷》第 1 册，第 364 页。

行，激起民愤，1905 年 1 月 30 日，上海道台又重申："查洋人按约口岸租地，尚不准用强逼勒，况内地本非应行租地之处，岂转可平空力迫乎"；直言"工部局任意越界侵夺，事既有违和约，尤为情理所无，公情所激，万一难以阻止，咎将谁归"。[1] 洋人权衡得失，此事遂告中止。

1906 年，苏州河上原有木结构的外白渡桥被拆除。次年，上海第一座钢衍架结构的外白渡新桥落成。此后，从 1908 年到 1927 年，浙江路桥、新闸路桥、四川路桥、西藏路桥、河南路桥、乍浦路桥等钢结构及钢筋混凝土结构的新桥先后建成，苏州河南北的交通大为改善。1912 年，上海旧城墙拆除后，在原址上修建起了总宽达 19 米以上的民国路、中华路环线道路。1912 年至 1927 年间，上海老城厢又新建马路近 30 条，闸北因为已逐渐发展成为上海新兴的工业区，新筑的马路更多达 70 余条。[2] 凭借这些城市道路和桥梁系统，上海市中心区的租界、南市和闸北已连成一片。

汽车运输业则与公路的兴筑同步发展。1912 年，上海出现民族资本的汽车运输业。同时有龚子清创办的龚福记、朱铭创办的华盛义、孙寿康创办的恒泰 3 家汽车运输行，货运汽车发照数为 4 辆，有职工 49 人。通往郊区的公路，也开始修筑。1918 年，淞沪护军使卢永祥因部队调防及军需物资运输的需要，调用步兵第 10 师，在吴淞至杨树浦平凉路之间，沿着黄浦江堤修筑公路，全长 13 公里。1919 年完工通车，命名为军工路。这是近代上海修筑的第一条近郊公路。

1920 年，李平书、李石英、顾馨一、钱新之等人发起筹建沪闵公路。次年10 月，集股成立沪闵南柘长途汽车公司。1932 年的实地调查载："其原定路线，自上海沪南区之沪闵南柘路，经过漕泾区之土山湾，以达上海县属之颛桥、北桥、闵行，过黄浦，复经南汇县属之太平乡、奉贤属之萧塘、南桥、新市，而达柘林钦公塘。……先筑自上海至闵行一线，中经七站，为程凡三十一公里。备车十三辆，于十一年二月开始行车。每日来回共十一次。"[3] 1921 年 1 月，穆湘瑶、朱湘绂等人发起成立上南长途汽车公司，资本定额 25 万银元[4]。同年 10 月，其

［1］ 中国第一历史档案馆等：《清代外务部中外关系档案史料丛编·中英关系卷》第 1 册，第 365 页。
［2］ 杨文渊主编：《上海公路史》第 1 册，人民交通出版社 1989 年版，第 36—38、43—44、50—55、59—61 页。
［3］ 南京图书馆编：《二十世纪三十年代国情调查报告》，凤凰出版社 2012 年版，第 254 册，第 441、442 页。
［4］ 丁日初主编：《上海近代经济史》第 2 卷，上海人民出版社 1997 年版，第 342 页；南京图书馆编：《二十世纪三十年代国情调查报告》，第 254 册，第 429 页。

动工兴筑上南公路。1922 年 6 月，北起上海县杨思乡周家渡，南抵南汇县周浦镇，全长 13 公里的上南公路正式通车。[1] 1932 年的实地调查载：

> 其路线原定起上海市浦东杨思区之周家渡，迄南汇县城。时上海市尚未成立，杨思区属上海县管辖，当向上海、南汇两县交通事务局租借县道，于是年九月三十日订立合约。先筑周家渡至南汇县属之周浦镇一段，中经杨思桥、三林塘、天花庵、百曲四站，为程可十三公里。自周家渡至沪南董家渡一段，则由公司自备小轮接送。周浦方面，另有接班小轮直达大团、南汇、川沙、奉贤等处，于十一年秋通车。[2]

其中的周浦镇，"为南汇、川沙、奉贤三县赴沪必经之要道，商业极形发达"。据 1928 年在浦东三林的调查记载："上海南汇长途汽车，由周家渡而至周浦，纵经南北，每日往来二十余次。"在浦西的吴淞，"则淞沪火车直达上海北站，历时仅 20 余分钟；距宝山县城 9 里，有长途汽车，每日 10 余次"，军工路则从吴淞直达杨树浦。[3] 嘉定县真如镇，"四周各有干路连络乡村、通达邻境，称曰官路。惟系泥涂，晴则灰沙眯目，雨则泥泞没踝，所赖以代步者，惟羊角车及肩舆而已。自清光绪间建沪宁铁路驶经镇北，至远道者称便利焉。民国九年，筑车站路。嗣后，交通、三民两路相继完成，于是人力车、摩托车畅行无阻，乡人之往返真、沪，视前有霄壤之别"[4]。与此相映照，当地"支干各河淤其十之七，船只稍大即不可入，航运殊觉不便"[5]。

2. 江浙沪公路的联结

上海的公路建设，给江浙地区的公路修筑以示范和促动。

20 世纪 20 年代，中国民族工商业有较快发展，尤其是在临近上海的苏州、无锡、松江、南通等地，商旅往来和物资流通日多，昔日落后的交通运输已不能

---

[1] 丁日初主编：《上海近代经济史》第 2 卷，第 342 页。

[2] 南京图书馆编：《二十世纪三十年代国情调查报告》，第 254 册，第 429、430 页。

[3] 《上海特别市各区农村概况》，原载《社会月刊》第 2 卷第 5—11 号（1930 年 11 月至 1931 年 5 月），转引自李文海主编：《民国时期社会调查丛编（二编）·乡村社会卷》，福建教育出版社 2009 年版，第 484、466、468 页。

[4] 民国《真如志》（上海乡镇旧志丛书），上海社会科学院出版社 2004 年版，卷 3，交通志，陆道。

[5] 民国《真如志》（上海乡镇旧志丛书），卷 3，交通志，航路。

适应经济发展的需要。上海城市交通特别是租界中出现的电车、汽车等先进的交通工具，对长江三角洲各地创办汽车运输业有很大影响，有识之士意识到发展汽车运输业是振兴实业、繁荣家乡、便利商旅的重要途径，并开始行动。

上海与江苏间的第一条公路，是沪太汽车公司在 1921 年兴筑的上海至浏河公路即沪太路。它起自上海，经余庆桥、顾村、罗店至太仓县浏河镇。浏河镇位于太仓、嘉定、宝山三县之间，距长江 3 公里，距上海约 40 公里。当地物产丰富，盛产棉花。20 世纪初，随着上海纺织工业的发展，这里成为重要的原料供应地，棉花商行多有设立，与上海的商贸往来十分频繁，但其间的陆路交通不便，沪宁铁路通车前，只有一条能供独轮小车通行的小路，从浏河镇到上海要走一整天，如遇雨雪天道路泥泞，行路更难。

沪宁铁路通车后，尽管可取道嘉定到南翔，由南翔改乘火车入沪，但中途需两次转车，分乘独轮车、小火轮和火车，仍然颇费周折，诸多不便。1920 年 12 月，当地一些在上海经营的民族工商业者在太仓旅沪同乡会上，提议修建沪太公路，开办沪太长途汽车股份有限公司。次年 1 月，该公司在上海成立，额定资本 50 万银元，首批募集 30 万元，1922 年 3 月续招 20 万元。[1] 公司成立后，即着手选勘线路。

对于沪太路的走向，有两种意见，一是主张利用海堤筑路，经过吴淞、宝山而达浏河镇；一是认为海堤堤身颇高，路面狭窄，凹凸不平，行车不安全，万一因筑路而毁坏堤身，造成坍塌，海潮涌入则会导致灾害，认为沿着过去走的小路，由上海自彭浦经余家桥、大场、塘桥、顾村、刘家行、罗店、潘家桥、墅沟桥而达浏河新闸桥，沿线市镇较多，对发展商贸有利。最后，沪太路筹备所采纳了第二种意见。

线路选定后，即着手筑路。自彭浦至墅沟桥 34.25 公里均在宝山县境内，路线较长，经沪太路筹备所与宝山县交通事务所反复协商，订立了垫款筑路合同。沪太公司垫款 16.35 万元，路基路面工程由宝山县交通事务所负责施工，沿途桥梁、涵洞及筑成后的养路事项由沪太公司负责。余下的 3 公里公路，由沪太公司自行购地筑路。全部工程共耗资 30 余万元，1922 年 1 月 1 日上海至大场段竣工

---

[1] 刘荫棠主编：《江苏公路交通史》第 1 册，人民交通出版社 1989 年版，第 69—71 页；南京图书馆编：《二十世纪三十年代国情调查报告》，第 254 册，第 433 页。

通车，同年 3 月 23 日全线贯通。

沪太路全长 37.25 公里，路基宽 10 米，边沟各宽 1.67 米，煤屑路面宽 8 米，厚 2.7 厘米。全线共有桥梁 45 座，其中永久式 2 座，半永久式 42 座，临时式 1 座，最大的三座桥是塘桥、三官塘桥和墅沟桥。[1] 沪太路建成后，由浏河镇乘汽车到上海只需约 1.5 小时，大大便利了彼此间的交通。其间，"大场镇距上海只 16 里，陆路有二丈余之马路，汽车、马车、人力车皆可通行，又为沪太长途汽车按时必经之地，交通便利无有过于此者"；彭浦，"陆路交通有县道，东北至上海（沪太长路汽车），西北至浏河，长途汽车往来其间，甚形便利"[2]。1932 年的实地调查载：

> 十一年三月（指 1922 年 3 月），各站已先后通车。车辆方面，先备大者四辆，次者三辆，小者七辆，共十四辆。其后渐次增加，至十七年达三十辆。且复汰旧添新，共存二十辆。浏河自通行是项汽车后，太仓县城至浏河之县道，旋亦筑成。十八年，嘉定县建设局复就嘉定县城至宝山罗店一段铺设县道，亦由该公司派车行驶，直达上海。太、嘉两县交通，至是益臻便利矣。今年沪浏一线票价稍加，乘客尤形踊跃。[3]

1927 年，由商人徐亮熙等集资 5000 银元发起成立宝山城淞杨长途汽车公司，经营宝山县城至吴淞、杨行间客运[4]；并串连了与其他乡镇的公路交通，"陆路由宝山县城经过杨行镇至刘行，接沪太汽车路线，筑有县道，由吴淞至杨行镇计 12 里，乘坐长途汽车 10 分钟可达"[5]。1932 年的实地调查："开办时备车二辆，其后陆续添置，现共有车五辆。公司规模甚为狭小。"[6]

---

[1] 刘荫棠主编：《江苏公路交通史》第 1 册，第 69—71 页。
[2]《上海特别市各区农村概况》，转引自李文海主编：《民国时期社会调查丛编（二编）·乡村社会卷》，第 480、428 页。
[3] 南京图书馆编：《二十世纪三十年代国情调查报告》，第 254 册，第 434 页。
[4] 南京图书馆编：《二十世纪三十年代国情调查报告》，第 254 册，第 446 页；民国《宝山县再续志》卷 6，实业志，工商业。
[5]《上海特别市各区农村概况》，转引自李文海主编：《民国时期社会调查丛编（二编）·乡村社会卷》，第 477 页。
[6] 南京图书馆编：《二十世纪三十年代国情调查报告》，第 254 册，第 447 页。

南京国民政府成立后，加快了公路的修筑。1927年底，时任江苏省政府主席致函上海县公安局长，嘱其"召集上海附近各县公安局长，辅助各县县长，督促地方绅民"，着手修筑道路。指示"各就各县间创筑县路，以能驶行汽车为度，饬于本届内修成路基，逐年培筑坚实，俾成万国通例之路式即上海式之马路"，"松江各县接近租界，开发较易，且已有长途汽车路数条，如由此展筑，颇觉便利，经济既省，熟练之工人亦易招集"。

随后，上海、松江等县的公安局长、县长共同发起邀请宝山、嘉定、太仓等县的局长和县长，在上海县政府商议筹筑县道的办法，并回函省政府。1928年1月8日，省政府发出指令："令各县发起修路，先从松属及太仓等县兴筑，次第举行，达于全省。"该指令由省建设厅转各县政府、建设局和公安局。

1928年夏，武进县建设局长认为如果各县修筑公路时互不联系，势必会出现很多断头路，于是他邀请吴县、无锡县、江都县等14个县的建设局长召开联席会议，讨论协调公路线路，并联名上书建设厅，要求各地公路建设要加强联络，要明确建设经费。同年12月，县道建设列入江苏全省公路网规划。当时规划的县道，有300多条8400余公里。至1936年，除部分县道划入公路干线和支线外，各县还修筑了一部分县道。据不完全统计，这一时期全省共修筑县道76条，总长1152.31公里，约完成规划数的14%。[1]其中锡澄公路在1929年4月3日开工兴建，经费从无锡地方政府所征的"筑路捐"中支取。该路起自无锡北门，经塘头、堰桥、塘头桥、青旸、南闸而抵江阴城。其间无锡段长14.6公里，路宽8米，架设钢梁桥11座，以煤屑铺路面，于1930年7月建成，共用去15.5万银元。

次年2月，即由锡澄长途汽车公司通行汽车，"江北靖、如、通、泰一带商旅往来京沪各地者，咸取道于此（此时的京，是指南京——引者）"。在锡澄公路建成后，又相继开始建设锡宜公路、锡虞公路等省道及通往风景区的湖山公路、扬西路等县道。其中，锡宜、锡虞公路先后在1932年、1935年通车。与此同时，无锡的汽车客运业亦有发展。1925年，无锡成立了最早的出租汽车行——袁世开汽车行，资本1000元，有小汽车2辆，经营从火车站至西门、梅园的汽车出租业务。1930年前，先后又有荣泰刘记、开通、兴昌等汽车行的开

---

[1] 刘荫棠主编：《江苏公路交通史》第1册，第101—102页。

办。[1]2014年，有人向无锡市民族工商业档案馆捐赠一件珍藏级实物档案——民国时期跨越类汽车号牌，其虽已锈迹斑斑，但白底黑字"沪61—995跨越"字样仍清晰可见。其中"跨越"两字显示出这张车牌的与众不同，即可在上海、江苏两地使用。据考证，它是20世纪30年代中期锡沪长途客运汽车的牌照。抗日战争爆发后，锡沪间的客运停业，这类车辆牌照亦被人遗忘，但它却是以往两地间密切来往的历史见证。[2]

在毗邻上海的浙江嘉兴和湖州，20世纪30年代初，则有乍浦—平湖—嘉兴—湖州公路的修筑。其中的焦山门大桥的钢梁招标时，由当时上海几家著名的建筑工程公司如新中公司、远东机器厂、远大铁工厂、信华铁工厂、扬子建业公司等竞标，最后由远大铁工厂中标，全部钢梁在上海锻造完成后运往工地安装。建成后，被誉为"这座桥是应用最新式钢架，在沪杭公路沿线一带无有出其右者"。[3]

1932年5月，南京国民政府全国经济委员会筹备处"鉴于以前各省修筑公路大都省自为政，不相联络"，认为"殊有统筹规划之必要"，因此召开了有江苏、浙江、安徽三省建设厅局长参加的公路会议，建议修筑三省之间的互联公路，"以冀由此树基，推近及远，使全国公路均可联络贯通"。并为此成立了苏浙皖三省道路专门委员会，作为修建三省互联公路的设计审议机构。

在其督导下，建成了沪杭公路沪金段。它起自上海谨记路，经北桥、闵行、南桥、柘林、金山卫至金丝娘桥入浙江省，全长75.83公里，其中上海至闵行路段已于1922年由商办长途汽车公司筑成并通行客车。[4]途经的颛桥镇，"陆路有沪闵南柘路长途汽车通行其间，由沪至颛镇约30里，历时40分钟，车资6角，每日往来约10次"[5]。1932年5月，江苏省建设厅成立了沪杭路工程处，负责修筑闵行至金丝娘桥路段及整修上海至闵行路段。同年9月，全路工程告竣。10月

---

[1] 虞晓波：《比较与审视——"南通模式"与"无锡模式"研究》，安徽教育出版社2001年版，第126页。

[2] 详可参阅《中国档案报》2014年10月16日，第2版。

[3] 上海社会科学院中国城市史研究中心、浙江省嘉兴市南湖区大桥镇人民政府合著：《浙北一座名镇的兴起——嘉兴大桥镇社会变迁》，上海辞书出版社2012年版，第109页。

[4] 刘荫棠主编：《江苏公路交通史》第1册，第131页。

[5] 《上海特别市各区农村概况》，转引自李文海主编：《民国时期社会调查丛编（二编）·乡村社会卷》，第458页。

10 日，全国经济委员会会同江、浙两省及上海市在闵行镇汽车轮渡码头附近举行了通车典礼。[1]

　　此前，1929 年沪闵南柘长途汽车公司由于亏损，无力经营，遂将沪闵线租让给交通股份有限公司，租赁期十年。1929 年 2 月 15 日，交通公司在沪闵南柘长途汽车有限公司原址成立，集资 20 万元，拥有大小客车 13 辆。自 1932 年沪闵路至乍浦的金丝娘桥之间的公路接通，该公司与浙江省签约联营开办上海、平湖、乍浦之间联运业务，又与江苏省及浙江公路处签约开办水陆联运。[2]

　　在浙江嘉兴，自平湖至嘉兴段公路通车后，就有公路间的联运、公路铁路间的联运等多种交通方式。如其与沪杭公路衔接，旅客抵达平湖后即可通过联运车辆前往上海，既便捷又省时省力。[3]

表 2-9　上海闵行与浙江平湖间公路联运时刻表

上海闵行与浙江平湖间				浙江平湖与上海闵行间			
闵　行	9:15	11:15	14:15	16:15	平　湖	7:30	9:30	13:00	15:00
萧　塘	9:21	11:21	14:21	16:21	虹霓堰	7:34	9:44	13:14	15:14
南　桥	9:32	11:32	14:32	16:32	乍　浦	7:58	9:58	13:28	15:28
柘　林	9:56	11:56	14:56	16:56	全公亭	8:28	10:28	13:58	15:58
漕　泾	10:10	12:10	15:10	17:10	金山卫	8:46	10:46	14:16	16:16
金山嘴	10:23	12:23	15:23	17:23	金山嘴	8:55	10:55	14:25	16:25
金山卫	10:32	12:32	15:32	17:32	漕　泾	9:08	11:08	14:38	16:38
全公亭	10:50	12:50	15:50	17:50	柘　林	9:22	11:22	14:52	16:52
乍　浦	11:22	13:22	16:22	18:22	南　桥	9:42	11:42	15:12	17:12
虹霓堰	11:34	13:34	16:34	18:34	萧　塘	9:58	11:58	15:28	17:28
平　湖	11:47	13:47	16:47	18:47	闵　行	10:04	12:04	15:34	17:34

　　资料来源：中华全国道路建设协会编：《中国公路旅行指南》（1936 年印行），转引自上海社会科学院中国城市史研究中心、浙江省嘉兴市南湖区大桥镇人民政府合著：《浙北一座名镇的兴起——嘉兴大桥镇社会变迁》，第 274 页。

---

[1]　刘荫棠主编：《江苏公路交通史》第 1 册，第 136 页。

[2]　盛国策：《旧上海的长途汽车》，上海市政协文史资料委员会：《上海文史资料存稿汇编》，上海古籍出版社 2001 年版，第 8 册，第 308、309 页。

[3]　上海社会科学院中国城市史研究中心、浙江省嘉兴市南湖区大桥镇人民政府合著：《浙北一座名镇的兴起——嘉兴大桥镇社会变迁》，第 111 页。

1932 年 10 月，经营松江至上海间客运的上松长途汽车公司成立，松江"西门外马路桥内设立总站，上海南市国货路、沪闵南柘长途汽车公司设立分站（交通线）。松江至北桥入沪闵南柘线，达上海，为上松线；新东门至泗泾为松泗线；砖桥至佘山为砖佘线"[1]。1937 年的乡土文献亦载，自松沪公路通车，"松沪交通便利不少，去年松泗路告成，则居泗之人来往泗沪者亦感利便。……今年又筑砖佘路，由砖桥以达佘山，即松泗路之支线也，亦已于今年十月十日通车"[2]。其间，为便利来往松沪的旅客，经协调，开辟了中途不需换乘的直达线路，1936 年出版的《上海市市政报告》载：

> 上松长途汽车公司于二十一年十月开始通车，惟驶至松沪交界处之汇桥为止，旅客往返松沪间，必须中途换车，殊感不便。该公司因于二十二年一月，与承办沪闵南柘线长途汽车之交通公司商定联运办法，订立合同，载明沪闵汽车可直驶松江，上松汽车亦可直接驶至上海。[3]

1928 年，嘉定县城至罗店的公路通车；1935 年，又于嘉罗公路起点的嘉定县城东门，"至南门外筑环城路（自望春桥至南门外接锡沪路）与嘉罗县道衔接，成为要冲，市面日形热闹"[4]。1935 年 8 月，全长 140 多公里的锡（无锡）沪（上海）公路竣工通车。其自上海虬江路、公兴路口起，途经绿杨桥、南翔、马陆、石岗门、嘉定南门、嘉定西门、外岗、葛隆、新丰、太仓南站、太仓西门、毛观堂、双凤、直塘、窑镇、支塘、白茆、古里村、常熟、颜巷、练塘、翁家庄、羊尖、安镇、查家桥、鸭城桥、东亭、周山浜、无锡等 30 余站，其中上海、南翔、常熟、无锡四处为头等站，真如、嘉定、太仓、支塘为二等站，其余为三等站。有可乘 50 人的客车 50 辆，小客车 10 辆，运货汽车 5 辆；客车每隔 2 小

［1］ 民国《松江志料》，交通类。
［2］ 民国《佘山小志》（上海乡镇旧志丛书），上海社会科学院出版社 2005 年版，张叔通序言。
［3］ 上海市政府秘书处编：《上海市市政报告》（该处 1936 年 12 月出版发行），全国图书馆文献缩微复印中心：《民国时期市政建设史料选编》，全国图书馆文献缩微复印中心 2009 年影印本，第 1 册，第 493、494 页。
［4］ 民国《嘉定疁东志》卷 1，区域，市集。

时开班，小客车坐满6人即发车，大大便利了上海至无锡沿途各地间的客货运输和经济联系。其中如常熟与上海的交往，"未通车之前，往来都靠轮船，上海有些人都没有到过常熟"；自通车后，往来则大为便捷。锡沪干道以外，又从常熟筑成一条支线通往苏州，途经莫城、潭荡、辛庄、吴塔、界泾、渭泾塘、胡巷、蠡口、陆墓、齐门、平门、阊门，全长40多公里，串联了沿途各乡镇，因其与锡沪干道的衔接，更密切了上海与相关各地城镇乡村的经济联系。[1]

（三）水陆联运

江浙沪地区相对发达的多种水陆交通线路之间，往往因地制宜，建立起便捷的联运方式。

相当发达的内河航运，一直是上海地区及长江三角洲城镇乡村之间交通的主要渠道[2]。1887年，在华游历的宗方小太郎记述：常州"城外亦人烟栉比，买卖杂沓。大小材行甚多，西门外河上，大小船舶碇泊者无虑三四百艘之多，水面为之拥塞，闻此等船舶南来北往于苏、杭、镇江等地云。"[3]民国初年，南汇县惠南镇由当地商人集资创办的轮船公司，经营南汇与上海间的客运班轮业务。轮船从惠南镇的西潭子出发，途经新场、航头、鲁家汇、闸港，进入黄浦江到达上海十六铺附近的大达码头。上海与川沙及南汇周浦的小火车通车后，相应车站设有轮船接送班次，实行水陆联运。惠南镇与各乡镇及邻县之间也有客运班航船。[4]1925年，"有沈衡甫创办之永兴轮船，每日上午九时自川沙开至周浦，下

---

［1］ 曹师柳：《锡沪公司回忆点滴》，常熟市政协文史委员会编：《常熟文史资料选辑》，上海社会科学院出版社2009年版。

［2］ 上海的公路运输起步较晚。1919年兴筑的军工路是上海第一条近郊公路。1932年，全国经济委员会成立，公路建设移归该委员会办理，这一时期，公路建设速度明显加快。到1937年，连接上海的各干、支公路有：沪桂干线沪杭路、锡沪公路、苏沪公路、沪粤公路；支线沪太路（上海至太仓）、上嘉路（上海至嘉定）、上宝路（吴淞至月浦）、真南路（真如至南翔）、上松线（上海至松江）、上珠线（上海至珠街阁）、青沪路（上海至青浦）、沪七路（上海至七宝）等。沪杭公路于1932年建成，1935年上海至苏州、无锡等城市的公路陆续开通。另外，沪宁、沪杭铁路已先后于1908年、1909年建成通车。详见可见熊月之主编：《上海通史》第8卷，上海人民出版社1999年版，第201、209—210页。

［3］〔日〕宗方小太郎著，甘慧杰译：《宗方小太郎日记（未刊稿）》，上海人民出版社2016年版，第15页。

［4］ 上海市档案馆编：《上海古镇记忆》，东方出版中心2009年版，第84页。

午一时由周浦开回，客票售银二角二分。乘客如由川沙至上海，可乘上南汽车，即购联票，票价只收三角五分"[1]。1936年私营浦建公司建成石子路面的沪南公路，惠南镇有公共汽车直达上海[2]。上海县的陈行镇：

> 由沪至陈行镇，有水陆二途。水路乘沪平汽轮（上海至平湖），至塘口镇停泊，每日往来1次。陆路先由董家渡乘上南长途汽车公司之渡轮，至杨思区之周家渡，搭汽车至三林塘，乘小车达陈行镇。镇距三林塘12里，周浦镇12里，与塘口桥头中心河镇相距各3里，南汇之杜家行8里，运输全赖舟楫。[3]

江苏常熟双浜镇，"交通向有自乡至城之航船，以后塘岸南石桥为码头，挨班来往。自民国二年，白茆塘开行永利内河小轮船，以典当桥为码头，由张市、归市、何市、支塘、白茆、唐市而达城中小东门。货物由航运，旅客由轮行，近且支塘、吴市开昆山班轮船，当日可达，苏申往来益便。昆山、苏州、太仓亦有航船，停泊吴市，按班来张收发，代客买卖，隔日即至，其自张市至吴市，日有小车装货寄物，俗称旱航船"[4]。1908年7月，轮船招商局等面对"沪宁铁路开车后，清江、扬州及沿途各处行旅往来日渐增多"的情形，在镇江"为便客起见，特议单放坚快小轮船一艘以及洋式拖船停泊于车站附近之东方码头，专备接送火车搭客。在镇江，准于下午三点半钟开往清江；在清江，准于上午十点半钟开船，至次日清晨到镇，适接续南京早班火车"。[5]1909年，沪杭铁路曾刊发与松江至平湖间内河小轮水陆联运的广告："因便商起见，特招利济公司自备坚快小轮，逐日往来平湖、松江，经过新埭、四浦、塘洙、佘来庙等处，凡蒙绅商惠临，可由上松各车站及各埠利济轮局购买火车轮船联票，以便直达而免

---

[1] 民国《川沙县志》卷7，交通志，舟车。

[2] 上海市档案馆编：《上海古镇记忆》，第84页。

[3] 《上海特别市各区农村概况》，原载《社会月刊》第2卷第5—11号（1930年11月至1931年5月），转引自李文海主编：《民国时期社会调查丛编（二编）·乡村社会卷》，福建教育出版社2009年版，第465页。

[4] 王鸿飞纂：《双浜小志》（民国稿本）卷1，市镇，转引自沈秋农等主编：《常熟乡镇旧志集成》，广陵书社2007年版，第753页。

[5] 《申报》，1908年7月19日。

周折。"[1]

1909年沪杭铁路通车后，浙江嘉兴境内的平湖塘成为沟通沿岸乡镇与沪、杭间的主要通道。平湖轮船业开设航班，"专自平湖至嘉兴，与沪杭铁路衔接"。其中，1910年"王升记轮船局"与浙江铁路公司联手，新增"庆安轮"行驶乍浦至嘉兴航线。[2]1911年4月，又有通利嘉苏轮船局"特备坚快轮船，拖带公司船行驶嘉兴、王江泾、平望、八坼、吴江、苏州"，其与沪杭铁路"订立连带车票，以便乘客往来杭枫之间，并拟择日续开苏湖、杭湖、嘉湖等处，而便行旅"。[3]后因火车运行时刻表变更，平湖旅客无法赶乘快车，自1913年6月15日起，浙江铁路公司又添置"嘉平轮"，"由平至杭、湖各埠，可以当日往返"。[4]此后，又有往返于杭州、绍兴间的"轮船公司成立，在杭绍间行驶二次，第一次船与沪杭下午二时车衔接，第二次船与上午十时由绍开行与沪杭夜快车相接"[5]。丰子恺忆述，其家乡石门湾"位于浙江北部的大平原中，杭州和嘉兴的中间，而离开沪杭铁路三十里。这三十里有小轮船可通，每天早晨从石门湾搭轮船，溯运河走两小时，便到了沪杭铁路上的长安车站。由此搭车，南行一小时到杭州，北行一小时到嘉兴，三小时到上海"[6]。1918年实地调查的日本人记述："嘉兴有各大水路汇集，特别是在1901年（此处误，应为1909年——引者）8月沪杭甬铁路开通以后，其与上海、杭州和其他地方之间的交通变得更加频繁，由此导致物资的集散愈来愈多；而在水路方面，各有轮船航行，以供旅客运货之用。"[7]

1905年沪宁铁路通车，途经嘉定南翔，同年当地黄承炳等人集资设立通济轮船局，专驶嘉定至南翔间航线，沿途"并于石冈门镇横沥西岸、马陆镇横沥东岸分设轮步，每日往返嘉翔依火车之班次为准，船价每人钱八十文。继商准上海车务总管英人濮兰德发行沪嘉联票，旅客称便。初仅每日百余人，后乃增至四五百

---

[1]《时报》1909年5月25日。

[2][4] 上海社会科学院中国城市史研究中心、浙江省嘉兴市南湖区大桥镇人民政府合著：《浙北一座名镇的兴起——嘉兴大桥镇社会变迁》，上海辞书出版社2012年版，第104页。

[3]《时报》1911年4月16日。

[5] 聂宝璋等：《中国近代航运史资料》第2辑，中国社会科学出版社2002年版，第1319页。

[6] 丰子恺：《丰子恺自述：我这一生》，中国青年出版社2015年版，第161页。

[7] 冯天瑜等选编，李少军等译：《东亚同文书院中国调查资料选译》，社会科学文献出版社2012年版，第1359页。

人，罗店、娄塘、太仓、浏河、浮桥各镇乡赴沪者，咸取道嘉定，营业日益发展[1]。"1914年出生于青浦白鹤江镇的杨宽忆述他的家乡："每天有一定班次的小轮船，来往于朱家角镇、青浦县城、白鹤江镇和安亭车站之间，与沪宁铁路客车的班次相衔接。当天从上海发行的报纸和投寄的邮件，可以从安亭车站经小轮船转送到此地。"[2]1930年代初，"因为南翔是上海近郊的大镇，乘客来往异常拥挤，原有京沪路（指沪宁铁路——引者）的行车时间，不够乘客的需求，因此便在上海与南翔间建筑双轨，行驶沪翔区间车。车厢是小型的蒸汽车，自南翔上海间，每天往返二十四次"[3]。

沪宁铁路旁的昆山，"素无轮船，光绪中常熟创办轮船以通申江，路经昆山之东门外，乃辟码头以小泊焉。然船抵东门每至夜分，故附轮者亦绝少。厥后太仓亦有轮船停泊朝阳门外之小马路口，以便附乘火车者，于是常熟亦添设日班轮船专驶昆山车站以便交通"[4]。1908年在华日本人记述，原先"扬州与镇江间之小火轮与铁路不能连接，且开船与到达时间迟速不定，此次沪宁铁路公司特以小火轮两艘开始定时往来，该小火轮之船票可在火车上购买，火车票亦可在船上购买，故对该地方交通运输颇为便利"[5]。

1926年，昆山克记青张轮船公司与沪宁铁路订立水陆联运合同，发售由上海至湘城及冶长泾、南桥、吴塔、张家甸等处水陆客运联票[6]。同年，在沪宁铁路沿线，还有"珠安汽船公司自安亭车站开往太仓，每日二班，有上海联票，旅客称便"；另有"代步船，外冈之恒泰分典开至安亭，以运出入之物，沿途亦趁人载物，每日一次"。[7]青浦县练塘镇，"东南至松江，南至石湖荡，均有划船、航船、机器船以通沪杭路线，藉载客货。东北至角里（指朱家角镇——引者）、青浦赵屯桥，西北至金泽、芦墟等处，有航船、机器船往来"[8]。

---

［1］ 民国《嘉定县续志》卷2，营建志，交通，航业。

［2］ 杨宽：《历史激流：杨宽自传》，（台北）大块文化出版股份有限公司2005年版，第19—20页。

［3］（民国）倪锡英：《上海》，南京出版社2011年版，第31页。

［4］ 民国《昆新两县续补合志》卷5，交通。

［5］ 李少军编译：《武昌起义前后在华日本人见闻集》，武汉大学出版社2011年版，第108页。

［6］《申报》1926年8月2日。

［7］ 民国《望仙桥乡志续稿》（上海乡镇旧志丛书），上海社会科学院出版社2004年版，建置志，航行。

［8］ 民国《章蒸风俗述略》（上海乡镇旧志丛书），上海社会科学院出版社2005年版，交通情形。

表 2-10　民国年间沪宁及沪杭甬铁路沿线的水陆联运

铁路线	轮船公司	联运业务	开行日期	联结站	铁路联运站名	轮船联运站名
沪宁	珠安轮船局	各等旅客及行李联运	1912 年 11 月 25 日	安亭	上海北站、南翔、昆山、苏州、无锡	白鹤港、青浦、珠家角
	嘉定航业公司	头二三等旅客联运	1919 年 5 月 1 日	南翔	上海北站、苏州	嘉定
	招商内河轮船公司	各等旅客联运	1920 年 8 月 1 日	苏州	上海北站、苏州	甘露、荡口
	太兴汽船公司	三四等旅客联运	1930 年 4 月 1 日	安亭	上海北站	梦仙桥、前门塘、蓬莱镇
	通商汽轮局	各等旅客联运	1931 年 11 月 10 日	青阳港	上海北站	常熟
	通达元记轮船局	二三四等旅客行李包裹联运	1933 年 10 月 1 日	青阳港	上海北站	浒浦、大虹桥
	裕丰轮船总局	二三四等旅客联运	1934 年 5 月 1 日	苏州	上海北站	杨湾、前山、石桥头、镇夏
沪杭甬	全益轮船局	二三四等旅客联运	1920 年 1 月 1 日	嘉兴	上海北站、上海南站、硖石、拱宸桥、杭州、南星桥、闸口	沈荡、海盐
	通源轮船局	二三四等旅客联运	1920 年 1 月 1 日	嘉兴	上海北站、上海南站、硖石、杭州、南星桥	盛泽、乌镇、震泽、南浔、双林、湖州
	王清记轮船局	二三四等旅客联运	1934 年 3 月 1 日	嘉善	上海南站、上海北站、枫泾、嘉兴、杭州、南星桥	西塘、芦墟、黎里、周庄
	宁绍商轮股份有限公司及三北轮埠有限公司	头二三等旅客联运	1934 年 10 月 1 日	宁波	慈溪、叶家、文亭、余姚、马渚、五夫、驿亭、曹娥江	上海

资料来源：《京沪、沪杭甬铁路联络运输之过去现在与将来》,《交通杂志》1935 年第 3 卷第 7、8 期合刊。

　　货运方面，1935 年关于江浙地区茧和米运输问题的调查，指出了江浙地区内的农产品较少使用铁路而较多使用帆船的原因：一是因为运距短，经由铁路运输必须多次装卸，又加上铁路运输中间还有转运公司插手，费用增多；二是因为当时货车车辆供给不充分，铁路运货要等车皮，往往反而比交由帆船运输慢；三是因为铁路手续麻烦；四是铁路官营，员工对营业盈亏不关心，不负责，而航船业运输者多系民营，负责经心，又有传统的业务联系。因此，除天旱水涸或欲赶上海市价等不得已时用火车运输外，大多取道水路船运。[1]

沪宁铁路通车后，经由无锡转往邻近的宜兴、溧阳、江阴及靖江、如东等地的过客大为增多，内河轮运业的发展得到新的推动。1912 年，华文川、吴增元等集资 10 万元在无锡开设了中华新裕恒记轮船公司。1915 年，又有利澄等轮运公司开设。1917 年，无锡已有 8 家轮局、8 条航线，航程为 570 公里。随着沪锡间人流物流交往的增多和无锡自身城市经济的发展，到 1929 年无锡共有 19 家轮运公司，有货轮 15 艘、客轮 42 艘，总吨位 631.43 吨。此外还有固定航线的航船329 艘，其中 149 艘是开往外埠的如江阴、宜兴、常熟、溧阳、丹阳、金坛、沙洲、长兴等地。[2]镇江通往苏北的小轮船有短班、长班两种，前者每天早中晚三班在镇江、扬州间往返，后者每天一班驶往淮阴，途经瓜洲、扬州、邵伯、高邮、界首、氾水、宝应、淮安等地[3]。

在浙江境内，自沪杭铁路通车，"与铁路竞争引起的一个结果是在过去十年中（指 1912 年至 1921 年——引者），新航道上的客运有了发展，杭州与湖州之间已有定期客轮，嘉兴与新塍及嘉兴与海宁之间的航道也已开辟，同时钱塘江的小火轮也大量增加。除了亚细亚石油公司和美孚石油公司的机动船之外，这一地区的运输业几乎都由中国船承担"。[4]

铁路和公路的展筑，为长江三角洲地区的水陆联运铺平了道路。1910 年 3 月18 日，清朝政府邮传部称"轮路两项，利在交通，自须设法筹增进款，招徕运输"，认为轮船招商局"亟宜与江海相通之铁路联合运输，议定合同"，并开列了4 条水陆联运路线，其中之一是由上海陆运至镇江、南京，再水路转运汉口。具体办法是在轮船招商局各有关分局发售直达客货票，统一核算，联运收入按一定

---

［1］ 杜修昌：《京沪、京杭沿线米谷丝茧棉花贩卖费之调查》(1935 年)，转见陈其广：《百年工农产品比价与农村经济》，社会科学文献出版社 2003 年版，第 235 页。

［2］ 虞晓波：《比较与审视——"南通模式"与"无锡模式"研究》，安徽教育出版社 2001 年版，第125 页。

［3］ 宗金林主编：《民国扬州旧事》，广陵书社 2010 年版，第 153 页。

［4］ 陈梅龙等译编：《近代浙江对外贸易及社会变迁——宁波、温州、杭州海关贸易报告译编》，宁波出版社 2003 年版，第 260 页。

比例由轮船和铁路两家分得。

为了做到铁路和水路"衔接一气",轮船招商局采取了一些行之有效的措施。1911年,津浦铁路通车,轮船招商局派轮船停泊于浦口车站,分途转运乘客与货物。不久,该局又与沪宁铁路订立了联运办法。由轮船招商局推行的水陆联运,是中国近代交通史上的创举,成果显著。20世纪30年代,水陆联运是轮船招商局与铁路局之间经常性的协作形式。从1934年至1936年初,轮船招商局先后与京沪杭甬铁路及津浦铁路等办理了联运协作。[1] 1935年的《浙江吴兴双林镇风土纪略》载:

> 我镇水道交通之最上者为汽船,往来上海、湖州者有招商、戴生昌二局,往来杭州、湖州者有三公司局,皆路经吾镇。尚有通源、招商二局,轮值开驶于嘉兴、双林间。每晨由双林至嘉,与杭沪车通运,下午复接沪杭车旅客自嘉返双,往返迅速,旅客便之。汽船皆每日定时往来,乘客多时则附加拖船一二只不等。拖船分两种,曰公司船,船坚而入水深;曰无锡快,装置美而易受损。寻常货船,亦可交船局附拖。船价分房舱、客舱、烟篷三类,沿途各埠皆停,营业发达。[2]

1937年后,原沪杭甬铁路的新龙华至日晖港改为新日支线,开始办理黄浦江水陆联运业务。之后又在市内修建了联运沪宁、沪杭线的真西支线,逐步形成了延续至20世纪80年代初的铁路格局。[3]

城乡间的客货交往,也得水陆联运之便。江苏"昆山素无轮船,光绪中常熟创办轮船以通申江,路经昆山之东门外,乃辟码头以小泊焉。然船抵东门每至夜分,故附轮者亦绝少。厥后太仓亦有轮船停泊朝阳门外之小马路口,以便附乘火车者。于是常熟亦添设日班轮船专驶昆山车站,以便交通"[4]。浙江平湖县王升记轮船局的航班,清末至民国常年运营,"专自平湖至嘉兴与杭沪铁路衔接"[5]。

---

[1] 张后铨主编:《招商局史(近代部分)》,人民交通出版社1988年版,第231、418—420页。
[2] 陆剑等辑录:《留下南浔的脚印:民国报刊涉浔文图选辑》,浙江摄影出版社2015年版,第53页。
[3] 徐之河等主编:《上海经济(1949—1982)》,上海人民出版社1983年版,第459页。
[4] 民国《昆新两县续补合志》卷5,交通。
[5] 民国《平湖县续志》卷1,建置,交通。

而嘉兴则是沪杭甬铁路主要的车站之一，"铁路交通有沪杭甬铁路自嘉善来，入嘉兴县境经三店区、汉塘区、东栅区、王店区，由王店区出境乃至海宁县之硖石镇"。其水路交通也四通八达，"四乡河道之可视为主干的：在东乡有冬瓜塘、三店镇（全线长 18 里），直通嘉善、松江及上海。又有平湖塘（水线 45 里）、乍浦塘（水线 90 里），与平湖县与海盐县之水运接联。在北乡有运河官塘（水线长 40 里），通盛泽、平望、扒尺、梅堰、双林等处。在西乡有新塍塘（水线 36 里），接严墓塘直达桐乡，接南浔塘直达南浔与菱湖，又杭州塘（或名三塔塘，水线 33 里），直通桐乡、崇德、杭州等处。在南乡有长水塘，沿沪杭甬铁路并行（水道 36 里），又姚家塘（水线 33 里），通东南各乡"。[1] 1934 年《浙江省建设月刊》记述湖州菱湖镇："地距上海三百六十里，民船二日夜可到，或改由沪杭铁路至长安再乘轮船，五小时亦可到达。该处有小轮多艘，分驶杭州、湖州、苏州等处，水路交通颇称便利。"[2]

一些小城镇的商贸活动因邻近铁路或公路，自身又有内河航运之便，交通条件改善而颇为兴盛。上海县诸翟镇，"在吴淞江南，与上海、青浦接壤，距沪宁铁路南翔车站十八里，沪杭铁路樊王渡车站二十里；市街南北约半里，东西一里余，以紫隄街为热闹，大小商肆百余家，有碾米、轧花厂，每日晨昼两市，从前靛商营业与黄渡、纪王、封浜并称盛，今（指民国以来——引者）则以花、布、米、麦、蚕豆、黄豆等为贸易大宗，市况颇旺"[3]。金山县，"商业以县治朱泾镇及张堰镇为大，吕巷次之，泖港、松隐、干巷、廊下等又次之"[4]。宝山县月浦镇，"航船自本镇至吴淞、罗店各一艘，专代商铺寄载货物，兼搭旅客，当日往回"[5]。1935 年，上海至江苏无锡的公路通车，途经嘉定县马陆镇并设有车站，每天的客货过往明显促进了市镇经济的发展[6]。

嘉定县南翔镇，"南北跨横沥、东西跨走马塘，街路南北长约五里，东西长

［1］ 曲直生等：《浙西农产贸易的几个实例——米粮、丝茧、山货贸易的概况》，原载《社会科学杂志》第 3 卷第 4 期（1932 年 12 月），转引自李文海主编：《民国时期社会调查丛编（二编）·乡村社会卷》，福建教育出版社 2009 年版，第 717 页。

［2］ 陆剑等辑录：《留下南浔的脚印：民国报刊涉浔文图选辑》，浙江摄影出版社 2015 年版，第 175 页。

［3］ 民国《嘉定县续志》卷 1，疆域志，市镇。

［4］《金山县鉴 1935》，《民国上海县鉴汇编·金山县鉴》，上海书店出版社 2013 年版，第 125 页。

［5］ 民国《月浦里志》卷 7，交通志，航船。

［6］ 上海市档案馆编：《上海古镇记忆》，东方出版中心 2009 年版，第 38 页。

约六里，距京沪铁路车站约有一里。交通方面，十分便利，商贾很多，物产也富，所以称为各镇中的首镇"[1]。《嘉定县续志》亦载，该镇"自翔沪通轨，贩客往来犹捷，士商之侨寓者又麕至，户口激增，地价、房价日贵，日用品价亦转昂，市况较囊时殷盛"[2]。奉贤县西渡口，"为沪杭公路渡浦处，置有轮渡码头。渡东数十步，又为横泾出口处，车辆船舶往来如织，商店、工厂时有增设，渐成市集"[3]。上海县"虹桥、北新泾二镇，马路通达，渐见兴盛"[4]。浦东三林乡原有孙家桥，"自筑上南汽车路，桥毁，改建水门汀，名三林塘桥。三林汽车站设于桥北，为行人往来孔道，店肆年有增添。桥之北，路东有三兴轧厂及收染店；路西店为最多，居民男妇都制果篮"[5]。南汇周浦镇，自上南公路辟通，与上海的往来大为便利，商业贸易兴盛活跃，有"小上海"之称[6]。

三、邮电通讯

长江三角洲各地城乡以上海为中心活跃的经济联系，也是和便捷的信息传输联系在一起的。

在商品经济的运行中，信息的重要性显而易见。广州一口通商时，江浙地区商人已雇有专人专事信息传递，"盖因丝货、茶叶产于江浙，而洋货则来自广东，此往彼来，殆无虚日。且有常川住居广东之人谓之坐庄，专为探听货物之多寡，价值之低昂。而设遇有可以贸利或有某货滞销不可运往者，即专遣捷足，兼程赶回，不过数日可到"。[7]上海开埠后，对信息的需求更为迫切。俗称"飞剪船"是当时最快的帆船，"其非常之速可用作特殊用途，飞剪船之间的竞争如此之激烈，以至于每个航程对于商人而言，都是一次具有重大影响的赛跑。最先获取相

---

［1］匡尔济编：《嘉定乡土志》下册，九，南翔。

［2］民国《嘉定县续志》卷1，疆域志，市镇。

［3］民国《奉贤县志稿》，奉贤县志料拾掇，疆域。

［4］李右之：《上海乡土地理志》第十课，蒲淞、法华。

［5］民国《三林乡志残稿》（上海乡镇旧志丛书），上海社会科学院出版社2006年版，卷1，地名。

［6］上海市档案馆编：《上海古镇记忆》，第90页。

［7］《浙江巡抚刘韵珂奏请饬各省有传抄英书不必根究片》（道光二十一年六月十五日），中国第一历史档案馆：《鸦片战争档案史料》第3册，天津古籍出版社1992年版，第597页。

关利率及商机信息者，便可据此先下手为强，因事关业主生死存亡，所以他们的邮件只让飞剪船递送"[1]。

上海最早一家中文报纸，1861 年创办的《上海新报》，其发刊词篇首便是"大凡商贾贸易，贵乎信息流通"。晚清上海在信息传输方面的近代化程度，是当时国内其他地方无法企及的。

首先是电报的应用。上海开埠初期，是通过船舶传递获取外部资本主义世界商贸、金融信息。当时，从香港坐轮船到上海，也"需要 5 天的时间"[2]。随着上海进出口贸易规模的不断扩大，这种传输手段显见落后。为了抢得商场先机，当时来华的外国商船间的竞争非常激烈。1861 年 3 月 19 日，在沪的德国外交官艾林波记述：

> 颠地洋行（英国人的）有一艘豪华的汽轮，速度非常快，专门运送欧洲邮件。从香港过来，比其他一般的船要快 24 小时，因此该公司就比别人早 24 小时收到信息，他就可以根据经济形势比别人早作行动，由此赚的钱，完全能够抵掉买船和日常维护所需的巨额费用。[3]

电报的应用，则为改变这种状况提供了可能。1871 年 4 月，英国人架设的香港至上海海底电线开通营业；同年 6 月，香港至伦敦海底电线接通。6 月 6 日，《字林西报》收到了直接来自伦敦的第一份有线电报。从此上海与欧美间的信息传递改由电报沟通，以往用日月计的信息传输，现在缩短为数小时可达。信息传输效率的这种根本性变革，在上海滩引起不小反响，《字林西报》将它称为"这一年最重大的事情"。[4]

1872 年 5 月 31 日《申报》刊载的一则"电气告白"对电报的应用大加称许："凡遇切要之事，用电线通报，虽万里之遥片刻周知，所以有裕国裕民之宏用，至于行商坐贾更不可少。"还在很多中国人对电报持疑忌心态时，经营进出口贸

[1]〔葡〕裘昔司著，孙川华译，吴健熙等校：《晚清上海史》，上海社会科学院出版社 2012 年版，第 68 页。
[2]〔英〕怀特文，托马斯·阿鲁姆图，刘佳等译：《清帝国图记》，天津教育出版社 2011 年版，第 258 页。
[3] 王维江等辑译：《另眼相看——晚清德语文献中的上海》，上海辞书出版社 2009 年版，第 38 页。
[4]〔法〕梅朋、傅立德著，倪静兰译：《上海法租界史》，上海译文出版社 1983 年版，第 451 页。

易的中国商人兴趣浓厚，1876年英国驻沪领事评述："尽管农民和一般知识分子对此表示愠怒不悦和麻木不仁，然而据说在诸如杭州、湖州和苏州等丝、茶大市场上经营的商人们都极其希望得到这些工具（指电报和铁路——引者）。"[1]

进入19世纪80年代，伴随上海内外贸易网络的扩展，上海与江南各地及国内各大商埠间的电报线相继架设。1881年，上海经苏州而后沿运河北上至天津的电报线开通。次年，上海循长江至镇江、南京线开通；两年后又延展到汉口。1884年，上海南下至宁波、福州、广州、梧州、南宁、龙州线开通。通过便捷的电报通讯，"不论官商均可传达信息"。晚清的上海人对神奇的电报，啧啧称奇：

> 以药物制铜线，绵长数千里，传递信息片刻可达，谓之电报。其线如达水程，则裹以象皮，周围将铁线护之，再以胶漆外涂，沉巨浸中，陆路则排列大柱，线架其上。
>
> 至递报之法，彼此线尾各置针盘一具，列二十六字母，此击彼应，此处针指某字母，彼此亦指某字母，由字母配合数目号码。一号配一字，共六千八百九十九号，配六千八百九十九字，刊成一书曰电报新书。所报皆号码，有书可检查。行栈家有秘密信，可将号数暗计两地心照，谓之金匙开锁，外人不知。[2]

视商场如战场的中外商人纷纷利用电报的快捷，"凡欲操奇计赢尽有费此数元或数十元而得收大利者，是故争先恐后，趋之若鹜"。1884年，上海电报总局每月售出电报纸约1600张。他们已认识到"商家生财之道惟凭居积贸迁，而为迁为积又视在远市价之高低为断，苟能得声气之先，有利可图，不难一网打尽"。[3]而电报恰给他们提供了搏击商场的利器，"商贾交易藉电报以通达市价，则无者常绌，而有者常赢"。[4]

---

[1]《领事达文波1876年度上海贸易报告》，李必樟译编，张仲礼校订：《上海近代贸易经济发展概况（1854—1898年）：英国驻上海领事贸易报告汇编》，上海社会科学院出版社1993年版，第422页。

[2] 卧读生著，顾静整理：《上海杂志》，熊月之主编《稀见上海史志资料丛书》，上海书店出版社2012年版，第1册，第88页。

[3]《申报》1882年1月16日、1884年6月30日、1882年11月25日。

[4] 郑观应：《论电报》，夏东元编《郑观应集》上册，上海人民出版社1982年版，第82页。

电报的应用，使上海作为江南经济中心城市的地位更为增强。1883年4月，上海至杭州电报线尚未开通，《申报》就发表评述称："本年蚕丝一汛，杭、嘉、湖各属均可迳达电音，本埠该业市面当有振兴之兆。"6月上旬，"本埠丝市开盘，从南浔往来电报络绎不绝"。7月，上海电报总局由苏州分局添设无锡支局，"缘该处丝茧市面颇大，各路客商多有至埠"。[1]借助电报，中外之间及中国各主要通商口岸间的商业信息得迅即沟通，又加自1870年苏伊士运河开通，上海至伦敦的航程缩短近四分之一，贸易周期及资金周转期均大为缩短。"直接的结果是，在上海买到生丝时，随即在伦敦市场上出卖，在1871年夏季这一方式已大为通行，丝商用这种方法避免营业中的风险，只要能获得最细微的利润，就能鼓励他又去收买生丝。"一些原本限于实力无缘经营进出口业的商人，因此得有施展身手的可能，"贸易的机会吸引着具有小额资本或信用的人"。[2]

1877年10月2日美国《纽约时报》记者发自上海的报道称：在上海，"电报的出现改变了一切，赛跑的日子一去不复返了。现在，任何人只花一点美元就可获知伦敦、纽约、巴黎或圣彼得堡当天的行情，再没有人可能比别人有更多的信息优势。电报出现前，所有贸易都操控在少数人的手中，小人物没有任何机会。而现在，任何人都可依照自己的意愿来做买卖，大商行不可能因为早几天拥有独家信息而挤垮他。"[3]1876年上海有中小洋行160家，1884年增至245家，年均增加10.5家。[4]

面对新的竞争格局，那些老牌洋行也改变经营方式，"责任比较大的商人，预料到每笔交易的利润较低，自然倾向于扩大其经营范围以求补偿，结果商业被人为地扩张起来了"。外轮进港时，所载货物"不是预先卖了的，或起岸后立刻就卖了"。[5]1882年11月25日《申报》以赞许的口吻称："今日之中国既有轮船广其货之载，复有电线速其音之传"，两者互为促进，使上海的商业发展更添活力。其中，南浔丝商得风气之先。当时在沪经营生丝出口的张颂贤，分别在南浔镇和上海二洋泾桥的增泰丝栈内设有恒和丝行，前者坐收湖丝，后者则与洋商洽

---

[1]《申报》1883年4月9日、1883年6月11日。

[2] 姚贤镐编：《中国近代对外贸易史资料（1840—1895）》，中华书局1962年版，第949、951页。

[3] 郑曦原编：《帝国的回忆——〈纽约时报〉晚清观察记（1854—1911）》（修订本），当代中国出版社2007年版，第42页。

[4] 参见汪敬虞：《十九世纪西方资本主义对中国的经济侵略》，人民出版社1983年版，第107页。

[5] 姚贤镐编：《中国近代对外贸易史资料（1840—1895）》，第951、948页。

谈成交。其最初以航船传递信息，后为求快速，于1883年先于府城湖州在南浔镇设置了电报局。[1]1883年4月9日《申报》载："本年蚕丝一汛，杭嘉湖各属均可迅达电音，本埠（指上海——引者）该业市面当有振兴之兆"；又报道无锡亦将有电报局，"缘该处丝茧市面颇大，各路客商多有至埠。说者谓开办后，其报务当不减于苏（指苏州——引者）局也"。同年6月11日，该报又载："本埠（指上海——引者）丝市开盘，从南浔往来电报络绎不绝，可见风气一开，人皆趋之。"

就上海及长江三角洲普通民众而言，电报多为过境之物，直接利用者尚少。如嘉定县，"电（报）线自光绪五年创设于北洋，翌年推展至苏省，由江北渡镇江而达上海。嘉定为线路经由之域，沿吴淞江北岸境内，所属各乡皆设立电杆挂线。至光绪三十四年，沪宁铁路告成，路局与电局合线，余杆尽撤，电信可由铁路车站电机房转电局收发"。[2]1896年两江总督刘坤一奏称："光绪二十年间（指1894年——引者），因海防戒严，沿江沿海驻军处所分设电线，以速军报而便调度。……江阴一线，自上海之吴淞起，经宝山、浒浦、福山以达江阴，计线路二百七十七里。崇明一线，沿吴淞口南岸起，接至狮子林，以达北岸崇明，计水陆线路一百十八里。乍浦一线，自上海起，越黄浦江，经川沙厅、南汇、奉贤、金山之海塘，以达乍浦，计线路二百六十八里。"[3]

1908年，上海与崇明岛之间的海底电缆毁损，江苏省官府拨款改用无线电收发报机，设立上海淞崇无线电报局，使用长波无线技术收发电报[4]。在浦东的川沙县，1909年则有电报房的设立，1913年改为川沙电报局，"局用经费由江苏电政管理局拨付，每月约支银一百余元。收进电报费，平均每月约在五十元左右。本省四等华文电，每字收大洋六分，三等加急华文电，每字收大洋一角八分。外省均加倍，洋文照华文加半收资"。[5]20世纪20年代，江苏江都县，"电报局在南河下，掌往来官商电报事务，归上海电报总局管辖"[6]。常熟县，"若国内外有

［1］ 庄维民：《中间商与中国近代交易制度的变迁：近代行栈与行栈制度研究》，中华书局2012年版，第238页。
［2］ 民国《嘉定县续志》卷2，营建志，交通。
［3］ （清）刘坤一撰，陈代湘等校点：《刘坤一奏疏》（二），岳麓书社2013年版，第1043页。
［4］ 陈钢：《晚清媒介技术发展与传媒制度变迁》，上海交通大学出版社2011年版，第41、42页。
［5］ 民国《川沙县志》卷7，交通志，邮电。
［6］ 民国《江都县续志》卷2，建置考，电报局。

来往消息，可由许浦电报局收发，并有私人装设无线电话可通上海，藉知时事，藉知市况，消息灵通，今昔迥异"[1]。当时的浙江省，"了解电报业务的只有官员或对时间要求较高的商人，一般百姓都不知道可通过电报发送信息"[2]。

上海的市内电话，始于1881年。是年，工部局与大北公司达成协议，成立英商中国电话公司，后又改名为上海德律风公司，许其在英美租界树立电杆，架设通话电线。1899年，工部局招标经营租界电话，结果英商华洋德律风公司中标。1908年，公共租界工部局和法租界公董局又分别同该公司签约，给予30年的经营特许。根据协议，工部局获得公司50两一股的干股1000股，并规定公司举债须征得工部局和公董局的同意，以不妨碍工部局和公董局对公司的控制权为前提。这样，华洋德律风公司成为租界当局特许的市内电话专营企业。公司初创时，规模尚小，以后日益扩充，并且渐作越界设线的营业，经营范围伸展到南市、闸北、徐家汇等处。[3] 早在1874年，轮船招商局就酝酿架设电话线，次年请工部局架设了从总部到虹口码头的电缆。[4]

1907年，为了同华洋德律风公司竞争，清朝政府邮传部电政总局派员组建上海电话局，首先设立南市总局。该局初设时，仅有磁石式交换机480门，用户200余家。由于线路不通租界，业务拓展受阻，遂规定华界用户凡装租界电话者，必须同时安装华界电话。[5] 晚清上海地方文献载：

> 上海之有德律风始于壬午季夏，其法沿途竖立木杆，上系铅线二条，与电报无异。惟其中机栝则迥不相同，传递之法不同字母拼装，只须向线端传语，无异一室晤言。据云十二点钟内可传遍地球五大洲，盖借电通流，故能迅速者此也。
>
> 其初有英人皮晓浦于租界试行之，设南、北二局，南在十六浦、北在正丰街。如欲邀人闲谈，只费青蚨如同命鸳鸯之数。嗣以经费不敷，不久遂废。癸未春，经天主教司铎能慕谷重设，由徐家汇达英、法租界

———————

[1] 王鸿飞纂：《双浜小志》（民国稿本）卷1，市镇，转引自沈秋农等主编：《常熟乡镇旧志集成》，广陵书社2007年版，第753页。

[2] 丁贤勇等译编：《1921年浙江社会经济调查》，北京图书馆出版社2008年版，第285页。

[3][5] 丁日初主编：《上海近代经济史》第2卷，上海人民出版社1997年版，第382页。

[4]《申报》1874年7月13日、1875年2月18日。

各洋行，以便预报风雨消息。闻此法由欧人名德律风者所创，故即以其名名之云。[1]

进入民国以后，上海电话局又陆续增设闸北一、二分局，以及浦东、吴淞、南浔、江湾等分局，规模均不大。至 20 年代初，南市总局最大容量为 8000 号，但因为尚无法同租界通话，用户仅 2000 号。直到 1925 年华界同租界签订接线合同，华界开始与租界接线，局面才有改观。1926 年 3 月，租界共建有电话线路 17706 条，装有电话机 22975 具，月通话次数 198155 次，长途电话月通话 6 万次。[2] 此后，上海郊县的电话线也陆续架通。1912 年，"松江设立电话股份有限公司，局址在城内普照寺南，主其事者为邑人夏甲三，后为朱久望。凡城厢内外，东至华阳桥，南至南门外，西至跨塘桥，北至北门外，皆可通话"。最初用户有 60 余家，后逐年增加，至 1925 年有 210 余户，1932 年 380 户，1936 年达 500 户。[3]

1921 年，闸北、南翔、江湾、吴淞电话分局设立，"其装设之区域，北至吴淞，西至南翔，南至龙华"[4]。浦东南汇县，1928 年至 1929 年间已有南汇——周浦、南汇——川沙两条电话线。至 1935 年，作为县城的惠南镇可与县内 26 个集镇通电话。[5] 1932 年在上海县的实地调查："电报则未设有专局，而由上海市区电报局转递。电话公司，闵行镇设有一处，兼营长途电话电讯，线长六十余里，用户约五十号，每日平均通话一百余次。"[6] 青浦县练塘镇，"有电话可通消息；镇上设邮寄代办所一处，以通各路邮件"[7]。

1926 年，上海电话局开通与苏州、无锡的长途电话线路。接着，华洋德律风公司与上海电话局签订长途电话交换协议租界和华界同样可以接通苏州、无锡的长途电话，上海与南京、杭州的长途电话线路也着手筹建。[8] 长江三角洲各主要

［1］卧读生著，顾静整理：《上海杂志》，熊月之主编：《稀见上海史志资料丛书》，第 1 册，第 89 页。
［2］［8］丁日初主编：《上海近代经济史》第 2 卷，第 382 页。
［3］民国《松江志料》，交通类。
［4］民国《上海县志》卷 12，交通，电。
［5］上海市档案馆：《上海古镇记忆》，东方出版中心 2009 年版，第 84 页。
［6］南京图书馆编：《二十世纪三十年代国情调查报告》，凤凰出版社 2012 年版，第 258 册，第 366、367 页。
［7］民国《章蒸风俗述略》(上海乡镇旧志丛书)，上海社会科学院出版社 2005 年版，交通情形。

城市间的电话通讯网络初步形成。同年，沪宁长途电话开通，江苏省建设厅在无锡通江桥设立交换所，可直达吴县、常熟等，并可转接省线所经各县电话。[1] 其中常熟县，1928 年"装设城乡电话，以梅李局为总机关，非但东乡各镇彼此可通音问，即沪宁苏昆亦通长途话线，远近称便"[2]。1931 年的乡土调查记述，浙江湖州南浔电报业的开办，可以追溯至 1894 年。[3] 1921 年的《浔游小志》记述，该年电话公司开办，"电音尚清晰，可通近处各镇。凡长途电话，必往公司中通话，取费一角，接线生尚能勤事且迅捷，无沪局稽迟留难之弊"。[4] 至 1930 年，南浔的长途电话及电报业已基本通达国内主要城市了，但以上海为最多。[5] 而距离稍远的上海与宁波间长途电话在 1934 年才开通，是年海关报关载："沪甬长途电话业已敷设完成。"[6]

其间，通话设备也有改进。上海在 1923 年开办上海市区至南翔间的长途电话时，还未设置专用的长途电话人工交换台。1925 年 12 月上海电话局乘沪宁电报线路大修加挂长途电话铜线之际，在中华路 734 号南京电话总局内装置专供长途电话人士接续的 2 席磁石交换台，于 1926 年 5 月在上海到苏州、无锡两地的长途电话中正式启用，这才有了专用的长途电话人工交换台。

1928 年 3 月，为便于沪宁长途电话接通租界内电话用户，长途台转移到与沪宁长途线路相近的闸北电话分局。在 1932 年的"一·二八"战役中，闸北成为战区，上海电话局将长途线路迁回接到南市电话总局，并装用磁石长途交换台 3 席共 30 门。1933 年，长途交换台迁入新落成的上海电话局闸北分局，装用美国西方电气公司的共电长途交换台 4 席，并备莫尔斯电报机一台，与南京电话局长途交换台用电报互相通报记录，以减少话务员占线时间，提高长途电话线路利

[1] 虞晓波：《比较与审视——"南通模式"与"无锡模式"研究》，安徽教育出版社 2001 年版，第 127 页。

[2] 王鸿飞纂：《双浜小志》（民国稿本）卷 1，市镇，转引自沈秋农等主编：《常熟乡镇旧志集成》，第 753 页。

[3][5] 子然：《民国湖州的政治结构与社会公共事业——以 1931 年南浔政治经济社会状况调查为研究》，湖州市民国史研究院主办：《湖州民国史》2016 年创刊号，第 111 页。

[4] 陆剑等辑录：《留下南浔的脚印：民国报刊涉浔文图选辑》，浙江摄影出版社 2015 年版，第 14 页。

[6] 《1934 年宁波口海关中外贸易统计年刊》，中华人民共和国杭州海关译编：《近代浙江通商口岸经济社会概况——浙海关、瓯海关、杭州关贸易报告集成》，浙江人民出版社 2002 年版，第 399 页。

用率。

到 1936 年，上海电话局又在紧邻闸北分局东首建成新长途交换台，新装有线长途交换台 10 席和英国标准电气公司生产的无线长途交换台 2 席，同年 8 月正式开放启用，与国内外通话。上海的载波电话，长途的要早于市内的。1936 年，交通部为提高长途明线电话的通讯效率，从德国西门子公司引进明线单路载波电话设备，于 1937 年 1 月装竣于上海、苏州两地试话，同年 2 月 1 日正式开放，这是上海最早使用的明线复用载波电话。

与电报、电话相比较，新式邮政的设立和城乡间邮路的辟通，对促进上海地区城乡间的信息沟通和经济联系，作用更直接。上海及长江三角洲地区，自唐代以来就设置有邮驿传递官方文书。明清时，民间信函往来则有民信局及其信船传递。19 世纪初，上海有 70 余家民信局。[1] 它们与长江三角洲各地的民信局，担当了民间信函的传送。1838 年狄听在奏陈鸦片走私时，谈及这些民信局的运营：

> 臣籍隶江苏，深知上海县地方滨临海口，向有闽粤奸商雇驾洋船，就广东口外夷船贩卖呢羽杂货并鸦片烟土，由海路运至上海县入口，转贩苏州省城并太仓、通州各路，而太仓则归苏州，由苏州分销全省及邻境之安徽、山东、浙江等处地方。江苏省外州县民间设有信船、带货船各数只，轮日赴苏递送书信并代运货物，凡外县买食鸦片者俱托该船代购。[2]

上海开埠后，1866 年江海关试办邮政，为中国近代邮政事业的开端。1878 年 3 月，经清朝政府总理各国事务衙门批准，在上海、天津、烟台、牛庄设立海关邮局，开放收寄华洋公众邮件，7 月在上海印刷发行中国第一套大龙邮票。这一时期上海邮传机构名目甚多，有官办的驿站、商办的民信局、外国人设立的"客邮"、租界当局的"书信馆"和半官半洋的海关邮局等。1872 年 4 月 30 日《申报》创刊号，就刊载了上海"全盛信局"的广告："本局开设在上洋小东门六家石桥堍，专寄杭嘉湖苏松太等处信件，均设局各处分递不误。三月二十三日全盛

---

[1] 徐之河等主编：《上海经济（1949—1982）》，上海人民出版社 1983 年版，第 454 页。
[2] 北京大学图书馆藏《筹办夷务始末补遗（道光朝）》，北京大学出版社 1988 年影印本，第 1 册，第 634 页。

信局启。"

在宁波则有 15 家邮传行，"传递往来上海和其他地方的信函和包件，服务出色但收费昂贵。寄出信函和包裹，必须到宁波的主要局、店和办事处办理，而寄来的则投递到收信人手中。发往上海或以远地方的邮袋和从上海寄来的，都通过每天的轮船交一位由各邮传行联合出资雇用的信使负责与轮船签约，按固定的每天费用送邮件。发往上海以远的邮件，交给相应的邮传行负责，并转发至目的地。雇用本国的小船运送邮件往本省内地，更容易到达。邮资按照路远近和难易程度而多少不一，往上海的一封信和小包邮资是制钱 70 文，往杭州 100 文，往天津 200 文，往北京 400 文。小船装邮件，往绍兴收费 30 文，往杭州 40 文，一封信最高收 400 文是远至云南、四川地方的。……这些邮传行的经营都很经济，经理在大的机构每天得制钱 600 文，会计 300 文，小雇员所得还要少，每一机构雇用 10 至 15 人"。[1]

1896 年 3 月，光绪帝批准张之洞奏议和海关总税务司、英国人赫德所拟章程开办大清邮政，由赫德负责此事。次年 2 月，上海成立大清邮政局，11 月 1 日接收上海工部局书信馆，成为江南乃至全国的邮政通信中心。"上海为各埠往来之枢纽，海路由最南之广州廉州府之北海、沿海各埠直达海路最北之盛京之营口；江路由江口之吴淞沿江各埠直达四川之叙州，查过宜昌至叙州或用轮船或用河船，或由旱路寄带来往邮件；河路可直达苏常等郡。"[2]

清末至民国，依托上海的经济中心城市和邮政交通枢纽地位，上海地区的邮政业有较快发展，城乡间的日常信息沟通更为便捷。宝山县杨行乡，"清光绪间，本乡之往来信件，由上海民信局委托本镇黄协裕代办，按日雇夫挑送至江湾对调，风雨无阻。至光绪末叶，全国邮政渐及镇乡，于是民信局遂废。本乡邮局初隶城厢局，现隶吴淞，每日专差收发一次"[3]。宝山县月浦镇，"于西镇鲍元兴设邮寄代办所，隶宝山局，挂号、汇兑均可递寄"[4]。

毗邻的嘉定县，1902 年"始由上海邮政总局设邮信箱于县城及南翔、黄渡

[1] 《浙海关十年报告（1882—1891 年）》，《近代浙江通商口岸经济社会概况——浙海关、瓯海关、杭州关贸易报告集成》，第 32—33 页。
[2] 《邮政总分各局绘具全国并拟节略（1902 年 7 月 3 日）》，对外贸易部海关总署研究室编：《中国海关与邮政》（中国近代经济史资料丛刊），中华书局 1983 年版，第 107 页。
[3] 民国《杨行乡志》卷 8，交通志，邮政。
[4] 民国《月浦里志》卷 7，交通志，邮递。

各市镇";1906 年又在嘉定设立代办处,"专递信件包裹,不汇银钱,每日送信二次";1910 年,嘉定邮政分局正式开办。[1] 位于吴淞江畔的黄渡镇,1902 年由上海邮政总局设邮信箱"于镇中某店,其邮政信件始由上海珠家角轮船运送,近由沪宁铁路火车递送,每日一次,月需经费由总局发给,随时增减,数无一定"[2]。该县真如镇,该县真如镇,"地当嘉、上两邑往来孔道,清以前设铺传递公文。逊清末,始设邮局"[3]。1911 年,该镇"北大街大顺洽号京货店由上海邮政局分设,邮政代办支局。民国二年归至恒顺南货号经理,改名邮政代办。六年,复归姚鼎顺(即大顺洽号)京货号经理,名仍其旧"。[4] 该县境内乡间邮路也辟通,《望仙桥乡志续稿》载,1911 年"自嘉定至安亭,每日一次。民国三年,改由本乡而北,历钱门、蓬莱、葛隆而达外冈,以返嘉定。民国十四年,至本乡后更西至天福,然后至蓬莱,旋仍循故道"。[5] 各村乡民得享其便,《嘉定疁东志》载此前:

> 除东门外及新泾桥、徐行镇三市集稍大,交通略便外,余均僻处而为村店式小市集。平日稍大贸易多集于附近之罗店、浏河、嘉定诸处,居民信件在民信局时期,除住居东门外徐行镇、新泾桥者可直接投递外,均托由上述三处之商店代为收寄。
>
> 邮局制行,罗店至浏河之邮件,由邮差分东、西两路递收。东路由潘家桥经猛将堂,西路由曹王庙向北行。东路附近之邮件,由吴巷乡沈家桥西首武村之武锡寿(暇纯)氏商请邮差沿路乘便收送。西路由曹王庙之吕颂嘉氏商请收送。自此邮差单日由东路行,双日由西路行,沿途信件得直接递送。
>
> 嘉定至浏河之邮件,由邮差经新泾桥、徐行、坍石桥、新庙等处递传,沿途居民乃享受收寄之便利。民国二十五年三月,第三区公所函请邮局在护民桥、俞家桥、曹王庙等处置丁类信箱。同年十月二十一日

---

[1] 民国《嘉定县续志》卷 2,营建志,交通。
[2] 宣统《黄渡续志》卷 1,疆域,交通。
[3] 民国《真如志》卷 3,交通志,邮递。
[4] 民国《真如里志》,交通志,邮递。
[5] 民国《望仙桥乡志续稿》,邮递。

起，嘉定邮局谋各乡民之便利，特呈准在朱家桥、俞家湾、范家桥、北新木桥、钱家桥、张家店（与唐行乡交界处）、北双庙、八字桥、石皮弄、顾蔡湾等处，每日派差行走。[1]

浦东的南汇县，"吾邑各镇，同治间已通信局，局多有船，为各镇报物价、送银钱、递书函，皆信实可恃……光绪季年，上海邮政局委托大镇之商店代办邮政，后设邮务信柜，而于稍僻之乡镇则专差递送信件，逐渐扩充，遍于全境"；"其时商业繁盛之地，如周浦、新场、大团等镇，亦已各设有代办处矣"。[2]浦东五团乡，"邮柜代办所，经理高锡龄，便民来往中外函件并航空急务，清光绪二十八年开"[3]；三林乡邮递处，"于民国九年成立，向归上海高昌庙局，十二年四月改归南汇周浦局。每日有邮差往来，只寄邮信及快信、挂号信，不带包裹及汇票"[4]。

1932年在上海县的实地调查："邮政则闵行镇设有分局，其他各乡镇多设邮政代办所传递邮件。"[5]该县陈行乡，"地小而僻，向无信局，故远地往来函件，咸托上海商店转寄。民国二年，邮局推广邮政，以本乡地处浦东，近接南汇各境，故由周浦支局专派邮差，逐日收送信件，遍历陈行、题桥、塘口三市，风雨无阻。然陈行至上海，轮船来往，一日两次，而信由周浦转递者，三日始达，殊感不便。九年冬，始将上海一部之信件，改由杜行代办处收发，本日即可寄到矣"[6]。该县颛桥镇，"邮差每日到镇2次收发邮件，乡民往来信件，必须赴镇检取"[7]；龙华邮政局，"在龙华镇东市梢，龙华镇路五号门牌，寄递常信、快信、挂号信、航空邮件、各种包裹，并汇银钱"[8]。

[1] 民国《嘉定疁东志》，二，交通，邮递。
[2] 民国《南汇县续志》卷22，杂志，遗事；卷3，建置志，邮铺。
[3] 民国《二区旧五团乡志》卷2，交通。
[4] 民国《三林乡志残稿》卷1，邮递。
[5] 南京图书馆编：《二十世纪三十年代国情调查报告》，凤凰出版社2012年版，第258册，第367页。
[6] 民国《陈行乡土志》，第38课，邮政。
[7] 《上海特别市各区农村概况》，原载《社会月刊》第2卷第5—11号（1930年11月至1931年5月），转引自李文海主编：《民国时期社会调查丛编（二编）·乡村社会卷》，福建教育出版社2009年版，第458页。
[8] 民国《龙华今日》（上海乡镇旧志丛书），上海社会科学院出版社2006年版，龙华之交通。

毗邻的川沙县，"光绪中叶，城区始设日生信局，有局船一艘，每日上午八时自周浦开至川沙，兼载搭客与货物，借同森泰纸店为收信处。下午一时正到，船伙上岸收发信件，绕城一周，约勾留一时许，即开回周浦。在周浦泊将军桥西，在川沙泊三官堂桥东。兼收远处信件，由周浦转上海信局，递于他埠，取价较廉。自日生信局船开行后，未几即有龚家路局船仿行。龚镇泊市河，川沙泊三官堂桥东，与周浦来船同处。每日上午九时，自北开南，与周浦船接洽。下午二时，则由川开回龚镇。长人、高昌两乡南北各镇，往来称便焉"。[1]《南汇县续志》亦载："日生信局以同春船送信，兼及货物银钱。其船狭而长，一人坐船尾，用脚划长桨，行驶甚捷，名曰脚划船。后有浙江绍兴人以船为生涯，船较脚划船略大，以手摇橹，沿途兜揽客货，亦名曰划船，以周浦镇为聚集处。"[2]

1903 年，上海邮政总局在川沙县委托同森泰纸店代办邮政信柜，名为"邮寄代办所"，后改由丁永泰洋广京货店接办。1912 年，上海邮政总局川沙支局设立，业务包括邮件收发及兑付汇票等，并陆续在各村镇分设甲、乙、丙等代办所或信柜，其中：

> 所属甲，邮寄代办所，如张江栅、祝家桥、龚家路、白龙港；所属乙，村镇信柜，即只收揽而不投递者，如陈家桥、江家路、六团湾、小湾、合庆镇、顾家路；所属丙，村镇信柜，即只收揽而兼投递邮件者，如唐墓桥、文兴镇（在横沙）。其他附近次要村镇，逐日派村镇信差，周行收揽投递，兼售邮票。[3]

该县乡间邮路分为东、西、南、北四段，东段有蔡家路、青墩、白龙港、合庆镇、新港、龚家路、大湾、王家港、小湾、暮紫桥、东门，西段有四灶、三王庙、黄家楼下、陈家桥、小七灶、七灶、凌家牌楼、陈家行，南段有小营房、畅圹、华家路、大洪墩、沙泥码头、江家路、施家浜、邓家码头、朱家店、石家宅、六团湾、滕驾桥、七团行、十一墩、潘家桥，北段以龚家路为起点，经曹家路、顾家路、蔡家路、徐家路，至赵家桥止。"邮件往来，如白龙港、文兴镇、

---

[1]［3］ 民国《川沙县志》卷 7，交通志，邮电。
［2］ 民国《南汇县续志》卷 22，杂志。

张江栅、唐墓桥、孙小桥、横沔、周浦、南汇、祝家桥间，均交民船运递。又川沙、上海间交由汽车、小轮运递。"[1]自此，原先帮村民传邮的"脚担"悄然隐退。民国《川沙县志》载："脚担，亦呼豆腐干担。每日清晨，由城内贩运豆腐干，负担出东门，沿钦公塘至合庆等镇，转西经老护塘上各镇，往南回城。沿途销售豆腐干，并带店铺往来信件、银钱，各地保亦有寄托代缴赋课者。自邮局成立后，此业遂废。"[2]

远郊的青浦县，新式邮政亦始于清末，1902年"由上海邮政局于邑城及珠街阁镇（即今朱家角镇，下同——引者）分设代办处，渐次推及各地，其辗转传递之法，大都由附近代办处或分局邮差每日收送一次"。后因经济活跃的朱家角镇的邮政业务远胜县城和其他乡镇，1911年上海邮政局在"珠街阁镇设立分局，驻员办事，而城治与其他各处则仍代办如故"。[3]1903年松江邮政局设立后，邮信传递逐年上升，1903年32060件，次年69967件，1904年为74987件。[4]金山县的邮局亦设立于1903年，此前为代办所，由杨家桥堍同仁昌烟纸号经办。[5]清末民初，奉贤县对外往来邮件靠信差去闸港码头等候平湖班轮交接。1932年始，搭客运汽车在闵行交接来往邮件。[6]得轮船通航之助，悬处长江口的崇明县也与上海沟通邮路，"其始仅治城及桥镇两处，兹则轮船碇泊近埠之镇皆有分局，但快信一项犹未遍通耳"。[7]

苏州的邮局，与上海的大清邮政局同月设立。"除了邮局之外，城内与郊区设有17个邮箱。中国国内快速通讯手段尚不完备，因而邮局未显示完美的价值，但邮务业务已稳步地增长。在内地，无锡和常熟的邮局于1901年成立，每日有邮件来往于苏州与该两地之间，也有邮件来往于苏州与南浔之间。"[8]与此同时，苏州仍有民信局三四十家，"支行遍及江苏与浙江，沿海岸线从牛庄到广州均有代理行。它们的所有人都是宁波人"。其经营方式，"通常寄费须先付，但可以

---

[1][2]　民国《川沙县志》卷7，交通志，邮电。
[3]　民国《青浦县续志》卷10，兵防，邮政。民国初年，青浦县城及朱家角、章练塘、黄渡、白鹤江、重固、泗泾、七宝、金泽等乡镇，均设有邮政分局或代办所（民国《青浦乡土志》，三十七，邮政）。
[4]　民国《松江志料》，交通类。
[5]　民国《金山县鉴》，第五章，建设，第三节，邮电。
[6]　奉贤县志修编委员会编：《奉贤县志》卷16，邮电志，概述，上海人民出版社1987年版。
[7]　民国《崇明乡土志略》，第6页。
[8]　陆允昌编：《苏州洋关史料》，南京大学出版社1991年版，第82页。

推迟，这决定于邮行而不在于顾主。几乎所有的箱包，在寄送时由收件人付投递费。在长江以南的内地，运送邮件的通常方法是依靠脚划船"。[1]

1911年，苏州已有1家邮政分局、2家支局、3家内地办事处和43家代理处。自1906年起，传递的邮件总数从150万件增至650万件，邮政包裹增加了60%；邮局工作人员从1901年的20人增至132人。自沪宁铁路开通，邮件传递加速，"苏州每天已有5次投送邮件，铁路每天发运邮件9次。特快投送邮件的制度在1909年实行，次年就扩展到无锡和常熟"。[2]如常熟双浜镇，"邮政于前清宣统之季，由支塘局分设代办处于本镇，逐日专差收送汇寄银钱，递运包裹，封寄信缄，悉由人便"[3]。

杭州邮局设立后，业务同样发展很快，至1901年在绍兴、嘉兴、湖州、南浔等地设有分局，夏季在三桥埠（莫干山下的一个村庄）也设有分局，以方便游客。另外还分布在嘉善、平湖、盛泽、柯桥、萧山和斗门，在杭州城内也有几个。"在杭州、嘉兴、苏州和上海之间的邮件，由戴生昌轮船公司运送，从杭州到嘉兴需15小时，而到上海共需30个小时。杭州和苏州之间的邮件也由该公司运送，需20小时。从杭州到南浔再到苏州，由航船每天运送，分别需要30和20小时。从南浔到嘉兴经上海需要40小时。从绍兴到杭州先由航船运至西兴，再由邮差带来，16小时后到达杭州。杭州到莫干山由航船运送，需6小时。每天从绍兴到宁波的邮件，经过百官和余姚"。[4]

上海至宁波及杭州至上海的邮件，已搭轮船运送。2004年在宁波发现的一批清代信件生动地反映，自上海成为江南的交通枢纽，杭州湾地区的传统邮路也发生相应变化，如浙江平湖至宁波的信局邮件传递路线不再由小船径送宁波，而是就近先运上海，然后搭乘上海至宁波的轮船夜航12小时即可到达宁波，而平湖乍浦横跨杭州湾至甬江抵宁波距离虽近，却无固定航班，因此只能舍近求远，将原先的"平湖—宁波"的跨海邮路改为"平湖—上海—宁波"的中转邮路，邮件传递的时限为4天。但鲜活的物件，如活鸡、咸蟹等，因非正规包裹能容纳，还得借

[1] 陆允昌编：《苏州洋关史料》，第87页。
[2] 陆允昌编：《苏州洋关史料》，第98、99页。
[3] 王鸿飞纂：《双浜小志》（民国稿本）卷1，市镇，转引自沈秋农等主编：《常熟乡镇旧志集成》，广陵书社2007年版，第753页。
[4] 陈梅龙等译编：《近代浙江对外贸易及社会变迁——宁波、温州、杭州海关贸易报告译编》，宁波出版社2003年版，第237页。

助民信局原先的邮路，这条传统的邮路一直延续到大清邮局建立后仍然存在。[1]

在这期间，原有的民信局依然存在和营运。1892年至1901年《海关十年报告》载："大清邮政局建立之后，根据总理衙门给皇上的议办邮政折中的管理办法，要求在联合信局所在地（设有大清邮政局的地方）的各民信局向大清邮政局登记，并把它们收到的准备经由联合信局发送的邮件全部交由大清邮政局办理。按照这一规定，迄今为止，在上海登记的民信局已有46家，这些民信局发送邮件的路线已经包括在大清邮政局的航线之内，就是说它们是用轮船从这里发送信件的。据可靠消息，未登记的民信局它们的邮件是由信使经由陆路或内河航线的小船发送的，它们不需要同大清邮政局直接联系。这类民信局共有25家，因此在上海营业的民信局总计有70家左右。"[2]

事实上，如《海关十年报告》所说："自从大清邮政局在这里（指上海——引者）建立以后，当地的民信局在数量和经营活动方面简直没有什么变化。"它们与江南及其他地区主要经由内河水道建立的信件传递输运联系，依旧十分活跃，诸如"邮费可以完全由发信人支付，也可以部分由发信人、部分由收信人支付，或者全部由收信人支付，由谁支付都是在信封上面注明的"。[3]大清邮局设立后，杭州的邮政行则有减少。"在设立大清邮局以前，本地有20多家邮政行从事广泛的业务。然而邮政行的数目逐渐减少，现仅存不到10家，即使如此，其业务人员也大为减少。"[4]

此后随着沪杭间交通条件的改善，这种兴替愈加明显，《1902年至1911年杭州海关十年报告》载：

> 1896年在这里开设的大清邮政局在过去几年中大大地得到改善和扩建，现在事实上已经代替或说吸收了当地所有的邮行。1905年，本地经手的邮件为245万件。1911年，虽然邮局面临一些不利因素，但邮件总

---

[1]《见证杭州湾百年邮路兴衰史》，上海《文汇报》2004年4月1日，第7版。
[2] 徐雪筠等译编，张仲礼校订：《上海近代社会经济发展概况（1882—1931）——〈海关十年报告〉译编》，上海社会科学院出版社1985年版，第99页。
[3] 徐雪筠等译编，张仲礼校订：《上海近代社会经济发展概况（1882—1931）——〈海关十年报告〉译编》，第108、109页。
[4]《杭州关十年报告（1896—1901年）》，《近代浙江通商口岸经济社会概况——浙海关、瓯海关、杭州关贸易报告集成》，浙江人民出版社2002年版，第672页。

额却仍超过以往记录，达 789 万件。所建立的机构数（总局、分局、代理处）从 1905 年的 62 个增加到 1911 年的 115 个，这意味着几乎每个城镇或重要的农村都有了自己的邮局。

上海到杭州铁路的开通，大大便利了邮件的发送，每天有三个来回。同时水路上汽船的增加，也有利于邮件的发送。脚划船和航船也派上了用场，它们提供既便利又可靠的服务。本地的大清邮局从 1910 年 9 月 4 日起不再归海关总税务司控制，而是任命了一个地方邮政局长来管理全省的邮政。[1]

民国以后，又有新的发展。"1921 年的邮件总数同 1911 年的 789 万件相比，要超出 860 万件。邮寄的包裹价值超过 1250 万元，汇票总额大约为 450 万元。如今本省（指浙江省——引者）的邮线已达 12000 里。另外，来回运行于内陆航道上的汽船及其他船只的运行里数也不断增加。1921 年末，邮政机构比 1911 年时多 12 倍。随着邮路的继续扩展，海陆空每一种交通方式都得到了充分利用。以前作为附属区域的宁波和温州，如今已设有总局，绍兴也升到了同一等级。邮政储蓄银行于 1919 年成立，如今本地已有 31 家营业所具有储蓄功能，这一新的邮政分支正在稳步前进。1920 年以来，没有电报局的那些地方，现在都可以通过邮政按特殊方式传递电报了。毫无疑问，邮局在全省显得越来越重要，未来将比过去十年发展更快。"[2]

据统计，整个浙江省的邮路，"1931 年总长达 13184 里，而 1922 年时只有 12648 里。邮局从 1922 年的 106 所增加到 1931 年的 132 所，代办处由 329 个增加到 397 个，邮柜从 965 个增加到 977 个。浙江共有 60 个邮政储蓄所，其中 12 个是在 1931 年开设的。这些储蓄所经营三种储蓄：活期储蓄、定活储蓄和邮票储蓄。1922 年引进了国际金融体系，这对来往于中国与国外的存户有利。最新引进的航空邮件传递及航空邮政汇款体系，获得了相当大的成功"[3]。据 1932 年的

---

[1] 陈梅龙等译编：《近代浙江对外贸易及社会变迁——宁波、温州、杭州海关贸易报告译编》，第 248 页。

[2] 《1912 年至 1921 年杭州海关十年报告》，陈梅龙等译编：《近代浙江对外贸易及社会变迁——宁波、温州、杭州海关贸易报告译编》，第 264 页。

[3] 《1922 年至 1931 年杭州海关十年报告》，陈梅龙等译编：《近代浙江对外贸易及社会变迁——宁波、温州、杭州海关贸易报告译编》，第 296 页。

调查，浙江南浔镇的邮政业始于清末，至20世纪30年代初，原有的邮政所已扩大为邮政局，共有4名职工，其中局长1人，局员1人，邮递员2人。其邮政业务量很可观，全年收发信件有4万多件。[1]

1907年11月，邮局搬出上海海关。1911年5月，大清邮政局与海关正式分开。很多民信局依然存在，但其业务已大为缩减。中华民国成立后，于1913年11月调整邮政区划，改组成立上海邮务管理局，管辖包括苏南部分地区在内的上海邮区。1914年3月1日，中国正式加入国际邮联，后来又以会员资格首次参加1920年10月至11月在马德里召开的第七次世界邮政大会。1921年11月26日美国《纽约时报》载："自1911年到1920年共十年间，中国信件投递量增长了3倍，由126539228件增长到400886935件；包裹服务量也由154740件增加至4216200件，增长27倍。……全国邮政局数目，从1917年的9103个增至1920年的10460个。乡村邮箱，也由1917年的4890个增至1920年的20856个。这使邮政点的设置总数达到31316个，比四年前增加了两倍。"[2]其间，"1917年以功率大的现代化机动卡车代替马拉的邮车，大大改进了往来于发件地和收件地之间的邮件运输工作。1919年一艘大型邮轮下水，来往于内河一带，成效显著"。1920年上海地区共收邮件82500000件，几乎是1911年的四倍；同年收邮包716500件，1911年仅211200件。在1922年的华盛顿会议上，中国与在华经办邮务的各国达成协议，决定裁撤所有的各国在华邮局。1922年至1931年的《海关十年报告》称："少数民信局现犹存在，但从整体来说，所以中外来往邮件，现在统归中国邮局办理。"[3]

自清末始，以上海为中心的长江三角洲地区城乡的邮政业有较快发展。清末，江苏丹徒县设有二所邮政支局，"一设西门内堰头街，一设西门外柴炭巷，市镇稍大者均设邮柜"[4]。昆山、新阳县，"光绪之季推广邮政，昆山亦设邮箱。

[1] 钟华：《20世纪30年代南浔镇的社会状况》，梅新林等主编：《江南城市化进程与文化转型研究》，浙江大学出版社2005年版，第199页。

[2] 郑曦原编：《共和十年：〈纽约时报〉民初观察记（1911—1921）·政治篇》，当代中国出版社2011年版，第392页。

[3] 徐雪筠等译编，张仲礼校订：《上海近代社会经济发展概况（1882—1931）——〈海关十年报告〉译编》，上海社会科学院出版社1985年版，第198、284页。

[4] 民国《续丹徒县志》卷7，武备志，邮政。

至宣统乃设局于大街，地区五图复推行，各乡镇或仅设邮箱，或设立分局"[1]。上海的《申报》也借助邮政渠道传递四方，在常熟县唐市镇，《申报》"逐日由邮筒传来，每张十文，加力二文。前论、上谕及杂事，各处奇文新闻、宫报宫门抄、诗词、吕宋票等事"[2]。浙江鄞县，"本县邮政自清季设立，今已渐推渐广，凡繁盛乡镇无不设有代办所及信柜"[3]。1935年的《浙江吴兴双林镇风土纪略》载："镇上邮电交通亦甚健速，有二等邮局汇兑俱通，与外省通邮皆先经上海。每日上午由申湖班、下午由湖杭班转沪杭铁路以达上海。轮信则由汽船直递，甚迅速，价洋一角。局信则由局船传递，价廉而不速，通县城及各邻镇，每信只钱十数文，每包亦只铜元二三枚。航船信由航船传递，亦通县城及各邻镇，价较局信更廉。电报亦可由各大丝行转达。有电话以通县城。"[4]上海与长江三角洲各地城乡邮路等的辟通，为众多村民提供了更多的信息来源，有助于他们对外部世界的了解和沟通，也进一步促进了城乡间的经济联系和互动。

[1] 民国《昆新两县续补合志》卷5，交通。

[2] 龚文洵：《唐市志补遗》(抄本)，变迁说，转引自沈秋农等主编：《常熟乡镇旧志集成》，广陵书社2007年版，第397页。

[3] 民国《鄞县通志》舆地志，寅编，交通。

[4] 陆剑等辑录：《留下南浔的脚印：民国报刊涉浔文图选辑》，浙江摄影出版社2015年版，第53—54页。

第三章　城乡商品的流通

　　近代城市的崛起和城乡间近代交通方式的拓展，大大促进了城乡商品的流通。

一、工业品的推销

　　1840 年前，受自然经济占主导地位的社会经济结构的制约以及清朝政府闭关政策的限制，国内市场的商业活动以各地区间粮、棉产品交换为主要特征。以经济较发达的苏南地区为例，由于桑、棉种植面积的扩大和丝、棉手工织纺业的发展，当地有相当一部分食粮须从外地输入补给，而四川、湖南、江西及东北等产粮省份则需要通过输出粮食，换回一部分所需的手工业品，于是便形成该地区粮食输入，丝、棉等手工业产品外运这样一种商品流通结构。它集中反映了在封建社会，国内市场上主要是小生产者之间的交换，以农产品为主。据估计，鸦片战争前国内市场商品流通额中，粮食居第一位，占 39.71%；棉布居第二位，占 27.04%；以下依次为盐 15.31%、茶 7.75%、丝织品 4.16%、棉花 3.11%、丝 2.92% 等。[1] 其间，众多的江南市镇经济活跃，它们"扮演的是农村商贸、物流中转的角色，是四周乡村的经济中心地。作为沟通城乡经济的桥梁，市镇根据中

---

[1]　吴承明：《中国的现代化：市场与社会》，三联书店 2001 年版，第 150 页。

心地的自身需求，主动选择交往的城镇，不受行政体制的束缚"[1]。

　　鸦片战争后，情况逐渐发生变化。随着通商口岸不断增辟，大批外国商人纷至沓来，在华洋行的数目持续增长。19世纪50年代初，在华洋行约有209家，70年代初增至550家，90年代末达933家。为尽快打开和控制中国市场，外国资本家雇佣一批中国人充当买办，为其承担进出口贸易中的媒介、经纪、代理、经销及承销、包购与包销等职能，买办则从中分沾一些利润。浙江《定海县志》载，上海开埠后，在沪"充任各洋行之买办，所谓康白度者，当以邑人为首屈一指。其余各洋行及西人机关中之充任大写、小写、翻译（昔曰通事）、跑街（曰煞老夫）亦实繁有徒。曩年充任诸职者，薪资既丰，获利亦厚，故常有赤手起家至数百数十万金者"[2]。据估计，到19世纪末，这类买办的总数已达1万余人。[3]

　　这些买办为取悦洋行老板，也为着分沾更多的利润，千方百计扩大业务范围，网罗、利用各地华商，以扩大商品销售和原料收购渠道。而一些华商为了躲避厘金等内地关卡税收的盘剥，也为着通过经销洋货、推销土货赚取高额利润，也愿意与买办建立广泛的联系。这样，各地众多华商就从资金、货源、货运等各个方面，被纳入买办的业务活动范围之内，外国资本主义在华经济活动的触角，因此也从通商口岸一直延伸到内地城乡，逐渐形成了一个以沿海通商口岸为起点，各内地商埠为中介，向全国辐射的商品流通网络。浙江光绪《重修嘉善县志》载："商以盐、典为大宗，木次之，丝又次之；今则伙贩洋药洋货，接踵于松、沪间。"[4]

　　随着这一商品流通网络的逐渐形成和自然经济的不断分解，各地商品流通结构的主要特征，也开始相应地由原先面向国内市场的粮、棉产品之间的交换，逐步转变为外国机制工业品输入，当地农副产品外销这样一种基本格局。通过各级市场集散、流通的主要商品种类和数量不断增加，交易规模明显扩大。大量的农

---

[1]　王家范：《漂泊航程：历史长河中的明清之旅》，北京师范大学出版社2013年版，第248页。费孝通曾描述："以太湖流域的情形说，我的故乡吴江县的县城在商业上远不及县境里的镇，好像震泽、同里都比吴江县城为发达。"原因是，"前者是以政治及安全为目的，所以地点的选择是以易守难攻为主要考虑之点。而后者是以商业为目的，地点必须是交通要道，四周农村最容易达到的中心"（费孝通：《乡土中国·乡土重建》，北京联合出版公司2018年版，第137页）。

[2]　民国《定海县志》第5册，方俗志，风俗。

[3]　汪熙：《关于买办和买办制度》，《近代史研究》1980年第2期。

[4]　光绪《重修嘉善县志》卷8，风俗。

副产品，经由作为初级市场的遍布各地农村的贸易集镇汇聚起来，然后运往通商口岸，而外国工业品也多经其销往内地乡村。如同当时人所说："中国现在虽然以大量原料运往外国市场，但是，中国的输出品仍然要在初级市场上以铜钱收购，从个别人买来的微小数量，当其运到口岸来时，便像滚雪球一样，积成巨大的数量。"[1]浙江宁海县海游寨，"地处海滨，为本县赴上海、宁波等处之要道，故商业较县为繁盛"[2]。

近代在华外国商人主要活动地区，是在当时中国最具规模的经济中心城市——上海。广州一口通商时期，已有洋货转运江浙地区，《粤氛纪事》载："东南之俗，习尚浮华，男子奇服，妇人靓妆，自粤东洋行转输废著，达于江浙，凡衣服、器玩之簇为新样者，率以洋字冠其名。"[3]开埠早期，在沪开设的外国商行，其业务经营，除鸦片外，主要是棉纺织品，其次则是各种日用百货。而在日用百货的经营方面，又各有侧重。如德商礼和洋行以礼和洋针、链条牌木纱团、花边等杂货较多；英商洋行则着重于高档呢绒、布匹、棉毛织品；法商洋行则以香水、香粉、香皂等化妆品为多；而美商洋行则以洋胰（肥皂）、洋油、洋烛等日常生活用品居多。[4]1872年4月30日《申报》的创刊号，就有洋布销售的广告："启者：上洋大马路一百九十二号门牌增泰洋货店，出卖原布、标布、各色花洋布疋头、大呢、小呢、企头呢一切等货，零趸发客，花样新鲜，价钱公道，诸尊光顾，祈请至本店面议可也。三月廿三日增泰洋货启。"上海的洋布店，初期以本地销售为主，均为门市零售店，随着各地客商在沪设庄采购，一些大的有资金实力的零售店放弃零售改作原件批发，以远距离大客帮为主顾；一些江浙地区和上海邻县的洋布店因资金较少，加上距离不远，他们无力或不愿原件购买，于是一部分零售字号便转向零匹批发业务，并出现了半现半赊的拆货批发号，可谓经营灵活，各显神通[5]。

运抵上海的洋货，有的还转销往日本。1876年3月2日《北华捷报》载："1875年我们上海市场多亏了日本。为什么呢？因为本色市布、天鹅绒、绉纹闪

---

［1］ 章有义：《中国近代农业史资料》第2辑，三联书店1957年版，第276页。

［2］ 民国《浙江新志》下卷，第49章，宁海县，实业。

［3］ （清）夏燮著，欧阳跃峰点校：《粤氛纪事》，中华书局2008年版，第85页。

［4］ 上海百货公司等编著：《上海近代百货商业史》，上海社会科学院出版社1988年版，第4页。

［5］ 沈祖炜主编：《近代中国企业：制度和发展》，上海人民出版社2014年版，第266页。

光缎的剩余库存，全被日本市场吸引。"[1]总的说来，各国洋行是根据本国工业品生产特长，争相来华推销商品，扩大市场占有。

美孚石油公司，就是一个典型的例子。其在1870年由洛克菲勒等发起创办于美国俄亥俄州克利夫兰，至1880年已成为垄断美国石油市场的最大企业[2]。1894年美孚首次把印尼石油运来中国。1900年美孚公司在上海设立分公司——三达公司，自营石油进口和销售。后来，总部设在纽约的美孚石油公司又将三达油公司改组为华南公司和华北公司。华南公司设于香港，负责广东、广西、福建、云南、贵州五省以及越南、老挝、泰国等地的市场。华北公司设于上海，负责长江流域、华北、东北及西北各省市场。华北公司属下最早成立分公司的是汉口、天津、沈阳和上海（上海分公司管辖上海市区及附近各县城镇），后来逐步在长沙、郑州、镇江、苏州、温州、海门、济南、哈尔滨、石家庄、烟台等地设立了分公司，其经理行和代理处则星罗棋布，遍及各乡镇。[3]英商亚细亚石油公司也来华竞销，清末它与美孚均在苏州设立了分支机构，通过本地经销商四处推销。其中，亚细亚石油公司苏州分公司的营业范围，最盛时包括苏州、常熟、无锡、江阴、常州、宜兴、溧阳、平望、南浔、湖州、泗安等地，每地设经理处一家，每家经理处在所在县境内的大小市镇设经销处，形成渗透城乡的煤油销售网。1910年，美孚在苏州齐门外西汇租借房屋设立油栈，经沪宁铁路运油灌入，并在阊门外设立了经销点。据海关统计，1911年苏州进口煤油5476099加仑，较之1906年的613150加仑，增长了8倍。[4]

美孚公司把从石油进口到市场营销的各个环节都掌握在自己手中，很快打开了中国市场，"到1914年，全美对华出口的50%都是标准公司（即美孚公司，下同——引者）的石油产品，那年标准石油仅在广东省的总利润就达3390万美元"[5]。其广告宣传更是独树一帜，收效显著。美孚经销的产品主要有精炼油（俗

［1］〔日〕古田和子著，王小嘉译，虞和平审校：《上海网络与近代东亚——19世纪后半期东亚的贸易与交流》，中国社会科学出版社2009年版，第37页。
［2］上海市历史博物馆编：《都会遗踪》第5辑，学林出版社2012年版，第10页。
［3］苗利华：《美孚石油公司》，上海市政协文史资料工作委员会编：《上海文史资料选辑》第56辑，上海人民出版社1987年版，第44—46页。
［4］王国平等：《论晚清苏州工商业的发展与城市空间的拓展》，《史林》2016年第1期。
［5］〔美〕玛丽布朗洛克著，韩邦凯等译：《油王：洛克菲勒在中国》，商务印书馆2014年版，第26页。

称火油、洋油，有寿星老人牌、老虎牌、鹰牌等)、汽油（美孚牌）、轻质和重质柴油、润滑油（莫比油、红车油、黄白凡士林等)、家庭用油（包括地板蜡、白蜡、医药用卡路尔、消毒用臭药水)、白矿蜡、蜡烛（有鹰牌、虎牌、扯铃牌等)，共七大类产品。但最早打开中国市场的是照明用的火油和蜡烛。为使火油取代中国几千年来民间沿用的植物油和土制蜡烛，美孚不惜工本大做广告，廉价推销，并于 1917 年和 1922 年先后在上海设立制造煤油灯和玻璃灯罩的工厂，将煤油灯和灯罩作为赠品伴随售出的煤油附送。初期每箱两听，售价 1.5 元，每听 30 斤，不到 8 角钱，比民间习用的植物油都便宜，亮度则在植物油之上，整听购买还可得到价值一二角的铁皮听子。这样，美孚就在中国特别是农村站住了脚，销量也不断上升。[1] 其他外商也布点推销，民国年间在上海近郊嘉定县南翔镇的"大顺公南北货店"就设有美孚行火油经理处，在"永发百货店"设有僧帽牌火油代理处，在"五昌箔号"设有亚细亚火油经理处等。[2] 深入江南各地的外国传教师的衣着及其日常生活用品，也给当地民众以直观的冲击和感受。清末出生于浙江余姚蒋村的蒋梦麟描述："他们足迹所至，随身携带的煤油、洋布、钟表、肥皂等等也就到了内地，一般老百姓似乎对这些东西比对福音更感兴趣。"[3]

美商经销的洋胰（肥皂）、洋油、洋烛等日常生活用品的源源输入，给中国特别是农村社会生活的冲击是明显的。多少年来，中国农家沿用的一直是皂荚和植物油等，洋货的涌入，使前者相形见绌，又加上其附送赠品等在内的广告宣传，新旧更替的进程是显而易见的。"上海番舶所聚，洋货充斥，民易炫惑。洋货率始贵而后贱，市商易于财利，喜为贩运，大而服食器用，小而戏耍玩物，渐推渐广，莫之能遏。"[4] 诸如，"洗衣去垢，曩日皆用本地所产之皂荚，自欧美肥皂行销中国后，遂无有用皂荚者[5]。"上海郊区的南汇县，"光绪以前，人燃灯，注豆油或菜油于盏，引以草心，光荧荧如豆。未几，有火油灯，明亮远胜油灯，然煤炭飞扬，用者厌之，未几加玻璃罩，光益盛而无烟，且五光十色，或悬于空中，或置于几上，或垂于壁间，使光反射，其色各各不同，而又各各合用。于

[1] 陈真等编：《中国近代工业史资料》第 2 辑，三联书店 1958 年版，第 325、326 页；苗利华：《美孚石油公司》，《上海文史资料选辑》第 56 辑，第 45 页。
[2] 上海市档案馆编：《上海古镇记忆》，东方出版中心 2009 年版，第 38 页。
[3] 蒋梦麟：《西潮 新潮》，中国工人出版社 2015 年版，第 48 页。
[4] 光绪《松江府续志》，卷 5，风俗。
[5] 民国《嘉定县续志》，卷 5，风俗。

是，上而缙绅之家，下至蓬牖，莫不乐用洋灯，而旧式之油盏灯淘汰尽矣[1]。"青浦县，"光宣间，市民多用洋货，如洋伞、洋灯、洋油、洋漆之类，不胜枚举"；当地还因此有人仿造者，"光绪三十四年，邑人叶其松等创实业社于北门，仿制洋烛，有火车牌、仙鹤牌两种，行销苏、锡等处"。[2]

　　这种兴替，同样见之于长江三角洲其他地区。在浙江宁波，"即使是最不细心的观察家也知道煤油已被广泛采用了。有经验的中国人已经克服了从前对煤油的恐惧心理……不仅富室和商店采用煤油，本地的街灯也使用煤油了。便宜而粗糙的煤油灯并没有发生更多的火灾，阻碍煤油的行销似乎是一个奇迹。植物油和蜡烛已遭到被煤油所代替的厄运[3]。"煤油的售价也看涨，1903年8月15日《申报》载："甬江前因市中火油稀少，价值顿昂。迩来各号陆续到期颇多，是以市价稍见平减，美孚牌子每箱售洋银三元一角三分。"[4]浙江桐庐人叶浅予忆述："1907年我出生前后，到1924年我十七岁，这期间社会变动较大，洋货进口日新月异，由菜油灯到煤油灯，由旱烟筒到纸烟卷，由纸灯笼到手电筒，生活习惯变化大，社会关系变动也大，促成了商业竞争重大变化，市场周转速度加快。"[5]1889年，编纂《唐市志补遗》的江苏常熟唐市镇人龚文洵感叹："我镇地近申江，自道光二十一年各国通商之后，管见洋物穷工奇巧，难以枚举。传来异物，从所未见，始得尝新。一切寓目世事迁变，非曩日可比。"其中，火柴"民间皆购用之，因价廉而用便也"；"洋油，据云系煤气水，于光绪六、七年间民间始多购用，取其价廉光明，以致售此油者遍处皆有，燃点之器，用洋铁皮拷成"；"东洋茶杯等器皿，亦始于光绪初年，玲珑美观，价廉适用。洋伞，光绪初年，人多购用"。[6]江苏泗阳县，"洋货有石油、火柴、洋布各种，均由上海辗转运入，每岁输入数亦巨"[7]。江苏泰县，"入县商品大都以上海为泉源，直接自产区输入者百不得一二，以舶来货为大宗"[8]。清末浙江富阳人郁达夫上了县城里的

[1] 民国《南汇县续志》，卷18，风俗。

[2] 民国《青浦县续志》卷2，风俗；卷2，土产。

[3] 《宁波海关贸易报告》，姚贤镐编：《中国近代对外贸易史资料（1840—1895）》，中华书局1962年版，第1391页。

[4] 宁波市档案馆编：《〈申报〉宁波史料集》，宁波出版社2013年版，第3册，第1483页。

[5] 叶浅予：《细叙沧桑记流年》，江苏文艺出版社2012年版，第8页。

[6] 龚文洵：《唐市志补遗》（抄本），变迁说，转引自沈秋农等主编：《常熟乡镇旧志集成》，广陵书社2007年版，第396、397页。

[7] 民国《泗阳县志》卷19，实业志，商业。

[8] 民国《泰县志稿》卷21，商业。

学堂后，缠着母亲去买皮鞋。囊中羞涩的她，"不得已就只好老了面皮，带着了我，上大街上的洋广货店里去赊去。当时的皮鞋，是由上海运来，在洋广货店里寄售的"[1]。

美孚石油公司自进入中国后，因地制宜，有针对性地借助广告宣传，扩大影响。这种拓展业务的方式，在美商在华开办的工业企业中，也有体现。千百年来，中国人一直习用水烟、旱烟等，并无卷烟行世。[2]五口通商后，卷烟随着各种洋货进入中国，最初仅供来华西人吸用，或作为馈赠亲友的礼品。直到19世纪后期，与外国人接触较多的人员中，开始有人吸用卷烟，上海始有少量的外国卷烟在市场上零星出现。19世纪80年代，美国"烟草大王"杜克在美国建立烟草托拉斯，1885年创办杜克父子烟草公司于纽约，宣布每年生产卷烟1万亿支的计划，开始与英国卷烟商争夺世界市场。是年，就向中国输入美国小美女牌卷烟，委托上海美商茂生洋行试销，这是外国卷烟正式输入中国的开始。稍后，又有美国的品海（后来被称为"老牌"）、老车（脚踏车）、火鸡等牌号的卷烟输入中国。

1889年，随着美国烟草托拉斯实力的扩张，在华推销业务归上海美商老晋隆洋行独家经理。为了扩大美国卷烟的社会影响，其大力加强广告宣传，并别出心裁，手法多样，诸如斥巨资在报刊上接连刊登大幅广告，印赠精美的月份牌、画片，以装饰华丽的宣传马车赠发试吸烟，以及专雇舟楫前往江湖沿岸各地推销等，使知晓美国卷烟的人数迅猛增加，卷烟销路不断扩展。[3]1905年7月30日《申报》载，在江苏无锡，"美货中如洋油、洋布、肥皂等均家常日用之物，即纸烟亦行销甚广"。据海关统计，1909年苏州进口卷烟163218箱，而在英美烟草公司在苏州设立分销机构后的1911年，进口卷烟则增至274460箱，较之1909年增长了68%。[4]20世纪初，英美烟草公司在上海青浦县的商业大镇朱家角，以启新烟站为代理商，销售洋烟。至抗日战争前夕，镇上有信孚裕、支万茂、夏瑞

［1］郁达夫：《书塾与学堂》，沈从文等著：《浮云人生（民国大家散文选）》，重庆大学出版社2012年版，第61页。
［2］直到1913年以后，英美烟公司等从美国运来烟叶种子至安徽、河南、山东等省播种后，中国始有卷烟用的烟叶出产。见方宪堂主编：《上海近代民族卷烟工业》，上海社会科学院出版社1989年版，第80页。
［3］《上海近代民族卷烟工业》，第6、7页。
［4］王国平等：《论晚清苏州工商业的发展与城市空间的拓展》，《史林》2016年第1期。

记等数家英美烟草公司代理行。它们除经销洋烟外，还为洋商推销火油、火柴、肥皂等"五洋"杂货。[1] 有人忆述：

> 那时做生意要靠"乡脚"，朱家角的"乡脚"远。因为朱家角以米业、油业、布业、南北杂货为主要商品集结地，商业市场十分繁荣。朱家角镇四周农民都要"上角里"（就是到朱家角来）粜谷、粜米、粜菜籽，购买油盐酱醋、调料、鱼肉、布匹等生活用品和添置生产工具，购买南北杂货，无事的也来"上茶馆"听书，看戏。所谓"乡脚远"就是离朱家角比较远的农民。那时东到斜沥桥，南到安庄、薛澳堂，西到金泽、芦墟，甚至浙江的西塘、陶庄、嘉善，北到商榻、陈墓（今锦溪）、千灯、石浦、杨湘泾。[2]

1931 年在松江县的实地调查："松邑商业尚称发达，输入以洋杂货及药材为大宗，输出者以米、棉为主，袜、布、线毯等次之。"[3] 在江苏常州，从上海输入的洋货经俗称"五洋店"的商家批发出售。五洋店包括蓖箕巷的"益源昌"，主要经销美孚火油；西瀛里的"公兴隆"，经销德士古火油；织机坊的"协太祥"，经销英美烟草公司红锡包、老刀牌香烟等。它们大都资金雄厚，在全行业资本构成中占有相当大的比重。[4]

在浙江杭州，亚细亚石油公司、美孚石油公司以及英美烟草公司都设有分公司。[5] 1907 年生于浙江桐庐的叶浅予忆述："吸香烟之风，先在茶馆里流行起来，原来的旱烟筒逐渐被淘汰，茶客嘴上叼起了大英牌或强盗牌香烟。"其父亲"开始时仅在纸烟专卖公司做小批量买卖，后来生意做大了，直接从省城整箱进货。上海的烟草公司颇有心眼，在大木箱里附送一种时装美女月份牌，一式数份，既做广告，又当礼品"，更推卷烟销路。[6] 浙江的烟草种植亦有扩展并行销沪上卷

---

[1] 上海市档案馆编：《上海古镇记忆》，第 148 页。

[2] 尔冬强主编：《口述历史：尔冬强和 108 位茶客》，上海古籍出版社 2010 年版，第 54 页。

[3] 南京图书馆：《二十世纪三十年代国情调查报告》，凤凰出版社 2012 年版，第 83 册，第 29 页。

[4] 郑忠：《非条约口岸城市化道路——近代长江三角洲的典型考察》，上海辞书出版社 2010 年版，第 262 页。

[5] 丁贤勇等译编：《1921 年浙江社会经济调查》，北京图书馆出版社 2008 年版，第 79 页。

[6] 叶浅予：《细叙沧桑记流年》，第 63 页。

烟厂，其中桐乡、萧山、新昌、松阳等县所产烟叶，"颇蜚声于上海，每年运销于各雪茄烟厂者达数万担"[1]。民族资本的南洋兄弟烟草公司的上海发行所，"厥初范围，仅管辖上海百里内营业，去年（指1935年——引者）兼浙属杭、嘉、湖、绍兴等处，今年兼辖苏州、无锡、镇江、新浦四处货色"；并因地制宜，拓展农村市场，"江浙一带水路很多，公司自己就包下很多小船，船上装运香烟，推销员跟着船走，沿途推销"。[2]

20世纪初，在上海就有日本商人提着装满商品的皮包上门兜售者。1906年出版的《沪江商业市景词》就有题为"日人走卖各货"的竹枝词："为贪生意上门来，手执皮囊到处开。岂是日人资本小，时来亦可积钱财。"在沪日本商行还雇用中国民船，沿水路到江南各地的乡镇宣传推销，有的还与当地商铺建立长期销售关系。其间，他们还着力加强在城乡各地的广告宣传，如在铁路或内河轮船通过的沿线，在一些建筑物的墙壁上涂刷大幅广告。1922年在华游历的日本人芥川龙之介的《江南游记》曾这样描述：

> 离桑田较远的地方，可以看到满是广告的城墙。在古色苍然的城墙上，用色彩斑斓的油漆画上广告，是现代中国的一大流行。无敌牌牙粉、大婴孩香烟，这类牙粉和纸烟广告，沿线所有的车站，几乎没有一处没有。中国从哪个国家学来的这种广告术？对于这个问题给予回答的，就是此地到处都能看得见的狮子牙粉啦、仁丹啦等等庸俗不堪的日本广告。[3]

上海的民族工业，也在外资企业市场扩展的夹缝中，努力在周边城乡各地寻找商机。1916年，总部在上海的无锡茂新面粉厂在杭州拱宸桥设立了分销处，销售其所产面粉。次年，同属荣家企业的茂新和福新面粉厂在浙江嘉兴设立分销处，茂新还与嘉兴及湖州的增华公司订立独家专卖合同，由增华公司销售茂新的

---

[1] 民国《重修浙江通志稿》第21册，物产，烟叶。
[2] 中国科学院上海经济研究所等编：《南洋兄弟烟草公司史料》，上海人民出版社1958年版，第237、252、253页。
[3] 陈祖恩：《抗战前上海日商广告的调适与本地化》，《上海档案史料研究》第13辑，上海三联书店2012年版，第130、131页。

产品。1920 年，茂新和福新在浙江嘉善县枫泾镇（现属上海金山区），与张成泰、翁效庭合组茂福新批发处，资本 2 万元，按 3 股分派，茂新和福新为 1 股，张成泰和翁效庭各为 1 股；如有盈亏，也以 3 股分摊。[1]

位于长江以北的江苏扬州、淮安、徐州、海州及毗邻的河南开封、山东济宁等府州，明清以来依傍大运河，北与京津、南与苏杭的经济联系较为密切。上海开埠后海运交通拓展，包括漕粮在内的原先经由运河输送的物资多改走海路，进口商品则从上海港输入后经镇江中转，销往扬州、淮安等上述各府州。通过这一途径，苏北平原、豫东南和鲁西南融入上海港间接腹地范围。在华外商评述说："镇江位于许多流贯南北的河道的交叉处，其位置对于发展子口贸易很合理想。河南省在历史上是中国的一个最著名、最古老的省份，土地非常肥沃，有许多人口众多的大城市，全省的许多洋货完全由镇江供应。（河南）实际上可以在上海购买洋货，不过没有（镇江）这一条约口岸，洋货就无法大量深入。"[2]

正是通过镇江的中介，经由上海港输入的"布匹被运往最遥远的地方，而且数量很大，尤其是运往河南各大城市和商业中心，距离此地（镇江）约有四百英里或五百英里。这些城市的洋货几乎完全由此地发出，上海毋宁说只供应江苏南部各城镇"。1887 年，销往开封的洋布达 13 万余匹，济宁、徐州、海州也各进口10 万匹。[3]

1896 年英国驻沪领事指出，经由镇江转运的进口货销售区域，是地处长江和黄河之间的广大地区。镇江的海关统计资料亦显示，"鲁南起码黄河北道（1855年后）和运河相交接的地方，处于镇江集货区之内"，即黄河南岸属上海港经镇江中介的贸易集散圈，以北的货流则归向天津港。[4]市场网络的大幅度延伸，推动了贸易的发展，经由镇江转运江北的洋纱持续增长，1885 年约数担，以后连年攀升，"1886 年进口 179 担。1887 年 321 担，1888 年 558 担，1889 年 1463 担，1890 年 13582 担，1891 年 27035 担，使用洋纱的织布机大多数集中在徐州"。[5]

［1］ 上海社会科学院经济研究所等编：《荣家企业史料》，上海人民出版社 1982 年版，第 98、99、100 页。

［2］ 姚贤镐编：《中国近代对外贸易史资料（1840—1895）》，中华书局 1962 年版，第 824 页。

［3］ 姚贤镐编：《中国近代对外贸易史资料（1840—1895）》，第 825 页。

［4］《总领事韩能 1896 年度上海贸易报告》，李必樟译编，张仲礼校订：《上海近代贸易经济发展概况（1854—1898 年）：英国驻上海领事贸易报告汇编》，上海社会科学院出版社 1993 年版，第 916页；〔美〕周锡瑞著，张俊义译：《义和团运动的起源》，江苏人民出版社 1994 年版，第 6 页。

［5］《海关十年报告》1882—1891 年，镇江，第 295 页。

据镇江海关资料统计，从 1865 年至 1894 年，镇江进出口贸易总值共 37485 万两关平银；1895 年至 1911 年为镇江对外贸易鼎盛时期，进出口贸易总值共 49573 万两关平银；最高年份为 1906 年，进出口贸易总值达 3594.8 万两关平银。清末民初，因沪宁、津浦铁路相继通车，镇江港口逐年淤浅，外地出口商品大多改道或直运上海，镇江对外贸易遂渐渐衰落。[1]

1910 年由经济学会编译的日本人在华调查载："上海为中国中部以北货物之仓库，凡自外国因供给中国内地所运来之货物，必一次存贮于上海市中之仓库，然后渐以分配于各地。又中国内地各处，向于外国输出之货物，亦必一次运往上海，窥市面之商情，求外国之需要者而卖却之。故中国各处之商人，无论其出入买卖，凡有关系于贸易，几无不群集于上海。"[2] 1917 年 10 月 20 日和 1918 年 9 月 5 日，位于上海南京路的先施公司和永安公司相继开业。[3] 1918 年 12 月 1 日美国《纽约时报》即有这样的报道："美国驻华商务参赞安立德在给商务部的报告中称，上海现在已有两家现代化的百货商店。这两家百货商店出售的商品，与其他由洋人控制和经营的商店比，同类商品价格要低得多，也更适销对路。"[4] 截至 1937 年，"上海大范围之百货公司为永安、先施、新新、大新等四家，其次为丽华、福安，向来营业均甚发达。福安设在小东门中华路口，僻居南市，其主顾以浦东乡农及南市居民居多"[5]。

在上海，来自长江三角洲各地的商帮十分活跃。据日本国立公文书馆所藏的 1909 年《上海调查报告书》载：其中的宁波帮又称甬帮，是当时上海最大的商帮，经营活动涉及糖、绸布、药材、海味、南北货、五金等。绍兴帮又称浙绍帮，约 2 万人，主要经营钱庄、酒铺、汇兑、首饰等。钱江帮，主要来自杭州和钱塘江沿江附近地区，经营商品为绸缎、丝织品等。南京帮，约 1 万人，主要经营靴鞋、帽子铺等。扬州帮和江北帮，前者约 1 万人，除经营靴鞋铺外，大多为零售商贩；

［1］《清末民初镇江海关华洋贸易情形》，《近代史资料》第 103 号，中国社会科学出版社 2002 年版，第 11 页。

［2］经济学会编译：《中国经济全书》，1910 年印行，第 4 册，第 48 页。

［3］详可参阅上海市档案馆等编：《近代中国百货业先驱——上海四大公司档案汇编》，上海书店出版社 2010 年版。

［4］郑曦原：《共和十年：〈纽约时报〉民初观察记（1911—1921）·社会篇》，当代中国出版社 2011 年版，第 402 页。

［5］宋钻友编：《中山人在上海史料汇编》，上海辞书出版社 2011 年版，第 223 页。

后者为苏北地区商人，以经营禽蛋为主。镇江帮，贩运货物多为零星杂货，在上海以购入洋货为主，并销往镇江和由运河转运江北地区。苏州帮，约三四万人，主要经营生丝和绸缎业。无锡帮和常州帮，共约三四万人，前者以运销米、茧为主，在沪开设行栈者甚多；后者主要经营米业。通州帮，主要从事在棉花上市期，用民船载运通州地区所产棉花运销上海。[1] 1926 年的《兴华》杂志描述，浙江湖州双林镇"居民旅外经商者甚多，而犹以上海一浜为最"[2]。1928 年，苏北东台县的程益泰商号看到五洋百货业的商品市场需求大，在其原有洋布业的基础上又新增"洋广百货业"。其原本就与上海、杭州、苏州、镇江、常州、南通等地厂商有密切的业务联系，增设洋广百货业后，彼此的商业往来更为密切[3]。

在江南水乡，载运客货的各种航船穿梭于城镇乡之间。周作人忆述：

> 在水乡的城里是每条街几乎都有一条河平行着，所以到处有桥，低的或者只有两三级，桥下才通行小船，高的便有六七级了。乡下没有这许多桥，可是港汊纷歧，走路就靠船只，等于北方的用车，有钱的可以专雇，工作的人自备有"出坂"船，一般普通人只好趁公共的通航船只。这有两种，其一名曰埠船，是走本县近路的；其二曰航船，走外县远路，大抵夜里开，次晨到达。
>
> 埠船在城里有一定的埠头，早上进城，下午开回去。大抵水陆六七十里，一天里可以打来回的，就都称为埠船。埠船总数不知道共有多少，大抵中等的村子总有一只。虽是私人营业，其实可以算是公共交通机关，……它不但搭客上下，传送信件，还替村里代办货物，无论是一斤麻油，一尺鞋面布，或是一斤淮蟹，只要店铺里有的，都可以替你买来。[4]

当时，另有一种船店："这外观与普通的埠船没有什么不同，平常一个人摇

---

[1] 庄维民：《中间商与中国近代交易制度的变迁：近代行栈与行栈制度研究》，中华书局 2012 年版，第 314、315 页。

[2] 陆剑等辑录：《留下南浔的脚印：民国报刊涉浔文图选辑》，浙江摄影出版社 2015 年版，第 18 页。

[3] 程源编著：《程益泰商号经营史料选辑》，上海财经大学出版社 2014 年版，第 7 页。

[4] 周作人：《水乡怀旧》，周作人：《自己的园地》，长江文艺出版社 2015 年版，第 220 页。

着橹，到得行近一个村庄，船里有人敲起小锣来，大家知道船店来了，一哄的出到河岸头，各自买需要的东西，大概除柴米外，别的日用品都可以买到，有洋油与洋灯罩，也有芒麻鞋面布和洋头绳，以及丝线。"[1]费孝通亦忆述：

> 在太湖流域，水道交通比较陆路交通方便，镇也特别宜于发达。在我所调查过的江村，有着一种代理村子里农家卖买的航船。一个航船大概有服务100家人家。每天一早从村子里驶向镇里，下午回村。我所观察过的镇经常有几百个航船为几万农家办货。镇里的商店和个别的航船维持着经常的供应关系。这样大的一个消费区域才能养得起一个以商业为基础的镇。这种镇在内地是极少见的。[2]

也有行走乡间的小商贩，有人忆述在抗日战争前的青浦县朱家角，"有上海来的卖布的宁波人，他们带来一批布住在我们的客栈里，每天早出晚归、背了布去乡下卖，卖完后再到上海进货，也不退房。有时一住就好几个月"[3]。

浙江的省城杭州，自上海开埠后，一直是经由上海的国内外贸易在浙江的一个转运点。1921年的经济调查载："杭州所有的贸易即所谓的沿岸贸易，就是指杭州与上海之间、杭州与苏州之间的贸易往来，而掌握这些贸易的人，大多为居住在上海的国内外商人，杭州的商人只是居于从属地位，他们仅仅是贸易的参与者，并没有控制贸易的能力，……因此所谓的杭州贸易，仅仅是指将钱塘江本支线流域，以及把杭州附近的生产物资卖到上海，再从上海将外国货以及其他省份的产品购买回来，再分配到钱塘江本支线流域及杭州附近。"甚至有跳过杭州直接与上海交易者，"随着交通的发展，买卖土特产时，上海和原产地之间也开始有了直接的联系，上海商人会直接到原产地的小市场采购土特产，而地方上原产地的商人在购买商品时也会直接到上海与卖主交涉"。原先，"各地商人往往只是从附近的原产者那里收购土特产，商业圈很小，现在随着交通的发展，商业范围已逐渐扩大到其他县城、市镇以及钱塘江上游地区，其贸易额出现了逐年增加的趋势"。与此相联系，"杭州的消费能力不如上海，杭州在商业上的价值，无论

---

［1］ 周作人：《水乡怀旧》，周作人：《自己的园地》，第221页。
［2］ 费孝通：《乡土中国·乡土重建》，北京联合出版公司2018年版，第136页。
［3］ 尔冬强主编：《口述历史：尔冬强和108位茶客》，上海古籍出版社2010年版，第48页。

是外商在杭州居住的数量上，还是从仓储业的发展水平上，都不如辖区范围外相邻的上海，因此上海理所当然成为商业中心"。其结果，杭州有许多商店都在上海设有总店，而在杭州开设分店，"究其原因，主要是杭州以及杭州以北和杭州以南钱塘江流域各城市的小商人，一般还是选择来杭州进货，虽然去上海进货价格会比杭州低些，但折合运费、旅费以及时间等花费后，也就与杭州不相上下了"。[1]

二、农产品的商品化

口岸城市的崛起，对相关农村经济的直接触动，是受口岸经济推动的农产品商品化进程。鸦片战争前，中国农产品的商品化已经有了一定程度的发展。在上海地区，"乡间的土地肥沃，精耕细作"[2]。茶叶、烟草、蚕桑等基本上已是商品性生产。棉花和大豆主要还是用于自给，但在某些集中产区也有商品性生产。粮食是自给性生产，有余才出售，但因产量大，商品粮的绝对量也大，在市场的流通量中位居第一。

与自然经济的分解相类似，鸦片战争后农产品商品化的发展，是和外国资本主义入侵相关的，是与资本主义列强的需求，即对中国农副产品的大量收购联系在一起的。以茶叶为例，鸦片战争前，茶叶一直是主要的出口商品，当时自广州输出国外的货物以茶叶为最大宗，其次才是生丝、土布、陶瓷等。五口通商后，茶叶出口大幅度上升。1847年，在浙江产茶区游历的英国人记述说："当茶叶准备出售时，大茶商或他们的帮手从产茶区的主要城镇出现，在所有小客栈或饭店里找到他们的住处……茶农带上他们的产品供检验和出售。现在也许可以看见这些小户农家或他们的雇工沿着不同的道路来去匆匆，每人跨肩的竹扁担上挑着两只篮子或箱子。他们来到商人的住处，当面打开篮子，商人验看了茶叶的质量，如果价格为双方接受，便一拍成交。"[3]

---

[1] 丁贤勇等译编：《1921年浙江社会经济调查》，北京图书馆出版社2008年版，第46、71、72页。

[2] 沈弘编译：《遗失在西方的中国史：〈伦敦新闻画报〉记录的晚清（1842—1873）》，北京时代华文书局2014年版，第20页。

[3] 〔美〕郝延平著，陈潮等译：《中国近代商业革命》，上海人民出版社1991年版，第195页。

在当时最大的商埠上海，自 19 世纪 50 年代始，茶叶出口数量大多保持在 5000 万磅以上，较之 1845 年增长了 10 余倍，其中 1855 年高达 20 余倍。[1]第二次鸦片战争后，通商口岸增辟，茶叶出口增长，1867 年中国供给了欧美国家茶叶消费总量 1.9 亿磅的约 90%。[2]伴随茶叶出口增长而来的是各地新辟茶园增多，茶叶种植面积在原有基础上迅速扩大。民国年间的浙江，"所产之茶大半为绿茶，红茶甚少。以产区分别，可分为四种：一、杭湖茶，为杭市、杭县、余杭、临安、于潜及吴兴、长兴、安吉、孝丰、武康等县所产；二、平水茶，为绍兴、新昌、上虞、嵊县、诸暨、余姚、萧山等县所产者；三、温州茶，为温岭、平阳、青田、丽水、遂昌、云和、乐清等县所产者；四、分水茶，为分水、淳安、寿昌、开化等县所产者"。其中产自长江三角洲浙江府县的"平水茶产量甚多，上者名珠茶、珍眉、贡熙等专销欧美，次等粗茶专销俄国"。[3]1921 年的经济调查载：

> 平水茶主要产于绍兴、诸暨、嵊县、新昌及富阳五县，总称为绿茶，以前从事茶叶贸易的主要集中在绍兴县城南 40 华里的平水镇，因此得名，平水茶之名也一直沿用至今。在茶叶原产地从事茶叶贸易的地方，除平水镇外，还有王化镇、王坛镇、上灶镇、杨树下（以上属于绍兴县）、嵊县、双江溪、石坛镇、登岸（以上属于嵊县）等八处。在以上各处，资金在 10 万至 30 万元之间的批发商有 44 家，他们将从原产地收购的十三四种茶叶，挑拣分类后再重新分装，装入 1 尺 2 寸见方的正方形盒子里，该盒子为里外两层，里层是锡制，外层为木制，再将数个这样的盒子放入竹笼里（一个竹笼号称可装 100 斤茶叶，实际上根据茶叶质量的优劣，只能装 70 斤至 80 斤左右），通过铁路运送到宁波或上海（从以上批发商所在地运送到上海的各项费用，每担需要 10 元左右）。每年从宁波输出的茶叶共计约 10 万担，约合 300 万元，其中大部分都是平水茶。[4]

---

[1] 姚贤镐编：《中国近代对外贸易史资料（1840—1895）》，中华书局 1962 年版，第 582 页。
[2] 〔美〕里默著，卿汝楫译：《中国对外贸易》，三联书店 1958 年版，第 15 页。
[3] 民国《重修浙江通志稿》，第 21 册，物产，茶叶。
[4] 丁贤勇等译编：《1921 年浙江社会经济调查》，第 137 页。

时至 1936 年的统计，平水茶"每年约产十余万担，由宁波转上海出口，价值达四百五十万元，大都销售美国"[1]。其间，上海茶栈的作用至为关键：

> 平水茶运至上海后，须由上海茶栈代为经售，内地茶栈无直接与外商贸易之权。其手续先送小样于各家洋行，经茶师看样，由上海茶栈之通事与外商论价，如贸易议妥后，再发大样过磅，其间手续既繁，而费用尤多，浮支滥付，无理剥削，在所难免。其种类不下二十余种，概由上海茶栈代付，俟外商交款时开具清单，如数扣回。……各费大约净茶百斤，需银三元七角余。倘茶商较有声誉，而能脱售较早者，其所费亦较轻。如出售迟而货少之茶商，其亏耗更巨。大约最高之数，每百斤需费五元。
>
> 上海茶栈恒贷资于内地茶商，使之大量收买茶叶运至沪栈，代彼销售。至货经脱手，即将债款本利及一切费用佣金开具清单，向内地茶商核算扣除。如遇贸易亏损，则由茶商负责补偿。[2]

浙江所产桐油的出口，亦经由上海："油车或农户零星之油，大多售于油行。油坊之油，除自行贩运出售于杭州、永嘉油行外，亦有向就地油行出售。交易既成，油行抽佣一分至三分。产地油行之与杭州、永嘉油行之买卖，大都有相当之往来，时通声气，油收到后，即装运杭州、永嘉，投行出售。杭州、永嘉油行性质与产地油行同，交易既成，亦抽佣金。""杭州、永嘉油行与上海油行或油号交易，大都用函电接洽，装桶装篓，由上海油行号指定。……至于华商与洋行买卖情形，有洋行与行家直接谈判者，有托商号转卖者。"[3]

19 世纪 60 年代后，随着中国自然经济的分解，再加英国棉纺织工业受美国南北战争影响，原料供应受阻，转而求诸印度和中国，接着又有日本机器棉纺织业的兴起，需要大量的棉花供应。出口需求的激增，大大刺激了棉花种植面积的

---

[1]　民国《重修浙江通志稿》，第 21 册，物产，茶叶。

[2]　建设委员会经济调查所编：《浙江之平水茶》(1937 年)，彭泽益：《中国近代手工业史资料 (1840—1949)》，中华书局 1962 年版，第 3 卷，第 734、735 页。

[3]　实业部国际贸易局：《中国实业志 (浙江省)》，1933 年编印，庚，第 117、118 页。

扩大。上海周围农村，"均栽种棉花，禾稻仅十中之一"。江苏如皋、通州（今南通——引者）、海门一带，"一望皆种棉花，并无杂树"。一些原来并不产棉的地区，也开始大量种植棉花，"江西、浙江、湖北等处向只专事蚕桑者，今皆兼植棉花"。[1]自1888年后，在进出口方面，棉花由原先的入超，变为出超。1894年，进口棉花为43103担，而出口则达747231担，是前者的16倍余。[2]美国《纽约时报》1909年6月4日载：1908年，中国棉花丰收并"首次输往美国，因此贸易量较小，总价仅为66900美元，中国90%的（出口）原棉销往日本"[3]。1910年，农工商部《棉业图说》载，江苏"常熟产棉四种，一曰了扒棉，一曰黑尖棉，一曰申港棉，一曰浦东白。了扒棉半年收数每亩约二百斤，申港棉每亩岁收一百二三百斤，黑尖棉每亩岁收百斤，浦东白每亩岁收七八十斤不等"[4]。在浙江慈溪，"沿海岁产棉花，平时皆乡民肩贩，由二六、三七等市航船转运甬埠。商货之多如此，而南山、北山之人民辐辏来市者又更伙难以数计，经商外埠者尤多"[5]。浙江余姚，"本地市场消费的棉花极少，几乎全部棉花都是输出的，当地居民缝衣所用的棉布，主要是以进口的洋纱织成的"[6]。与之相联系，渐有日资渗透至出口棉花收购环节。1927年，江苏通、崇、海驻沪花衣同业发函称：

> 我通、如、崇、海所产棉花，虽为出口大宗货品，然皆由本国商人采运来沪转售外洋，从无外国人自备资本直接采运之例。近据同业纷纷报告，谓有源大昌张某者勾引日本人（三井洋行）在通、如、崇、海县属开设花行18处之多，外虽用源大昌名义，而资本皆日人所出，花衣出口由沪直接运东洋。[7]

由于这一时期中国农村经济的演变，是在外国列强以通商口岸为基地加强对

[1] 李文治：《中国近代农业史资料》第1辑，三联书店1957年版，第418—422页。
[2] 姚贤镐编：《中国近代对外贸易史资料（1840—1895）》，第1249页。
[3] 郑曦原编：《帝国的回忆：〈纽约时报〉晚清观察记（1854—1911）》，当代中国出版社2011年版，第99页。
[4] 陈树平主编：《明清农业史资料（1368—1911）》，社会科学文献出版社2013年版，第1437页。
[5] 《慈溪董坼等致浙路汤总理函》，《四明日报》1910年7月25日。
[6] 英文《中国经济周刊》第287期（1926年8月21日），转引自章有义：《中国近代农业史资料》第2辑，三联书店1957年版，第258、259页。
[7] 章有义：《中国近代农业史资料》第2辑，第504页。

华经济扩张的总格局下发生的。如 1896 年张之洞称："苏、常蚕桑之利，近十年来日渐加多，渐可与浙相埒。松江、太仓及江北通海之棉花，除行销本省外，盛行南北洋各路，且与上海通商口岸最近。"[1] 中国农产品商品化的进程，主要不是取决于国内市场，而是取决于国际市场。中国一些传统的经济作物，如茶叶、甘蔗、蓝靛等，由于受到外国同类商品的竞销趋于衰落。1916 年 8 月 27 日美国《纽约时报》载文称："茶叶出口理应成为中国产品的优势贸易领域，却在锡兰红茶与印度茶的盛行中开始迅速萎缩。一部分原因是中国商人没有成立自己的商会组织推动海外销售、参与控制市场定价，另一部分原因是中国茶叶的成色和味道从未进行任何技术改良，没有主动积极与外国茶叶竞争。"[2] 而棉花、大豆、花生、桐油等其他一些经济作物，则因受到国际市场大量需求的刺激而迅速发展。出口农产品的品种结构，也随之发生了变化。

鸦片战争后的很长一段时间，丝、茶一直是主要的出口货物，19 世纪 70 年代曾占全部出口总额的 90% 以上。甲午战后，丝的出口数量虽然仍有增加，但在出口总额中的比重下降；茶的出口，则无论其数量还是在出口总额中的比重，均在下降。而原先并不突出的棉花、大豆、花生、桐油等，在出口货物中的比重却越来越大。显然，这是和国际市场的供求关系直接联系在一起的。棉花种植面积的扩大，就是一例。1890 年，棉花出口 298886 担。之后，日本棉纺织工业崛起，大量需要原料供给，中国棉田面积明显扩大，出口猛增，1900 年达 711882 担，1910 年又达 1247304 担。[3] 以上海为中心的机器棉纺织业的兴起，也推进了周边乡村的棉花种植。民国《双浜小志》载，江苏常熟双浜镇"大宗贸易当推棉花、米麦、纱布、油饼等项，本地产者仅棉花、土布，若米及大小麦、菜子、黄豆已稀少焉。年来开设花行，上海申新、江阴利用、无锡广勤各纱厂，遇丰稔之岁，亦来赁屋办花"[4]。1919 年，常熟有棉花行 57 家，所收籽棉除运往本地支塘镇的顺记纺纱公司外，其余均分销上海、苏州、无锡等地纱厂。南通有棉花行 18 家，

［1］ 张之洞：《筹设商务局片》（光绪二十二年正月初五日），赵德馨主编：《张之洞全集》，武汉出版社 2008 年版，第 3 册，第 360 页。
［2］ 郑曦原编：《共和十年：〈纽约时报〉民初观察记（1911—1921）·社会篇》，当代中国出版社 2011 年版，第 390 页。
［3］ 章有义：《中国近代农业史资料》第 2 辑，第 148、149 页。
［4］ 王鸿飞纂：《双浜小志》（民国稿本）卷 1，市镇，转引自沈秋农等主编：《常熟乡镇旧志集成》，广陵书社 2007 年版，第 753 页。

除运销大生纱厂外，兼销上海纱厂，年运出棉花近11万包。海门县城及各乡有棉花行85家，所收棉花分销大生纱厂和上海、太仓等地纱厂。[1]

经济作物的发展，排挤了粮食的生产，同时也促进了各地区间的粮食流通，推动了粮食的商品化。1907年江苏无锡："米行大小凡百余家，一年交易额达四五百万担（1担为136斤），其价额达2000万元以上。其中，100万担上下来自芜湖，四五十万担来自仙女庙，20万担内外来自南京附近。粮食的运输，都是用中国式的船只，路经镇江，自运河下行以达无锡。其品质以仙女庙所产为第一，南京次之，芜湖又次之。除以上三处外，出现于该市场的本地米，有常州府属各县、镇江府属溧阳、金坛两县及苏州府属常熟等地所产之米，就中以无锡、常熟所产品质最为优良。各地运来之粮，稻米各半。这些米谷的销路，主要为上海及浙江杭州、绍兴等地。"[2] 其市场背景是，"上海自开埠以来，居民骤增，最近估计在三百万以上（时为1932年——引者），食米的供应仰给外县，其来源以常熟、无锡为最多，缘该两县既属产米之区，又系聚米之地。常熟的来源，系常州、江阴等货色；无锡为水陆交通的中心，且有逊清漕粮的历史，宜、溧、金、丹、澄、武等货大半堆存于此，米市营业不亚于上海。此外，还有商船公会的水贩帮，即船主自行出资向产稻区域装运，因此苏、皖各县的米都在沪行销"[3]。

20世纪30年代中叶，无锡共有米行130余家，其业务为代客买卖，"惟资本较厚者，率多自行囤积，盖欲在佣金之外，更取得一种利得，故均有宽大之栈房供储存"。无锡米行有客货行与土货行的区别，前者营业范围较大，除米稻外还兼营杂粮；后者日常以贱价收集各地输入的米谷，"本地市况良好，即售之于市，苟在本市无销路，沪杭各地市况较好，能得较厚利益时，即雇船运往"。[4] 另有实地调查载："米麦之集散，向为无锡主要之交易，战前（指1937年前——引者）城内即有米商100余家之多。"[5]

光绪年间，上海远郊的金山县，米价"与上海遥应"[6]。20世纪30年代，松

---

[1] 整理棉业筹备处：《最近中国棉业调查录》，1920年编印，第105、109、115、119页。

[2] 李文治：《中国近代农业史资料》第1辑，第479、480页。

[3] 上海市社会局：《上海市工人生活费指数：民国十五至二十年》，1932年印行，第20页。

[4] 庄维民：《中间商与中国近代交易制度的变迁：近代行栈与行栈制度研究》，中华书局2012年版，第174页。

[5] 上海市档案馆编：《日本在华中经济掠夺史料（1937—1945）》，上海书店出版社2005年版，第124页。

[6] 李文治：《中国近代农业史资料》第1辑，第557页。

江、青浦两县每年输出米粮约 250 万石至 260 万石，运销区域以上海为主，其次为浙江硖石及上海附近的川沙、南汇、奉贤等地。市场交易过程以米行为中心，围绕着米行的日常营业来进行。米行营业有代客买卖和自行贩运两种：前者即乡农载米入行出售，然后由顾客照行中货价选购，同时付给米行一定比例的佣金；后者是先由米行收买四乡米谷，然后送碾米厂碾白，再自行装运沪市出售。松江米行的资本大致在一两万元左右，难有雄厚实力从事米粮囤积，只能随购随销。比较而言，代理交易手续简便，风险小，所需资金也少，"故资本小者，每以代客买卖，搏取佣金为主要营业，惟其利极薄，所获无几，是以资本大者，多不喜此，而以自行贩运为大宗交易"。但是自营起伏波动较大，"遇市情畅旺，则获利备极盈丰，偶或差跌则米行即须受亏蚀之损失"。[1]

　　1928 年在浙江杭嘉湖农村的调查载："浙江在中国虽为一著名产米省份，惟以农民对于丝产极为注意，种桑甚多，故全省米粮在平年时并不敷用，时赖苏皖各地之米粮与洋米接济，故浙西米业对于全部农业经济状况实占重要位置。"其中沪杭铁路线上的海宁县硖石镇，就是一个重要的米粮贸易集散地。其"米之来源，为安徽之芜湖、宁国、安庆，江苏之无锡、高邮、镇江、南通，本省之芦溪亦占一部分。上三处供给量之比较，以安徽为最大，约占十分之七；江苏次之，约占十分之二；本省不过占十分之一"。其运输，"安徽、安庆之米，经长江入太湖由嘉兴塘河可直达硖石；或舟运至南京，由京沪（指沪宁铁路——引者）、沪杭路而来；或舟运至上海，再由沪杭路运埠。舟运时概用散舱，大船可载一千石，小船四五百石"。其销路，"为杭嘉湖一带及上江之金华、衢州，南河之绍兴、宁波、萧山等地；间亦有运沪时，则视四地价格之差异而定"。同处沪杭铁路线上的嘉兴，"客米大半自上海运来"；如遭遇灾情米荒，则更借助来自上海等地的客米输入，如 1926 年当地农村歉收，"向邻境输入大宗客米，但以上海米居多"。[2] 1933 年 8 月，陈光甫指出："上海为米的消费和转运之所，……综计上海每月销米约三十一万石。"[3] 当时上海米市的粳米类，既有来自江苏苏州、常熟、

---

[1] 陆树楠：《松青一带米粮的出产与运销》，《农行月刊》第 4 卷第 3 期（1937 年 3 月），转引自庄维民：《中间商与中国近代交易制度的变迁：近代行栈与行栈制度研究》，第 172、173 页。

[2] 曲直生等：《浙西农产贸易的几个实例——米粮、丝茧、山货贸易的概况》，原载《社会科学杂志》第 3 卷第 4 期（1932 年 12 月），转引自李文海主编：《民国时期社会调查丛编（二编）·乡村社会卷》，福建教育出版社 2009 年版，第 711、715、720、717 页。

[3] 刘平编纂：《稀见民国银行史料初编》，上海书店出版社 2014 年版，第 674 页。

湖南靖港及江西者，也有来自越南西贡、缅甸仰光者[1]。

在粮食商品化规模逐渐扩大的基础上，随着铁路、轮运的推进，交通条件的改善，结合市场需求和各地区气候、土壤等条件，甲午战后，在中国农村开始形成一些经济作物相对集中产区。这在通商口岸附近农村，表现得尤为明显。毗邻上海的苏南浙北农村，可为代表。地处上海周边的苏南浙北农村，包容镇江府、常州府、苏州府、松江府、杭州府、嘉兴府、湖州府和太仓州，与上海之间经由蛛网般的内河水道直接沟通，是江浙两省经济重心之所在，自然环境、地理条件亦很相近，"苏、松邻壤，东接嘉、湖，西连常、镇，相去不出三四百里，其间年岁丰欠、雨旸旱溢、地方物产、人工情隋皆相等也"；同时也是全国范围内经济相对发达地区，"以苏、松、常、镇、杭、嘉、湖、太仓推之，约其土地无有一省之多，而计其赋税实当天下之半，是以七郡一州之赋税，为国家之根本也"。[2] 1843 年底，到访上海的英国植物学家罗伯特·福琼记述："作为一个农业地区，上海平原就像一个巨大的花园，有着迄今为止我在中国看到的最肥沃的土地，其面积之大，世界上可能也罕有其匹……这儿的土地属于肥沃的壤土，土层很厚，出产丰富，包括小麦、大麦、水稻、棉花等，此外还出产大量绿色蔬菜，如卷心菜、萝卜、山药、胡萝卜、茄子、黄瓜以及其他诸如此类的，这些蔬菜主要种植在城市附近。"[3] 上海作为中国最大近代城市的崛起，既得力于这一雄厚的物质基础，也给这些地区农村经济变迁带来多方面的巨大影响。

上海开埠后，经由上海港进出的繁盛的对外贸易和国内埠际贸易，直接刺激了苏南浙北农副业的发展，棉花、蚕桑、蔬菜等经济作物种植面积明显扩展，由于地理位置、土壤特性及原有基础等的差异，这种发展又带有较鲜明的地域分布特征。明清以来，长江口两岸的高亢、沙土地带，因土壤的特性，棉花种植已很普遍，"松江府、太仓州、海门厅、通州并所属之各县逼近海滨，率以沙涨之地宜种棉花，是以种花者多而种稻者少，每年口食全赖客商贩运，以致粮价常贵，无所底止"。[4] 1842 年 2 月 15 日，时任江苏布政使李星沅记述，太仓"沙地种

---

[1] 财政部国定税则委员会：《上海逐售输出输入物价指数之国币基价（1934 年 4 月）》，龙向洋主编：《美国哈佛大学哈佛燕京图书馆藏民国文献丛刊》，广西师范大学出版社 2012 年版，第 33 册，第 29 页。
[2]（清）梁章巨：《浪迹丛谈》卷 5，均赋；（清）钱泳：《履园丛话》卷 4，水学。
[3]〔英〕罗伯特·福琼著，敖雪岗译：《两访中国茶乡》，江苏人民出版社 2015 年版，第 71—72 页。
[4]（清）高晋：《请海疆禾棉兼种疏》，《皇朝经世文续编》卷 37，第 2 页。

花，遇风则欹"[1]。上海浦东地方志载："花即棉花也，宜高地，畏水，做布易米，一方衣食死生赖焉。"[2] 1843 年到访上海的英国植物学家罗伯特·福琼描述，上海乡村的土地虽然平整，"但总体而言，地势还是要比山谷和宁波附近的平原高得多，所以非常适合种植棉花，棉花也就成了这儿的主要农产品"。[3]

上海开埠后，受原棉出口需求的刺激，这一地区的棉花种植在原有基础上又有明显扩大。1844 年 12 月 19 日，英国人雒魏林从上海发出的家信写道："今年棉花的收成很好……麦子正在迅速成长，这是今年第二季的庄稼了，同一土地上的第三季庄稼是豆子。这样的年复一年，但是土地是需要高度施肥的，很多劳动力花在上面。"[4] 1850 年，在沪的英国人裨治文记述："（去年）春夏持续的大雨天气，把广袤的江南平原淹没在泛滥的洪水里，结果庄稼欠收，尤其是棉花。"[5] 1862 年抵沪游历的日本人峰洁所见："田地主要是种棉花，还有豆类、茄子、木瓜、西瓜、甜瓜类。"[6] 其肥料有的来自河道清淤，1875 年在沪的美国传教士记述："这一原始的治理手段，现在仍然在附近的一些河道治理中运用，农夫将清理出的淤泥用作农田肥料。他们用一把长度和河床深度成比例的竹竿，顶部装置上一个篮子，通过控制篮子的开合，将淤泥从河床底部挖出来，然后把它堆放到身后的舢板上。"[7]《上海乡土志》载："吾邑棉花一项，售与外洋，为数甚巨。"1870 年代中叶，"上（海）、南（汇）两邑以及浦东西均栽种棉花，禾稻仅十中之二"。松江县，"改禾种（棉）花者比比焉"。[8]

1876 年成书的《沪游杂记》载："松沪土产以棉花为大宗，村庄妇女咸织小布为养赡计。每日黎明，乡人担花挈布入市投行售卖者踵相接也。交冬，棉花尤盛，行栈收买，堆积如山。"[9] 1877 年在沪游历的美国人记述："沿着江边（指黄

[1] 袁英光等整理：《李星沅日记》，中华书局 1987 年版，第 346 页。
[2] 光绪《江东志》卷 1，物产。
[3] 〔英〕罗伯特·福琼著，敖雪岗译：《两访中国茶乡》，第 72 页。
[4] 房芸芳译：《上海岁月（1844—1849）》，《上海档案史料研究》第 11 辑，上海三联书店 2011 年版，第 164 页。
[5] 裨治文著，邵文菁译：《上海风土人情录》（一），上海市历史博物馆编：《都会遗踪：沪城往昔追忆》，上海书画出版社 2011 年版，第 154 页。
[6] 〔日〕日比野辉宽、高杉晋作等著，陶振孝、阎瑜等译：《1862 年上海日记》，中华书局 2012 年版，第 220 页。
[7] 朗格著，高俊译：《社会视野中的上海——来自朗格的报告》，熊月之主编：《上海史国际论丛》第 1 辑，三联书店 2014 年版，第 227 页。
[8]《申报》1876 年 9 月 15 日；光绪《重修华亭县志》卷 23，风俗。
[9]（清）葛元煦撰，郑祖安标点：《沪游杂记》，上海书店出版社 2009 年版，第 115 页。

浦江——引者）你可以看到稻田、豆田、玉米地、棉花地等，每寸土地都被精心地耕种，……土壤很肥沃，种植着各种你能描述出的作物，棉花是这里的主要种植物。"[1]

这一时期经由上海港周转的国内米谷运销量的持续增长，无疑也有利于植棉业的扩展。这种扩展，在长江口两岸原先相对荒僻的近海地带尤为显著。1890 年，上海实业家经元善称："查木棉出产以海门、崇（明）通（州）、上海、余姚为著名，而长江数千里沙洲尤为大宗，每年所出何止数千万。"[2]1899 年 10 月 6 日，慈禧太后与光绪皇帝召见盛宣怀，问及："上海一带年岁如何？"盛宣怀回答："江南六、七、八月雨太多，稻子还不大碍，棉花大坏了。近年百姓多种棉花，七、八月间大雨，棉花一项，民间亦要少收一二千万银子。"[3]此前，地方文献亦载："上海乡民种棉为业，俗以七月二十日为棉花生日。喜晴忌雨，谚云'雨打七月念，棉花弗上店'。俗语灵验十应八九。"[4]棉花丰产时，棉市兴旺，1900 年 10 月 23 日《江南商务报》载："本埠今岁木棉收成丰足，现下正当兴采上市之际，沪南董家渡与万裕码头一带，售花乡人颇形拥挤，而各花行除荣广大、沈恒泰、程大隆等四行畅收外，余因银根紧促，尚未开齐。闻棉花已有七分采出，现售机器花每担银十四两左右。"[5]十天后，该报又载："嘉、宝二属，今岁棉花收成丰足，农民皆有喜色，价五千四百文。现闻江湾镇东洋公司托协盛等行收白花一万包，其价因之飞涨，目下此项代收之花均已收满打包，即日装运出境。"[6]清末奉贤金汇桥镇，"镇西傍金汇塘，南通齐贤桥，北至浦口六里，土产花包，销场颇广。棉花熟时，每日侵晨买卖成市，稍迟已不及矣"[7]。

地处东海边的南汇县，原有不少江海泥沙冲积而成的浅滩荒地，这时已都栽种了棉花，"产数约三十三万包有奇，每包计七十斤，四乡踏户皆挑运至沪，为

---

［1］〔美〕怀礼著，王丽、戴如梅译：《一个传教士眼中的晚清社会》，国家图书馆出版社 2012 年版，第 76、77 页。

［2］虞和平编：《经元善集》，华中师范大学出版社 2011 年版，第 90 页。

［3］高洪兴整理：《光绪二十五年九月初二日盛宣怀奏对自记》，《历史文献》第 7 辑，上海古籍出版社 2004 年版，第 249、250 页。

［4］（清）葛元煦撰，郑祖安标点：《沪游杂记》，上海书店出版社 2009 年版，第 57 页。

［5］《花市》，《江南商务报》第 25 期（1900 年 10 月 23 日）。

［6］《棉花丰收》，《江南商务报》第 26 期（1900 年 11 月 2 日）。

［7］宣统《乡土地理·金汇桥》，《奉贤县志》（上海府县旧志丛书），上海古籍出版社 2009 年版，第 696 页。

数甚巨"。由于这里系由"海滩垦熟,地质腴松,棉花朵大衣厚",销路畅旺,该县的棉花交易中心市场,因此也从周浦向东推移到了近海的大团。[1]乡土文献记述了大团镇的崛起:"沿海一带沙土开拓,民居稠密,市中贸易日兴,大户亦多殷实,以盛、邵为巨擘,称雄镇焉。"[2]附近所产用于装运棉花的蒲包也需求旺盛,"蒲包编蒲为之,以盛棉花,产陈行乡间者,工坚料实,异于他地,岁七八月间,远近争购"[3]。1907年,日商三井洋行在周浦镇设立棉花采办处,备有"小飞燕号"轮船一艘,既运货又载客。[4]奉贤滩涂亦有围垦之举,1932年编纂的《奉贤县政概况》载,"捍海塘外,向有旱墩、中墩、水墩、草荡之别。乾隆初,中墩、水墩皆摊晒产盐之处,近则二团以东,海滩渐涨,三、四、五团凸出至二十里或八九里不等。道光初年,居民在水墩外更筑圩塘,与南汇土塘相接。近更添筑至三角漾,而圩塘内地渐次开垦",其中多用于植棉。[5]

在长江口北岸的通州地区,植棉业的发展同样引人注目。地方史料载:"棉花为通属出产一大宗,大布之名尤驰四远,自昔商旅联樯,南北奔凑,岁售银百数十万。咸同以来增开五口互市通利,西人又购我华棉,与美棉、印棉掺用,出布甚佳,而吾通之花市日益盛,岁会棉值增至数百万。"[6]据1919年《中华棉产》统计,南通、海门两县共有棉田1018万余亩,棉花产量170余万担;而江南的江阴、常熟和松太地区则有棉田224.8万亩,棉花产量70多万担。通、海两县的棉花产量比后者多出近100万担,棉田面积是后者的4倍多。[7]

传统产区的棉花生产更是有增无减,1863年受国际市场供求关系影响,出口原棉价格陡涨,"松江、太仓一府一州各县各乡大小花行来申抛盘货三四十万包",连同其他府县的供货,"统计不下百万包"。这种受出口需求推动呈现的发展势头一直持续到二十世纪初年,且地域特征鲜明,"其地脉东西自浦东起,西

[1] 章开沅等主编:《苏州商会档案丛编》第1辑,华中师范大学出版社1991年版,第884页;民国《南汇县续志》卷18,风俗。
[2] 民国《三林乡志残稿》(上海乡镇旧志丛书),上海社会科学院出版社2006年版,卷1,地名。
[3] 民国《陈行乡土志》(上海乡镇旧志丛书),上海社会科学院出版社2006年版,第26课,特产二。
[4] 薛振东主编:《南汇县志》,上海人民出版社1992年版,第17页。
[5] (民国)奉贤县文献委员会编纂,载之点校:《奉贤县政概况》,上海市地方志办公室等编:《奉贤县志》(上海府县旧志丛书),上海古籍出版社2009年版,第714、776页。
[6] 李文治:《中国近代农业史资料》第1辑,三联书店1957年版,第397页。
[7] 张丽:《江苏近代植棉业概述》,《中国社会经济史研究》1991年第3期。

北及常熟，更越长江亘通州，其面积之大，实不愧为大国物产领域"。在这一区域里，"到处产出棉花，此等产出棉花地之名，常著闻于当业者之间"。[1]清末的太仓州，"统计州县地不下八千余顷，大率种木棉者十之七，种稻者十之二，豆菽杂粮十之一"[2]。

1889年至1906年的日本在华调查资料载，集中于上海市场的棉花，大致分为上海棉、通州棉、宁波棉。上海棉来自上海附近的上海、金山、奉贤、南汇、川沙等县，一般由农民或掮客把棉花装在麻袋和竹筐里，用小舟运到上海。通州棉是由产地的棉花商人从兼作轧花的农户那里买入棉花，打上各自商号的商标，再用帆船运到上海。而宁波棉则是由产地的棉花商人用轮船从宁波运到上海。另据1892年4月的日本在沪调查资料，位于上海西南的南汇县杜行镇，利用黄浦江的水道，把所产棉花运销到上海。镇上有棉花商行三四家，每家都兼营米业。它们从附近乡村收购并运往上海的棉花超过8万包，这些棉花占当地产量的百分之八十。棉花行情受上海市场左右，交易方式是镇上的商人接受上海南市棉花商人的订货，货物送达后收取现金。邻近的上海县闵行镇，有棉花行四五家，大部分兼营米业和酿造酱油。集中于镇上的棉花，约有百分之七八十销往上海，其行情亦受上海市场左右。[3]

《1902年至1911年海关十年报告》称"目前专用于棉花耕作的面积大为增加，从而使这一作物近年来的重要性愈来愈大了"。截至1912年的统计，"上海棉田约占全部可耕田的百分之六十，目前江苏东南地区年产原棉估计约为二十万吨，对世界市场来说也是一个重要的产地"。[4]美国《纽约时报》1909年6月4日载：1908年，中国棉花丰收并"首次输往美国，因此贸易量较小，总价仅为66900美元，中国90%的（出口）原棉销往日本"[5]。1916年8月27日该报载文称："在各种棉制品的出口国中，中国列第二位，仅次于印度。中国是世界第一

[1] 李文治：《中国近代农业史资料》第1辑，第396、517页。
[2] 民国《太仓州志》卷3，风土，物产。
[3] 〔日〕古田和子著，王小嘉译，虞和平审校：《上海网络与近代东亚——19世纪后半期东亚的贸易与交流》，中国社会科学出版社2009年版，第145、146页。
[4] 徐雪筠等译编，张仲礼校订：《上海近代社会经济发展概况（1882—1931）——〈海关十年报告〉译编》，上海社会科学院出版社1985年版，第158、204页。
[5] 郑曦原编：《帝国的回忆：〈纽约时报〉晚清观察记（1854—1911）》，当代中国出版社2011年版，第99页。

纺线进口国，世界第三大产棉国，排在美国和印度之后。约70%的中国棉花出口发往日本和美国。"[1]1919年的《江苏实业视察报告书》载："崇、海之棉，著称佳种，金（山）、青（浦）、南（汇）、奉（贤），所产亦多。"[2]

宝山县月浦乡，"棉花有紫、白二种，月浦以此为大宗"[3]；民国《月浦里志》亦载："棉花，本乡之大宗植物，有白色、紫色二种。"[4]在浦东高行，"东沟镇有花行数家，专收棉衣（指棉花——引者），运沪销售，营业较广"[5]。1924年，青浦县"籽棉约产十二万担，自供约四之一，余者全销上海"[6]。1928年上海特别市对所属近郊闸北、彭浦、真茹、沪南、蒲淞、法华、洋泾、引翔、漕泾、塘桥、陆行、高行、杨思、曹行、塘湾、颛桥、北桥、马桥、闵行、陈行、三林、吴淞、殷行、江湾、高桥、杨行、大场、莘庄、周浦、七宝等30个区的农村调查显示："作物以棉花最占多数，居耕地面积70%左右，水稻次之。"[7]

1931年对上海近郊殷行一带106户农民生活状况的调查载："一般农民大抵以棉作为正项收入，一家生计咸赖是焉。"[8]另据20世纪30年代初期的统计，"南汇所产棉花50%运销上海市场，1929年运销数量为238680担，与奉贤、川沙、上海等县相比，位居首位"[9]。1932年《国产棉之概况》载：

> 江苏居长江下游，地土肥沃，又有运河贯通南北，运输非常便利，故最为植棉相宜之区；兼以上海纺织业日渐扩充，棉作业更易发展。至于棉之品种，可分为二。江北棉花称通州棉，江北即因此形成江苏第一

[1] 郑曦原编：《共和十年：〈纽约时报〉民初观察记（1911—1921）·社会篇》，当代中国出版社2011年版，第392页。
[2] 民国《江苏实业视察报告书》，江苏档案精品选编纂委员会：《江苏省明清以来档案精品选·省馆卷》，江苏人民出版社2013年版，第268页。
[3] 光绪《月浦志》卷9，风俗志，物产。
[4] 民国《月浦里志》卷5，实业志，物产。
[5] 民国《上海特别市高行区概况》（上海乡镇旧志丛书），上海社会科学院出版社2006年版，六、农工商业状况。
[6] 章有义：《中国近代农业史资料》第2辑，三联书店1957年版，第231页。
[7] 《上海特别市各区农村概况》，原载《社会月刊》第2卷第5—11号（1930年11月至1931年5月），转引自李文海主编：《民国时期社会调查丛编（二编）·乡村社会卷》，福建教育出版社2009年版，第425页。
[8] 《上海市中心区百零六户农民生活状况调查录》，原载《社会月刊》第2卷第12号（1931年6月），转引自李文海主编：《民国时期社会调查丛编（二编）·乡村社会卷》，第542、543页。
[9] 李学昌主编：《20世纪南汇农村社会变迁》，华东师范大学出版社2001年版，第14页。

产棉区域，包括南通、海门、崇明、启东等县在内。细别之，又有上沙棉、中沙棉与下沙棉三种。上沙棉最优，以南通为中心。中沙棉产区，自南通至长江沿岸，东西相距一百十里，南北三十里，皆由宋季港与登向港运往上海。下沙棉则以崇明、启东县属为限，棉作地有一百二十万亩。……至于长江以南，棉作发达之区，推常熟、太仓、嘉定、江阴及上海附近等处。常熟棉田，全境共有四十万亩。太仓棉作区，在横泾、浮桥、沙溪、新塘、毛市一带，品质极为优良。嘉定棉，则又称为白籽棉。产于黄浦江以东者，另名浦东白籽棉。奉贤产者较良，惟与通州、太仓等棉相较，则远不及焉。[1]

　　1932年的实地调查："上海县农业，以棉为出产大宗，种棉之地约占全邑面积十分之七；其余十分之三，均种稻田。农民自有田产者，约占全邑人口百分之三十五，租种者约占百分之六十五。"因农田大多种植棉花，"所出粮食仅能供给全县人口半年之需，不足之数均仰给他处"。[2]1932年编纂的《奉贤县政概况》载："本邑僻处海滨，故产多鱼、盐，而盐业为尤甚。农产物则以棉花为大宗，居农产物十之七，谷类仅居十之三，其余豆、麦之类，则数量极少。"[3]

　　1933年上海市社会局编录的《上海之农业》载："农家主要作物，首为棉，占49.3%；稻作次之，占30.2%；豆又次之，占12.6%。"其中近郊的引翔区棉花约占农田总面积的十分之六，高桥区为十分之七，"陆行区为棉六稻四之比，高行区作物以棉为主，占十分之六；杨思区棉之栽培面积，竟达十分之八；吴淞区约占十分之七"。[4]地处远郊的金山："本县北部，大河纵横，港汊纷歧，故农皆种稻。惟南部地势高亢，取水不便，乃多植木棉。今（即1935年——引者）第六区田亩约十分之六为棉田，兼植大豆。至滨海沙地，稻与棉、豆均不能生长，则改种番薯。海塘之外沙滩一带，居民以晒盐、捕鱼为业。"其中，"第六区田产

[1] 刘平编纂：《稀见民国银行史料二编》，上海书店出版社2015年版，第479页。
[2] 南京图书馆编：《二十世纪三十年代国情调查报告》，凤凰出版社2012年版，第258册，第376、380页。
[3] （民国）奉贤县文献委员会编纂，载之点校：《奉贤县政概况·特产》，上海市地方志办公室等编：《奉贤县志》（上海府县旧志丛书），上海古籍出版社2009年版，第776页。
[4] 上海市社会局编：《上海之农业》，中华书局1933年版，第90、33、34页。

木棉，大多运销于沪"。[1]1935 年《近年来东台之商业及金融概况》载："每当秋季，棉花收获时，上海、无锡、南通等地之收花庄客，纷集本地及大中集、大丰集、时埝等镇，设立花庄，就地收买，颇极一时之盛。"[2]

1918 年的经济调查载，浙江全省棉花总产量为 972055 担，栽培亩数为 1026188 亩，平均亩产量为 95 斤。主产区在杭嘉湖和宁绍地区，其中杭县约 5 万担，平湖县约 6 万担，绍兴县约 13 万担，萧山县约 35 万担，余姚县约 15 万担，上虞县约 8 万担，慈溪县约 5 万担。[3]1929 年的记载："浙江素以棉花著称，曹娥江、钱塘江南岸及沿海一带大多产棉。主要区域，除余姚、绍兴与慈溪、萧山外，有棉田颇广，如象山之大泥塘，宁海之青珠、大湖、下渡、毛屿，南田之龙泉塘等处……共有棉田五万余亩，每年出产棉花为数不少。"[4]

浙江所产棉花主要销往上海，因其"纤维较硬、短，且弹力较弱，在纺造二十支以下的细纱时，往往与印度产或美国产的棉花混用。棉花的含水量从百分之十二三到百分之六不等。辖区内棉花从阴历五月初开始播种，经过间播和摘叶等过程后，可生长到 1 尺 5 寸至 2 尺 5 寸左右，九月份开始结果开花。由于栽种比较简单，在设置棉田时，经常与蚕豆、菜种子等四五月份收获的作物间作。采摘下来的棉花六七成卖给棉花批发商，剩余的三四成由农家妇女通过旧式小型机器进行处理，或者经过打棉工（在栽培棉花地方的村落里，一般每村有这样的 2 到 3 个人）处理后，再由农家的妇女制成自家织布用的棉线。运送到上海的棉花，一般通过批发商进行的，将 120 斤或 150 斤棉花捆成一包，大多数在宁波装船运往上海"。[5]1932 年《国产棉之概况》载，浙江棉花产区，"如萧山、绍兴、上虞、余姚、慈溪、宁波、镇海等县，皆其主产地"，其中余姚尤盛，"全县产额占全省总额七分之二，棉市以周巷为中心，大都转运宁波而向上海输出"。[6]

随着棉纺织厂的建立，棉花在国内的销量大增，并逐渐形成上海、青岛、无锡、武汉、天津等五大棉花消费市场。这一过程在上海始于 1890 年，成于第一

---

[1]《金山县鉴（1935）》，《民国上海县鉴汇编·金山县鉴》，上海书店出版社 2013 年版，第 123、124 页。
[2] 刘平编纂：《稀见民国银行史料二编》，上海书店出版社 2015 年版，第 150 页。
[3] 丁贤勇等译编：《1921 年浙江社会经济调查》，北京图书馆出版社 2008 年版，第 141 页。
[4] 郭华巍主编：《潮落潮起：近代三门湾开发史事编年（1899—1949）》，上海人民出版社 2010 年版，第 141 页。
[5] 丁贤勇等译编：《1921 年浙江社会经济调查》，第 141、142 页。
[6] 刘平编纂：《稀见民国银行史料二编》，上海书店出版社 2015 年版，第 479 页。

次世界大战期间。直到抗日战争爆发时为止，各地每年的消棉量，大体上海为5315千市担，青岛为1608千市担，无锡为636千市担，武汉为507千市担，天津为209千市担。[1]上海的消棉量，遥遥领先于其他四地。

太湖沿岸和杭嘉湖平原，素来是著名的蚕桑产区。但受对外通商限制的阻碍，只能以内销为主，外销比重甚微，嘉道年间每年出口约一万担，"蚕业终不大兴"。原因之一，受广州一口通商禁令的束缚，江浙生丝出口须长途搬运至广州，行程约3500华里，历时近百天。"由产区运粤之路程，较之运沪遥至十倍，而运费之增益及利息之损失等"，据估计约增成本35%至40%之多。[2]上海开埠后，毗邻地区所产生丝纷纷就近转由上海港输出，"不独江苏省的生丝，即浙江、安徽及其他长江一带所产的生丝，差不多都是经由上海，然后输出海外的"[3]，蚕桑业的发展得到有力的推动。1858年在英国伦敦出版的《中华帝国图景》以"湖州的蚕丝厂"为题描述："湖州的丝绸品质上佳，很容易辨别，深受外国商人喜爱。人们把制作好的生丝装入平底的乌篷船中，沿着运河运往各地。"[4]

1858年王韬坐船从上海去杭州，途经嘉兴一带，只见"沿河皆种桑树，养蚕取丝……诚东南生民衣食之源也"[5]。浙江吴兴县双林镇，明清时丝业已兴，"旧时有闽广客商来镇采买，自上海洋商集市而远客不来，惟各处丝商来镇抄买，或行家及土商自往上海销售"[6]。当地丝商亦相继崛起，"清道咸时上海犹未通商，洋商居香港已有镇人包丝往售，蔡兴源、陈义昌等皆以此起家，积资巨万；及五口通商，则有姚天顺、俞源元、施福隆等，而后震源、陈三益、凌成记相继而起，选头二号白丝运至上海直接售于洋行，有震源、凤云、三益、文鹿、成记、雪梅等丝牌，常年出口者三千余担"[7]。

在浙江湖州，"湖丝出洋，其始运至广东，其继运至上海销售"[8]。当地著

［1］ 严中平：《中国棉纺织史稿》，商务印书馆 2011 年版，第 398 页。

［2］ 何良栋：《论丝厂》，《皇朝经世文四编》卷 36；姚贤镐编：《中国近代对外贸易史资料（1840—1895）》，中华书局 1962 年版，第 535 页。

［3］ 乐嗣炳编辑：《中国蚕丝》（世界书局 1935 年版），孙燕京、张研主编：《民国史料丛刊续编》第 570 册，《经济·农业》，大象出版社 2012 年版，第 77 页。

［4］〔英〕托马斯·阿罗姆绘，〔英〕乔治·N. 怀特著，赵省伟编译：《西洋镜：一个英国皇家建筑师画笔下的大清帝国》，台海出版社 2017 年版，第 116 页。

［5］ 中华书局编辑部编，汤志钧等校订：《王韬日记（增订本）》，中华书局 2015 年版，第 195 页。

［6］ 民国《双林镇志》卷 16，物产。

［7］ 民国《双林镇志》卷 17，商业。

［8］ 民国《南浔志》卷 33，风俗。

名的辑里丝,"在海通以前,销路限于国内,仅供织绸之用,即今日所谓之用户丝,其行销范围既小,营业不盛。迨东印度公司来华通商,始有邑人冒险航海至广州,经公行之手与英商交易,一时无不积资甚巨"。自上海开埠,"辑里丝乃运沪直接销与洋行,实开正式与外商交易之端"[1]。在上海有专门的湖州丝商客栈,周作人忆述,1903年他从绍兴经上海赴日本留学,与同行者"共乘小火轮拖船前往上海,到了上海之后,由于邵君的主意,特别在后马路或是五马路的一家客栈里住下,这不是普通的客栈,乃是湖州丝业商人的专门住宿的地方,不过别人也可以住得"[2]。1928年的实地调查载:

> 丝有粗细之分,粗丝亦称"用丝",在吴兴多用以织绸。如经过整理手续即可织绸者,则谓之经丝。细丝亦称"运丝",多数运销上海以通洋庄。又湖州运销于上海之细丝,通称曰"辑里丝",其摇匀条纹接好断头者谓之"辑里经"。辑里系距南浔镇7里之村落,又名七里村,所产丝质良佳,色泽粘韧,确较他处为优,洋商多喜采购,因之辑里丝遂驰名于国外市场。嗣后凡吴兴境内所产之运丝,为求畅销起见,咸冒称为辑里丝,而辑里丝亦成为一定品质之运丝统称。[3]

声名因此远播,产销趋于鼎盛,蚕事乍毕丝事起,乡农卖丝争赴市,"小贾收买交大贾,大贾载入申江界。申江鬼国正通商,繁华富丽压苏杭。番舶来银百万计,中国商人皆若狂。今年买经更陆续,农人纺经十之六。遂使家家置纺车,无复有心种菽粟"[4]。在湖州的菱湖镇:

> 小满后,新丝市最盛,列肆喧阗,衢路拥塞。菱湖多出蚕丝,贸易者倍他处,盖由来久矣,其专买乡丝载往上海与夷商交易者,日丝行;别有小行买之欠饷大行及买丝客人者,日钞买者;更有招乡丝代为之

---

[1] 中国经济统计研究所编:《吴兴农村经济》,1939年版,第121页。
[2] 周作人:《知堂回想录》,安徽教育出版社2008年版,第121、122页。
[3] 曲直生等:《浙西农产贸易的几个实例——米粮、丝茧、山货贸易的概况》,原载《社会科学杂志》第3卷第4期(1932年12月),转引自李文海主编:《民国时期社会调查丛编(二编)·乡村社会卷》,福建教育出版社2009年版,第726、727页。
[4] 温丰:《南浔丝市行》,《南浔志》卷31,第2页。

售，稍抽微利，曰小领头，俗呼白拉主人，镇人大半衣食于此。至吾镇
出丝每八十斤为一包，每岁约近万包，为一郡冠。[1]

浙江嘉兴桐乡县，"北乡多细丝，南乡多肥丝，细丝可售诸洋商，肥丝则仅
供本地机户及金陵贩客；浙西产丝以湖州为盛，而县属青镇亦岁报丝捐一二十万
斤，在嘉属为独多，南乡之肥丝不过岁报二万余斤而已"[2]。浙江海宁，大宗出产
为丝，"而丝市聚在硖石"[3]。嘉兴濮院镇，"吾乡所产介乎肥、细之间者居多，名
曰中管肥丝，以供本地绸机及绍客织纺绸者，中管丝亦有由沪运销外洋者曰丝拖
头，今亦设庄收买运销外洋，有数万金之价值"[4]。

这种产销两旺的情景，在太湖沿岸和杭嘉湖平原相当普遍。1909 年 6 月 4 日
美国《纽约时报》以"1908 年的上海：对美贸易出口 1055 万美元"为题，引述
时任美国驻沪领事田夏礼发表的统计数字称："邻近上海的乡农们大约在 6 月 1
日收集蚕茧，生丝会以最快的速度运到港口，出口到其他国家。下半年的工作量
最大。1908 年从上海出口到美国的生丝总价达 5250216 美元，其中 86% 是下
半年运出的。"[5]

鸦片战争前，生丝平均出口量约 9000 担，按每担 350 元计，约值 315 万
元，折合 202.17 万海关两。五口通商后，生丝出口增长甚快，到 1894 年，出口
达 83204 担，值 2728 万海关两。[6]生丝出口的持续增长，促使国内桑树种植面
积和蚕的饲养也在不断扩大。太平天国失败后，江浙等地在战乱抛荒的许多土
地改种了桑树，有些地区原来蚕桑业并不发达，这时有了显著的发展。浙江富阳
县，"桑树高而叶大，土人名荷叶桑，东南、正南两乡最盛，每有新涨沙地皆植
桑树，故较匪（诬指太平天国——引者）前已多倍，桑多如此，蚕丝可知矣"[7]；
平湖县，"向时邑人治丝者尚少，今则载桑遍野，比户育蚕，其利甚大"[8]。江苏

［1］ 光绪《菱湖镇志》卷 11，物产。
［2］《光绪桐乡县志》卷 7，物产。
［3］《上浙路总理暨众股东书》，《申报》1910 年 1 月 15 日。
［4］ 民国《濮院志》卷 15，物产。
［5］ 郑曦原编：《帝国的回忆：〈纽约时报〉晚清观察记（1854—1911）》，当代中国出版社 2011 年
　　版，第 99 页。
［6］ 许涤新等主编：《中国资本主义发展史》第 2 卷，人民出版社 1990 年版，第 286 页。
［7］ 光绪《富阳县志》卷 15，物产。
［8］ 光绪《平湖县志》卷 8，物产。

昆山县，"旧时邑鲜务蚕桑，妇女间有蓄之。自国朝同治中，巴江廖纶摄新阳县事，教民蚕桑，设公桑局，贷民工本，四五年后，邑民植桑饲蚕，不妨农事，成为恒业"。丹阳县原来蚕桑业也不发达，"兵燹后，闲田既多，大吏采湖桑教民栽种，不十年，桑阴遍野，丝亦渐纯，岁获利以十数万计"。[1]

　　邻近的无锡、镇江等县，都有类似情形。在无锡县，"丝旧惟开化乡有之，自同治初经乱田荒，人多植桑饲蚕，辄获奇羡，其风始盛，延及于各乡"[2]。1880年5月4日《申报》载："自兵燹（指太平天国战争——引者）以来，该处（指无锡——引者）荒亩隙地尽栽桑树，由是饲蚕者日多一日，而出丝亦年盛一年。近年来苏地（指吴县、吴江县——引者）新丝转不如金、锡（指金匮县、无锡县，1912年后金匮县并入无锡县——引者）之多，而丝之销场亦不为金、锡之旺。"据统计，1878年苏州、常州、镇江三府生丝的总产量为355335斤，其中苏州府为82800斤，而无锡（属常州府）为138000斤，超过苏州全府生丝产量的66.67%；1879年，上述三府生丝产量为392840斤，其中苏州府为89200斤，而无锡就有153640斤，超过苏州全府生丝总产量的72.24%。19世纪70年代末80年代初，无锡一县的生丝产量就超过了江苏传统产区的苏州府，成为江苏最大的产丝县。当地所产生丝由丝行收购，贩运至上海卖给洋行输往欧美，或供盛泽、南京等地的丝织业作纬丝。1896年，随同友人从上海赴无锡收买春茧的穆藕初记述："收茧事，向例由华人向洋商包办，运款至产区各大镇，分设收茧各庄于无锡、江阴、武进等处，多者二三十庄，少亦七八庄。为时仅月余，而在事诸人所得酬劳比较为丰，以故人争觅就。"[3]南通、海门、泰兴、如皋、靖江等地蚕丝业的发展也受促动，1898年张謇记述："謇念无锡桑蚕之兴由于茧行，乃与厅同知王宾议招商开行收茧，反复久之始定。二十年（指光绪二十年即1894年——引者），海门一行收乡茧殆尽。二十一年，通州知州汪树堂援请免捐，买桑劝民，招商收茧，两行并兴。二十二年，海门增一行，益共放价争收，乡民获利大丰。计凡二年，海、通增植之桑不下百万株，泰兴、如皋、靖江接踵起矣。"[4]

　　19世纪末20世纪初，无锡城乡有三大丝市：北门外北塘、南门外黄泥绛和

［1］姚贤镐编：《中国近代对外贸易史资料（1840—1895）》，第1484、1488页。
［2］光绪《无锡金匮县志》卷31，物产。
［3］穆藕初著，穆家修等编：《穆藕初文集（增订本）》，上海古籍出版社2011年版，第5页。
［4］李明勋等主编：《张謇全集》，上海辞书出版社2012年版，第2册，第91页。

东乡鸿山西侧的唐家桥。这三处共有丝行约 30 余家。《锡金乡土地理》载："丝市至五、六月间盛行于北门外北塘及南门外黄泥绛等处，乡民未售茧而自抽丝者，莫不捆载来城，以售其丝焉。东南乡之丝售于南门者多，西北乡之丝售于北门者多。盖北塘和南塘其地为商务云集之处，又为乡人来城之孔道。故丝市之盛每岁有数十百金之货。"而且"历来以春蚕丝为大熟，夏茧丝叫二蚕丝，秋期更少。当春丝上市时，乡村通往县城的大路上，售丝农民肩背手提，络绎不绝，道为之塞"。另外，"西仓之东二里有鸿山，鸿山西阳有唐家桥，户口约数十户，无市街，惟每年四月间丝市甚盛。苏州丝商及邑人在此开设丝行七所，乡人售丝者甚多，每年收丝约值三十余万元。吾邑丝市除城南、北两处为丝市之中心点外，惟唐家桥之丝曰鸿山丝，为苏、沪驰名"。[1] 有研究表明，从 19 世纪 60 年代一直到 20 世纪 20 年代，无锡蚕桑业的单位劳动收益基本上都高于稻麦耕作，而且在部分年份里远远高于稻麦耕作；当地农民之所以转向蚕桑业，是因为在国外市场对中国生丝需求的增加下，蚕桑业收益迅速上升。[2] 1930 年代出版的《江苏六十一县志》载，无锡"桑田约占全县田亩十分之三，农家皆以养蚕为收入大宗之一"[3]。1937 年，无锡城内"有 300 余家茧行"[4]。

无锡的缫丝厂亦应运而生，1930 年有 45 家，"设于无锡市区者有三十七处，余八处散于各乡区"；其原料即蚕茧，无锡"所产者占三分之一，余均采自宜兴、溧阳各地，产丝约 21000 余担，以丝每担值银千两计，当值银 2100 余万两"。上述各厂所产生丝，"大都运上海各洋行转运欧美"。[5] 1936 年，江苏省全年出产干茧约 25 万担，其中春茧约占 65%，秋茧约占 35%，"以地方论，则以无锡为最多，占全产量三分之一弱；其次为溧阳、武进、吴县、江阴、宜兴、金坛等县；扬中、江宁、靖江等又次之"。[6]《时事公报》1922 年 5 月 28 日载："查

---

[1] 严学熙：《蚕桑生产与无锡近代农村经济》，《近代史研究》1986 年第 4 期。

[2] 张丽：《非平衡化与不平衡——从无锡近代农村经济发展看中国近代农村经济的转型（1840—1949）》，中华书局 2010 年版，彭慕兰序，第 4 页；万志英序，第 4 页。

[3] 民国《江苏六十一县志》上卷，无锡县，物产。

[4] 上海市档案馆编：《日本在华中经济掠夺史料（1937—1945）》，上海书店出版社 2005 年版，第 124 页。

[5] 无锡县政府编印：《无锡年鉴（1930 年 4 月）》，转引自陈文源等主编：《民国时期无锡年鉴资料选编》，广陵书社 2009 年版，第 223、225 页。

[6] 中国第二历史档案馆：《抗战爆发前后江苏省及上海市之制丝工业》，《民国档案》2010 年第 4 期，第 7 页。

上海丝商，常派人至宁绍内地收茧运杭，转运上海，缫丝之后售外国，获利其厚。"[1] 1933 年的资料载："浙江为蚕丝出产地，全省七十五县中，产蚕丝者达五十八县，完全以种桑养蚕为专业者亦不下三十余县。每年计产生茧百余万担，生丝八九万担，占全国丝茧总数三分之一。"[2]

江浙地区蚕桑业的发展，在上海郊区也有体现。与棉花相比，上海周围农村蚕桑业受水土条件、耕种习惯等影响，长期以来发展迟缓。自上海开埠，受丝出口贸易及缫丝加工业设立的推动，上海地区的蚕桑业也有长足发展，在近郊农村还颇有规模。南汇县，"土俗向不解蚕桑"，至光绪年间，已是"树桑遍地"。[3] 嘉定县"素不习蚕事，故出茧绝鲜。近年上海丝厂盛开，广收蚕茧，乡人始渐讲求，城西一地市茧者年可得数百担"[4]。该县广福镇，"与宝山接壤，跨杨泾为市。广安桥东市街东西约一里，商店二三十家，属宝界；桥西市街南北约半里，商店二十余家，属邑境。每日早市一次，贸易以棉花、土布、六陈为大宗；清季外商至镇收买鲜茧，茧市称盛"[5]。该县钱门塘，"向不产桑"，至光绪中叶，人称"无不桑不蚕之家，时号'小湖州'"。[6]

上海县四乡因"近来丝厂盛开，收买蚕茧，而育蚕者更盛"，仅法华乡一地，"鲜茧出售动以数万计"。即便在稍远的青浦县，1909 年也有人创设了蚕桑研究社，并在重固乡间栽种桑树二千余株，以求推广。[7] 金山枫泾镇，"道光时，始有树桑饲蚕者，今（约 1891 年——引者）善界（指嘉善——引者）日盛，而娄界（指松江——引者）亦有焉"[8]。宣统年间，该镇"亦有设丝行茧厂，收买丝茧者"[9]。

总体而言，20 世纪初叶，中国生丝出口遭遇强劲对手日本。据统计，1870 年至 1911 年的 42 年间，中国生丝出口增加 1.65 倍，而日本却增加将近 20 倍。

---

［1］ 宁波市江北区史志办公室（档案局）编：《记忆江北——旧闻录》，中国文史出版社 2012 年版，第 24 页。

［2］ 章有义：《中国近代农业史资料》第 2 辑，三联书店 1957 年版，第 223 页。

［3］ 光绪《南汇县志》卷 20，风俗。

［4］ 民国《嘉定县续志》卷 5，物产。

［5］ 民国《嘉定县续志》卷 1，市镇。

［6］ 童世高：《钱门塘乡志》卷 1，乡域。

［7］ 民国《上海县续志》卷 8，物产；民国《法华乡志》卷 3，土产；民国《青浦县志》卷 2，土产。

［8］ 光绪《重辑枫泾小志》卷 1，区域，食货。

［9］ 宣统《续修枫泾小志》卷 1，区域，食货。

1870 年日本生丝出口只是中国的 14%，1900 年约是 50%，而在 1909 年则超过中国跃居世界第一。究其原因，中国没有像日本那样注意吸收和采用先进的近代科学方法养蚕缫丝，而是因循守旧，所产生丝粗细不匀，不适用机业；在出口等方面，政府不予鼓励提倡，反而重税盘剥，终于不敌日本的强力竞争。[1] 20 世纪20 年代始，又有海外化学纤维俗称"人造丝"涌入，蚕桑业渐趋衰落。1930 年出版的《无锡年鉴》载："自无锡辟为商埠，邑民趋重工商，丝茧为主要出产，农民竞将高田改艺桑柞，从事育蚕，产谷之田年有减少。近五年内，茧价低落，而桑价亦降，桑田改作稻田为各村普遍之倾向。现有之桑田与稻田，约为一与四之比。"[2] 中国银行《民国二十二年无锡农村概况》记述："近年遭日丝之排挤，以及人造丝之突飞猛进，以致丝价惨跌，蚕桑前途一落千丈。"[3] 民国宝山县《杨行乡志》载："本乡栽桑育蚕，自清季稍有兴办，如胡荣秋、张静年、陈冕卿、杨谱仁、胡师石等数家试验。嗣以欠于讲求，殊难获利，至蚕桑消灭无闻矣。民国九年春，陈家雁由省立蚕校毕业后，选购良种试育，鲜茧洁白坚厚，直接售与上海丝厂。据厂中执事云，此等高货在上宝区内堪称独优，故价亦提高百分之二十以上。惟预未栽桑，需叶远至嘉定陈行、广福购买，致难获利，翌年遂停办。民国十一年，马君武在裳四十九图宅前后栽桑数千株，并请农校蚕科毕业生周廷桢担任指导，成绩颇佳。只以售价低落，致受亏折，遂即停止进行矣。"[4] 前述广福镇，"前数年茧市颇旺，近已式微"[5]。

作为以出口为主要导向的江南蚕桑业，除了在国内遭遇前述"人造丝"的市场挤压，还时常面对一旦国际市场波动，势必直接受到冲击并受损的严峻局面。据统计，1927 年至 1929 年，中国生丝出口增加了 18.74%，而美国华丝市价却跌落 12.98%，至 1930 年美国华丝市价跌落几近一半，而华丝出口量乃开始下降5.36%，国内出现蚕丝生产的缩减。[6] 1928 年对上海近郊农村的调查："漕泾镇及龙华镇一带农民，栽桑育蚕者居多，桑树之栽培及整枝均颇合理，丝茧由龙华茧行出售于缫丝厂。惟近来丝价低落，有将桑园改种他种农作物而停止育蚕者。"

[1] 范金民：《衣被天下：明清江南丝绸史研究》，江苏人民出版社 2016 年版，第 367、370 页。
[2] 无锡市史志办公室等编：《民国时期无锡年鉴资料选编》，广陵书社 2009 年版，第 201 页。
[3] 刘平编纂：《稀见民国银行史料三编》，上海书店出版社 2015 年版，第 275—276 页。
[4] 民国《杨行乡志》卷 9，实业志，农业。
[5] 民国《宝山县续志》卷 1，市镇。
[6] 严中平等编：《中国近代经济史统计资料选辑》，中国社会科学出版社 2012 年版，第 57 页。

大场、三林等区，"数十年前农家多喜养蚕，今因蝇害或无利息，相率停止。现在只有杨思区尚有养蚕者五十余家，年产鲜茧五千余斤；陆行区年产鲜茧八九百元"。莘庄，"在二十年前，育蚕者约有数家，每年产茧20余担，嗣因无利可获，渐致改图别业，今则蚕桑无人过问矣"。[1]

　　1930年出版的《无锡年鉴》亦载："自无锡辟为商埠，邑民趋重工商，丝茧为主要出产。农民竞将高田改艺桑柞，从事育茧，产谷之田近年减少。近五年内，茧价低落，而桑价亦降，桑田改作稻田，为各村普遍之倾向。"[2] 1932年《常熟农村经济之概况》记述："三年以前，南区农民每于冬季收获后，于次年春季即行栽植桑树，为养蚕之副业，获利颇多。但自民国十八年后，丝业惨落，养蚕实无利可图，乃将桑田改植稻棉。"[3] 1935年《丹阳金坛商业概况》载："金邑丝茧尚称出名，申锡各埠均来采办，丝茧行共有十余家，当昔年丝茧繁盛时，每年出产约有二百万元之数。近年日丝跌价求售，外销因以停顿。故今年丝茧产量仅有三四十万元，以视当年盛况，诚不可同日语矣。"[4]

　　1921年前后，蚕桑产销兴盛时的浙江吴兴农户，蚕桑与种稻比较，蚕桑收入占七成，种稻收入占三成。[5] 1921年到访南浔者记述："浔埠商业以丝、米为大宗，每年四月为丝市，八月为米市。届时各乡产丝、米者咸囤载而来，以为交易。每年产丝约得一千三百余万，米则约敷本镇及近处一年之用，有余则运杭州。近处乡人，大都营蚕桑，地无旷土。"得益于丝业的兴盛，南浔镇上"市面甚热闹，每晨七时各店已遍开，至夜间十一时左右始收市"。[6] 时至1934年，南浔所在的吴兴县农村的前述比例则变为种稻收入占七成，蚕桑收入占三成。[7] 同年《社会周刊》以《今非昔比的南浔》为题描述："生丝的输出，因为人造丝和日本丝的畅销而被淘汰，已经至于无可立足的余地了，由五十元、四十元……而

---

[1]《上海特别市各区农村概况》，原载《社会月刊》第2卷第5—11号（1930年11月至1931年5月），转引自李文海主编：《民国时期社会调查丛编（二编）·乡村社会卷》，福建教育出版社2009年版，第447、426、483页。

[2] 王立人主编：《无锡文库（第二辑）·无锡年鉴（第二册）》，凤凰出版社2011年版，第1页。

[3] 刘平编纂：《稀见民国银行史料二编》，上海书店出版社2015年版，第3页。

[4] 刘平编纂：《稀见民国银行史料二编》，第173页。

[5] 中国经济统计研究所编：《吴兴农村经济》，1939年版，第28页。

[6] 陆剑等辑录：《留下南浔的脚印：民国报刊涉浔文图选辑》，浙江摄影出版社2015年版，第13、14页。

[7] 中国经济统计研究所编：《吴兴农村经济》，1939年版，第29页。

竟跌至十一二元";迫于生计,"妇女们一群一群的趋向都市,替公馆大宅去帮佣"。[1]次年《绸缪月刊》以《南浔丝业的衰落》为题载:

自从日丝挤倒了华丝以后,南浔也便由黄金而降至锈铁时代了。最近每百两丝市价虽在五元上下,可是没有人要买。当朝奉觉得来典丝的人太多了,谢绝不胜,只好采取关门政策。可怜的乡人用高利借来了雪白的洋钱,买进青翠的桑叶,费尽了蚕娘的心血,才得到仅有的几车丝,竟连以亏本的价格出卖也没人要,于是只好自己织绸(湖州一带较多)或者剥茧做丝绵(南浔一带多为之),但这些勾当又何尝可以抵偿债务?一匹绸换不到二十元(每尺仅合二毛钱),一斤丝绵不到二块大洋,于是叫苦连天,只好东借西凑,冬当夏典,苟延残喘地生活。……这里的商业自然也依丝业的盛衰而改变,所以今日南浔的大街已成了破落户式的大街了,虽然街道逐渐改阔,门面逐渐洋式,但竟连每天的开支也卖不到。[2]

1936年,浙江嘉兴硖石的张鹤龄以纪实体裁,描述了生丝滞销、价跌给蚕农生计乃至乡镇经济的伤害:

镇上的几家茧厂,今天开秤了。所以冷清了几星期的街头,便顿形热闹了起来。

旧历四月的乡村是个最忙的时节。每一户合家的男女,都把全副精神集中到育蚕的事务上去了,除了有免不来的事故外,谁也没有余暇再来上市。以至使本来萧条的乡镇商业,更加的冷清,落寞。据乡镇商业的经验来说,这段的时期叫做"蚕关门"。

今天,这扇因蚕忙而关的乡镇之门,算是第一天开啦。

经纶茧厂的门首,贴上了一张用红纸写的"开秤大吉"的字条,四面环环的挤成了一个人圈。从杂乱的声浪中,带透出一阵阵的热浪来,

[1] 陆剑等辑录:《留下南浔的脚印:民国报刊涉浔文图选辑》,浙江摄影出版社2015年版,第25页。
[2] 陆剑等辑录:《留下南浔的脚印:民国报刊涉浔文图选辑》,第236—237页。

使初夏试伸的热度，又增高了些。

　　一篓篓椭圆形的雪白得可爱的茧子，经过了秤手先生的一度秤量讲价的交涉后，便向着茧厂的仓间内送。

但售出了茧子的蚕农的脸上并无喜色，有人抱怨："天地良心，我们并不望再有像从前一百多元一担的茧价和一百多元一百两的丝价，现在只要能够到五十元吧，我们辛苦了一时的，也能得到一点好处，那末大家也心服情愿了。"虽然镇上商家的伙计们，"竭力地向他们招徕着，然而没有发生效力，因为他们袋中的钞票，早已派定了用途，纳税还债只怕嫌少。所以这街头只是一场空热闹，这镇上的商业却并没有多大起色"。[1]

经济作物种植业的发展，增加了对商品粮的需求，因而促进了粮食商品化的发展。特别是在农产品商品化较发展的江浙一带，经济作物的大量种植，使得粮田面积相对缩减，食粮不足部分需仰赖内地产粮省份供给。据统计，1840 年中国国内市场的粮食流通量（包括运到通商口岸供出口的部分）为 233 亿斤，至 1894 年则达 372.5 亿斤，增长约 60%。[2] 1869 年，经上海、天津两地周转的国内米谷运销量分别是 37327 担和 16037 担，1890 年则为 4770226 担和 1238477 担，增长幅度高达百余倍。[3] 江苏吴江县，"自泰西通商而后，多运白籼至上海"[4]。江苏六合县，"四乡农产以大小麦、豆、稻为大宗"，以往"多贩运至浙江海宁之长安镇，光绪间改趋无锡、上海"；其"稻、豆、麦岁销无锡、上海，舟车运往，源源不绝"。[5] 时任两江总督刘坤一曾奏称："查上海向产木棉，出米无多，不敷民食，素赖商贩运济。统计城厢内外南北两市，每日约需米五千数百石"，其中有来自近郊松江者，"上海赴松采米，以五月间为最盛，至多之时，一日诚有七八十起"。[6]

无锡米市也小有名气，1930 年的《无锡年鉴》称："碾米一业，在无锡实业上占重要地位。厂址俱在西门外一隅，而在江尖者更占半数。该业始创于废清宣

[1] 张蔼龄：《茧市》，陈伟桐主编：《嘉禾春秋》第 4 辑，嘉兴市历史学会等 2001 年编印。

[2] 吴承明：《中国资本主义的发展述略》，《中华学术论文集》，中华书局 1981 年版，第 313 页。

[3] 李文治：《中国近代农业史资料》第 1 辑，三联书店 1957 年版，第 473 页。

[4] 光绪《平望续志》卷 1，风俗。

[5] 民国《六合县续志稿》卷 14，实业志，商类、农产物。

[6]（清）刘坤一撰，陈代湘等校点：《刘坤一奏疏》（二），岳麓书社 2013 年版，第 1170 页。

统元年，迄民国十八年止，计有十四家之多。……所碾原料，系稻与糙米，来源大多属于安徽及本省，将其轧成白米，分售各处以充民食。"[1] 1931 年的资料载："上海从开埠以来，居民骤增，最近估计在三百万以上，食米的供应仰给外县，其来源以常熟、无锡为最多，缘该两县既属产米之区，又系聚米之地。常熟的米源，系常州、江阴等货色。无锡为水陆交通的中心，且有逊清漕粮的历史，宜、溧、金、丹、澄、武等货，大半堆存于此，米市营业不亚于上海。此外，还有商船公会的水贩帮，即船主自行出资向产稻区域装运，因此苏皖各县的米都在沪行销。"[2] 当长江三角洲的产粮地遭遇歉收时，亦有从上海米市调剂者，1934 年中南银行的市场调查载："今年江浙米谷秋收，比之往年缺少甚多。据米业中人之统计（抵照大概而论，并不十分详确），要比往年短少十分之四，如嘉兴、海宁、江北一带，更见遭受旱灾之猛烈，因此在秋收之际，浙路内地与无锡帮均到上海采办洋客米。去年有米运沪之江北，近来反多运去，江北南面以通、崇、海一带为更甚。"[3] 当时上海米市的粳米类，既有来自江苏苏州、常熟、湖南靖港及江西者，也有来自越南西贡、缅甸仰光者[4]。

三、城郊农副业生产

上海开埠后，随着中外贸易的扩大和相关行业的发展，城市人口增长迅速，1843 年约为 27 万，至 1910 年已达 128 万余人，跃居全国首位[5]。并呈现持续增长态势，其中有很多是外侨，以在沪美国人为例，"美国移民在上海的增加与中美贸易的增长成正比，因为大多数商业买卖都通过上海。生活在上海的美国人在 1920 年前的 5 年里上升了 72%，到 1920 年达到 3000 人，1925 年大约有 4000

---

[1] 王立人主编：《无锡文库（第二辑）·无锡年鉴（第二册）》，凤凰出版社 2011 年版，第 34 页。

[2] 上海市社会局：《上海市工人生活费指数：民国十五年至二十年》，1932 年编印，第 20 页。

[3] 夏秀丽等整理：《中南银行档案资料选编》，《近代史资料》总 127 号，中国社会科学出版社 2013 年版，第 231 页。

[4] 财政部国定税则委员会：《上海趸售输出输入物价指数之国币基价（1934 年 4 月）》，龙向洋主编：《美国哈佛大学哈佛燕京图书馆藏民国文献丛刊》，广西师范大学出版社 2012 年版，第 33 册，第 29 页。

[5] 〔美〕罗兹·墨菲著，章克生等译：《上海：现代中国的钥匙》，上海人民出版社 1986 年版，第 82 页；邹依仁：《旧上海人口变迁的研究》，上海人民出版社 1980 年版，第 90 页。

人"[1]。适应这种变化，一批蔬菜产地在上海近郊陆续形成。"近乡农民，辄以所种蔬菜售之租界，所入较丰。"[2] 1857 年 3 月 28 日《伦敦新闻画报》载："上海是中国向欧洲开放的最重要的贸易口岸之一……（吴淞口）炮台后面的地区都是些精耕细作的水田和稻田，那儿有众多的农民和花园，生产各种水果和蔬菜。"[3] 1862 年抵沪游历的日本人名仓信敦记述："经西门外，过田塍间，村民既异菜根、南瓜、黄瓜、茄子及其他杂菜至上海城下鬻售，货物绵绵不绝。"[4]

嘉定县真如乡，"自上海辟为租借地后，中外互市，人口日繁，需要巨量之蔬菜。农民以应供求起见，有舍棉、稻而改艺者，功虽倍，应时更替，年约六七熟，获利倍蓰，本乡之东南部大都如是"。宝山县江湾里，"自商埠日辟，向以农业为生者，辄种植蔬菜，杂莳花卉，至沪销售，获利颇不薄"。[5] 王韬记述："北郭外，多西人菜圃。有一种不识其名，形如油菜而叶差巨，青翠可人，脆嫩异常。冬时以沸水漉之，入以醯酱即可食，味颇甘美。海昌李君壬叔酷嗜之，曰：'此异方清品，非肉食者所能领略也。'蕹菜一种，亦来自异域，茎肥叶嫩，以肉缕拌食，别有风味。"[6] 1870 年 10 月 3 日的《工部局董事会会议录》载："菜场为外国人和中国人提供的消费品种类繁多"，其中"通常在本季度内出售的蔬菜品种，上市量很大"，"来自农村的家畜均十分健硕，一般来讲均处于最佳的状态"。[7]

1882 年 3 月，上海公共租界"南京路菜场有 484 个出售蔬菜、家禽、蛋类和鱼类的摊位，还有 150 到 200 名蔬菜小贩；河南路菜场有 159 个摊位和大约 100 名蔬菜小贩"[8]。同年 6 月，工部局董事会"收到了金斯米尔先生的来信，他代表新修筑的北海路和湖北路附近的房屋承租人，要求把菜场从南京路迁到这两条马

［1］〔美〕何振模著，张笑川等译：《上海的美国人：社区形成与对革命的反应（1919—1928）》，上海辞书出版社 2014 年版，第 3 页。

［2］熊月之主编：《稀见上海史志资料丛书》，上海书店出版社 2012 年版，第 1 册，第 376 页。

［3］沈弘编译：《遗失在西方的中国史：〈伦敦新闻画报〉记录的晚清（1842—1873）》，北京时代华文书局 2014 年版，第 182 页。

［4］〔日〕日比野辉宽、高杉晋作等著，陶振孝、阎瑜等译：《1862 年上海日记》，中华书局 2012 年版，第 358 页。

［5］民国《真如志》卷 3，农业；民国《江湾里志》卷 5，农业。

［6］（清）王韬：《瀛壖杂志》，上海古籍出版社 1989 年版，第 18 页。

［7］上海市档案馆编：《工部局董事会会议录》，上海古籍出版社 2001 年版，第 4 册，第 736 页。

［8］上海市档案馆编：《工部局董事会会议录》，第 7 册，第 775 页。

路来，或者如果这样做行不通，则让那些在每天上午 9 时从这里迁走的货摊留在这两条马路上，或留在其中的一条马路上，而不要像现在那样留在福州路上"[1]。这方面的需求且不断在增长，1885 年 5 月公平洋行致函工部局董事会，"通知说该行打算把天津路上的一些房屋，以低价出租给流动商贩；并又指出，最好工部局同意发布一华文告示，警告人们不要将货物放在路上或人行道上，因为如果不出告示，恐怕没有租到房屋的人，就会拥挤在路上或人行道上，给巡捕招来很多不必要的麻烦。董事会认为天津路上的地产业主是希望商贩们离开南京路菜场而迁到那里去的，但董事会反对发布拟议中的告示，认为这完全没有必要。会议决定通知公平洋行，工部局认为没有发布告示的必要，因为已指示捕房要保持街道的整洁，并不允许商贩将货物摆在街道上或人行道上"[2]。此举立刻招致商贩们的反对，"他们诉说捕房突然命令他们把货摊拆除，这样他们将受到很大的损失，因为他们非常贫穷，无钱租赁店铺"，但工部局坚持"不能准许摊贩堵塞街道交通"。[3] 僵持的结果，工部局答应在新菜场再建一所棚屋供小贩免费使用，因为"要使这些小贩支付使用场地的费用有困难"[4]。

1891 年，王云尚等人致函工部局董事会，"称他们已着手在吴淞路建一新菜场，地板已铺好，屋顶也盖好，有两个入口处。他们还造了几间相当好的店面房子供出租，供水设备已安装好，并已指定两个人看管，以保证水质清洁，但是农村商贩不愿把他们的商品放在里面出售"，因为每个摊位要收取月费 1 元，"而小贩们则不肯支付"。[5] 之后，一些在天潼路摆摊的商贩致函工部局，"希望把他们的货摊迁到吴淞路天潼路口的新菜场去，并询问工部局是否向捕房发出指示，不准任何人在新菜场附近设摊，并禁止小贩叫卖"。工部局董事会商议的结果，"认为对现状不宜干预，因为新菜场里只能容纳少量商贩，如果把其他商贩都从天潼路与吴淞路赶走，将使那些在菜场里的商贩进行垄断"，而使菜价抬高。[6]

1892 年工部局董事会商议新建北山西路菜场，"会议宣读了沙逊洋行和其他人的来信，信中要求工部局在该马路上开办一个每天营业的菜场，理由是周围房

---

[1] 上海市档案馆编：《工部局董事会会议录》，第 7 册，第 784 页。
[2] 上海市档案馆编：《工部局董事会会议录》，第 8 册，第 618 页。
[3] 上海市档案馆编：《工部局董事会会议录》，第 8 册，第 635 页。
[4] 上海市档案馆编：《工部局董事会会议录》，第 9 册，第 565 页。
[5] 上海市档案馆编：《工部局董事会会议录》，第 10 册，第 724 页。
[6] 上海市档案馆编：《工部局董事会会议录》，第 10 册，第 729 页。

屋日益增多，且人口稠密，附近又无可供居民购买食物等的菜场"[1]。1893年6月1日上午，新建的虹口菜场竣工开业，"整个场地很快由以前把蔬菜等送到天潼路菜场的各类小贩所占用"[2]。当时"上海的大多数鱼类供应，是由宁波运来的"[3]。1894年，"一个供应西人的主要菜场名棋盘街菜场，系私人产业，不属工部局管理，其卫生条件远不如大马路和虹口那些华人菜场"[4]。

1924年上海县的农村调查载："杨思乡新创蔬菜种植场一处，由穆湘瑶、葛敬中二君发起，资本定额二万元，已租地一百八十余亩，将来拟扩充至三百余亩。现有职员三人，农夫四十余人，专种蔬菜、花卉，用人工淡肥，深合西人改良之法。"[5] 1922年至1931年的《海关十年报告》称：

> 江苏一省显然可划分为若干农业产区。江北地区自然形成三个产
> 区，即徐州、邳州、海州三地生产杂粮；泰兴、阜宁以东地区几乎全部
> 产棉；淮安、兴化、高邮、扬州各县产米。在江南地区，南京、苏皖边
> 境、常熟、崇明以及青浦、松江至金山一带是产米区；太仓、嘉定、上
> 海、南汇及枫泾是产棉区；蚕丝是江苏南部中心地区的主要行业，产
> 区西起丹阳、金坛，东至昆山，北以长江为界，南达太湖及浙江省边
> 境。以上如米、棉、蚕丝仅是这一富饶省份的主要农产品，其他较次要
> 的农产品还很多。如全省种芝麻的土地约有50余万亩，每亩年产100
> 多斤。另一获利较多的农产品是菜园生产的蔬菜，各种蔬菜在人口稠密
> 的上海市场十分畅销，近年来曾采用多种外国菜种，生产的蔬菜质量
> 很好。[6]

宝山彭浦镇，"距上海市仅9里之遥，故农村中所经营者，大多数为蔬菜、花卉二业。蔬菜种类为小白菜、甘蓝、洋葱、菠菜、芹菜、蒿菜、苋菜、莴苣、黄芽菜等，每亩收入可得八九十元。花卉分草本与木本二类：木本如牡丹、腊

[1][2] 上海市档案馆编：《工部局董事会会议录》，第11册，第552页。
[3] 上海市档案馆编：《工部局董事会会议录》，第11册，第652页。
[4] 上海市档案馆编：《工部局董事会会议录》，第11册，第598页。
[5] 章有义：《中国近代农业史资料》第2辑，三联书店1957年版，第343、344页。
[6] 徐雪筠等译编，张仲礼校订《上海近代社会经济发展概况（1882—1931）——〈海关十年报告〉译编》，上海社会科学院出版社1985年版，第269—270页。

梅、桂花、代代花、玉兰、桃、梅、月季、玫瑰等；草本如石芍、洋绣球、菊花、蝴蝶花、万年青等，每亩收入在百元以上。营花卉业者，皆以卖鲜花为目的，其出售方法，有直送上海市场者，有花贩前赴该地收买转售者"。上海西南郊的曹行，"果树有梅园2所，一在曹行镇，为镇人曹同庐所经营，占地20亩，创办仅及2年，梅树约五六百株，苗木则由上海新新公司购来。一在沙沟桥，乃华泾人吴树基所经营，名曰效生园，栽植已有五六年，果实未摘，不易向荣。全园占地亦20余亩，树亦五六百株，苗木购自沪上，皆用新法栽植，对于整枝、剪枝、施肥诸法，颇为注意"。[1] 南汇县，"北蔡一带园艺极多，一亩所值，收获一次有值至八九百金者，平均一亩一年获利亦在百元以上，故以种圃起家者颇不乏人"[2]。1935年，一位在沪的外国人记述："上海市场，这个得养活华人庞大人口的食品市场，它的最大货源是周边农村许许多多的中国小型菜田，这里也栽培了一些外国品种。"[3]

这类纯商业性的生产活动，无论作物品种的选择、播种茬口的多寡、经营时间的长短，都受市场供求规律的制约。如1915年广东商人杨宴堂：

> 在江湾地方租地六十余亩，仿照西法种植靛青，亲自督工三个月，合计获得净靛三十余筒，每筒一百二十斤，试用与舶来品相埒，现照市价每筒可售银三十余两，比种（棉）花、稻可得二倍之利。本年（指1916年——引者）杨君仍在该处租地二百余亩，极力扩充。[4]

宝山县农村，"菜圃之成熟岁可七八次，灌溉施肥工力虽倍，而潜滋易长，获利颇丰。凡垦熟之菜圃，地价视农田几倍之。邑城内外业此者甚多，各市乡近镇之四周亦属不少"[5]。1928年在该县大场的调查："年来沪上蔬菜供不应求，农

---

［1］《上海特别市各区农村概况》，原载《社会月刊》第2卷第5—11号（1930年11月至1931年5月），转引自李文海主编：《民国时期社会调查丛编（二编）·乡村社会卷》，福建教育出版社2009年版，第428、455页。

［2］章有义：《中国近代农业史资料》第2辑，第437页。

［3］江冬妮译：《上海300万人口的"食"》，上海市历史博物馆编：《都会遗踪》第6辑，学林出版社2012年版，第145、146页。

［4］章有义：《中国近代农业史资料》第2辑，第343页。

［5］民国《宝山县续志》卷6，农业。

民每于村旁篱角栽植甘蓝及甜菜之类，运沪贩卖，藉增收入。"[1]宝山县蔬菜"出产较多者，如城市之塌菜、青菜，罗店之瓜茄，杨行、月浦之红白萝卜，刘行、广福之韭菜、韭芽，江湾之马铃薯，真如之洋葱头，彭浦之卷心菜以及洋种菜蔬，均甚著名者"[2]。上海县，"洋葱，外国种，近因销售甚广，民多种之"；土豆，"每亩收获少者三四十担，多者七八十担。吴淞江、蒲汇塘两岸间种植甚富，近十余年来为出口物之大宗"。[3]一些新鲜蔬菜主要销往香港，其中崇明白菜是冬令的传统出口商品；咸菜也是销往香港的传统商品，是以上海郊县所产雪里蕻腌制；大蒜头是嘉定县所产，专销南洋各地。[4]

这方面的发展势头是醒目的，大片土地已用于蔬菜种植业，"蔬菜中的卷心菜、花菜、洋葱之类，过去仅为外国人所食用，现在已大部分由中国人消费，并且还输往香港和中国的其他口岸"。1912年海关报告载："一个颇有规模的，以供应市场为目的的菜园行业已经兴起，这种形式正在广泛地被采用，特别在上海近郊。"[5]民国《上海特别市真如区调查统计报告表册》载："本区农产主要品，向以棉、稻、麦、豆为大宗。今（时为1929年——引者）区之东南境应沪地需要，多改艺园蔬矣，老于此道者，类能起家立业。考其灌溉施肥，工力虽倍，而潜滋易长，获利之丰，固优于棉、稻、麦、豆也。"[6]毗连上海的彭浦，"地势平坦，土质肥沃，除潭子湾、中兴路、永兴路一带为工厂区域外，余为农地。镇北为作物栽种区，约占全区耕地4/10。镇南为蔬菜区，约占耕地之半。镇之西南部为花卉栽种区，约占10%。旷地极少，即墓旁亦均有栽种者，以蔬菜利息优厚，不忍使其荒芜也"[7]。

1928年对上海近郊农村的调查记载："沪南、闸北二区，完全为蔬菜栽培区

[1]《上海特别市各区农村概况》，转引自李文海主编：《民国时期社会调查丛编（二编）·乡村社会卷》，第480页。
[2] 民国《宝山县续志》卷6，农业。
[3] 民国《上海县志》卷8，物产。
[4] 上海社会科学院经济研究所等：《上海对外贸易（1840—1949）》，上海社会科学院出版社1989年版，第463页。
[5] 徐雪筠等译编，张仲礼校订：《上海近代社会经济发展概况（1882—1931）——〈海关十年报告〉译编》，第44、158页。
[6] 民国《上海特别市真如区调查统计报告表册》（上海乡镇旧志丛书），上海社会科学院出版社2004年版，农务。
[7]《上海特别市各区农村概况》，转引自李文海主编：《民国时期社会调查丛编（二编）·乡村社会卷》，第428页。

域。法华、洋泾、彭浦、塘桥、真茹、杨思、引翔、江湾等区，蔬菜栽培区域居耕地面积 20% 左右。其他如漕泾、莘庄、三林等三区，本为棉、稻等作物耕种区域，近来亦相率改种蔬菜，以期获利较厚，盖农业上有渐趋集约之势也。"其中，"园艺以沪南区小木桥一带、漕泾区之龙华附近所产水蜜桃，杨思区之玫瑰，闵行区之甜瓜、西瓜为最著名。彭浦、漕泾二区经营鲜花事业，亦有成效。其他浦西、沪北一带，浦东沿浦一带，栽培蔬菜范围颇广，率皆供给上海市民之需"[1]一些菜农着眼于市场需求安排种植品种，并有采用温室栽培者，如毗邻法租界的沪南区：

> 蔬菜种类繁多，四季不同，惟菠菜、青菜、葱、韭等四时皆有。余如甘蓝，农户大都争种之。金花菜，花黄叶细，脆嫩可口，为市上时品之一。春季之蒿苣，夏天之瓜果，尤为特色。且备有温室温床等，故物品可以早出，而价值亦可高昂。花卉产额，占全收量 1/3。每户农家采取新种，勤于栽培，其利较种蔬菜者尤厚。[2]

在法华区，"蔬菜有金丝芥、塌苦菜、芸苔、白菜、雪里蕻、苋菜、菠菜、茄子、甘蓝、辣椒、芹菜、莱菔、慈姑、葱及各种瓜类等，种类繁多，且经营者有温室温床之设备，盖地近上海，蔬菜行销极多，业此者获利较厚故耳"。市场需求的扩大，势必提出规模经营的要求。在浦东杨思区：

> 新桥附近办有农场 1 所，系集股经营，面积约 180 余亩，专植结球甘蓝、莴苣、番茄、草莓、黄蜀葵等，出品尚佳，价格亦昂，多供闸北一带外侨食用之需。该场设有温床百座，技师、管理各 1 人，雇工 20 余名。[3]

---

[1]《上海特别市各区农村概况》，转引自李文海主编：《民国时期社会调查丛编（二编）·乡村社会卷》，第 425、426 页。

[2]《上海特别市各区农村概况》，转引自李文海主编：《民国时期社会调查丛编（二编）·乡村社会卷》，第 425、426、433 页。

[3]《上海特别市各区农村概况》，转引自李文海主编：《民国时期社会调查丛编（二编）·乡村社会卷》，第 441、453 页。

畜牧业也不例外，1882 年的《工部局董事会会议录》已有"华人奶牛场的奶牛以及马房里的马，均健壮无病"的记载。[1] 1900 年，英国人埃文斯在上海设立的"英商牛奶行"开业，"这个农场位于公共租界东区的华德路，占地 120 亩。一幢舒适的农舍拔地而起，此外还建造了一个牛奶场、一个能容纳 80 头牛和 40 匹马的牛马棚以及猪棚、鸽棚、兔棚和鸡棚。……农场进口了品种最好的乳牛，在专家监督下，能够满足对牛奶、乳酪和奶油不断增长的需求。农场也供应家禽、鸡蛋、鸽子、兔子、鲜花和蔬菜"[2]。1920 年代，吴淞的奶牛业颇盛，1923 年 12 月 19 日实地游历者描述：

> 吴淞距上海约四五十里，……民房都系平房，道路不洁，至为憾也。转运均用小车，女人天足，皆在田耕种，却如男子一般。地亦有榨乳为业者，其牛系外国种，询其价，则曰每只需洋三四百元，食料每日需洋五角，出息每日二元一只，此项实业堪称发达。[3]

浦东川沙县的牛畜，"旧时只黄牛、水牛二种，近来多畜乳牛，俗呼外国牛，毛色黄，亦有黄白相杂者，无肩峰，不能驾轭耕田，以乳多为贵，其尤者价值三四百元以上"[4]。浦东的农户，也有养殖奶牛者。1904 年始，川沙一些农户利用冬季农闲，租用浦东沿江的畜棚饲养奶牛，将牛奶装瓶，到上海老城厢出售（租界内不准售卖未经消毒的牛奶）。由于获利较多，有些农户的奶牛增至七八头以上。以后，他们向法租界当局领取了执照，在浦东杨家渡等沿江地段陆续设立了一些牛奶棚，向浦西发售鲜奶。至 1937 年，这类由农户设立的牛奶棚已有四五十家。[5]

1903 年，"有粤人在江湾芦泾浦旁创设畜植公司，集股万余元，圈地三十余亩，专养鸡鸭，兼种棉花、菜蔬"。之后在大场、吴淞、彭浦、真如等地，又相

［1］ 上海市档案馆编：《工部局董事会会议录》，上海古籍出版社 2001 年版，第 7 册，第 780 页。
［2］ 夏伯铭译：《上海 1908》，复旦大学出版社 2011 年版，第 295、296 页。
［3］ 成梦溪整理：《〈张泰荣日记〉所记上海史料汇抄（1922—1932）》，周武主编：《上海学》第 3 辑，上海人民出版社 2016 年版，第 445 页。
［4］ 民国《川沙县志》卷 4，物产。
［5］ 唐国良主编：《近代东外滩》，上海社会科学院出版社 2013 年版，第 44 页。

继有类似规模的农场创立。[1]真如有"黄氏畜植场，创办人黄岳渊，原籍浙宁奉邑，试种广玉兰、棉、禾、松、柏、果木、桑竹，专畜牛、绵羊、山羊、鸡、豕、鹅、鸭，于清宣统元年间，在宝邑真如厂芥十四图生字圩，地置二十余亩"。又有"金氏耕牧试验场，创办人金颂声，原籍苏松青浦邑，试种华棉、美棉、禾菽、竹、桔、菜蔬、桃梅、桑菊，试牧牛、绵羊、山羊、鸡、豕、鹅、鸭，于清宣统元年间，在宝邑真如厂芥十四、夜八两图，购地四十余亩"。[2]民国以后，当地又有多家农场创办，可见下表：

表3-1 真如新办农场概况（1918—1920）

名　称	设立时间	面　积	创办人	主要作物	副作物	年产值（元）
江苏农场	1918年	30余亩	徐友青	树木、球根植物	苗种、盆景	3000
浦氏农场	1918年	10亩	浦友全	花卉		300
不详	1920年	2亩	浦静安	花卉		不详
计氏农场	1923年	8亩	计作林	花卉		2000
管生农场	1925年	40余亩	陈应谷	花木	蔬菜	5000
范氏农场	1926年	15亩	范重之	花卉		1500

资料来源：民国《真如志》卷3，实业志，农业。

上海近郊的畜牧养殖业也从无到有，发展壮大。《宝山县续志》载："邑境农家副产，以牛羊豕鸡鸭为多，大抵养牛以耕田戽水为目的，养鸡鸭以产卵佐餐为目的，但得谓之家畜，非真从事于畜牧也。畜牧者以山场荒地为宜，以牲畜之产为营业，邑中虽乏相当地段，而风气所开，亦渐有设立场厂专营畜牧之利者。"最早开业者是在1884年，是年"有陈森记者在殷行开设牧场，畜牧牛约二十头，专取牛乳，销售于（吴）淞口各国兵舰，每日出乳二十余磅。四五年后，以兵舰停泊不常，销数渐减，几致歇业。自铁路告成，运输便利，江湾南境多侨居外人，日必需此，销售不仅在兵舰一方，营业渐见发达矣"。[3]民国《法华乡志》载："蜂有数种，能酿蜜者为蜜蜂，收而养之，获利甚溥。吾乡戚秀甫在虹桥路建养蜂室，得红蜂一种，为东亚全洲所无，其创制之蜂箱灵巧无匹，培养方法经

---

[1][3] 民国《宝山县续志》卷6，农业；民国《宝山县再续志》卷6，农业。
[2] 民国《真如里志》，实业志。

验极深，可谓养蜂专家，成效卓著。"[1] 1912 年在宝山县杨行乡，"马君武暨周姓选购意大利种，多用新法，如蜂箱之形式，以及饲育、调护、采蜜、制蜡各法，仍照科学研究，每年蜜蜡产额约可一百余担"[2]。1916 年陈宗源在上海县莘庄创办的莼种园养蜂场：

> 蜂种为意大利产，购自美国，定买 6 箱，到沪仅剩 4 箱，现（时为 1928 年——引者）已分有 360 余箱，内土蜂亦有 10 余箱，以出卖蜂种为目的，酿蜜为附属品（作试验改良之用）。场凡四处，莘庄为第一分场，浙江嘉兴之濮院为第二分场，泰兴县为第三分场，杭州之塘栖为第四分场。每场固定饲养 10 余箱，余均转地饲养，视各地植物之开花期而移动。春季运至莘庄，以其有芸苔、紫云英等花之可采也。夏季则移至濮院，因该处富有乌桕花也。秋季运至泰兴，利其荞麦花之多也。冬季则运至塘栖，以枇杷、梅等正在开放也。春季所得之蜜，每桶约 40 斤。意大利种所产之蜜，每磅值洋 1 元左右。蜂种出售，每箱 15 元（每箱 5 筐）。蜂之繁殖，每年平均为一至三倍。[3]

1924 年在宝山县的农村调查载："年来附近上海一带，畜牧公司林立，乳牛及养鸡者日多一日。最著者有殷行之陈森记畜牧场，专销售牛乳，营业极发达；彭浦之江南养鸡场，资本三万元，所养鸡类多外国种，一切设备均仿新法，所出鸡蛋为数不少。此外尚有养蜂事业，亦颇足称述，杨行一区岁出蜂蜜约一百担以上；罗店勤益果园，亦兼养蜂。"[4] 此前的 1917 年，吴新民"在松江组织了一个亨达养蜂公司，这个事业很有成就，该公司正向邻县金山发展业务"。1926 年，"上海附近最近开设了一家青青养蜂场，地点在距上海数里的真如，将以新式方法从事大规模经营，其营业处设在上海公共租界北京路新庆余里"。[5] 亦有人将养蜂技术从上海传至宁波，《时事公报》1921 年 4 月 21 日载："宁波青年会定

---

[1] 民国《法华乡志》卷 3，土产。
[2] 民国《杨行乡志》卷 9，实业志，畜牧。
[3] 《上海特别市各区农村概况》，转引自李文海主编：《民国时期社会调查丛编（二编）·乡村社会卷》，第 483 页。
[4][5] 章有义：《中国近代农业史资料》第 2 辑，三联书店 1957 年版，第 344 页。

十五日至十七日开实业展览会，并请戚秀甫演讲养蜂各节，已见各报。兹闻戚君系上海徐家汇人，于养蜂一事久负盛名，且劝人养蜂不遗余力，改良养蜂之法已有十余年经验，学理俱有深造。此次因该会开实业出品展览会，届期准携带养蜂各器具图像说明书来甬演讲，以供养蜂家之研究云。"[1]

1928年高伯俊在真如创办高氏农场，占地10余亩，经营洋种鸡和蜜蜂的养殖。[2]同一时期，宝山县"在城市各沙有专行养鸭者，年约数万，供沪上各菜馆之用。此外有养鸡场及养蜂场多处"[3]。

表 3-2　宝山县养鸡场及养蜂场（1925—1928）

名　称	成立年月	地　址	面积	倡办人	主产品	年产量
彭浦养鸡场	1925	彭浦金十九图	4亩	林泽民	洋种鸡	蛋万余枚
德园鸡场	1926	江湾青年村会	15亩	费中成、黄中允	白色单冠来克亨鸡	雏鸡5000只
品园	1927	彭浦金八图	4亩	沈钊明、凌志前	洋种鸡	雏鸡百余、蛋千枚
高氏农场	1928	夜十二图	10余亩	高伯俊	洋种鸡、蜜蜂	700元
中华养蜂场	1925	江湾北周家宅	10亩	周文彬	蜜蜂	150箱
乐群养蜂场	1926	江湾镇西市	1亩量	刘道魁	蜜蜂	300箱

资料来源：民国《宝山县再续志》卷6，实业志，农业。

1928年对上海近郊农村的调查显示："畜产一项，如塘桥区之孵鸡坊，陆行区之养鸭，杨行区之养蜂，洋泾区之养猪，事业颇大，成绩亦著。其他或组织养殖公司，或个人经营不一而足，而以莘庄区之莼种园、养蜂场及塘桥区之牛奶厂为最有成效。江湾区之养鸡坊，法华、彭浦二区之牛奶厂，或范围过小，或受外人牵制，畜产经营颇多阻碍。"[4]1935年，一位在沪的外国人记述："对于上海市民来说，食品类企业发展最为显著的是，牛奶棚的大量增加以及牛奶棚条件的改

---

［1］　宁波市江北区史志办公室（档案局）编：《记忆江北——旧闻录》，中国文史出版社2012年版，第247页。
［2］　民国《真如志》卷3，实业志，农业。
［3］　民国《宝山县再续志》卷6，实业志，农业。
［4］　《上海特别市各区农村概况》，转引自李文海主编：《民国时期社会调查丛编（二编）·乡村社会卷》，第426页。

善。从 1925 年到 1935 年 3 月 1 日，牛奶棚的数量由十来家发展到 29 家；而牛奶生产的质量也在稳步改善，已有 10 家在 A 级执照的生产环境中运营，甚至其中两家已获销售生奶的资格。1934 年，这类企业饲养奶牛近 2386 头，产奶约 33 万磅。"[1] 上海近郊的这些新式农场，颇有吸引力。1936 年 3 月 15 日《蔡元培日记》记述："晴，偕养友率儿辈并邀施塾师同游江湾。先到羊奶棚（似应为牛奶棚——引者），约周柏生同往冯焕文之养蜂场。焕文他出，蜂尚未迁出，由其弟子导观安哥拉兔室及意大利鸡场。……又到上海种植园，占地七十余亩，花木颇多，闻是虞洽卿所经营也。"[2] 1937 年，"上海最大的奶牛场是一个美国企业，拥有 400 头进口奶牛"[3]。

显然，近代上海的崛起，推动了郊区农副业的发展，促使棉花、蚕桑、蔬菜等经济作物种植面积明显扩大，农产品商品化程度提高，并相应形成几个生产相对集中的产区。个体小农越来越多地脱离自然经济的范畴，自觉或不自觉地将自己的生产和经营纳入资本主义市场经济的运作，它有助于改变个体小农闭塞守旧的生产、生活状况，加深他们与市场的联系，也为上海的内外贸易和城市经济的进一步发展，提供条件和助力。

民国以后，上海郊区农村经济与市场的联系更为紧密。地处远郊的青浦县练塘镇，"四面皆水，为吴越分疆之要点，松沪西北之屏藩"，民国初年其"镇东太平桥左右为米市，上海米舶及杭、湖、常熟之来购米谷者多泊焉；镇东新街至轿子湾，西界桥至湾塘，每早市，乡人咸集，舟楫塞港，街道摩肩，繁盛为一镇之冠"。[4] 在与上海有定期班轮通航的青浦县朱家角镇，米市繁盛，当地所产青角薄稻米闻名遐迩，沿漕港两岸的米厂、米行、米店有百余家。每年新谷登场，河港几为米船所壅塞。镇上商贸各业兴盛，其中小有名气者，南货业有恒大祥、宏大、涌源来等，茶食业有雪香斋、涌顺昌等，绸布业有永泰元、恒大、高义源等，百货业有广生祥、全丰浍等，国药业有童天和、张广德等，酿造业有鼎义顺、涵大隆、义成泰等，腌腊业有顾义隆、大盛等，地货业有东来升、恒茂等。

———————

[1] 江冬妮译：《上海 300 万人口的"食"》，上海市历史博物馆编：《都会遗踪》第 6 辑，学林出版社 2012 年版，第 146 页。

[2] 王世儒编：《蔡元培日记》，北京大学出版社 2010 年版，第 439 页。

[3] 〔美〕卡尔·克劳著，夏伯铭译：《洋鬼子在中国》，复旦大学出版社 2011 年版，第 267 页。

[4] 民国《章练小志》卷 1，形胜。

此外，镇上还有上海、苏州、杭州等地商店的分号，其经营的日用工业品均直接来自上海等地的总店，且批发零售兼营，成为上海西南郊连接周围乡村的一个商贸集散地。[1]

20世纪30年代的调查资料载，宝山县江湾乡，原本"产物以棉、稻为大宗，豆、麦副之，自马路开辟以来，实业家纷纷在南境建厂，近则迤至走马塘南，一般年轻男女咸入厂工作而弃其业农生活，即操故业者亦舍棉、稻而植本洋蔬菜，盖获利较丰焉"；彭浦乡，"农产物向以禾棉菽麦为大宗，今则南部各地为应社会之需要，都植菜蔬，至禾棉菽麦，乡僻处间或栽植，亦绝无仅有矣。其从事树艺花卉者，大率讲求栽移秀接，按时销售，以营业为主体"。[2]

上海近郊用于菜蔬园艺的这些土地的租金，也明显高于其他农田。1933年的《宝山县农村经济概况调查表》载："宝山耕地，十之六七皆种棉花，此种情况已非朝夕。近年以花田利轻，多改种园艺。于是菜蔬、花卉、果木等园圃一时颇盛，同时田租亦急剧增高。据当地人称：园田（菜、花、果）租金，较普通租田高出百分之五十至一百五十。"[3]1930年对上海市140户农家的调查载："纳金租制，特盛于上海，占调查佃租农户95%，因上海人口繁多，附近田园早已形成园艺地带，工商交盛，而工艺用农作物，往往较食用作物而上之。"其租佃方式，多采用先收租金而后耕种，因事先约定并收取的租金与该田地最终收获物的价值并无直接联系，佃户生产和经营往往更为用力，"以租金之有限制，苟农产丰收，除纳租金外，地主无额外分润，其租金虽不时增加，然终较分益之依一定比例而具有弹性者为有利，故一般佃户多乐于承受此种租制"，同时"厚施肥料，勤劳工作，以冀其丰收"。其租金高低，则与距离市场之远近相关，"例如浦西之彭浦、引翔、蒲淞等区，田地环近市场，故租金特高；而浦东之塘桥，田租之高为上海冠；其南之杨思，北之洋泾、陆行等，租金亦颇高，盖以交通特便，村镇繁盛之故。浦西之吴淞，情形亦与此相同，此皆以便于从事园艺经营，而高于一般耕作地耳"。[4]另据1933年对宝山县的农村经济调查：

[1] 上海市档案馆编：《上海古镇记忆》，东方出版中心2009年版，第147、148页。

[2] 上海市政府刊行：《上海市各区概况（市政演讲录三集）》（1930年8月），第145、165页。

[3] 章有义：《中国近代农业史资料》第3辑，三联书店1957年版，第257页。

[4] 《上海市百四十户农家调查》，原载《社会月刊》第2卷第2—5号（1930年8月至11月），转引自李文海主编：《民国时期社会调查丛编（二编）·乡村社会卷》，第535、536页。

宝山较大的田主，均经商沪上及湘鄂一带，货币之需要愈形逼切，于是农民土地上之资金，随田租之增高（1922 年以后，十年内平均增加二分之一，近上海之大场、杨行等乡之商品作物地，有十年内增高一、二倍者），日见加剧的脱离农业范围而流于商品市场；更以商业兼高利贷资本的形式，向农民包种或收买商品作物（如月浦城厢一带，新近有沪地商人向农民包种番茄、洋山芋、洋葱以及桃树等作物。此种事实，罗店、大场、杨行等乡，亦数见不鲜。此外，包种美棉或就地预收农产等情，更所在皆是。营此者十之八九，皆本地大小田主而参加市场经营者）。[1]

为了更多地赢利，有人构建了直销渠道，并扩大生产规模。1934 年的资料载，嘉定县黄渡的地主，"有很多自己在上海设立菜行，这样非单自己土地上的生产品可以增多收入，还可以利用土著的势力，强行贱价收买佃农的东西而行销到上海，在他们是一举两得。最近有几个地主扩大经营，雇用了许多长工、短工，经营大块的农场，……原因是上海人口稠密，蔬菜的销量很大"[2]。1935 年编纂的《上海市年鉴》在"农业"一栏中概述："农田生产向以棉、稻为大宗，惟因市场之影响，栽培状况不免稍有变更。距市近者，因地价渐趋昂贵，栽植普通农产获利甚微，近来大都为园艺作物之经营，或更兼营畜产，藉增收入。其离市较远者，因交通不便，园艺产品之运输困难，故仍从事于棉、稻、豆、麦等作物之栽培。"[3] 1936 年的《上海市年鉴》载："本市人口众多，蔬菜消费之量极巨，总计全市种植蔬菜之园地，约占全面积百分之四以上，其盛可知。"[4]

长江三角洲其他城市郊区农副产品商品化的进程虽不及上海，但近代城市经济促动城郊农村商品经济发展的趋势是相似的。民国初年苏州郊外的木渎，"园艺菜蔬在长浜马市一带最伙，遍售城乡"[5]。无锡县的毛村，以经营粉坊作为主要

---

[1] 章有义：《中国近代农业史资料》第 3 辑，第 366、367 页。

[2] 徐洛：《黄渡农村》，《新中华杂志》第 2 卷第 1 期（1934 年 1 月）。

[3] 上海市通志馆编纂：《上海市年鉴（1935）》，《民国上海年鉴汇编·上海市年鉴 1935（3）》，上海书店出版社 2013 年版，第 133 页。

[4] 上海市通志馆编纂：《上海市年鉴（1936）》，《民国上海年鉴汇编·上海市年鉴 1936 下（2）》，上海书店出版社 2013 年版，第 10 页。

[5] 民国《木渎小志》卷 5，物产。

副业，利用当地的蚕豆和绿豆做原料，利用农村的剩余劳动力实行加工，产品运销无锡、上海等城市，同时还可利用下脚料养猪肥田。最初是在1931年由一户富农开始经营，由于获利丰厚，于是经济比较宽裕者相继效仿，至1936年已有9家粉坊，大都雇用长工或短工，进行作坊式的经营。[1]

1921年的浙江经济调查载："园艺作物主要包括蔬菜和果实两类，辖区内的蔬菜主要有白菜、青菜、芥菜等。还有各种瓜类、芋类等。因地理位置、气候等与日本基本相似，所以日本的各类蔬菜在这里几乎都有生产，其栽培大多在城市附近。"享有盛名的"塘栖镇的枇杷，还输送到上海市场上销售"。[2]1935年有人记述："当奉化水蜜桃成熟之后，装运极旺。盖水蜜桃成熟后，不能耐时，凡运销上海、华北、华南等处，均籍该路（指鄞奉公路——引者）先运往宁波出口，以其时间经济，于运达上海等处，味尚甘而色尚善也。"[3]

上海市场的水产品，亦多来自江浙地区。1936年的统计载："冰鲜鱼在本市水产品消费中，堪称首屈一指。来源分渔轮捕获及冰鲜鱼船输入两项，而后者之所供给，几多于前者约五倍以上。进出于上海港之冰鲜鱼船，多来自江浙两省沿海，有湖帮、长涂、台州、奉化、镇海等帮，计船有二百余艘。其中，湖帮之六十余艘，殆常年以上海为其营业之根据地。如长涂等帮，平时兼往长江各埠及宁波、杭州等处，仅于沪市鱼类缺少及鱼价昂贵时期，始到沪销售焉。过去一年间，到沪之冰鲜鱼船共计一千九百八十一艘，输入鱼量有五十四万又六百十七担，价值达二百九十七万六千二百七十一元。"[4]据1937年在浙江宁海三门湾的实地调查，当地捕捞的海产品，"除供本地食用外，复销售于宁波、上海及温（州）、台（州）等埠，运销情形可分两类：1.初由渔民售货于渔栈，转由渔栈冰藏入桶运销外埠。若逢鲜鱼过剩，销路不旺，则渔行加工制造，以利储藏而后运销外埠。2.在渔场地点，常有冰鲜舶停泊洋面，坐待渔船捕获物，直接收买鲜鱼，然后驶往甬、沪，以逐早市之利"[5]。此前的1935年，已有复旦大学教职员和校

［1］ 张会芳：《1929—1948年无锡县农村土地占有的变化趋势》，《中国社会科学院近代史研究所青年学术论坛（2009年卷）》，社会科学文献出版社2011年版，第332、333页。

［2］ 丁贤勇等译编：《1921年浙江社会经济调查》，北京图书馆出版社2008年版，第134、135页。

［3］ 《浙江省公路运输状况概述》，《建设月刊》第8卷第12期（1935年"路政专号"）。

［4］ 上海市通志馆编纂：《上海市年鉴（1936）》，《民国上海年鉴汇编·上海市年鉴1936下（2）》，第50页。

［5］ 郭华巍主编：《潮落潮起：近代三门湾开发史事编年（1899—1949）》，上海人民出版社2010年版，第239页。

友在三门湾与人合作设立水产养殖场，据时任复旦大学校长李登辉向报界披露："有本校教职员与已毕业学生，联合当地吴某合作养鱼殖蛏。吴系地主，有地千余亩。今拟百亩，由本校教职员集资五千元从事养殖，做初步试验，俟有成绩再扩充。"[1]

有学者指出，在南京的中央大学、金陵大学都有专门的农林院系，致力于推广农副业的先进技术，南京郊县农村得此之助，受益明显。据20世纪30年代中叶的调查载，南京近郊农户多根据市场需要，种植蔬菜、瓜果、花卉。太平门外70%农家土地一半以上种植果树；中华门外花神庙一带70%农家经营花卉；孝陵卫一带60%农家种植蔬菜、瓜果。[2]在当时的无锡："园艺事业，近年西南山麓一带，桃、梅果树增植颇多。蔬菜业仅分布于城市附郭，花卉业全城仅十余家，规模均小。畜牧，则城市方面乳用牛之牛奶房，不下二十余处，以惠康农场规模较大，设备亦完善，其余均尚简陋。"[3]当地"农村出产的鱼、虾、猪、羊、鸡、鸭、蔬菜大都供应到无锡市区，部分供给上海（沿铁路的洛社、石塘湾、新安等地）"[4]。

在农业生产技术改进的同时，新的农业经营方式也在上海及长江三角洲逐渐兴起。20世纪初年，中国大地上相继出现一批采取集股商办形式开办的农牧垦殖企业，史称新式农垦企业。它们的设立，是中国农业发展史上的重要一页，也反映了资本主义经济关系在近代中国农村的渗透和延伸。1901年由张謇在江苏南通创办的通海垦牧公司，是已知的中国第一家新式农垦企业。在这以后，各地都有开办。截至1912年的统计，全国共有新式农垦企业171家，资本总额6351672元[5]。

---

[1] 郭华巍主编：《潮落潮起：近代三门湾开发史事编年（1899—1949）》，第164页。

[2] 经盛鸿：《日伪时期的南京郊县农业》，《中国农史》2009年第4期。另据1950年对上海，江苏南京、无锡、镇江、苏州、常州、南通、扬州、泰州、徐州，山东济南、青岛，浙江杭州、宁波、温州，福建福州、厦门等大中城市郊区的调查，这里"土地商品化与农产物商品化程度比一般农村为高"。各城郊农村都普遍种植蔬菜和园艺作物，以供给城市日益增长的需要。其他农产物也"主要是为供给城市需要"。详可参阅华东军政委员会土地改革委员会：《华东各大中城市郊区农村调查》（1951年5月），第107、166、170、171页。

[3] 无锡县政府编印：《无锡概览（1935年5月）》，转引自陈文源等主编：《民国时期无锡年鉴资料选编》，广陵书社2009年版，第492页。

[4] 贺云翱主编：《无锡人与中国近现代化》，南京大学出版社2011年版，第349页。

[5] 李文治：《中国近代农业史资料》第1辑，三联书店1957年版，第697页。

这些企业的相继设立，有其深刻的历史背景，尤其是和20世纪初年中国社会经济、政治的一些显著变化联系在一起的。一是中国民族工业的发展，带动了新式农垦企业的创办；二是抵制美货、收回利权等爱国运动的兴起和华侨投资国内企业的热潮，促进了新式农垦企业的设立；三是清末"新政"的推行，刺激了一批人投资兴办新式农垦企业，并在客观上为新式农垦企业的兴起，提供了一些有利条件。

　　正因为近代中国第一批新式农垦企业是在上述社会历史条件下兴起的，因而它们具有以下几个特点。首先，这171家新式农垦企业虽然散布10多个省份，但各地差距很大。它们主要分布于沿海口岸城市所在的省份，如人称侨乡的广东和近代工商业较发达的江苏，以及新近放垦的东北地区。其中广东最多，有43家；江苏次之，有27家，两者合计，约占总数的约40%。[1]其次，创办人以官绅和华侨居多。如在1905年至1909年间开办的已知创办人身份的17家新式农垦企业中，官僚6家，华侨5家，绅士4家，商人2家。[2]再次，经营范围以农牧为主，兼及桑、茶、园艺等商品化农业生产。这171家新式农垦企业，有60%以上共104家从事垦牧种植，其余是桑、茶、园艺44家，林业9家，蚕业8家，乳业1家，其他5家。[3]

　　新式农垦企业在民国建立后，进入了一个新的发展阶段。据统计，1912年江苏、安徽、浙江、山东、河南、山西、吉林、察哈尔八省，共有新式农垦企业59家，资本总额2859000余元；到1919年则增为100家和12445000余元，企业数目和资本总额都保持了逐年增长的势头，资本总额的增长幅度尤为突出。这一时期，新办企业总数增加41%，而资本总额则增长了3倍，反映新办农垦企业的规模明显扩大。[4]这些企业大多仍开设在沿海近代经济相对发展的省份和放垦不久的东北地区，其中江苏最多，1919年在上述八省100家新式农垦企业中，江苏一省就占了41家。[5]1929年，有人实地踏访距南通不远的掘港：

　　　　掘港农产以棉稻为大宗，自盐垦公司开办后，垦田日多，财源日

---

［1］　李文治：《中国近代农业史资料》第1辑，三联书店1957年版，第697页。

［2］　李文治：《中国近代农业史资料》第1辑，第695、696页。

［3］　李文治：《中国近代农业史资料》第1辑，第698页。

［4］［5］　章有义：《中国近代农业史资料》第2辑，三联书店1957年版，第340、341页。

茂，除大有晋、大豫外，个人经营小范围之垦植公司亦有数家，成绩最佳者，首推张树源君所办之复记公司。周君曾邀余同赴公司参观，道旁树木齐整，堤岸高而且坚，公司备有五十马力之引擎，举凡引水、碾米、榨油、轧花等工作悉赖之。所有农产品，该公司均可制成熟货，稻碾成为米，糠用以供燃料，豆则榨为油，饼可供肥料，一概不必仰给他人。公司场内豢养猪、牛、羊数百，米之糠，酒之糟，皆牲畜食料，废物利用，毫无抛弃。池中养鱼，并遍植菱荷，机器之功用，并可调和水量，水多时则借机器之力引出，缺乏时则借以引入，是以农民幸免水旱之苦，终岁丰稔，居民咸乐。侧闻该公司开垦工程，每亩约费十二元，其未垦者，刈其草，每亩年收售价一元有零，以之抵付股本利息，尚无不足。垦地概招人承种，每亩纳洋八元，用之抵付工程费用，相差无几。该地农民以公司办理完善，莫不愿领租地以耕种焉。[1]

新式农垦企业兴起以前，曾有一些地主、富农在农业生产中采用了雇工经营方式，但与资本主义农场的经营方式相去甚远。而新式农垦企业的创办，则直接仿效西方企业，采取集股商办形式，农场的生产规模和资本主义经济成分，都是早先那些经营地主、富农所无法相比的。其一定的经济实力和生产规模，对采用和传播先进农业生产技术十分有利。新式农垦企业在这方面的成就颇为显著，上海杨思蔬菜种植场，在蔬菜生产中施用人工氮肥，"深合西人改良之法"[2]。但资本主义性质的农场，在贫穷落后的中国农村一直寥若晨星。出现这种状况，除了企业本身经营方面的问题和名目繁多的苛捐杂税的重负外[3]，还因为在当时战乱频仍、农村首当其冲的中国，企业缺乏正常经营、发展所必需的社会环境。1920年初，旅居加拿大的华侨刘礼堂等人，拟在长江沿岸购地兴办垦牧公司，特向在上海的孙中山请教。孙中山坦率地指出"苟政治良，则极佳。……若买田些少，耕兼住家或无妨；如欲大作置，多买牛、羊、猪、鸡等，即有兵劫。欲知耕业如何，祈问朱卓文君便白。盖朱君乃由美农科大学毕业，集资十万，回国业农，

---

[1] 刘平编纂：《稀见民国银行史料初编》，上海书店出版社 2014 年版，第 7 页。
[2] 章有义：《中国近代农业史资料》第 2 辑，第 344 页；《通海垦牧公司开办十年之历史》，1911年，第 67、68 页。
[3] 章有义：《中国近代农业史资料》第 3 辑，三联书店 1957 年版，第 853、857 页。

曾在南京买地，今则全然抛弃，赶回上海做工矣"[1]，建议他们慎重考虑后再做决定。

苏南的农场即垦牧公司，起步于清末，1909 年宜兴李逢庆、徐翰淦等集股在当地创办了阳羡垦牧树艺公司，"招股设立资本五万圆，契买民山八千余亩、山田一百余亩，湖汊沙滩房屋基地十八亩建造总厂，遣客民栽植松、竹、茶、桑等树，兼及播谷蓺芋、畜彘牧羊各事。总局附设宜荆商会，分所设湖汊镇"[2]。此外，则多创办于民国初年至 1936 年间。其中，镇江"有官僚地主、工商实业家合营的均益、三益、益民等种植场；有教会的农场两所；有旅美华侨回国建立的农场一所"[3]。1919 年在丹阳县的实业调查载："树艺公司有三，曰通益，曰厚生，曰大盛，皆以种桑为主要，虽资本无多，而积极进行，实事求是，尚非徒具空名者可比。"[4]同年在无锡的实业调查载：

> 私人所办农树场所，共有三处：一在天下市地方，为邹煜熙所办，计地一百三十余亩，大半选种桑树，其余试植果类。一在南延市荡口地方，为华士巽所办，计地四十余亩，分养蜂、养鸡、植树三项，成绩优美。一在太湖边南独山鼋头渚地方，为杨寿楣所办，名曰竣实植果试验场，计地六十余亩，专种水蜜桃、大正桃、美种梨、杏等项，计有八千余棵，浇灌得宜，颇易长发。[5]

清末十年间，浙江省有 40 多家农垦企业开办。其中杭州有 14 家，如杭州农桑会 1905 年集资 5 万元，在艮山门至钱塘江边拥有土地 1000 亩，利用荒滩地种植桑麻，养蚕兼业畜牧；杭州畜牧公司，1905 年创办，资本 5 万元，采用日本饲养新法，繁殖牛羊鸡鸭，栽种果树。杭州还建有西城树艺园、柞蚕厂、花圃植物园，规模不大，各有所专。此外，绍兴有 7 家，宁波 5 家，温州、严州各 3 家，

[1] 孙中山：《与马立成等的谈话》(1920 年 1 月 14 日)，《孙中山全集》第 5 卷，中华书局 1985 年版，第 204 页。
[2] 《阳羡垦牧树艺有限公司入股凭单》，江苏档案精品选编纂委员会：《江苏省明清以来档案精品选·无锡卷》，江苏人民出版社 2013 年版，第 14 页。
[3] 章有义：《中国近代农业史资料》第 2 辑，第 343 页。
[4] 章有义：《中国近代农业史资料》第 2 辑，第 346 页。
[5] 章有义：《中国近代农业史资料》第 2 辑，第 344、345 页。

湖州、台州各 2 家，衢州、处州 4 家。投资较多者，是旅日华侨吴锦堂在杭州开办的浙西农业股份公司，资金 30 万元。上虞绅商陈春澜、王佐等创办的春泽垦牧股份有限公司，总部设在丰惠，资金 20 万元。[1] 1908 年，在浙江湖州有一家务本公司设立，"董事长和重要董事都是上海商人，该公司计划开垦湖州的荒地"[2]。

20 世纪 20 年代，上海的农牧公司在浙江嘉兴设有分支机构，当地濮院镇有"上海华绎之公司临时养蜂场，蜂系意大利种，有一百六十箱，每年割蜜二次，共收一百五十余担，运售于上海"[3]。1925 年 7 月 15 日，《申报》以《甬埠将设大规模之农社》为题报道，宁波人张永年："前在上海复旦大学肄业，因所志在农，遂于前年辍学，求征同志，在家研究农业已三年于兹矣。兹闻张永年君已与同志张锦云、石奇孚（皆饶于资），积极协力进行，对于农场一切设施业已筹备就绪，其筹备处设在江北岸生宝桥后三十一号。兹将张君等组织农社之内容略述如下：定名大同农社，资本额定五万元（现只有三万之谱），地址宁波压赛堰，内部区分果木、工艺林、蔬菜、苗圃、畜牧等六区，范围在开始期内六十亩。此六十亩在压赛堰，系张永年君自己之不动产。至其六区大小之分配，日前已请工程师张成（青年会新会所监工）、方刚（甬铁路工程处办事员）二君前去测量分配定当。至其章程及计划书等，现亦均已付印矣"[4]。

这些都有助于社会经济的发展，但近代农业机械和生产技术，始终没有在近代中国得到广泛应用。经营尚可的通海垦牧公司，起初曾有过"派人前往美国考察大农开垦之法，采购机器模型，归为仿造"的打算，终因资金不足而作罢，依旧使用人工耕作。[5] 即使那些已经开办的农垦企业，20 世纪二三十年代后，也很快趋于衰败。以苏北地区为例，1901 年至 1920 年先后有 20 家盐垦公司创办，平均每年 1 家；而在 1921 年至 1933 年的 13 年间，总共才成立了 3 家。原有企业，大多"负债累累，清偿无术，周转不灵，因以停顿者比比皆是"。[6]

1937 年，苏北地区 39 家盐垦公司共有资本 2080 万元；土地 476.5 万亩，其

［1］ 胡国枢：《光复会与浙江辛亥革命》，杭州出版社 2002 年版，第 35 页。
［2］ 李文治：《中国近代农业史资料》第 1 辑，三联书店出版社 1957 年版，第 225 页。
［3］ 民国《嘉兴新志》第一章，地理，濮院镇。
［4］ 宁波市档案馆编：《〈申报〉宁波史料集》，宁波出版社 2013 年版，第 6 册，第 2581 页。
［5］ 张謇：《张季子九录》，实业录，卷 2，第 29—30 页。
［6］ 章有义：《中国近代农业史资料》第 3 辑，三联书店 1957 年版，第 851 页；李积新：《江苏盐垦事业概况》，《东方杂志》21 卷 11 号，1924 年 6 月。

中已垦地 166.6 万亩，占 35%；有垦民 50723 户。垦区原有灶民不多，各公司招垦的佃户主要是外来移民，其中江苏海门人占 60%，南通、崇明、启东人占 30%，本地人只占 10%。此外，尚有流动的短工、商贩、饮食和服务业者，全部人口号称 30 万人。[1] 抗日战争时期，垦区沦入敌手，日寇组织"江北棉花收买组合"和"江北兴业公司"统制垦区棉产。农民逃亡，棉田荒芜，各公司入不敷出。[2]

---

[1] 许涤新等主编：《中国资本主义发展史》第 3 卷，人民出版社 1993 年版，第 357、359 页。

[2] 许涤新等主编：《中国资本主义发展史》第 3 卷，第 359 页。

第四章　近代工业的引领和城乡互动

　　以上海为中心的中国近代工业，在其发展进程中，对长江三角洲地区的工业进步发生了集聚和扩散效应，并在一定程度上发挥了引领传统农业和手工业变革的作用，而后者也对中国近代工业的历史进程以深刻的影响。

一、上海工业的集聚和扩散效应

　　上海近代工业，总体上自 19 世纪末开始较快增长，以外资企业为例，1895年至 1911 年间，其开办资本在 10 万元以上者有 41 家；至 1911 年仅棉纺、缫丝、面粉、卷烟、火柴、制药、机器和电力等 8 个生产行业的外资产值，已达 3543.9万元，比 1895 年的 322.1 万元增加 10 倍以上。[1] 另据统计，1895 年至 1911 年上海工业产值的年均增长率为 9.36%，1911 年至 1925 年上升为 12.05%；1925 年至1936 年，在世界经济危机和国内政治经济的影响下，增速有所减缓，但年均增长率仍有 6.53%。[2] 截至 1930 年的统计，上海仍是各国在华投资的首选地。[3]

---

［1］徐新吾等主编：《上海近代工业史》，上海社会科学院出版社 1998 年版，第 69 页。

［2］徐新吾等：《上海近代工业主要行业的概况与统计》，《上海研究论丛》第 10 辑，上海社会科学院出版社 1995 年版。

［3］近代外资在沪企业，多利润丰厚。如上海电力公司（原为上海电光公司），在 1893 年以来的 40余年中，账面盈利增加了 1000 多倍，其账面盈利的总和，相当于原始投资的 1300 倍以上。详可见严中平等编：《中国近代经济史统计资料选辑》，中国社会科学出版社 2012 年版，第 84、105 页。

表 4-1 1930 年各国在沪投资及占对华投资的比重

国　别	在沪投资额（万美元）	占在华投资总额 %
英　国	73740.80	76.0
美　国	9749.59	64.9
法　国	3890.00	40.9
日　本	21506.20	66.1（东北除外）

资料来源：张忠民主编：《近代上海城市发展与城市综合竞争力》，上海社会科学院出版社 2005 年版，第 381 页。

作为工业中心，20 世纪上半叶上海在全国所占的比重，可见下表：

表 4-2 20 世纪上半叶上海 30 人以上工厂数占全国的比重

年份	全国工厂数		上海工厂数		上海占全国 %
	家数	指数	家数	指数	
1911	171	100	48	100	28.1
1927	1374	780	449	930	32.7
1933	2435	1420	1186	2470	48.7
1947	12812	7480	7738	11950	60.4

资料来源：张忠民主编：《近代上海城市发展与城市综合竞争力》，第 359 页。

再从工业产出考察，据估计，1936 年上海中外资本工业的总产值达 11.82 亿元，比 1895 年增加 40 余倍，约占全国工业总产值的 50%。[1]其中很多是棉纺织厂，据 1936 年底的统计："上海纺织业分别由日商、华商、英商经营，共有 61 家工厂，12 万职工。稍旧的统计如下：日本 30 厂，42435 人；中国 28 厂，65639 人；英国 3 厂，13000 人，计 61 厂，121074 人。日资工厂占了约一半，职工占了三分之一强。"[2]

在棉纺织行业，1930 年上海一地即占全国纱厂总数的 48%。另据 1933 年南京国民政府经济部对不包括东北地区在内的 22 个省市工业企业所作的调查，当时这些省市共有雇佣工人在 30 人以上的各类工厂 2435 家，其中有一半以上共 1229 家集中在上海。又据 1935 年对江苏、浙江、安徽、山东、江西、河北、湖

[1] 黄汉民等：《近代上海工业企业发展史论》，上海财经大学出版社 2000 年版，第 219 页。
[2] 《上海日资纺织厂罢工资料选译》，《近代史资料》总 114 号，中国社会科学出版社 2006 年版，第 117 页。按：其原文据 1937 年 1 月 8 日日本外务省情报部《国际事情》503 号。

南、山西、陕西等省及北平、天津、威海卫、青岛、南京、上海、汉口等城市的工业调查，上述地区共有工业企业 6344 家、工人 52 万余人，而其中上海一地就有工厂 5418 家，工人近 30 万人，分别占总数的 85.4% 和 57.5%。[1]

这说明，历经近百年的风云变幻，上海仍是中国工业最集中的地区。原因之一是，虽然上海并非工业原料产地，但较之当时战乱频仍、军阀横行的内地省份，企业的经营环境明显要好些，因而许多企业主宁可远离原料产地和消费区而将工厂设在上海。如 1922 年至 1931 年《海关十年报告》所言："与过去十年的工业发展密切相关的因素是内地动乱不宁，那里的工厂经常遭到骚扰。这就形成了工业集中于上海的趋势。许多本应迁出或开设在原料产地的工厂也都在沪设厂。虽然运费成本有所增加，但在上海特别是在租界内，可在一定程度上免受干扰。"[2]据统计，20 世纪 30 年代中期，上海公共租界内有各类工厂 3400 多家，占上海工厂总数的三分之二。[3]上海近郊也有近代工厂设立，如 1933 年董荣青等人为抵制洋货，集资在上海县闵行开办中孚染料厂，次年生产钟斧牌硫化元染料，拥有蒸汽锅炉、反应锅、硝化机、硫化机等，日产 500 桶。[4]

上海的航运、贸易和工业中心地位，在资金、技术、人才等方面，都有助于周边地区工业的发生发展。据对 1840 年至 1927 年历年所设中国资本民用工业、航运及新式金融企业的地区分类统计，"发现在（棉）纺织、染织、丝织、其他纺织、缫丝、面粉、水电、航运等行业中，江浙两省企业数的相加，一般都能比较接近上海企业总数，三者相加最高可占全国的三分之二"[5]。邻近上海的苏州，近代企业的出现，是在辟为通商口岸的 1896 年以后。是年 3 月，署两江总督张之洞奏称："苏州开埠通商，所有筹办缫丝、纺纱各厂及内河行驶小轮各事宜，除江宁、苏州、上海各设商务总局，派员督饬办理外，并照会在籍绅士分别经理。"[6]同年 7 月，上海的《北华捷报》有一条标题为《苏州在进步》的报道，

[1] 潘君祥等主编：《近代中国国情透视》，上海社会科学院出版社 1992 年版，第 319 页。

[2] 徐雪筠等译编，张仲礼校订：《上海近代社会经济发展概况（1882—1931）——〈海关十年报告〉译编》，上海社会科学院出版社 1985 年版，第 277—278 页。

[3] 史梅定主编：《上海租界志》，上海社会科学院出版社 2001 年版，第 15 页。

[4] 上海市闵行区档案馆编：《留史存真——近现代上海闵行历史与档案典藏》，复旦大学出版社 2015 年版，第 18 页。

[5] 王家范：《漂泊航程：历史长河中的明清之旅》，北京师范大学出版社 2013 年版，第 201 页。

[6] 《清德宗实录》卷 385，中华书局 1986 年影印本，第 57 册，第 22 页。

称"这个新开口岸的前景，是一个建筑宽敞的新丝厂最近已经完工，同时一个大型纱厂也已经接近完工"；而"使用外国机器的碾米厂、砖瓦厂等等的准备工作，都已经在开始进行"。苏州出现的第一批近代工厂，是1896年苏州开埠后同时筹办的苏经丝厂和苏纶纱厂。其创办人，是来自和对外贸易有密切联系的商人，而且是和外国洋行有交往的商人。[1]

1901年，苏州共有3家缫丝厂和1家纱厂，其中"延昌永缫丝厂由外商经营，吴兴缫丝厂由中国人开办与管理，苏经缫丝厂为商务局所有，租给中国人经营。三家缫丝厂总计有700个丝盆，雇用工人2000名。苏纶纱厂也属于商务局，由苏经缫丝厂的同一承租人承租，有18200枚纱锭运转，雇工人数约与三家缫丝厂相等"。[2]但时至清末，苏州的近代工业一直未有大的起色。据统计，1896年至1911年，当地约有工厂16家，资本总额不超过100万元；而同一时期，苏州的旧式手工工场和作坊则有255家。[3]在镇江，近代缫丝业也有创办。1896年底，扬州严氏集资在镇江开办缫丝厂，从上海雇佣300名熟练女工，又在当地招募女工150余名，产品全部经上海外销。次年1月8日，《北华捷报》称："此为镇江的一项新事业，而为关心缫丝业者所注视。"1902年镇江有缫丝厂2家，工人近800名，"遇有蚕茧运到，无论昼夜，工作不辍"。[4]

此前的1897年，在无锡也有1家纱厂开办，"有10000枚纱锭和1100名工人"。[5]20世纪初年，随着附近农村蚕桑种植的兴盛和与上海联系的更趋紧密，无锡的缫丝工业起步，并逐步发展成为江南仅次于上海的缫丝工业重镇。无锡的缫丝工业发端于1904年，创办人是当地商人周舜卿。他原先供职于上海的一家外商洋行，稍积资力后自设行号，代销洋行商品，并镇江、常州、苏州、无锡和汉口等地，先后设立分号。大约在1895年前后，他在家乡开设裕昌祥茧行，专为英商怡和洋行收购原茧。为减少损耗，他向上海华纶丝厂购买旧丝车96部，安装在裕昌祥茧行楼上，自缫自销。开工后恰逢丝价上涨，获利丰厚。后因茧行失火，丝车全被焚毁，但缫丝业的丰厚利润推动周舜卿又筹资5万两（又有

---

［1］ 汪敬虞：《中国资本主义的发展和不发展》，中国财政经济出版社2002年版，第10—11页。

［2］［5］ 陆允昌编：《苏州洋关史料》，南京大学出版社1991年版，第78页。

［3］ 苏州市档案馆藏《苏州总商会同会录》，转引自张海林：《苏州早期城市现代化研究》，南京大学出版社1999年版，第363页。

［4］ 汪敬虞：《中国近代工业史资料》第2辑，科学出版社1957年版，第1196页。

说 8 万两），重购丝车 98 部，修造厂房，取名裕昌缫丝厂，开无锡缫丝工业的先河。此后，渐有效仿者。1909 年，商人顾敬斋在无锡黄埠墩开办源康丝厂，投资 77000 两，置备丝车 320 部。1910 年，当地商人孙鹤卿筹建乾生丝厂，置备丝车 208 部，于 1911 年投产。与孙鹤卿筹建丝厂的同一年，曾在上海公和永丝厂任账房的许稻荪，集资 10 万两，也在无锡开办振艺机器缫丝厂，购备坐缫丝车 520 部，是当时无锡规模最大的一家缫丝厂。[1] 无锡缫丝业的设备更新，也得助于上海。1930 年代初永泰丝厂淘汰老式坐缫丝车，由上海环球铁工厂承接，改用日本式立缫车；该铁工厂后又与无锡合众铁厂携手，承担瑞纶丝厂改用立缫车的设备改造业务。[2] 生丝出口贸易的扩大及近代缫丝技术的传入，促使无锡发展成为长江三角洲又一个机器缫丝集中产地，与上海的经济联系也更加密切，无锡作为苏南地区新兴的工业城市，已初露端倪。

此后，无锡缫丝工业的发展增速。无锡靠近太湖，太湖沿岸的苏州、宜兴、江阴、吴江、常州、金坛等县盛产蚕茧，生丝原料充足。太湖水质良好，适合缫丝需要，附近农村又有富于手工缫丝经验的农民，一经训练，便可成为机械缫丝的工人，工资又较上海低。此外，在税捐方面，如把缫制 100 斤生丝所用蚕茧运往上海，共需交税约 55.39 两，而把该批蚕茧在无锡缫成生丝运往上海，只需交税约 38.46 两。无锡丝厂又接近茧区，能比上海丝厂早 15 天至 30 天收茧缫丝。把蚕丝缫成生丝运沪出口，比把原料茧直接运沪缫丝出口费用要低。据估计，无锡每担厂丝的成本比上海的厂丝便宜 30 两。因此到了 20 世纪二三十年代之交，无锡地区整个蚕丝业已发展到 10 多个行业：栽桑业、蚕种制造业、购茧干燥业（茧行）、生丝制造业（丝厂）、桑苗买卖业、蚕种买卖业、茧丝保管业、屑茧丝加工业、屑茧丝买卖业、蚕丝金融业等。[3] 时人记述："无锡缫丝业是雄冠江苏省的轻工业之一，差不多占苏、浙、皖边界产丝区所有缫丝厂的十分之五强，它的原料的采集占了上述地区全部生产量的十分之六强，原料采集机构——茧行，像神经似的伸展到苏、浙、皖边界的穷乡僻壤，为它服务的劳力单位，也差不多占无锡全盛时代十万产业工人的十分之七。"[4] 1935 年的《无锡概览》称，其"东有世

---

[1] 汪敬虞主编：《中国近代经济史（1895—1927）》，人民出版社 2000 年版，第 1639、1640 页。
[2] 沈祖炜主编：《近代中国企业：制度和发展》，上海社会科学院出版社 1999 年版，第 41 页。
[3] 徐新吾等：《中国近代缫丝工业史》，上海人民出版社 1990 年版，第 196 页。
[4] 高景岳等编：《近代无锡蚕丝业资料选辑》，江苏古籍出版社 1984 年版，第 90 页。

界重要商埠之上海，运河、铁路横贯全县，锡澄、锡沪、锡宜等公路亦会辏于此。交通发达，运输便捷，商业旺盛，工厂林立，近年社会状况盖已渐离农村经济之阶段，而入于工商经济之阶段矣。迩岁强壮农民颇多抛离乡村，群趋城市或上海，舍农就工"[1]。1937年抗日战争爆发前，无锡"向有'小上海'之称"[2]。

在苏南城市近代工业的发展进程中，上海先进工业技术、人才和企业管理制度的扩散效应，并不仅见于缫丝业。常州厚生机器厂的工部领班蔡世生、翻砂部领班周梅卿、木模部邬姓领班，都来自上海求新机器厂。[3] 1924年，曾在上海外商纱厂就职或实习的楼秋泉、余钟祥，去无锡申新三厂出任技术员，从事管理和技术改革，他们从设备运转到保养，从管理到技术，作了多方面的改革，收到良好成效；1925年，在原上海大中华纱厂技师汪孚礼的主持下，无锡申新三厂的企业管理制度又有新的改进。[4]

可见近代上海的工业中心地位，要集聚的同时，又具有强烈的辐射功能，把发达的产业、先进的科技和技术人才扩散到周边地区，推动其工业的发生发展。无锡较大的资本集团如荣宗敬、荣德生兄弟的面粉、棉纺集团，薛南溟、薛寿萱父子的缫丝集团，杨宗瀚家族的棉纺集团，周舜卿的缫丝集团等资本集团的创始人以及其他著名企业的创办人，如振新纱厂的荣瑞馨、豫康纱厂的薛宝润、振艺丝厂的许稻荪、源康丝厂的祝大椿、惠元粉厂的贝润生等人，都先是在上海发迹，开阔了眼界，然后才回到无锡创办新式工业。无锡的棉纺厂、面粉厂大部分为无锡籍上海资本家创办，1896年至1930年，由上海资本家在无锡创办的丝厂达17家。[5] 1912年，日本驻上海领事馆的报告载："无锡位于上海、南京中间，当水陆两路要冲，故成为内地货物之集散地，可观之工商业不少"；其中，"该地所产面粉以上海为主要销路，除了上海阜丰之产品外，品质优良之面粉即为该地所产"。[6] 据1950年的调查："（无锡工业）与上海工业有密切关系，如纺织业中

[1] 无锡县政府编印：《无锡概览（1935年5月）》，转引自陈文源等主编：《民国时期无锡年鉴资料选编》，广陵书社2009年版，第492页。
[2] 刘平编纂：《稀见民国银行史料初编》，上海书店出版社2014年版，第45页。
[3] 上海市第一机电工业局机器工业史料组等编：《上海民族机器工业》，中华书局1966年版，第227页。
[4] 上海社会科学院经济研究所：《荣家企业史料》上册，上海人民出版社1982年版，第158、159页。
[5] 马俊亚：《规模经济与区域发展——近代江南地区企业经营现代化研究》，南京大学出版社1999年版，第242页。
[6] 李少军等编译：《晚清日本驻华领事报告译编》，社会科学文献出版社2016年版，第6卷，第52、56页。

申新三厂、庆丰、丽新等总公司都是在上海,这些中小型的工厂在上海也设有办事处,在无锡的工厂主要是加工生产。"常州最有影响的企业大成纱厂的前身大纶,其最大的股东是长期在沪经商的刘伯青,其他股东多为上海工商业主。1925年大纶改组,设总公司于上海,采用董事制,推顾吉生为常务董事,"驻上海主持大计"。1929年刘国钧接盘大纶改为大成,同样在上海设立办事处,由刘靖基常驻上海负责,"每周回来一次,交流常州、上海两地情况"。其他重要企业,如厚生机器厂的创办、发展,得益于上海求新机器厂的技术支持;戚墅堰震华电气机械制造厂的创办资本,则主要来自上海。[1]

近代中国著名实业家张謇,自19世纪末决意致力于实业救国后,就对自己的实业建设有一个通盘的考虑,一方面他并不因为南通当时相对的落后而气馁,而是在周密调查的基础上,全面规划和投资开发苏北沿海沉寂已久的大片滩涂地,积极倡导和着力推动植棉业,包括在中国开风气之先,创办了第一家新式农垦企业——通海垦牧公司,与此相联系,又筹资创办了以大生纱厂为主干的一批近代企业,构成了自成体系和颇具规模的大生集团上下游产业链,形成有鲜明中国特色的对家乡近代化进程有大贡献的南通发展模式;另一方面,张謇立足南通,但不拘泥于南通,而是充分注意并利用同处长江三角洲、隔江相望的近代上海自1843年开埠后的迅速崛起,对建设南通所带来的诸有利因素,有力地促进了大生集团及南通的发展。

张謇的实业建设对南通与上海关系的处理,可以概括为"前店后工场"的基本架构。要言之,张謇充分注意到上海作为近代中国首位型城市,在资金集聚、技术传播、人才荟萃、内外贸易渠道等方面所拥有的无可替代的优势,十分重视利用和发挥这些优势,用以催生和推动他在南通诸多近代企业的创办和经营,取得显著成效。1897年冬,尚在筹建中的大生纱厂就在上海福州路广丰银行内附设账房。1898年迁设小东门,1901年迁天主堂街外马路。1907年改称大生沪事务所。1913年以前,大生沪所的主要业务是采办物料,购运原料。1913年以后,大生各纺织厂连年盈余,大生沪所又承担了置办布机,开盘批售布匹,收款付货等业务,业务项目不断增加。当时上海银钱业纷纷向沪所提供信贷,送往来折给沪所的钱庄达105家。大生系统各企业凭借银钱业的信贷,遂在原有基础上全面

---

[1] 马俊亚:《规模经济与区域发展——近代江南地区企业经营现代化研究》,第244页。

扩张，所属企业单位大小有数十家之多。沪所营业范围随之扩展到国内外通都大邑，南通绣织局的绣织品和发网远销美国纽约，复兴面厂的二号面粉运销日本。这些产品的运销、报关、结汇以及银根调度等，都由沪所办理。大生沪事务所是大生企业集团驻上海的办事机构，更是其管理中枢，承担着采办原料、购买机器、筹集资金、销售产品等项业务，如1930年《大生纺织公司驻沪事务所办事细则》载，其负责人职掌如下："（一）关于筹调金融事项；（二）关于观察市面盈虚消长，确定营业方针事项；（三）关于买卖花纱布匹及订购大宗机件、煤料事项；（四）关于上海对外交涉事项；（五）关于官商股东咨商事项；（六）关于开会应行报告事项。"[1]

1899年开业的大生纱厂，建厂初期的劳动力绝大部分来自附近的农村，而技术骨干则主要招自上海。据当地老人回忆，大生纱厂开车前夕，由于当时农村妇女还不知道进厂做工是怎么一回事，同时还有"工厂要用童男童女祭烟囱"的谣言，"因此尽管当时农村劳动力相当过剩，但进厂的童工和女工并不多。纱厂开车时劳动力不足，不得不招了些男工和上海的熟手女工。不久谣言逐渐消除，本地童工和女工进厂的才逐渐多了起来。但一些机工和工头，大部分还是从上海招来的"。[2] 张謇亦称："我国之有纺织业也，缘欧人之设厂于上海始。欧人之始设厂，辄募我十数不识字之工人，供其指挥；久之此十数工人者，不能明其所以然，而粗知其所受指挥之当然。由是我之继营纺织厂者，即募是十数工人者为耳目，而为之监视其工者，都不习于机械之学，强半从是十数工人而窃其绪余。"[3]

继大生纱厂创立后，又有广生机器榨油股份有限公司等企业开办。它们的设立和经营同样与上海有着密切的关联，张謇印行的《南通地方自治十九年之成绩》载："通自有大生纱厂以来，四乡棉产旺，棉核出数因亦日增而流于外。土法榨制不良，油既混浊，饼亦粗杂。张謇念大生纱厂所轧棉核数亦匪细，与其以生货卖出，不如自制熟货，因倡议就通创榨油厂，专榨棉油以利用之。择地唐

---

[1] 江苏档案精品选编委员会：《江苏省明清以来档案精品选·南通卷》，江苏人民出版社2013年版，第15页。

[2] 本书编写组：《大生系统企业史》，江苏古籍出版社1990年版，第122、123、24页。

[3] 张謇：《南通纺织专门学校旨趣书》（1914年），张謇研究中心、南通市图书馆编：《张謇全集》，江苏古籍出版社1994年版，第4卷，第130页。

家闸大生厂之北，禀案纠股购机建屋，自光绪二十七年夏议办，二十九年春告成。集股、办事各章程另有单行印本。其制法参仿美国名厂，其资本初仅集股银五万两，嗣以机器系廉价转售上海华盛纱厂前代山西办而未用之件，式样旧而榨床少，出货不多。二十九年秋，续招股银十万两，添建新厂，购置美国机器，周岁竣事。自此每日夜可榨棉核八百石，出货增多，销路日畅。油销于本地者仅十之二，余皆运销常州、江宁、上海等处，有时由沪上各洋商购销欧美。饼除通海两境尽销外，余数尽由沪上日商购运东洋各埠行销。"[1] 立足南通，依托上海，谋求企业发展的广阔空间和加快南通的近代化进程，可以说是张謇实业建设的基本方略。其成效显著，1899 年，大生纱厂纱锭数居全国民间资本纱厂纱锭总数的6.06%。至 1913 年，包括大生二厂在内，上述比例增至 13.80%。直至 1923 年，与无锡相比，大生纺织系统在纱厂规模、资本额及全系统总资本方面，仍高于申、茂、福系统。[2]

长江三角洲浙江地域的近代工业起步稍晚，但同样得益于上海的集聚扩散效应。1885 年前后，宁波出现一家机器轧花厂，购置日本制造的 40 台铁制轧花机加工棉花。此后，又有严信厚等人集资白银 5 万两，于 1887 年在宁波创办通久源机器轧花厂。宁波海关资料载："在工业方面，最重要的是 1887 年用中国资本建立了一家由外国机器进行生产的轧棉公司。公司名称是通久源，开始营运时资产为银 50000 两。那些机器包括蒸汽机和锅炉，及 40 台日本大阪产的轧棉机。"整个厂区沿甬江的北岸共有 200 英尺长，"工厂整年日夜不停地开工，雇用了三四百人，还雇用了日本工程师和机械师。1891 年轧出净棉的销售量是 30000 担，籽棉由附近的棉产区收购并船运至厂内"。1896 年，又有一家投资 300000 银两的纱厂开业，"系由宁波和上海的有钱的中国人所集股"；1901 年时，有工人 750人，月产纱 2500 担。[3] 此前的 1889 年，一些宁波商人曾集资在慈溪开办火柴厂。[4] 1915 年，顺记机器厂主徐荣贵集资 5000 银元，由独资改为合伙经营，陆续从上海购置 16 英尺、12 英尺、6 英尺、4 英尺旧车床各 1 台，自制 8 马力柴油

[1] 张謇印行：《南通地方自治十九年之成绩》，张謇研究中心、南通博物苑 2003 年重印本，第 6—7 页。
[2] 严学熙：《近代中国第一个民族资本企业系统》，《中国社会经济史研究》1987 年第 3 期。
[3] 陈梅龙等译编：《近代浙江对外贸易及社会变迁——宁波、温州、杭州海关贸易报告译编》，宁波出版社 2003 年版，第 45、80 页。
[4] 陈国灿：《浙江城市经济近代演变述论》，邹振环等主编：《明清以来江南城市发展与文化交流》，复旦大学出版社 2011 年版。

机 1 台。此后，宁波一些机械设备维修业务不再依赖上海，而由顺记厂承担。[1]

杭州开埠后，英国怡和洋行于 1897 年 5 月在海关附近建立了 1 家丝织厂。同年，有 1 家华资棉纺厂设立，拥有纱锭 15000 枚，时至 1911 年，"棉纱平均年产量为 2000000 磅"。[2] 据不完全统计，1895 年至 1900 年，浙江全省先后出现的近代工业企业有 20 多家，分布于宁波、杭州、温州等口岸城市和嘉兴、绍兴、慈溪、萧山、嘉善、平湖、桐乡、海盐、余杭、富阳、瑞安等沿海中小城市。其中以棉纺织业和缫丝业居多，如宁波的通久源纱厂、杭州的通益公纱厂、萧山的通惠公纱厂和绍兴的开源永缫丝厂、杭州的世经缫丝厂、萧山的合义和缫丝厂等。1901 年清末新政启动，浙江工业发展的脚步加快。据不完全统计，清末十余年间，浙江各地新办的工业企业有 90 多家，分布于 26 个城市。在地理分布上，由原先局限于宁波、杭州、温州等通商口岸城市及东部沿海城市，扩大至金华、衢州、丽水、湖州、兰溪、义乌、诸暨、孝丰等一些内陆城市。在行业方面，涉及棉纺织、丝业和丝织、粮油食品加工、日用品、造纸、印刷、建材、照明等门类。[3]

杭州的近代工业，要到民国初年才有较明显的起色，1917 年从美国留学归来的蒋梦麟在杭州目睹："杭州是蚕丝工业的中心，若干工厂已经采用纺织机器，但是许多小规模的工厂仍旧使用手织机。一所工业专科学校已经成立，里面就有纺织的课程。受过化学工程教育的毕业生在城市开办了几家小工厂，装了电动的机器。杭州已经有电灯、电话，它似乎已经到了工业化的前夕了。"[4] 有学者指出，早期杭州的不少工厂都起源于上海，其中有杭州第一棉纺织厂、六一织造厂、华丰造纸厂等；有些是由上海的企业注入资金，成为其下属企业，如 1929 年上海三友实业社合并了杭州通益公纱厂改称三友实业社杭厂，1934 年杭州光华火柴厂被刘鸿生的上海大中华火柴公司合并等。同时，杭州的一些厂家如著名的都锦生丝织厂等，纷纷在上海设立办事处或门市部，推销自己的产品。[5]

在上海及长江三角洲近代工业产生的初期，以上海为主要活动地的买办和买

[1] 苏利冕主编：《近代宁波城市变迁与发展》，宁波出版社 2010 年版，第 97 页。
[2] 陈梅龙等译编：《近代浙江对外贸易及社会变迁——宁波、温州、杭州海关贸易报告译编》，第 218、238、252 页。
[3] 陈国灿：《浙江城市经济近代演变述论》，邹振环等主编：《明清以来江南城市发展与文化交流》。
[4] 蒋梦麟：《西潮与新潮——蒋梦麟回忆录》，东方出版社 2006 年版，第 129 页。
[5] 汤洪庆：《杭州城市早期现代化（1896—1927）》，《浙江学刊》2009 年第 6 期。

办商人资本的投入占了相当大的比重，"对兴办近代企业起过决定性作用。估计在 1862 至 1873 年，他们为上海 6 家航运公司提供了 30% 的资金；1863 至 1886 年，为开办煤矿提供了所需资金的 62.7%；1890 至 1910 年，为中国 27 家大棉纺织厂提供了 23.23% 的资金，同一时期还为中国机器制造业提供了所需资本的 30%"。[1]

整个 19 世纪，有华商附股的外国在华企业资本累计在 4000 万两以上。在不少外资企业里，华股约占公司资本的 40%；琼记洋行、旗昌、东海轮船公司和金利源仓栈等，华股都占一半以上；怡和丝厂和华兴玻璃厂，华股占 60% 以上；大东惠通银行和中国玻璃公司，华股甚至达到 80%，其中大部分是买办资本的投入。另据统计，19 世纪末到 20 世纪初，中国本国资本的近代棉纺、面粉、轮船航运、毛纺、缫丝、榨油、卷烟、水电等企业的投资人中，买办的投资约占总人数的 20% 至 25%。[2] 1890 年至 1913 年，上海、南通、无锡 38 家民族资本近代棉纺织、面粉、榨油、金属加工、火柴、缫丝企业中，已知其身份的创办人或投资人共 42 人，其中买办和买办商人 26 人，官僚 10 人，钱庄和一般商人 6 人，从买办转化而来的占大多数。[3]

浙江南浔著名的号称"四象八牛"的丝商 12 个家族，在经营生丝出口致富后，大多有向近代经济部门涉足的经历，投资工业和金融等业。其中"四象"之首的刘镛除了在上海、杭州等地置买房地产，还在南通投资通海垦牧公司。其子刘锦藻继而投资沪杭铁路，任董事兼协理，在杭州还投资浙江兴业银行，在上海设立大达轮埠，在南浔与人合资创办浔震电灯公司。"四象"之二的张颂贤经营过通运公司，并投资于浙江兴业银行和上海中国银行。"四象"之三的庞云增的儿子庞莱臣在上海投资中国银行，收买外商正广和汽水公司的大量股票，又开办龙章造纸厂，自任总理，在杭州投资于浙江兴业银行、沪杭铁路公司，在浙江德清县创办大纶缫丝厂，在苏州与人合资创办纱厂和印染厂。"四象"之四的顾福昌在上海买下美商外洋轮船货运码头——金利源码头，并建造堆栈，业务兴旺。

[1]〔美〕费正清编，中国社会科学院历史研究所编译室译：《剑桥中国晚清史》，中国社会科学出版社 1985 年版，下卷，第 614 页。
[2] 王水：《清代买办收入的估计及其使用方向》，《中国社会科学院经济研究所集刊》第 5 辑，中国社会科学出版社 1983 年版。
[3] 丛翰香：《关于中国民族资本的原始积累问题》，《历史研究》1962 年第 2 期。

"八牛"中的邢赓星、周昌大、邱仙槎、陈煦元等及其后人也都曾向新式企业投资，其中如周昌大其子周庆云曾投资于苏杭铁路和浙江兴业银行，并在杭州开设天章丝织厂，投资于虎林丝织公司，又在湖州开办模范丝厂，在嘉兴设立秀纶和厚生丝织厂，在南浔投资于浔震电灯公司，还发起开采浙江长兴煤矿。[1]

与南浔籍人有所不同，明清以来苏州洞庭商帮就颇具实力，但在上海开埠前，缘于以苏州为中心的江南城镇体系和以大运河为基干的南北交通网络，他们的活动区域主要分布在镇江以西长江沿岸和大运河沿线。自上海崛起，洞庭商人审时度势，将经营重点及时转向上海，在依附外商从事进出口贸易的过程中发展很快，在钱庄、银行业的实力尤强，并不乏投资近代工业者。[2]

此外，如宁波籍商人叶澄衷在上海推销进口五金器材致富，陆续开设了多家五金商行。后又投资近代工业，1890年出资20万元在上海独资开办燮昌火柴公司，1893年又投资开办伦华缫丝厂，1897年合资开办汉口燮昌火柴厂，资本42万元。其他各个商业行业中，有的进口商积累起相当资本后就投资仿造自己向来经销的同类进口货，例如做进口西药生意的药房投资生产西药，上海的民族资本西药工业企业，大部分是从药房发展来的。上海还有不少棉布商、呢绒商，纷纷投资开设染织厂、纱厂、毛绒厂等。[3]

二、工业的产销需求

以上海为中心的中国近代民族工业自19世纪六七十年代兴起后，至19世纪末20世纪初，有了较大的发展。

成长中的中国民族工业的原料需求，给农村经济以很大的促动，两者间的互动关系明显。19世纪末，曾有在沪的英国人记述："稻米、棉花和谷物是临近地区种植的主要作物，西面和北面种植稻米，东南和南面种植棉花，但是由于近年来纺织厂对棉花的需求量增加，水稻种植被挪到了离上海较远的地区，取代水稻

---

[1][3] 丁日初等：《对外贸易同中国经济近代化的关系》，《近代史研究》1987年第6期。
[2] 中国人民银行上海市分行：《上海钱庄史料》，上海人民出版社1960年版，第750—752页；张海鹏等：《中国十大商帮》，黄山书社1993年版，第348页。

的是棉花。"[1] 如浦东的棉花丰歉，直接影响上海纱厂的生产经营，1900 年 6 月 27 日《江南商务报》载："去年各处子花歉收甚不敷用，沪上各纱厂早已停歇夜工，而日工所需每日亦须七八千包。目下浦东子花市面乏货，纱厂所用之花，以太仓子花居多，前每担价九元左右，刻渐涨至九元六角。各轧花厂日夜均已停机，所需花衣多购之通州。"[2] 棉纺织实业家穆藕初记述："我国棉产向以苏省通、崇、海三属为最，产量多而棉质佳，……上海各厂所用较良之原料，唯通、崇、海三属产品是赖，何年歉收，纺织界不免蒙甚大之影响。"[3] 1907 年大生第二纱厂在崇明外沙久隆镇开办，1925 年该厂有 "大小引擎马力一千匹，锭子三万零二百支，男女工人二千余名，每年产出机纱一万七千余箱，除销通、崇、海三境及上海外，亦常销于长江上游各省，历年营业均有盈余，尤以民国六年为最，获利竟达三十二万一千余两"[4]。1934 年，通州所产棉花，"大部分供给大生沪方厂商及日商"[5]。

一旦棉花滞销，棉农的生计便大受影响，因此他们很期盼与棉纺织厂建立较稳定的供销关系。1933 年有人致信银行家周作民，设法在太仓棉区与上海纱厂间牵线搭桥："兹有恳者，弟家在太仓之璜泾里，濒海沙土宜于墨子棉，近年虽已衰退，而出数甚伙，品种可珍。贵沪行殷君纪常，对太地产花情形甚为熟悉，且与各纱厂金融往来，素富信用。本届敝地秋收，照现在花朵观察，大有丰收之象。而内地金融困难，商号疲敝，难以振拔。弟为桑梓救济农商困难计，拟请先生转知殷君纪常，惠为吾娄设法，倘能觅得一二厂家，在璜泾地方设立办花处，则不唯农民、商行得以救济，即纱厂亦得多收敝乡之墨子花衣，供细纱原料，彼此两有利益。"[6]

1935 年的调查统计，在浙江余姚棉花产区，"棉花贸易以周巷为集中市场，当新花上市，各就产棉中心之市镇设庄收买籽棉，若农家自备轧花机，则出售

———

[1]〔美〕D. 沃尔斯·史密斯著，施恬逸译，王敏校：《1900 年以前的上海》，熊月之主编：《上海史国际论丛》第 3 辑，上海人民出版社 2017 年版，第 111 页。
[2]《花市及纱厂情形》，《江南商务报》第 13 期（1900 年 6 月 27 日）。
[3] 穆藕初著，穆家修等编：《穆藕初文集（增订本）》，上海古籍出版社 2011 年版，第 25、26 页。
[4] 陈翰珍：《二十年来之南通》（1925 年），南通张謇研究中心 2014 年重印本，第 97 页。
[5]《洪膺史致周作民函底（1934 年 6 月 18 日）》，彭晓亮编注：《周作民日记书信集（文字版）》（上海市档案馆藏近代中国金融变迁档案史料汇编·人物卷），上海远东出版社 2014 年版，第 200 页。
[6]《狄膺致周作民函（1933 年 8 月 3 日）》，彭晓亮编注：《周作民日记书信集（文字版）》（上海市档案馆藏近代中国金融变迁档案史料汇编·人物卷），上海远东出版社 2014 年版，第 197 页。

花衣。全县所产棉花，除一部分自用外，余均运销绍兴、杭州、宁波、上海各处，而以宁波为最大销场，其运往外埠之花，亦统由宁波转运。花包普通分大小二种，小包司马秤六十斤，大包一百二十斤，运至宁波每包火车费约四角，航运则二角五分"[1]。浙江萧山、绍兴，"棉花之市价，均以上海姚花价格为标准，所有棉花大都运销上海。区内只有通惠公纱厂一家，全年用棉亦甚有限，绍兴则只有小部分运销宁波。区内花行，大都代理上海厂家收花，绝少独资经营者。所收棉花，全系籽棉，运输出口时，用蒲包包装，连同包皮，每包重量为一百三十斤（市秤），大都经闸口转运上海，亦由经海宁转硖石运上海者"[2]。浙江海盐，"棉花运销，洋棉由汽车运销杭县三友纱厂，中棉由民船运往平湖转沪"；在浙江平湖，"洋棉由汽车运销杭县三友纱厂，中棉由各商店收买，径由沪商船运上海销售"。[3] 浙江上虞：

> 本县无棉花正式运销机关，于棉花收获之先，由各花行邀集境内秤花中人，议定市价，下乡收买。棉农挑运至指定场所，中人俟积有成数，装运至行家过秤。出售行家，则将棉花晒到相当身分，轧成皮花，装运至宁波或上海等处求售。其棉农出卖之花，则恒视上海市面及棉花之干燥程度为涨落之标准。[4]

19 世纪末 20 世纪初，无锡蚕桑业受上海缫丝工业迅速发展的影响及其对原料茧需求的刺激，颇具规模，几乎村村种桑养蚕。据 1913 年江苏省实业厅《江苏省实业行政报告书》的统计，无锡农业户数为 142134 户，其中养蚕户就有 142005 户，约占前者的近 100%。无锡成为上海丝厂重要的蚕茧供应地，并促使当地机器缫丝厂的兴办。自 1904 年周舜卿在东绛开办裕昌丝厂始，陆续有新办

---

[1] 中华棉业统计会编印：《中国棉产统计（1935 年）》，孙燕京、张研主编：《民国史料丛刊续编》第 569 册，《经济·农业》，大象出版社 2012 年版，第 148 页。
[2] 中华棉业统计会编印：《中国棉产统计（1935 年）》，孙燕京、张研主编：《民国史料丛刊续编》第 569 册，《经济·农业》，第 152 页。
[3] 中华棉业统计会编印：《中国棉产统计（1935 年）》，孙燕京、张研主编：《民国史料丛刊续编》第 569 册，《经济·农业》，第 154 页。
[4] 中华棉业统计会编印：《中国棉产统计（1935 年）》，孙燕京、张研主编：《民国史料丛刊续编》第 569 册，《经济·农业》，第 156 页。

者，其间有停业者，但至 1930 年仍存有 48 家，其中不少源自上海资本的直接投资创办或参股。[1]

1912 年创办于杭州的纬成丝织股份有限公司，产销不断扩大。1920 年在嘉兴筹建裕嘉分厂，设力织、缫丝二部。1923 年，又先后在上海筹建裕通织绸厂和大昌染炼厂，并设立上海总发行所，负责经营公司产品的内外销业务，由此成为拥有包括杭州总厂、嘉兴分厂、上海分厂及总发行所在内的颇具规模的丝绸企业。在其发展过程中，丝织原料即蚕茧质量欠佳直接影响丝织品的质量和销路，引起企业经营者的重视，并从帮助和指导农户改良育蚕制种等环节入手，加以改进。相关史料载，该公司"除扩充机织外，并以所用土丝纤度不匀，未免损及织品，遂有收茧缫丝之举，同时劝导民间改良蚕桑，并亲自育蚕制种广为提倡，行之数年，成效颇著"。企业的发展更添助力，"用丝问题解决以后，所出织品更胜于前，以后制丝方面逐年扩张，生丝自用有余，兼销海外"。[2]

费孝通的姐姐费达生，1903 年生于江苏省吴江县同里镇，在日本留学期间学的是制丝技术。回国后，学以致用，先是在吴江县震泽镇进行土丝改良，举办制丝传习所，研制了木制足踏丝车。至 1928 年，改良丝车有 92 部，改良丝的售价可比土丝高出三分之一。她忆述："教养蚕的人家缫丝，九十几家呢，每家一部车，缫丝车是每家要木匠做的。缫出的丝打成包，日本式的包，是我学来推广的。"之后是去上海推销，"上海人不认识，到上海怎么办呢？我们住在旅馆里，翻电话簿里的绸厂。第一个是美亚绸厂，绸厂见丝好，就很起劲，所有丝价钱都要高出三分之一，农民高兴得很"。[3] 1928 年的统计载："丝厂之原料纯为蚕茧。每年于蚕事告竣之时，沪上各丝厂及专营茧业之商人，纷纷派员至江、浙、皖三省内地，租厂收茧。其产地以江浙两省为多，皖省次之。江苏产茧之地以无锡、常州、江阴三县为最，其他如溧阳、金坛、宜兴、常熟、丹阳等处次之。浙江产茧之地以杭州、嘉兴、湖州、海宁、萧山、嵊县、新昌为最，平湖、崇德、诸暨、余杭、临安等县次之。"其中，"上海各丝厂所用之原料，以苏产为最多，普

---

[1] 郑忠：《非条约口岸城市化道路——近代长江三角洲的典型考察》，上海辞书出版社 2010 年版，第 246、247、259 页。

[2] 王翔：《辛亥革命与杭州纬成公司》，《工商史苑》2011 年第 3 期。

[3] 沈汉：《蚕丝人生：费达生女士口述》，李小江主编：《让女人自己说话——独立的历程》，三联书店 2003 年版，第 245 页。

通年岁约有干茧十四五万担，浙江 10 万担之谱，安徽 1 万数千担。此外山东、湖北等处，每年亦各有 3000—4000 担。"[1]

上海的面粉工业相当发达，江浙地区的小麦种植明显增加。上海阜丰机器面粉厂于 1898 年筹备，至 1900 年春建成开业，这是中国民族资本创办的第一家近代机器面粉工厂。其早期使用的小麦，主要是直接采购于各产地，不依赖于中间粮商的贩运。"该厂在长江下游江苏的无锡、扬州、泰州与淮河流域的蚌埠等地，都设有麦庄，常年收购小麦。"[2] 20 世纪初 10 年代至 20 世纪 20 年代，江苏省的小麦种植面积增加近一倍，产量也从约 3000 万市担，至 20 年代、30 年代大多超过 6000 万市担；浙江省上述两者的增长幅度也相似。[3] 针对农产品收购中存在的作弊现象和竞价行为，1926 年上海各面粉厂组织了一个办麦公会，"该会在镇江、高邮、溱潼、姜埝及泰州五个地区都设有收购处，并将派视察员到以上五个地区查验小麦的品质，防止售麦者作弊。如发现售麦者在麦粒里面掺有沙土，便要他把沙土清除，以确定确实的重量。该公会会员在收购小麦上不允许有竞争。视察员的开支由各会员负担，按其所购小麦，每千包收洋 1 元"[4]。

1899 年南通大生纱厂开业后，刺激了附近地区的棉花生产，"从通州一区而论，该区植产之地，占全州地亩总数十分之六七，包括南通、崇明、海门等区，合计东西三百里，南北一百五十里，幅员极广，故该区不但为江苏一省出棉之要地，即综全中国产棉之区域计之，亦当首屈一指矣。该区平均产棉之额，约有一百五十万担之多，就中产额之大部，皆为崇明与南通之大生纱厂所吸收，其余则概运至上海销售焉"。[5] 大生纱厂的机纱，推动了农民家庭手工棉纺织业的衍变和发展；而通海地区农民扩大土布生产而产生的对机纱的大量需求，又在大生纱厂濒临破产之际挽救了工厂，并推动它走上迅速扩展之路。[6] 一项综合性的研究显示，1936 年全国机器棉纺厂共有纺机 510 余万锭，其总产量可供 188000 余台机器织布机的原料需求，但当时全国机器织布机总共只有约 8 万台，结论是近

[1] 陈真等编：《中国近代工业史资料》第 4 辑，三联书店 1961 年版，第 157 页。
[2] 杨涂：《上海第一家近代机器面粉工厂——阜丰面粉厂》，全国政协文史资料委员会：《文史资料存稿选编·经济（上）》，中国文史出版社 2002 年版，第 951、956 页。
[3] 许道夫：《中国近代农业生产及贸易统计资料》，上海人民出版社 1983 年版，第 23、25 页。
[4] 章有义：《中国近代农业史资料》第 2 辑，三联书店 1957 年版，第 512 页。
[5] 章有义：《中国近代农业史资料》第 2 辑，第 220、221 页。
[6] 详可参见林刚：《试论大生纱厂的市场基础》，《历史研究》1985 年第 1 期。

代中国"绝大多数纱厂的建立，根本就是以手织业当做销纱对象的"[1]。

自上海为中心的机器棉纺织业兴起后，周围农村的植棉业更添助力。如1924年的调查载，青浦县"籽棉约产12万担，自供约四之一，余者全销上海"[2]。1936年出版的《江苏六十一县志》称："棉花之主要产地在江北之东南部及江南之东部，棉田面积广至11000余万亩，全国产棉800万担，而本省约占十分之六，品质之佳、产量之巨，均冠全国。"[3]其中紧邻上海的崇明县"可耕之田共计80万亩，50万亩为水田，30万亩为旱田，大部分种棉花，年产约15万担以上"；宝山县，"农产物棉花及米为大宗，棉花年产约20万担"；川沙县，"农产物棉多于米，棉花年产约8万担左右，米年产不足1万石"；上海县，"可耕之田计有247375亩，其中旱田占195436亩，所以农产物亦以棉花为大宗，年产约在20万担以上"；奉贤县，棉花年产约20余万担，"每年销路值达数百万，上海各花厂均有坐庄买办来此收购"。[4]

在上海周围，长江口以北的南通"全县可耕之田共有1386054亩，大部分为沙田，十分之七皆种棉花，故棉花为大宗物产之一，年产在百万担以上"；启东"全县可耕之田共计97万亩，旱田多于水田，盛产棉花，棉田占全县十分之五以上，每年产额在十万担左右"；海门县"虽濒江海而旱田却占大多数，水田仅4万余亩而已，故农产物以棉及豆、麦为大宗，棉产年约30万担"。长江口以南的江阴县，"棉花年产亦近20万担，以西乡及沙洲所产为多"；常熟县，"东北乡沙地则盛产棉花，棉田45000亩，年产棉花78750担"；昆山县，"植棉之田计16650亩，年产在12万担以上"。[5]在同属长江三角洲的浙江，"土产之能大宗销行外省者，丝、茶外，则为棉花，沿海各地如镇海、定海、鄞县、慈溪、余姚、上虞、绍兴、萧山、杭县、海宁、海盐、平湖、富阳、新登等县，土质砂性，洵为产棉区域"，所产"浙棉除供各生产县之衣被所需外，自皆以供给纱厂所在地为主，宁波、杭州两地每年供不应求，皆吸收邻县之棉花，萧山则有余棉可输杭州、宁波、上海各地"。[6]

---

[1] 严中平：《中国棉纺织史稿》，商务印书馆2011年版，第337页。
[2] 章有义：《中国近代农业史资料》第2辑，第231页。
[3] 民国《江苏六十一县志》上卷，江苏省总说，物产。
[4][5] 民国《江苏六十一县志》下卷，物产。
[6] 民国《重修浙江通志稿》，第21册，物产，棉花。

有学者的研究表明，中国早期民族工业的主体——棉纺织业，在很大程度上正是依赖于植棉业的原料供给及农民家庭纺织业对机纱的需求而获得生命力的。而近代纱厂，也把供农村土布为原料的粗支纱作为基本产品，把为农村土布生产原料作为基本经营方针，从而形成了一种植棉业为纱厂提供原料，农民家庭手工织布依靠纱厂提供原料，纱厂依靠农村土布生产为主要市场的相互依存、相互补充的新型经济关系。在纱厂集中的上海及长江三角洲地区，这种互补互动的关系有清晰的展现。苏南几个主要织布区的情况表明，在洋纱流入后，由于其既利于土布生产提高产量、质量，又能降低成本，因此很受农民欢迎。于是在苏南地区形成了年产数千万匹土布所需的庞大的机纱市场，这对上海及苏州、无锡、常州一带近代纱厂的兴起和发展，起了至关重要的作用。[1] 广阔的农村市场，使棉纺业成为近代上海及中国产值居首的工业部门，而包括荣家企业在内的中国棉纺工业 1930年代后遭受危机主要是机纱滞销，其重要原因也离不开农村土布业的不景气[2]。

20 世纪二三十年代新建的棉纺厂很多都转向原棉产地，江苏、山东、河南、山西、陕西、新疆等地一些中小城市都有了新的棉纺厂。棉织业的分布则更广，各地几乎都有织布厂、织袜厂、毛巾厂等设立。这一阶段民间资本棉纺织业的地域分布，也从上海和江浙一带向华北和华中地区伸展。到 1922 年，民间资本纱厂的地区分布，按纱锭计，大约上海占 38%，江浙其他地区占 25%；天津占14%，成为北方纺织中心，华北其他地区占 10%；武汉占 10%，华中其他地区占3%。[3] 有学者指出，中国近代棉纺织工业的基本市场，就是传统农村家庭织布业的机纱需求市场。在一定意义上可以说，前者是依靠为广大的农民织布业"提供服务"来立足并获得发展的。至抗日战争前的 30 年代中期，国内机纱的主要市场仍在农村，在全部机纱产量中，约有 53% 是供手工织布业的原料，作为大工业纱厂自行织布用纱不足 28%，约相当于手织布的一半，其余主要为针织业和各类布厂用纱，实则布厂中亦大量使用人力织机。[4]

［1］ 林刚：《再论中国现代化道路的民族性特征》，《近代中国》第 7 辑，立信会计出版社 1997 年版，第 203—206 页。

［2］ 林刚：《民生工业与近代经济的兴起》，胡政等主编：《招商局与中国企业史研究》，社会科学文献出版社 2015 年版，第 401 页。

［3］ 许涤新等主编：《中国资本主义发展史》第 2 卷，人民出版社 1990 年版，第 861 页。

［4］ 林刚：《农民家庭工业对现代工业的影响问题》，《近代中国》第 19 辑，上海社会科学院出版社2009 年版。

自城乡手工织布业采用日式脚踏布机后，上海的一些铁工厂即开始仿造，业务忙时，曾日夜开工，"在1922年至1924年间，年产铁木机四五千台"。这些铁木织布机，"初期销路以上海为多，后销至江浙两省的江阴、常州、无锡、嘉兴、杭州等地"[1]，引领了这些地区城乡手工织布业的技术进步。上海实业家中，有的在郊县投资设厂，如赵楚惟幼年卒业于南汇县学，后就读于湖南岳阳书院，1898年回沪经商，1905年游历日本考察银行、航务及工商业，辛亥革命后，在沪投资设立东洲制烛所，1914年在南汇创办周浦大明电气股份有限公司，结束了周浦从无电力供应的历史[2]。祖籍奉贤的蒋燕生，"民国初年开设轧花厂，为鲁汇诸厂之先，并因奉贤县境各项捐税较低，遂于闸港河南购地开办油车及糟坊，先后利用机器振兴鲁汇河南，使成吾奉北境之工业区"[3]。

在农业部门与主要轻工业产业部门良性互动的基础上，近代中国出现了民用重工业部门——机械制造业。其中，上海大隆机器厂堪称典型，其产品紧密依赖棉纺工业，而棉纺工业又紧密依赖农村手工织布业。这种内在联系并非是孤立的，在近代上海乃至全国，民族资本机械制造业的发展与否，都与棉纺织工业有重要关联。1931年，在资本总额和每厂平均资本额中，纺织机械在全上海民族资本机器工业中稳居第一。与此相映照，凡其产品没有广泛农村需求的中国近代工业部门如前述机制面粉业，则因在农村市场的竞销中，远远不能与传统同类产品——手工磨制的面粉相匹敌，而未能得到与其潜在市场相应的较好发展。[4]

依托上海的工业中心地位，也有一些原籍市郊的民间资本工商界人士相继在家乡投资创办近代企业，在自身赢利的同时，也有利于家乡的民生和经济发展。出生于南汇周浦镇的赵楚惟，幼年卒业于南汇县学。后就读于湖南岳阳书院。回沪后，弃文经商。1901年始，任上海丰裕官银号帮办及上海海关道候补道员。1905年，游历日本及俄国东部，考察银行、航运及工商业。在日本参加了同盟会。回国后，积极参与反对清朝专制统治的活动。辛亥革命后，致力于发展实

---

[1] 上海市第一机电工业局机器工业史料组等编：《上海民族机器工业》上册，中华书局1966年版，第270页。
[2] 李学昌主编：《20世纪南汇农村社会变迁》，华东师范大学出版社2001年版，第37页。
[3] 民国《奉贤县志稿》卷5，人物。
[4] 林刚：《农民家庭工业对现代工业的影响问题》，《近代中国》第19辑。

业，于1914年创办周浦大明电气股份有限公司，周浦从此有了电力供应。南汇县坦直乡的胡篑铭，后迁居周浦。其父胡可贞在日本神户经商，1912年胡篑铭中学肄业后曾去日本学习实业，回国后先后在南汇的坦直、新场开办安定袜厂和昌华碾米厂。1929年，参与筹备中华火柴公司，并就任周浦中华火柴厂厂长，经营10余年，至1937年已是沪郊名厂之一。[1]

上海火柴制造业的兴起，带动了郊县诸如手工糊制火柴盒的加工业。民国《奉贤县志稿》载："乡间因限于器材及原料、资本之不足，故惟有糊盒手工业而少火柴厂。中国于清光绪年间，湖北武昌始有张之洞发起成立火柴公司。未几，上海方面亦接踵而起。民国初年，浦东之周浦亦有火柴工厂，而我奉糊盒工作则始于民国十九年之金汇桥上海大华火柴公司代理发盒部，经理陈木生。自筹备成立后，即租用河西街前振源电灯厂房屋，除雇用糊工三十名外，并每月发盒二百万，以便新近居民糊制。材料之采取，大概从青岛、连云港、温州一带运来之松杉，在厂制造盒片后，即由厂方统筹运输。"[2]

一些在上海创业成功的企业家，对引领家乡农村的经济变革也颇有贡献。无锡新起的周新镇，就是与周舜卿密切相关的。他在上海投资工商业小有成就后，"新辟东绛市约半里长，曰周新镇，招乡民居住，开设典当、茧行、米行、糟坊以及各业，更开丝厂一所，抽丝机八十六座，女工数百人，每年出丝销售上海及出口，利益甚丰"。周舜卿的发迹，带动了无锡东绛一带村民离乡谋求发展，一批人先后进入上海，形成了上海早期的铁行帮。1904年周舜卿在周新镇开办裕昌丝厂后，东绛逐步从一个旧乡村转而成为拥有近代工商业的新兴市镇。无锡的荣巷古镇，则有荣宗敬、荣德生兄弟的建设。他们着手辟市镇、办学校，并修筑了全长9公里的开原路，这是无锡西郊的首条大马路，还修通了开原路至北山钱桥镇的钱荣路，以及开原路至大渲口出湖的支线。其间，荣氏兄弟在荣巷古镇周围建造或拓宽了不少桥梁，其中的宝界桥，是其连接无锡城区的唯一陆路通道。这些路桥建设，直接引领当地乡村走出相对闭塞的状态，融入近代经济的范畴。[3]

［1］ 上海市档案馆编：《上海古镇记忆》，东方出版中心2009年版，第92页。
［2］ 民国《奉贤县志稿》卷10，实业。
［3］ 贺云翱主编：《无锡人与中国近现代化》，南京大学出版社2011年版，第352、353页。

三、农副产品的加工和机灌业

自上海成为中国对外贸易第一大港，从各地汇聚来的茶、丝等大量出口农副产品经由此地输往海外。因长途运输的需要和迎合国际市场对产品的要求等考虑，它们在离港前都有一个初加工和再包装的工序。在源源不断的大宗出口贸易的推动下，一批出口加工业很快发展起来。

（一）出口丝、茶等加工业

机器缲丝，是民族资本较早涉足的工业部门。它的出现，是受生丝大量出口的推动。太平天国期间，江浙一带战事频繁，生丝出口趋向广州，机器缲丝工业也自广东开始，最早的创办人是原籍广东南海县的侨商陈启源。1872 年，他在家乡创设继昌隆缲丝厂，雇用工人六七百名。该厂开办后，出丝精美，行销欧美，获利丰厚，以致效仿者接踵而起。至 19 世纪 90 年代，广东顺德县有蒸汽缲丝厂 200 余家。[1]

机器缲丝业的另一个中心，是在上海。蚕丝出口呈现持续增长，中国传统缲丝方法日显落伍。1889 年 11 月 17 日，张荫桓记述："有英商以贩丝为业者，贾于沪二十余年，为言华丝极佳，而出茧不得法，焙茧太老，伤其外；蚕蛹不洁，污其内。一茧仅中间一层可用，耗损太过；又缲丝粗细不匀。"[2] 1882年，继外资缲丝厂之后，以公和永丝厂为先行，有一批华商相继投资兴办缲丝厂。1886 年至 1894 年，除公和永之外，又有裕成、延昌恒、纶华、锦华、新祥、信昌、乾康等七家民族资本机器缲丝厂先后创办。[3] 其背景是，"从本港运往孟买、贝鲁特、亚历山大和塞得港的蚕丝数量不断增加，运往上列各地的数量五年中翻了一番"，同时欧洲和美国对上海各丝厂成品的需求显著上升，厂丝的价格"按平均数计算，比用中国方法对同样的茧缲制的蚕丝价值，要高

---

[1] 许涤新等主编：《中国资本主义发展史》第 2 卷，人民出版社 1990 年版，第 456 页。

[2] 任青、马忠文整理：《张荫桓日记》，中华书局 2015 年版，第 480 页。

[3] 孙毓棠：《中国近代工业史资料》第 1 辑，科学出版社 1957 年版，第 72 页；徐新吾等：《中国近代缲丝工业史》，上海人民出版社 1990 年版，第 140 页。

20%—50%"。[1]

在设备方面，先期兴起的本国船舶机器修造厂已能仿制西式缫丝机，"以供缫丝业发展之需要"。设在外虹桥的大昌机器厂先是除修造小火轮外兼造缫丝机及丝厂用蒸气发动机，1890 年始转为专门生产丝厂设备，"有工人一百多名，日夜制造意大利式缫丝车及丝厂用小马力水汀引擎，非常忙碌"。[2]截至 1894 年，连同公和永在内的 8 家民族资本缫丝厂合计拥有丝车 2576 部，资本约 206 万两，雇工约 5850 人，年产丝总量约 2782 担。成为上海民族工业中，紧随船舶修造业之后的第二大产业部门。"上海的各种工业中，缫丝工业最是遐迩闻名的，因为它的产品风行于欧美市场，举世皆知。"[3]

当时除上海、广东外，其他地区尚无机器缫丝厂，上海 12 家中外丝厂共有丝车 4076 部，每车日产约 0.36 斤，全年开工以 300 天计，则每车年产 108 斤，4076部的年产量约 4402 担，与 1894 年上海港厂丝出口 4344 担基本吻合。[4]甲午战争后，未有新开设的外资丝厂，但依托上海港繁盛的出口贸易，民族资本缫丝业仍呈现不断发展的势头，至 1913 年已从 1895 年的 13 家共 4276 部丝车增至 49 家共13392 部，两项数字均各净增 2 倍多。[5]依旧是上海民族工业的巨擘大户。

甲午战后，浙江也有近代缫丝厂开办。据统计，1895 年至 1909 年，先后有 5 家缫丝厂开业：即"开永源"，1895 年由 9 位宁波商人合资在绍兴府会稽县距曹娥镇 10 里的白米堰创办；"世经"，1895 年由湖州富商庞元济和杭州富绅丁丙合资在杭州拱宸桥如意里创办；"合义和"，1895 年由嵊县富商楼景晖和萧山官绅合资在萧山转坝创办；"大纶"，1896 年由庞元济和丁丙在仁和县塘栖镇创办；"公益"，1909 年在湖州创办。其背景是上海开埠后，浙江农村蚕桑业的增长。20世纪 20 年代的调查显示，浙北一些县的农家经济中，植桑养蚕出售生丝是其主要收入来源之一：

---

[1] 李必樟译编，张仲礼校订：《上海近代贸易经济发展概况（1854—1898 年）：英国驻上海领事贸易报告汇编》，上海社会科学院出版社 1993 年版，第 789、792 页。

[2] 上海市第一机电工业局机器工业史料组等编：《上海民族机器工业》，中华书局 1966 年版，第99 页。

[3] 孙毓棠：《中国近代工业史资料》第 1 辑，第 65、66 页；徐新吾等：《中国近代缫丝工业史》，第 140、141 页。

[4] 徐新吾等：《中国近代缫丝工业史》，第 143 页。

[5] 徐新吾等：《中国近代缫丝工业史》，第 182 页。

表 4-3　20 世纪 20 年代浙北农村的蚕桑业

县　别	蚕户占农家百分比	桑地占耕地百分比
嘉　兴	100	25
嘉　善	49	27.5
海　盐	97.5	11
平　湖	80	19
桐　乡	92	39
崇　德	92	43
海　宁	100	45

资料来源：董巽观：《嘉兴地区蚕丝史料片断》,《浙江文史资料选辑》第 4 辑, 转引自陶士和：《民国时期杭州民间资本发展的几个特征》, 杭州文史研究会编印：《民国杭州研究学术论坛论文集》（2009 年 12 月, 杭州）。

　　紧邻上海的太湖沿岸和杭嘉湖平原, 向为中国最大的蚕丝产区。上海开埠不久, 缘其地理优势,"立刻取得了作为中国丝市场的合适的地位, 并且不久便几乎供应了西方各国需求的全部"。这些出口蚕丝当时都由产地小农手工缫制, 难免色泽不净, 条纹不匀, 拉力不合欧美国家机器织机的要求。1858 年有英国人记述："欧洲人, 准确地说是英国人, 将生丝分为三个等级：经丝、纬丝和乱丝。经丝捻得很紧, 用于制作最好的丝绸；纬丝捻得不那么紧, 用来纺纬纱, 质量次于经丝；乱丝完全没有捻, 包括短丝、断丝和废丝, 这些乱丝被收集起来, 经过梳理, 再像纺棉一样纺成丝。这三种通过手捻而形成的丝, 称作手纺纱。为了去除粘胶, 必须经过水煮的过程, 否则手感不好, 也不易着色。"[1] 因此生丝在运抵欧美上机前还得用机器再缫一次, 在法国里昂"普通白丝每公斤价值 47 法郎, 而再缫丝则值 63 法郎"。中国劳动力价格低廉, 对外商来说,"在生丝离开上海就地再缫一次更为合算"。[2]

　　1859 年, 已有沪上最大的生丝出口商英国怡和洋行在上海筹设机器缫丝厂。1861 年建成, 称上海纺丝局, 有丝车一百部,"用中国蚕茧所缫成的丝品质优良, 其售价在英国竟高过欧洲的产品"。但原料茧的供应发生困难, 遭到从事土丝缫

[1]〔英〕托马斯·阿罗姆著, 宗端华等译：《百年前的中国——19 世纪大英皇家建筑师笔下的中国画卷》, 中国青年出版社 2016 年版, 第 126 页。
[2]〔美〕马士：《中华帝国对外关系史》第 1 卷, 第 403 页；姚贤镐编：《中国近代对外贸易史资料（1840—1895）》, 中华书局 1962 年版, 第 1481 页。

制、输出的小农和丝商的抵制，延至 1870 年遂告关闭。既然生丝仍从上海港源源输出，有增无减，若改土丝输出为厂丝输出则获利更多，所以 19 世纪 80 年代初又有美商旗昌缫丝局、英商怡和丝厂、公平丝厂相继设立。[1]

同一时期，在沪外资缫丝厂同样也有发展。截至 1894 年，上海有 1882 年设于新闸的英商怡和丝厂、1891 年设于垃圾桥的法商宝昌丝厂、1894 年设于虹口的德商瑞纶丝厂共 4 家外资丝厂，合计拥有丝车 1500 部，雇工 3750 人，年产丝总量 1620 担，资本 120 万两。在同期上海外资工业的总资本额中，该行业约占20%，加上船舶修造业所占的约 33%，它们的资本总额超过了上海外资工业总资本额的一半。[2]

19 世纪后期受上海生丝出口需求的推动，无锡等苏南地区农村蚕桑业的明显发展和上海相关资金、技术的注入，直接带动了无锡缫丝工业的发生发展。1904年周舜卿在无锡创办的裕昌丝厂首开先河。1923 年，美国记者游历无锡记述："我在街上走着，发现无锡的丝厂轮廓比苏州乃至杭州都要现代得多，可以看到数家两三层楼的工厂，还有六七个大烟囱。"[3] 截至 1936 年，无锡共办有丝厂 45 家，资本总额 192 万元，成为无锡近代工业的支柱产业。[4] 档案史料载，当时江苏省"除吴县、吴江两县产土丝较盛外，其他各地蚕户产茧大都售于厂商所开设之茧行。干茧以无锡为集散之中心地带，全省产茧量之二三成运至上海市，其余均为本省工场之用。苏省之制丝工场，除吴县、吴江等县有二三工场外，十九均集中于无锡一隅"[5]。

自大量生丝经由上海港源源外销，苏南浙北产区的蚕丝手工加工业无论规模还是技术，都有显著发展。蚕户将蚕茧抽丝后，为改善生丝的质地，尚可进行再加工，即把已缫过之丝再摇制。生丝出口畅旺，南浔、震泽等地的丝商为迎合国外丝织业的技术要求，将买进的土丝按等级分发给农户或小作坊再缫制成经丝，

---

[1] 孙毓棠：《中国近代工业史资料》第 1 辑，第 67、68 页。
[2] 徐新吾等：《中国近代缫丝工业史》，第 135 页；张仲礼主编：《近代上海城市研究》，上海人民出版社 1990 年版，第 333 页。
[3] 〔美〕格蕾丝·汤普森·西登著，邱丽媛译：《中国灯笼：一个美国记者眼中的民国名媛》，中国言实出版社 2015 年版，第 263 页。
[4] 江苏省社会科学院经济史课题组编：《江苏省工业调查统计资料（1927—1937）》，南京工学院出版社 1987 年版，第 203 页。
[5] 中国第二历史档案馆：《抗战爆发前后江苏省及上海市之制丝工业》，《民国档案》2010 年第 4期，第 7 页。

因专供出口人称洋经丝。在欧洲市场如法国里昂，未经再加工的丝每公斤售价 47 法郎，而再缫丝则值 63 法郎。[1]

江浙蚕丝产区手工缫丝业因此业务繁忙，南浔一带尤负盛名，"法兰西、美利坚各洋行咸来购求，嗣又增出方经、大经、花车经等名称"。加工技术也不断改进，"迩来洋商购经居其半，浔地业丝兼经行者为多。经之名有大经、有绞经、有花车经等名，凡做经之丝，必条纹光洁，价亦胜常，故乡人缫丝之法日渐讲究"。前去实地察看的外国商人记载，"南浔的主要生产为一种上等生丝，该地亦为附近所产再缫丝之市场"，这种专为出口的再缫丝，产量年有增加，1878 年约产 4200 公斤。从事该业的手工劳动者"每两工资十文，熟手每日可缫三两至五两，每日可获工资五十文"。[2]

南浔一带这种手工缫丝业的发展势头很猛。此前当地以出口辑里丝著称，"嗣后因南浔、震泽辑里大经盛行，洋庄丝（指未再缫制丝——引者）无形淘汰。向之代洋庄收丝之客行，亦纷纷改为乡丝行，收买白丝售与浔、震之经丝行，摇为辑里大经。嗣后又有做成格子称为花经，专销美国者。斯时南浔附近各乡居民及震泽、黎里一带，约有车户二三千户，每家平均约有车四部，每部小车每日出经十两。每百两为一经，每十五经成为一包"。乡土调查资料载，"当辑里大经蜚声欧美之时，大约以一百零六七两之白丝摇为纯经百两，故其时货品均高，外洋甚有信仰，每年出口达一千余万元之谱"。[3] 这种家庭手工蚕丝业，在当时的浙北地区很普遍，1898 年出生的浙江石门县（今桐乡）人丰子恺忆述："我回忆儿时，有三件不能忘却的事。第一件是养蚕，那是我五六岁时、我祖母在日的事。我祖母是一个豪爽而善于享乐的人，良辰佳节不肯轻轻放过，养蚕也每年大规模地举行。……蚕上山之后，全家静静守护，那时不许小孩子们噪了，我暂时感到沉闷。然而过了几天，采茧，做丝，热闹的空气又浓起来了。我们每年照例请牛桥头七娘娘来做丝。蒋五伯每天买枇杷和软糕来给采茧、做丝、烧火的人吃，大家认为现在是辛苦而有希望的时候。"[4]

1880 年代上海机器缫丝业兴起后，长江三角洲蚕桑产区的农户多为专业养蚕

[1] 姚贤镐编：《中国近代对外贸易史资料（1840—1895）》，第 1481 页。
[2] 彭泽益：《中国近代手工业史资料（1840—1949）》，中华书局 1962 年版，第 2 卷，第 80—82 页。
[3] 中国经济统计研究所编：《吴兴农村经济》，1939 年版，第 11—12 页。
[4] 丰子恺：《丰子恺自述：我这一生》，中国青年出版社 2015 年版，第 22、23 页。

收茧出售。清末浙江《绍兴新昌县土产表》载："茧，春蚕极广，二蚕次之。近年申江厂商专行收买，茧价骤昂，土人艳利，虽肥田亦树桑焉，所入约六十余万元。"[1]

吴县木渎镇，"乡民多业蚕桑，比户缫丝，自近来有欧人采买新茧，于是各处多设茧行，而缫丝者去其大半"[2]；江阴县，"往时蚕事未盛，出丝甚少，近时竞买鲜茧，缫丝亦不多"[3]。当地亦有人审时度势，倡导推动：

> 江邑蚕桑，同治年间屡兴屡废，其时育蚕缫丝诸法未暇多求，间有成茧缫丝，亦不得善价，有将已植之桑毅然拔去者。邑人钱维琦在无锡营办茧事，悉心考察，知育蚕之法尚易，缫丝之术较难，欲推广蚕桑，当从开设茧行收买鲜茧入手，遂于光绪十六年由锡设分庄于青阳容试为之。顾所收之茧虽不多，而品质良于锡茧，因集议合资创设青阳豫昌、璜塘昌顺两茧行，是为江阴设行收茧之始。由是东南各乡咸知拾蚕之利，二十年来逐渐推广，合邑茧行开设四十余家，岁有数十万多或二百余万之茧款散注民间，小民生计实利赖焉。[4]

1886年6月8日《申报》"锡山近况"载，当地"育蚕之家颇乐于售茧，谓较缫丝出售可省烦劳"，不再兼事缫制；南浔、震泽一带传统产区手工缫丝业的发展势头虽有所减缓，但仍有相当规模，故《南浔志》曾自诩"无锡、绍兴率皆售茧，我浔则无不售丝者"。缫丝业的发展，还曾带动相关手工业的生产。生丝再加工时，约有10%—15%的乱丝产生，于是手工捻制丝线业应运而起，产品"亦销洋庄，每一担值四五十元至八九十元"。湖州还有人利用这种乱丝织成外表似棉布的绸料，取名棉绸，1880年前后年产约3000匹，足见周围地区当时手工缫丝业之盛。[5]

上海原无出口茶市，自上海港崛起，"茶市亦随时势之所趋，渐由粤移沪。初尚不过由店主兼营洋庄，并未在沪设厂制造，以外人嗜好特别之关系，所需茶

---

[1] 陈树平主编：《明清农业史资料（1368—1911）》，社会科学文献出版社2013年版，第452页。
[2] 民国《木渎小志》卷5，物产。
[3][4] 民国《江阴县续志》卷11，物产。
[5] 《申报》1882年6月8日；彭泽益：《中国近代手工业史资料（1840—1949）》，第2卷，第81、82、76页。

叶，形状色泽均与内销者不同。茶商为迎合外人心理起见，不能不就其所需要之式样设法改制"。于是便有一批商人将采购来的茶叶在沪加工后再出口，"所谓土庄茶栈者应运而生"，成为专门行业。19世纪50年代已有三四十家，"营业颇为发达，而尤以巨商姚以舟、王乐等为最著"。最初尚是手工加工，"应用旧式铁锅为烤茶着色之工具"。19世纪70年代中叶渐有改用机器者，加工技术和生产能力有所提高。浙江等地所产茶叶，"皆以毛茶出口，运由上海加工焙作出售"。[1]出口茶叶加工业虽然起步较早，但因其加工技术简单，资金投入少，浙、赣、皖等地产区不久便有人效仿就地加工，因此上海的茶叶加工业发展不快，虽有部分操作采用机械，但主要仍靠手工劳动。民国初年，随着蛋产品出口的增多，毗邻扬州的江都县设有2家蛋品加工厂，"招女工分析鸡蛋黄白，装运上海"。[2]

（二）轧花业

上海开埠后，原棉出口的增加，不仅促使周边地区棉花产区的扩展，同时也带动了与原棉出口直接联结在一起的手工轧花业的兴起。以上海为中心的棉纺织工业兴起后，轧花业的市场空间更大。在棉花主要产区的南汇县，"同治以来，上海花商收买花衣，于是轧花场地遍地皆是。始用小轧车，妇女手摇足踏，日可出衣十数斤。光绪中，洋轧车出，日可得衣数百斤，小轧车天然淘汰矣"。嘉定县，"棉花以车绞去其子，盛以布包，运售他处，昔用土车，自日本车行，今皆改用日车"；"轧棉工作，至为普遍"。与嘉定、上海县接壤的青浦县东北部，"洋轧车光绪十年间自上海传入，先行于东北乡一带，日出花衣一担有余"。[3]1887年，莘庄等地已采用上海张万祥铁铺制造的日式轧花机加工棉花[4]。1905年，在沪的英国人实地游历川沙县北蔡时记述："此处离黄浦江约18里，离上海约30里。北蔡位于河的右岸，是一个规模很大的村庄。这里盛产棉花，是棉花采集业的中心。此外，这里的人们已经使用日本的轧棉机来脱除棉籽。"[5]

［1］ 彭泽益：《中国近代手工业史资料（1840—1949）》，第1卷，第488页；第2卷，第352页。

［2］ 民国《江都县续志》卷6，实业志，工场。

［3］ 民国《南汇县续志》卷18，风俗；民国《嘉定县续志》卷5，物产；民国《真如志》卷3，实业；民国《青浦县续志》卷2，土产。

［4］ 王孝俭主编：《上海县志》，上海人民出版社1993年版，第27页。

［5］ 〔英〕威廉·R.葛骆著，叶舟译：《环沪漫记》，三联书店2018年版，第7页。

这些所谓的洋轧车，实际多是由上海民族资本机器船舶修造厂仿造而成。原因是，"棉花出口增加，原来的土法轧花不能胜任，日本轧花机乘机输入，不久民族机器厂即开始仿制"。其需求之大，令制造厂应接不暇，"轧花机销售于上海附近农村，松江、莘庄销路最大，常常供不应求，营业非常发达"。以致一些船舶修造厂由兼制转为专门生产，截至1913年形成拥有16家专业厂的轧花机制造行业。是年，上海国产轧花机的年销量达2000余部。除上海郊区，它们还销往崇明、南通、泰兴等棉花产区，义兴盛铁工厂"最多一天的产量达二十台，主要销往苏北一带"。[1]

铁制轧花机的生产效率，远非旧式轧车所及。"浦东原有的木制轧花车，每天只出花衣3—5斤，脚踏轧花车每天可出花衣60斤左右"，是前者的一二十倍。它的行市，一方面反映了农村手工轧花业的兴盛，同时也更推进了轧花业的发展和技术更新。"最早购买新式脚踏轧花车的是浦东及上海郊区的富裕农户。购买数量逐年增加，一般在第一年购一台，以后再购一台，亦有一户购置四五台者。在收花时，雇工轧花，除自轧外，兼营代客轧花，各按重量计算工资及加工费。后花行、花厂设立，行销益广，原有木制轧花机遂逐渐被淘汰。"[2]

一些地区出现了向机器加工业过渡的趋向，在嘉定真如，"清光绪季年，乡人杨荣遂倡设合义兴花厂，轧售花衣"，初用人力，后改为机械，设有十二匹马力引擎一台，轧花机十五台。手工轧花业的上述发展，令在沪外国人印象深刻。美国驻沪领事佑尼称，在机器轧花厂出现的同时，"华人之在家中按设轧车辆以人力为之者亦复不少，内地轧花仍多用旧法，目睹情形者莫不讶上海变态之速，凡此皆足以勉励栽种棉花之业也"。[3]也有上海资本去外地设立机器轧花厂者，1926年1月出版的《宁波旅沪同乡会月刊》载："慈溪洪塘镇前有旅沪商人邵知友集资购到轧花机器三十架，在该处开办机器轧花厂一所，并召集女工三十名，艺师二名，机师一名，业已布置就绪，已于三日正式开幕。闻登门委托者颇不乏人，故该厂营业大为发达云。"[4]

---

［1］ 上海市第一机电工业局机器工业史料组等编：《上海民族机器工业》上册，中华书局1966年版，第100—102、173—178页。

［2］《上海民族机器工业》上册，第175页。

［3］ 民国《真如志》卷3，实业；彭泽益：《中国近代手工业史资料（1840—1949）》，第2卷，第236页。

［4］ 宁波市江北区史志办公室（档案局）编：《记忆江北——旧闻录》，中国文史出版社2012年版，第127页。

19 世纪 80 年代后，经由上海港输出的原棉，成为日本关西地区新兴棉纺织工业的主要原料来源，"1889 年在上海输往外国的 503456 担棉花中，有 489669 担是运往日本的，供应着那里近几年来建立起来的很多的纺织工厂"。日商大阪纺织会社遂提出在上海建立轧花厂，"其目的在将中国棉花轧去壳核，以便利输出"。[1] 基于刚成立的上海机器织布局的"十年专利权"，这项计划遭到李鸿章等人的拒绝，但该厂仍于 1888 年开工，取名上海机器轧花局。资本 7500 两，拥有轧花机 32 台，日产 90 担，"比本地的轧花作坊强得多"。次年从上海港出口的原棉，"由上海机器轧花局轧过不少，运往美国者计有一万担之数"，其余多输往日本。[2]

　　紧随其后，另有华商分别在新闸、杨树浦设立棉利公司和源记公司。前者资本 15000 两，拥有 40 台机器，每天轧花约 56 担。后者规模更大，资本约 20 万两，"有 120 台机器在运转，每天的生产能力约为清花 170 担"。1893 年又有礼和永轧花厂设立，资本 5 万两，轧花机 42 台。[3]

　　与机器缫丝业不同的是，棉花初加工的技术要求更为简单，上海附近棉花产区这时已多使用上海机器船舶修造厂等仿造的日式脚踏轧花机，后又推及其他棉产区，这种小轧花机加工的棉花总产量，已占上海港出口原棉的大部分。

　　上海机器棉纺织业兴起后，郊县的轧花业发展又添助力。1915 年即川沙县就有十五六家，而使用牛拉以代替足踏，效率提高一倍。又有恒源轧花厂于 1915 年改用柴油引擎发动的轧花机，效率又较牛力提高二倍。以后又有唐源兴、顾仁和、协泰等厂改用机械动力，恒源厂鼎盛时曾拥有 320 台轧花机。[4] 1922 年，南汇县周浦镇乔协泰轧花厂和合兴轧花厂，都采用了柴油内燃机动力[5]。规模较大的，还有 1916 年创办的奉贤县青村镇的"程恒昌"轧花厂，时至 20 世纪 30 年代已在上海闹市区的中汇大楼设立了"申庄"，专门负责联系与上海各纺织厂的业务联系，并拥有厂房机器、码头和运输船等，被称为"花界巨擘"。[6] 当时该

[1]《上海民族机器工业》，第 100 页；孙毓棠：《中国近代工业史资料》第 1 辑，科学出版社 1957 年版，第 88 页。
[2][3] 徐雪筠等译编，张仲礼校订：《上海近代社会经济发展概况（1882—1931）——〈海关十年报告〉译编》，上海社会科学院出版社 1985 年版，第 33 页；孙毓棠：《中国近代工业史资料》第 1 辑，第 97 页。
[4] 许涤新等主编：《中国资本主义发展史》第 2 卷，人民出版社 1990 年版，第 910 页。
[5] 薛振东主编：《南汇县志》，上海人民出版社 1992 年版，第 19 页。
[6] 上海市档案馆编：《上海古镇记忆》，东方出版中心 2009 年版，第 309 页。

县除了程恒昌轧花厂，还有钱义隆轧花厂、陈葵记轧花厂、方同和轧花厂等，轧花业"颇为繁荣"[1]。

(三) 碾米业

上海民族机器工业制造动力机器，从水汀引擎（蒸汽机）开始。早期，水汀引擎主要是用于内河小轮船的制造。19世纪90年代，上海机器缫丝工业兴起，永昌机器厂制造的小马力水汀引擎，开始应用于拖动缫丝机。20世纪初，求新机器厂仿制成功内燃机火油引擎[2]。它标志着民族机器工业在动力机器制造方面的重大进步，并为民族机器工业开拓农村市场创造了条件。

内燃机的制造成功，对于农产品加工机器的制造，起了推动作用。水汀引擎体积大、搬运使用不便、价格昂贵，限制了农产品加工机器和农机具在农村的使用。内燃机仿制成功后，其体积小，搬运使用均较水汀引擎灵活，价格便宜得多，更适销于农村市场，而其销量的增长，又促进了民族工业的内燃机制造业。第一次世界大战前，民族机器工业内燃机与农产品加工机器和农机具的制造已有起步。上海郊县的米行米厂，已开始采用国产火油引擎拖动碾米机器，以代替落后的人力和牛力碾米，少数地方的轧花业及农田排灌也开始使用国产火油引擎，但数量尚极少。

第一次世界大战期间，民族工业发展较明显，内燃机与农产品加工机器和农机具的制造也有所发展，市场有所扩大。此后，引擎的燃料改用薄质柴油以代替原先的火油，费用减少一半，迨柴油引擎仿制成功，以柴油为燃料，费用更省，更有利于拓展市场。如上海大隆机器厂的"客户以富农商人为多，往往购买引擎、帮浦、米机三样一套，自用之外，兼做生意。一年之中，打水之后轧花，轧花之后碾米，业务络绎，利润亦厚"[3]。1931年前的三、四年间，是上海民族工业内燃机产销的鼎盛期。估计最高年产量750台，马力约6000匹。其中以3匹马力火油引擎为最多，占总产量的一半以上；其次，6匹至25匹马力引擎，亦有

---

[1]（民国）奉贤县文献委员会修，余霞客点校：《民国奉贤县志稿·实业建设之沿革》，上海市地方志办公室等编：《奉贤县志》（上海府县旧志丛书），上海古籍出版社2009年版，第609页。
[2] 以下统称的内燃机，包括火油引擎、柴油引擎、煤油引擎。
[3]《上海民族机器工业》，第374页。

相当数量；25 匹马力以上则极少，最大马力不超过 90 匹。[1]

表 4-4　上海民族机器工业内燃机产量估计（至 1931 年累计数）

厂　名	产量（匹马力）	备　注
新祥机器厂	5500	1914—1931 年产量逐步有所上升。
吴长泰机器厂	5000	1914—1924 年产量上升，1924 年以后下降。
吴祥泰机器厂	7000	1920—1925 年产量最高，后即平平。
勤昌机器厂	3500	1925—1927 年产量最高，后渐下降。
中华铁工厂	1000	1927—1931 年制造，时期不长。
新中工程公司	3640	1926 年开始制造，1929—1930 年产量最高。
大隆机器厂	4000	1928—1931 年大量成批制造 3 匹马力引擎。
上海机器厂	600	1930—1931 年，设厂时期晚，产量不大。
其他各厂	10000	1910—1931 年，各厂产量分散。
	共计 40240	

资料来源：上海市第一机电工业局机器工业史料组等编：《上海民族机器工业》，中华书局 1966 年版，第 356 页。

　　其中，1930 年设立的上海机器厂，创办人是一些从上海同济大学毕业后，原先任职于其他机器厂的工程技术人员。其办厂目的，是鉴于当时进口农用火油引擎价格昂贵，马力大，维修也难，不适合推广，而国内制造的多数为 8 匹马力的火油引擎，缺乏小马力引擎；又时值"火油暴涨，昂过柴油四倍，极不经济"，于是决定合伙办厂，制造农用小马力即 4 匹柴油引擎的抽水机、磨粉机等。其产品，"机体坚牢，取置极便，马力充足，可抵二十余人之工作，用费减省，每日仅需五六角之谱，效率足与外货相埒，而售价之廉实为各国所无"，所以销售额连年增长。[2]

　　当时上海民族机器工业所产内燃机的用途，主要有碾米、灌溉、榨油、轧花、电灯厂及锯木、磨粉等，其比例估计如下：

[1]　《上海民族机器工业》，第 354、355 页。
[2]　黄汉民等：《近代上海工业企业发展史论》，上海财经大学出版社 2000 年版，第 150 页。

表 4-5　上海民族机器工业所产内燃机用途百分率估计（1931 年止）

用　途	马力分配（匹马力）	百分率 %	备　注
碾　米	23540	58.5	
灌　溉	7700	19.1	大都兼营碾米
榨　油	4500	11.2	同上
轧　花	1500	3.7	同上
电　灯	2000	5.0	部分兼营碾米
其　他	1000	2.5	小布厂、磨粉厂等应用
共　计	40240	100	

资料来源：上海市第一机电工业局机器工业史料组等编：《上海民族机器工业》，中华书局 1966 年版，第 356 页。同页注：上列用途分类的百分率不是绝对的，经营灌溉的大都兼营碾米。即使榨油、轧花、甚至电灯厂，也有购置米机，以碾米为附带业务的。有些小电灯厂，则是从碾米基础上发展起来的。所以引擎用于碾米的百分率，实际上还超过上列数字。

据记载，上海的机器碾米厂始于 1900 年的美商美昌碾米厂，"因当时民智未开，佥以机米为不合卫生，以致营业不振。翌年，上海复有国人经营之源昌米厂出现，力辟有疑卫生之谣，盛称机器碾米之便利，顾客试食后，并无不良影响，于是机米之销额突增，专营米业者接踵而起"[1]。20 世纪上半叶上海城市人口的剧增，催生了郊县的机器碾米厂。上海早期的碾米厂，多以蒸汽引擎为动力，间有使用煤气引擎者。常熟、昆山、无锡、芜湖等米产区早期设立的米厂，亦采用蒸气引擎。蒸气引擎大都是外国货，价格昂贵，非大资本之厂莫办。[2] 较著名的有 1908 年由上海名人马相伯在近郊松江县泗泾镇开办的汇源米厂，其厂房聘请外国专家设计，厂区内敷设手推车铁轨道，蒸汽发动机从国外进口，年加工能力可达 85 万石（6375 万公斤）[3]。1911 年，金山县松隐镇永泰米行购置蒸汽发动机一台，在该县率先使用机器碾米[4]。

自火油引擎进口后，特别是 1910 年至 1920 年间民族资本机器厂仿制火油引擎以后，8 匹马力连同 1 台碾米机售价约千元，这类"碾米机较人力牛力或水力之旧式碾米方法，效率高出数十倍，且所碾之米粒完整洁白，此又旧式各种碾米方法所不及"，很有市场吸引力。[5] 江苏武进县：

---

[1]　实业部国际贸易局：《中国实业志（江苏省）》，该局 1933 年版，第 8 编第 2 章，第 365 页。

[2]　《上海民族机器工业》，第 382、383 页。

[3]　上海市档案馆编：《上海古镇记忆》，第 282 页。

[4]　朱炎初总纂：《金山县志》，上海人民出版社 1990 年版，第 23 页。

[5]　《上海民族机器工业》，第 383、413 页。

碾米一业，旧有砻碾、滚碾二法。砻碾，以稻入石磨，运之以牛，用风力扇去稻壳而成糙米；更以米盛于缸白，人工足踏木杵舂白之。滚碾，用石碌碡运之以牛，以碾成白米为度，不再入舂。此类以北乡为多。自清宣统间，邑人吴康、奚九如于西门外日辉桥，试购煤油引擎及碾米铁机为代用，较之人工白舂，其加量为一与二十之比例。于是西门外大来、溥利、公信、宝兴泰等，相继行之。其原动力分火油、柴油二种引擎。从前之砻碾、滚碾、白舂运以人力牛力的，尽入于淘汰之列。[1]

上海及江南太湖一带产米区纷纷购置设备，开设机器碾米厂。以1930年代初期的上海和江苏为例，可见下列统计：

表4-6 上海和江苏碾米厂数及设备统计（1931—1933）

市　县	厂数（家）	发动机数（台）	碾米机数（台）	备　　注
上　海	53	53	126	上海米厂之发动机用电力马达
无　锡	27	31	101	无锡米厂之发动机多用柴油引擎
镇　江	25	30	38	
南　京	39	42	112	南京米厂之发动机多用柴油引擎
昆　山	18	26	77	除一家用电力马达外余皆用柴油引擎
武　进	8	8	21	除碾米机21部外又有砻谷机27部
常　熟	11	29	73	
江　阴	15	18	22	
宜　兴	5	5	8	
崇　明	1	1	1	
青　浦	15	18	21	
江　浦	3	3	3	
金　山	30	40	51	
奉　贤	20	20	28	
苏　州	14	14	17	
高　邮	15	15	15	共计马力180匹，其中6匹者最多，12匹次之，24匹者最少

---

[1] 彭泽益：《中国近代手工业史资料（1980—1949）》，中华书局1962年版，第2卷，第389页。

市　县	厂数（家）	发动机数（台）	碾米机数（台）	备　　注
高　淳	42	50	65	
南　通	3	7	13	其中 1 家专营榨油
靖　江	1	1	1	兼营榨油
南　汇	11	11	14	其中 1 家兼营榨油、2 家兼营轧花
阜　宁	1	1	1	
兴　化	21	21	30	
六　合	10	10	20	
合　计	388	454	860	

资料来源：上海市第一机电工业局机器工业史料组等编：《上海民族机器工业》，中华书局 1966 年版，第 384、385 页。

上表显示，上海城区米厂的发动机这时已都采用电力马达。一些邻近工厂区的村落也有电力碾米机的使用，1934 年对上海杨树浦附近 4 个村落的调查记载，其中一个村落"有一电力撵米机器，系用沿中公路的水流，据说自 1928 年输入该地，附近各户口凡有稻须去皮者，皆携就此机器，工作费时无多，每担出洋 2 角。至于以前，则此项工作系用旧式器具，并用人工"[1]。周边地区的城乡，则仍都使用柴油引擎。

随着国产柴油引擎的产销，上海郊县及长江三角洲地区这类碾米厂有较快发展。在浦东南汇，"大团西面的大兴公司，在 1906 年向德商禅臣洋行购进 24 匹马力引擎用于碾米，专门代米行加工，是为浦东方面最早使用动力引擎的几家厂。自民元以后，民族机器工业制造火油引擎日渐增加，浦东碾米事业使用引擎遂有发展"[2]。当地碾米业的格局及其与上海市场的联系，也发生相应变化，在南汇县，"米市向推周浦镇最盛，七八月间，华（亭）娄（县）奉（贤）青（浦）各属之谷船云集镇之南市，彻夜喧阗，米肆籴谷亦必卜夜，至晓载归，砻之舂之既成白粲，黄昏装船运沪，销售沪市，谓之东新，获利颇厚"；自碾米机推广后，"碾米机厂遍设各镇，籴谷者散而不聚，周浦米业日衰"。[3]

[1] 何学尼译：《工业化对于农村生活之影响——上海杨树浦附近四村五十农家之调查》，原载《社会半月刊》第 1 卷第 1—5 期（1934 年），转引自李文海主编：《民国时期社会调查丛编·乡村社会卷》，福建教育出版社 2005 年版，第 256 页。
[2]《上海民族机器工业》，第 386 页。
[3] 民国《南汇县续志》卷 18，风俗。

据统计，1925年以后，仅上海新祥机器厂制造的引擎碾米机，年产销量都在30台以上，"百分之九十左右的客户集中在上海郊区、苏南太湖地区及苏北，浙东、浙西较少，福建、广东、江西、安徽则仅有个别客户"。[1]1932年编纂的《奉贤县政概况》载："本县工业除水木等为农家副业外，机器工业则以电气碾米为多，计有碾米厂一家，电气兼碾米厂四五家，电气兼碾米轧花厂一家，碾米轧花厂一家，碾米榨油厂一家，男女工友共有二三百人。"[2]成书于1936年的《乌青镇志》载："碾米设厂，始于北栅大有厂。近时青镇东栅、乌镇南栅均设厂，而各大米行又自置机器在行自碾乡米。绍籍人更创制碾米船，设机船中，下乡代碾，碾米一石收费一角至一角五分，取费既轻，时间尤速，故遇丰登之岁，此业颇为发达，旧时恃人工以白舂者淘汰殆尽。"[3]30年代浙江嘉兴县的机器碾米业，分布于各主要市镇，尤其以县城和近城各市镇以及新塍为主。

表4-7　嘉兴县机器碾米业的地域分布（1933年）

市镇名	碾米厂数	年加工总额（石）
新　塍	5	192000
县　城	8	190000
凤喈桥	3	86000
余贤埭	4	72600
南　汇	2	45000
塘　汇	2	40000
新　篁	3	36000
王　店	3	35000
王江泾	2	35000
南　堰	1	32000
东栅口	1	30000
新　丰	2	10500
总　计	36	804100

资料来源：黄敬斌：《近代嘉兴的城镇体系与市场层级》，《复旦学报》2014年第4期，第36页，表5。

---

[1]《上海民族机器工业》，第387页。
[2]（民国）奉贤县文献委员会编纂，载之点校：《奉贤县政概况·工商业》，上海市地方志办公室等编：《奉贤县志》（上海府县旧志丛书），上海古籍出版社2009年版，第776页。
[3] 民国《乌青镇志》卷21，工商。

1935 年的《金山县鉴》记述："本县居民以农为业，故近世工业无可言者，有之惟碾米厂耳。北部各镇，秋收登场，各碾米厂机声轧轧，生意至为兴隆，每镇少则三四家，多则七八家。"[1] 1937 年，松江县泗泾镇沿河下塘有米行 37 家，碾米厂 12 家，米市交易量最高日达 2000 余石（约 158 吨），销往上海及棉花产区的南汇和川沙等地。[2] 与周边地区碾米厂纷纷开办的态势相联系，上海城区碾米厂的增长则显缓慢，因其很大一部分加工业务已被前者所取代。1930 年的《上海之米市调查》载："近年无锡、常熟、昆山、吴县及陆家浜、巴城等处米厂纷设，河米大都碾白来沪，因此沪埠米厂自民元而后已少增进。"[3]

（四）机灌业

内燃机的产销，直接推动了诸如机器抽水机等新型农机具的应用，在地处水网地带的上海及长江三角洲尤为明显。据 1928 年的记载："今者太湖流域，机械灌溉已甚流行。考其由来，则当五六年前，上海之机器行商沿沪宁线各处，推销引擎抽水机用于农事，问津者极鲜，旋在常州、无锡等处售去数具，试用之下，功效甚著。"具体而言：

> 常州一带之田，皆赖运河以资灌溉，通例自运河起水，注于漕河，再由漕河分灌各田，运河低于漕河可二三丈，漕河低于稻田者数尺至十余尺不等。每年插秧之期，每亩灌水须用人力一工半至二工，计工资四角至六角。待插秧后以至成熟，尚须加水四五次以至十余次不等，随雨水之多寡而异。但每次所加，不如前次之多，约二三寸即足，每亩每次约须人力半工。综上计算，一亩之田，昔由人力灌溉者，其费用即在雨旸时若之年，亦须在二元以上，一遇亢旱，费用增至四五元，而犹难期全获焉。无锡情形，与常州相似。稻田需水，仰给于漕河，漕河干涸，仰给于运河，各漕河狭小而短，资以灌溉之田，自一二百亩以至千余亩不等。雨后漕河积水，农人踏车，便能取水。迨漕河告罄，须先设车，

---

[1]《金山县鉴 1935》，《民国上海县鉴·金山县鉴》，上海书店出版社 2013 年版，第 124 页。
[2] 上海市档案馆编：《上海古镇记忆》，东方出版中心 2009 年版，第 282 页。
[3]《上海民族机器工业》，第 386 页。

自运河起水，暂贮漕河，然后车灌田中，费用与常境不甚悬殊。[1]

费用省、效率又高的引擎抽水机在当地一经试用，很快就打开销路，"自新式机械流行后，自运河起水多改用帮浦，满贮漕河，由各农户任意车取。机械为公司或农社所置备，取费按每亩计算，每年每亩约二元"。因为有市场，农户也有需求，且单靠他们个体的力量难以置办机械，当地便有人集资并预收农民灌水定金"组成公司，专以包灌稻田为业"。这类专业的灌溉公司：

> 凡着手之始，即向农户分头接洽，取得溉田定洋。然后采办机械，从事灌溉。此项公司，大率事简利厚，例如包灌稻田一千余亩，即可收入定洋千余元，以之置备小引擎离心抽水机管子零件等等，不敷无几矣。嗣后一面灌水，一面陆续向农户收款，其进出相抵，不敷者无几。至于第二年，除开销外，偿清购机余数，尚有余利，而机械之成本，则已完全赚得矣。

针对江南水网地带的地理特点，其运营方式贴近小农的需求，灵活便捷，"引擎帮浦大都装于河旁岸上，然亦可装于船中，如所灌之田聚在一处，自将机械装设岸上为佳，如田散处各地而有水道可通，则将机械设在船上游行灌溉，甚属便利"[2]。如"无锡地方经营灌溉的商人、富农等，都将引擎帮浦装在木船上，以便流动，乡间称谓'机船'。每只机船一般备有12匹马力柴油机连帮浦米车一套，约需1200元，木船约需400元。这些经营'机船'的大都只凑集很少资金，或根本没有资金，资金来源系先向农民预收部分打水费，再向上海购买帮浦，先付少数货款，余款拖拖欠欠，待下半年才能结清"。1931年左右，无锡一带装置柴油引擎抽水机经营灌溉业务的"机船"，约有二三百艘。其承包农户的灌溉，为期约5个月，至一季稻熟时止。每艘船大都装有12匹或20匹马力引擎及8英寸帮浦各一具，可承包六七百亩，每亩每年收灌溉费一元多。[3]当地的农业生产亦有改进，1930年的《无锡年鉴》载："近来利用机器戽水，一熟之田可以种

---

[1]《上海民族机器工业》，第358、359页。
[2]《上海民族机器工业》，第359、360页。
[3]《上海民族机器工业》，第364页。

麦，而蒲田亦可种稻。"[1]此前，无锡东北"怀上、怀下各市乡，地势高亢，土亦稍瘠，往岁麦虽丰收，稻乃难熟。自戽水机兴，人力之灌溉易之机力，于是水流上达，乃无远勿届，而高田遂得尽熟，故戽水机对于本邑之农产，其功固未可没也"[2]。

在1929年的杭州西湖博览会上，就有抽水机的展示，参展各机"每日开机，颇能引起观众之兴味，且虽行驶多日，尚未见有损坏之处，足徵其结构之坚固矣"。其中上海大隆机器厂生产的戽水用内燃机，"在会场内已售去数十具"。[3]因其市场需求大，上海制造的抽水机在苏南的销路逐渐受到当地制造业的有力竞争，有的工厂只得相应调整产品结构，"1930年以后，无锡的机器厂自造帮浦有很大发展，上海制造的引擎帮浦销路大受打击，新中厂仿造慎昌洋行及怡和洋行进口货式样，制造的城市自流井及矿山用空压机及高压多级抽水机数量逐步增长，销往无锡的引擎帮浦数量日渐减少"[4]；有的工厂为降低产销成本，还因此从上海迁往苏南。据行业史料载，1930年以后：

> 无锡、常州的机器工业亦纷纷仿制内燃机和农产品加工机械，如无锡工艺、合众机器厂，常州万盛、厚生机器厂，皆以制造内燃机引擎及帮浦著名。因此在太湖及苏北等地狭小的机械市场上，竞争加剧，内燃机制造重心亦转往无锡，上海制造的内燃机反而日少，制造内燃机较早的俞宝昌机器厂亦于是时从上海迁往无锡。[5]

这种态势更助推当地农村的机灌业，有当时人忆述其亲友曾集资1000元，"向无锡民生机器厂购得20匹马力柴油引擎一台，10英寸对径抽水机一台，双连碾米机一台，共计价值1000余元，当时仅付400余元，其余价款言明使用以后陆续拔还；另置木船一艘，约五六百元，然后开始营业，承包打水"。他强调：

---

[1] 王立人主编：《无锡文库（第二辑）·无锡年鉴（第二册）》，凤凰出版社2011年版，第1页。
[2] 无锡县政府编印：《无锡概览（1935年5月）》，转引自陈文源等主编：《民国时期无锡年鉴资料选编》，广陵书社2009年版，第492页。
[3] 全国图书馆文献缩微复制中心：《中国早期博览会资料汇编》（七），全国图书馆文献缩微复制中心2003年版，第247、244页。
[4] 《上海民族机器工业》，第364页。
[5] 《上海民族机器工业》，第357、358页。

"无锡的'机船'组织经营，大率如此。迄抗战前夕，无锡城乡一带，共有机船800多艘。"[1]在少数有电力供应的乡村，则有改用电力马达拖动抽水机者，据1928年的记载，在常州城外，"益以常州戚墅堰震华电气公司之提倡，设立杆线，通电力于四乡，以转动抽水机，农民得此便利，更乐于采用"，但这类乡村为数极少，无电力处全赖内燃机引擎拖动抽水机灌溉农田。[2]1930年，在江浙沪考察实业的卢作孚记述："用小的柴油引擎，带动离心力帮（泵）浦，为农田吸水，在江苏尤其是江南特别普遍。我们过无锡、苏、常一带，随时见着一只木船，撑着一根高的水管弯向旁边，都是装的水帮（泵）引擎在里边。而且上海、无锡有好多厂专造水帮（泵）引擎。"[3]1934年苏南遭遇旱灾，苏州商会先后两次派人赴上海购置抽水机，由商会雇船43艘，每船配载抽水机1台，驶往各乡抗灾[4]。

在上海郊区农村，亦有这类"机船"的运营。有当时的浦东人忆述："火油引擎问世后，许多地主富农购备一套，主要用于灌溉，每台3匹引擎拖动5英寸进口4英寸出水的帮浦，每小时约可灌溉六、七亩，一天一夜可解决百余亩土地的用水问题。我家中在浦东川沙种田四十余亩，稻棉各半，曾购用中华厂引擎帮浦灌溉。当时连年干旱，采购引擎帮浦者增多，中华厂经常日夜赶制，常感供不应求。我在这时曾备中华厂出品3匹引擎帮浦3套，分装在3只小船上，一度在浦东经营代客打水。一般情况下，每亩收费五角，天旱时取费达每亩一元多，利润极高。因此浦东一带拥有数十亩以上土地的地主富农，都纷纷购买引擎帮浦，以代替人力牛力，也有些富裕中农合伙购买的。"[5]一位机修工回忆：

> 我25—26岁时（1930—1931年），使用引擎始较普遍。在浦东大团东西二面，我修理过的引擎就有上海冯瑞泰、陆顺兴、黄德泰、明昌等机器厂的出品，每家有三、五部，俱系老式冲灯6匹马力，亦有大隆、上海等厂出品的3匹马力小引擎踪迹。周浦祝家桥则专销中华厂出品的3匹马力小引擎；奉贤方面，大隆、中华出品的小引擎较多，俱

---

［1］《上海民族机器工业》，第365页。

［2］《上海民族机器工业》，第358页。

［3］卢作孚著，文明国编：《卢作孚自述》，安徽文艺出版社2013年版，第150、151页。

［4］王仲：《民国时期商会对农业的扶持——以苏州商会为例》，《中国农史》2011年第1期。

［5］《上海民族机器工业》，第378、379页。

用于灌溉棉田及稻田。棉田灌溉的作用亦大，大团的棉田每亩收籽花一百四五十斤，如在农历五六月间天旱无雨，能及时灌溉二三次，可多收获籽花一二十斤，因此浦东地区使用小引擎帮浦较多。[1]

在沪杭铁路沿线的嘉善等地，也有抽水机的应用。据当事人记载："沪杭铁路上的嘉善地方，富农地主雇工耕种较多，采用引擎的也不少。如中华铁工厂的客户之一嘉善沈起超，系退职官僚地主，雇工耕种二百多亩稻田，购用引擎、帮浦、碾米机器，以供灌溉轧米之用。一般购置3匹马力引擎的以自用为主，专门以灌溉为营业的则以购置较大的6匹、9匹马力引擎为多。"而中华铁工厂的引擎，"仿照日本进口式样制造，主要零件'麦尼朵'（发火器）尚未能制造，一般都购用美国进口的惠可牌，每只需数十元。3匹马力引擎每台售价300元左右。销售地区以上海近郊及江、浙二省的沪宁、沪杭铁路沿线为多。"[2] 宁波亦有人经营机灌业，1926年1月8日《申报》以《大同农社筹办水利》为题载："宁波大同农社自创办后，已逾数月，各种园艺如瓢菜等均将发卖。兹闻该社前由沪某洋行购来之机器车水机一架（计银元六百余两），用煤油马达汲水，非常简便省费，故为谋农民之公共利益起见，特定价全年每亩保车水价一元（用牛车每亩每年均约需费二元）。该处一带农民闻已纷纷定保，故该处农业另呈一番气象。"[3] 成书于1936年的《乌青镇志》记述："近年有戽水机器，其器装置船内，农田遇有水灾或旱干均可用。机器戽水较旧式水车专恃人力者其速倍蓰，各村农无力购置，现仅绍籍人备有二三机代人戽水，价较人工为廉。"[4]

总的说来，受小农经济拮据和农民实际经济承受能力的制约，抽水机在上海郊区和长江三角洲农村的应用并不普遍，地域范围有限，主要是在那些地势较高亢、人力取水成本较贵的地区，反之即使在上海郊区仍多沿用传统的人力、畜力或风力取水方式。1923年，美国记者在上海郊县目睹："苏州河是一条对比强烈的河流，有时十分狭窄，有时几百码宽，形成富饶的三角洲。土地很平坦，四处都是开垦的田地。稻田沿河岸延展，取水的方式很原始，由两名男子或女子

---

[1]《上海民族机器工业》，第379页。
[2]《上海民族机器工业》，第378、379页。
[3] 宁波市档案馆编：《〈申报〉宁波史料集》，宁波出版社2013年版，第5册，第2642页。
[4] 民国《乌青镇志》卷7，农桑。

用缠着绳子的小圆水桶把水从河里舀到泥池中。一次只能取不超过两夸脱的水，大概一分钟能取六次，一小时又小时地进行着。想一下所需的劳动，首先填满泥池，然后将少量的水注入稻田中，或者填满灌渠来灌溉稻田。"[1] 1933年的调查，南汇县有"机器水车，但用者甚少"；奉贤县，"现有新发明之戽水机、甩稻机等，因购价较贵，农民用之甚少"。[2] 有当年亲身参与抽水机制造和推销的人追述：

> 如邻近上海的松江、昆山一带，由于田低水平，田与水距离一般仅一、二英寸，农民大都使用范风力或牛力戽水，一台风车仅数十元，费用省，使用柴油机帮浦不合算，因此极少购用。在常州以上地区又因田高水低，田与水距离往往达二三丈，需要较大马力的柴油机帮浦，成本较大，农民无力负担，因此又无法推广。苏北有些地区则水高田低，帮浦大都用于排灌，而小规模的排灌大部用风车代替，大规模的则无力举办，因此购用者亦有限。至于浙江宁波等山地，又因水源不大，田地分散，加上运输不便，无法将引擎帮浦装在船上移动。

他们感叹："除非有较大的灾害发生，否则帮浦是很少销路的。"并指出："帮浦在无锡略有销路，主要由于无锡有充足的水源，有取之不竭的太湖水。其次，无锡的耕田与水源高低差距一般在一丈以上，当地耕牛很少，一向雇用人力戽水。无锡是发展较早的工业城市，产业工人有一定的数量，农村人力较缺，雇工工资较高，特别在农忙时，戽水日夜不息，雇工更为困难。因此，柴油机帮浦出现后，即为农民所乐于接受，帮浦尚有一定限度的市场。"[3] 而在那些农村劳动力相对过剩的乡村，抽水机的应用则多受冷落，1936年费孝通在家乡江苏吴江县开弦弓村实地调查，得知前两年村里就有了两台柴油抽水机，但这两台机器并未被村里的农户普遍租用，原因在于使用机器而节约下来的劳动力找不到其他生产性的出路，如租用抽水机，则意味着他们在省力的同时，却额外多了一分开支，

---

[1] 〔美〕格蕾丝·汤普森·西登著，邱丽媛译：《中国灯笼：一个美国记者眼中的民国名媛》，中国言实出版社2015年版，第236页。

[2] 章有义：《中国近代农业史资料》第3辑，三联书店1957年版，第874页。

[3] 《上海民族机器工业》，第368、369页。

这是他们所不愿接受的，于是他们宁可沿用传统的人力或畜力抽水方式[1]。

在作为新型农机具的抽水机的应用和推广方面的上述史实，较为生动具体地反映了，近代机器工业引领中国农村传统生产方式的改革和进步，而自身的发展亦从中受益，同时在其过程中所遭遇的种种阻力和单凭其自身之力难以突破的窘境，近代中国城乡经济关系的有所作为及同时所受到的种种束缚，于此可见一斑。

四、手工业的新趋向

近代中国虽有机器工业的发生发展，但城乡手工业仍在国计民生中占有重要地位，据截至 1933 年的统计，在中国工业总产值中，工厂占 25%，手工业占 75%。[2] 即使在工业中心的上海，19 世纪末在沪考察的英国人目睹："上海土产种类之多，不胜枚举。作坊都是临街开着的，工匠们各在其本业作坊工作，过路人可以一览无余。制成的货品，就在作坊或在作坊隔壁零售。这里我们见到有银匠、铁匠、白铜匠、黄铜匠和木匠；织缏带的、织窄带的、织宽带的、织普通小摆设饰物的、织锦缎的、织花缎的，以及织细纱罗的织匠；绣绸缎的绣工；弹棉花的以及用单锭手车纺纱的，事实上手工艺的种类是如此之多。"[3] 时至 1933 年至 1935 年间对上海市市区 5874 家手工业的调查，共涉及 14 类行业，其中有日用品手工业、家具手工业、冶炼手工业、交通用具手工业、机器及金属品手工业、土石手工业、纺织手工业、造纸印刷手工业、木材手工业、橡革手工业、烟草饮食品手工业、化学手工业、饰物仪器手工业、其他类手工业等[4]。截至 1937 年，上海有工厂 5525 家，作坊 16851 家，即手工作坊占全市工业总户数的 75.3%。在上海的棉纺织业，20 世纪二三十年代手工棉织工场仍有 1500 余家，

---

［1］ 费孝通：《江村经济》，上海人民出版社 2006 年版，第 113 页。

［2］ 巫宝三等：《抗日战争前中国的工业生产和就业》，《巫宝三集》，中国社会科学出版社 2003 年版，第 41 页。

［3］ 彭泽益：《中国近代手工业史资料（1840—1949）》，中华书局 1962 年版，第 2 卷，第 59 页。

［4］ 上海市社会局：《上海市市区 5874 家手工业概况之分析》，原载《实业部月刊》第 2 卷第 6 期（1937 年 6 月 10 日），转引自李文海主编：《民国时期社会调查丛编（二编）·乡村经济卷》，福建教育出版社 2009 年版，中卷，第 623 页。

"沪西一带工场林立，其中以小规模棉织业工厂占最多数，大都织造毛巾、棉布、线毯之类，所用机件均系木制"。[1]与此同时，受外国机制工业品大量输入的冲击，上海与长江三角洲的城乡手工业，也发生一系列相应变化。

（一）棉纺织业

甲午战后至民国初年，中国民族工业有较快发展。据统计，中日甲午战争以前，中国民族资本近代企业共 100 多家，1895 年至 1913 年间，共新设厂矿 549 家，资本总额 12000 多万元。[2]其中，棉纺织工业发展显著。1895 年民族资本企业共有纺机 174564 锭，1913 年则达 499232 锭，净增近 2 倍。[3]另据估算，"在 1912—1936 年间，中国（包括东北）工厂工业的实际产出，约以年均 8.1% 的速度增长"[4]。

成长中的中国民族工业的原料需求，给农村经济以很大的促动，两者间的互动关系明显。以上海为中心的棉纺织厂的兴办，刺激了附近地区的棉花生产，在 1923 年的江苏省：

> 棉产地之区域，分布全省各地，就中以通州、太仓、嘉定、常熟、上海与江阴六大区为最有名。先从通州一区而论，该区植产之地，占全州地亩总数十分之六、七，包括南通、崇明、海门等区，合计东西三百里，南北一百五十里，幅员极广，故该区不但为江苏一省出棉之要地，即综全中国产棉之区域计之，亦当首屈一指矣。该区平均产棉之额，约有一百五十万担之多，就中产额之大部，皆为崇明与南通之大生纱厂所吸收，其余则概运至上海销售焉。[5]

---

[1] 彭泽益：《中国近代手工业史资料（1840—1949）》，第 4 卷，第 107 页；第 3 卷，第 96、536 页。

[2] 孙毓棠：《中国近代工业史资料》第 1 辑，科学出版社 1957 年版，第 1166—1173 页；汪敬虞：《中国近代工业史资料》第 2 辑，科学出版社 1957 年版，第 654 页。

[3] 严中平：《中国棉纺织史稿》，商务印书馆 2011 年版，第 459、460 页。

[4] 〔美〕托马斯·罗斯基著，唐巧天等译校：《战前中国经济的增长》，浙江大学出版社 2009 年版，第 348 页。

[5] 章有义：《中国近代农业史资料》第 2 辑，三联书店 1957 年版，第 220、221 页。

产量颇巨的机纱，则进一步推动了农民家庭手工棉纺织业的衍变和发展。1937年对太湖沿岸农村副业的调查载："自纱厂在通商口岸设立后，土纱大见减少，机器纺纱（洋纱）推行极广，不特都市织布厂勃兴，农民亦纷纷采用洋纱，而农村织布业（家庭小手工业）随之而变迁。其交通便利，纱厂发达之区，例如无锡、武进、吴县等农村，以织布为副业的殊多。"[1]有学者的研究表明，中国早期民族工业的主体——棉纺织业，在很大程度上正是依赖于农民家庭纺织业对生产原料机纱的需求而获得生命力的。正是这种需求为近代纱厂提供了产品市场，从而为纱厂的创立和发展建立了基本前提。在纱厂集中的苏南地区，这种互补互动的关系有清晰的展现。无锡不产棉花，但其东、北部紧靠常熟、江阴等棉产区，因此早在明代，无锡东北乡一带的农户，便依赖于购自棉区的棉花，自纺自织，发展起农村土布纺织业。

洋（机）纱何时传入无锡，未见明确记载。但估计不迟于19世纪90年代初。至19世纪90年代中期，无锡、常州、江阴等地的农户，已开始用机纱织布了，因此当1896年无锡第一家近代纱厂——业勤纱厂开工后，已可以找到一个较大市场，这对它的成立是很有利的。业勤机纱"供销常州、江阴、镇江及本县其他市镇。该厂虽然昼夜开工，对于常州府和苏州府的各个乡镇对该厂需要，尚无法全部供应"。1897年9月底，经过短期不景气后，业勤机纱的销路大开，产品"随出随销"，都是供给附近农村织户用的，纱价还较上海机纱略高一些。大约在20世纪初年，无锡农村已基本完成由土纱向机纱织布的过渡。据土布业老人回忆，1904年前，土布还以土经土纬为主，以后则主要是洋经洋纬了。

盛产棉花的江阴，历史上农村土布的生产要比无锡久远，规模、范围也都超过无锡。这和当地具有丰富的棉花原料有很大关系。在明清两代，江阴土布的生产、销售，已对农村经济有举足轻重的影响。乾隆时，"木棉布土织为多，坚致细密向推雷沟、大桥、周庄、华墅诸镇，四方著名；近则长寿、顾山诸镇倍盛，他客采买者云集"。19世纪90年代左右，洋纱开始对江阴土布生产发生重大影响。由于洋纱匀细洁白远胜土纱，价格又低，在农村织户中很快传播开来。到了清末，江阴土布基本上已采用洋纱，成为洋经洋纬，只有个别品种如"乡丈大布"

---

[1] 彭泽益：《中国近代手工业史资料（1840—1949）》，第3卷，第750页。

因客商需要，仍然维持着洋经土纬的规格。

洋纱在江苏重点织布区江阴的流行，为近代机器纱厂提供了一块重要的商品市场。苏州、无锡、上海及本地的许多纱厂，都以江阴织布区为容纳产品的重要地盘。江阴土布的兴衰，对这些工厂的崛起和发展均有重要的影响。1891年以后，上海各纱厂已向江阴大量推销机纱，当时已可看到双龙、铁锚、云龙、龙门、红团龙等牌子的机纱。1897年苏州苏纶纱厂开工后，其生产的"天官"牌机纱以江阴为盛销区。无锡业勤纱厂的"升平"牌机纱，也向江阴推销。江阴本地的利用纱厂，其产品"九狮"机纱，更与本地的织布业息息相关。直至抗日战争前，江阴一直是苏、锡、沪及当地纱厂的重要市场。地方史料载："江阴风俗淳朴，妇女同工纺织，以故手工土布为本县物产大宗，而布业尤为商市之重心，城乡行庄栉比，商贩云集，市面赖以振兴，金融藉资周转。"乾隆五十二年（1787），当地布商就创办了土布业公所。后屡有更名，1929年改组为江阴县土布业同业公会。至1934年7月，同业会员共有88家和150名代表。[1] 1935年8月刊印的《江阴社会调查》记载，当时江阴的大宗生产是桑蚕和土布。[2] 1937年，江阴棉织业中的手拉机、铁木机总计有43000多台，其中为布厂所有者仅几千台，绝大部分散布在农民家里。[3]

苏南上述几个主要织布区的情况表明，在洋纱流入后，由于其既利于土布生产提高产量、质量，又能降低成本，因此很受农民欢迎。于是在苏南地区形成了年产数千万匹土布所需的庞大的机纱市场，这对苏、锡、常一带近代纱厂的兴起和发展，起了至关重要的作用。而近代纱厂，也把供农村土布为原料的粗支纱作为基本产品，把为农村土布生产原料作为基本经营方针，从而形成了一种农民家庭手工织布依靠近代纱厂提供原料，近代纱厂依靠农村土布生产为主要市场的相互依存、相互补充的新型经济关系。[4] 1904年张謇在陈述通州及崇明大生纱厂创办缘由时，曾直言：

---

［1］ 王春瑜编：《中国稀见史料》第1辑，厦门大学出版社2007年版，第37册，第127页。

［2］ 江苏档案精品选编委员会：《江苏省明清以来档案精选·无锡卷》，江苏人民出版社2013年版，第88页。

［3］ 徐新吾：《江南土布史》，上海社会科学院出版社1992年版，第474页。

［4］ 林刚：《再论中国现代化道路的民族性特征》，《近代中国》第7辑，立信会计出版社1997年版，第203—206页。

通州、海门、崇明均产棉花，壤地相接。十年前乡间织户多用机纱，销行日广。光绪二十一年十二月，承准前两江督部堂张，奏派经理通海一带商务，即经先就通海两境棉产纱市适宜之地鸠集公司，建设大生纱厂，计二万四百锭。二十八年复就原厂增添二万四百锭，二十九年陆续添开，至本年春间开齐。现因崇明利用通纱常苦不给，复于该县外沙江北、与通海水陆可通之永泰沙地方，增添大生分厂，计纱机二万锭，合计买地购机、建造厂栈及运本，共需资本规银八十万两，拟章集股，次第开办。[1]

近代中国农村手工业的主体是棉纺织业；它实际包含两大部分，一是习称以"耕织结合"与市场脱节的自然经济为主要特征的小农家庭棉纺织业，另一部分则是主要为市场生产的手工棉纺织业。明清时期的江南，后者就很活跃。嘉庆《南翔镇志》记载，棉花"通邑栽之，以资纺织"；所产棉布，"有浆纱、刷线二种，槎里只刷线，名扣布，光洁而厚，制衣被耐久，远方珍之。布商各字号俱在镇，鉴择尤精，故里中所织甲一邑"。[2]青浦嘉庆《珠里小志》载："布有刷经、拍浆二种。刷经缜密，拍浆细软，市价相若。又有大号、小号，小号门面阔八寸三分，长十八尺；大号门面阔九寸五分，长十九尺。本色布，南翔、苏州两处庄客收买；青蓝布，估客贩至崇明南北二沙。"此外，"又有杜织布，门面阔一尺三四五寸不等，每匹长至二十二尺，乡人多自服"。[3]道光《金泽小志》称："金泽无论贫富妇女，无不纺织。肆中收布之所，曰花布纱庄。布成持以易花，或即以棉纱易，辗转相乘，储其余为一家御寒具，兼佐米盐。"[4]青浦县盘龙镇四乡，"俗务纺织，里妪抱布入市，易木棉以归，明旦复然。织者率日一疋，有通宵不寐者。东乡日用所需，都从此出"。[5]嘉定县《厂头镇志》的描述则更为生动：

男耕女织，事有分司，而我里芸棉之候，女亦荷锄，夜织之时，男

［1］ 李明勋等主编：《张謇全集》，上海辞书出版社2012年版，第1册，第51页。
［2］ 嘉庆《南翔镇志》（上海乡镇旧志丛书），上海社会科学院出版社2004年版，卷1，疆里，物产。
［3］ 嘉庆《珠里小志》（上海乡镇旧志丛书），上海社会科学院出版社2004年版，卷4，物产。
［4］ 道光《金泽小志》（上海乡镇旧志丛书），上海社会科学院出版社2004年版，卷1，风俗。
［5］ 光绪《盘龙镇志》（上海乡镇旧志丛书），上海社会科学院出版社2004年版，风俗。

皆勤纺。盖以地瘠产微，不足供租赋而资日用，是以男女交相为助，不敢暇逸如此。布之织也以机，而纱之纺也以车。但别处纺车用在手，独我乡纺车手足并用，而一搅三缕，较别处功倍焉。抱布入市，必以黎明，远者有夜半出门，犯霜行露而恐后者。盖欲早去早回，仍不妨一日之功也，其勤苦又如此。[1]

由于两者在生产性质和内容等方面的差异，外国商品倾销对它们的影响也各不相同。非商品性小农家庭棉纺织业，在大批廉价洋纱洋布进口的形势下，逐渐放弃自给自足性质的生产方式，而与市场发生了联系。上海近郊的黄渡，原先出品的手工布机质量过硬，远近闻名，咸丰年间成书的《黄渡镇志》载："徐家布机坚致而利于用，价亦稍昂，机之横木必书其年月、某房造。"[2]到了清末宣统年间的《黄渡续志》则称："徐家布机，则阒然无闻矣。"[3]

后者与市场联系紧密，通常是由生产者利用自产棉花或从市场购买棉花作原料，自纺自织成布，然后将织成的布出售，周而复始，进行下一轮的手工生产，以维持生计。这类直接与市场联系在一起的手工棉纺织业，显然有别于那种自给自足性质的棉纺织业，而属于商品生产的范畴。如鸦片战争前，浙江嘉兴"土产木棉花甚少，而纺之为纱，织之为布者，家户习为恒业，不止乡落，虽城中亦然，往往商贾从旁郡贩棉花列肆吾土，小民以纺织所成或纱或布，侵晨入市易棉花以归，仍治而纺织之，明旦复持以易"。[4]江苏吴江分湖镇，"妇女多治木棉花，俗谓之摇纱，或以贸布为业，或以纺纱资生"。[5]青浦县盘龙镇四乡，"俗务纺织，里妪抱布入市，易木棉以归，明旦复然。织者率日一疋，有通宵不寐者。东乡日用所需，都从此出"。[6]

它们在鸦片战争后，一部分由于抵挡不住洋纱洋布竞销而沦于衰败，嘉定县钱门塘乡，"居民向以花布为生，同（治）光（绪）间，男耕女织，寒暑无

---

[1] 同治《厂头镇志》(上海乡镇旧志丛书)，上海社会科学院出版社2004年版，卷8，风俗。
[2] 咸丰《黄渡镇志》(上海乡镇旧志丛书)，上海社会科学院出版社2004年版，卷2，物产。
[3] 咸丰《黄渡续志》(上海乡镇旧志丛书)，上海社会科学院出版社2004年版，卷2，物产。
[4] 道光《嘉兴府志》卷11，物产。
[5] 道光《分湖小识》卷6，风俗。
[6] 光绪《盘龙镇志》，风俗。

间，迩来沪上设有纺织等厂，女工被夺，几无抱布入市者"[1]。另有相当多的则依然存在，1898 年，江苏省常熟县士绅徐兆纬记述："昭（指与常熟合为一县的昭文——引者）境东乡，地产木棉，专以纺织度日。"[2] 各地方志亦多有记载，上海浦东高桥，"花即棉花也，宜高地，畏水，做布易米，一方衣食死生赖焉"；"人家勤纺织，种田之暇，惟以纱布为事"；"棉布，每疋长一丈三尺八寸，精细不一，价亦不同"。[3] 金山枫泾，"布以木棉为之，阔曰大布，狭曰小布，农妇藉以为业"[4]。上海县纪王镇，"棉布，俗名纪王庄扣布，精细洁白，昔多售河南等处，今多售福州"[5]。宝山县月浦，"棉布，乡民织而售之，以为副业"[6]。嘉定县真如镇，"农家各有布机一具至二三具不等，土布畅销之处，两广及福建为多"[7]。1914 年出生于青浦的杨宽忆述：

> 我童年时期常常看到母亲以及邻居纺织"土布"的情景。自从上海新式纺织厂兴起，"洋布"推销到城镇，但是所有农民依然穿着"土布"，印有蓝色花纹的"土布"仍然是这一带农村的特产。当时白鹤江镇上既有规模较大的洋布店，也还有规模较小的土布店。[8]

此外，还有的则通过变更原料来源即采用洋纱，继续生产且有新的发展。江苏南通、海门一带，"土产棉花，乡人以纺织为生计"，19 世纪 70 年代后，"外洋纺织机器盛行，洋纱洋布销售日广，本纺土布去路滞减。乡人穷极思变，购用洋纱，参织大小布匹线带，以致洋纱倒灌内地，日甚一日"。[9] 1910 年出生于吴江的费孝通曾记述："西洋货实际上运到乡村里的并不多，牙刷、牙膏之类当然用

[1] 民国《钱门塘乡志》（上海乡镇旧志丛书），上海社会科学院出版社 2004 年版，卷 1，风俗。

[2] （清）徐兆纬著，李向东等标点：《徐兆纬日记》，黄山书社 2013 年版，第 16 页。

[3] 光绪《江东志》（上海乡镇旧志丛书），上海社会科学院出版社 2004 年版，卷 1，物产。

[4] 光绪《重辑枫泾小志》（上海乡镇旧志丛书），上海社会科学院出版社 2004 年版，卷 1，区域，物产。

[5] 光绪《纪王镇志》（上海乡镇旧志丛书），上海社会科学院出版社 2004 年版，卷 1，物产。

[6] 民国《月浦里志》（上海乡镇旧志丛书），上海社会科学院出版社 2004 年版，卷 5，实业志，物产。

[7] 民国《上海特别市真如区调查统计报告表册》（上海乡镇旧志丛书），上海社会科学院出版社 2004 年版，农务。

[8] 杨宽：《历史激流：杨宽自传》，（台北）大块文化出版股份有限公司 2005 年版，第 24 页。

[9] 彭泽益：《中国近代手工业史资料（1840—1949）》，中华书局 1962 年版，第 2 卷，第 211 页。

不着，就是布匹还是以洋纱土织的居多。"他忆述："我幼年还帮助祖母纺过纱，我母亲的嫁妆里还有个织布机。"[1]

清末文献载："土布，有浦东稀、龙华稀二种，皆上海乡民所织，布身坚洁，前行销各处，颇为著名。近被洋商输入之花旗粗布侵夺，销路顿滞，现在织户亦有改良用洋纱织者。"[2]1890年后的江苏太仓，"如女终岁纺织，以资生活，洋纱初来之时，民间并不喜用，间有挽用者，布庄收买后，致销路濡滞，于是庄家必格外挑剔，不收洋纱之布，民间亦遂不敢以洋纱挽用。上海自设纱厂后，民间自轧自弹，反不如买机器纱之便宜，于是遂不顾布庄之挑剔，而群焉买之，群焉织之，庄家亦剔无可剔，一概收买。现在非但不剔，而且以机器纱为细洁，而乡间几无自轧自弹自纺之纱矣"[3]。

因土布质地厚实，挡阳光，能吸汗，为南洋的锡矿和橡胶园劳工所适用。1910年至1917年间，曾有一种专销往南洋名叫"加长稀"的土布，是由江阴、常熟一带农民生产的。它是用16支洋纱织成，质地较薄较差，但价格便宜，起先是由上海的启成玉土布行经理胡访鹤为了供应南洋大量要货，特地到江阴一带去订货生产的。到1920年初，上海郊县也有"加长稀"土布的生产。19世纪末至20世纪二三十年代，上海南洋办庄出口土布者，计先后有永泰、公昌和、诚昌、广记祥、福兴纶、广裕纶等，每年平均共约210万匹左右。[4]

而同一类型的城镇手工棉纺织业，也有相当一部分通过类似途径继续存在。19世纪末，江苏江阴"纺织为利，迁世不易"，"土产有大、小等布，夙著名称"。后经改用洋纱和改进技术，"江阴布之名乃大著，数年后合邑风行"。[5]1905年，更有吴汀鹭、祝丹卿等人集资创办了华澄织布股份有限公司，起初有阔幅手拉梭机28台，不久增至100台，可织斜纹布、提花布等改良土布。1908年至1934年，又先后开办了六家分厂，并在上海、天津等地特设外销处。[6]

1919年在江苏常熟的实地考察：

[1] 费孝通：《乡土中国·乡土重建》，北京联合出版公司2018年版，第125、190页。
[2] 熊月之主编：《稀见上海史志资料丛书》，上海书店出版社2012年版，第4册，第303页。
[3] 姚贤镐编：《中国近代对外贸易史资料（1840—1895）》，中华书局1962年版，第1363、1364页。
[4] 上海社会科学院经济研究所等：《上海对外贸易（1840—1949）》，上海社会科学院出版社1989年版，第453页。
[5] 民国《江阴县续志》卷11，实业。
[6] 程以正：《江阴史事纵横》，上海古籍出版社2011年版，第228、229页。

常熟之有织布厂，实始于前清光绪二十九年，厥后逐渐增多至三十一家，间有设立分厂者。厂之大者有织机二百数十部，少亦八九十部，合计三十一家之铁机、提花机、平布机总数当在三千部左右，每机百部约需男女工一百六十人，共当需工四千八百人，以男一女九计之，则男工当有四百八十人，女工当有四千三百二十人，年产之数约有四十万匹，价值银一百八十万元。销路除本省外，更远至浙江、四川、湖北、哈尔滨等处，而皆以上海为转运之区，故各该厂于上海一埠并设有发行分销所。各该厂营业发达，互相竞争，而以勤德一家最占优胜，其内部设有力织、染色、上浆、干燥、轧光、伸张、烧毛、制丝光线等各机，故出品优美。[1]

1927年的《中外经济周刊》载："常熟之布机，均系手拉机，并不借机器之力，亦有木机及铁木机之别。"[2] 1928年，无锡有17家棉织工场，其中的1家规模较大，有织机160架，投资额50万元，并使用电力运转织机，"其余大多数织布工场则仍在家庭工业时代，每家设备极为简陋，仅有木制织机数架，资本亦极有限，每家资本有仅5000元者"。[3] 1930年4月29日，卢作孚一行在上海近郊的川沙县城，"看见在一条街里，很有几家扯梭织布厂，大家都很惊奇，机器工业势力发达的上海附近，这种手工业的小厂仍然存在"[4]。1934年，浙江海宁县"硖石一处，每年各种扣布总出口值估计在200万元以上。大部多输至江北之皖苏两省及浙江东南部诸省，即福建省亦有扣布之市场，中以浦城一县每年消费硖石之扣布为数最伙"[5]。直至1937年，上海公共租界区域内还有八九千架手织机，赖以为生者约5万人。[6]

---

［1］彭泽益：《中国近代手工业史资料（1840—1949）》，第2卷，第666页。

［2］《常熟之经济状况》，《中外经济周刊》第214期（1927年6月4日）。

［3］方显廷：《方显廷文集》第1卷，商务印书馆2011年版，第290页。

［4］张守广：《卢作孚年谱》，重庆出版社2005年版，第80页。

［5］方显廷：《方显廷文集》第1卷，第294页。

［6］严中平：《中国棉纺织史稿》，商务印书馆2011年版，第320页。1950年，在杨浦区境的手工业者分660类共2915人，其中手工棉纺织业位居榜首，共224家1103人，资本28.3万元，分别占该区手工业户数的37%、职工数的37.8%、资本数的36.8%（详见罗苏文：《高郎桥纪事》，上海人民出版社2011年版，第9页）。

出现上述不同情况的主要原因，在于当时进口棉制品的品种构成。鸦片战争后的数十年间，外国棉制品的输入以棉纱居多。[1] 大量廉价洋纱的倾销，对中国自给自足性质的小农家庭手工棉纺织业的打击是致命的。它迫使农户大多不再继续那种与商品交换隔绝的家庭棉纺织业，而与市场发生了联系。上海近郊的黄渡，原先出品的手工织布机质量过硬，远近闻名，咸丰年间成书的《黄渡镇志》载："徐家布机坚致而利于用，价亦稍昂，机之横木必书其年月、某房造。"[2] 到了宣统年间的《黄渡续志》则称："徐家布机，则阒然无闻矣。"[3] 清末奉贤《乡土地理》载："庄行镇，以庄氏族居得名，今亦为西乡巨镇，商务略逊南桥，而棉花贸易较盛，土产小布最为有名，自洋布盛行，此业亦稍衰矣。"[4] 相比之下，洋纱倾销对原先就为市场生产并以织布为主的那部分手工棉纺织业的影响就有所不同。由于它们本来就是通过市场购买棉花或棉纱从事生产的，所以洋纱涌入和近代棉纺织厂设立对它们的冲击，主要是导致其生产原料来源发生变化，即由依赖土产原料转而采用廉价的外国商品或机制棉纱，以继续维持生产。

在上海郊区，自外国廉价工业品大批量输入和机器棉纺织厂纷纷设立，周围农村一部分手工棉纺织业逐渐由原先依赖土纺棉纱转而采用廉价的机制棉纱。地处长江口的崇明县，土质宜于植棉，"全境种棉者十六七"，土布出产亦多，"轧车有铁梃，下承木杆，去棉核，以木弓绷弦弹棉令匀，竹杆卷之，木版搓之为絮条，就纺车抽绪为纱，络车经之，织机纬之，为布坚密厚阔，以特产闻，贸之青口、牛庄，为生计大宗"。[5] 清末民初，则多改用机纱，《崇明乡土志略》载："崇之工作物，以棉布为最盛，每岁航运至淮北、山东、盛京者约三百万匹，利亦溥矣。然自洋布盛输而销数遂减，则以布质细密匀白不如洋布也。光绪三十年间，有人组织公司，距久隆镇三四里创设纱厂，其规模伟大可观，制纱极多，由是土布之向用手摇纱者，自始改用机纱。"[6] 上海县农村，"机器纱盛行，手纺纱出数渐减，机器纱俗称洋纱，用机器纺成，较土法所纺洁白而细"。该县西南乡用它织成的土布，每年约有百万匹，民国初年仍有四五十万匹，销往东北、华北和山

[1] 姚贤镐编：《中国近代对外贸易史资料（1840—1895）》，第 1368 页。
[2][3] 咸丰《黄渡镇志》（上海乡镇旧志丛书），上海社会科学院出版社 2004 年版，卷 2，物产。
[4] 宣统《乡土地理·庄行》，《奉贤县志》（上海府县旧志丛书），上海古籍出版社 2009 年版，第 695 页。
[5] 民国《崇明县志》卷 4，地理志，风俗。
[6] 民国《崇明乡土志略》，第 18 页。

东等地。[1]

经由上海输入的洋纱大幅度增长，"推销于上海附近及江南一带，最初每年仅数千件，不久就达到二十余万件"，更推进了周边地区农村手工棉纺织业生产结构的衍变。地处长江口北岸的通、海地区，"沿江各口岸已有太古、怡和、招商等轮船往来停泊"，运抵的洋纱"因其条干均匀，不易断头，渐为机户所乐用，作为经纱，从此就出现了洋经土纬的土布"。一度曾使当地土纱滞销，后以土布经上海北运的销路打开，纬纱仍须土纱，产量才趋上升。[2]

经上海集散的土布成分相应发生明显变化。起初，"上海有些土布庄拒收洋经土纬的土布，门口贴着一张牌纸，上书'掺和洋纱，概不收买'。但洋纱条杆均匀，织出来的布比土经土纬的平整，外地客帮欢迎，农民买洋纱织布比自己纺纱织布方便，于是洋经土纬的土布越来越多，土布庄也只好收买"。1895 年，"门市收进的土布约有百分之六十已是洋经洋纬，百分之四十是洋经土纬"。以后，洋经洋纬的土布所占比重更大。浦东三林塘所产土布，1910 年前后已全是洋经洋纬。[3]清末，该镇三里长街布庄、手工织布作坊毗连，著名的布庄有汤义兴号、陆万丰号、亿大号等，上海县城的名号如祥泰、启成玉、恒乾仁等也在镇上设座庄就地收购土布，最多时一年有 200 多万匹销往各地。[4]1909 年，当地富商汤学钊以三林塘扣布参赛，获两江总督、江苏巡抚颁发的二等奖状和银质奖章。次年，冠以元大牌商标的尖布、格子布，在南洋劝业会上再获银质奖章。[5]1919年，崇明县堡镇土布业富商杜少如，利用崇明原棉和劳动力资源，与上海实业家姚锡舟集资 64 万银元，在堡镇开办了大通纱厂；1932 年，杜少如又与人集资设立了富安纱厂，其所产机纱大部分由当地土布织户购用[6]。

1928 年上海特别市对所属近郊闸北、彭浦、真茹、沪南、蒲淞、法华、洋泾、引翔、漕泾、塘桥、陆行、高行、杨思、曹行、塘湾、颛桥、北桥、马桥、闵行、陈行、三林、吴淞、殷行、江湾、高桥、杨行、大场、莘庄、周浦、七宝等 30 个区的农村调查显示，手工棉纺织业还是各区普遍的农家副业，其中如

---

[1] 民国《上海县续志》卷 8，物产。
[2] 林举百：《通海关庄布史料》，1962 年油印本，第 12、13 页。
[3] 徐新吾等：《江南土布史》，上海社会科学院出版社 1992 年版，第 133 页。
[4] 上海市档案馆：《上海古镇记忆》，东方出版中心 2009 年版，第 231 页。
[5] 申克满：《汤氏民宅》，《上海城建档案》2013 年第 2 期。
[6] 崇明县档案馆等：《话说上海·崇明卷》，上海文化出版社 2010 年版，第 118 页。

真茹、蒲淞两区，年产值在 10 万元以上。[1] 在蒲淞区，其原料原为"自纺之棉纱，现以厂纱细致，大都改用十二支纱。每家置有木机一架至数架不等，但出品迟钝非常，今改用手拉机者仍极少数。工作辛勤，每于深夜犹闻机杼之声。织就后，销售于上海布行，购回棉纱"。[2] 1930 年对上海市百四十户农家调查载："农家妇女，料理家务及保育食事以外，农忙时则从事田园工作，暇则鲜有不从事纺织者，故纺车与布机，几无不备具。140 家中，共有布机 94 架，平均每家 0.7 架。纺车 68 具，平均每家 0.5 具。纺车之数，所以不及布机之多者，以上海纱厂林立，所出之纱价廉而质美，自家纺纱远不如买纱织布之为得也。"[3] 1934 年 2 月及 1935 年 8 月在沪郊农村的两次调查，发现在 944 户，4094 总人口中，尚有 862 人以织布为副业，超出任何其他副业人数之上[4]。上海民族工业所生产的铁木织布机，"初期销路以上海多，后销至江浙两省的江阴、常州、无锡、嘉兴、杭州等地，并远销汕头、厦门"[5]。

在以上海为中心的机器棉纺织厂开办的同时，长江三角洲江苏区域内以机纱为主要原料的家庭手工织布业仍很普遍，1934 年对沪宁沿线 17 个县的调查结果，其总产量达 1400 万匹。其中，南通、江阴、武进、常熟 4 县，年产均在 200 万匹以上；崇明年产在 100 万匹以上；他如松江、海门、吴县、无锡、溧阳、镇江、南京及铜山，年产均在 10 万匹至 90 万匹之间。这些地方的手工织布业，多已使用改良织机，仿制宽幅布匹，销往大江南北各省，若南通、江阴、松江等地所产，还远销南洋。此外未经调查的宝山、太仓、金山、江浦、靖江、六合、宿迁、萧县、睢宁、邳县、高淳、启东等县，亦各有相当产量。[6]

浙江的家庭手工织布业，较之江苏逊色。1934 年所调查的上虞、余姚、海宁、镇海、鄞县、绍兴、杭县、金华、兰溪、平湖、嘉兴、嘉善等 12 个县，共计产

［1］《上海特别市各区农村概况》，原载《社会月刊》第 2 卷第 5—11 号（1930 年 11 月至 1931 年 5 月），转引自李文海主编：《民国时期社会调查丛编（二编）·乡村社会卷》，福建教育出版社 2009 年版，第 425—488 页；严中平：《中国棉纺织史稿》，商务印书馆 2011 年版，第 320 页。

［2］《上海特别市各区农村概况》，转引自李文海主编：《民国时期社会调查丛编（二编）·乡村社会卷》，第 437 页。

［3］《上海市百四十户农家调查》，原载《社会月刊》第 2 卷第 2—5 号（1930 年 8 月至 11 月），转引自李文海主编：《民国时期社会调查丛编（二编）·乡村社会卷》，第 505 页。

［4］严中平：《中国棉纺织史稿》，商务印书馆 2011 年版，第 320 页。

［5］上海市第一机电工业局机器工业史料组等编：《上海民族机器工业》，中华书局 1966 年版，第 270 页。

［6］严中平：《中国棉纺织史稿》，第 327 页。

布约 600 万匹。其中，平湖约 200 万匹，海宁、绍兴各约 80 万匹，其余除余姚、镇海之外，均在 10 万匹以上。[1] 在嘉善县，20 世纪 30 年代的实地调查载："农家织布，各乡均有，惟多为'自织布'，即农家购得洋纱后，自织自用，完全是一种家长式的家庭手工业，并且颇不重用。但另有一种所谓'织庄布'者，是商业资本支配之下的家庭工业，有些地方的农民把它当成一种主要的副业，从而获取工资。例如五区云南乡，织花布的农民就很多；其次卿云乡、镇东乡、王店镇等处也不少。……所谓织花布者，即由农民向布庄领取洋纱，织成后仍交还布庄，而获得工资。上述各乡织布庄农民的雇主，有些远在海宁县的硖石镇，大部分则在本区的王店镇。"这些雇主"发纱由农民织布，则其利益颇大，盖同量棉纱与白布价格之差异，远较付给农民之工资为多"。其成品布的销路，"远及宁波、绍兴、上海、苏州、常州、镇江、扬州等地"。[2]

(二) 丝织业、草编业等特色手工业

鸦片战争后，在一些手工行业趋于衰落或生产结构重组的同时，也有一些具有鲜明民族特色的传统手工业，由于没有同类外国商品可以与之竞销，且又受到出口需求的刺激，非但没有萧条，反而呈现产销两旺的景象。丝织业是其中之一，有学者指出："丝织业是中国传统的手工业部门，有着特殊的技艺和独特的产品，外国经济势力在短期内不可能全部渗入或完全排斥，因此从鸦片战争以后直到 19 世纪末的相当长时期内，中国丝织手工业不仅没有遭到破坏，相反益形繁荣。"[3] 江苏省吴江县盛泽镇，早在明末清初，就是著名的丝织品产地。当时，"凡邑中所产，皆聚于盛泽镇，天下衣被多赖之。富商大贾数千里辇万金来买者，摩肩连袂，为一都会焉"。[4] 时至 19 世纪下半叶，其盛况不减当年，"镇之丰歉，不仅视田亩之荒熟，而视绸业之盛衰。倘商贩稀少，机户利薄，则凋敝立形，生计萧索，市肆亦为减色矣。近镇四五十里间，居民尽逐绸绫之利，有力者雇人织

---

[1] 严中平：《中国棉纺织史稿》，第 327、328 页。
[2] 冯紫岗编：《嘉兴县农村调查》(国立浙江大学、嘉兴县政府 1936 年 6 月印行)，转引自李文海主编：《民国时期社会调查丛编 (二编)·乡村经济卷》，福建教育出版社 2009 年版，上卷，第 353、354 页。
[3] 王翔：《晚清丝绸业史》，上海人民出版社 2017 年版，第 466 页。
[4] 乾隆《吴江县志》卷 5。

挽，贫者皆自织，而令其童稚挽花，女红不事纺绩，日夕治丝，故女儿自十岁以外，皆蚕暮拮据以糊其口"。[1]1868 年 5 月，在华采购丝绸的瑞士商人克莱尔记述：

> 湖州是一个重要的蚕丝生产中心，那里的工业制造也非常有名，主要是丝绸织造和捻丝业。我们将要拜访的一个住宅区里，几乎每家都有一台或多台织机。到了收获的季节，这里更是一派热闹的景象：周边的农民，还有居住在湖岸边、岛上的农民都聚集到这里，出售自家产的丝线。他们的丝线量并不大，每个养蚕户最多 2—3 公斤。而在这段时间，买家也聚集到这里，虽然现在离新品上市还有几周时间，但已经能看到许多买家了。我们多次看到墙上贴着简易的宣传海报，上面写着"某某人愿以最高价收购生丝"，或者"想要买最优质的生丝，请到某某家购买"等等。这些蚕丝一部分被国内的消费者使用；更大部分则被批发商收购，他们将蚕丝进行分类，织成丝绸，成批运往上海，用于出口。[2]

他还详细记述了当地的生产工艺：

> 这里的捻丝业采用了较为原始的方式，每个生产者根据自己的需求准备竹竿，设计生产链，只有极少的情况进行特殊处理。按照生产上的要求，工人将两三根丝线或更多的丝线捻在一起。工人们先将丝线浸在肥皂水中，然后将它们挂在一根架高的竹竿上，这样丝线的两端就可以碰在一起了，接着将并在一起的端头固定在一根细铁棒上，铁棒用金属球加重。工人拿着这个小铁棒，在两块用皮包裹的木头之间迅速转动，整个丝线就被缠绕完毕。工人不断重复操作过程，直到有了足够的半成品为止。[3]

1887 年出生于吴江县的柳亚子忆述："我邑震泽、吴溇一带，以蚕丝得名，

---

[1] 光绪《盛湖志》卷 3，风俗。
[2][3]〔瑞士〕阿道夫·克莱尔照片收藏，李欣照片考证：《一个瑞士人眼中的晚清帝国》，华东师范大学出版社 2015 年版，第 218 页。

商业茂盛。双洋处震泽、吴淞之间，虽然一个小市镇，却也繁华得利害。"[1]据1919年的调查，盛泽镇共有丝绸行70余家，每年销售量约在6000至11600余担。[2]30年代后，由于海外人造丝的竞销，盛泽镇的丝绸业有所衰落，但仍颇具规模。1932年的报道称：

> 盛泽纺绸业之为农村副业，和普通的有很大不同的地方。普通所谓副业，如其名所示，是从属于农业为主。而盛泽的情形则恰恰相反，从事纺绸业的农民固然都有土地，而大部分都是自耕农，可是对农业并不重视。他们的重要经济来源是在纺绸，这一年纺绸业如兴盛，他们竟至于让土地去荒芜。所以年岁的丰歉，他们视之很漠然，而纺绸业的盛衰，却是他们全部的生活所系。[3]

20世纪初至20年代，日本式半机械提花织机传入盛泽，当地机户因惯于使用传统的手工木织机，不谙新织机和新工艺，于是"乃往杭湖各处招集织工来盛，日渐加多"，1925年已约近千人。20年代末至抗战前夕，电机织造在盛泽推广迅速，1937年全镇已拥有电力织机1000余台。织机设备的革新，还派生了钢筘、梭箱、梭子、车木、纹制、电机、修配等辅助行业，来自上海、杭州的相关专业人士遂到盛泽开坊设店，兼营修造。[4]1936年出版的《无锡区汇览》载："盛泽有一特区，即所谓'庄面上'，在镇之东南部，为绸类买卖之集散地，每日上午八九时至下午三四时止，绸之营业总数，每年约五六百万金。"此处的'庄面'，是指镇上绸行、绸庄的集中地，它与周围丝行、染练作坊和开设在上海、汉口、南京等地的分行，组成一个辐射面广的丝绸销售网络。分散在周围农村的众多手工织户，通过'庄面'卖掉手上的绸匹，再从丝行买回蚕丝织绸，周而复始，维持生计。[5]

当时苏州城乡的丝织业也很兴盛，实地调查载："吴县织缎手工业最为著名，

---

[1] 柳亚子：《柳亚子自述》，群言出版社2014年版，第117页。

[2] 彭泽益：《中国近代手工业史资料（1840—1949）》，中华书局1962年版，第2卷，第631页。

[3] 河冰：《盛泽之纺绸业》，《国际贸易导报》第4卷第5期（1932年10月）。

[4] 罗婧：《移民社会的整合与地域认同感的构建——以盛泽市镇社会的成长为例》，《江南社会历史评论》第8期，商务印书馆2016年版，第205页。

[5] 朱云云、姚富坤：《江村变迁：江苏开弦弓村调查》，上海人民出版社2010年版，第287页。

民国二十一年间，乡间计有庄号五六十家，专发原料给农家妇女织造，此项农家妇女从事织缎副业的计有数千，每年所出苏缎、纱缎、素缎价值三百余万元。"[1] 截至 1937 年前调查："苏州之工业向来停留于小规模之手工业及轻工业时代，而以浒关之织席、唯亭之毡毯、城郊一带女工之刺绣及丝织品为著名特产。"[2] 1876 年出生的包天笑忆述，在他十五六岁时：

> 就在同个宅子里，我们的隔邻，开了一家纱缎庄，庄名叫作恒兴。这些纱缎庄，在苏州城内是很多的，大概有百余家，因为苏州是丝织物出产区呀，纱与缎是两种织物，行销于本地、全国以及国外。这种纱缎庄，只做批发，不销门市，大小随资本而异，亦有数家在苏州是老牌子，海内著名，但像我们邻家的恒兴庄，只不过此业的中型者而已。……那时中国还没有大规模的织绸厂，而所有织绸的机器都是木机，都属于私人所有的。这些私家个人的机器，而他们有技术可以织成纱、绸、缎各种丝织物的人家，苏人称之为"机户"。这些机户，在苏州城厢内外，共有一千数百家。
>
> 实在，纱缎庄是资本家，而机户则是劳动者。更说明一点，纱缎庄是商，而机户是工。一切材料，都由纱缎庄预备好了，然后发给机户去织，机户则限定日期，织成纱缎，交还纱缎庄，才由纱缎庄销行到各行庄去。有的是各庄预备了的存货，推销各埠；有的是各处客帮订下来的定货，规定了颜色、花样的。这个行业，从前在苏州可不小呀！
>
> 那些织机的织工，都住在东乡一带，像蠡市、蠡口等乡镇也很多，近的也在齐门、娄门内外。所以那些纱缎庄，也都开设在东城，像曹家巷我们邻居的一家，已在城里偏西的了。织机的虽是男女都有，但还是男人占多数，因为那是要从小就学习的，织出来的绸缎，灿烂闪亮，五色纷披，谁知道都是出于那班面目鏊黑的乡下人之手呢？这家纱缎庄，因为是邻居，我常去游玩。[3]

[1] 曹博如：《发展太湖沿岸农村副业的研究》，《实业部月刊》第 2 卷第 6 期（1937 年 6 月）。

[2] 上海市档案馆编：《日本在华中经济掠夺史料（1937—1945）》，上海书店出版社 2005 年版，第 118 页。

[3] 包天笑：《钏影楼回忆录》，上海三联书店 2014 年版，第 108—109 页。

他又追忆，十岁时家住文衙弄，旁边有一个"七襄公所"，这个七襄公所，就是苏州绸缎业的公所。[1] 苏州市档案馆现藏有一份《苏城现卖机业缎商文锦公所章程（1918年11月8日）》，其中规定："一、本公所系苏州商埠城厢内外现卖机户缎商同业集合设立，定名曰文锦公所。一、现卖机业之种类范围，以购办丝经自织各种花素纱缎，或雇工帮织或兼织各缎庄之定货者为限，依照农商部《修正工商同业公会规则》第二条，将同业牌号、姓名呈由苏州总商会认定之。一、公所之设立以研究实业原料、改良制造货品、维持同业公益、兼办各种善举为宗旨。一、凡同业自应加入公所，须遵守章程，不背前项宗旨。如不愿入者，亦不强迫。"[2]

清末苏州丝织业的兴盛，也使与其相关的丝经染业颇盛，苏州城内一度染坊众多，并对水环境造成影响。现藏苏州市档案馆的1909年吴县府衙致苏州商务总会的照会就称："凡设染坊，即一里之中水为变色，居民饮水、洗涤均受其害，甚碍卫生。"以致有市民强烈要求其迁往城外空旷处，但如照会所言"迁往城外，耗费生财，实属为难"，因此"姑准暂免迁移，但严禁添设，如有闭歇之户，不准再在原处顶替复开"，以求"利卫生，清河道"。而自1906年始，除了已有的染坊外，苏州城内就不再准许增设染坊。到了民国，同样对城内染坊数量进行控制，大约保持在100家左右，整个行业的重心逐渐向苏州城外转移，以免给苏州城内的水环境造成更大的影响。[3]

20世纪初，南京的织缎业也很发达，其产品远销全国，"舟车四达，悉贸迁之所及耳"。当地的染坊连带兴盛。[4] 同一时期，浙江嘉兴濮院镇，"机户自镇及乡"，"所谓日出万绸，盖不止也"。[5] 一些地方，手工丝织业还有新的兴起和发展。江苏丹阳，"光绪初，乡民习机织于湖州，归而仿制"，称之为"丹阳绸"。以后"逐渐改良，推销日广，清季产数已达三万匹"。[6] 1927年，丹阳"当地之

---

［1］ 包天笑：《钏影楼回忆录》，第59页。

［2］ 江苏档案精品选编纂委员会：《江苏省明清以来档案精品选·苏州卷》，江苏人民出版社2013年版，第32页。

［3］ 肖芃主编：《档案里的老苏州》，古吴轩出版社2014年版，第123—125页。

［4］ 宣统《上元江宁乡土志》卷6，机业。

［5］ 民国《濮院志》卷14，工业。

［6］ 民国《丹阳县续志》卷19，物产。

织工，据绸业中人言，约有三万余人。大部分之工人，皆耕织并举者，农事忙则皆尽力耕作；农事既竣，乃就而织绸"[1]。

据 1912 年的统计，"丝绸主要是由产丝地区的农民织户用手工织成的，每一织户从许多种类不同的蚕丝中采用一种特出的蚕丝，江苏和浙江为出产上等丝绸的省区，这两省以江苏的苏州、无锡、南京和浙江的绍兴、杭州为主要产绸中心，所织丝绸达二百至三百种"。[2] 1931 年，包括手工业在内的杭州全市工业企业中，手工丝织业有 3479 家，职工 26010 人，资本 5650640 元，分别占全市总数的 61.3%、30.3% 和 49.6%。[3]

丝织业的兴旺，从外贸出口方面亦得到反映。据统计，1880 年中国绸缎出口总值为 542 万海关两，1894 年增至 798 万，1914 年又达 1087 万，呈现逐年递增的态势[4]。除了欧美国家，南洋各地需求也多。1895 年后，在上海经营丝绸匹头出口的南洋办庄，广帮有同永泰、广记祥、协生祥、粤安和、公昌和、钜安、裕德栈、福兴纶、广裕纶等，闽帮有大华商业公司，潮帮有黄隆记等。其中大户如同永泰号，开设于 1895 年，在香港、新加坡、暹罗、广州、梧州等地都设有分号，出口的品种有杭州、湖州、苏州等地生产的绸缎和广绫等。其中的广绫，又称板绫，有花素二种，纯丝织成，门面仅一尺余，运往暹罗和柬埔寨后，当地用一种名叫"莨子"的植物染料拷染后，成为南洋华侨喜用的衣料，1937 年前上海每年输出约五六万匹，大多经由上述南洋办庄出口。[5]

江浙地区与其相关的农户也从中获益，除了农作外，又多一生计。浙江湖州的双林镇，明清时期就以生产绫绢而闻名，人称双林绫绢甲天下。民国年间，双林镇周围各村落，约有 4000 多农户从事绫绢织造，每户约有木机一二架，每天可产绫一匹或绢三四匹。镇上从事收购、贩卖的绫绢庄（行）23 家，将农家生产的绫绢集中转卖给外地客商。1919 年至 1921 年，双林镇附近各村有脚踏手拉织机 2000 台，从事织造绫绢的农民有 5000 至 6000 人，几乎家家户户织绫绢，年

[1] 章有义：《中国近代农业史资料》第 2 辑，三联书店 1957 年版，第 412 页。

[2] 章有义：《中国近代农业史资料》第 2 辑，第 243 页。

[3] 陶士和：《民国时期杭州民间资本发展的几个特征》，杭州文史研究会编印：《民国杭州研究学术论坛论文集》（2009 年 12 月，杭州）。

[4] 许涤新等主编：《中国资本主义发展史》第 2 卷，人民出版社 1990 年版，第 912 页。

[5] 上海社会科学院经济研究所等：《上海对外贸易（1840—1949）》，上海社会科学院出版社 1989 年版，第 451 页。

产量达 240 万米。[1] 在濮院，"镇上业丝者无不兼业绸，而业绸者虽不业丝，亦必购买新丝以贷于机户而收其绸，谓之拆丝"[2]；在盛泽，"其地并无丝厂及丝织工人"，"皆系零星机户，散处乡间"；在吴兴，丝绸"大都为乡人所织，每年产额约有 40 余万匹……遇农忙时期，则绸机相率停织，以事耕耘"；在杭州，"生货机户散处乡间，素来兼营农业，如机织业有利可图，则以所产之丝多分其力以赴之；势一不顺，则售其丝茧，退而专营农业"[3]。1936 年的《嘉兴县农村调查》载："梅湖全乡 2401 户，以织绸为副业的约计 1700 户左右，占总户数百分之七十以上；每户每年平均以出绸 90 匹计算，全乡全年所出可 153000 匹。又如复礼乡的本帮人，以织绸为主业的在百分之六十以上，每家仅种田五亩至六亩以充饭米，反使农业退居次要地位。"[4]

依托上海的销售渠道，宁波的织绸业也颇兴旺。1926 年的《中外经济周刊》载："现在甬地绸厂以华泰为最大，约有力织机 20 余台，手织机一百数十台，地址在卜文记巷，每年约产花素缎及塔夫绸等一万数千匹，价值五六十万元。此外有通洲绸厂在紫薇街，涌昌诚在十字井，纬纶厂在小梁街，经大在城内新街，每家有手织机四五十台至七八十台。又有绸庄十余家，如协成、和永、和仁、大生祥、余丰祥、锦兴祥、大昌、大盛、裕新、九章、华昌、恒昌、恒孚、大纶、新大、云章等，每家有手织机十余台，或放料与机户，织成给价。合之各厂所有绸机总数大概约及千张，每年产额三四万匹，价值一百数十万元，是项塔夫绸等产品，大半织成后即运往上海染织，各绸厂在沪亦均有分庄出售货品。"[5]

自上海开埠通商和崛起，周边地区的农村手工业依托上海的贸易和工业中心的地位，在面临洋货竞销时，得以通过调整生产结构、流通渠道和市场取向等重要环节，较快地转向附丽于直接与世界资本主义市场沟通的进出口贸易，避免了在国内其他地区常见的一旦手工棉纺织业趋于衰落，农家生计便陷于困境的窘况，农村经济也没有因此发生大的动荡。如南汇县，"向所谓男子耕获所入，输

———————————

[1] 樊树志：《文献解读与实地考察》，王家范主编：《明清江南史研究三十年（1978—2008）》，上海古籍出版社 2010 年版，第 189 页。

[2] 民国《濮院志》卷 14，商业。

[3] 彭泽益：《中国近代手工业史资料（1840—1949）》，中华书局 1962 年版，第 3 卷，第 221、222、85、391 页。

[4] 彭泽益：《中国近代手工业史资料（1840—1949）》，第 3 卷，第 650 页。

[5] 《宁波之经济状况》，《中外经济周刊》第 193 期（1926 年 12 月 18 日）。

官偿息外，未卒岁，室已罄，其衣食全赖女红（指织土布——引者），于今所望，幸有新发明之结网、挑花、织袜、织巾等工，贫家妇女或可小补"[1]。这些变化所体现的发展趋向无疑是积极的，而且随着上海港内外贸易规模的不断扩大，这种衍变表现得也更加充分。1910 年前后，上海四郊乡镇已有一些以发包加工为主的针织小厂或手工工场的开设，它们垫资并发放原材料，委托农户从事刺绣和做花边等手工生产；以后又有发料编织网袋、绒线、手套、织毛巾、摇袜子等多种样式的家庭手工业。[2]这些手工业生产，多数无须支付成本，工序简单，又可在自家从事，还能兼顾日常家务乃至农活，其收入又较原先的织土布稍多些，销路也无须费心，因此除上海远郊和一些农户中的老年人继续其熟悉的手工织布外，很多人陆续转向其他手工业。

清末民初，上海周围农村相继出现一批新兴的手工业，嘉定的黄草编织业，南汇的织袜业，嘉定、川沙的毛巾织造业，川沙、上海、宝山等县的花边编织业都颇具规模，名闻遐迩。如 1922 年张謇就曾概述其中的花边编织业：

> 查此项出口货，统计上海、南汇、川沙、宝山、无锡、如皋及浙江宁波等处，年达三四百万金，赖之衣食者不下四五万人，挽回利权，调剂社会，事亦匪细。[3]

它们的发生发展，同样与上海内外贸易繁盛的有力推动紧密关联。1909 年 6 月 4 日美国《纽约时报》以"1908 年的上海：对美贸易出口 1055 万美元"为题，引述时任美国驻沪领事田夏礼发表的统计数字称："草编织物是中国最大的加工工业，尽管只有少量货船经营这项产品，但数据表明，去年仍有价值 407000 美元的这类货物运往美国，这项货物也可整年交易。"[4] 20 世纪二三十年代，在浦东三林镇以刺绣闻名的杨林宝与上海的洋行达成协议，从事刺绣业务，有近千贫苦农妇借此谋生，补贴家用。其后，三林刺绣销路更广，在上海、香港、南洋等

［1］ 民国《二区旧五团乡志》卷 13，风俗。
［2］ 徐新吾：《江南土布史》，上海社会科学院出版社 1992 年版，第 302、303 页。
［3］ 李明勋等主编：《张謇全集》，上海辞书出版社 2012 年版，第 3 册，第 1059 页。
［4］ 郑曦原编：《帝国的回忆：〈纽约时报〉晚清观察记（1854—1911）》，当代中国出版社 2011 年版，第 99、100 页。

地开设了多家"专卖店"。[1]据 1928 年在上海西南郊莘庄的调查：

> 畴昔经营织布业者甚盛，嗣因工厂发展，销路迟滞，相率停止，改
> 业花边，惟在乡间尚偶有织布之家。花边业分接花与挑花二种，均代厂
> 方工作，销售沪地。接花以码计，挑花以打计，种类不同，而工资亦
> 异。每日产量，视个人之勤惰快慢而定，大致每人每日平均可得 2 角左
> 右之收入。[2]

上海郊区的嘉定县，原先作为农家主要副业的纺纱织布业，于清末渐被黄草编织等取代。此后，"洋布盛行，黄草事业日见发达，徐行附近多改织黄草品"。黄草为嘉定特产，编织历史久远，但其较快发展是在光绪年间，"初种于澄桥，渐及于徐行"。及至清末，澄桥一带村民多种黄草，织成凉鞋，行销远近。民国初年，徐行镇成为黄草编织业中心，"各市集以徐行为最大，清时以布匹为大宗交易，民国以来以黄草织品为主，杂粮为副"[3]。其黄草编织品"每年运往上海，转输至宁波、福建、广东及南洋群岛等处，为数甚多"[4]。

其间有商业资本的大力推动，地方史料载："入民国，布市衰落，附近之黄草工业日见改进。其首先提倡改进者，为县城开设森茂绸缎号之朱石麟氏，设公司曰兴业草织公司，多方设计，除凉鞋发明各种式样外，并织造各种新式日用品。"内有提包、文夹、书包、钱袋、信插、笔筒、信篓、坐垫、杯套、杯垫，以及新式凉鞋、拖鞋等十余种，大小、方圆、洞密均有，颜色、花字、西文齐备，"曾得劝业会奖凭及金牌奖章，织品行销全国外，美、加、英、德、法、意、日、澳、南洋等国，整数采办，供不应求，则订期分解之，老幼编工日得银圆七角至一圆以外"[5]。其"在沪分设发行所，作为对外贸易机关；在乡附设兴业草织传习所，招收当地农家妇女来所实习，六个月毕业。第一批毕业生五十余人，第

---

［1］ 上海市档案馆编：《上海古镇记忆》，东方出版中心 2009 年版，第 229 页。

［2］《上海特别市各区农村概况》，原载《社会月刊》第 2 卷第 5—11 号（1930 年 11 月至 1931 年 5 月），转引自李文海主编：《民国时期社会调查丛编（二编）·乡村社会卷》，福建教育出版社 2009 年版，第 483 页。

［3］ 民国《嘉定疁东志》卷 4，实业。

［4］ 民国《嘉定疁东志》卷 3，物产；民国《嘉定县续志》卷 5，物产。

［5］ 民国《嘉定疁东志》卷 1，区域，市集。

二批六十余人"[1]。

继起者，"有振兴、新华、达利、合成、大华等草织公司，式样种类与日俱增。嗣由北门汪季和氏提倡兼制麦缏用品，行销亦广。二者均除销售本国各地外，并推销至南洋、美国等处，每年输出额甚巨"[2]。其中亦有在上海设立经销机构者，"徐行乡陆家宅陆洪伦氏初为肩贩，收购鸡与鸡蛋，继改贩黄草织品至上海。民国十六年后，设华成草织厂于徐行，发行所设上海金陵东路，经营大规模之黄草织品事业"[3]。又有当地人忆述，民国初年徐行镇北有位有张的，人称阿相祥，专事"转村串户收购黄草包和拖鞋……运到上海，再漂洋过海"，后来"生意越做越大，家里很多人都迁到了上海"，并在十六铺附近开了一家专营黄草编织品出口的公司，徐行当地也有人"帮这个公司收购黄草织品"。[4] 在望仙桥乡，"黄草春种夏获，高逾于禾，性喜湿，茎析为缕，以编织鞋篓等。箬亦有用，多产于东乡徐行、澄桥等地，其地之人因取以编织之，近则吾乡亦有种植之者矣"[5]。据统计，1930年该县从事此项生产者有3000余人，1935年增至2万余人。[6] 当地农家的生计不无助益，地方史料载："黄草工日见发达，除徐行附近地区以外之农村，男女老幼农隙之时亦争为之，尤以妇女为多，走遍全区，贫寒人家之家用半赖于此。"[7]

在川沙县，代之而起的是毛巾业。毛巾又称手巾，亦是川沙农村的传统手工业，据俞樾编于光绪五年（1879）的《川沙厅志》称："毛巾，以双股棉纱为经纬，蓝纬线界两头，长二尺许，多双纱毛巾。"上海开埠后，土布日趋衰落，毛巾业逐渐兴起，工艺亦有改进。民国《川沙县志》载：

---

[1] 彭泽益：《中国近代手工业史资料（1840—1949）》，第3卷，第117、118页。
[2] 民国《嘉定疁东志》卷1，区域，市集。
[3] 民国《嘉定疁东志》卷4，实业，实业家。
[4] 张剑光：《史海随心》，上海书店出版社2015年版，第322、323页。按：时至20世纪下半叶人民公社时期，徐行的草编业仍是当地农户主要的经济来源之一，有亲历者忆述，当他"睡醒睁开眼睛看到的，是家里的女性在做黄草包，没日没夜。大多数情况下，做多少只草包是有任务的。但大家都知道，田里的粮食是只能吃，不能当钱来用的，家里的钱哪里来？就是做黄草包。一个星期到徐行镇出售一次，哪个大队是星期几到草织社出售，轮流着有条不紊。男人和小孩，一般是做点辅助工作"（《史海随心》，第324页）。
[5] 民国《望仙桥乡志续稿》（上海乡镇旧志丛书），上海社会科学院出版社2004年版，风土志，物产。
[6] 民国《江苏六十一县志》下卷，嘉定县，工业。
[7] 民国《嘉定疁东志》卷4，实业，工。

本境向以女工纺织土布为大宗，自洋纱盛行，纺工被夺，贫民所恃以为生计者，惟织工耳。嗣以手织之布尺度既不甚适用，而其产量更不能与机器厂家大量生产者为敌。清光绪二十六年，邑人张艺新、沈毓庆等，鉴于土布之滞销，先后提倡仿制毛巾。毓庆就城中本宅创设经纪毛巾工厂，招收女工，一时风气大开。其后经纪停闭，而一般女工皆能自力经营，成为家庭主要工业。二十年来，八团等乡机户林立，常年产额不少，于妇女生计前途裨益匪浅。[1]

如上引方志所说，1900 年沈毓庆等人在川沙镇开设了一家织造毛巾的工厂，规模不大，但开当地手工业转向的先风。短短三四年间，川沙镇及四周村镇相继有 10 余家毛巾厂开办。到 1920 年，川沙已有大大小小毛巾厂 75 家，织机 2500 台，从业人员 3750 人。1930 年，卢作孚至川沙考察实业，到了三友实业社的毛巾工场参观，印象深刻："这个工场是专织毛巾的，七十几架机头，都是人工扯梭，牵梳是一部简单木机。线筒一架一架的成行列着，由牵到梳，只须一道手续就可以上机织成。除了齿轮之外，其余都是木制的。一部机同时导筒四十八个，只须两个人管理，一个人便要当旧法的二十四个人。"[2] 1937 年，川沙县有毛巾厂 202 家，织机 5371 台，从业人员 8600 多人，年产毛巾 260 万打。[3]

表 4-8　川沙毛巾业发展概况统计（1900—1937）

年　份	厂　数	木机数	从业人数（人）	毛巾产量（万打）
1900	1	30		
1920	75	2500	3750	50
1930	142	4390	7123	208
1937	202	5371	8695	260

资料来源：川沙地方志编纂委员会：《川沙县志》，上海人民出版社 1990 年版，第 254 页。

---

[1]　光绪《川沙厅志》卷 4，物产；民国《川沙县志》卷 5，工业。
[2]　张守广：《卢作孚年谱长编》，中国社会科学出版社 2014 年版，第 201 页。
[3]　上海市档案馆编：《上海古镇记忆》，第 208、209 页。

在南汇县：

> 毛巾织工以十五至二十岁左右的女子为最多，约占十分之六、七；二十至三十岁者，仅占十分之三、四；老妪孩童，只任摇纱工作。规模较大的工厂，有时也雇用男工二三人；在规模较小的厂中，像漂白等等工作，多由厂主兼任。雇用男工织巾者，只周浦镇纶华一家。
>
> 工资分计时和计件两种。经纱和漂白大率为时工，织巾摇纱按件给资。摇纱工资分每支二十文、二十五文、三十文及三十五文几种。摇经纱的工资普通比摇纬纱的多十文或五文，这是因为经纱加浆摇时比较费时。织巾工资，按条或按打计算，每条工资分十二分、十八文、二十文及三十文数种，每条十二文或十八文的，大都洋价以二千文（即二十文等于一分）合算的。若以打计，每打约一角二分。
>
> 摇纱工作，普通每人一天可摇八支，每支以三十文计，得二百四十文，合大洋八分，每月也不过二元四角，充分每天可摇十支，一月所入也只三元罢了。织巾工作，普通每人一天可织一打，每打工资一角二分，每月可得三元六角；若加紧工作，每日能织一打半，一月也只有五元四角。并且还有许多厂家，每打工资尚不及一角二分，每支不满一分，则工资的低微可想而知了……
>
> 织巾女工，大半来自农家。农忙时，都往田间工作；到农事空闲了，又回厂工作。[1]

着眼于离土不离村的廉价的劳动力和更大的利润空间，上海的一些工厂即使有能力机器生产，也一直沿用手工制造或发料加工的经营方式。从事毛巾织造的三友实业社自手工作坊起家，至20世纪20年代已颇具实力，也从日本购置电力织巾样机2台，但仍在上海郊区农村大量发展手工织巾场和向农民发料加工，未再添置电力织巾机。因电力织巾机的售价为300元，而购置木质手工织巾机仅需10元，尽管两者劳动生产率之比为3∶1，但其投资比例却为30∶1。1928年，三友实业社除原有大型织巾工场外，在上海郊区还设有总计1800台手工织巾机的

---

[1] 彭泽益：《中国近代手工业史资料（1840—1949）》，第3卷，第578、579页。

12 家工场，以及向农民发料加工的手织机四五百台。[1] 其中在川沙设有 7 家，生产的"三角牌"等毛巾已经能与日本的"铁锚牌"毛巾竞争，并远销东南亚各国。[2] 上海西南郊的闵行，"镇中妇女以织毛巾与摇线袜及各种丝织品为副业，在村间者以糊火柴盒及纺纱织布为副业"；东北郊的吴淞，"农家副业，离镇较近者均以代厂方糊自来火盒，每千只取值 300 文，每人每日可制 800 余只，离镇较远者则以织布为副业"。[3]

嘉定县，"邑中女工向以纱布为生计大宗，光绪季年，土布之利被洋布所夺，于是毛巾代兴。毛巾为仿造日本货之一种，以十六支及二十支二种洋纱为原料，分轻纱二重，上重薄加浆粉。下重浆粉甚厚。织巾时，隔三梭或四梭用力一碰，经纬交错，上重因而起毛，略似珠形。组织简单，织造甚便，每机一乘，织工一人，摇纱半之，经纱工、漂白工又若干。工苦而利微，唯洋纱贱、毛巾贵时，每人每日可获六七角之利，然不多见也。在清季，邑中无正式之厂，统计其业约分两类，一简陋之厂，置机十余乘至五十乘不等，招集邻近女工，以友谊管理，出货直运上海庄，庄给四十日之庄票，回嘉可购洋纱，此类以城镇内外及东乡为多，约有三十家，共机五百乘左右；一不成厂之散户，置机一二乘，妇女得暇则织，全属家庭工业，出品销本城曹氏、大全、仁庄，多数掉换洋纱，彼则远销上海及杭、嘉、湖，此类散户约共机三百余乘"。[4] 其发展势头不减，"民国后，近城妇女争织毛巾，西南隅除在家置机自织外，间有设厂经营者。徐行、澄桥、东门外且有大规模之工厂，如恒泰、华成、达丰等"[5] 1919 年在嘉定的实地考察："毛巾工厂多至数十家，每家用机多或二十只，少至七、八只不等，各乡如东北澄桥、徐行各镇亦甚发达。闻该县旅沪商人已在沪上开设总栈，为收买发行本地毛巾机关，此种营业工本无多，而于贫民生计实有关系。"[6] 20 世纪 30 年代初，嘉定县"毛巾业最盛，城内外计有毛巾厂五六十家，织巾机一千数百座"[7]。1935

---

[1] 许涤新等主编：《中国资本主义发展史》第 2 卷，人民出版社 1990 年版，第 937 页。

[2] 上海市档案馆编：《上海古镇记忆》，第 208 页。

[3] 《上海特别市各区农村概况》，原载《社会月刊》第 2 卷第 5—11 号（1930 年 11 月至 1931 年 5 月），转引自李文海主编：《民国时期社会调查丛编（二编）·乡村社会卷》，福建教育出版社 2009 年版，第 464、470 页。

[4] 民国《嘉定县续志》卷 5，物产。

[5] 民国《嘉定疁东志》卷 3，物产。

[6] 彭泽益：《中国近代手工业史资料（1840—1949）》，第 2 卷，第 661 页。

[7] 民国《江苏六十一县志》下卷，嘉定县，工业。

年当地的一些村落，"农家织毛巾之木机，几乎每家都有，少者一二架，多者六七架。每当农事之暇，村落间机声轧轧，终日不息"[1]。时人称："毛巾为嘉邑有名之土产，战前（指 1937 年全面抗战前——引者）每日可出四百打左右。"[2]

川沙县的花边编织业也颇具规模，民国《川沙县志》称："毛巾而外，厥惟花边，俗称做花。最盛时，全境一年间，工资几及百万元。女工每人每日二三角、四五角不等。"[3]其经由上海与海外市场联结，产销两旺：

> 花边一物，西国妇女服装大都喜用，如窗帘、几毯等装饰品亦多需此，于美国为尤盛。民国二年间，邑人顾少也发起仿制穿网花边，设美艺花边公司于上海，并在高昌乡各路口镇设传习所，教授女工，不收学费，一时本境女工习此业者不下千数百人。其所出物品，因货美价廉，销路颇畅，除批发于同业各号外，余均行销欧美诸邦。三年十二月，赴菲律宾嘉年华会比赛，得最优等奖凭。四年十月，北京农商部开国货展览会，前往陈列，得一等奖凭……自此以后，顾镇、高行南北镇、新港、合庆等处，相继设立公司，传授女工。地方妇女年在四十岁以下、十岁以上者，咸弃纺织业而习之。合邑出品价值，每年骤增至五六十万元以上，妇女所得工资达二十万元以上，贫苦之户赖此宽裕者数千家。[4]

其中的高行，村民"除赴沪经商作工以外，在乡者十九以耕作为业，竟无工业之可言，惟近十年来，有女工所做之花边、花网及刺绣之衣裙，运沪销售或输运至外洋者，每年约值国币十万元左右。至乡间农妇所织之土布，以前系运销牛庄等处之大宗产品，顾年来机声久辍，渐归淘汰"[5]。据 1928 年在高行的调查："家庭工业有花边一项，运销海外年达数万元，亦农家收入之一助。"[6]在浦东，

---

[1] 杨公怀：《江苏嘉定县之农村工艺品》，《东方杂志》第 32 卷第 18 号（1935 年 3 月 16 日）。
[2] 国家图书馆选编：《民国时期社会调查资料汇编》，国家图书馆出版社 2013 年版，第 2 册，第 37 页。
[3] 民国《川沙县志》卷 14，方俗。
[4] 民国《川沙县志》卷 5，工业。
[5] 民国《上海特别市高行区概况》（上海乡镇旧志丛书），上海社会科学院出版社 2006 年版，六，农工商业状况。
[6]《上海特别市各区农村概况》，转引自李文海主编：《民国时期社会调查丛编（二编）·乡村社会卷》，第 452 页。

还有绒绣手工业，其起源于欧洲，上海开埠后由外国传教士传入。20 世纪初，在上海谦礼洋行任职的杨鸿奎在浦东石桥开设了纶新绣花厂，后业务扩大，又开办了新华、华新、丽新、博美等 6 家绣花厂。绒绣主要用于日用工艺品，如鞋面、粉盒、提包、靠垫等图案的装饰工艺品面料。之后，浦东高桥、顾路、合庆、三林等地在开展花边业务的同时，也引入绒绣手工业。1930 年代后，从业人数渐多，生产有所发展。[1] 1932 年编纂的《奉贤县政概况》载："花边、土布等品则纯为手工业，数量亦不在少。"[2]

宝山县，原先"境内工业向恃织布，运往各口销售，近（指民国初年——引者）则男女多入工厂，女工或习结绒线，而花边尤盛行，其法纯恃手工业，以洋线结成各式花边，美国上流社会衣服恒以此为缘饰，航海销售，获利颇厚，甚至有创设花边公司者"[3]。因为"妇女工价低廉，习之亦极适宜，一时大场、江湾首先推行，城厢、罗店、月浦、杨行等处继之，花边之名乃大著"[4]；在高桥，也有农妇"以织布及刺绣花边为副业者"[5]。亦有织造毛巾者，民国《杨行乡志》载："本乡地处僻壤，交通濡滞，除普通工艺外，又无工厂设立，乡村女工恒以农作暇时纺织为生者。自洋纱盛行，土布衰败，女工实无副业可恃。民国四年，里人陈克襄、苏允文等在成善堂西偏创设国华毛巾厂，聘请专门技师王秋云悉心教授。旋以房屋不敷应用，遂迁苏家宅。"[6]同县的月浦，1921 年"里人张鉴衡在北弄本宅创办裕民棉织厂，设机三十余乘，专织毛巾，运销上海"[7]。1928 年在该县江湾的调查："本区近接淞沪，村民于农闲时，每多出外工作，妇女都织绒线及刺绣袜上花纹，此二项为该地著名手工。"[8]

南汇县的手工织袜业，也与上海直接有关。1914 年，南汇有 48 家袜厂，它

---

[1] 唐国良主编：《近代东外滩》，上海社会科学院出版社 2013 年版，第 58 页。

[2] （民国）奉贤县文献委员会编纂，载之点校：《奉贤县政概况·工商业》，上海市地方志办公室等编：《奉贤县志》（上海府县旧志丛书），上海古籍出版社 2009 年版，第 776 页。

[3] 民国《江湾里志》卷 5，工业。

[4] 民国《宝山县续志》卷 6，工业。

[5] 《上海特别市各区农村概况》，转引自李文海主编：《民国时期社会调查丛编（二编）·乡村社会卷》，第 476 页。

[6] 民国《杨行乡志》（上海乡镇旧志丛书），上海社会科学院出版社 2006 年版，卷 9，实业志，工业。

[7] 民国《月浦里志》卷 5，工业。

[8] 《上海特别市各区农村概况》，转引自李文海主编：《民国时期社会调查丛编（二编）·乡村社会卷》，第 474 页。

们"虽设在南汇,但商标却挂上海,因为经营袜子的商号都在上海"[1]。据记载,其始于捷足洋行手摇织袜机的推销[2]。此前,人们穿的多是布袜,清末有进口棉纱袜输入,又有手摇织袜机的推销,便有人引进织造。1912年,惠南镇维新袜厂从日本购买织袜机和辅助设备,用手工操作机器织袜[3]。继而,上海民族资本的机器厂"纷起仿造手摇袜机"[4]。有当事人忆述:"第一次世界大战爆发后,我在老家兴机器厂工作,当时老家兴开始造手摇袜机。每月造20—40台,供不应求。一年后(1916年),我即与欧阳润合伙创设振兴机器厂。开始只有三、五个工人,每月只造一打(12台),每天工作到深夜。当时进口货罗纹袜机每台价格昂达70两至120两,中国货只售40两至50两,进口货平机售价30至40两,国货只售30至40元,生意非常好,销路多数是本埠。……大战结束,销路扩展至松江、碳石、嘉兴、嘉善、平湖等地,当时定货踵至,我厂工人增加至80多人,每日出品一打尚觉供不应求,上海想买一部现货亦无买处,因此袜机厂纷纷设立。"[5]

表4-9　上海针织机器制造厂(1914—1924)

开办年份	厂　名	创办人	企业组织	备　注
1914	求兴机器厂	周惠卿	独资	制造圆机
1914	马家兴机器厂	马伯荣	独资	同上
1914	老家兴机器厂	张金龄	合伙	同上
1914	金家公司机器厂	金　荣	合伙	同上
1914	长康祥机器厂	计国祥	独资	同上
1914	兴昌祥机器厂	陈云龙	独资	同上
1914	发昌祥机器厂		独资	同上
1915	吴兴昌机器厂	吴阿三	独资	同上
1916	振兴机器厂	杜子良	合伙	同上

[1] 唐国良主编:《穆藕初——中国现代企业管理的先驱》,上海社会科学院出版社2006年版,第104页。
[2] 徐新吾等主编:《上海近代工业史》,上海社会科学院出版社1998年版,第119页。
[3] 上海市档案馆编:《上海古镇记忆》,第84页。
[4] 上海市第一机电工业局机器工业史料组等编:《上海民族机器工业》,中华书局1966年版,第230页。
[5]《上海民族机器工业》,第230、231页。

开办年份	厂　名	创办人	企业组织	备　注
1916	袁昌机器厂	袁长根	独资	同上
1918	成兴袜机厂	高万卿	独资	同上
1918	严华泰袜机厂		独资	同上
1918	隆兴袜机厂		独资	同上
1918	公兴袜机厂	张泉发	独资	同上
1918	顺昌袜机厂	沈三宝	独资	同上
1918	洽兴袜机厂		独资	同上
1918	华兴袜机厂	吴瑞卿	独资	同上
1919	新康袜机厂	陈忠良	独资	同上
1919	百利袜机厂		独资	同上
1919	高昌公记袜机厂	钱嘉嵩	独资	同上
1920	新昌袜机厂	温栋臣	独资	同上
1920	志兴袜机厂	胡春涛	独资	同上
1920	精华袜机厂	张桂岸	独资	同上
1920	锦余袜机厂	徐士锦	独资	同上
1920	永昌袜机厂	张祥胜	合伙	同上
1920	恒兴吉记袜机厂	倪杏生		
1920	鸿泰袜机厂	陆鸿生	独资	同上
1921	信昌袜机厂	计国彬	独资	制造横机
1921	民新袜机厂	计桂荣	独资	同上
1921	有兴袜机厂	黄载之	独资	同上
1921	义记袜机厂	陶文义	独资	同上
1923	利兴袜机厂	冯聚金	独资	同上
1923	锦华袜机厂	周兰荪	独资	同上
1924	竞新袜机厂	薛鸿奎	独资	同上
1924	永泰守记袜机厂	梁守仁	独资	同上
1924	实业袜机厂	张文彬	独资	

　　资金来源：上海市第一机电工业局机器工业史料组等编：《上海民族机器工业》，第236、237页。
　　原编者注：1913年止上海针织机器制造厂共有3家，1914—1924年共增36户，1924年止共39户。

织袜业成为惠南镇的主要手工业。1937 年，全镇共有 23 家袜厂，产品远销海内外。[1] 其经营形式，主要是来料加工，"南汇的大多数袜厂并不自备资本，而是向上海各商号领取原料，遵循商号的要求织造，制成品仍交给商号销售。南汇袜厂与上海批发商号的这种产销合作关系，为南汇织袜业节省了大量资金，使南汇袜厂在资本额极低的情况下，也能顺利开工生产，这对于资本积累不足的南汇农村来说至关重要。而上海的商号则利用南汇手工工场近沪之便利、劳动力之低廉，增强市场竞争能力"[2]。而农户因能兼顾农作，也乐于接受这种生产方式，当地袜厂的女工，"大都来自农家，农忙时要去田间工作，织袜是副业"[3]。

凭借这种联营关系，南汇织袜业发展很快，"南汇地处浦东，与上海隔江相望，县境毗连，轮渡往返日必数次，益以铁道筑成，自周家渡至周浦瞬间可达，境内航轮联贯各区重要市镇，海上风气所向，南汇必紧承其后，故针织袜业得日兴月盛"。[4] 1918 年去浦东考察实业的穆藕初感叹："仆入川沙境，查得毛巾、花边、织袜三项实业，关系于川沙、南汇两邑民生甚巨。"[5] 1919 年至 1926 年，"此七年中，南汇袜业大有欣欣向荣之象，城厢四郊袜厂林立，机声相应，盛极一时"。[6] 并得以延续，据统计，1933 年全国有机器袜厂 110 家，产袜 542 万打；同年南汇县手工袜厂产袜 266 万打，是前者总产量的近一半[7]。1935 年：

> 南汇城内设立的大小袜厂，共有二十余家之多。每一大厂，备有织袜机四、五百架，小的亦有一、二百架，故该城内及附近乡村间之妇女，莫不依此为业，每晨六时开工，至下午五时停止，倘不愿到厂者，可向厂方租机到家摇织，工资概无固定，全仗自己能织袜之多寡而定，每织一打，约一角三分或五分。其中最快者，每日每人能织袜六打，惟普通每日每人能织五打左右，那末每日就能得六角，每月就有十八元的

[1] 上海市档案馆编：《上海古镇记忆》，第 84 页。
[2] 李学昌主编：《20 世纪南汇农村社会变迁》，华东师范大学出版社 2001 年版，第 14—15 页。
[3] 彭泽益：《中国近代手工业史资料（1840—1949）》，中华书局 1962 年版，第 3 卷，第 770 页。
[4][6] 《南汇织袜业现状》，《工商半月刊》第 5 卷第 11 期。
[5] 穆家修等编：《穆藕初文集（增订本）》，上海古籍出版社 2011 年版，第 51 页。
[7] 吴承明：《市场·近代化·经济史论》，云南大学出版社 1996 年版，第 184 页。

收入。[1]

至抗日战争前夕，南汇全县有袜机5万台，从业者6万人，所产袜子经由上海销往国内各地及南洋[2]。如当时人所描述："南汇的花边商号，收售制品运往上海向洋行兜售，或委交中间人或捎客销售。南汇的袜业，都系委托制造性质，仅代上海商号包织，制品送交商号后，便可卸责。仅有极少数的工场，自设批发所或在沪设有营业部。南汇的毛巾，也多由厂家售给上海的批发商号转销与客户，自设批发所的仅有一家。"[3]松江县华阳桥农妇亦多有代为加工织袜者，甚至有携幼女一起劳作，以赚取微薄利润补贴家用者，1935年有人实地调查：

> 据说每日每人平均可成一打，每打工资一角八分，机和原料均由厂中供给，每只机须缴保证金四元，按月行租一元，租期起码一年，农忙时可以请假，请假时必须将机的机壳子运交厂中，表示决不偷织，才可免除月租。另有一九岁的小女孩，在缝袜头。据说这便是幼女们的一种普通副业，辛苦一天，仅得工资二分。[4]

上海开埠后，随着海内外市场的拓展，久负盛名的上海顾绣产销两旺。20世纪二三十年代，上海刺绣业有经营传统手绣的80余家，加工绣衣和抽绣的10余家，绒绣生产7家，经营农村绒绣、抽绣花边外发加工的3万余人，形成专业街。刺绣品主要有手绣枕套、台布、绣衣、绒绣等，年出口绒绣总值120万美元、绣衣总值7000万法币。[5]绒线编织业则主要面向国内市场，1927年的《经济半月刊》载：

> 近年以来，织造毛绒线衫，已成为上海一种家庭工业，销路日增。

---

[1] 彭泽益：《中国近代手工业史资料（1840—1949）》，第3卷，第579页。
[2] 李学昌主编：《20世纪南汇农村社会变迁》，第9页。
[3] 彭泽益：《中国近代手工业史资料（1840—1949）》，第3卷，第743页。
[4] 王绍猷：《九峰三泖话松江》，《农业周刊》第4卷第9期（1935年3月）。
[5] 刘克祥等主编：《中国近代经济史（1927—1937）》，人民出版社2012年版，第1070页。

此种织工，多居江湾、吴淞、徐家汇、浦东及城内各处。内分两派：有向百货等店领取绒线，织成后由店中按照件数给以工资者，其工资男衫每件一元二角，女衫每件一元，孩衫每件八角；有自备绒线，织成后售与商店者，男衫每打售三十八元至四十元，女衫每打售三十六元至三十八元，孩衫每打售十二元至十八元。商店出售，则男衫每件售银八元至九元二角，女衫每件六元至九元，孩衫每件四元至五元。一转手间，其利倍蓰。

上海出品，亦分销外埠如福建、广东、云南、贵州及安徽等处。至织衫所用绒线，大部分来自英国，次德国，亦有来自日本者。平均织男衫一件用线一磅半，女衫一件用线一磅十绞，孩衫一件用线十绞。绒线每磅售银二元二角至三元二角。以上所述，系用人工织造。[1]

上海开埠后，城市建设迅速，建筑市场需求很大，各路建筑业者纷至沓来，其中来自浦东川沙农村的那些工匠引人注目，该县"水木两工，就业上海，在建筑上卓著信誉"[2]。人称近代上海建筑业远近闻名的"川沙帮"，其代表性人物是来自川沙青墩（今蔡路乡）的杨斯盛。1880年，已在上海历练多年、小有积蓄的他创办了沪上首家由中国人开设的营造厂——杨瑞泰营造厂。这类营造厂，按照西方建筑公司的办法，进行工商注册登记，采取包工不包料或包工包料的形式，接受业主工程承发包。此后，由川沙人在上海开办的营造厂相继设立。1907年，杨斯盛等人在上海老城厢福佑路集资创建了"沪绍水木工业公所"。其碑文《水木工业公所记》载："上海为中国第一商埠，居民八十万，市场广袤三十里。屋宇栉比，高者耸云表，峥嵘璀璨，坚固奇巧，盖吾中国最完备之工业，最精美之成绩。业此者惟宁波、绍兴及吾沪之人，而川沙杨君锦春独名冠其曹。"[3]截至1933年，上海较具规模的由川沙人创办的营造厂有19家，详见下表：

---

[1]《经济半月刊》第1卷第4期（1927年12月15日），汇闻，第3页。

[2] 国家图书馆选编：《民国时期社会调查资料汇编》，国家图书馆出版社2013年版，第2册，第30页。

[3] 民国《上海县续志》卷3，建置；上海博物馆：《上海碑刻资料选辑》，上海人民出版社1980年版，第321页。

表 4-10 上海著名的川沙籍营造厂一览表（1880—1933）

厂　名	创办人	开办年份	承包的代表性建筑
杨斯泰营造厂	杨斯盛	1880	江海关大楼二期、公平丝厂厂房
顾兰记营造厂	顾兰洲	1892	英国领事馆、先施公司大楼
赵新泰营造厂	赵增涛	1894	农业银行大楼
周瑞记营造厂	周瑞庭	1895	苏联领事馆、礼查饭店、扬子保险公司大厦、新闻报馆
姚新记营造厂	姚锡舟	1900	法国总会、中央造币厂、中央银行、华洋德律风（电话）公司、中山陵一期工程
杨瑞记营造厂	杨瑞生	1903	上海证券交易所大厦、巴黎戏院、新光大戏院、
王发记营造厂	王松云	1903	哈同花园（爱俪园）、汇中饭店
裕昌泰营造厂	谢秉衡（合伙）	1910	上海市工部局、怡和洋行、天祥洋行（有利大楼）
赵茂记营造厂	赵茂勋	1913	国泰大戏院、国际电影院、建国西路克来门公寓
利源建筑公司	姚雨耕	1917	毕卡地公寓（今衡山饭店）、广州白云山飞机场、金陵大学
安记营造厂	姚长安	1919	浦东光华火油公司厂房、码头、油池等全部工程，上海虹桥疗养院，圣保罗公寓，道斐南公寓、泰山公寓
创新营造厂	谢秉衡	1920	杨树浦煤气厂、自来水厂、正广和汽水厂、南洋兄弟烟草公司、黄金大戏院、伍廷芳住宅、杜月笙祠堂、南京邮政局、青岛纱厂
陶桂记营造厂	陶桂松	1920	永安公司新厦、中国银行、沪光电影剧院、美琪电影院、龙华飞机场
公记营造厂	赵景如、张振生	1928	大陆商场、圣三一堂、仁济医院
昌升营造厂	孙维明、姜锡年	1928	大中华火柴厂，中华码头公司码头、堆栈
陆福顺营造厂	陆秉玑	1929	蒋介石、宋子文、孔祥熙住宅
朱森记营造厂	朱月亭	1930	上海特别市政府大厦、陈英士纪念馆、大世界游乐场
利源合记营造厂	朱顺生、叶宝星等5人	1930	交大铁木工场、向明中学、国际饭店基础
陶记营造厂	陶伯育	1933	上海迦陵大楼、康绥公寓

　　资料来源：高红霞、贾玲：《近代上海营造业中的"川沙帮"》，《上海档案史料研究》第八辑，上海三联书店2010年版，第18、19页。

其中的王松云，幼年读过私塾，后随父学习水木匠手艺。20 岁进上海一家营造厂做工，后与人合作经营仁泰营造厂。他与杨斯盛相交甚厚，曾入股杨创办的营造厂。后又与杨创办上海水木业公所，并有自办的营造厂。王松云发迹后，为家乡高桥修筑了大同路、轮船码头等。谢秉衡，自幼家贫，13 岁到上海城区谋生，跟舅父学木工。先与人合伙开设营造厂，后独资创办。20 世纪 30 年代初，上海市建筑协会成立，他积极参与，加强同业间的协作，增强华商抗衡外商的实力。[1] 此外，也有一些是包工头，浦东七团乡"钦公塘东南有褚家宅，人口繁多，宅有泥水工头褚海林者，向包工沪上，饶于财"[2]。1918 年，在杨斯盛的家乡青墩（今蔡路乡）到上海当建筑工的农村青壮年就有 1318 人，占全乡男性人口的 20%。20 世纪二三十年代，川沙县有建筑工人 15000 余人，大多就业上海，他们的生计与上海建筑市场需求的波动息息相关。[3] 郊县的砖瓦制造业也相应发展，如 1920 年上海冯泰兴营造厂与轮记砖灰行冯家祥等集资，在青浦县蒸淀镇建成轮兴砖窑公司，日产红砖 3 万块[4]。

传统打铁铺的原材料来源，也有所变化。上海开埠后，有外商将废旧钢铁运沪销售，价格低廉，颇合国内打铁铺改制各种铁器需要，销量极大。华商祝大椿于是在 1883 年集资 800 元，自设源昌煤铁号于北苏州路，进货来源是由英商丰裕洋行赊卖的现货，一次有数吨。洋行为了扩大推销废旧钢铁，一般可隔一两个月付款，这就缓解了源昌煤铁号开业初期资金不足和周转困难。当时该号经营的废旧钢铁有旧钉条铁、车边铁、马脚铁、铁条、链条、打包铁皮、三角箍铁等，并向英商壳件洋行进口老山煤。数年间，源昌号连铁带煤销给上海及近郊打铁铺，用于打制农具及各种铁器，并通过江浙皖一带商贩或航船，销往各地农村的打铁铺，营业兴盛，利润丰厚，年营业额达万余银两，其中煤的营业额约占十分之一。[5]

可见近代上海的崛起和城市经济的发展，在很大程度上改变了周围农村经济旧的运行机制，促使其逐渐将自己纳入、归附资本主义经济体系运行的轨迹，当

［1］ 柴志光等编著：《浦东名人书简百通》，上海远东出版社 2011 年版，第 103、173 页。

［2］ 民国《七团乡小志》(上海乡镇旧志丛书)，沙泥码头，上海社会科学院出版社 2006 年版。

［3］ 高红霞、贾玲：《近代上海营造业中的"川沙帮"》，《上海档案史料研究》第八辑，上海三联书店 2010 年版，第 18、20、22 页。

［4］ 冯学文主编：《青浦县志》，上海人民出版社 1990 年版，第 15、16 页。

［5］ 本书编写组编：《上海近代五金商业史》，上海社会科学院出版社 1990 年版，第 269 页。

地农村的经济生活与城市的联系越来越紧密。"即以川沙论，花边、毛巾销路之式微，则女子停工者多矣；建筑工程之锐减，则男子失业多矣。川沙人民生计之艰难，将与上海市场之衰落成正比。"[1] 如浦东五团乡志载："吾乡套布，黄道婆起自有元，向销东三省。数百年来，贫家妇女恃此生涯。自海禁大开，……套布销滞，我之利权日渐涸辙，向所谓男子耕获所入，输官偿息外，未卒岁，室已馨，其衣食全赖女红，于今何望，幸有新发明之结网、挑花、织袜、织巾等工，贫家妇女或可小补。"[2] 其中，"花边结网挑花多用洋线，竹桥镇附近出口最多，运销欧美各国，为衣服饰品；纱袜、丝袜，名有长统、短统，男女多喜用之"；"蒲包，出闸港、杜行等处，包口贯稻草，供农家包棉之用"；"交椅，周浦出品最多，近仿上海式样"。[3]

依托与上海毗邻的地缘优势和经济联系，苏南和浙东北的城乡手工业也适时地效仿和调整生产结构及经营方向，相关行业产销两旺。"江苏毛巾业，以上海、川沙、南汇、宝山、嘉定、武进、无锡、松江、南通各县较为发达。上海规模最大，内地则多小厂家，以木机制造，尚不脱手工业范围。内地各厂多属上海大厂家或大批发商之代织者。而内地之小厂家，又多将原料分发与各乡机户分织，论件给资，情形大约与针织业相似。"[4] 民国初年，镇江开始出现"家庭袜厂"，每家有手摇袜机二三台。1936 年达 70 余家，从业者 500 多人，年产纱线袜12 万打。[5]

上海开埠后，在迅速扩大的国内外市场特别是对外贸易刺激下，历史悠久的苏州刺绣业产销趋旺。苏州吴县，20 世纪初，绣庄开始做出口产品，随即加速了苏绣业的发展和向农村的扩散。1917 年全县有绣庄 32 家，其中城内 10 家，乡村集镇 22 家，绣工 1.63 万余人，年营业额 21.5 万元。1927 年绣商增至 74 户，年营业额 86 万元。1936 年有刺绣工商户 109 家，从业 8.1 万人，资金 124 万元，生产被面 3.25 万条、戏剧服装 1.95 万件、枕套 21 万对、鞋面 52 万双、童装 1.23万件。其经营形式，广泛采用包买商制。[6] 1937 年的《实业部月刊》载：

---

[1] 民国《川沙县志》卷首，导言。
[2] 民国《二区旧五团乡志》卷 13，风俗。
[3] 民国《二区旧五团乡志》卷 14，物产。
[4] 彭泽益：《中国近代手工业史资料（1840—1949）》，中华书局 1962 年版，第 3 卷，第 646 页。
[5] 刘克祥等主编：《中国近代经济史（1927—1937）》，人民出版社 2012 年版，第 1061 页。
[6] 刘克祥等主编：《中国近代经济史（1927—1937）》，第 1070 页。

全县（指吴县——引者）从事此项手工业之妇女，数约一万人左右，城区乡区各占其半，精细的均为城区女工为之；粗放绣件，乡村妇女多往绣庄领料绣织，成品由绣庄收买，获利殊厚。姑苏顾绣名闻海内，所出枕被、门帘、床沿、桌披、椅披，销路之广，无远弗届；其他舞台戏装、神袍、画镜等物，年销亦颇可观，统计以上各项手工出品，年达一百余万元之巨。即以城区女工占去半数，四乡农村女工依此副业为生者，除原料成本，年当亦有三十万元以上的纯利。

刺绣一道，原为吴县妇女之特长，普通妇女类能操是业的，尤以农民家庭的副业为多，往往于农暇之时，即向顾绣庄领取绸缎绒线，尤以浒墅关、木渎、光福及香山一带为甚，故此种工艺与农村副业关系殊深。[1]

此外，"民国肇始以后，元、二年间，江苏浦东、川沙、无锡均相继有花边业出现。至民国三、四年，各国商场因我国花边价廉物美，由是外商咸来采办，其时我国出品尚属有限，供不应求，一般洋行无不争先购买，或放价格，或预订期约，或垫款包办，收货愈多愈妙，华商亦乘机推广，放价招工，无锡一县花边营业达一千七百元，经营花边者不下数百家。"江苏丹阳 1916 年开办的编织花边的文明求精厂，"资本五千元，已学成者约千人，现（时为 1919 年——引者）代厂中工作者四百余人，均系将原料领回，限期交货，计件付值"。江苏太仓县，"花边工作行销欧美，此为对外贸易国民利权所攸关，该县妇女多事制造，商民设厂收买，运输外洋，实一特别利源"。[2]

1926 年的《中国经济周刊》较为具体生动地记述了，受上海的促动，无锡城乡花边业的兴起和经营："无锡花边业，系沈鹤鸣氏于 1912 年所创，当时沈氏为私立工职女学校长。后来无锡及其附近所产花边，渐为上海出口商所欢迎，认为品质优良。"其具体分工：无锡的网边是和花边出在同一个地方，但是由另一种女工编织的。有些公司只售网边。花边公司收买网边散给做花边的工人，网边公

---

[1] 曹博如：《发展太湖沿岸农村副业的研究》，《实业部月刊》第 2 卷第 6 期（1937 年 6 月）。
[2] 彭泽益：《中国近代手工业史资料（1840—1949）》，第 2 卷，第 701、702、703 页。

司则收买纱线散给做网边的工人。出售花边或网边的公司，给来领活的女工发给一个小记账本，上面记着发给她的纱线重量或网边的码数。女工领去原料并保存这个账本。编织完成后，便将成品交给公司。公司验收认为满意时，便在记账本批明收讫字样。因为织花边工作是采取包工制，因此工资不是按月支付，一般是按码数计酬，于交回成品时立即照付。织成的花边，可以先呈交四分之一或二分之一，其余以后续交。公司只按实际成品给资。在无锡，女工向公司领活，不像浦东那样需人介绍。[1]

1925年，又由上海传来供出口的抽纱即当时人所称的"麻纱绣花"。其具体步骤：首先由花边公司向上海出口商（洋行）领得细麻布，然后将麻布按照需要尺寸加以剪裁。麻布上面印上各种图案，它们是用很容易洗去的浅蓝色印上的。这些工作都由花边公司做好，然后把麻布散发给女工，用"土尔其"木线刺绣。绣好的麻布送回公司后，公司便发给另外一种女工，她们会做必要的剪接工作。这种剪接工作是要剪去几块麻布，并在剪去的地方镶入与剪去部分的大小、形式相同、做得极为精密的花边，并且把它缝好。之后，公司再将它们洗上两三次，并用化学剂，有时用石灰水，加以浸漂，然后熨平，这时成品便显得整齐、漂亮。刺绣和剪接的女工工资，每三平方英寸约为银元三分，大件四至五分。当时无锡做花边的女工，估计共有五六万人，但会做抽纱绣花的女工只约有五六千人。"无锡最大、最著名的公司为恒昶花边厂，该厂直接接受很多美国定货。其他公司，大多数都是派人到上海与经营花边和抽纱的外国洋行接洽交易"。[2]

邻近上海的常熟县浒浦乡间的花边业也颇盛。1935年有人记述，最初是"在浒浦口的几个耶稣教徒就把这'花边'从上海带到了浒浦来。真好，做一根线，有二三个铜板，十五个钟头的一天，可以做六七十根线，一月可以通扯几十块钱，那比做纱布好得多，而且省力、简便、自由，不比那做纱布像囚犯般的整天坐在布机里。于是你也去学'花边'，我也去学'花边'，只要眼睛好。发的人呢，看见'花边'的利息厚，于是你也到上海去领来发，我也到上海去领来发。这样地，把整个浒浦的妇女赶进了'花边'的圈"[3]。

浙江花边业的经营，与上海和苏南相似，"名虽为花边厂，实际上则为商号，

---

[1] 章有义：《中国近代农业史资料》第2辑，三联书店1957年版，第515、516页。
[2] 章有义：《中国近代农业史资料》第2辑，第516、517页。
[3]《挣扎在"花边"圈里的浒浦妇女》，《妇女生活》第1卷第4期（1935年）。

所有织造女工大都散居各乡，厂方将原料发给织户，到期或派人收货，或汇集送厂。至于工资，则论码计算"。其中，萧山的花边业始于1913年：

> 当时各处花边业尚称发达，于是上海花边商利用内地工资低廉，到萧传授花边织造之法，同时发给花线，收买出品。其首先开办者，为沪越花边厂，工人只四五百名。民国十四五年，有沈子康者发起盈余花边厂，工人增至三四千名。民国十六七年，新华、德丰、泰丰等先后成立，工人增至八千以上。民国十九年，萧山之花边厂几达三十余家，织造女工多至二万余人。[1]

20世纪二三十年代，苏南的织席业，虽有公司、工场等名目，实际则是接受外商订货，转而"向各农家定做"[2]。在镇江，"木机织布业城内外约有三十余家，织袜业约有四十余家"，此外还有农妇的草编业等。[3]南京的针织厂坊，"每家雇佣三四人至十人，资本自400元至2000元不等"[4]。无锡"农村副业，若周泾巷、下甸桥一带之丝绵，惠山之泥人，东北塘、寺头之丝弦，许舍之黄草布，东北乡之花边、土布，及西南乡之织袜等副业，均颇兴盛"[5]。在太湖沿岸，"织袜亦为近年农村妇女之主要副业，但多以袜厂之附近地带为限，如工业发达之无锡四乡，以及武进县属东南乡、雪堰桥、潘家桥、周桥等处农村，摇袜工作颇盛。因各处袜厂多将袜机及织袜纱线散放农村，农家妇女织成后，整打送交袜厂，其中利益殊不薄，故亦成为农村重要副业"[6]。得益于与上海的经济联系，苏南乡村的家庭手工业往往能因时制宜，调整生产内容，不致因传统产品衰落而坐困。1927年在无锡的实地调查，清晰地勾勒了这种互联互动的态势：以往无锡农妇"暇则以纺织为事。在昔日，纺纱织布换棉花，如此循环不已。其后纱厂发达，徒手纺纱无利，于是一般换棉花庄改变方针，购买厂纱分发织户织成土布，行销于江北

---

[1] 彭泽益：《中国近代手工业史资料（1840—1949）》，第3卷，第186页。

[2] 彭泽益：《中国近代手工业史资料（1840—1949）》，第3卷，第118页。

[3] 彭泽益：《中国近代手工业史资料（1840—1949）》，第4卷，第118页。

[4] 彭泽益：《中国近代手工业史资料（1840—1949）》，第3卷，第153页。

[5] 无锡县政府编印：《无锡概览（1935年5月）》，转引自陈文源等主编：《民国时期无锡年鉴资料选编》，广陵书社2009年版，第492页。

[6] 彭泽益：《中国近代手工业史资料》第3卷，第750页。

及安徽一带。织布工资，每人月得仅一二元不等，然农村妇女仍乐此不疲，可谓廉矣。其故，由于妇女兼理家政，不能远离家乡也。民国以来，海外花边盛销，于是年轻妇女改习花边，有月可得工资五六元者，然亦视其手术之巧拙缓速而定。但年长者以目力不及，仍以织布为事。近二三年来，花边业失利，于是织袜机又盛行于农村之间矣。无锡农村妇女坐食者甚少，故农田收入虽甚薄，而妇女手工所得则不无小补"[1]。

浙江平湖的织袜业，也直接源自上海的导引。1926年刊发的《浙江平湖织袜工业之状况》载：

> 查该县织袜事业创始于前清宣统二、三年间，其时针织工业仅上海有之，内地各处均尚未发现。该县商人高姓见社会上需用洋袜日多，遂向上海购买袜机十余架，其时袜机均系英美所造，价值较昂，每架需银洋百元上下。该县试办一年，所织线袜形式虽甚粗陋，而袜身颇极坚固，取价亦较廉于舶来之袜，渐为社会所乐用。至民国元年添购袜机数十架，设立光华袜厂，招收女工四十余人，所出之货颇能行销沪杭间。惟女工人少，尽一日之工作，每机出货不过一打，而各地需过于供，乃改为女工到厂租机领纱回家工作，缴袜时给与工资。于是有家庭职务之妇女，不能到厂工作者，亦纷纷租机领纱，于家务闲暇时在家工作。自此制一行，而平邑针织工业遂日臻兴盛，织袜遂为一种家庭之副业。无家务之累者，则日夜工作不稍休息。近来附郭四五里内之乡农妇女，亦均改织布之业而为织袜。……至织袜之纱，均向厂家领取，各厂均向上海购入。[2]

1925年当地有袜机约1万台，大多是放机放料给四乡农户加工，收货后由厂雇工缝袜头、袜底并熨平。放机给织户时，收押金6元及小租2元，以后每月租金2元在工资中扣除。以每机日产1打计，织户扣除押金，月收入约六七元。当

---

[1] 容庵:《各地农民状况调查征文节录：无锡（江苏省）》,《东方杂志》第24卷第16期（1927年8月25日）。

[2] 上海市第一机电工业局机器工业史料组等编:《上海民族机器工业》,中华书局1966年版，第232、234页。

时由上海制造的织袜机，每台售价约 20 元，有些织户虽有能力自备，但凡自置织机者袜厂往往拒绝再放料，以促其维持原先的约定。[1]《浙江平湖织袜工业之状况》称："平邑全年出袜，约有一百八九十万打，每打工资以二角三分计算，已有四十余万元之巨，况缝纫袜头袜底及以熨斗熨袜之工作，又系另一部分，每打工资亦有三四分之谱，故每年织袜工资当有五十万元之收入。"[2] 其中，"新仓与乍浦，皆为平湖邻近之区，各有机器六七百架。此类商人雇主所织之袜，种类不等，或为线袜、毛袜、丝袜，或为人造丝袜。一九一七年前，平湖所织之袜，不过销行于江、浙两省。一九一七年后，推广至扬子江沿岸各省。一九二六年，更扩张至黄河流域"[3]。30 年代，平湖"当地摇袜以线袜为大宗，平均每年出袜 200 万打，值银 100 万元左右，原料大多来自上海，全县袜厂 29 所，设置引擎者 2 所，出品除供给本县需用外，行销上海、长江各埠及南洋群岛"[4]。

平湖织袜业的运营方式，被邻近各县所效仿。1926 年的报道载：

> 浙江之针织业，以沪杭甬沿线之平湖、嘉兴、嘉善、石门及硖石为最发达。平湖针织业，可为我国商人雇主制之代表。针织厂坊，既为资本家，又为商人，资本、机器、纱线皆由厂坊自备，缝织则雇用散处工人，论件计资。散处工人自商人雇主处领取纱线，必向其租赁针织机一架，交特费二元及押款六元。特费概不退还，押款则于交还机器时退还。此后散处工人于工作期间，每月每架机器皆交租金二元，直接自工资内扣除。
>
> 采用此制之商人雇主获利极厚，每架机器成本平均不过 20 至 25 元，修理费用为数极微。若按每机每月租金二元计算，则一年之中，商人雇主即可收足机器成本矣。至散处工人所获之利，虽不若其应得之多，亦未尝不受商人雇主制之赐。盖散处工人多为妇女。于 1912 年采用商人雇主制之前，贫家妇女除家务事外，别无副业，而青年女子之无

---

[1] 许涤新等主编：《中国资本主义发展史》第 3 卷，人民出版社 1993 年版，第 204 页。

[2]《上海民族机器工业》，第 234 页。

[3] 彭泽益：《中国近代手工业史资料（1840—1949）》，第 3 卷，第 155 页。

[4] 段荫寿：《平湖农村经济之研究》，萧铮主编：《民国二十年代中国大陆土地问题资料》，成文出版社 1977 年版，第 22752 页。

家事者尤多虚糜岁月。自采用商人雇主制后，妇女不需筹备资本，能以
余暇从事职业矣。[1]

《浙江平湖织袜工业之状况》亦载："查浙西针织袜厂，以平湖开办为最早，
故其工业亦称最盛。现在嘉兴、嘉善、石门、硖石等处，虽皆相继创办袜厂，但
嘉兴虽有三十余家，而机数仅及平湖之半（乡镇未详），嘉善尤少。惟硖石为浙
西巨镇，为沪杭铁路所经，商业素称兴盛，刻下袜厂亦复不少，每年出品堪与平
湖伯仲，若嘉兴、嘉善、石门等处均不及也。以上各处袜厂，其织袜制度亦均采
包工方法，一切手续及工资等项亦多仿平湖办法。"[2]海宁的织袜厂，也是自备
织机和纱线，散发给城乡家庭织造，论件计资[3]。1927年，"硖石全镇现有袜机
四千余部，长年出租者约三千二三百部"，这些袜机"以上海华厂所出之蝴蝶、
牡丹两牌为最多"。[4]1937年的《平湖妇女的生活》记述："妇女们除了育蚕，平
时的唯一职业，便是织袜子了。你们只要有机会走到平湖去，那末在十家之中，
至少会给你发现七八家有几部织袜机的，而在每一个村庄里，都能听到一片摇袜
的机声。据说伊们收入平均每月至多只有十多元，但是十多元的收入在那儿足够
一个人的生活而有余了。"当地很多农妇，"除了帮助丈夫耕种外，也打袜子，但
多数因为无力自备织袜机，所以只得被一般袜厂雇用，早出晚归，工作非常劳
苦，每月的工资大约十元左右"。[5]

在宁波，"家庭纺织破产以后，吾甬最普遍之妇女家庭工业，厥为编帽与织
席"[6]。1870年代，法国商人就在宁波开设了永兴洋行和立兴洋行，"后来立兴归
并于永兴，专营草帽收购和出口业务……经营草帽的大多是往来城乡之间的帽
贩，永兴洋行通过帽贩向农村编户廉价收购产品，提价转手出口，因系独家经
营，获利极丰"。其间，永兴洋行由于业务逐年旺盛，为了保证货源，就按收购
和发料加工的类别，将帽贩划分了几帮，宁波方面有南路帮、后路帮、中路帮、

---

[1] 彭泽益：《中国近代手工业史资料（1840—1949）》，第3卷，第154页。

[2] 《上海民族机器工业》，第234、235页。

[3] 彭泽益：《中国近代手工业史资料（1840—1949）》，第3卷，第153页。

[4] 《上海民族机器工业》，第235页。原编者注：蝴蝶牌袜机系上海求兴机器厂出品，牡丹牌袜机
系上海振兴机器厂出品。

[5] 罗正：《平湖妇女的生活》，《申报》1937年5月1日。

[6] 彭泽益：《中国近代手工业史资料（1840—1949）》，第3卷，第539页。

里山帮以及余姚帮。各帮有各帮的产品，形成一个范围庞大的收购网络。[1]

1880年左右，宁波有了中国商人开设的草帽行，初期称作草帽栈，是一种中间商的形式。他们一手委托帽贩向乡村编户收购产品，一手整理分档后运往上海卖与上海洋行。上海经营草帽出口业务的有瑞记、怡和以及上海永兴洋行，以后有鲁麟、礼和、安利、禅臣、捷成、福来德、有裕、百多等洋行。随着上海洋行草帽出口业务的兴起，需要量日渐增加，相应刺激了宁波草帽行业的发展。到第一次世界大战之前，在宁波西门外陆续开设了六七家草帽行，如利康、兴丰、甬丰等；不久相继开设的有永丰、坤和、衡泰、三泰、源泰、顺余等草帽行，"他们都派代理人（俗称跑街）在上海兜销草帽"。[2]

法商永兴洋行为稳固在宁波草帽业的地位，增强竞争能力，着意在草帽品种上不断出新。第一次世界大战后，永兴洋行派人带了两位宁波织帽女工去菲律宾，一面采购金丝草，一面就地学习金丝草帽的编织技术。学成回国后，于1920年编制成二芯金丝帽和盔头对花金丝帽，还相继编制成麻草帽等多种式样的产品，自此走俏市场，作为原料的金丝草的进口也大增。[3]民国《重修浙江通志稿》载：

> 浙东沿海各县昔常以土产之草编结草帽者，质陋工简，仅供本地农人之用。自海外新式麦秆草帽输入后，土产草帽日趋淘汰。民国十年，外人利用我国低廉之工资，以外国之金丝草、玻璃草、麻草发给工人，指示式样编制欧美式草帽。本省草帽工业予以复兴，始于宁波西乡、南乡，继推及于余姚之长河市及周巷等处。民国十五年，普及于临海、海门、杜镇，又辗转推至黄岩、温岭、乐清、永嘉、宁海、平阳、瑞安诸县。民国十六年为出产最旺盛时期，出草帽五百万顶，价值二千六百万元，工人赖此副业以助家庭生活者计三十三万余人。[4]

---

[1] 滕惟训：《草帽出口的历史沿革》，上海市政协文史资料委员会编：《上海文史资料存稿》，上海古籍出版社2001年版，第6册，第241、242页。

[2] 滕惟训：《草帽出口的历史沿革》，上海市政协文史资料委员会编：《上海文史资料存稿》，第6册，第242页。

[3] 滕惟训：《草帽出口的历史沿革》，上海市政协文史资料委员会编：《上海文史资料存稿》，第6册，第243、244页。

[4] 民国《重修浙江通志稿》第22册，物产，特产下，草帽。

这类草编业主要采用放料加工的方式，"制造皆用手工编织，工具甚简单，只半圆形木模一枚而已。其编制皆为农家之妇女，草帽之价值视编制之技术、大小而异。经营由内地草帽行放草与草帽行贩，草帽行贩再放草与编帽之妇女。迨草帽编成时，由行贩收帽，同时付给工资；亦有内地草帽行直接放草与编帽之妇女者。内地草帽行须将草帽用硫磺漂白一次，用石研光，使其洁白有光泽，然后运至上海帽行转洋行出口"。[1] 当时，"各地需用之原料，大都自沪上来，故其价格亦相一致。凡出帽量愈多之县，则其所消费之草料亦愈多"[2]。

1921 年，宁波所产"草帽的输出地点依次是：美国居第一位，370 万顶；英国居第二位，30 万顶；法国第三位，12 万顶；香港，6.8 万顶；日本，5.2 万顶"。当地还有不少通过放料给农户加工，"经营向日本输出榻榻米席和向欧美输出花边的商人"。并"出现了用蔺草制成手提袋和草鞋，草鞋以每双四五钱的低廉价钱销售，经上海输出到日本和其他海外各国，可以推测其数目也是相当巨大的"。[3] 外贸史料载，金丝帽和麻帽是 20 世纪初期兴起的出口商品，采用国外进口的金丝草和麻草，由出口商在浙江沿海一带农村发放原料，收购成品，运销欧美；并几乎全部经由上海出口，且增长很快，即使海关对这项出口草帽的估价偏低，1930 年仍计值 535.1 万关两，占上海出口总值的 1.71%。从事这项来料加工编织业的农妇约有 20 万人，分布在宁波、余姚、海门等浙东地区，对这些农家的生计不无助益。[4] 1933 年 8 月有报道称，在余姚等地除了棉花，"而妇女编织之草帽缏亦为浙东出口之大宗"。[5]

---

[1] 民国《重修浙江通志稿》第 22 册，物产，特产下，草帽。

[2] 建设委员会调查浙江经济所编：《浙江沿海各县草帽业》，郑成林选编：《民国时期经济调查资料汇编》，国家图书馆出版社 2013 年版，第 17 册，第 139 页。

[3] 丁贤勇等译编：《1921 年浙江社会经济调查》，北京图书馆出版社 2008 年版，第 368、369、371 页。

[4] 上海社会科学院经济研究所等：《上海对外贸易（1840—1949）》，上海社会科学院出版社 1989 年版，第 307 页。

[5] 宁波市档案馆编：《〈申报〉宁波史料集》，宁波出版社 2013 年版，第 7 册，第 3340 页。

第五章　城乡资金和人口的流动

近代城市工商业的崛起，城乡间近代交通的拓展和商品流通规模的扩大，带动了城乡间资金和人口的流动。

一、城乡间的资金流向

鸦片战争前，钱庄、票号是民间经营货币信用业务的主要金融机构。钱庄起源于银钱兑换业，最早是银两与铜钱的兑换，后来则主要是银元与银两的兑换，活动范围一般限于当地。票号主要经营地区间汇兑，业务范围遍及全国，以山西人经营者居多。钱庄多见于长江流域和东南各省，票号则以黄河流域和华北各省为其主要的活动区域。

五口通商后，列强不断扩大对华商品输出，着意利用钱庄、票号等中国旧式金融业的业务渠道，而一些钱庄为谋厚利，也愿意和洋行发生联系。太平天国起义爆发后，票号锐意经营汇解饷需、协款和丁银，和清朝政府关系密切，商业上资金周转的业务几乎完全由钱庄承担。随着洋行数目的增多和业务的扩大，通商口岸越来越多的钱庄卷入了服务于进出口贸易的活动。

19 世纪 60 年代以后的 30 年中，促进通商口岸进出口贸易不断发展的因素之一，是钱庄、票号对于贸易在资金周转上提供很大便利。钱庄资本一般并不雄厚，贸易量日渐扩大后，钱庄为应付商业资金周转的需求，除了设法从外国在华银行获取短期信贷外，还求助于票号的支持。于是，通过钱庄资本的运作，相当数量的票号生息资本开始以商业金融资本的形式在国内市场流转。

具体说来，钱庄和票号相结合，利用以庄票、汇票为手段的信用制度，支持商业贸易的开展，加速了通商口岸和内地商品的流通，起到了扩大国内市场的作用。杨荫溥在论及票号、钱庄和外国银行在天津口岸贸易中的作用时指出："自票号之兴，国内贸易日便，商业渐盛，而本地换钱铺亦随以发展，开天津钱业之先河。至天津辟为商埠，中外贸易日繁，进口货于此分散，出口货于此集中，一方面国内汇兑之需要日增，而一方面本地金融调节之需要亦日迫，于是票号之营业日盛，而本地之银号亦渐为市场上不可少之营业，嗣后外国银行更因需要而渐次设立。"[1]

这在上海尤有充分的表现，港口物流的繁盛，刺激了商业的兴旺。商业的发展特别是埠际贸易的开展，则离不开金融机构在资金融通方面提供的便利。清中叶上海港沙船货运贸易的活跃，便是和上海钱庄业的发展相辅相成的，"上海自有沙船业，而后有豆米业……因豆米业之发展，北货业随之而开张，款项之进出浩大，金融之调度频繁，钱庄业顺其自然，得有成功之机会"。[2]

上海开埠后，受不断扩大的内外贸易的驱动，钱庄的经营业务渐被纳入进出口及埠际贸易资金融通渠道，"租界既辟，商贾云集，贸迁有无，咸恃钱业为灌输"。[3] 钱庄的信用手段，在通商口岸用的是庄票，在通商口岸和内地之间用的是汇票。它所签发的庄票，可以代替现金在市面流通并负有全责，到期照付。庄票有即期和远期两种，前者见票即付，后者则在到期时付现。上海各商号在交易中大多使用远期庄票，在开埠初期常以 10 天至 20 天为限，进入 19 世纪 60 年代后普遍缩短为 5 天至 10 天。

庄票的这种信用手段，大大加速了资金周转，广受各方青睐。"钱庄接受长期、短期和各种不同利率的存款，并进行贷款和票据贴现等业务。他们使各级商人，从最大的商号到最小的零售店主，都能得到并利用这些便利。所有在上海出售的进口商品的货款都是用五到十天期的钱庄票据支付的，这种方式既使钱庄可在票据流通期间使用这笔钱，又使进口商品的买主能够与内地一些地方或开放口

---

[1] 史若民等：《平、祁、太经济社会史料与研究》，山西古籍出版社 2002 年版，第 78—79 页。

[2] 中国人民银行上海市分行编：《上海钱庄史料》，上海人民出版社 1960 年版，第 6、9 页。

[3] 姚贤镐编：《中国近代对外贸易史资料（1840—1895）》，中华书局 1962 年版，第 1564 页。

岸做汇兑买卖的钱庄完成其筹措资金的安排。无论哪一年，这些票据的数额都是很大的。"[1]

庄票之外，另有汇票。上海开埠后，进出货物的绝大部分商品是国内其他通商口岸的中转商品。据19世纪70年代初叶的统计，上海港进口商品只有约20%是由当地消费的，其余80%均输往内地。[2]伴随如此大量中转贸易的，是金融机构的中介和资金融通。上海在长江流域金融市场已趋主导地位，钱庄汇票的功能便是一个缩影。1870年英国领事称，在镇江支付进口洋货的主要办法是开出由上海钱庄付款的汇票，而商人则把铜钱或银锭运入苏州，从那里收购土产到上海去变价付款。[3]

中国农副产品的大量输出，同样推动了金融业的发展。1876年的《沪游杂记》载："春夏之交丝茶当令，沪市银洋载往内地，按日银洋插息涨落不。"[4]当时凡从事生丝贸易的丝行，"有资本一万断不肯仅作万金之贸易，往往挪移庄款，甘认拆息"，"有借至数倍者，有借之十倍者，全赖市面流通，支持贸易"。[5]每到春季，钱庄就向丝行贷出巨款，到新丝开盘成交后再收回款项。茶栈的经营，也通常取决于钱庄贷放的多少，彼此间的关系十分密切，"每庄往来动辄一二万或三四万，少亦数千元"。[6]

钱庄业则通过贷放款获致厚利，长足发展。"钱庄最初创设，资本极薄，规模极简，其主要营业仅兑换货币一项。直到1843年上海开埠以后，进出口交易渐繁，金融流通的需要日增，于是钱庄营业逐渐发达，存款放款事项亦较前繁多。如是年复一年，营业遂蒸蒸日上，大有一日千里之势。"[7]1873年上海共有汇划钱庄123家，其中设在北市即租界的有73家，超过半数。[8]

上海开埠不久，着眼于前景良好的港口贸易，一些外资银行分行相继设立。最早的是1850年的英商丽如银行，至1860年已增至英商呵加剌、有利、汇隆、

[1][2]《领事麦华陀1875年度贸易报告》，李必樟译编，张仲礼校订：《上海近代贸易经济发展概况（1854—1898年）：英国驻上海领事贸易报告汇编》，上海社会科学院出版社1993年版，第383、384页。

[3]《Commercial Reports》1869—1870年，镇江，第117页。

[4]（清）葛元煦撰，郑祖安标点：《沪游杂记》，上海书店出版社2009年版，第110页。

[5]商霖：《整顿丝茶策》，《皇朝经济文编》卷49，第1页。

[6]《申报》1889年3月13日。

[7]郭孝先：《上海的钱庄》，《上海市通志馆期刊》第1卷第3期，第804页。

[8]《申报》1874年2月26日。

麦加利和法商法兰西等六家外资银行。其初期业务全是围绕着进出口贸易进行，"银行始初仅通洋商，外洋往来以先令汇票为宗，存银概不放息"。[1]主要是经营外商在贸易往来中的汇兑业务，并不着意招揽存款，也不经营票据贴现和抵押放款，重点首先是迎合不断增长的中外贸易所提出的金融辅助需求。

19世纪60年代后，上海港内外贸易的大幅度增长，迫切要求与其相适应的资金融通加速，单就钱庄而言，显得力不从心，外资银行则存款日多，需要寻找合适的贷款对象，而钱庄经营多年的业务网络则是它们所不及的，于是通过买办的媒介，外资银行开始接受钱庄庄票作为抵押，向钱庄提供信用贷款，时称"拆票"，即所谓"上海本地银行（即钱庄）的客户也光顾这些外国银行，从外国银行那里借钱来支付采办内地商品的费用，如蚕茧、茶、布匹、瓷器等"。[2]1869年英资汇丰银行首1869年英资汇丰银行首先通过其买办王槐山，放款给钱庄。其他银行相继效仿，"当时钱庄流动资本大部取给于外商银行之拆票，外商银行之剩余资金亦常以此为尾闾，且可由此推动国内贸易，以利洋货之畅销，并由此以操纵金融市场，使钱庄为其附庸，钱庄则赖此而周转灵活，营业可以推广，自属乐于接受"。[3]19世纪70年代后，这种"拆票"方式已很普遍。1897年郑观应描述："银行为各钱庄枢纽，钱庄靠银行调动，故日中拆票，各庄皆赖银行买办招呼。"[4]

受不断增长的内外贸易的推动，钱庄与外资银行出于各自利益考虑的这种携手经营，大大推进了上海金融业的发展。至19世纪70年代末，江浙两省的银洋市价都依据上海丝茶贸易的进出款项上下波动，各地钱庄"皆探上海之行情"决定业务进止。[5]清末在华实地调查的日本人记述："上海钱庄的客户，一般分布于宁波、绍兴、苏州、杭州及长江沿岸地方，现在知道的'承裕庄'的客户，即分布于杭州、嘉兴、绍兴、宁波、湖州、苏州、扬州、镇江、清江浦、汉口、天津。"[6]当时：

[1]《申报》1884年1月12日。

[2] 埃里克·阿迈德、于贝尔·博宁著，牟振宇译，侯庆斌校：《上海法国人史料二则》，熊月之主编：《上海史国际论丛》第3辑，上海人民出版社2017年版，第145页。

[3]《上海钱庄史料》，第29、30页。

[4]《郑观应致盛宣怀函》，陈绛等编：《轮船招商局》（盛宣怀档案资料选辑之八），上海人民出版社2002年版，第703页。

[5]《申报》1879年4月27日、1880年1月3日。

[6] 冯天瑜等选编，李少军等译：《东亚同文书院中国调查资料选译》，社会科学文献出版社2012年版，第322页。

上海输出银子的去向主要是长江一带，次为苏州、杭州。在长江一带，汉口是首要的去向，在二、三、四月，为了收购茶叶，向汉口输送的银子有四五百万两。汉口位于长江中部，是所谓九省通衢、商业枢纽，四川省的贸易货物都要经由此地，因而该省金融也会直接影响汉口，为缓解其银根吃紧，会输送银子。汉口以上海为其根源，通计上海向汉口输送的银子，每年多则七八百万两，少也不下于四五百万两。次于汉口吸收上海的银子的是镇江，因为镇江的商贾每年要赴山东收购豆米。在杭州、苏州两府中，为了收购生丝，杭州每年要从上海吸收 200 万两以下、100 万两以上的银子，苏州为了补充地丁银，也要从上海吸收银子。总之，上海年年从内地各口岸输入银子 3000 万两左右，又年年向内地各口岸输出 1000 万两至 2000 万两左右。[1]

20 世纪初，"凡进出口贸易，多须经过上海，无论从南洋输入江浙之米，或由浙江运往南洋之丝绸，皆靠上海为集散地。杭州无直接与外洋往来之船舶，亦无直接与外洋往来之银行。故上海显然为吾国经济金融之中心点，全国经济莫不赖上海之调剂，始能顺利进行。输入江浙之进口货，必须先经上海之银行保证付款或即行垫付，外商始肯运来。杭州银行不能得外商之信任，丝绸出口亦须由上海之银行帮同办理"[2]。

表 5-1　上海钱庄家数（1781—1937）

年份	新开	歇业	实存	年份	新开	歇业	实存
1781			18	1916	10	3	49
1796			106	1917			49
1858			120	1918	19	6	62
1866			116	1919	7	2	67
1873			183	1920	4		71
1876			105	1921	4	6	69

---

[1] 冯天瑜等选编，李少军等译：《东亚同文书院中国调查资料选译》，第 298 页。
[2] 马寅初：《中国经济改造》上册，商务印书馆 1935 年版，第 59 页。

年份	新开	歇业	实存	年份	新开	歇业	实存
1883			58	1922	10	5	74
1886			56	1923	15	5	84
1888			62	1924	7	2	89
1903			82	1925	5	11	83
1904	11	5	88	1926	6	2	87
1905	18	4	102	1927	2	4	85
1906	20	9	113	1928		5	80
1907	14	16	111	1929	1	3	78
1908	13	9	115	1930	3	4	77
1909	12	27	100	1931	4	5	76
1910	7	16	91	1932	1	5	72
1911	2	42	51	1933	3	7	68
1912	4	27	28	1934	2	5	65
1913	3		31	1935		10	55
1914	9		40	1936		7	48
1915	2		42	1937		2	46

资料来源：许涤新等主编：《中国资本主义发展史》第2卷，人民出版社1990年版，第698页。

新式银行登陆上海后，上海的钱庄业仍能生存且颇具活力，原因之一是其存贷款手续简便并因此与为数众多的中小商铺有着传统的业务联系。"沪地之存户，不外下列四种：（一）资本家，（二）寓公，（三）中级社会，（四）商铺往来。第一种大抵自有钱庄，或置地产，或办实业，决无余款存放银行之事，即有之，亦必散存于全体钱庄，每家五千、一万不等，即所谓内盘银子者，银行家多不愿接受之。第二种非有牵索不得入门。第三种则零星之极，大约现在各银行储蓄存款多是此类。第四种即现在钱庄所恃以营业者，于金融界实具有重大关系，惟银行家多不愿做此生意，因钱庄在沪地握金融之重心，该户等与其往来一切章程与习惯均极便利，为银行界所不及。"[1]

[1]《吴蕴斋致周作民函（1924年8月19日）》，彭晓亮编注：《周作民日记书信集（文字版）》（上海市档案馆藏近代中国金融变迁档案史料汇编·人物卷），上海远东出版社2014年版，第161页。

有学者指出，上海开埠后，很快形成了以上海为龙头的城市群。在长时期的发展中，苏州、宁波、镇江、扬州、绍兴等形成了以钱庄为主的金融主导型城市，南通、无锡、常州等成为工业主导型城市。前者金融的流动趋向，明显地以服务于后者以及周边更低层级城市的特点，并逐级直至服务于整个周边农村。这些城市，也因此构成了上海金融流动的桥梁。[1]民国前期，苏州民营的信孚商业储备银行（以下简称"信孚银行"），由原吴县田业银行经理林幼山发起，并邀同费仲深等人筹设组成。费仲深是吴江县著名绅士，该县地主大多乐于将田租收入存入信孚银行。后者将其大部分资金注入于不动产和债券交易，亦有一部分投资于上海、苏州、无锡等地的商业或近代工业[2]。

近代上海贸易金融中心地位的形成，还体现在票号业在上海的新发展。票号起源于道光初年，主要经营地区间汇兑，由山西人创办者居多，以黄河流域和华北各省为主要活动区域，江南则以苏州为中心，"昔年票号皆荟萃苏垣，分号于沪者只有数家"。[3]与钱庄业相比，票号的经营方针较为保守，与官府的关系较为密切，它们参与商业资金的融通，主要通过钱庄进行。

前已述及，钱庄资本一般并不雄厚，贸易量大幅度增长后，钱庄为调度足够的流动资金，除了设法从外资银行获取信贷，还求助票号的支持。这时票号在江南的经营重心已从苏州移至上海，通过钱庄资本的运作，相当数量的票号生息资本开始以商业资本的形式在国内市场流转，"迨东南底定（指太平天国失败——引者），上海商埠日盛，票号聚集于斯者二十四家，其放银于钱庄多至二三百万"。钱庄得此助力，发展更快，"上海钱庄之盛，盛于票号、银行放银于庄"。[4]

钱庄的业务网络，主要分布在长江流域，而票号的覆盖面则遍及除边远地区的大半个中国，它的加入使上海的贸易金融中心地位更趋稳固。在全国各城市，凡设有票号分号的都可以直接通汇，上海"与内地各省的汇兑业务，以及中国人与通商口岸做交易开出的票据全部通过山西票号，这些票号多数在上海设有机

[1] 马俊亚：《长江三角洲地区中等金融城市货币资本的积累及其融通功能》，范金民等主编：《江南地域文化的历史演进文集》，三联书店 2013 年版，第 416 页。
[2] 〔日〕夏井春喜：《民国前期苏州的田业会：与吴县田业银行、苏州电气厂的关系》，唐力行主编：《江南社会历史评论》第 6 期，商务印书馆 2014 年版，第 273 页。
[3] 《上海钱庄史料》，上海人民出版社 1960 年版，第 15 页。
[4] 《申报》1884 年 1 月 12 日；《论钱市之衰》，《字林沪报》1884 年 2 月 9 日。

构，他们还宣称可购入或售出国内任何地方的汇票"。20世纪初年，"他们每年的业务进出总额约为八千万两"。[1]

上海的繁盛，还促进了保险业在上海的问世。自19世纪50年代初上海成为中国进出口贸易最大口岸，"由于要求西方船只为商品提供安全保证的中国人日渐增多，为了迎合需要，怡和洋行于1857年在上海和香港开设了谏当保险公司的中国分行。分行的业务十分兴旺，在几个月之内接受的客户数目表明，在中国商人当中售出保险单的数量比在西方商人中售出的数量要多得多"。这种令人鼓舞的发展前景，刺激新的保险公司相继开张，"以致在十年之内又开设了六家保险公司"。[2]

它们的经营重点，都是水上航运安全保险。"为了适应从60年代初开始出现的中国人的较大规模商号日渐发展的总趋势，怡和洋行认为保险业、银行业如同航运业一样，已发展成为这家洋行的至关重要的职能部门"。1862年成立的扬子保险公司，是由美商旗昌洋行集资开办的，"这家公司由旗昌轮船公司承运货物中就得到大笔买卖"，1883年公司业务已扩大至伦敦等地，资本也从开业时的40万两增至80万两。轮船招商局成立后，为适应航运业务的发展及"不为外人掣肘"，也在1875年和1876年先后集资设立了仁和、济和两家保险公司，"保客货兼保船险，推及于中国各埠暨外洋星加坡、吕宋等埠凡二十一处"。1886年合并更名为仁济和保险公司，股本为一百万两。保险公司的相继设立，是受上海港繁盛的航运业务推动所致，它们的业务开展，也给上海内外贸易的进一步发展带来新的助力，"'你能保险吗'？几乎是所有中国商人必然要问的一个问题"。因此，"轮船与保险事属两歧，而实则归于一本，有如许保险生意则必有如许轮船生意"。[3]

要言之，上海港繁盛的内外贸易所提出的大量的资金融通需求，促使上海的金融业呈现大发展的局面，形成外资银行和中国钱庄、票号互为援手、鼎足而立的基本格局，"洋商之事，外国银行任之；本埠之事，钱庄任之；埠与埠间之事，

---

［1］《领事麦华陀1875年度上海贸易报告》，李必樟译编，张仲礼校订：《上海近代贸易经济发展概况（1854—1898年）：英国驻上海领事贸易报告汇编》，上海社会科学院出版社1993年版，第384、385页；徐雪筠等译编，张仲礼校订：《上海近代社会经济发展概况（1882—1931）——〈海关十年报告〉译编》，上海社会科学院出版社1985年版，第96、97页。

［2］聂宝璋：《中国近代航运史资料》第1辑，上海人民出版社1983年版，第607页；《领事麦华陀1875年度上海贸易报告》，李必樟译编，张仲礼校订：《上海近代贸易经济发展概况（1854—1898年）：英国驻上海领事贸易报告汇编》，第384页。

［3］聂宝璋：《中国近代航运史资料》第1辑，第607、614、1085、1086、1087、602、1086页。

票号任之"。[1] 同时，又有保险业的辅助。19 世纪 80 年代，上海已成为占全国对外贸易"货物成交"和"款项调拨"总量 80% 的贸易金融中心。[2]

（一）口岸贸易与银行的地区分布

1932 年，有 67 家银行的总行设在上海，占全部银行资本的 63.8%（不包括东北和香港）。按资产计，26 家上海银行公会会员约占中国所有银行总资产的 3/4 以上。[3] 中外金融机构汇聚上海，据 1936 年的调查统计，外商在华银行"约有十余处，共计八十余单位。其中以设立在上海者为最多，计有二十余家；天津次之，计十余家；汉口、北平各有八家；广州有六家；余如青岛、厦门、烟台、福州、汕头、大连、哈尔滨、长春、沈阳、牛庄、旅顺、昆明等地，有一家至四家不等"。详见下表。

表 5-2　外商银行在华地区分布（1936 年）

地名	家数	行　名　及　国　别
上海	24	美国运通银行、朝鲜银行（日）、台湾银行（日）、华比银行（比）、中法工商银行（法）、东方汇理银行（法）、麦加利银行（英）、大通银行（美）、义品放款银行（比）、德华银行（德）、汇丰银行（英）、华义银行（意）、有利银行（英）、三菱银行（日）、三井银行（日）、莫斯科国民银行（俄）、花旗银行（美）、安达银行（荷）、荷兰银行（荷）、大英银行（英）、沙逊银行（英）、住友银行（日）、友邦银行（美）、正金银行（日）
天津	14	运通银行、朝鲜银行（日）、天津银行（日）、华比银行、中法工商银行、东方汇理银行、麦加利银行、大通银行、义品放款银行、德华银行、汇丰银行、华义银行、花旗银行、正金银行
北平	8	运通银行、中法工商银行、东方汇理银行、麦加利银行、德华银行、汇丰银行、花旗银行、正金银行
汉口	8	台湾银行、华比银行、东方汇理银行、麦加利银行、德华银行、汇丰银行、花旗银行、正金银行
广州	6	台湾银行、东方汇理银行、德华银行、汇丰银行、花旗银行、正金银行

[1] 《上海市通志金融编》(上海市通志馆未刊稿)，《上海钱庄史料》，第 56 页。
[2] 详见汪敬虞：《十九世纪外国在华银行势力的扩张及其对中国通商口岸金融市场的控制》，《历史研究》1963 年第 5 期。
[3] 杜恂诚：《民族资本主义与旧中国政府（1840—1937）》，上海社会科学院出版社 1991 年版，第 253 页。

地名	家数	行　名　及　国　别
青岛	5	朝鲜银行、麦加利银行、德华银行、汇丰银行、正金银行
大连	5	朝鲜银行、麦加利银行、德华银行、汇丰银行、正金银行
厦门	3	台湾银行、汇丰银行、安达银行
福州	3	台湾银行、麦加利银行、汇丰银行
哈尔滨	3	麦加利银行、汇丰银行、正金银行
烟台	1	汇丰银行
汕头	1	台湾银行
长春	1	正金银行
牛庄	1	正金银行
旅顺	1	朝鲜银行
昆明	1	东方汇理银行
合计	85	

资料来源：上海市档案馆馆藏《旧中国外商银行调查资料》，《档案与史学》2003 年第 6 期。

　　上表显示，外商在华银行主要分布在沿海各口岸城市。它们又通过电汇等方式，将业务范围伸展到中国内陆各地。1936 年，中国资本的银行总行共有 164 家，各地分支行共有 1332 处。其中上海一地就有总行 58 家，约占总行总数的 35%；分支行 124 处，约占分支行总数的 9%。如以沿海地区及长江沿岸的上海、武汉、北平、天津、南京、杭州、重庆、广州、青岛九城市而论，则总行有 99 家，约占总数的 60%；分支行 386 处，约占总数的 29%。就所在省份而言，以江浙两省为最多，总行共有 30 家，约占总数的 18%；分支行 285 处，约占总数的 21%。[1] 如以人口和土地计，除去设置于香港及海外的金融机构，则九大都市和江浙两省以外的其他各地占全国 83% 的人口、97% 的土地，却仅拥有总行数的 21%、分行数的 50%。[2]

　　与此相联系，上海的国内贸易的进出口总值，1935 年至 1936 年间约 3 倍于

---

[1] 杨荫溥等编著：《本国金融概论》，邮政储金汇业局 1943 年印发行，第 42 页。
[2] 杜恂诚主编：《上海金融的制度、功能与变迁（1897—1997）》，上海人民出版社 2002 年版，第 319—320 页。

汉口，4 倍于天津，5 倍于广州，6 倍于青岛。埠际贸易最大的 15 个口岸中，除上海外，长江流域占 7 个，上海与这 7 个城市的贸易量占其贸易总量的 70% 以上。全国各地（除东北外）向上海输出货物总量占其一半以上的城市有 16 个，即秦皇岛、天津、烟台、胶州（青岛）、重庆、万县、沙县、长沙、汉口、九江、南京、苏州、宁波、温州、厦门和蒙自。[1]外国在华银行的资金和决算手段供应等，给通商口岸之间贸易的扩大提供了便利。

19 世纪 80 年代后半叶始，随着中外贸易的扩大，外国银行与钱庄建立起了信用和资金融通关系。[2]据估计，1920 年农副产品贸易额达 39.09 亿元，占国内市场贸易总额的 42.28，是工业产品的 4.43 倍、矿冶产品的 13.43 倍、进口商品的 3.29 倍；1936 年农副产品贸易额达 75.33 亿元，在国内市场中的比重为 44.82，是工业产品的 2.66 倍、矿冶产品的 15.19 倍、进口商品的 4.83 倍。农副产品贸易每年数十亿元的资金，绝非直接从事这项贸易的商人们所能承担，这些款项主要依赖以上海为中心的钱业市场的调拨。[3]清末在华实地调查的日本人记述："无锡的商贾都使用洋银而不用两银，故在此地用洋银购进蚕茧，到上海按两银卖出，而钱庄则在两银与洋银交换之间射利，故汇兑收费低。"[4]在上海出口生丝主要产地的浙江南浔和湖州："南浔没有票庄，钱庄则有'萃隆'、'慎益'2 家，经营汇兑，可靠而很有信用。与上海之间的汇兑，每 1000 两收费 3 元，加上运费 1 元，共 4 元"[5]；湖州有钱庄 10 家：

> 经营内容包括贷款、存款、发行庄票和汇兑，汇兑算上间接的无处不到，与上海、杭州、苏州之间的汇兑尤为频繁，对上海的汇兑费用是每 1000 两收二三两，但在金融吃紧时，各商家要求以现银汇兑，则免除手续费。在这种情况下，如果用存款汇兑，就要收 0.9% 的手续费。定期存款期限最长的有 1 年以上，利率通常是 0.4%。而活期存款称为"往来"，出入利率都是 1.5%，此地商家中用此法的最多，其法与上海

---

[1] 洪葭管：《20 世纪的上海金融》，上海人民出版社 2004 年版，第 5 页。
[2]〔日〕滨下武志著，高淑娟等译：《中国近代经济史研究——清末海关财政与通商口岸市场圈》，江苏人民出版社 2006 年版，第 426—427 页。
[3] 马俊亚：《近代国内钱业市场的运营与农副产品贸易》，《近代史研究》2001 年第 2 期。
[4][5] 冯天瑜等选编，李少军等译：《东亚同文书院中国调查资料选译》，社会科学文献出版社 2012 年版，第 412 页。

无异。贷款称为"放眼"，期限最长不超过 6 个月，利息随金融状况的
变化而常有变动，在十二月上升到 2%，高于丝业繁忙之期，通常是月
息 0.7%、0.8%，期限极短的利率在 1% 左右。庄票有钱票、银票、洋银
票等，形式与上海大同小异，大宗交易都用银票、洋银票而不用现银和
钱票。与现银的兑换，习惯上是以 2 个月为最低期限，长的是在 6 个月
以后。[1]

　　这些钱庄主"以一间房屋作为会聚之所，兼议行市，每天上午、下午两次会
聚，定出行情"[2]。民国年间调查资料载，湖州"丝茧交易以现款为原则，惟机户
自丝店购取原料，则可欠至织品卖出后，再行结账。其取货时，全凭信用，并无
须中保立票等手续，此等办法已成惯例。丝商除固有资本外，遇短缺时，则在本
地钱庄通融。首次须由信用卓著之殷实商号介绍担保，由钱庄付折，以后即可凭
折调取。借款利息，视银根之紧缓为转移，自一分至一分七八厘，普通月息一分
二三厘。吴兴有钱庄组织设立之存丝堆栈 1 所，各丝商收买之丝，如去路迟钝，
可向堆栈抵押款项"[3]。
　　凭借出口生丝迅速致富的湖州商人，多将其财富用于在上海的投资。"计南
浔一镇，以丝商起家者，何止数百十户，举其著者，竟有'四象、八牛、七十二
只狗'之称焉。"其中，"财产达百万以上者称之曰'象'，50 万以上不过百万者
称之曰'牛'，其在 30 万以上不过 50 万者则譬之曰'狗'。所谓'象'、'牛'、
'狗'，皆以其身躯之大小，象征丝商财产之巨细也。"这些富商，"各家皆有在
沪兼营地产而获厚利者"，且"上海因国际贸易关系日益发展，沪、浔交通便利，
吴兴大户多久居申江，故其余资虽有一部分用以购置本籍田产，然究不甚多"。[4]
　　上海工商业的发展，亦得钱庄金融网络之助。民国初年，荣家企业福新面粉
一厂开办后，所需小麦多在无锡采购，而且利用行、庄借款，基本上不需要动用

　　[1] 冯天瑜等选编，李少军等译：《东亚同文书院中国调查资料选译》，第 412—413 页。
　　[2] 冯天瑜等选编，李少军等译：《东亚同文书院中国调查资料选译》，第 413 页。
　　[3] 曲直生等：《浙西农产贸易的几个实例——米粮、丝茧、山货贸易的概况》，原载《社会科学杂
志》第 3 卷第 4 期（1932 年 12 月），转引自李文海主编：《民国时期社会调查丛编（二编）·乡村社会
卷》，福建教育出版社 2009 年版，第 728 页。
　　[4] 中国经济统计研究所编：《吴兴农村经济》，1939 年版，转引自李文海主编：《民国时期社会调查
丛编（二编）·乡村经济卷》，福建教育出版社 2009 年版，上卷，第 767、768、769 页。

本企业的资金。"小麦购进之后，即向无锡钱庄卖出申汇，得款后还麦价。无锡钱庄将汇票寄到上海，向茂新、福新办事处收款。上海见票承兑之后，照例还有几天期才付款。而这时小麦已装船，从无锡到上海只需一夜天的时间，小麦入仓，即可磨粉，再有一夜天产品便可出产。而货未出厂时，批发部已经抛出，用收入的货款，偿付承兑的申汇，时间上还绰有余裕。"这种金融支持，无疑帮助了荣家企业的发展。[1]

如前所述，自 1843 年开埠后，上海逐渐成为中国的航运中心和商贸中心。据统计，19 世纪 80 年代上海已成为占全国对外贸易"货物成交"和"款项调拨"总量 80% 的贸易金融中心。[2] 时人称："上海为商务总汇之地。商贾辐辏，货物充盈，一日出入，值银钱数千百万。各省督抚开办商务，委员采办机器，必至沪上焉。钦使出洋，大官过境，一切应须购置之物，沪上无所不有，亦必遇道至沪，为驻节之所焉。故凡银钱往来，各省之汇至上海，与上海之汇往各省者，亦日必千数百万。商务之盛，商埠之繁，庶可谓至矣。"[3] 1909 年 1 月 15 日《申报》载："宁波为汇划码头，向用洋块，而各业向上海等处买卖货物均用银两，故甬江原有汇兑规元、预定银洋之事，洋以易银，银以易货，百货流通，市面借以周转。"[4] 上海商业储蓄银行行史资料载："吾国自辟租界以来，不久即遇太平天国之战事，江浙富户托庇于上海租界，各地租界亦日见繁荣。武昌起义，前清遗老亦俱纷纷避入各地租界。民国后，更因内战频繁，军阀肆虐，内地几无宁日，富有者相率认租界为安全，于是内地财富逐渐集中于租界，即新兴之民族工业亦求在租界内开设，期获保障，由是口岸日趋繁荣，内地益形枯竭。"[5]

20 世纪 30 年代初期，由于农村破产，乡间富户纷纷迁徙进城，农村资金流出更多。1932 年中国银行报告中疾呼："农民仅有之资金，已倾囊殆尽，今既衣食不能自给，安有余力以改良生产？若购买力日渐衰退，安有余力以事教养？生

[1] 上海市粮食局等编：《中国近代面粉工业史》，中华书局 1987 年版，第 124、125 页。
[2] 汪敬虞：《十九世纪外国在华银行势力的扩张及其对中国通商口岸金融市场的控制》，《历史研究》1963 年第 5 期。
[3] 《论本埠票号禀请立案事》，《中外日报》1898 年 9 月 14 日。
[4] 宁波市档案馆编：《〈申报〉宁波史料集》，宁波出版社 2013 年版，第 4 册，第 1819 页。
[5] 何品等编注：《上海商业储蓄银行》（上海市档案馆藏近代中国金融变迁档案史料汇编·机构卷），上海远东出版社 2015 年版，第 138 页。

产不能改良，即生产力无从恢复，购买力不能增进，即人民生活无从改善，工商业无由发展，将与全世界不景气之现象，如同一辙，故于社会经济，已成为一极严重之问题，国人殊未可忽视之也。"[1] 而内地大量的资金主要是流入上海，上海银行业同业公会联合准备委员会 1934 年年度报告载："二十三年（指 1934 年——引者）之初，上海存银充斥如前，每周查仓报告，有增无减，表面似有向荣之象。而考其来源，多为内地购买外货偿付之代价，因其生产所得不足以相抵，乃不得不输送现银于上海。上海金融之宽弛，即内地金融枯竭之反映。"[2]

由于资金的大量流入使上海许多银行资金过剩，需重新寻求新的投资点。上海商业储蓄银行曾以不收长期存款作为一种对策。与此同时，由于民族工商业的破败。银行城市放款的基础也被破坏，这也增加了银行的存款数，如 1932 年全国 146 家银行放款与存款比率为 89%，而 1933 年变为 68%[3]。在这种情况下，让农村流出资金回归农村的呼声出现，银行对农业的投资也渐多。上海商业储蓄银行较早进行农业贷款，自 1931 年开始关注农村合作信贷。据当事人资耀华忆述："上海银行在 1931 年就同华洋义赈会及南京金陵大学合作，试办农村合作社贷款。"[4] 其行史资料载：

> 自民国二十年长江大水以后，继以日本实行武力侵略，发动"九一八"与"一二八"之两大事变，内地经济已濒山穷水尽。而上海所聚之资金，反无法可以运用，其时有"内地贫血，上海充血"之喻。农村破产，购买力锐减，工厂出品亦无法销售，于是物价下落，更波及于农产物之跌价，而使谷贱伤农。我国农民约占人口百分之八十五，如果无法救济，则全国经济崩溃，势必同归于尽。本行最初即经认定救济农村为挽回此种危局之根本办法。[5]

---

[1] 中国银行行史编辑委员会编：《中国银行行史》(1912—1949)，中国金融出版社 1995 年版，第 277—278 页。
[2] 吴晶晶编选：《上海银行业同业公会联合会 上海银钱业联合准备会》(上海市档案馆藏近代中国金融变迁档案史料汇编·机构卷)，上海远东出版社 2015 年版，第 240 页。
[3] 《申报》1935 年 3 月 4 日。
[4] 资耀华：《世纪足音——一位近代金融学家的自述》，湖南文艺出版社 2005 年版，第 81—82 页。
[5] 何品等编注：《上海商业储蓄银行》(上海市档案馆藏近代中国金融变迁档案史料汇编·机构卷)，第 140 页。

1933 年，该行常务董事会决议拨出一笔资金用于农业贷款，专款专用，在总行设立农村合作贷款部，简称农业部，并聘请当时在东南大学的教授、农业专家邹秉文主持农业部经理之职。规定农业贷款分为三种：一是生产运销贷款；二是仓库抵押贷款；三是信用贷款。主要是生产运销贷款，例如对棉花而言，对合作社先协助其组织有关会计制度及内部管理的指导，范围较大的合作社，叮由银行派员专驻社内办理辅导事宜。

实行的步骤是：当棉花播种时，给以生产贷款每亩若干元，待收花时将籽花交合作社轧成皮棉，即可向合作社预支花价七成，现款由银行垫借，再由银行与运输机关接洽，减轻运费，并径向各地纱厂直接销售，减少中间耗费。到全部棉花售出后，始由合作社与银行清算借款本息，即归还贷款。其他如小麦、大米、烟叶、甘蔗等亦同样办理。上述三种贷款，以生产运销贷款为主，仓库及信用放款很少经营。1934 年，上海商业储蓄银行在上海及江浙的县级及县以下农贷区域，属当时江苏省的有东台、铜山、江浦、萧县、上海、如皋（6 县均产棉）、无锡（产荡白）、崇明、太仓、昆山、吴县、青浦、宝山、武进、江阴、宜兴、溧阳、金坛、江宁、句容、镇江、淮阴、邳县、砀山（各县多在沪宁路、沪杭路或闽沪公路沿线或南京附近，农民多经营养蚕业、养猪业、养牛业、养鱼业、种菜、榨油等业，农业也较发达），在浙江有余姚、平湖、海盐（3 地均产棉）、杭县、吴兴（养蚕业、农业发达）[1]。

但结果却是，"上海商业储蓄银行办理此项业务几年，便深知农村百孔千疮，农村金融非有长期、中期、信用等贷款同时并举，否则无从解决农村的农业的土地、农具、种籽、肥料等问题。还有青黄不接期间的农民生活问题等等，非有完善的专营的农业金融机关，及完善的基层合作组织不可。否则商业银行虽欲放款，亦不易寻得对象所在。然欲普设基层合作机关，又必须先有大量受过训练的管理人员才行。凡此种种问题，深感决非上海商业储蓄银行单独力量所能解决。才知愈深入农村，愈感到银行力量微薄，所谓辅助改进农村经济，只能略尽提倡宣传之意而言。后来，国民党设立了中国农民银行，上海商业储蓄银行乃决定将

---

[1] 何品等编注：《上海商业储蓄银行》（上海市档案馆藏近代中国金融变迁档案史料汇编·机构卷），第 140 页；许永峰：《20 世纪二三十年代"商资归农"活动运作的特点》，《中国经济史研究》2012 年第 2 期。

办理几年的合作社贷款转移给中国农民银行"[1]。

金城银行也是积极从事农业贷款的银行之一，1928年其账面上即有农业贷款。当年农业放款343844元，占放款总数的1.12%；1933年为335566元，占总放款数的0.54%；1937年上升为2029149元，占总放款额的2.11%，是1928年农业放款额的5.9倍。[2]可见不仅农业贷款的绝对数量增长很快，就是在每年的放款比例中也有很大的增长。江苏无锡是丝茧产地重镇，交通银行无锡支行在丝茧方面的放款逐年递增，1935年的放款总额达130余万元，为历年最高纪录，次年又达160万元[3]。有学者指出："江南市镇金融业中，货币价格涨落的关联性，与市镇的商品集散中心地位和商业活动有关。市镇货币涨落与中心城市的连带关系，从商业方面来看，则反映出江南市镇与城市之间的贸易关系，即吴兴、嘉兴、苏州这样的城市，是其周边各个县份的金融与商业中心，而嘉兴、苏州等城市，又以上海为其金融与商业贸易中心。这样，由市镇到城市，再到中心城市，就形成一个多层级的市场结构。"[4]

20世纪30年代，一些商业银行和专业银行开始向农村进行渗透，因这些银行的总行大多设在上海，因此对近郊及江浙两省的影响要远远高于其他省份。交通银行在长江三角洲的布局，点面结合，兼顾城乡。其在苏南的分支机构，原先主要在沪宁铁路沿线，1933年以后自镇江向南推进，沿金坛漕河分别于丹阳、金坛、溧阳等地设立行处，交通银行的业务得以深入苏南各地，并与沪宁铁路沿线原有的武进、无锡、吴县三支行和上海的总行形成环状联线的营业网络。交通银行在浙江分支机构的布点，大致分为东、西两线。东线起自杭州，经由余姚、绍兴、宁波等支行延至镇海、定海、沈家门办事处；西线亦起自杭州，经过临安至金华、衢州两地办事处。上述两线，构成交通银行浙江营业网络。[5]1931年在松江县的实地调查："松邑共有银行二家，钱庄三家，大抵皆与上海往来，汇兑可通一切市面，统以上海为标准。币制有银两、银元、纸币等，最通行者为银元、银角、铜元及江浙中外银行各种钞票。"[6]1932年在上海县的实地调查："上邑金

---

[1] 资耀华：《世纪足音——一位近代金融学家的自述》，第82—83页。

[2] 中国人民银行上海市分行金融研究所编：《金城银行史料》，上海人民出版社1983年版，第368页。

[3] 《交通银行史》编委会：《交通银行史》，商务印书馆2015年版，第二卷，第300页。

[4] 李学昌等：《近代江南农村经济研究》，华东师范大学出版社2015年版，第303—304页。

[5] 《交通银行史》编委会：《交通银行史》，第二卷，第202、203页。

[6] 南京图书馆编：《二十世纪三十年代国情调查报告》，凤凰出版社2012年版，第83册，第30页。

融状况，除闵行设有浦海银行一家外，均以上海市区各银行为转移。"[1]但这些银行的放款一般只针对信用合作社、殷实商家或有农产品抵押的地主和富农，贫苦农民再向这些商家、地主和富农进行二次借贷，需要付出更高的利息。这些银行业向农村的渗透，只不过是城市剩余资金在农村寻找出路，是银行业的典当化，并没有真正发挥现代银行的作用。[2]如1934年3月，上海商业储蓄银行和宜兴县农民银行，在宜兴县和桥设立了分支机构。据当时人记载：

其主要业务，一是和商家的银钱出纳，它们或者吸收商家的剩余资本来发展其自身的业务，或者放出自己的资本，去分沾商人的一部分商业利润。

二是收受地主或富农们的大量农产物的抵押。当地主或富农们不愿意把农产物贱价出卖，可是急待着现金流通的时候，他们为了特种利益的关系，愿意分一部分利息给银行。

三是贱价收买贫苦农民的农产物。农民在新谷登场时，急待现金作一切支付，不得不急求脱售其农产物，这些银行便乘此抑价收买，再等高价出卖给外路商人或竟回卖给农民，一转眼间，他们能获得很大的利益。

四是直接向农村的放款。这是农民银行所独有的业务。但它所直接放款的对象，不是多数的下层贫农，而是银行所信任的所谓农村信用合作社。

当时在和桥附近农村里约有信用合作社四五十处，是农村中的富农或村乡长等所组织的，他们因有财产的信用和特殊的关系，故能直接向银行借到低利的款项。至于那些赤手空拳的贫农，就很难直接受到它的恩泽了。[3]据统计，抗日战争前夕，全国共有农民银行总行20家，分布于江浙9家，江苏4家，福建、四川、山西、河南、山东、河北各1家，除去西藏和蒙古不计，当时全国28省中有农工或农民银行的只有9省，且多集中在江浙两省。至于上述20家银行的资本结构，资本额在20万元以下者13家，百万元以上者只有5家。况且其农业性贷款比例又甚低，1934年所占比例最高的中国农民银行，也仅占17.77%。此外，银行为了本利兼收，自然不会和贫苦农民来往，即使给其借贷则需区、乡长介绍或担保，遂给土豪劣绅把持利用的机会。[4]

[1] 南京图书馆编：《二十世纪三十年代国情调查报告》，第258册，第378页。
[2] 燕红忠：《中国的货币金融体系（1600—1949）》，中国人民大学出版社2012年版，第274页。
[3] 李珩：《宜兴和桥及其附近的农村》，《中国农村》第1卷第2期（1934年11月）。
[4] 张瑞德：《中国近代政府与农业发展》，台北《汉学研究》第10卷第1期（1992年6月）。

（二）城乡钱庄、典当业与农户借贷实态

就总的态势而言，近代中国农村的借贷关系尚处于转型之中，近代金融形式被引入一些乡村，但传统借贷方式仍发挥着主要作用。与此同时，受城乡间商品流通及农副产品对外贸易扩大的促动，近代中国农村钱庄有明显发展，并同城市钱庄和城市金融业紧密相连。它最初也是源于货币兑换。它的全面兴起，首先发生在那些社会经济和商业流通较为发达、对外经济联系比较密切的市镇和州县。甲午战争后，列强经由口岸城市向中国农村的经济扩张加速，农村自然经济日益分解，农产品商品化和商业性农业、城乡商品经济和商业流通加速发展，农村地主经商热升温，农民同市场的联系更加密切，农村需要新的资金融通渠道和手段，上海、宁波两地的钱庄适时地介入和运营。每逢农副产品收购季节，商人向农村地区的小商贩收购产品，临时性需要大量资金，待出售后收回货款归还贷款。1921 年的《浔游小志》记述浙江湖州南浔："有钱庄六家，资本或五万八万，小至二万，最大者或十万，平日营业甚清，专恃丝、米两市，以操赢余。"[1] 同年的浙江经济调查在评述宁波金融概况时称："茶叶与棉花出产时资金最为紧张。"[2] 1932 年《余姚金融之概况》载："姚地钱业共有二十三家，资本由一万元至二三万元不等。内部组织，大致与各地之合资或独资经营者相同，其股东及执事人均负无限责任。至各钱庄业务，大致以吸收存款而转贷于商号，或领用银行钞票而转用于客帮，或留秋季棉花登场之时，由沪甬汇入款项，藉卜现升之沾润。年终盈余，亦由数千元至二三万元不等。"[3] 浙江孝丰县，曾有钱庄、当铺各 1 家，1925 年遭火灾焚毁后停业。当地银行业时至 1935 年方有浙江地方银行在县城设立分理处。[4] 1935 年《近年来东台之商业及金融概况》载，每当秋季棉花收获时，"用款颇巨，各花庄均出汇票，由银钱业承做，庄票迟期十天，在申、锡、通等地交款"[5]。

其间，商人需以所购销的商品作为质押物向钱庄融资，钱庄代商人汇款给对

---

[1] 陆剑等辑录：《留下南浔的脚印：民国报刊涉浔文图选辑》，浙江摄影出版社 2015 年版，第 14 页。
[2] 丁贤勇等译编：《1921 年浙江社会经济调查》，北京图书馆出版社 2008 年版，第 357 页。
[3] 刘平编纂：《稀见民国银行史料二编》，上海书店出版社 2015 年版，第 225 页。
[4] 黄敬斌：《郡邑之盛：明清江南治所城市研究》，中华书局 2017 年版，第 453 页。
[5] 刘平编纂：《稀见民国银行史料二编》，第 150 页。

方，但是买入的商品应质押给钱庄，习称押汇。一般钱庄为了开展押汇业务，设有仓储堆栈。货物进入指定的堆栈，等于钱庄控制了货权。商人每销售一批货物，其所得货款归还钱庄欠款，直到本息收回，钱庄放行货物控制权。宁波是茶叶、棉花及草编业等产地，钱庄业的押汇融资方式有其市场需求。那些分散的各自为生的小农和个体手工业者，所需要的生产资金并不多，但钱庄顾虑贷款风险，不愿直接放贷与他们，而是选择放款给那些与他们有联系的商人，相当于商人为那些贷款做了担保，也使商人因此与生产者建立固定的联系，产品来源更有保障，生产者则获得了一定的生产资金，能够较顺利地从事生产活动。

如鄞县的草席编织业，有种草的农民，有加工作坊，有较小规模的本地收购商，他们有的是宁波大商家的当地代理人，有的是独立的供货商。宁波的大商号是批发商，再转卖给外地客商。其间，宁波的大商号会从钱庄贷款，把其中的部分资金以定金形式给那些代理商或与自己联系密切的小商号，小商号也会再付定金给作坊或小农，保证其产品能够卖给自己。在鄞县农村如屠蛟、凤岙、黄古林等地，都有钱庄的这类业务活动。1920 年代后，一些商品经济较活跃的市镇陆续有钱庄出现。1930 年代，鄞县有乡村钱庄 26 家；凤岙有 5 家；黄古林有 4 家，1934 年增至 6 家；横街 3 家；栎社、屠蛟、前虞塔各 2 家；姜山、五乡、高桥、北渡、鄞江、横涨各 1 家。此外，余姚的周巷、浒山，慈溪的陆埠、洪塘，奉化的溪口、西坞、江口，象山的石浦，镇海的庄市，都已陆续出现钱庄。[1]

1919 年，宝山县"钱店有隆茂、延生两家，设于吴淞，资本甚微，仅供市面暂时周转，若大宗商款仍由上海钱庄操持，银折银厘亦以上海市盘为准"[2]。在青浦县的朱家角镇，设有长源、震裕、鸿茂三家钱庄，其中长源开办于 1929年，资本总额为 48000 银元，其主要业务是存贷，存款月息一般为一分，贷款利息则为浮动，人忙、淡两期。凡每年的三节（端午、中秋、年关结账期）前后为

---

[1] 陈铨亚：《中国本土商业银行的截面：宁波钱庄》，浙江大学出版社 2010 年版，第 93、97、136、139 页。从全国范围看，20 世纪 20 年代末期以前，农村钱庄业基本上处于兴起和发展、扩散阶段，1921 年至 1931 年达到高峰。此后由于东北沦陷，国内银行加速发展，废两改元和法币政策推行，钱庄数量明显下降，到 1935 年至 1937 年，已经不到高峰期的 60%，农村钱庄业急剧衰落，东北钱庄更所剩无几。1937 年日本帝国主义全面侵华后，绝大部分钱庄停业、倒闭，农村钱庄陷入凋零状态。详可参阅刘克祥：《近代农村地区钱庄业的起源和兴衰》，《中国经济史研究》2008 年第 2 期。
[2] 李学昌等：《近代江南农村经济研究》，华东师范大学出版社 2015 年，第 302 页。

忙期，银根紧，利率就高，此外则是淡期息低。有人忆述长源钱庄因善于经营，其营业额占三家钱庄之首，"那时秋后粮食、菜籽大量上市，腌腊店入冬后腌制火腿，经营商店的老板们需要大量资金，长源就运用资金放贷。它本身资本不过四万八千元，但每年放款额常达一百万元之多……且长源因规模大、信誉好，借款时一般不像银行那样必须抵押，具有方便灵活之特点，故朱家角镇上商家老板均乐意前往长源存贷"。[1]

如上所述，近代金融形式曾被引入上海及长江三角洲一些乡村。1921年浙江社会经济调查亦记载，宁波有中国银行开设的分行，"其他还有四明银行、民新银行的分行，办理与上海之间的金融业务。四明银行和中国银行发行的纸币，也在当地通用。另外，一般当地金融概况，茶叶与棉花出产时资金最为紧张，从农历正月到初夏资金就相对缓和"[2]。又如上海浦东杨思人陈子馨，先在其父创办的恒源花厂任职，后在杨思镇创办恒大新记纱厂、恒源兴记花厂、恒兴泰榨油厂等企业。1928年，成立浦东商业储蓄银行，最初资本2万元，总行设在杨思，分行设于上海。1931年增资为30万元，迁总行于上海泗泾路1号，并增设赖义渡分行。1933年复增资为50万元，又增设周浦分行。1934年总行迁于大上海路284号，赖义渡分行迁至东昌路。1936年，在浦东同乡会所浦东大厦内增设办事处及洛胜路分行。[3]1930年，崇明富商杜少如为解决其大通纱厂资金周转的需要，发起兴办金融机构，与人集资20万银元，在崇明南堡镇设立了大同商业银行，并在桥镇开了分理处，又在上海设有通汇处。[4]但江南市镇金融业对农业的影响，主要是商家用于购买农产品，从而对农业产生间接的影响，市镇银钱业向农业的贷款，极少直接用于改进农业生产[5]。自然也就更少用于接济农户日常生计急需，传统借贷方式仍大行其道，1914年出生于青浦的杨宽忆述："当年白鹤江镇上所设的商店，主要是供应周围农村的农民所需。农民平时没有现钱购买日用商品，许多商店都采用记账的办法来供应。无论木行、竹行、洋布店、中药店、南货店、杂货店等等，都用记账办法把商品卖给农民。

[1] 尔冬强主编：《口述历史：尔冬强和108位茶客》，上海古籍出版社2010年版，第63、64页。
[2] 丁贤勇等译编：《1921年浙江社会经济调查》，第357页。
[3] 柴志光等编著：《浦东名人书简百通》，上海远东出版社2011年版，第288页。
[4] 崇明县档案馆等：《话说上海·崇明卷》，上海文化出版社2010年版，第156页。
[5] 李学昌等：《近代江南农村经济研究》，华东师范大学出版社2015年版，第362页。

每年的阴历十二月十五日到年三十，这些商店就派人到各个农村按账簿登门讨债。"[1]1928 年对上海近郊农村的调查：农户间的"金融流通，多半先向亲友暂借，继挽中人以田地或其他货品抵押，利率每月 2 分。又有集会之举，农民如有急需，乃邀集亲朋醵资成会，以济眉急"[2]。亦有人发起带有互助性的合作储蓄社，1929 年 5 月 29 日，崇明的《新崇报》以"颂平乡之合作储蓄社"为题载："沈汝梅、吴仰参等集资数千元创设于万安镇，分存款、放款两部，历时数载，成效大著。现在储户已有数十人，存款达二千余元。"并称此举"诚平民之福音。"[3]

1930 年的《无锡年鉴》载，贫苦农民"终年勤劳，尚不足以温饱，大都寅吃卯粮，其借贷赊欠，均以茧市为约期，故农村金融均以茧市结束。其金融之流通方法，大别之为聚会、借贷、典当、预约赊欠及抵卖"[4]。1907 年生于浙江桐庐县的叶浅予忆述：

> 桐庐县放高利贷的主儿，欢迎你向他借钱，起码三分利，十元钞每年要付三元利，三元不还，翻一番，变成二十元，这还算一般的放债法。有的黑心人，发现你急需钱，便来个对本利，年利百分之百，一年之后翻一番，十元变成二十元，这就够厉害的了。……为了躲避借高利贷，老百姓之间流行一种"钱会"，是以钱财互相支援的互助组织。如某人因为某种正当的用途，个人财力不够，如娶媳妇、办丧事、造新屋、开店铺，和亲朋好友商量，发起一个"钱会"，邀集八人入会，主人办一桌酒席，吃一顿，每人交出一定份额的钱，供组会人使用。正式名称叫"兜会"或"扶会"，比如一百元的会，兜会者第一年使用这一百元，第二年轮到按份额为二十元的第二会使用，第三会递减为十八元，依次再递减，第七会为末会，只交六元。这一百元，由头会每年办

[1] 杨宽：《历史激流：杨宽自传》，（台北）大块文化出版股份有限公司 2005 年版，第 26 页。
[2]《上海特别市各区农村概况》，原载《社会月刊》第 2 卷第 5—11 号（1930 年 11 月至 1931 年 5 月），转引自李文海主编：《民国时期社会调查丛编（二编）·乡村社会卷》，福建教育出版社 2009 年版，第 439 页。
[3] 秦约等著，徐兵等整理：《秦约诗文集（外三种）》（崇明历代文献丛书），上海社会科学院出版社 2015 年版，第 173 页。
[4] 王立人主编：《无锡文库（第二辑）·无锡年鉴（第二册）》，凤凰出版社 2011 年版，第 16 页。

一次会酒，到时每年按每个会友的份额交钱，就是说，按顺序每人可轮流集到一百元现款，每人都能应付急用，如无急用，也可放债收利，这利是低利，不是吃人的阎王利。[1]

1908年6月28日，《衡报》以"江苏松江农民之困苦"为题记述："每年二、三月际，必贷银债主，俟谷熟归偿，均以二分起息。若届期不还，则迫之以米作抵。否则，农民质衣物以偿。故九、十月之间，乡间典铺所得质物最为众多。彼农民者，延至十二月恒仍服夹衣一袭，是可哀矣。"[2] 20世纪30年代的浙江鄞县，"农民借款，普通多为私人借贷，先挽中人说合，写立借据，以不动产抵押，其利率按每月自一分至一分五厘，期限由双方议定。次之以抵押品或仅凭信用向钱庄借贷，利率按月一分三厘，期限一年。再次为典当，以实物作质，利率按月二分，十个月满期。此外以集会方式借贷者亦多，可约分为认会、坐会、摇会、月月红四种"[3]。在邻近大城市的农村，也有实物借贷的存在。1931年，乔启明在南京郊外的江宁县淳化镇乡村的社会调查所得：

> 粮行在乡村的地位，好比就是农民的银行。农民要钱用时，每将自己出产的粮食，零星向粮行交换现钱。在每天的早晨，我们当可看见许多贫寒的小农手携筐篮，内盛米麦来到市镇上的粮行从事出卖。所卖的数量虽不多，不过三升或五升，而卖到的钱，却一方面可以作当日的茶资，他方面还可用作购买其他的物品的现款。
>
> 粮行不但只作粮食买卖的生意，他还是个乡村放账惟一的机关。农人急需用款的时候，粮行每乘机放债，获利很高，并且还有确实的担保；同时粮行更利用农人借款还谷的方法，从中牟利，甚至不到一年，能收到百分之百利率之息金。凡是由粮行借钱不作正用的农人，利率更高。普通皆是付谷的，在每年收稻之时，许多农人的妻子终年辛勤，到了谷已落场，粮行主人却携驴至家，将谷负去，农人妻子只能灰心丧气，无可如何。这种事实，在南京一带却很普通。[4]

---

[1] 叶浅予：《细叙沧桑记流年》，江苏文艺出版社2012年版，第42页。
[2] 万仕国等校注：《天义·衡报》，中国人民大学出版社2016年版，第775页。
[3] 民国《鄞县通志》，食货志，甲编，农林。
[4] 乔启明：《江宁县淳化镇乡村社会之研究》，李文海主编：《民国时期社会调查丛编·乡村社会卷》，福建教育出版社2005年版，第103页。

银行等不愿借贷给农民，而绝大部分的农家却急需借贷度日。20 世纪 30 年代的社会调查载，"浙西农民各种贷款的来源，始终不脱亲友、地主、商贩，以及专做放债营生的土劣等身份，其信用范围至为狭小。而都市间之资本，并无流通于农村的机会，以存余在农村间之少数资本，自难使农村金融为有效的周转，苛重的抵押与高昂的利率，自为必然的结果"[1]。1934 年，浙江"兰溪共有当店 4 家：城内 1 家，游埠 1 家，诸葛 2 家。当物以动产为多，如衣服、被褥、珠宝、首饰等等，且亦间有以粮食及茧丝等作当品者。当期通例为 18 个月，惟近年以市场不景气，间可延长至 20 个月或 24 个月。质物利息，普通以 2 分计算。中国银行及地方银行，皆在兰溪城内设有堆栈，举办农产抵押；惟抵押款额至少自 20 元或 50 元起码，不能适合农民之需要，反而给粮食商人以资金周转而垄断市面之便"[2]。

即使在距上海不远的浙江省嘉兴县，"私人借贷是调节农村金融最普通最普遍的一个方法。各处农民，除少数富有者外，几乎大都负债。少者数十元，多者千元，亏欠二三百元者，比比皆是"。[3] 1930 年对上海市 140 户农家的调查亦载："借债一途，为生活不足时之暂时救济法，……有一部分农民，非赖此不能弥补入不敷出之现状"；其"借款之方法有种种，最普通者为直接借入现金，其次典质，再次约会。以农家类别言，借债之家均超过半数以上。最多者半自耕农，几占 78.7%；佃耕农 72.7%；自耕农虽少，亦有 55%"。就其借债利息而言，不乏高利贷，而越是贫困者所受盘剥越重，该项调查者直言："农家愈穷困，利率愈高，盖但求'医得眼前疮'，即'剜却心头肉'，亦不能不忍受痛苦。而其境遇较佳且有抵押品者，则虽有重利盘剥者亦无所施其技。其利息以年利 2 分计者最多，佃农有 8/10 而强，半自耕农约 5/10，自耕农则不及 4/10。佃农有月利 3 分者 2 家，占 1/16，利率较国民政府规定年利不得过 20% 之禁令几近 1 倍。其月利 2 分者，

---

[1] 韩德章：《浙西农村之借贷制度》，原载《社会科学杂志》第 3 卷第 2 期（1932 年 6 月），转引自李文海主编：《民国时期社会调查丛编（二编）·乡村经济卷》，福建教育出版社 2009 年版，下卷，第 36 页。

[2] 冯紫岗编：《兰溪农村调查》（国立浙江大学农学院专刊第 1 号，1935 年 1 月），转引自李文海主编：《民国时期社会调查丛编（二编）·乡村社会卷》，福建教育出版社 2009 年版，第 345 页。

[3] 冯紫岗编：《嘉兴县农村调查》（国立浙江大学、嘉兴县政府 1936 年 6 月印行），转引自李文海主编：《民国时期社会调查丛编（二编）·乡村经济卷》，上卷，第 373 页。

半自耕农有 1/5，佃农亦有 1/10。如此高利率债，自耕农直无一家。"[1]一些农户为躲避高利贷的盘剥，采用诸如"摇会"的传统方式互助互济。1928 年对上海近郊农村的调查："乡民又有集合摇会者，每年举行三四次，每会自七八人至二十余人，会款自一二元至二十元不等，藉作经济之流通。"[2]

一项全国性的调查载："农家经济困难，收不敷支，或虽平时收支勉可相抵，设遇意外势必出于借贷。农家普查表曾查询有无债务、负债若干，及其原因与利率。"据对各省负债农户数及负债额的统计，"负债农户占总户数的 43% 以上，平均每户负债 110 余元，……共计全国农家负债总额在 35 万万元以上"[3]。据对 1930 年前后中国农家收支状况的综合研究："民国时期中国农户中有三分之一以上的农家收不抵支，超过 40% 的农户负债经营，其中也包括了一定比例的富有农民和经营地主。在农户的大量负债中，有近 40% 是用于糊口的生存型负债，其余用于婚丧消费和用于生产性投资的负债比例大致相当，各占总负债的 1/4 左右，这些既不利于农业生产的发展，也体现了民国时期农民的贫困状态。"[4]高息的民间借贷在乡村盛行，无论是农村商品经济相对发展的江浙两省，还是全国的统计均显示，传统的借贷方式仍占据主导地位。

表 5-3　江浙两省及全国农户借贷来源统计（1934 年）

单位：%

	银行	合作社	典当	钱庄	商店	地主	富农	商人
江　苏	8.8	5.6	18.5	6.2	7.2	23.5	14.2	16.0
浙　江	3.7	4.5	16.2	10.1	12.0	21.9	15.8	15.8
全国平均	2.4	2.6	8.8	5.5	13.1	24.2	18.4	25.0

资料来源：徐畅：《20 世纪二三十年代中国农村高利贷分析》，中国社会科学院近代史研究所编：《中华民国史研究三十年（1972—2002）》，社会科学文献出版社 2008 年版，第 849 页。

---

[1]《上海市百四十户农家调查》，原载《社会月刊》第 2 卷第 2—5 号（1930 年 8 月至 11 月），转引自李文海主编：《民国时期社会调查丛编（二编）·乡村社会卷》，福建教育出版社 2009 年版，第 522、524、525 页。

[2]《上海特别市各区农村概况》，原载《社会月刊》第 2 卷第 5—11 号（1930 年 11 月至 1931 年 5 月），转引自李文海主编：《民国时期社会调查丛编（二编）·乡村社会卷》，第 429 页。

[3] 土地委员会编：《全国土地调查报告纲要》（1937 年 1 月），转引自李文海主编：《民国时期社会调查丛编（二编）·乡村经济卷》，下卷，第 358 页。

[4] 张东刚等：《1930 年前后中国农家收支状况的实证分析》，《华中师范大学学报》2009 年第 2 期。原作者称："在本文中从前述的全国性调查资料出发，结合一些地区性个案资料，对 1930 年代全国农家的收支负债情况以及借贷的用途作一个初步的实证性研究。"详见同上。

上表显示，无论是江浙两省还是全国的农户，其借贷绝大部分来源于典当、钱庄、商店、地主、富农和商人，而这些借贷的主体部分是高利贷。据统计，全国平均约有 87% 的借贷，是周年利息在 20% 以上的高利贷。[1] 其背景，无疑是众多贫困农户的举债需求。1928 年对上海近郊农村的调查记载：

> 各区农户，自耕农占多数。如真茹区占 95%，陆行区占 90% 以上。其他如蒲淞、曹行、塘桥、高桥、三林、杨行、殷行、闵行、杨思、北桥、漕泾、颛桥、彭浦等区，亦以自耕农为多。惟各区农户或因水旱濒仍，或受军事影响，经济渐见窘迫。如大场区农民之较为贫苦者，每日二粥一饭尚不易得。殷行、闵行、杨行、七宝、洋泾、吴淞、蒲淞、江湾、塘桥、陆行、北桥、真茹、法华等区，负债者达十之七八。盖各区农民，类多借债度日也。至于佃农之痛苦，更不待言。赁租为陈行区特有之制度，豆租为蒲淞区苛刻之地租，七宝区地租名目繁多。塘桥区租金有定额，虽年岁歉收，不得减少。颛桥区之佃农，则须以所得七成归地主。此皆佃农所深恶痛绝。[2]

在金山县，"农人每当青黄不接之时，有射利者乘其急而贷以米，谓之放黄米，俟收新谷，按月计利清偿，至有数石之谷不足偿一石之米者"[3]。江苏阜宁县，"射利之徒假手刁侩，当农家青黄不接之时，乘其急而贷以款，在夏谓之青麦钱，在秋谓之青稻钱，期短利重，农民大受剥削"[4]。浙江吴兴县，"农民养蚕无资，贷钱于富家，蚕毕贸丝以偿，每千钱价息一百文，谓之加一钱，大率以夏至为期，过此必加小利"[5]。1932 年发表的对杭嘉湖地区农村借贷的调查揭示："需要短期借贷的农家，多在十分窘困情况之下，所借得的钱，并不是从容的扩张农业资本，乃是经营农场上急需的救济，因此投机者以任何高昂的利率，农民

---

[1] 徐畅：《20 世纪二三十年代中国农村高利贷分析》，中国社会科学院近代史研究所编：《中华民国史研究三十年（1972—2002）》，社会科学文献出版社 2008 年版，第 850 页。

[2] 《上海特别市各区农村概况》，原载《社会月刊》第 2 卷第 5—11 号（1930 年 11 月至 1931 年 5月），转引自李文海主编：《民国时期社会调查丛编（二编）·乡村社会卷》，第 426 页。

[3] 光绪《重修金山县志》卷 17，志余，风俗。

[4] 民国《阜宁县新志》卷 15，社会志，礼俗。

[5] 民国《双林镇志》卷 14，蚕桑。

都不得不忍痛容受。"[1]

上海与长江三角洲地区的乡镇，常见的是典当习称当铺[2]。如 1874 年和 1908 年，南浔富商刘仁如先后在朱家角镇开设同和、和济当铺。[3]浙江省嘉兴府乌青镇，太平天国战争前曾有 7 家典当，战时星散，战后又陆续开业，"在商业极盛之时，相传有十三家之多"。[4]清末湖州，"有 12 家当铺，1 家 1 年的经营额约有 10 万，利率是 1 个月 1.6%，期限为 18 个月，典当物主要是衣服、首饰（镯子、戒指）、生丝、金银、玉器等。此外，还有小典当数十家"[5]。民国《宝山县续志》载："业当铺者率系邑中富室，同治光绪之际，罗店最盛，且有投资外埠者。"[6]1919 年，宝山县"典当业十二家，资本尚称殷实"[7]。1929 年编纂的《南汇县续志》载，该县"向无金融机关，贫者借贷无方，唯以物质于典；商家转运不灵，亦以物质于典；富者财积而患壅滞，又乐典之取偿易也，因相率而设典"[8]。1932 年编纂的《奉贤县政概况》载，当时该县既无钱庄也无银行，"各市镇仅有典当铺数家，以通人民之缓急"[9]。

20 世纪 30 年代初，南京"典当计有公济等七家，合计店员二百余人，各家最多六十余人，少者亦十余人，合计资本二百万元。利息二分，赎期十八个月，营业季节以春秋两季最旺"。其背景是，"凡农民耕种、养蚕成本、红白庆吊用费、纳租还债及购买食粮、不时之需，多恃典当为惟一供贷机关"。[10]1932 年 11 月 13 日，上海银行家陈光甫在经济学社演讲时描述："向来农村的金融周转，除亲友借贷、摇会、抵押田地外，只有向当铺设法。每个乡村，总有几家小规模的

───────────────

[1] 韩德章：《浙西农村之借贷制度》，原载《社会科学杂志》第 3 卷第 2 期（1932 年 6 月），转引自李文海主编：《民国时期社会调查丛编（二编）·乡村经济卷》，下册，第 36 页。

[2] 详可参见戴鞍钢、黄苇主编：《中国地方志经济资料汇编》，汉语大词典出版社 1999 年版，货币金融篇，典当、高利贷。

[3] 新编《青浦县志》，第 425 页。

[4] 民国《乌青镇志》卷 21，工商。

[5] 冯天瑜等选编，李少军等译：《东亚同文书院中国调查资料选译》，社会科学文献出版社 2012 年版，第 413 页。

[6] 民国《宝山县续志》卷 6，实业志，商业。

[7] 李学昌等：《近代江南农村经济研究》，华东师范大学出版社 2015 年版，第 302 页。

[8] 民国《南汇县续志》卷 18，风俗。

[9] （民国）奉贤县文献委员会纂编，载之点校：《奉贤县政概况·工商业》，上海市地方志办公室等编：《奉贤县志》（上海府县旧志丛书），上海古籍出版社 2009 年版，第 776 页。

[10] 民国《首都志》卷 12，食货下，金融。

当铺，而且都有四五十年的历史。虽然墨守成规，博取高利，究是农民习用的简便金融机关。"[1] 据上海市档案馆藏《江苏省农民银行在上海郊区对典当业的调查汇总（1936年11月至12月）》载，南汇县大团镇的会隆典当是当地的典业首领，另有7家典当是其联号，经理都是严赞平，资本后台均为大团镇人马冰史、马麟友。该典当的流动资金最多需要10万元，自给8万元，向中国银行上海分行借款2万元，"由各典连环保证"。另一份也是关于会隆典的调查，说它流动资金最多需要15万元，"大半自给，其余向上海中国银行借，借款利率月息六厘"，而其平均放款月息则在一分八厘，其他典当多为二分，转手间获利丰厚。[2] 1936年，浙江：

> 全省典业合共319家，以绍兴县为最多，都44家，其余如鄞县则为25家，黄岩则为21家，杭州市则为19家，余姚则为12家，嘉兴则为13家，萧山则为12家。海宁、温岭、杭县、嘉善、平湖、桐乡、长兴、德清、镇海、嵊县、新昌及临海等十二县，则自6家至10家不等。富阳、余杭、临安、新登、海盐、崇德、吴兴、安吉、慈溪、奉化、定海、象山、诸暨、上虞、宁海、天台、仙居、金华、兰溪、东阳、义乌、浦江、衢县、常山、开化、建德、桐庐、永嘉、瑞安、乐清、平阳及玉环等三十三县，则自1家至5家不等，……其营业范围大略相同，有仅收质衣服饰物者，亦有兼及农产品、农产物如稻谷、米、麦、棉、丝之属者。[3]

1934年，有上海金融界人士直言："银行之集巨资以营业，本以调剂金融为目的，但处于今日商业衰落之际，而仍日见其多，在不知者视之，必以为上海商业繁盛，故银行得以日增日盛。然吸收存款而无出路，亦遗害存户。且在银行未发达时，存户之款皆散在乡间，作为农民游资。及后银行信用日佳，存户亦嫌放

---

[1] 何品等编注：《陈光甫日记言论集》（上海市档案馆藏近代中国金融变迁档案史料汇编·人物卷），上海远东出版社2015年版，第166页。

[2] 杜恂诚：《国民政府时期都市银行参与农村金融的历史实践》，本书编辑组：《史林挥尘——纪念方诗铭先生学术论文集》，上海辞书出版社2015年版，第387、388页。

[3] 民国《浙江新志》上卷，第8章，浙江省之经济，金融。

款农民，不若存入银行为便利；且上海乃通商口岸，交通极便，尚有租界可以保障，绝无兵灾危险；又兼近年来天灾人祸，愈为银行造机会。予观沪宁、杭沪二路一带市镇，在昔本富庶之地，今者渐成衰落之区，虽半由丝绸业之失败，但银行之吸收存款亦不能辞其咎。银行吸收存款，既不放于农民而反事投机，故余谓银行愈发达，农村愈衰落，或非诬也。"[1]此话不无偏激，但亦折射以近代上海为中心的城市新式金融业的发展，与农村的关系主要体现为服务于以进出口贸易为主干的资金流通，以及与传统金融机构的信贷往来，并未广泛惠及农民日常生计的急需。

二、城乡人口的流动

近代中国农村人口迁徙的主要方向，是闯关东、走西口、下南洋，其主要特征，是从人多地少之处，迁往地多人少之区，仍属中国传统社会农业人口迁徙的范畴。其中近代进入东北的移民，人数最多。[2]与此同时，也有很多人进入以通商口岸为主体的近代城市谋生，其中很多是迫于战乱和灾荒。19世纪中叶历时数年的太平军与清军之间的交战，给江南社会经济以重创。这一地区是明清以来的重赋区，时人感叹："赋莫重于江苏省，而松江一府之粮尚重于福建全省之粮。"[3]光绪《松江府续志》载："苏、松、太三属为东南财赋之区，繁庶甲于天下，而赋亦为天下为最重，比其他省有多至一二十倍者。"[4]据统计，清代江苏省额征输运京城漕粮正耗总计250余万石，在有漕八省中位居第一，而苏、松、常、镇、太四府一州就占202万余石，占全省总额的80%以上[5]。1864年有人奏称："本年江苏省华亭、奉贤、娄县、上海、南汇、青浦、川沙、宝山八厅县起

[1] 刘平编纂：《稀见民国银行史料初编》，上海书店出版社2014年版，第161页。1934年的《新生周刊》称南浔"钱庄受了金融的不景气，其昌、福大、承德早已倒了。……钱流到上海去了，南浔有全国有名的大富翁，他们在上海，他们除了不动产外，都带到上海去了"（陆剑等辑录：《留下南浔的脚印：民国报刊涉浔文图选辑》，浙江摄影出版社2015年版，第24页）。
[2] 葛剑雄等：《20世纪中国移民史的阶段性特征》，《探索与争鸣》2010年第2期。
[3] 沧浪钓徒：《劫余灰录》，《太平天国史料丛编简辑》第2册，中华书局1962年版，第149页。
[4] 光绪《松江府续志》卷13，田赋，漕运。
[5] 李文治：《历代水利之发展和漕运的关系》，《学原》第2卷第8期，第82页。

运同治二年漕米，由海运津。"[1]

19 世纪中叶的连年战火及其间的饥荒、瘟疫，使江南地区遭到严重破坏，人口锐减，大片土地抛荒，经济凋敝。据估计，战时江浙两省死亡人口分别达 1679 万和 1630 万，死亡人口占战前人口的比例分别是 37.5% 和 53.8%。[2] 以苏南地区计，1810 年青浦县人口总数为 332000 余人，1865 年降至 208000 余人；嘉定县 1813 年有人口 436000 余人，1864 年减为 305000 余人；吴江县 1820 年人口数是 304000 余人，1864 年降至 113000 余人。[3] 如嘉定县黄渡镇，"四乡村舍为之一空，野田自生瓜，镇中草高没膝，夜间鬼啸磷飞，荒凉已甚"[4]。据新近披露的杨坊年谱载："江苏嘉定县粤匪（诬指太平军——引者）扰后，人散田荒，府君（指杨坊，下同——引者）助费招民开垦其已无主者。嘉定县汪明府酌价令府君倡先买归计田数千亩，建其庄曰'棠荫'。"[5] 1861 年 3 月 17 日，在沪的德国外交官艾林波在私人信函中写道："我们今天散步去了一个被称作涌泉（今静安寺——引者）的地方。多么荒凉的地方啊：一片平地，连树木都没有，简陋的小屋和无数的棺材和坟地占了这片土地上约三分之一的面积，一切都毁坏了。"[6] 1864 年，曾逃亡在外的浙江海宁人陈锡麒携家人返回家乡时，目睹"昔日河渠，荡为寒烟，街市通衢则倾成瓦砾，今犹在荒烟蔓草间，恢复为难"[7]。1864 年 4 月，在华瑞士商人克莱尔记述，他坐船经苏州河"到了黄渡镇，想必所有的上海人都知道这个镇是狩猎者的天堂，大量的野鸡躲藏在豆田、稻田、棉花地里，这些农作物给它们提供了充足的食物和栖身之处"。他进而描述：

> 太平军占领期间，这个地方大部分的土地都没有耕种，原本肥沃的土地上杂草、灌木丛生，野鸡、野鸭迅速繁衍，很快成了狩猎神胡渡图

［1］阎敬铭：《抚东奏稿（六）》，《近代史资料》总 126 号，中国社会科学出版社 2012 年版，第 15 页。
［2］葛剑雄主编，曹树基著：《中国人口史》第 5 卷，复旦大学出版社 2001 年版，第 553 页。
［3］《江苏省十一县人口变动情况表》，李文治：《中国近代农业史资料》第 1 辑，三联书店 1957 年版，第 151 页。
［4］宣统《黄渡续志》（上海乡镇旧志丛书），上海社会科学院出版社 2004 年版，卷 7，兵事。
［5］谢俊美：《杨坊与〈杨憩棠年谱〉》，《上海档案史料研究》第 15 辑，上海三联书店 2013 年版，第 170 页。
［6］王维江等辑译：《另眼相看——晚清德语文献中的上海》，上海辞书出版社 2009 年版，第 37 页。
［7］陈锡麒：《太平军陷海宁始末》，（清）管廷芬撰，虞坤林整理：《亭溪日记（外三种）》，中华书局 2013 年版，第 267 页。

斯的"青睐之地"——狩猎者的天堂。这里野鸡、野兔等野生动物的数量之多，从上海市场的价格中就可以看出。几年以来，每只动物的价格都维持在一元，如果批量购买的话，价格还要更低。每年，有人来这里拓荒耕种，狩猎区域逐渐缩小，但是这种变化相当缓慢。[1]

战火所经的江南城镇所遭受的重创，在各类乡土文献中多有记载。应该指出的是，这类记载多将其归咎于太平军，很少提及清军。相比之下，当时一些在华外国人的记述，显得较为客观。1867年，英国人富礼赐撰文评论说："太平军的行为一点也不比帝国军队（指清军——引者）更坏，绍兴、杭州城的居民断言，他们在长毛（指太平军——引者）统治下的命运，远远比这些城市被收复后，他们落入野蛮军官之手的不幸命运要好，如果我用各种证据来申述这些事情，我将被痛斥为一名反叛者，……但是叛军（指太平军——引者）既没有烧毁苏州，也没有烧它的郊区，而帝国的士兵在忠王（指李秀成——引者）撤离无锡前，却放火烧了七天。"[2]

一些非太平军人士的记载，也有同样的反映。战时在苏州的戴熙在1860年的日记中这样写道：

> 四月朔，总督何由常退苏，巡抚徐不纳，遂有大营不支紧报。初三，有败勇无算，或步或舟进浒关临城，阊、胥两门遂闭。初四晨，阊城顷刻罢市，居民望东而走者填街塞巷。申刻，得抚宪令，沿城房屋限日拆毁，行坚壁清野法。令未行，晚有马总镇者登城纵火，阊、胥两门外烈焰四起，抢掠大乱，连烧十里许，三昼夜不熄。[3]

当时在上海的王韬，对清军在杭州、苏州、嘉兴等地的恶行也有所闻，在他的日记中有多处记载：咸丰十年二月二十一日（1860年3月13日），"有湖州丝

---

［1］〔瑞士〕阿道夫·克莱尔照片收藏，李欣照片考证：《一个瑞士人眼中的晚清帝国》，华东师范大学出版社2015年版，第210页。

［2］《皇家亚细亚文会北中国报》第15卷，《太平天国》（中国近代史资料丛刊续编），广西师范大学出版社2004年版，第9册，第445页。

［3］戴熙：《吴门被难纪略》，《太平天国》（中国近代史资料丛刊续编），第4册，第396页。

客蔡姓闯然来，言贼（诬指太平军——引者）已及余杭，去武林仅数十里，城外屋宇官军尽火之，为坚壁清野计，势已岌岌矣"；咸丰十年四月六日（1860 年 5 月 26 日），"途遇梁阆斋，言吴门有确耗至，系逃兵溃勇拥至城外，势汹汹欲入城，官绅禁御不止。徐抚军即出令，将沿城一带房屋焚烧。兵弁马姓者肆意纵火，一时烈焰滔天，啼哭之声震彻城厢内外，百万货物悉付一炬。金阊胜地，山塘艳土，皆繁华薮窟也，今已尽作瓦砾场"；咸丰十年四月二十九日（1860 年 6 月 18 日），"闻嘉兴失守，烟焰腾空，烛及数十里，凡烧三日夜，繁华街市尽成瓦砾。平湖、嘉善相继沦没"。[1] 诚如有学者所指出的："从各地存留下来私人笔记透露，民间痛恨失责官吏和团练恶棍甚于太平军，亦非个别事例。"[2]

人口锐减，土地抛荒，直接影响政府的财政收入。战后，官府首重招民垦荒，苏南地区着力"招募淮北流民，给以工本、农具"；浙江湖州"迭经出示招垦，多有两湖、皖及本省宁、绍、温、台客民搭棚垦荒"。[3] 官府的鼓动和江南地区相对更有利于农作和谋生的自然地理和社会环境，吸引邻近省份大批人口迁入，缓解了战后劳动力的奇缺，有助于残破的社会经济的较快恢复。据估计，至1889 年苏南地区接纳了约 160 万至 260 万移民人口，占当地人口的 28% 至 45%。移民主要来自安徽、湖北和苏北，苏南战后接纳的外省移民大约为 80 万至 130 万人。[4] 在上海近郊的蒲淞，"自洪杨革命（指太平天国——引者）后，百业萧条，人口骤减，农田价值每亩仅钱十余串，实较他处为廉，故江北、绍兴等处客籍人民来此耕种者颇多"[5]；盘龙镇四周，"乾嘉间雇工，每日只需钱四五十文。寇（同上——引者）扰后，耕佣稀少，至有给值百钱以上者"[6]。

在大力招徕垦民的同时，又有减赋的举措。面对土地荒芜、经济凋敝的局面，时任两江总督曾国藩认为再要科以原先的赋额，既不现实也无可能，同时他

[1] 中华书局编辑部编，汤志钧等校订：《王韬日记（增订本）》，中华书局 2015 年版，第 321、349、364 页。

[2] 王家范：《动乱以别样的方式降临小镇》，《东方早报·上海书评》2014 年 7 月 13 日，第 7 版。

[3] 沈葆桢：《江南垦荒未便克期从事折》，《沈文肃公政书》卷 7；《论客民垦荒之弊》，《申报》1882 年 7 月 30 日。

[4] 葛剑雄主编，曹树基著：《中国移民史》第 6 卷，福建人民出版社 1997 年版，第 553 页。

[5] 《上海特别市各区农村概况》，原载《社会月刊》第 2 卷第 5—11 号（1930 年 11 月至 1931 年 5 月），转引自李文海主编：《民国时期社会调查丛编（二编）·乡村社会卷》，福建教育出版社 2009 年版，第 435 页。

[6] 光绪《盘龙镇志》（上海乡镇旧志丛书），上海社会科学院出版社 2005 年版，风俗。

也需要笼络为数甚多的中小地主，以集结地主阶级的力量，尽快在原太平天国占领区或活动区重建封建统治秩序。1863年6月，苏南战事接近尾声，清两江总督曾国藩和江苏巡抚李鸿章会奏请旨核减苏、松、太粮额，朝中有潘祖荫等人呼应，得到清廷批准[1]。曾国藩就与江苏巡抚李鸿章会奏请旨核减苏、松、太粮额，得到清廷允准。[2]

减赋的推行，实际并不影响清朝政府的财政收入。由于"赋重民穷，有不能支持之势"，在减赋前，苏南地区漕粮征收常常不能足数。据统计，19世纪30年代该地区实际约得额征漕粮十之七八，40年代为十之五六，50年代则"仅得正额之四成而已"。[3] 所以，曾国藩奏请减赋时，就明言此举是"借减赋之名，为足赋之实"。[4] 同时，他又附片提出"以核减浮粮为理漕之纲，即以办理均赋为治漕之用"，规定以后征收漕粮，"绅衿平民一例完纳，永远革除大小户名目，不使州县陵虐小民，敢为暴敛而不顾，亦不使各项陋规困苦州县，迫使病民而不辞"。[5] 虽然在具体执行时大打折扣，但毕竟使各级官吏及土豪劣绅有所收敛，漕粮负担严重不均的现象有所缓和，自耕农和一些中小地主因此有所得益。

太平天国失败后，曾国藩等人得以在苏南地区很快稳定局势，当地的社会经济渐趋复苏，与曾国藩等人的上述措施不无关系。若从更大的范围考察，"从社会经济来说，太平天国虽然没有改变土地制度，但它对部分地主分子的人身消灭和整个地主阶级的经济勒迫，又造成了地主分子的出逃和地主经济的萎缩，部分农民因此可以得到一定数量的土地。同时，内战之后人口大量减少，土地荒芜，经界变形，向存黄册、鱼鳞图册荡然无存，促成客民开垦得地的种种可能和永佃制度大量形成"。"这个过程会产生相当数量的自耕农。在鸦片战争之后，西方资本主义势力的经济浸润首先开始于东南。因此，这些增多的自耕农面对的已不是旧时的自然经济了，他们离商品和市场近在咫尺，并时时受到刺激。这种经济环境无疑会使自耕农的增多促进生产和消费的增多。这些对后来资本主义生产关系

---

[1]《曾国藩全集·奏稿六》，岳麓书社1989年版，第3419—3420页。沧浪钓徒《劫余灰录》记述：江苏省的漕额，"自克复后（指太平天国被镇压后——引者），潘相国之孙祖荫上书请减，上许之，免四成之赋。"（《太平天国史料丛编简辑》第2册，第149页）

[2][4]《曾国藩全集·奏稿》六，第3419—3420页。

[3]《清史稿》，第3529页。

[5]《曾国藩全集·奏稿》六，第3425—3426页；《清史稿》，第3541页。

的产生和发展，多少有点好处。"[1]

太平军进军江南期间，上海租界人口剧增[2]。据统计，1853 年在租界居住的中国人共 500 人，1854 年上海小刀会起义期间，约增至 2 万余人[3]。1857 年的《工部局董事会会议录》称："考虑到目前公共租界内无业的华人人数，在英国领事和几位社会人士的请求下，决定增加 6 名捕房人员，装备一些随身武器。"[4]而在 1860 年太平军第一次攻打上海时，又增至 30 万人，1862 年为 50 万人[5]，一度还曾达到 70 多万人[6]。在这些涌入上海外国租界的人口中，有相当一部分是逃亡的地主、官僚。太平天国始终以地主阶级作为其主要的打击目标，太平军所到之处，对封建地主、官僚的镇压是无情的。这就迫使江浙地区的封建势力，纷纷离家出逃。其中许多人携资偕眷逃往上海，企求在列强的庇护下，躲避农民革命的打击。租界成了他们主要的藏身场所。光绪《桐乡县志》称："上海为通商大埠，各洋商所麇集。所有嘉、湖、苏、松、常各处巨室，无不避地而来，视为世外桃源，藉洋人以自固。"[7]光绪《松江府续志》载："咸丰庚申（指1860 年——引者），苏浙右族避难者麇至，服饰器用习为侈靡，市里愈盛，储蓄愈空，耗费日增，奸宄日出，洋场为众辐所趋，而各邑亦沿其弊。"[8]姚公鹤《上海闲话》卷上载："太平军之发难，其初外人亦严守中立，故租界因得出战线之外，于是远近避难者，遂以沪上为世外桃源。"天悔生《金蹄逸史》亦称："粤匪（诬指太平军——引者）陷吴郡，吴中士民流离迁徙，以上海一隅为避秦之桃源。"[9]其逃沪人数之多，一度曾使"昆山河路为难民挤断，不能往返"[10]。这种状况曾引起一些封建官员的担忧，1861 年 11 月曾国藩在一封书信中写道："上海东北皆洋，西南皆贼（诬指太平军——引者），于筹饷为上腴，于用兵则为绝地。即江南衣冠右族避地转徙，亦宜择淮、扬、通、海宽闲之处进退绰绰，不宜丛集

---

[1] 陈旭麓：《太平天国的悲喜剧》，《历史研究》1991 年第 1 期。

[2] 当时上海"华界"人口变动情况，因无统计数字可查，无法确知。

[3][5]《上海研究资料》，上海书店 1984 年影印本，第 138 页；蒯世勋等：《上海公共租界史稿》（上海史资料丛刊），上海人民出版社 1980 年版，第 359 页。

[4] 上海市档案馆编：《工部局董事会会议录》，上海古籍出版社 2001 年版，第 1 册，第 596 页。

[6] 上海社会科学院历史研究所：《太平军在上海——〈北华捷报〉选译》，上海人民出版社 1983 年版，第 234 页。

[7] 赵德馨编：《太平天国财政经济资料汇编》上册，上海古籍出版社 2017 年版，第 488 页。

[8] 光绪《松江府续志》卷 5，疆域志，风俗。

[9] 谢国桢：《明清笔记谈丛》，上海古籍出版社 1981 年版，第 130 页。

[10] 太平天国历史博物馆：《吴煦档案选编》，江苏人民出版社 1983 年版，第 1 辑，第 223 页。

沪上，地小人多，未警先扰。"[1] 英国人麦克莱伦记述，太平军攻克苏州后，"难民涌入上海，江面上挤满了各种船只，其中不乏豪华的大型船只。船上挤满了男人、女人、孩子、仆人，以及所有可能从家里带出来的东西"。[2]

　　除了逃亡的地主、官僚之外，下层民众在当时涌入上海的人口中，也占有很大比重。当太平军与清军在上海邻近地区展开激烈争夺战时，附近城镇、乡村遭受严重破坏，溃败的清军沿途又是烧杀掳掠。因此，许多下层民众为了躲避战乱之苦，也纷纷涌入上海。如1860年5月24日，当太平军大兵压境时，苏州"阊门店铺闻（清军）溃兵在城外骚扰，俱各闭门不敢卖买……夜间城外兵勇放火烧毁房屋，彻夜火光烛天，见者胆寒……所烧房屋皆系昔日繁华之地，山塘南濠一带尽成焦土"。[3] 此前，"阊门外是商贾发达、市廛繁盛之区，所以称之为'金阊'。从枫桥起，到什么上津桥，接到渡僧桥，密密层层的都是商行。因为都是沿着河道，水运便利，客商们都到苏州来办货。城里虽然是个住宅区，但比较冷静，没有城外的热闹。自经此战役后，烧的烧，拆的拆，华屋高楼顷刻变为平地了"。[4] 当地许多居民遂被迫迁往上海。1861年的上海公共租界《工部局董事会会议录》载："有大批华人乞丐涌入租界，他们带着孩子在街上流浪。"[5] 另据1862年9月6日《北华捷报》载："最初流入租界的大批难民，主要是从西南方面各村庄而来，但以后自上海各方面传来警报，老百姓从各个方向到达河的这一边，以致租界附近和界内的道路与空地上都挤满了一批批男妇老幼，他们还牵着水牛与黄牛。"当时，上海周围"凡是能够逃难的人，都纷纷涌进租界，致使租界成为……巨大的避难所"。[6]

　　上海城市人口的剧增，带来一系列连锁反应，首先是房地产业异常兴旺。据一位目击者记载，由于"江浙孑遗无不趋上海洋泾之上"，以在租界谋得一立足之地为幸事，因而促使租界的房地产业极度发展，未几便出现"新筑室纵横十余

[1]《吴煦档案选编》，第2辑，第151页。
[2]〔美〕朗格等著，高俊等译，王敏等校：《上海故事》（上海地方志外文文献丛书），三联书店2017年版，第93页。
[3]《太平天国》（中国近代史资料丛刊），上海神州国光社1952年版，第5册，第327—329页。
[4] 包天笑：《钏影楼回忆录》，中国大百科全书出版社2009年版，第11页。
[5] 上海市档案馆编：《工部局董事会会议录》，上海古籍出版社2001年版，第1册，第608页。
[6]《太平军在上海——〈北华捷报〉选译》，第359、442页。

里，地值至亩数千金"的局面[1]。而在 19 世纪 40 年代租界初辟时，"英国商人在黄浦滩一带购买的土地，每亩不过出价五十千至八十千文"[2]。时至 1852 年，租界地价平均每英亩 50 镑，而到 1862 年竟高达 1 万镑[3]。

两者差距之大，令人瞠目，不少在沪外国人因此大发横财。据记载："当太平天国军势炽盛时，江浙一带富绅巨贾争赴沪滨，以外侨居留地为安乐土。据统计所示，1860 年英美居留地间，华人已达三十万，而 1862 年竟增至五十万。此种避难的富豪都不惜以重金获得居留地间一栖止为万幸，西人于是大营建筑的投机，以最迅速的工程，最简陋的材料，就空地兴建大批房屋，以供给华人居住，而转瞬间获得千倍的巨大利益。"[4]

其次是商业的畸形繁荣。大量人口涌入上海，其中不乏携带厚资的地主，官僚。这给上海的商业以很大的刺激，特别是那些为逃脱太平军镇压离家别走的地主、官僚，逃亡上海以后，大多混迹洋场，过着醉生梦死的奢侈生活，借以发泄他们的愁绪。上海的商业，特别是那些消费性服务业很快出现畸形繁荣的景象。1862 年 9 月 22 日，一名从江苏吴江逃亡上海的地主在日记中写道：当他"徒步至黄浦滩上，又觉耳目一新。店新开者极多，不及三月，风景又变矣。"其中有的还是那些逃亡地主、官僚自己开设的，如 1862 年吴江籍地主黄森甫就在上海外洋街与人合伙开办了生禄斋茶食店。[5]当时，"沪上茶馆、菜馆两业生意最盛，利息颇厚……约计城厢内外茶馆共有四百余家"[6]。目睹此景，一名封建文人慨叹："当此时事艰难，而一切繁华奢侈之状毫不改移，彝场上添设戏馆、酒肆、娼楼，争奇竞胜。各路避难侨居者，尽有迷恋烟花，挥金如土。"[7]光绪《松江府续志》亦载："咸丰庚申（指 1860 年——引者），苏浙右族避难者麇至，服饰器用习为侈靡，市里愈盛，储蓄愈空，耗费日增，奸宄日出，洋场为众辐所趋，而各邑亦沿其弊。"[8]

[1]《太平天国史料丛编简辑》，中华书局 1962 年版，第 2 册，第 225 页。
[2]《上海研究资料》，第 304 页。
[3]〔美〕罗兹·墨菲著，章克生等译：《上海：现代中国的钥匙》，上海人民出版社 1986 年版，第 12 页。
[4]《上海钱庄史料》，上海人民出版社 1960 年版，第 15 页。
[5]《太平天国史料专辑》，上海古籍出版社 1979 年版，第 281、287 页。
[6]《吴煦档案选编》，第 6 辑，第 513 页。
[7] 王莘元：《星周纪事》卷下，上海古籍出版社 1989 年版，第 52 页。
[8] 光绪《松江府续志》卷 5，疆域志，风俗。

再次是金融业的明显发展。大量游资流入上海，给金融业的发展提供了有利的条件。那些携带大笔资财逃沪的地主、官僚安顿下来后，有的便开办钱庄，通过金钱贷放、收划，从中谋利，"租界钱店当时均系避地官绅所开设"[1]。如原在苏州开设典当业的程卧云，1860年携带10万两白银逃至上海，不久便在上海开办了"延泰"号钱庄[2]。

金融投机业这时也很活跃。曾在吴江占地三四千亩的大地主柳兆薰，1862年率子逃沪后，即做起银洋投机生意，在他的日记中，曾详细记有当时不同种类的银元牌价一日三变的情况[3]。另据《申报》记载，1860年至1881年间，江浙战事紧张，上海"乱信频传，人心惶惧，皆欲收取银洋，以便携带，银洋之价骤贵，而有人焉收买现钱，尔时人虽皆欲收藏银洋，而日用所需究不得不用现钱。收买者既日积月累，竟至市无银钱，以至百物皆昂。久而久之，贼（诬指太平军——引者）信渐疲，银洋稍稍复出，而其人遂大获其利，空盘者更大受其亏"[4]。

19世纪60年代初叶，上海城市人口剧增，还促使商业重心的北移。上海自元代设立县治以后，主要的商业场所一直聚集在县城区域里（即今南市一带）。乾隆《上海县志》载：当时"凡远货贸迁皆由吴淞口进泊黄浦，城东门外，舶舻相衔，帆樯比栉，不减仪征、汉口"[5]。1843年上海开埠不久，列强就在上海强行开辟了租界，以后又发生小刀会起义者一度占领上海县城。这些都给上海旧有商业中心带来一定影响。但直到1860年以前，上海的商业重心仍在旧县城内。

在这以后，随着大量人口流入租界，特别是许多地主、官僚纷纷以租界作为其避身之处及活动和经营的主要场所，上海的商业重心于是逐渐由南市明显北移。丁宜福《申江棹歌》载："上海北门外有河名洋泾浜，夷商购地置室，直接吴淞（指吴淞江即苏州河——引者），别有巨市。苏杭失守，绅商避乱者云集，茶坊酒肆几无客足之所，繁盛极矣。"[6]作为旧式商业交易活动枢纽机关的钱庄业的变化，最能反映这种北移态势："上海钱庄之起源，远在清乾隆年间。当时因

---

[1] 姚公鹤：《上海闲话》，商务印书馆1933年版，第161页。
[2][4] 《上海钱庄史料》，第26页。
[3] 《太平天国史料专辑》，第98页。
[5] 乾隆《上海县志》卷1，风俗。
[6] 顾柄权编著：《上海风俗古迹考》，华东师范大学出版社1993年版，第408页。

上海南市豆麦交易极繁，而钱庄亦应时而兴。然当时所有钱庄均开设于南市。及道光二十三年上海开埠，越二年，租界设立，北市逐渐繁荣，钱庄亦渐于北市设立。嗣后上海经咸丰三年之小刀会及咸丰十年之太平军两次军事以后，南市商业因受军事影响，骤见凋零，北市则地处租界，并未波及，故上海钱庄之重心，自咸丰十年以后，已由南市而逐渐移至北市。"[1]清人笔记也载：太平军东征期间，"商人借经商之名，为避兵之实，既连袂而偕来，即内地绅富，亦以租界处中立地位，作为世外桃源。商人集则商市兴，绅富集则金融裕，而领袖商业之金融机关乃次弟而开设矣，此为北市钱市发达之最初原因也"[2]。

另外，这一时期伴随租界人口密度增长而来的房地产业的兴旺和市政建设的发展，也推动了商业重心的北移。1863年2月21日《北华捷报》载："在过去，外国人住宅内的空地很多，现在在租界防御线的栅寨内，中国人的房屋以及中国人的街道，像魔术师变戏法一样出现在上海"，大批流入租界的中国人，"很不方便地猬集在狭隘的街道上，他们熙来攘往，如同登在蜂房内一样，每个人由日出日落都设法做点生意"。次年1月，该报又称："上海租界在刚告结束的一年内，所经过的改变是惊人的。每条大马路上都有高大的洋房兴建起来，中国行庄的数目也大有增长。这些表明租界的财富日益增长和重要性的迹象，可以从每天都有新行庄开张、新公司成立的情况而得到证实。所有这些新开张的行庄都是营业鼎盛，而所有这些新成立的公司，又都是完全依靠当地的财源筹集资本的。"[3]

与商业重心北移的同时，一些新的居民点和商业区开始形成。如徐家汇即成市于这一时期，这在地方志中有明确记载："徐家汇在法华东南二里许，向为沪西荒僻地。清道光二十七年，法人建一天主堂，堂之西即明相国徐光启故居，其裔孙聚族于斯，初名徐家库。咸丰间，徐景星在东生桥东堍建茅屋三间，开一米铺，余则一片荒郊，绝无人迹。粤匪（诬指太平军，下同——引者）时，西乡避难于此者男提女挈、蚁聚蜂屯，视为安乐土，于是天主堂购地数亩及徐姓、张姓建平房数十间，外则开设店肆，内则安插难民，遂成小市集。同治二年，天主堂将肇嘉浜改道移东，又开辟马路，商贾辐辏，水陆交通。"[4]，又如静安寺，"在

[1]《上海钱庄史料》，第31、32页。

[2] 姚公鹤：《上海闲话》，第161、162页。

[3]《太平军在上海——〈北华捷报〉选译》，第478、494页。

[4] 民国《法华乡志》卷1，沿革。

法华东北四里许，本一大丛林，无所谓市也。粤匪时，英商开辟马路，渐成市集"[1]。上海城市范围因此有所扩大。

19世纪60年代初叶，正当那些逃亡地主、官僚钻营投机、醉生梦死，列强乘机加强、扩大租界经营之际，上海下层群众的生活则十分凄惨。他们中的许多人为躲过战乱的危害和清军的骚扰，暂避上海。而当时上海物价的腾涨，又使他们不胜其苦，濒于绝境。

1860年以后上海人口的陡然剧增，给市场供应造成极大压力，四周又是战火连绵，商品流通渠道不畅，随之而来的是上海物价暴涨。曾有英国人记述："1860年5月25日，苏州被太平军占领，大量苏州居民和周围地区的人涌向上海寻求保护，本地人口因此迅速增加。关于这些人口的数量有从40万到100万的不同估算，其中40万可能更接近实际数字。至1861年，粮食的价格已涨至前几年的4倍。"[2]1862年，英国驻沪领事曾有记述：

太平军进攻上海以前的价格（每担）		目前的价格（每担）
大米	铜钱4000文	铜钱6000文
面粉	铜钱2400文	铜钱4400文
木柴	铜钱450文	铜钱1000文
柴草	铜钱240文	铜钱600文
棉花梗	铜钱320文	铜钱800文
芦秆	铜钱350文	铜钱800文。[3]

显然，与人们日常生活关系最大的粮食和燃料的价格，大幅上涨。

明清以后，上海地区农产品商品化程度日渐提高，稻田面积相对缩减，粮食供应很大程度上须依靠外地补给，正如当时人所记："民间日用所需，莫切于米、麦两项。向来江、浙所产米、麦不敷民食，全藉湖广、江西、四川各省及福建

[1] 民国《法华乡志》卷1，沿革。
[2] 〔美〕D.沃尔斯·史密斯著，施恬逸译，王敏校：《1900年以前的上海》，熊月之主编：《上海史国际论丛》第3辑，上海人民出版社2017年版，第116页。
[3] 《麦华陀领事1862年2月19日于上海致何伯提督函》，《太平天国》(中国近代史资料丛刊续编)，广西师范大学出版社2004年版，第10册，第388页。

之台湾络绎接济"[1]；"松属各县，木棉多于禾稻，历来民食皆赴苏州一带采购转运"[2]。1860 年以后，面对巨大的人口压力，上海市场的粮食供应严重短缺，米价急剧上涨。到 1862 年，每石米价已"贵至十七八千"[3]，较之道光年间的 6000余文[4]，每石米价净增约两倍之多。当时人曾这样记载："近日米价腾贵，盖合江浙两省绅商士庶丛集沪城，食之者众"，因而米价高达"每石十外千，合每斤七十文左右，父老以为从前所未有也。"[5]1862 年 5 月，一名封建官员也在书信中写道，"沪上百物昂贵"，其中包括米、煤、盐、烛、纸等各种生活必需品[6]。

物价暴涨，特别是米价的急剧上涨，给下层群众的生计带来严重威胁。一些人只得靠杂粮充饥，许多人更是常常断顿挨饿。1862 年 5 月，乘坐海船"千岁丸"抵沪的一名日本人亲眼见到："由于难民从四方拥来上海，米价不断腾升。现在米一百斤需钱九贯（每贯钱为一千文——引者）……此外百物均贵，上海贫民根本不可能有饭或牛、猪肉到口。今天（指 1862 年 5 月 23 日——引者）看到我船雇来做短工的上海人真像饿鬼一般模样，骨头在皮下突出着，我连一个肥壮的上海人也没有看到过。在这样景况下，近日饿死的人越来越多。"[7]

一些贫苦群众被迫起来为求生存而斗争。1862 年 3 月 22 日《北华捷报》就曾报道："大家知道，当茶叶从内地运到上海后，为要运至英国市场出售，必须重新包装一次。受雇从事包装的工人，按照这个行业大家同意的办法收取一定的费用。今年以来，有一批茶叶包装工人自行团结起来，他们任意订定规划，把包装费用增加百分之六十。"这些工人强调，由于上海"各项物价都在飞涨"，"我等如仍照旧时价格收费，势必损失金钱。我们因此成立共同协议，要求洋人提高工资。"[8]这是中国工人阶级较早的一次有组织地反压迫斗争的确切记载，有很高的史料价值。在英国驻沪领事麦华陀的催逼下，清政府上海道台贴出告示，"宣布茶叶包装工人结成的团体是非法的"，声称"茶叶包装工人所制订的章程应予

［1］《中国近代货币史资料》，中华书局 1954 年版，第 1 辑上册，第 11 页。
［2］ 太平天国历史博物馆：《吴煦档案选编》，江苏人民出版社 1983 年版，第 4 辑，第 64 页。
［3］《吴煦档案选编》，第 6 辑，第 532 页。
［4］ 光绪《南汇县志》卷 20，风俗。
［5］ 王莘元：《星周纪事》卷下，上海古籍出版社 1989 年版，第 52 页。
［6］《吴煦档案选编》，第 2 辑，第 336 页。
［7］〔日〕峰源藏《清国上海见闻录》，载蒯世勋等：《上海公共租界史稿（上海史资料丛刊）》，上海人民出版社 1980 年版，第 626—627 页。
［8］《太平军在上海——〈北华捷报〉选译》，第 273 页。

撕毁并予以破坏，该工人等如敢再事冒犯，应予严惩不贷"，强行将这次工人斗争镇压了下去[1]。

显然，1860年以后大量农村人口进入上海所产生的社会影响是多方面的和巨大的。它的直接结果，是刺激了上海城市经济的繁荣和推动了上海向近代化都市演变的进程。但这种繁荣并不是上海和江南乃至全国社会经济正常发展的结果，而是国内战争期间，由于大批人口和游资的涌入而触发的，基础并不稳固。一旦上述触发因素消退，这种繁荣便告萧条。

1864年太平天国遭到镇压，江浙地区那些原来逃至上海藏身的封建地主、官僚，纷纷赶回原籍追查田产，反攻倒算。许多原先为躲避战祸暂居上海的下层辩众，也多返回家园谋生。上海租界人口陡然下降，1865年3月租界当局人口统计结果：是年上海租界人口从1863年至1864年的33万剧跌至137000余人，实际数字可能更低。其中英、美租界从25万减至81000余人，法租界从8万减至55000余人[2]。

人口的锐减，立刻给上海的城市经济带来很大影响。其中，原先兴盛一时的房地产业所受的打击最大，一些外国投机者因此破产。当时在沪的一位法国人曾有这样的记载：在1860年至1864年"这惶惶不安和危难重重的四年也是投机事业最疯狂，大发横财，穷奢极侈的时期。据说中国难民多得不计其数，得给他们房子住。大家都赶着造房子。适合当地人习惯的房子像耍魔术般地一片片建造起来。有钱的商人把他们的资金都投在造房子上，没有钱的人借钱造房子，职员、买办、邮差、佣人，所有的人都投入这个投机事业里去，并且都从中赚了钱。上海泡在黄金里"。

然而，"1864年的结束标志了这个繁荣时期的终止。12月，苏州的被攻占立刻引起了大批难民的外逃，他们急急乎离开这个过去来寻求避难处的港埠，而大家原指望他们会定居在那里的。住房，整个住宅区都变得空荡荡了；隔一个晚上，地皮就不值钱了；从1864年到1865年，房租降低了百分之五十。即使不是大部分，至少是许多房子都是贷款造的，因此许多人破产了"[3]。事后有人回顾说："从1860年到1864年，上海取得了前所未有的繁荣。然而太平天国战争的

---

[1] 《太平军在上海——〈北华捷报〉选译》，第274页。
[2] 〔法〕梅朋、傅立德著，倪静兰译：《上海法租界史》，上海译文出版社1983年版，第375—376页。
[3] 〔法〕梅朋、傅立德著，倪静兰译：《上海法租界史》，第374—375页。

结束，标志了饥饿年代的开始……大批难民的突然出逃对上海造成了恶劣的后果"，随之便出现了"商务交易的减少，商业的不景气"等萧条景象[1]。

尽管如此，19世纪60年代初叶受太平军江南战事影响，大量农村人口涌入上海而引发的上海城市经济的诸多变化，毕竟使上海在向近代化都市演变的进程中向前跨进了一大步。诸如商业重心的北移、市政建设的推进和城区范围的扩大，都促进了上海城市经济的发展，并为以后的这一步发展提供了有利的条件。随着外资企业的增设和租界的扩展，涌入上海谋生的外地人越来越多。

1876年的《沪游杂记》不乏这方面的记载："三国租界英居中，地广人繁，洋行货栈十居七八，其气象尤为蕃盛；法附城东北隅，人烟凑密，惟街道稍觉狭小，迤东为闽、广帮聚市处；美只沿江数里，皆船厂、货栈、轮舟码头、洋商住宅，粤东、宁波人在此计工度日者甚众"；"上海雇轿随处皆有轿行，脚价甚昂，一永日非千文不可。自东洋车盛行，大为减色，向之千文者今则六七百文。轿夫以苏州、无锡人为佳，上身不动，坐者安稳。其次扬州人，不过脚步稍缓。若本地人抬轿，则一路颠簸，轿中人浑如醉汉矣"；在当时的上海，"雇用女仆必由女荐头处唤来，大约无锡乡间荡口镇人最多，男仆亦然"。[2]

1890年，参与创办上海机器织布局的经元善详细描述了棉纺织厂的用工所需："查织机两张用女工一人，纺纱机两部女工一人，搓纱机两部女工一人，绕纱团机一部女工四人，扣机一部女工二十人，拉细条机一部男女皆可三人，轧花机一部男女皆可一人，拣花机一部男工一人，弹花机十五部合男工三人，剔花机一部男工一人，拉粗条机一部男工一人，绕纱轴机一部男工一人，浆纱机一部男工三人，刮布机一部男工二人，够布机一部男工一人，压布打包机一部男工三人，全局用洋匠四人，修机、烧煤等华工匠约四十人，小工约一百人。此指五百张织机日工而言，如开夜工加倍。男女工每日辛食二百文，洋匠每月一百七十五元，修机、烧煤等工匠每月五十元至十二元不等，另洋总工师一位每月四百元。大凡粗重事用男工，轻细事用女工，教练尚易。"[3]1893年，有2000多名女工在该局劳作。[4]同年12月24日《北华捷报》称："新工业的创办给上海的中国人带来很大

［1］〔法〕梅朋、傅立德著，倪静兰译：《上海法租界史》，第437—438页。
［2］（清）葛元煦撰，郑祖安标点：《沪游杂记》，上海书店出版社2009年版，第2、103、96页。
［3］刘明逵：《中国近代工人阶级和工人运动》，中共中央党校出版社2002年版，第1册，第393页。
［4］孙毓棠：《中国近代工业史资料》第1辑，科学出版社1957年版，第1070页。

的好处，估计有一万五千或两万妇女被雇佣，从事于梳理禽毛以便载运出口，从事清检棉花与丝，从事制造火柴与卷烟。"充裕的劳动力来源，压低了工人的报酬，1908 年 4 月 28 日《衡报》以"工人困苦"为题载："上海附近各丝厂工人，昔日所给工金约每日四角，嗣因作工者多，减至三角，以是工人贫因殊常。"[1]

据统计，1852 年至 1910 年，上海城市人口从 54 万余人增至 128 万余人，净增约 74 万人，年均净增长约 13000 人。其中的大部分来自江苏和浙江，1885 年上海约有 40% 的人原籍浙江，37% 的人原籍江苏[2]，很多来自苏北，在长江以北的江苏山阳县，"咸同间，每遇水旱，耕者弃田庐，携妇孺过江就食。江南经寇（诬指太平天国——引者）乱，榛芜待垦，去者或留而不归。光绪中叶，江南商埠繁盛，运河轮舶通。丰穰之岁，中下农民秋获毕，亦相率南下，麇集各埠，力食致饱，麦熟乃返"[3]。毗邻的盐城，"县境口逾百万，人满为患，佣力之供过于所求。江南各埠海通以来，竞事逐末，其乡村下县经洪杨乱后（诬指太平天国——引者），户口未复，力食者稀，由是邑人往南者如水趋壑。秋禾既登，提挈而往沪、锡、嘉善，人逾数万；苏、湖、常、润（指镇江——引者），并盈千百。男子引车操舟，行佣转贩；女子缫丝纺棉，补绽浣洗，麦熟乃返，其家无恒产者辄留而不归"[4]。兴化县的农民在秋收后，"有扶老携幼，结伴泛舟南往无锡、苏、常、沪、杭各地佣工，以裕生计"[5]。

1895 年中日甲午战争后，列强在华经济扩张加速，同时受实业救国思潮和清朝政府鼓励工商政策的推动，中国民族工商业和近代城市经济有明显发展。与原先因战乱涌入城市而呈现潮汐形态的人口升降不同，这一时期进入城市谋生的人口表现为持续增加的态势。曾有英国人记述："这些中国人大部分是从外省来的，他们紧紧跟随着外国人的步伐，被各家工厂对技术和非技术性工人开出的高工资而吸引。"[6]一项综合性的研究表明，"1910 年代都市人口增加是与那个时期中民

［1］ 万仕国等校注：《天义·衡报》，中国人民大学出版社 2016 年版，第 802—803 页。

［2］ 邹依仁：《旧上海人口变迁的研究》，上海人民出版社 1980 年版，第 7、112—115 页。时至 1935 年，两者所占的比重有所变化，在沪原籍浙江和江苏者分别为 37% 和 53%，总共约占上海总人口的 90%。详可参阅邹依仁：《旧上海人口变迁的研究》，第 112—115 页。

［3］ 民国《续纂山阳县志》卷 1，疆域，风俗。

［4］ 民国《续修盐城县志》卷 4，产殖，劳动。

［5］ 民国《兴化县续志》卷 4，实业。

［6］ 〔美〕D. 沃尔斯·史密斯著，施恬逸译，王敏校：《1900 年以前的上海》，熊月之主编：《上海史国际论丛》第 3 辑，上海人民出版社 2017 年版，第 123 页。

族工业扩大相对应的"[1]。从工业产出衡量，据估计 1936 年上海中外资本工业的总产值已达 1182 亿元，比 1895 年增加 40 多倍，约占全国工业总产值的 50%。[2] 与此相联系，上海工人总数猛增。据估计，1933 年上海工人总数为 35 万人，比甲午战争前增加 8.5 倍，而同期上海城市总人口由 90 万人增至 340 万人，增长幅度不到 3 倍，足见工人的增速更快。[3] 流入上海的农村人口之多，远非中国其他城市可比。有学者指出："上海地区人口的快速增加决不是仅仅由于辖区的扩大以及人口的自然增加，而主要是由于人口从广大内地迁入的缘故，……广大内地的人民，尤其是破了产的农民经常地流入上海，这是上海市区，特别是租界地区百余年来人口不断增加的主要因素。"[4] 尽管他们进入上海后的生活境遇仍很困窘，但较之在家乡时尚多少有所好转，据 1920 年代初的统计：

> 江苏省农村底农业工资，即令比长工有较高的工资的短工，膳食由雇主供给，每月也只三元六角弱；在上海，即令中国人住宅及公司中的仆人，膳食由雇主供给，每月也能得五元至六元的工资，仆人也能得到农业劳动者底一倍的工资。因而如长工每年二十七元强的低廉的工资，甚至于不及上海市中的大人车夫底年实收。即令吴江县中，农忙期工资最高时的散工底工资每日二角，也只能匹敌上海市中的清洁夫底月收六七元。比较女子农业劳动者与女子都市劳动者，也与上述无大差异。[5]

有学者指出，在 1927 年的上海，一个非熟练工人抚养五口之家需费 21.34 元，其中饮食费 11.1 元[6]。以此观察，仆人或清洁夫上述每月五至七元的收入，可以勉强维持二至三口之家的糊口支出。大都市相对较多的谋生途径，驱使众多

[1]〔日〕滨下武志著，高淑娟等译：《中国近代经济史研究——清末海关财政与通商口岸市场圈》，江苏人民出版社 2006 年版，第 223 页。
[2] 黄汉民等：《近代上海工业企业发展史论》，上海财经大学出版社 2000 年版，第 219 页。
[3] 张仲礼主编：《东南沿海城市与中国近代化》，上海人民出版社 1996 年版，第 429 页。
[4] 邹依仁：《旧上海人口变迁的研究》，第 13、14 页。
[5] 章有义：《中国近代农业史资料》第 2 辑，三联书店 1957 年版，第 463 页。
[6] 慈鸿飞：《20 世纪二三十年代教师、公务员工资及生活状况考》，侯建新主编：《经济—社会史评论》第 6 辑，三联书店 2012 年版，第 140 页。

贫困或走投无路的农村人口源源涌入上海。据 1928 年在浦东塘桥的调查："距今二十年前，客籍居民侨寓于此者日多一日，近以工厂勃兴，人烟稠密，顿成主客参半之象。"在吴淞，"比年以来，工商事业逐渐发展，客籍人民侨居于此者络绎不绝，与十年前人口比较，奚啻倍蓰"。另据 1929 年的记载："近来曹家渡一带工厂林立，男女工人寄居于此者日益繁多，客籍土著杂居其间，与民国八年所调查者较多数倍。"[1]

据统计，1929 年上海全市 28.5 万多名工业职工中，纺织业有近 20 万人，其中大多数纺织女工是来自外地的农村妇女。此外在交通运输业中，又有近 3 万名码头装卸工人和 8 万多名人力车夫，他们几乎都是来自外地的破产农民。在商业方面，全市约有 72858 家商业企业，共雇佣 24 万多名职工，其中也是以外地籍居多。综合以上各业及其家属，总数不下数十万人之多。至抗日战争爆发前夕，上海的工厂职工已增至近 50 万人，加上商业职工、手工业工人、码头工人、人力车夫等，全市从事工商业及相关行业的人口已有 128 万多人。他们大部分是外来移民，连同其家属在内，成为总人口达数百万的上海城市人口的主干。[2]其中，大部分是青壮年。

表 5-4　上海"华界"人口年龄构成统计及百分比（1930—1936）

年龄别	1930 年	1931 年	1932 年	1933 年	1934 年	1935 年	1936 年
0 至 12 岁	11.99%	12.14%	12.03%	11.70%	11.36%	11.32%	11.61%
13 至 20 岁	14.73%	14.74%	15.48%	15.86%	16.02%	16.34%	16.92%
21 至 40 岁	38.55%	38.48%	37.53%	37.66%	37.84%	37.81%	37.00%
41 至 60 岁	19.96%	19.69%	20.11%	19.86%	19.96%	19.50%	19.32%
61 至 100 岁	3.10%	2.98%	3.01%	3.10%	1.98%	2.84%	3.12%

资料来源：邹依仁：《旧上海人口变迁的研究》，上海人民出版社 1980 年版，第 126 页。

上表显示，21 岁至 60 岁的青壮年约占总人数的近 60%。他们有些来自上海近郊，其中有的是不堪地主的剥削，进城另寻出路，1928 年对上海西南郊塘湾的

［1］《上海特别市各区农村概况》，原载《社会月刊》第 2 卷第 5—11 号（1930 年 11 月至 1931 年 5 月），转引自李文海主编：《民国时期社会调查丛编（二编）·乡村社会卷》，福建教育出版社 2009 年版，第 447、469、441 页。
［2］ 张仲礼等主编：《长江沿江城市与中国近代化》，上海人民出版社 2002 年版，第 384 页。

调查载："佃租定额，虽歉岁不得减少，致佃农亏耗血本者时有所闻，农民多来沪地改求别业"。[1]有的是因城市经济的扩展而另找谋生途径，民国《上海县续志》载："商市展拓所及，建筑盛则农田少，耕夫织妇弃其本业而趋工场，必然之势也"；"近年东北各乡机厂林立，女工大半入厂工作"。[2]1919年的调查载，该县"食力之民亦大都为工商所吸收，而务农者渐少"[3]。该县俞塘乡，据1934年的调查："青年相率到松沪一带习工或习商。"[4]民国《川沙县志》称："女工本事纺织，今则洋纱洋布盛行，土布因之减销，多有迁至沪地入洋纱厂、洋布局为女工者"；该县北乡，原先"男事耕耘，女勤纺织，迩来壮强男子多往沪地习商，或习手艺，或从役于外国人家，故秧田耘草，妇女日多，竟有纤纤弱者不惮勤劳者，此则今昔之不同也。"[5]其感叹："川沙滨海，天然之利不后于人，兼以近邻上海，扼中外交通之冲，农工出品销路惟何？曰惟上海。人民职业出路惟何？曰惟上海。"[6]据统计，1935年川沙县有户籍30618户，在上海从事建筑业泥水工和木工的大约有15000人，平均每2户中就有1名建筑工人[7]。

1928年的社会调查载，上海近郊彭浦"村中妇女，均赴各工厂工作"；在浦东的洋泾，"上海自通商以来，工商繁盛，外人原有之特区（指租界——引者）不敷发展，故近三十年来，外人在浦东沿岸建筑洋房工厂，迄今码头工场鳞次栉比。本区西北部农民，因见工资腾贵，弃农就工者日多一日"。[8]1929年的实地调查显示，上海近郊真如乡民的就业途径呈多元化，在取样"调查的百家之572人中，除老幼外，男子有职业者共168人，内做工15人，农夫134人，商8人，公务3人，教育2人，道士6人；女子有职业者共191人，内织布118人，做纱

---

[1] 《上海特别市各区农村概况》，转引自李文海主编：《民国时期社会调查丛编（二编）·乡村社会卷》，第457页。

[2] 民国《上海县续志》卷1、卷8。

[3] 吴清望：《沪海道区上海县实业视察报告书》，《江苏实业月志》第3期（1919年6月）。

[4] 江苏省立俞塘民众教育馆编印：《江苏省第四民众教育区二十三年度社教概况》，该书编者1935年版，"省立俞塘民众教育馆之部"，第7页。

[5] 民国《川沙县志》卷14，方俗志。

[6] 民国《川沙县志》卷5，实业志。

[7] 张银根：《浦东泥刀的领军人物杨斯盛》，唐国良主编：《百年浦东同乡会》，上海社会科学院出版社2005年版，第161页。

[8] 《上海特别市各区农村概况》，转引自李文海主编：《民国时期社会调查丛编（二编）·乡村社会卷》，第429、442页。

厂者 5 人，务农者 68 人"[1]。一些外地农民因此陆续来沪，在沪郊农村觅得生存空间，1928 年的洋泾区，"客籍乡民之充农村劳动者，约百分之一二。西北沿江（指黄浦江——引者）一带，农民占 6/10，且侨民日多，户口难于稽查，其东南方面全系农家，近有崇明、海门两籍人民侨寓于此，或租田耕种，或为人佣工"。引翔区，原先"乡民悉土著，近十年间，有由崇（明）、海（门）迁移而散居四乡者"。[2]

在浦东川沙，当时曾有人这样描述："川沙上海间朝发夕至，自上川铁路通车，一小时即达，于是上海成为容纳川沙羡余人口之绝大尾闾。论其量，则数之大，以水木工人为第一，他业亦颇有相当地位。论其质，则无论以知识，以劳力，凡能自食，或因以起家，百分之九十以上皆恃上海。夫以逼临上海之故，人口有余，则移至上海；职业无成，则求之上海。"[3] 1929 年在浦东杨思乡的调查，当地男子"大都赴纱厂或轧花厂或渡江作工，其田间工作与日常琐事，悉委诸妇女"[4]。交通相对不便的崇明县，亦是"其佣力者率至沪"[5]。据 1925 年在浦东高桥的调查："崇明农户移入本区耕种者约千余户，计占全区户口 1/10。"[6]

在嘉定县，"凡以劳力糊口者，俗谓之手艺，大别之为木、石、砖、漆、泥水、成衣等类。其每日工价，初以制钱计，后则以银币计，自光绪初迄清末，由数十文增至数百文"。原因之一，他们中的很多人去了上海，"自交通便利，各工人受雇于上海者日多，本地几供不应求，故工价逐渐增涨"[7]。该县黄渡乡，"许多男子都去上海谋生，每一家普遍总有一二人离着家乡奔入都市，因此剩余在农村的农力是妇女儿童和少数男子"[8]。民国《宝山县续志》载："境内工厂，邑人

[1] 民国《上海特别市真如区调查统计报告表册》(上海乡镇旧志丛书)，上海社会科学院出版社 2004 年版，农务。
[2] 《上海特别市各区农村概况》，转引自李文海主编：《民国时期社会调查丛编（二编）·乡村社会卷》，第 429、442、443、444 页。
[3] 民国《川沙县志》卷首，导言。
[4] 黄立鹤：《上海杨思乡之农民概况》，《中央大学农学院旬刊》第 35 期（1929 年 11 月 20 日）。
[5] 民国《崇明县志》卷 4，地理志，风俗。
[6] 《上海特别市各区农村概况》，转引自李文海主编：《民国时期社会调查丛编（二编）·乡村社会卷》，第 475 页。
[7] 民国《嘉定县续志》卷 5，风土志，风俗。
[8] 徐洛：《黄渡农村》，《中国农村经济研究会会报》第 1 期（1933 年 11 月）。

所创办者，大都为棉织类，盖一因妇女素谙纺织，改习极易；一因土布价落，设厂雇工兼足维持地方生活也。淞口以南接近沪埠，水陆交通尤宜于工厂，故十年之间江湾南境客商之投资建厂者视为集中之地，而大势所趋，复日移而北。"[1]当时，"郭乐在上海吴淞口建造永安第二纱厂的时候，就想到上海的郊区农村有大量的廉价劳动力"[2]。

1928年设立于宝山县刘行顾村的宝兴纱厂，由余葆三、顾鸿儒等人倡办，"占地四十余亩，资本三十万两，锭一万三千，男女工约六七百人，出品有十四支、十六支两种，年产约七千余包，以'红宝星'为商标，原料除就地收买上白棉花外，复采购美棉及陕西、汉口等棉施用。该厂之开设于刘行也，经董顾鸿儒实促其成，盖刘行素贫窭，得是调剂，民生可稍裕"[3]。1934年对上海杨树浦厂区附近4个村庄50户农家的实地调查，载有一位老农的陈述：

> 工厂初设到附近地方的时候，经理派人下乡找工人，就有人抛开农事跑进工厂；但也有人因为不习惯和不喜欢机器劳动，不久又跑回来了。许多青年人跑进城去，弄熟了，便离开工厂，加入商界。最后，工厂需要女工，在这里找了些去，于是只剩我们一般习于田事的老年人在家耕田。因为许多人搬进城中做，村庄便见缩小了。[4]

与上海郊县农民进厂务工者相比，那些自外省农村来沪者人数更多。据1928年的统计，上海93家缫丝厂共有缫丝车22168部，女工55363人，男工约4300至4400人，合计约6万人。各厂男女工人之籍贯，大约女工以江北泰州、盐城一带为最多；而苏省之无锡、苏州、上海，浙江之宁波及他处人次之。就各处人数而计，约江北人居50%，浙江人居10%，苏锡居20%，上海本地人及他处人合计20%。就工厂所在区域而论，则虹口、闸北之女工，多江北籍；而租界上新

[1] 民国《宝山县续志》卷6。
[2] 徐鼎新等整理：《永安企业口述史料》，《上海档案史料研究》第3辑，上海三联书店2007年版，第159页。
[3] 民国《宝山县新志备稿》卷5，实业志，工商业。
[4] 何学尼译：《工业化对于农村生活之影响——上海杨树浦附近四村五十农家之调查》，原载《社会半月刊》第1卷第1—5期（1934年），转引自李文海主编：《民国时期社会调查丛编·乡村社会卷》，福建教育出版社2005年版，第254页。

闸、老闸一带，则以苏、锡、宁波、本地人为多。男工以湖州、宁波、上海居大部分。就工人年龄而论，自 16 岁以上至 40 岁者，居工人总数 60%，自 16 岁以下至 12 岁者居 25%，自 40 岁以上至 50 岁者居 14%—15%，其在 50 岁以上 12 岁以下者，不过占 0.4% 至 0.5%。[1]

因为较之当地，上海的谋生机会更多，即使同为通商口岸的宁波也是如此。其中不乏成功者，20 世纪二三十年代扬名沪甬工商界的宁波商人乐振葆，原籍鄞县，16 岁来沪当木工，勤于钻研，技艺日精，所制西式家具颇受欢迎。工余，还先后去中西书院和英华书院学习英语。后将其父遗业泰昌杂货号改建为国内第一家自产自销的西式木器厂，不久发展为泰昌木器公司，自任董事长兼总经理。又在上海先后任和兴钢铁厂、大中华火柴公司、宁绍轮船公司、三友实业社、振华油漆厂、恒利银行、中英药房有限公司、闸北水电公司等企业的常务董事或董事长。在三友实业社董事长任内，首创国产"三角"牌毛巾、被单。此外，如振华油漆厂的"飞虎"牌油漆、荧昌火柴厂的"双斧"牌火柴，均享誉市场。[2]

1921 年的经济调查载："与上海相比，宁波的劳动力的工资十分低廉，因为当地工业不发达，劳动力供给比较充裕。"[3] 很多人都想去上海谋生，因此竟有以大量招工为名酿成风波者，1923 年 12 月 3 日《申报》以《函询大康纱厂招收大批女工》为题载：

> 镇海北乡村范镇人范阿宏，近从上海返乡，四处张贴招收女工广告，谓有上海大康纱厂招收女工三万名（原文如此——引者），委其代招。一般贫寒妇女纷纷前往报名，多至六百余人，均系十三四岁至二十左右之女工，间亦有三十许岁之妇人数名。旋以乡间猜测横生，遂有大半报名之妇女不敢尝试，自请退出。实招收女工六十名，男工七名，于前日在乡取齐动身，由镇北转余姚，于十一月二十九日到甬，拟趁甬兵轮赴申。后被一分署查悉，一面传范某至署询问，一面嘱长警会同海关西人，令男女工人等一律上埠。兹已由该署函询上海大康纱厂，是否招收此项女工，以凭核办。

[1] 陈真等编：《中国近代工业史资料》第 4 辑，三联书店 1961 年版，第 155、156 页。
[2] 孙善根整理：《乐振葆 1926 年赴日〈东游日记〉》，《上海档案史料研究》第 14 辑，第 254 页。
[3] 丁贤勇等译编：《1921 年浙江社会经济调查》，北京图书馆出版社 2008 年版，第 370 页。

同时当地也有不少人抵沪进厂务工，1923 年 12 月 4 日《申报》以《今晨有大批甬女工到沪》为题载："本埠宁绍商轮公司昨接宁波来电，谓四日即晨甬兴轮由甬到申时，乘有女工百六十余人，请为照料等语。此项女工均系宁波山北乡妇，此次来沪系应本埠日商新创大纱厂之招雇云。"本国资本的纱厂也有去浙江招工者，1929 年 10 月 20 日该报以《大批男女工人运沪》为题称："上海永安纺织公司因缺少工人，特派陈少林往新昌、嵊州等处招募男女工人。兹陈已招得女工六十九名，男工二十九名，昨晨来甬转乘新北京轮运沪，分别入场工作。"[1] 据 1929 年对在沪游民的一份抽样调查，在被调查者中，"以江苏人为多，占 51%；浙江次之，占 22%。然以籍贯言，除不明者外，固 18 省皆有也。大致以与上海交通联络便利者，其在沪流落之人数亦愈多，故苏为冠而浙次之，鲁有 80 余人，皖有 60 余人，鄂有 50 余人，河南、河北各 30 余人，湘、粤、赣各 20 余人。此外如黑、甘、滇、新以距沪较远，于此 1471 人中竟无一人"[2]。成书于 1924 年的浙江《定海县志》载："各乡男子多有在沪上轮埠充当苦力者，谓之码头小工。妇女则多佣于沪上住院妇女则多佣于沪上住宅，其月薪三四金不等。印刷、丝、纱各厂服务之男女，近来亦多有之。"[3] 1932 年的《宁波旅沪同乡会月刊》称："今者我国经济首都上海，人口三百万人，宁波人几占四分之一。"[4] 他们不时将积攒下来的钱通过宁波钱庄的申庄汇给家乡的亲人补贴家用，当时宁波钱庄在一些集镇的有名商号设有代理解付点。[5]

1917 年，留学美国的蒋梦麟回到其家乡浙江余姚蒋村，看到"许多人已经到上海谋生去了，上海自工商业发展以后，已经可以容纳不少人"。村里的老人告诉他："很多男孩子跑到上海工厂或机械公司当学徒，他们就了新行业，赚钱比以前多，现在村子里种田的人很缺乏。"[6] 1921 年的社会经济调查载："鄞县（包

［1］ 宁波市档案馆编：《〈申报〉宁波史料集》，宁波出版社 2013 年版，第 5 册，第 2311 页；第 7 册，第 3099 页。

［2］《一千四百余游民问话的结果》，原载《社会月刊》第 1 卷第 4 期（1929 年 4 月），转见李文海主编：《民国时期社会调查丛编·人口卷》，福建教育出版社 2004 年版，第 304 页。

［3］ 民国《定海县志》第五册，方俗志第十六，风俗。

［4］ 政协上海市委员会文史资料委员会等编：《宁波旅沪同乡会纪》（《上海文史资料选辑》2010 年第 1 期），第 191 页。

［5］ 陈铨亚：《中国本土商业银行的截面：宁波钱庄》，浙江大学出版社 2010 年版，第 103 页。

［6］ 蒋梦麟：《西潮与新潮——蒋梦麟回忆录》，东方出版社 2006 年版，第 123、125 页。

括宁波）的土地狭小，人口稠密，仅靠耕织一般不能自给自足，所以一直以来，这里到海外从事商业活动的居民较多。另外，生活在海边的人们多从事渔业或当船夫，其足迹不仅遍布甬江地区，还扩大到长江沿岸，向内地可深入到四川，以及各大江河的支流区域。"其中很多人去了上海，因为"与上海相比，宁波的劳动者的工资十分低廉，因为当地工业不发达，劳动力供给比较充裕，尤其是妇女劳动力"。[1] 20 世纪 30 年代初，浙江临海县的海门"有轮船公司十家，定期输船十余艘往返于上海、宁波、永嘉等埠"[2]。

1890 年代在沪英国人记述："在上海，它的周边地区特别是苏州，是一个很大的女佣来源地。"[3] 1927 年 2 月 14 日《时报》称："上海近年以来人口日增，所需佣工亦日多，苏、松、常、镇、扬各地乡妇赴沪就佣者，岁不知几千百人。"1930 年的《丹阳农村经济调查》载："西北乡农民出外谋生者日众，如苏、常、沪一带之面店竹工，江北之烟商农业，率多丹阳人也。"[4] 江苏常熟的贫苦农民，"唯有向城市另谋生活之道，内地城市，工业尚未发达，无法容纳，大都转趋大城市，男子入工厂充劳役，女子多做人家的奴仆"[5]。据 1937 年的调查，上海丝织业职工，"大多来自浙东、浙西、江苏及其他地区，人数最多的首为浙东的嵊县、东阳、新昌，次为浙西的杭、绍、湖州，再次为浙东义乌、诸暨，江苏的苏州、常州，其他地方的人为数很少"[6]。

在英商上海电车公司，"工人的来源大多数是从农村中来的，按籍贯来说，车务部方面以苏北人占多数，其中尤以盐城人为多；其次为无锡、苏州、镇江一带的也不少。假若以省份来划分，则以江苏籍者占绝对多数；次为浙江、山东及其他。机务部则以宁波籍者为多，约占十分之六；其次为扬州、无锡、安徽籍者占十分之二，苏北帮占十分之二，大都为铁匠和小工"[7]。

他们的处境也更艰难，据调查当时流入上海的外来人口，"大多数为失业之

---

[1] 丁贤勇等译编：《1921 年浙江社会经济调查》，第 373、370 页。

[2] 民国《浙江新志》下卷，第 46 章，临海县，实业。

[3]〔英〕麦克法兰等著，王健译：《上海租界及老城厢素描》，三联书店 2017 年版，第 188 页。

[4] 张汉林：《丹阳农村经济调查》，江苏省农民银行总行 1930 年 9 月出版，转引自李文海主编：《民国时期社会调查丛编（二编）·乡村经济卷》，福建教育出版社 2009 年版，上卷，第 796 页。

[5] 殷云台：《常熟农村土地生产关系及农民生活》，《乡村建设》第 5 卷第 5 期（1935 年 9 月）。

[6] 朱邦兴等编：《上海产业与上海职工》（上海史资料丛刊），上海人民出版社 1984 年版，第 137 页。

[7] 朱邦兴等编：《上海产业与上海职工》（上海史资料丛刊），第 242—244 页。

后，无业可得，以及毫无把握莽莽撞撞至上海谋事"[1]。他们中的大部分人并没有如其所愿，在城市里找到稳定的工作，而是依旧难有温饱。人力车夫，是其中引人注目的一个社会群体。1897 年时，上海公共租界内人力车执照数为 48888 张，1901 年时为 60915 张，1908 年又增至 98071 张，到 1924 年，租界内人力车数量已超过 13000 辆。20 世纪 30 年代时，上海街头有执照运营的人力车已有 2 万多辆，城市人口平均每 150 人一辆，人力车成为电车、汽车以外，市民外出主要的交通工具[2]。

全凭体力的人力车夫，原先都是农民。据 1934 年上海市社会局对 304 名人力车夫的抽样调查，其中 95.7% 是苏北人。[3]另一项社会调查也记载，上海人力车夫的籍贯"多属于苏北东台、盐城、阜宁、高邮、泰县等处，少数则属于南通、海门"。他们分早晚两班，"早班每月约可拉 20 天，晚班每月约可拉 15 天，平均每天可赚 1 元左右，家庭生活万分清苦，终年住草棚，穿破衣，吃小米"。[4]当时在沪开办内山书店的内山完造忆述，某天上午他问一位人力车夫早饭吃了什么，之后的答问令他震惊并记忆深刻：

> "我今早什么都没吃。""为什么不吃？""今早运气不好还没开张呢。"我无言以对。我猛地明白他一脸烦躁地连喝四杯热茶的原因了。呜呼，他最后的一句话，是我自己想明白的，想必当时我的脸色也变苍白了吧。我清楚地记得自己脸上的血液一下子倒流了。"我今早什么都没吃。""今早运气不好还没开张呢。"所以他才什么都没吃。他说自己每天早上六点就出门了。现在已经九点多了，却因为没生意所以什么都没吃。多么悲惨啊。他每天要工作赚了钱才有饭吃。想必不仅是他一个人，恐怕大多数人都是这样吧。一顿饭，不，一个点心，要赚了钱才能吃。正因为如此，他们每天都是背水一战。[5]

---

[1]《一千四百余游民问话的结果》，原载《社会月刊》第 1 卷第 4 期（1929 年 4 月），转引自李文海主编：《民国时期社会调查丛编·人口卷》，第 304 页。

[2] 马长林：《上海的租界》，天津教育出版社 2009 年版，第 138 页。

[3] 上海市社会局：《上海市人力车夫生活状况调查报告书》，《社会半月刊》1934 年第 1 期。

[4] 朱邦兴等编：《上海产业与上海职工》（上海史资料丛刊），第 674、675 页。

[5]〔日〕内山完造著，杨晓钟等译：《上海下海——上海生活 35 年》，陕西人民出版社 2012 年版，第 165、166 页。

在近代工业较为发展的苏南地区，据统计，从20世纪20年代到40年代，约有15%至20%的无锡农村劳力在上海和无锡就业，而从城市寄回到农村的现金，约占农村纯收入的8%至12%。[1] 1927年在邻近无锡的宜兴县乡村，"颇有入城进工厂作工者，甚有往苏、沪、锡等埠在纱厂纺织者。此亦以生活所迫，使其不得不如此也。统计全县由农妇变成工人者，可达六千之数"[2]。其背景是农村经济的相对凋敝，1934年的资料载，宜兴和桥附近的农村，以往"有些佃农的耕种面积也有三四十亩，自田农有耕种到百亩左右甚至二百亩以上的。这些较大的佃农和自田农，如果自己的劳力不够，都还雇工耕种，都畜养耕牛一二头或五六头。但是，近数年来由于农产价格的惨落，农村的极度不安等原因，这些大的佃农或自田农都在逐渐缩小耕种面积，有些自田农甚至宁愿把土地分别出租给他人，自己跑向市镇去"[3]。

在无锡，"在昔农闲之候，农民之为堆栈搬运夫者甚多。近年来各种工厂日见增多，而乡间雇农大都改入工厂矣。乡间即使有一二雇农，均来自常熟、江阴、江北，工价年计三十元至六十元不等，而本地人之为雇农者，则不可多得矣"[4]。就无锡当地而言，"远高于稻麦种植和蚕桑生产的城市工业工资，是吸引农村劳动力向城市转移的一个重要因素；同时，20年代后蚕桑业的衰落，也是导致越来越多农民进入城市的另一个重要原因"[5]。从无锡进入上海发展的荣家企业，也偏向招收和倚重无锡籍的员工，1928年的调查显示，其总公司60名职员中，无锡籍的有41人，占68.3%，其中荣姓20名，占33.3%；在其各厂总计957名职员中，无锡籍人士617人，占64.5%，其中荣姓117人，占12.2%。[6] 据1930年的《无锡年鉴》记载，赴沪农民占外出务工者的76.68%，其中大部分进入了上海的面粉厂[7]。随着大批农村人口流入城市，一些地方戏曲逐渐在城市立

---

[1] 张东刚等主编：《世界经济体制下的民国时期经济》，中国财政经济出版社2005年版，第425页。
[2] 徐方干、汪茂遂：《宜兴之农民状况》，《东方杂志》第24卷第16号（1927年8月），第89页。
[3] 李珩：《宜兴和桥及其附近的农村》，《中国农村》第1卷第2期（1934年11月）。
[4] 章有义：《中国近代农业史资料》第2辑，三联书店1957年版，第639页。
[5] 张丽：《非平衡化与不平衡——从无锡近代农村经济发展看中国近代农村经济的转型（1840—1949）》，中华书局2010年版，万志英序，第5页。
[6] 上海社会科学院经济研究所编：《荣家企业史料》，上海人民出版社1982年版，第289页。
[7] 宋钻友等：《上海工人生活研究（1843—1949）》，上海辞书出版社2011年版，第37、38页。

足和传播，如上海滩的淮剧、扬剧、越剧、锡剧和甬剧等。

当时迁居城市的并非全是穷人，在嘉定县，"光（绪）宣（统）之际，邑人颇有以巨大资本经营棉纱、花、米、绸、木等业于上海而获利者"[1]。1930年，浦东川沙人冯义祥在上海与人合资开设东冯公司，并任该公司名下的梅林罐头食品股份有限公司董事长，梅林公司发行有股票，其产品曾在1934年美国芝加哥国际博览会获奖。[2] 伴随着近代城市经济的发展，一些"乡居地主"向"城居地主"转化，离乡地主携带着从土地上积累起来的财富进入城市，把土地资本转化为工商业资本。因为与工商业利润相比较，出租土地所获的地租收益大为逊色。据1923年的调查，上海地区各县土地占有超过50亩者人数不多，而且越靠近上海市区其人数则越少。原因在于，上海发达的工商业与可观的利润，刺激地主把资金投入了工商业。[3] 1934年的资料载，宝山县"罗店、杨行、刘行著名富农如陈沛然、金汉一、张选卿、桂履中、顾文名等均称：'脚色不易招，雇工工资又太贵，种田无多大好处，不如出租反可得固定租金。'特如陈沛然本以利贷起家，家中向有脚色一二十人，自种达一百数十亩，近已迁居上海，不事经营"[4]。

另据1912年的统计，苏州典当铺共50家，资本额1741701元；钱庄共13家，资本额211400元。其中一部分是由所谓"城市地主"，即由乡村迁入城市居住或一直居住城中的拥田数百、数千乃至数万亩的地主兼营的。[5] 他们还因此成立了农务总会，先后开展了承领荒地、兴办农业试验场、进行农产品调查、改良种子和为第一次南洋劝业会提供参赛展品等活动。[6] 1922年，浙东农村的土地有25%至33%属城市工商地主所有。[7] 据20世纪30年代的调查，苏州城居地主已占当地地主总数的95%，常熟为85%，无锡为40%。[8]

［1］民国《宝山县续志》卷5，风俗。

［2］柴志光等编著：《浦东名人简百通》，上海远东出版社2011年版，第285页。

［3］樊树志：《江南市镇：传统的变革》，复旦大学出版社2005年版，第31—33页。

［4］章有义：《中国近代农业史资料》第3辑，三联书店1957年版，第833页。

［5］马敏等：《传统与近代的二重变奏——晚清苏州商会个案研究》，巴蜀书社1993年版，第11页。

［6］马敏：《拓宽历史的视野：诠释与思考》，华中师范大学出版社2006年版，第93—94页。

［7］章有义：《中国近代农业史资料》第2辑，第302页。

［8］张一平：《地权变动与社会重构——苏南土地改革研究》，上海人民出版社2009年版，第29页。

三、城区对乡村的扩展

上海开埠后，随着城市经济的较快发展，城区范围相应也有较大的扩展。1848 年，初到上海的王韬记述："浦滨一带，率皆西人舍宇。……北门外虽有洋行，然殊荒寂，野田旷地之余，累累者皆冢墓也。其间亦有三五人家零星杂居，类皆结茅作屋，种槿为篱，多村落风景。"[1] 此后，则大有变化。19 世纪，船舶是外国列强来华主要的交通工具，他们在上海选择外国人居留地（后演变成租界）时，首先考虑的是航运便利和适宜建港。英国人选择外滩一带，美国人攫取虹口江岸，无不反映了这一点。1848 年 3 月 10 日，英国驻沪领事阿礼国称："英国人租界的面积正在迅速增加，尤其以河岸部分为代表，增长的势头最快。那里现在有 24 家商行（其中 3 家属于美国人），包括房屋和仓库、5 家商店、25 幢私人住宅、1 座教堂、1 家宾馆、1 家俱乐部等。我们所拥有的地盘已经拓展到河岸前方0.25 英里处，而往后延伸的距离则是其两倍，有花园、赛马场和公墓等。"[2] 因此也就奠定了上海近代城区的基本格局，即以港区为基点，循江岸寻求延伸。早期法租界及以后公共租界的扩展，都有鲜明的体现。

1861 年，法兰西火轮公司得到政府支持，积极谋划在上海开拓业务。鉴于法租界十六铺以北岸线已被美商金利源码头租用，他们就以帮助镇压小刀会起义有功，向清政府提出将法租界的岸线向南延伸。法国外交部长图弗内尔明确告诉法国驻沪领事爱棠："由于主要航线要经过上海，邮船公司很想在这个港口有足够的地皮，以便造办公室、码头、栈房和邮务营业上所需的各种房屋，因此该公司要求我在法租界内可资利用的地方为它保留一块两公顷大的地皮。"经交涉，清政府答应法租界南侧界线一直延伸到出小东门直通黄浦江之小河沿，于是法租界沿黄浦江向南伸展了 650 多米。[3] "增加的面积虽小，但是却在原有的 500 码沿江地段上，现在又加上了上海最好码头的一片 700 码沿江地段"，其中小东门

---

[1]（清）王韬：《弢园老民自传》，江苏人民出版社 1999 年版，第 26、27 页。

[2]〔英〕斯坦利·莱恩—普尔等著，金莹译：《巴夏礼在中国》，中西书局 2011 年版，第 104 页。

[3]〔法〕梅朋等著，倪静兰等译：《上海法租界史》，上海译文出版社 1983 年版，第 294、295 页；《筹办夷务始末》（同治朝）卷 1，中华书局 2008 年版，第 8 页。

外沿江地带约 34 亩归法兰西火轮公司租用。[1]"从 1866 年起，法租界通过不断购买土地而逐渐扩张，至 1895 年时，它向西已拓展到距黄浦江 1.5 公里远的宁波会馆处。"[2]甲午战争后，法国曾图谋将法租界推进至浦东，招致英国人的不满。1898 年，在沪英商团体中国协会致函英国外交部："法租界的面积已经足够大了，扩大法租界的愿望来自其领土野心，来自法国希望提出政治要求。要求把法国的管辖权扩大到浦东——那里没有任何法国的利益，但英国和美国却有很多投资——便说明了这种倾向。"并称："在任何情况下，浦东都不能租借给法国，那样做不利于英国船只的航行，那里的地产主几乎都不是法国人。协会力主利用这次机会，扩展上海工部局租界，包括浦东，所有国家——包括法国——在那里享有平等权利。"[3]因利益冲突，列强在浦东设立租界的企图未果。1900 年以后，法租界又有扩展。上海市档案馆藏 1902 年法租界工程师的一份工作报告记述："在不到两年的时间里，在葛罗路、华格臬路、维尔蒙路地区的所有河浜和水塘都被填埋，我们填平新租界边界的小河，对以前直到这里不能进入的地块进行填方，搬走棺材，放宽现存的小巷，并辟筑人行道和排水沟，挖掘沟渠用于排水。"[4]

1863 年 6 月 25 日，美国驻沪领事熙华德与清上海道台黄芳订立章程，确定苏州河以北黄浦江沿岸的美租界，西自护界河（即泥城浜——引者）对岸之点（约今西藏路桥北堍——引者）始，向东沿苏州河及黄浦江至杨树浦，再循杨树浦向北三里止向西划一直线，回到护界河对岸之起点。这样，黄浦江虹口沿岸地带尽入其中，为外轮港区的成片兴建作了准备。[5]同年，英美租界合并为公共租界。[6]1869 年，在上海游历的英国人约翰·汤姆逊记述：

［1］〔美〕马士著，张汇文等译：《中华帝国对外关系史》，三联书店 1957 年版，第 1 卷，第 519 页；〔法〕梅朋等著，倪静兰等译：《上海法租界史》，第 307 页。

［2］〔法〕福威勒著，蒋杰编译：《上海法租界纪事（1846—1898）》，《上海档案史料研究》第 17 辑，上海三联书店 2014 年版，第 155 页。

［3］吴乃华摘译：《英国议会文件有关上海法租界资料选译》，《清史译丛》第 8 辑，中国人民大学出版社 2010 年版，第 155 页。

［4］牟振宇：《1902 年上海法租界地籍图所反映的城乡变迁》，《上海法租界史研究》第一辑，上海社会科学院出版社 2016 年版，第 168 页。

［5］蒯世勋：《上海公共租界史稿》（上海史资料丛刊），上海人民出版社 1980 年版，第 366 页。

［6］费成康等：《上海英、美租界正式合并日期考》，《上海档案史料研究》第 19 辑，上海三联书店 2015 年版，第 175—181 页。

美国租界位于北边一块狭长的土地上，去那里要经过苏州河上的一座桥；法租界位于南面，夹在英国租界与上海老城之间。租界区现在已经扩展到城郊，那里建起了很多拥有私人花园的漂亮公馆，……在适宜的季节，打猎是居民们（指在沪外国人——引者）最喜爱的娱乐活动，周围的乡野里有许多野兔、野鸡、鹌鹑、沙雉，溪流湖泊附近还有大量的水鸟。[1]

在其筑路过程中，租界当局惯用的手段是越过上海道台，直接与乡民接洽。1877年3月26日的《工部局董事会会议录》记述了修筑熙华德路（今长治路——引者）的相关事宜："晏玛太博士出席了会议，他说道台还是坚决反对修建这条马路，而且在最近一次致领事团的官方文件中，要求领事团今后勿再提及这一问题。但乡民们需要这条马路，且乐于出售他们的土地建路……因此晏玛太博士毅然决定，丢开城里官员，悄悄地与乡民们直接打交道。与此事有利害关系的共有53户，除一户之外，其余都乐于出售土地。"其声称："就是那一户坚持不卖的，也不过是多花几块银元就能解决难题的。"他认为，更棘手的是"再要一笔钱来迁移沿途大约四十座坟茔与骨灰龛。此事十分紧迫，必须在二十天（这是乡民们迁坟的季节）之内与这些乡民们讲妥。若这次不谈妥，明年迁坟可能又有其他难题。尽管现在还没有谈妥款额，但他担心每座坟茔少于10两银子是迁不了的。他认为办这件事大约需要400两银子，也许少于400两也行。他要求董事会预付200两银子，使乡民们可以买地准备迁坟。"工部局董事会则认为出价太高，并举例说"在清理跑马厅场地时，每迁一口棺材工部局支付了3两银子"，追问晏玛太"是否认为只要沿途坟茔迁走，马路不久就能修起来"？晏玛太回答："对的，只要把坟茔与房屋这类碍事的东西迁走，乡民们毫无疑问将出售他们的土地，最要紧的是把这些东西迁走。"结果，"会议同意晏玛太博士领取200两银子，用以迁走地面上的坟茔等物，但有一项条件：业主要书面保证以后出售土地"。[2]

1880年后，上海城区的外国地产商为追逐更多的利润，纷纷越过租界边缘，

---

[1]〔英〕约翰·汤姆逊著，徐家宁译：《中国与中国人影像：约翰·汤姆逊记录的晚清帝国》，广西师范大学出版社2012年版，第319页。

[2] 上海市档案馆编：《工部局董事会会议录》，上海古籍出版社2001年版，第7册，第589页。

将擅自填河的区域延伸到周边的乡村聚落。这些区域虽然已受到城市化较大的影响，但尚且有大量的农田存在，过早地将河道作点状或分段填没，易造成更大范围的河道淤塞，给农业生产带来不利影响，此外也造成了水文生态更大范围的紊乱。[1] 1884 年有外商抱怨，静安寺附近有一条"臭河浜"（池塘），"这个池塘的水面原来是随潮汐而定时涨落的，现在已几乎不再涨落了，这是由于通向池塘的那条沟渠被淤泥所堵塞了"。[2]

租界在其扩张过程中，曾与当地农民发生冲突。1882 年至 1891 年的《海关十年报告》称："市政当局维护的租界里的街道和租界外的道路，保养得能与世界上任何一个城市相媲美，这些道路不能按希望的那样扩展到农村，因为本地人方面对市政当局有猜忌和怀疑。"[3] 1891 年 12 月 29 日的《工部局董事会会议录》载："会议宣读了捕房督察长的报告，详细说明了本月 24 日乡民攻击杨树浦巡捕房的情况，他们反对在虹口浜筑堤，理由是潮水不能流入，从而影响了他们农田的灌溉。当时的人群约有三四百人，其中包括几名地保，聚集在桥边，在猛烈地殴打前来驱散他们的巡捕后，开始向巡捕房投掷砖头、石块和泥土，打碎了两扇门窗。"该董事会声称，其"决定写信给领袖领事，并附上 4 名祸首的姓名，请他转送道台，以便将这 4 人逮捕并加以惩处"。[4] 此后，冲突屡起。1892 年，"位于公平路上米德尔顿先生住宅对面的水沟，与熙华德路的主排水沟相连接，村庄里所有池塘或水沟的产业主都拒绝将其填平，也不允许工部局这样做。克拉哈先生称，村民们为了灌溉农田，经常堵住这一水沟与排水沟的接口。他建议工部局采取措施阻止他们这样做"。该董事会又出手干预，"决定通知各池塘业主，必须立刻将池塘填平"，宣称"假如他们拒绝这样做，工部局将负责填平"。[5]

1893 年 3 月，工部局擅自将原 24 英尺宽的两条水沟加宽为 40 英尺，"不仅占用属于 20 户家庭的土地，而且还堵塞了用来灌溉他们农田的水沟，因为农民不能耕种这些地，而还得为它们缴土地税，他们已请求把土地归还给他们"[6]。

[1] 吴俊范：《水乡聚落——太湖以东家园生态史研究》，上海古籍出版社 2016 年，第 212、220 页。
[2] 上海市档案馆编：《工部局董事会会议录》，第 8 册，第 565 页。
[3] 徐雪筠等译编，张仲礼校订：《上海近代社会经济发展概况（1882—1931）——〈海关十年报告〉译编》，上海社会科学院出版社 1985 年版，第 19 页。
[4] 上海市档案馆编：《工部局董事会会议录》，第 10 册，第 785 页。
[5] 上海市档案馆编：《工部局董事会会议录》，第 10 册，第 800 页。
[6] 上海市档案馆编：《工部局董事会会议录》，第 11 册，第 538 页。

"村民们认为，沿河建筑将挡住潮水内流，妨碍他们的土地灌溉"，并与租界当局发生激烈冲突，"被激怒的该地村民袭击杨树浦巡捕房，当被巡捕击退，……工部局通过领事团提出了强烈抗议，要求官府严惩元凶"。[1]同年9月26日《工部局董事会会议录》载，工部局两根排水管道的污水，排入杨树浦路北面缫丝厂对面村里的小河浜，"而村民们必须通过他们横放在此浜的木板进出他们的房子，木板下面的空间已逐渐被脏物堵塞，河浜散发出一种极难闻的臭气"；会议态度消极，"决定待天气冷些后，再采取措施清除脏物"。[2]

19世纪90年代末，公共租界又循着苏州河及黄浦江分头向西和向东延伸，西自新闸东至周家嘴沿途岸线均被圈入[3]。1892年至1901年《海关十年报告》记述了1899年5月公共租界的这次空前扩展，指出"其结果是增加了护城河（指泥城浜——引者）以外的一大块土地，它一直延伸到静安寺的村庄，北至苏州河的新闸，东部的虹口地区也增加了一大片。这就使得公共租界那一部分的面积增加了一倍，还包括所有的河岸地带以及一条近一英里宽的狭长地带，一直到黄浦江下游的周家嘴为止"。公共租界经过这次扩充，其面积从2.75平方英里增至8.35平方英里，净增2倍多。[4]

另一方面，由于上海地位的重要无可替代，外国列强总是极力设法予以维护，也推动了上海中心城区的形成和扩展。英国人曾毫不掩饰地认为："我们在全世界找不到一个可以和上海相比拟的城市。这个城市似乎在一天之内修建起来，它的商业好像在一小时以内迅速获得成长，在扬子江混浊的江面上大队汽轮云集，借以为祖国同胞的工业打开一条出路。"因此1860年太平军逼近上海，他们便破门而出，直接与太平军兵戈相见，"借以弭平一切叛乱活动，进而保卫上海，抵抗任何攻击"。[5]列强的干预，阻挡了太平军的进攻，"江浙一带富绅巨贾争赴沪滨，以外侨居留地为安乐土。据统计所示，1860年英美居留地间华人已达30万，而1862年竟增至50万。此种避难的富豪都不惜以重金获得居留地间

---

[1]〔俄〕郭泰纳夫著，朱华译：《上海公共租界与华人》，上海书店出版社2017年版，第33页。

[2] 上海市档案馆编：《工部局董事会会议录》，第11册，第578页。

[3] 蒯世勋等：《上海公共租界史稿》（上海史资料丛刊），第468页。

[4] 徐雪筠等译编，张仲礼校订：《上海近代社会经济发展概况（1882—1931）——〈海关十年报告〉译编》，第75页。

[5] 上海社会科学院历史研究所：《太平军在上海——〈北华捷报〉选译》，上海人民出版社1983年版，第302、86页。

一栖止为万幸，西人于是大营建筑的投机，以最迅速的工程，最简陋的材料，就空地兴建大批房屋，以供给华人居住，而转瞬间获得千倍的巨大利益"。一些新的居民点和商业区开始形成，"新筑室纵横十余里，地值至亩数千金"，并越过租界地域向外伸展。[1] 静安寺"在法华东北四里许，本一大丛林，无所谓市也；粤匪（诬指太平军——引者）时，英商开辟马路，渐成市集"，后被融入公共租界的版图。[2]

有学者指出，静安寺路（今南京西路）1862 年修通后，直到 19 世纪后期沿线大部分还保持了城市郊区的乡村风貌。跑马厅和花园别墅正是利用这种幽静的风貌，首先进入该路沿线，从而带动了这条道路两侧的地产开发，逐渐完成乡村景观向城市建成区的转变。[3] 19 世纪末，"越界筑路地区已经建好的或者是正在建的许多洋房——几乎是全部——都有数亩花园，尤其是在静安寺、徐家汇和新闸路，且数量仍在增加，这些道路是租界最重要的出口，其他多数道路都在此分出"[4]。1900 年，在沪英侨在今上海动物园址购地 19.5 亩设立跑马场，后于 1914 年扩建为高尔夫球场。次年 10 月，公共租界工部局越界开筑虹桥路、白利南路（今长宁路）、罗别根路（今哈密路），总长 20.92 公里。[5] 时人描述："租界一繁荣，每借机向外发展，以扩充地盘最常见的方法，即为越界筑路。当时租界南端为中国地带，商铺林立，无从侵入，惟有西面多田野墓地，地主因地价可随筑路后而增高，所以对越界筑路一事表示欢迎，甚至与之相互勾结，官厅本身对此也视若无睹，故越界筑路犹如雨后春笋般地猖獗。"[6]

一项专题研究显示，1895 年至 1914 年间，上海法租界的西部城市边缘区，即作为城市建成区与纯农业地区之间的过渡地带，其地域范围东起今西藏南路，西至华山路，南起肇家浜路，北至延安路，随着上海城市经济的发展和城市化进程的加快，特别是租界当局的越界筑路和洋人的租地经营，从根本上破坏了这里

［1］中国人民银行上海市分行：《上海钱庄史料》，上海人民出版社 1960 年版，第 15 页；冯桂芬：《皖水迎师记》，《显志堂稿》卷 4，第 15 页。

［2］民国《法华乡志》卷 1，沿革。

［3］满志敏：《城市空间扩展的尺度定义和条件》，复旦大学历史地理研究中心等编：《国家视野下的地方》，上海人民出版社 2014 年版，第 144 页。

［4］〔美〕D. 沃尔斯·史密斯著，施恬逸译，王敏校：《1900 年以前的上海》，熊月之主编：《上海史国际论丛》第 3 辑，上海人民出版社 2017 年版，第 125 页。

［5］王孝俭主编：《上海县志》，上海人民出版社 1993 年版，第 28 页。

［6］李振广编著：《民国外交：亲历者口述实录》，中国大百科全书出版社 2016 年版，第 46 页。

原先圩田农业赖以生存的河浜体系，并导致了土地产权的转移，改变了原有的农业为基础的土地利用方式，不再以农业生产为目的，而是以居住、货栈、商业或房地产业为目的，进而推动了相关区域的乡村城市化进程[1]。

其中，马斯南路（今思南路），位于金神父路（今瑞金二路）和吕班路（今重庆南路）之间，原先为农业圩田。南北向河浜——东娄浦，与东西向河浜——马义泾、王家浜、南长浜、沈家浜等，构成了这一区域农业灌溉的河浜网络。这些河浜，源自吴越时期开始的人工建造的水利工程。这是太湖流域逐步形成的一种适合上海农业开发的圩田系统，其一直维持到上海开埠。

之后，随着上海城市的发展而逐渐发生变化。在顾家宅、沈家浜宅、淡井庙、王家浜宅等村落周边，有很多坟墓，其中"罗家湾"坟墓最多，其西南为穆斯林墓区。此外，还有一片外国人的墓地。1899 年法租界第二次扩界，这一区域被开发。1900 年底，吕班路开始辟筑，次年底基本完工，全长 1350 米，宽 50 英尺；金神父路辟筑于 1902 年。当时这里的地价颇为低廉。据《上海地契》记载，1903 年和 1904 年，法租界公董局在此购买了 305 余亩农地，每亩地价仅约 100 洋元。[2]

位于以租界为主体的中心城区对岸的浦东沿岸地带，原本是农田、河滩，并无城区可言。它的起步，完全是受港区建设及相关工业的刺激和推动的。19 世纪 60 年代后，怡和、立德成等外资码头仓栈及兰巴、祥生等外资船舶修造厂的设立，打破了浦东沿江地带的沉寂，渐次改变了这里的田原风光，初显城市化的轮廓。表现之一，是人口的聚集。1879 年仅设于陆家嘴的祥生船厂一家，雇佣工人就有约 1400 人，至 1894 年又增至约 2200 人。他们大多来自外地，其中"粤东、宁波人在此计工度日者甚众"。[3] 于是在港区、船厂附近的陆家嘴、烂泥渡、老白渡、杨家渡等处逐渐形成了一些居民点，并出现了一些相应的商肆店铺。正因为它们多是依托港区、船厂逐渐形成的，所以它们的分布特征鲜明，即多集中在南起白莲泾，北迄庆宁寺的沿江狭长地带，与浦东港区的分布及走向吻合。较之中心城区，这里的城市基础设施几乎是个空白，所见的多是棚户简屋、泥路、窄巷，但这里毕竟不再是农田郊野，已初具城市的雏形。1897 年工部局要求扩展公共租界时，已将这一区域划入，认为除了浦西，"浦东方面情形亦然，该处船坞、

---

[1] 牟振宇：《近代上海城市边缘区土地利用方式转变过程研究》，《复旦学报》2010 年第 4 期。
[2] 牟振宇：《近代上海的土地开发模式——以马斯南路为例》，《安徽史学》2013 年第 3 期。
[3] 孙毓棠：《中国近代工业史资料》第 1 辑，科学出版社 1957 年版，第 1175、1224 页。

油栈以及其他关于造船工业之迅疾发展最堪注意"。声称"此二区非待划入工部局征税管理范围以内，即无一得享卫生、警卫或路灯之列"。[1] 后因清政府反对，未能得逞。但浦东沿江岸线的开发势头不减，1893 年 4 月德商瑞记洋行在浦东华栈附近购地建造了油码头，这是上海第一座装卸散装油船码头。接着，英商亚细亚火油公司油栈码头、美孚石油公司油栈码头也相继建成。前者的上栈油码头，使用岸线 582 米，建有水泥斜面固定码头一座，小型水泥台阶码头一座，铁质活动码头两座，分别供装卸油桶、靠泊小轮船和大型油轮使用，码头总长 160 米；其下栈油码头，使用岸线 448 米，建有水泥固定台阶码头一座，铁质浮动码头两座，码头总长 156 米，专供装卸油桶和靠泊油轮。后者在浦东庆宁寺一带购买沿江土地 200 亩，建造储油池和栈房。[2] 1901 年 10 月 13 日德商美最时洋行在《申报》的广告称："本行在浦东张家浜建造码头及同春福栈房，存储煤之披屋均甚宽大，可储煤及各货物约十五万墩（似应为吨——引者）之多，现已告成，帆船、轮船均可抵码头停泊。"

黄浦江东岸这一狭长地带的城市化区域，在 1909 年出版的《旅沪指南》和 1914 年刊印的《上海指南》中，已都有明确记载："浦东者，即黄浦之东岸也，南自白莲泾，北迄杨树浦路之周家嘴对岸，绵延十数里。"其间的黄浦江沿岸地块，多为外国资本占据，据 1928 年在当地的调查载："沿浦一带厂栈基地，外人重金购买，从事建筑，乡人无知，政府不理，故浦东沿岸土地主权尽属外人，良可慨矣。"[3] 1933 年 7 月，有浦东同乡会成员呈文上海市政府直言："公民等世居洋泾镇东北，务农为业。近三十年来，洋商之在我浦东沿江购建厂栈者，亘十数里，几无隙地。而我华商欲在其间建筑一面积宽广可以直达江边之码头，反不可得。"[4] 此前的 1910 年，已有从浦东东沟经庆宁寺到浦西外滩的黄浦江首条轮渡线开辟，方便了两岸市民的交往。[5]

[1] 《1897 年工部局报告》，蒯世勋等：《上海公共租界史稿》（上海史资料丛刊），上海人民出版社 1980 年版，第 468 页。

[2] 薛顺生：《浦东的早期外商油栈码头》，上海市历史博物馆编：《都会遗踪》第 6 辑，学林出版社 2012 年版，第 92、93 页。

[3] 《上海特别市各区农村概况》，原载《社会月刊》第 2 卷第 5—11 号（1930 年 11 月至 1931 年 5 月），转引自李文海主编：《民国时期社会调查丛编（二编）·乡村社会卷》，福建教育出版社 2009 年版，第 444 页。

[4] 穆家修等编著：《穆藕初年谱长编》，上海交通大学出版社 2015 年版，第 952 页。

[5] 上海市经济学会等编：《上海交通》，上海科技文献出版社 1989 年版，第 502 页。

1898 年，在沪英国人亨德森描述："在近几年中，各种工厂和棉纺织厂等如雨后蘑菇般地出现，如果有一个人 1870 年时在这里睡着，而在 1898 年时醒来，他可能几乎难以相信自己仍然是上海居民。"[1] 1897 年的资料载，上海"新闸路和卡德路的结合部两三年前还是农田，而现在已盖起了数以百计的中国房屋"。次年 6 月在沪英国商人团体"中国协会上海分会"称，新闸路一带原先只是小村庄，此时"已发展为拥有 3 万人口的市镇"。[2] 据统计，1914 年上海租界总面积达 48653 亩，为最初面积的 24 倍，是上海县城面积的 10 倍，上海城市范围因此扩大[3]。

虹口港区北侧的江湾镇，"昔不过三里之市场，今则自镇以南马路日增，星罗棋布，商埠之发展直与界联为一气，无区域之可分，繁盛殆甲于全县"。要因在于它贴近租界，"水道则有走马塘之运输，陆道则有淞沪铁路之便捷，其骎骎日上之势殆将甲于全邑市乡"。[4] 一项专题研究揭示，1900 年时江湾地区仍为绿野平畴、河道纵横的乡村景观，东部沿黄浦江有衣周塘堤岸，堤坝外是大片的滩涂；东西向的河流有大坟港、杨树洪、老白港、徐和浜、南老河、巽风浜、毛家浜、钱家浜、横浜、虬江、浣沙浜、走马塘等，南北向则有随塘河和小吉浦。其间分布着近 90 个村宅，如洪东宅、杨家宅、奚家角、金许宅、汤家巷等。此后，这一地区逐渐城市化，先是 1905 年沿衣周塘堤岸建成军工路，1917 年筑西体育会路，1921 年筑殷行路，1922 年起陆续筑成连接相邻区域的淞沪路、翔殷路、翔殷西路（今邯郸路）、黄兴路、其美路（今四平路）等 5 条干道；1926 年，再筑闸殷路。1929 年后，更成为南京国民政府"大上海计划"城市建设的重心所在。[5]

毗邻内河港区的曹家渡，先前"地甚荒僻，绝少行人"；自内河轮运开通，"面临吴淞江，帆樯云集，富商巨贾莫不挟重资设厂经商，除缫丝、面粉两厂外，若洋纱厂、织布厂、鸡毛厂、牛皮厂、榨油厂、电灯厂，不数年间相继成立，市面大为发达，东西长二里许，鳞次栉比，烟火万家"。[6] 据 1928 年的农村调查，上海闸北原先"以天通庵为热闹市场，农田相望，日中为市。自淞沪铁路通车以

---

[1] 吴乃华摘译：《英国议会文件有关上海法租界资料选译》，《清史译丛》第 8 辑，中国人民大学出版社 2010 年版，第 173 页。

[2] 吴乃华摘译：《英国议会文件有关上海法租界资料选译》，《清史译丛》第 8 辑，第 181、160 页。

[3] 杜恂诚主编：《中国近代经济史概论》，上海财经大学出版社 2011 年版，第 157 页。

[4] 民国《宝山县续志》卷 1，市镇。

[5] 邹逸麟主编：《明清以来长江三角洲地区城镇地理与环境研究》，商务印书馆 2013 年版，第 112、113、114 页。

[6] 民国《法华乡志》卷 1，沿革。

后，交通便利，商贾辐辏，不数年间，自给经济受营业经济之压迫，大都易农村为市场，故现在农村寥寥无几"。在上海西郊的蒲淞区，"近十年来，当地人口骤然增加。揆其原因，盖自英人越界筑路以来，交通便利，工厂日增，侨寓本区，络绎不绝，而固有农户亦静观趋势，大都化农为工。其周家桥地方，居户日多，市面日兴，为一新成之镇"。在上海北郊的彭浦区，"近来潭子湾、永兴路及中兴路一带，工厂林立，悉为客籍侨民寄居之所"。在上海东郊的引翔区，"胡家桥一带，工厂林立，依工厂为生活者，半为客籍居民"。[1]同年 7 月，原属嘉定县的真如乡"划隶上海特别市，改真如乡为真如区"。[2]

大量外来人口的迁入，改变了上海近郊一些村庄的人口结构和日常生活，1934 年对杨树浦附近村落的调查记载："有一个年老居民这样讲：'我生长在这个庄上，我的祖父也生长于此。当我幼年时，村人个个皆种田，女人们皆缠足。当时村中没有几姓，现在却添了无数新姓。当时我们各人皆有一所房屋和一块田，现在却有许多人租田种。从前我们大家互相帮忙，遇到外侮，合力防御。我们当初在每年年初，选举年长者做乡董，后来却选有钱的做乡董了。"[3]

上海开埠后，随着城市经济的发展，城区地价节节攀升，1895 年后更甚。"1896 年，英美两处租界总地价共白银 28912308 两，比 1880 年上涨了 258%。英租界的土地价值翻了 3 倍，与此同时，虹口的地价比 16 年前增长了 5 倍有余。地价大涨始于 1895 年的最后几个月，并在之后的 4 年内持续上涨，主要原因是寻求外国保护下的安全投资的国内资金流入以及大量纺织厂、缫丝厂和其他工厂建立带来的人口增长。"[4]1904 年，英商作为房地产投资公司的业广公司出售仁记路（今滇池路）一块土地，每亩售价 9.5 万银两，是 1895 年购入时价格的 10 倍以上。[5]据 1930 年代的调查："上海于道光二十二年（1842）辟为商埠，英商

---

［1］《上海特别市各区农村概况》，转引自李文海主编：《民国时期社会调查丛编（二编）·乡村社会卷》，福建教育出版社 2009 年版，第 427、435、436、427、444 页。

［2］ 民国《上海特别市真如区调查统计报告表册》（上海乡镇旧志丛书），上海社会科学院出版社 2004 年版，概况，沿革。

［3］ 何学尼译：《工业化对于农村生活之影响——上海杨树浦附近四村五十农家之调查》，原载《社会半月刊》第 1 卷第 1—5 期（1934 年），转引自李文海主编：《民国时期社会调查丛编·乡村社会卷》，福建教育出版社 2005 年版，第 254 页。

［4］〔美〕D. 沃尔斯·史密斯著，施恬逸译，王敏校：《1900 年以前的上海》，熊月之主编：《上海史国际论丛》第 3 辑，上海人民出版社 2017 年版，第 114 页。

［5］ 吴志伟：《业广公司及其大楼》，《上海城建档案》2013 年第 2 期。

在黄浦滩购地亩价制钱 50 至 80 千文而已。洪杨军兴（指太平天国——引者），避沪者众，于是地价大增。然至光绪八年（1882），今南京路工部局所在地，每亩亦仅售银 3750 两，及宣统三年（1911）则亩值 7 万两，近更增至 20 余万两。公共租界之中区地产之每亩平均价格，民国五年为 4.5 万两，十四年为 8.5 万两，二十一年为 17 万两，16 年之间增涨 378%。"[1] 投资上海城区尤其是租界地产，常是当时富人的首选。如对 1920 年盛宣怀遗产清理结果的研究发现，至少在盛宣怀晚年，有相当一部分资产置于城市特别是上海租界的地产业；又如英美烟草公司买办郑伯昭以佣金所得投资上海房地产，据估计，1937 年抗日战争爆发前的 15 年间，他投入房地产的资金总数约 750 万元，但是在抗战前其所拥有的房地产价值已达 3000 万元[2]。

城区对乡村的扩展，在蚕食农田的同时，也推高了这些区域的地价。1928 年对上海近郊农村的调查，有清楚的显示：

表 5-5　晚清至 1928 年上海近郊农村的土地价格变迁

镇　别	年　度	价　值
北新泾	五十年前	3000 ～ 5000 文
	四十年前	4000 ～ 5000 文
	三十年前	5000 ～ 7000 文
	二十年前	7000 ～ 20000 文
	十年前	20 ～ 100 圆
	五年前	80 ～ 1000 圆
	1928 年	80 ～ 2000 圆
江　桥	五十年前	3000 ～ 5000 文
	四十年前	5000 ～ 7000 文
	三十年前	7000 ～ 10000 文
	二十年前	10000 ～ 20000 文
	十年前	40 ～ 60 圆
	五年前	60 ～ 80 圆
	1928 年	40 ～ 80 圆

［1］　土地委员会编：《全国土地调查报告纲要》（土地调查报告第一种，1937 年 1 月），转引自李文海主编：《民国时期社会调查丛编（二编）·乡村经济卷》，福建教育出版社 2009 年版，下卷，第 372 页。
［2］　云妍：《盛宣怀家产及其结构》，《近代史研究》2014 年第 4 期。

镇　别	年　度	价　值
诸暨、华漕	五十年前	3000 ～ 5000 文
	四十年前	5000 ～ 6000 文
	三十年前	6000 ～ 10000 文
	二十年前	10000 ～ 20000 文
	十年前	20 ～ 40 圆
	五年前	40 ～ 80 圆
	1928 年	40 ～ 80 圆
虹　桥	五十年前	3000 ～ 5000 文
	四十年前	5000 ～ 7000 文
	三十年前	7000 ～ 10000 文
	二十年前	10000 ～ 20000 文
	十年前	20 ～ 40 圆
	五年前	40 ～ 100 圆
	1928 年	40 ～ 100 圆

资料来源：《上海特别市各区农村概况》，原载上海特别市社会局《社会月刊》第 2 卷第 5—11 号（1930 年 11 月至 1931 年 5 月），转引自李文海主编：《民国时期社会调查丛编（二编）·乡村社会卷》，福建教育出版社 2009 年版，第 439 页。

该项调查者指出，这些地区的土地价格，"沿马路一带较高，近乡僻者较低"，其中"在北新泾之东沿马路一带，每亩地价自千元至 2000 元不等；梵王渡铁路以西，竟值 2000 元以上"。[1] 1928 年，"闸北全区 2/3 已改为市场，其余不完整之耕地，率皆待价以沽。盖商业日形发达，耕地价值已涨至 2000 元以上"[2]；毗邻法租界的沪南区则更贵：

上海自开辟商埠以来，万商云集，工厂日兴，客民日渐增多，而农村区域亦随之缩小。最初有望日江东出黄浦与日晖港相接。相传当时河

[1] 《上海特别市各区农村概况》，转引自李文海主编：《民国时期社会调查丛编（二编）·乡村社会卷》，福建教育出版社 2009 年版，第 438 页。

[2] 《上海特别市各区农村概况》，转引自李文海主编：《民国时期社会调查丛编（二编）·乡村社会卷》，第 427 页。

道纵横，水利称便，农业颇为发达。后因通商开埠，居民日多，沿江大率建造房舍，因之日渐淤塞。至民国三年被镇守使郑汝成填塞，改筑马路，名曰真人路，至今尚留痕迹，每遇霪天，水溢路上，行人苦之。二十年来地价之变迁至堪惊异，二十年前凡值每亩数 10 元至 300 元之地，近虽出 3000 元之重价，亦将不易得矣。[1]

1930 年上海近郊的乡村社会调查载："耕作土地价格之高下，一般多依作物成绩为标准，惟上海近郊土地业已受都市影响，每亩价格有达千元以上。"其中，因紧邻法租界，"法华区田亩租金在各区中为最低，而其地价则为最高，较诸最适园艺经营之浦东塘桥，地价高出 1/5，盖以近于市区，便于营造，以致价格激涨。若引翔、江湾、彭浦等区，亦准此而增高。要之，浦东土地价格贱于浦西，远郊贱于近市"。而法华区之所以田亩租金低廉，地价却最高，则因为其土地用途已不再是农业经营，而是随城区扩张而来的市政建设，"盖以地当闹市，多供建筑之用，栽培作物者极少"；其"环近市场之耕作土地，早已进为候补之建筑地，效用于农业者自属浅鲜，是非一般农村所通有，惟交通集中处始有此现象"。[2] 有人记述："所谓龙华水蜜桃……老农相传其种南宋间来自汴京，但在民初已很难遇。自民十八（指 1929 年——引者）后，高昌庙工厂林立，地价飞涨，桃农多拔树填土，以待善价而售，以致桃花零落，夭折日多。"[3]

1934 年对杨树浦附近村落的调查显示："这些村中的土地，从前的卖价比现在便宜多多，因为外人迁入以及自然繁殖，户口增加，土地之需要增大，地价遂亦高涨。城市本身扩张，及于村庄，地价乃更猛涨。据一老居民言，今日上等稻田每亩值洋 500 元，而在 30 年前，则 500 元可以购进 10 亩。"[4]

---

[1]《上海特别市各区农村概况》，转引自李文海主编：《民国时期社会调查丛编（二编）·乡村社会卷》，第 432 页。

[2]《上海市百四十户农家调查》，原载《社会月刊》第 2 卷第 2—5 号（1930 年 8 月至 11 月），转引自李文海主编：《民国时期社会调查丛编（二编）·乡村社会卷》，第 501、536、515 页。

[3] 陈定山：《春申旧闻》，海豚出版社 2015 年版，第 116 页。

[4] 何学尼译：《工业化对于农村生活之影响——上海杨树浦附近四村五十农家之调查》，原载《社会半月刊》第 1 卷第 1—5 期（1934 年），转引自李文海主编：《民国时期社会调查丛编·乡村社会卷》，福建教育出版社 2005 年版，第 254 页。

表5-6　上海近郊土地每亩价格比较（1930年）

单位：元

	法华	江湾	彭浦	引翔	真如	蒲淞	漕泾	吴淞	殷行	塘桥	杨思	洋泾	高行	陆行	高桥	平均
最高	1200	600	400	500	400	100	200	300	150	1000	200	150	150	120	120	373
最低	500	100	300	250	80	60	155	100	100	150	120	100	90	70	100	152
平均	900	283	335	280	266	87	167	183	133	483	147	127	113	97	113	239

资料来源：《上海市百四十户农家调查》，原载《社会月刊》第2卷第2～5号（1930年8月—11月），转引自李文海主编：《民国时期社会调查丛编（二编）·乡村社会卷》，福建教育出版社2009年版，第501页。

地价的上涨，促使上海近郊土地买卖和析产分割活跃，一些原先附着于这些土地谋生的佃农或雇工因此生计陷于困境。1935年的资料载，宝山县的"小地主和富农，有的家道中落，乃将交通便利地方所有土地，由'地敝虫'做中介，卖给上海有钱的商人和豪绅（此种事实在近沪之地，更属显见）；有的因子侄兄弟连年析产别业，土地分割日益零细，在十年前或二十年前有五六十亩耕地的人家，今日已分成三四家十余亩的小农。因此，好多人家的田地，不须用长工或放'脚色'来耕种；原本靠佃田、做长工或当脚色活命的壮丁，寻不到长年工作，只能在农忙时期，间或给人家做些短工杂作，暂糊胃腹"[1]。

一项专题研究揭示，上海开埠后，随着租界的设立及其不断扩张，相应的农田转化成了租界道契土地。其间的土地交易中，存在"阴阳"双重价格：契内价（即中国原业主卖给中间商的价格）在阳面，数额偏小；而中间商卖给洋商的价格在阴面，数额大了不少。双重价格的存在，说明在上海早期城市化的农田收购并转立道契的过程中，存在着利益分配的不均等，决定这种利益分配不均等的一个主要原因是信息的不对称。在工部局董事会里担任总董、副总董和董事的房地产商人，掌握租界扩张和市政工程等最核心的机密或信息，他们可以自己利用这些信息，也可以向其他洋商或华商扩散信息。信息源会有很多扩散信息的渠道，以满足其利益链和社会关系链的需要。另外，洋商需要利用土地中间商和地保等为他们收购农田服务，而土地中间商的存在是土地市场必不可少的环节。而中国原住民在土地交易中利益得不到充分保障，主要是因为信息不对称。由信息不对

---

[1]　陈凡：《宝山农村的副业》，《东方杂志》第32卷第18号（1935年9月）。

称导致的房地产市场上不同主体的利益差异，成为近代上海城市化早期资本和财富原始积累的一种历史途径。[1] 从中攫取巨额利润的，首推那些手握特权的外国商人。

当时迁居城市的并非全是穷人，伴随着近代城市经济的发展，一些"乡居地主"向"城居地主"转化，离乡地主携带着从土地上积累起来的财富进入城市，把土地资本转化为工商业资本。因为即使上海近郊地租有较大幅度的提高[2]，与工商业利润相比较，仍大为逊色。据1923年的调查，上海地区各县土地占有超过50亩者人数不多，而且越靠近上海市区其人数则越少。原因在于，上海发达的工商业与可观的利润，刺激地主把资金投入了工商业。[3]

如前所述，大量农村人口进入城市，主要是迫于战乱、灾荒和农村经济的凋敝。1930年的社会调查亦载：

> 上海自辟为通商口岸以来，工商业日益发达。农民致力田亩，辛苦艰难，收益且复短少，因以转就他种杂役，如店伙及工人等，收入均较农耕为多。即体力上之劳苦，较之雨淋日炙，带水拖泥者，不无轻易清洁。且因生于斯，长于斯，言语习惯无一不适。一般工商业者无不乐于雇用，而其亲友连带关系，离去乡土，入于都市，家主就雇于市场，妻女仍耕于农村者，亦常有事。但妇女童稚，缺乏经验，短于气力，春耕夏耘，田事每多遗误。其收益不佳，或因而亏本，自必难免。而地主之所征收，不能短少，反被种种逼迫，不能维持生活，往往随其家主而转入都市，以从事简易工作，若纱厂、纸烟厂、火柴厂等，皆需用女工、童工，以工资之所得，维持其生活，实较力田为愈也。故集中都市之原因，虽有种种，而经济的压迫，实其主要。[4]

---

[1] 杜恂诚：《近代上海早期城市化过程中的农田收购与利益分配》，《中国经济史研究》2012年第3期。

[2] 据统计，1920年至1930年间，宝山县地租平均提高50%，毗邻上海城区的大场、杨行等乡甚至提高了一两倍。详可参阅徐新吾等主编：《上海近代工业史》，上海社会科学院出版社1998年版，第168页。

[3] 樊树志：《江南市镇：传统的变革》，复旦大学出版社2005年版，第31—33页。

[4] 《上海市百四十户农家调查》，原载《社会月刊》第2卷第2号（1930年8月），转引自李文海主编：《民国时期社会调查丛编（二编）·乡村社会卷》，第493页。

当时城市所能提供的就业机会远不及实际需求。据巫宝三的研究，1933年中国国民所得为19946百万元。产业结构方面，排在首位的是农业，净产值为12271百万元，占比为61%；其次是商业，占比为12.6%；再次是制造业，占比为9.1%；其余各业，占比均在5%以下，可见当时中国的工业化程度非常低。[1]另据吴承明的研究，1933年全国人口约5.108亿，非农就业人数约0.3912亿（主要在城镇），占总人口约7.7%；而在非农就业人数中，约85%是在传统部门如手工业、人力搬运、建筑等行业中，现代化部门仅占约15%，又主要由第三产业吸收，现代化工业只吸收100余万人[2]。如当时人所揭示的："中国在旧工业（指乡村手工业——引者）中失了位置的人，虽然跑到都市中去，但是都市中的新兴工业还在幼稚时期，不能收纳乡村中投往都市的人口，因此造成中国今日乡村与都市的普遍失业现象。"[3]有鉴于此，1931年的社会调查显示，即使在紧邻工厂区的上海杨树浦，仍有很多人以务农为生，"查该处农家收入，以农产物为主，如夏作之麦类蚕豆，冬作之棉稻大豆等。以副兼业为佐，如纺织佣工以及小贩畜牧等。一般农民大抵以棉作为正项收入，一家生计咸赖是焉。其他如纺织佣工等，虽为一般农民之副兼业，然收入甚微，仅可稍资补益耳"[4]。

即使好不容易入厂找到工作，很多也是短期雇用的季节工。以上海荣家企业为例，"福新面粉厂由于原料供应不经常，一年之中只有在端午节新麦上市后才开足工，到九十月麦子做光就要停工，每年开工只有四五个月。端午节前后，粉厂就开始招进大批工人；到了重阳后，大批工人又被解雇而不得不离开工厂。被解雇出厂的失业工人，就得找寻新的工作。如果家里有田，还可回家种田，否则就要流浪挨饿"。据当时的工人回忆，"有时因为市面好，老板就拼命加班加点赶制。九月以后，或在市面不好的时候，老板就'死人不管'，把工人踢开。过去厂里停工时，哪里有生活（指工作——引者），我就到哪里去做。我曾先后在泥城桥和杨树浦的轧花厂扛过花衣（指棉花——引者），还曾在杨家渡码头做过装

[1] 巫宝三：《中国国民所得（一九三三年）》，商务印书馆2011年版，第26页。

[2] 吴承明：《论二元经济》，《历史研究》1994年第2期。

[3] 吴景超：《第四种国家的出路——吴景超文集》，商务印书馆2008年版，第60页。

[4]《上海市中心区百零六户农民生活状况调查录》，原载《社会月刊》第2卷第12号（1931年6月），转引自李文海主编：《民国时期社会调查丛编（二编）·乡村社会卷》，第542—543页。

卸工"。[1] 上海的机器缫丝厂，多数只是在新茧上市时开工几个月，其余时间停工歇业。20 世纪 30 年代，世界经济危机波及中国的生丝出口。1935 年，上海缫丝业工人失业者约达 7 万人，无锡缫丝业失业工人约 3 万余人。[2] 上海《商业月报》1937 年第 7 期的调查载："绝大多数丝厂工人都来自农村，还有农村亲属可以依靠，值此丝业萧条之际，许多人回到其家乡，那些无依无靠者只好另寻出路。"每当民族工业遭遇危机和萧条时，工人往往首当其冲，面临失业的困境。以上海为中心的机器棉纺织业，是一个缩影。

自 1931 年始，民族资本的棉纺织业迭遭灾难：英、日等国相继放弃金本位，导致中国对外贸易逆差扩大，白银外流，农村金融枯竭，以农村为主要市场的民族棉纺织工业深受打击；长江流域发生的特大水灾，使受灾地区的棉纺织品市场顿时衰减；"九一八事变"和东北沦陷，亦使民族棉纺织工业丧失了一大销售市场。接着，淞沪之战爆发，上海闸北多家棉纺织厂被战火摧毁，因战事停工者更多，上海的纱布市场完全停市 3 个月。沪战未已，伪满洲国成立，关内棉纺织品的东北销路完全断绝。1933 年春，日本占领热河，并进犯长城各口，关外最后一块棉纺织品市场也断绝。受上述沉重打击，棉纺织品严重滞销，价格惨跌。1930 年后，上海棉纱销路已开始下滑，1931 年加快，1933 年跌入谷底。纱厂严重亏蚀，资金周转困难，停工减产、亏损倒闭，或出租、清理、拍卖、转让，棉纺织业全面衰退。[3] 与此相联系，众多工人陷于失业困境。以荣氏企业为例，其申新一厂和八厂 1933 年至 1935 年间解雇工人超过 13000 人次[4]。

1930 年代的社会调查载："城市工商业发达，工厂制造需人，交通运输需人，而其所需之人大抵来自乡村，足使乡村劳工感觉缺乏。一旦城市工商业衰颓，工厂制造减少人工，交通运输减少人工，则始而来自乡村者，失其在城市生活之凭藉，自有返回家乡。因回乡之分子多，乡村自感农工之太多。"[5] 在近代城市经济较为发展的上海，劳动者失业的情况也很严重。据 1934 年 5 月上海市社会

[1] 上海社会科学院经济研究所编：《荣家企业史料》上册，上海人民出版社 1982 年版，第 125 页。
[2] 陈真等编：《中国近代工业史资料》第 4 辑，三联书店 1961 年版，第 140 页。
[3] 刘克祥等主编：《中国近代经济史（1927—1937）》，人民出版社 2012 年版，第 91、92 页。
[4] 宋钻友等：《上海工人生活研究（1843—1949）》，上海辞书出版社 2011 年版，第 112 页。
[5] 陈正谟：《各省农工雇佣习惯及需供状况》（中华文化教育馆 1935 年出版），转引自李文海主编：《民国时期社会调查丛编（二编）·乡村经济卷》，福建教育出版社 2009 年版，下卷，第 1158 页。

局的统计，仅华界内的无业游民就有 29 万人之多。[1] 即使按照最低年份的比例推算，1930 年至 1936 年间整个上海的失业或无业的人口至少为 60 万或 70 万人以上。[2] 这就导致这些流入城市者大多成为触目皆是的城市贫民，或勉强糊口，或依旧衣食无着、流落街头，其中很多人在城市边缘地带搭建了成片的窝棚栖身。[3] 1949 年的上海棚户区分布图显示，"上海城市建成区几乎完全被棚户区所包围，这时的棚户区人口超过 100 万，占城市总人口的四分之一，棚户区充当了城区与外围乡村区域的连接带"[4]，成为近代上海乡村城市化进程中带有浓厚历史特征的产物。

具体而言，上海开埠后，近代化的城市土地利用方式改变了原有的乡村景观格局。随着租界城市空间不断向乡村地区扩张，乡村聚落所依存的河道体系，因经济价值发生转变而在物质形态上被瓦解。地产商越过租界线，在附近乡村地区购置土地、开发房地产、修筑马路，是早期上海城市空间快速扩张的重要方式。与此同时，这些区域原先的乡村河道逐渐淤塞，城市又能提供很多新的就业机会，吸引周边乃至外省的农民进城谋生，于是将淤未淤、欲治不治的河道与堤岸空间，为大量来城市谋生的外来贫困人口提供了最初落脚的场所，出现了众多的棚户区，成为城市的边缘地带，乃至逐渐成为城区的一部分。[5]

据 20 世纪 30 年代的调查，上海租界的 10 名人力车夫中，"大约有 6 万是没有家眷的，他们都住在车行里，由承放人搭建二层三层搁楼供给车夫居住。在每一家车行的二层搁楼上，须住着二三十个车夫；一间三层通搁，则须容纳四五十个车夫。他们在地板上铺着肮脏的被席，依次的排列着。他们中间拥挤得没有一些距离，这里的空气是污浊的，地板是龌龊的，臭虫、白虱是这里的特产"。在有家眷的 4 万名车夫中，"约有 2 万以上是过着草棚生活的，他们在沪西越界筑路一带空地上花费一二十元，有的每月还要付几角钱的地租（有的没有地租），搭一间简陋的棚舍，勉强作为栖身之所"。[6] 棚户区的生活环境，只能用非人来

---

[1] 阮清华：《上海游民改造研究（1949—1958）》，上海辞书出版社 2009 年版，第 29 页。

[2] 邹依仁：《旧上海人口变迁的研究》，上海人民出版社 1980 年版，第 31 页。

[3] 详可参阅蔡亮：《近代上海棚户区与国民政府治理能力》，《史林》2009 年第 2 期。

[4] 吴俊范：《河道、风水、移民：近代上海城周聚落的解体与棚户区的产生》，《史林》2009 年第 5 期。

[5] 苏智良等：《景观的历史表述及其路径》，《史学理论研究》2010 年第 3 期。

[6] 朱邦兴等编：《上海产业与上海职工》（上海史资料丛刊），上海人民出版社 1984 年版，第 676 页。

描述："草棚大率建于泥地之上，四周墙壁或用竹篱，或用泥草碎石等泥凝物，顶覆稻草，窗是大都没有的。通常一座草棚是一大间，长二丈，宽一丈余，也有用芦席或板壁隔成小间，前部为炉灶和休息之所，后部为卧室厕所。地下没有沟渠的设置，一遇天雨，积水是无法排泄的。"[1]《上海市大观》载："上海有天堂仙境，也有地狱苦海，有精致洋房和崇大的摩天楼点缀其间，但在四周为都市所摈弃的近郊地带，中小工厂萃集和码头车站附近的地方，还保留着许多连猪羊舍都不如的草棚棚户，与洋楼大厦恰成为一强烈的对比。这种棚户，散布于杨树浦、曹家渡、北新泾、闸北一带，他们为生活在沉重的大石下面，使人决不相信在天堂的上海，会有这样的人间地狱。"据1936年不完全统计，上海这种棚户"共有二万余户，约十万人，在租界中的尚不在内"。[2]

　　严酷的现实，使得很多流入城市的农村人口很难在城市安家或长期立足，1912年至1921年《海关十年报告》载："在劳动力方面，过去那种农民从四乡涌向上海，拿低微的日工资争做任何工作的日子，已一去不复返了……人们不再把上海看作是理想的福地，他们倒是担忧，这里生活费用高，不易找到一个安身之处。"[3]民国江苏省嘉定县《望仙桥乡志续稿》载，在位于上海附近的该乡，"宿、靖客民业小贩、厂工，泛宅浮家，冬来春去，盈亏难于考察"[4]。如1931年的一份调查所揭示的："他们的迁徙非因都市直接生产的工商业的繁荣需要劳力而被吸收到都市的，徒以天灾、战争、匪乱（系当时的用语——引者）、土地不足等原因的循环，逼着乱跑。"[5]

　　1934年的《浙江省农村调查》载："近年以来，都市工商凋敝，特别如织绸业之在浙江，失业人数增加，……现在出外工作人数较民国十七年时较少，所以这种出外工作人数减退的现象，并不是农村经济复苏的征兆，而是都市工商萧条的恶果。"在江苏省，"丝厂之工人，大都向田间召集，此辈与乡村农民多有亲属关系，当此次丝业衰落之际，即多返其农村故乡。据某新闻记者称，丝业不振之结果，使无锡乡村之人口激增。因前赴都市工作者，今大都重返至田间；其无田

［1］　上海市政府社会局：《上海市工人生活程度》，中华书局1934年版，第55页。
［2］　熊月之主编：《稀见上海史志资料丛书》，上海书店出版社2012年版，第7册，第527、529页。
［3］　徐雪筠等译编，张仲礼校订：《上海近代社会经济发展概况（1882—1931）——〈海关十年报告〉译编》，上海社会科学院出版社1985年版，第210页。
［4］　民国《望仙桥乡志续稿》风土志，风俗。
［5］　李文海主编：《民国时期社会调查丛编·乡村社会卷》，福建教育出版社2004年版，第278页。

可资耕种者，则代人垦作，于是农民之工资，因是减低约二成"。[1] 1935 年上海近郊的宝山县，以往人们"求亲托友想法跑到上海去挣钱，最普遍的是'做厂'、'出店（给商店当运输工人，内以米店最多）'、'吃油水饭'（即在沪上本地馆子做堂倌）、'摆作台'（即开缝衣店），这是民国十五六年间的'时髦生意'。可是上海的饭也难吃，近几年来，因受不景气的影响，常有被辞歇的危险，所以跑上海的幻想早已破灭，不像七八年前那样踊跃了"[2]。

一项综合性的统计表明，通商口岸体系形成后中国城市的发展变化，从总体上说，应是城市体系的"近代化"，而不是所谓的"城市化"。与此相联系，在 1930 年代前期各省乡村迁徙的人口中，仍以在乡村地区间相互迁徙的比例为最大，城市与乡村互相迁徙的比例则较为接近，而其中由城市回迁乡村的比例甚至还要更高一些。[3] 上海地区农村，自 19 世纪 60 年代后，亦有很多外地农民移居前来务农工谋生。青浦《章练续志》载："自洪杨兵燹（诬指太平军——引者）之后，田亩曾经荒芜，几至有田无人耕种之慨。"[4] 沪上富商杨坊曾应嘉定知县之请，购地数千亩设立"棠荫山庄"，招募流民耕种。[5] 在嘉定钱门塘乡，"洪杨乱后，四乡村落半多被毁，顾浦以西，除市集外，皆客佃住居，或业主造屋，或自结茅庐，相与力田而长子孙"；"市西土著既少，农民大半来自他乡，人皆朴愿，惟田亩悉系他处绅富所置"。[6] 嘉定望仙桥乡，"常、吴客民散处四乡，租田力作，耐劳苦，戒奢华，赤手空囊，往往致富。崇、海客民受佣于农家，口体之养过丰，积储之术未谙，日常所入，徒供温饱"[7]。

上述史实，充分暴露了在当时的城乡关系的格局下，众多贫苦农民迫于生计，辗转于城乡之间、彷徨失所的基本状况。近有学者撰文认为：

---

[1] 章有义：《中国近代农业史资料》第 3 辑，三联书店 1957 年版，第 480、481 页。

[2] 陈凡：《宝山农村的副业》，《东方杂志》第 32 卷第 18 号（1935 年 9 月）。

[3] 姜涛：《通商口岸体系的形成与中国近代城市体系的变动》，《四川大学学报》2006 年第 5 期，第 22—24 页。另有一项时段更长的综合性研究也表明，近代中国是城市化很低的国家。1949 年，欧美发达国家的城市人口占其总人口的 28.4%，中国城市人口 5700 万，仅占总人口 10.6%。详可参阅姜进主编：《都市文化中的现代中国》，华东师范大学出版社 2007 年版，第 25 页。

[4] 民国《章练续志》卷 2，田赋。

[5] 上海图书馆编：《中国家谱论丛》，上海古籍出版社 2010 年版，第 70 页。

[6] 民国《钱门塘乡志》卷 1，乡域志，村落；卷 1，乡域志，风俗。

[7] 民国《望仙桥乡志续稿》风土志，风俗。

在中国经济史上，农民家庭始终是一个足够理智的经济个体。尽管中国经济史上曾多次出现过诱发农民走出农业、农村，迈入工商业和城市的历史机遇，但在外在生态条件和多重制度约束下农户出于个体理性算计的结果，仍然选择以农为主、工商为辅的生产和生活方式；他们不像资本主义企业那样追求利润最大化，他们也不像雇佣劳工那样追求工资收入最大化，而是追求产量最大化和家庭的全员就业，这种多重约束下的有限理性乃是导致中国未能及时发生工业革命并迈入现代增长阶段的重要原因。[1]

这种论断，与史实相距甚远。应该指出，中国历史上的农民未能走出乡村，或一度走出乡村后又折回，并非是其"出于个体理性算计的结果"，而是在当时的社会环境下，他们中的绝大多数人根本不可能有所谓"出于个体理性算计"的选择，只能迫于生计，或辗转于城乡之间挣扎求生，或困守贫瘠的土地勉强度日，他们不可能也不应该为丧失所谓"中国经济史上曾多次出现过诱发农民走出农业、农村，迈入工商业和城市的历史机遇"和"中国未能及时发生工业革命并迈入现代增长阶段"负责。

值得注意的是，随着上海工业的发展和城区的扩展，近郊农村所面临的环境污染如水资源的污染问题，也初露端倪。1880年后，上海城区的外国地产商为追逐更多的利润，纷纷越过租界边缘，将擅自填河的区域延伸到周边的乡村聚落。这些区域虽然已受到城市化较大的影响，但尚且有大量的农田存在，过早地将河道作点状或分段填没，易造成更大范围的河道淤塞，给农业生产带来不利影响，此外也造成了水文生态更大范围的紊乱。[2]1884年有外商抱怨，静安寺附近有一条"臭河浜"（池塘），"这个池塘的水面原来是随潮汐而定时涨落的，现在已几乎不再涨落了，这是由于通向池塘的那条沟渠被淤泥所堵塞了"。[3]1890年代走访苏州河北岸外资化工厂的英国人记述："厂区建筑占地很广，企业投入了很大一笔资金用于建设与硫酸生产和精炼银相关的流水线，而后者则首先要用到酸。

---

［1］赵红军：《农民家庭行为、产量选择与中国经济史上的谜题——一个考察中国未能发生工业革命的微观视角》，《社会科学》2010年第1期，第40页。
［2］吴俊范：《水乡聚落——太湖以东家园生态史研究》，上海古籍出版社2016年，第212、220页。
［3］上海市档案馆编：《工部局董事会会议录》，上海古籍出版社2001年版，第8册，第565页。

硫酸的生产需要大量的蒸馏水，每天大约可以生产 8000—9000 磅硫酸，生产夜以继日地进行"；其造成的空气污染则让他难受："工厂中一些区域的烟雾严重影响到了我们的呼吸系统，以至于大家都想马上清洁一下喉咙。然而，经理却告诉我们让喉咙被布满厂区的水蒸气挠一下痒是很有好处的，他还向我们保证不会找到比在他工厂里工作的工人更健康的本地人，而他们经常吸进这些烟雾。"这位英国人对此感叹："从表面上看，他们的身体确实不错，不过对我们来说，健康是什么东西也换不来的。"[1] 江湾一带，"沿淞沪铁路天通庵与江湾车站之间，有威士制革厂，傍江湾河而立。凡厂中秽水，皆泄于河中。江湾沿河居民，因河水污染，饮之有害，乃于前月诉请地方会公团同淞沪警厅卫生科贾科长等，当场取河水四瓶，请同济大学化验师巴尔德检验。兹据巴氏检验之结果，谓此水实有毒质，不能为饮料。……由查验之结果，证明此河之水，因受该厂泄水之污，全不可为饮料，虽在河流极远之处，仍蒙其害。此水不独生饮不宜，即煎沸食之，亦依然有害康健云"。[2]

1928 年对上海近郊农村的调查：宝山彭浦"地近闸北，工厂林立，煤烟熏染，大不合于卫生"，当地的河流"彭浦自民国二年开浚后，迄未续浚，以各工厂排泄污水，秽浊不堪，有碍灌溉与饮料之卫生"。蒲淞区，"吴淞江久未疏浚，有碍航行。两岸工厂利用河水发动机器排泄污水，以致流毒饮料"；北新泾附近的新泾河，"污秽淤塞，臭气逼人，不可向迩，行人坐贾深感不便"，"其他如棉花受工厂之煤气与毒水之熏染，以致减少收量"。据调查，当地"农作物有棉花、豆、麦等类，而以棉花为收获大宗，稻次之，故该地人民有棉七稻三之谚。近来接近工厂之农田，因受煤烟熏染药物毒水之影响，渐致减少其生产力。如去年华漕、江桥等处棉田收量，每亩自 160 斤至 200 斤，而北新泾之棉田仅收四五十斤"。法华区，"李从泾（即法华港）绵亘 3 里，居民皆面泾而居，农田赖以灌溉。近来苏州河两岸工厂林立，污水排泄，河流淤塞，不但有害农作，且有碍公共卫生"；当地"水产昔时称盛，现因河水污秽，鱼已减少"。沪南区，"自通铁路后，所产之桃类皆黑色味涩，因此所产之桃不及往昔之美"；此外，"在张家宅村附近，因设立染织工厂未敷水沟，污水任意倾放流入河渠，既使水质含毒不能

---

[1] 〔英〕克拉克著，王健译：《1890 年代的上海及其周边地区》，熊月之主编：《上海史国际论丛》第 2 辑，三联书店 2017 年版，第 302—303 页。
[2] 《江湾河水检验证书》，《申报》1923 年 9 月 29 日，第 14 版。

汲饮，复使农作物不可灌溉"，虽"向该厂一再交涉，而置之不理如故"。[1] 1933
年4月20日，社会名流马相伯在土山湾乐善堂召集蒲汇塘促浚会各委员及沿塘
士绅数十人开会，马相伯在会上指出"蒲汇塘淤浅已久，污水内灌，有害卫生"；
又由李友贤报告"大木桥东西坝大而固，天钥桥西之坝低而狭，察其形势，似以
大桥东为截流之坝。但大木桥之西，工厂林立，若断在该处，仍难免污水西流
云"。最后议决由马相伯领衔，呈请上海地方政府"依照勘定天钥桥下堍筑建大
坝，永不开放，以遏污水而利民生"。[2]

　　1934年，杨树浦厂区附近一位老农的直观感受："自从许多工厂设到这里以
后，因为厂里出来的烟灰伤及土肥，我们田里的出产，也就赶不上从前了。"[3] 实
地采访他的调查者也记述："自工厂区域扩张，到达我们这些村庄之一般地区以
后，工厂之烟灰减退了土壤之肥性，作者（其自称——引者）尚未深明这可注意
的土肥之减退，是否由于工厂烟灰？但吾人可以视察烟筒中冒出的大量黑烟，尤
其是巨大的电力厂的烟，更常笼罩我们的农村。既然我们晓得，太多之厂烟足以
伤害人体，损及房屋，害及世界上若干乡村区域之收获，则是谓其减退土壤之肥
性，殆非虚语。"[4] 民国以后，因上海口岸出口需求而缫丝工业兴盛的无锡，其
工厂排出的污水直接注入市民汲饮的河道，令人"殊堪忧虑"。为此，1930年无
锡工务科曾有专门规定要求加以处置："工厂之浊流，凡含有毒质、色素、臭气，
及附有传染病微菌之水流，如工厂中之用剩水流，医院中之物件等，均不能倾弃
河中，以免传染而碍卫生，如有类此情事者，责令迁往河流下流，方准营业。"[5]

　　城市化进程的加快，也极大地改变了相关地域原有的景观。在1920年至
1930年间的上海法租界，"卡车、倾斜车和两轮车夜以继日地向工地上运送大量

[1]《上海特别市各区农村概况》，原载《社会月刊》第2卷第5—11号（1930年11月至1931年5
　　月），转引自李文海主编：《民国时期社会调查丛编（二编）·乡村社会卷》，福建教育出版社2009年
　　版，第429、437、439、440、441、433、435页。
[2] 民国《龙华今日》（上海乡镇旧志丛书），上海社会科学院出版社2006年版，龙华之交通，水道。
[3] 何学尼译：《工业化对于农村生活之影响——上海杨树浦附近四村五十农家之调查》，原载《社
　　会半月刊》第1卷第1—5期（1934年），转引自李文海主编：《民国时期社会调查丛编·乡村社会
　　卷》，福建教育出版社2005年版，第254页。
[4] 何学尼译：《工业化对于农村生活之影响——上海杨树浦附近四村五十农家之调查》，转引自李
　　文海主编：《民国时期社会调查丛编·乡村社会卷》，第256页。
[5] 梁志平：《水乡之渴：江南水质环境变迁与饮水改良（1840—1980）》，上海交通大学出版社
　　2015年版，第146页。

的泥土、碎屑和家用垃圾，为市政建设填埋河浜和低地，进行铺路；建设公司也在工作。不到 20 年，辟筑的道路就有 42 公里之多。在 1920 年租界所有道路长度为 62.604 公里。在 1940 年为 105.259 公里。租界的面貌完全改变了，不再是宁静原始的城市，不再是露天生活的殖民城市。所有的田地和种着芦苇的河浜消失了，乡村原野消失了"[1]。1935 年编纂的《上海市年鉴》在"上海市各区农村统计"一栏中，特别注明："据上海市社会局调查，沪南、闸北两区已成市场；洋泾、引翔两区接近工业区域，村落寥寥，故未列入。"[2]

---

[1] 上海市档案馆藏，牟振宇等译：《上海法租界关于公共道路、下水道和粪便处理系统的城市卫生工作报告（1849—1940 年）》，《历史地理》第 23 辑，第 405 页。

[2] 上海市通志馆编纂：《上海市年鉴（1935）》，《民国上海年鉴汇编·上海市年鉴 1935（1）》，上海书店出版社 2013 版，第 82 页。按：1928 年上海特别市成立后，规定将"上海县属之十一市乡及宝山县属之六市乡"即沪南、漕泾、法华、蒲淞、闸北、引翔、殷行、吴淞、江湾、彭浦、真如、高桥、高行、陆行、洋泾、塘桥、杨思改称为区，归特别市政府管辖（详可见同上书，第 79 页）。

第六章　城乡文化科技的联系

近代城市工商业的崛起，城乡间近代交通的拓展和商品流通规模的扩大，带动了城乡间资金和人口的流动，也加强了城乡间文化科技的联系。

一、新式教育的起始

(一) 近代文化知识的传授

近代以前，中国城乡的教育都与科举制度相联系，属传统文化的范畴。有学者指出，在中国传统社会，"一直没有都市优越性的观念，也一直不轻视农村和乡土的生活方式及庶民文化；可以说几乎没有明显独特的都市文化或都市性格。城、乡之间几乎没有界线。乡村常是学术文化中心，书院、藏书楼常在乡间；作为中国传统社会中坚人物的士绅阶级，其活动地点常在乡村"。认为"传统中国文化的主要据点是乡村，中国文化基本上是以乡村文化（农业文化）为特质"。[1]这种局面，在近代随着开埠通商和与工业文明相联系的新式教育的展开，而发生变化。

---

[1]　刘石吉：《传统城市与通商口岸：特征、转型及比较》，《上海档案史料研究》第4辑，上海三联书店2008年版，第22页。

新式教育即近代文化知识在中国的传授，起步于鸦片战争前后的东南沿海。当时来华的外国传教士，为了推进其传教事业，设立了一些教会学校，较早的有1839年美国传教士在澳门开办的马礼逊学堂，首批学生有6名，全是男生，其中有后来赴美留学的容闳，年龄最大的15岁。他们全都住宿，免收学杂费和食宿费，半天学中文，半天学英文。1842年，该校由澳门迁到香港，学生增至20多人。课程设置也有增加，除中英文外，还有地理、历史、算术、代数、几何、初等机械学、生理学、音乐等。与此同时，也向学生宣讲基督教的知识。[1]

五口通商后，教会学校又在广州、厦门、福州、宁波和上海相继设立。1843年英国教会在宁波开设的女子学塾，是传教士在中国设立的第一所女子学校。同年，伦教会在厦门开设了英华男塾；又过一年，美国长老会在宁波也开设了一所男塾；1846年，美国圣公会在上海创办了一所男塾。1850年天主教耶稣会在上海创办的徐汇公学，是天主教会在中国开办的最早的近代学校之一。同年，英国圣公会在上海创办了英华学塾，美国北长老会在上海创办了清心书院，其他差会分别在广州、厦门开办学堂。1853年，美国公理会在福州开设格致书院；同年，天主教会在天津开办了法汉学堂、诚正小学和淑贞女子小学。1858年，归正会在厦门开设了真道学校。[2]据统计，1860年前，天主教在香港、澳门、广州、福州、厦门、宁波和上海设立的38所学校中，上海有15所，福州、香港各6所，广州4所，宁波3所，厦门、澳门各2所。基督教新教在香港、广州、福州、厦门、宁波和上海开设的各式学校有50所，学生有1000余人。[3]第二次鸦片战争后，教会学校由最初的五口通商城市扩展到内地。到1875年，各地的教会学校总计有800所，约93%为小学程度。[4]据估计，1911年上海教会学校的在校学生当不少于2万人。[5]

自19世纪60年代洋务运动开展后，一批洋务学堂陆续开办。1862年，清朝政府官办的第一所学习外语的新式学堂——京师同文馆设立，开创了中国近代官办新式教育的先河。它的开办，缘起于清朝政府培养翻译人才的需要，最初只有

［1］ 王忠欣：《基督教与中国近现代教育》，湖北教育出版社2000年版，第19、20页；容闳：《西学东渐记》，岳麓书社1985年版，第42—48页。
［2］ 顾卫民：《基督教与近代中国社会》，上海人民出版社1996年版，第239页。
［3］ 熊月之：《西学东渐与晚清社会》，上海人民出版社1994年版，第288—289页。
［4］ 吴宣德：《中国区域教育发展概论》，湖北教育出版社2003年版，第112页。
［5］ 熊月之：《略论晚清上海新型文化人的产生与汇聚》，《近代史研究》1997年第4期。

英文馆，学生 10 名。次年增设法文馆和俄文馆，各招学生 10 名。1863 年，李鸿章在上海设立同文馆，后改称广方言馆。其初订章程规定入学者须 14 岁以下，额定 40 人，延聘外籍教师教授英语和法语。1864 年，广州也开办了同文馆，招收 20 名学生学习英语。

京、沪、粤三地设立同文馆的初衷，都是出于对外交往的需要，培养外语人才。以后，则渐有数理化和医学等课程的开设。其中，上海同文馆从一开始就规定，除了学习外语，还要学习算学，以备进而讲求"西人制器尚象之法"。1869 年，它又移至江南制造局内，主办者强调"学馆之设本与制造相表里"，旨在为制造局培养一些技术人才，规定学生在学习一段各科基础知识后，即分专科学习，共分矿冶、锻铸、制造、汽机、航海、攻战、外文等七门。[1]

随着洋务企业的开办，广州、福州、天津、上海等地都有一些专门的技术学校设立。1898 年，江南制造局继主办广方言馆后，又设立工艺学堂，分化学工艺与机器工业两科，学额 50 名，学制 4 年。一些学生在日后的城市经济发展中成绩突出。上海近代化学工业的早期创业者吴蕴初（天厨味精厂、天原化工厂、天利氨气厂创办人）、方液仙（中国化学工业社的创始人）、李润田（上海鉴臣香料厂的创办人）均毕业自这两所学校。[2]

1872 年，由容闳倡议并带队的中国首批官费留美学生 30 人从上海启程赴美。随后至 1875 年间，每年派送 30 人，共四批 120 人。其中大多数年龄在 12 岁至 14 岁之间。从籍贯看，广东 84 人，江苏 21 人，浙江 8 人，安徽 4 人，福建 2 人，山东 1 人，可见主要来自东部沿海的广东和江浙地区。[3] 这些留美学生归国后，大多成为外交、海军、航运、电报、铁路、矿业等领域的骨干，据统计，"在一百二十名中，从事外交洋务（包括海关）的有 31 人，海军和航业的有二十八人，电报十八人，铁路十六人，矿业八人，商业七人，医生五人，教育四人"。[4] 其中有主持京张铁路工程的詹天佑。

19 世纪 70 年代后，随着中外贸易的扩展，各式外语学馆在沿海通商口岸次第开办。据统计，自 1872 年至 1875 年，仅在《申报》上刊登招生广告的外语学

---

[1] 刘志琴主编：《近代中国社会文化变迁录》，浙江人民出版社 1998 年版，第 1 卷，第 185 页。
[2] 潘君祥：《洋务运动和中国近代早期的城市化》，《城市史研究》第 3 辑。
[3] 刘志琴主编：《近代中国社会文化变迁录》，第 1 卷，第 297 页。
[4] 胡光麃：《早期出洋的游学生》，台北《传记文学》第 34 卷，第 2 期。

馆就有 14 所。加上此前已有的兼教外语的西学堂等，1875 年时上海至少已有 24 所教习外语的新式学校。[1] 这些学馆有大有小，有外国人办的，也有中国人办的，有长期的，也有短期的，有日馆，也有夜馆，有的明码标价，有的则声言"修金面议，格外公道"。有的标明："授英字英语，兼译英文账目并书信等"；有的声称："专教英语，学习三个月之后，可能与西人把话。"[2]

据统计，早在清末新政期间全国性教育改革开始之前半个世纪内，东南沿海广州、厦门、福州、宁波、上海五个通商口岸已经设立 66 所重要的新式学堂。它们的创办人或者是早期来华的外国传教士，或者是比较务实开明的地方官员、学务机构、士坤、富商。从学堂类型看，早期官办新式学堂以外文、军工、通讯技术类为主，士绅、富商或外国传教士所办学堂以自然科学技术学堂、医学堂、女学堂和初等学堂为主。其中，格致书院和医学堂几乎全是由外国传教士创办。[3] 而同一时期，沿海通商口岸以外的广袤地区则相对沉寂。即使在四川重庆，无论是教会学校还是洋务学堂，都是在其 1891 年开埠通商后出现的。

1898 年戊戌变法期间，维新派大力倡导新式教育，光绪帝连颁谕旨予以推动。新近刊布的"清代军机处电报档"有清晰记载：8 月 19 日，"奉旨前于五月廿二日降旨，谕令各省开办学堂，限两个月覆奏，现在限期将届，各省筹办情形若何，著各督抚迅即电奏"。8 月 21 日，"翻译西书，为方今要务，罗丰禄、庆常、伍廷芳熟于英法文字，就近购译尤为便捷，著即选择善本陆续编译成书，咨送总理衙门呈览"。8 月 22 日，"奉旨昨于初三日降旨催办各省学堂，计已电达。直隶为畿辅重地，亟应赶紧筹办，以为倡导，著荣禄迅饬各属，将中学堂、小学堂一律开办，毋稍延缓，并将筹办情形即行电奏"。8 月 28 日，"奉旨前有旨，饬令各省开办学堂，复经降旨电催，已据各省陆续奏报开办，而广东迄无只字覆奏，岂藉口于部文未到耶。著谭钟麟、许振袆立即妥筹开报，并将办理情形即日电奏，毋再任意迟延干咎"。8 月 30 日，"学堂造就人才，实为急务，著陶模切实劝导，以开风气，章程已由总署咨行，务即勉筹经费，迅速开办"。8 月 30 日，"奉旨前经降旨催办各省学堂，据谭钟麟、德寿电覆，均尚无切实办法。著该督抚振刷精神，确筹开办事宜，认真举办，总期多设小学堂，以广作育，不准敷衍延宕，仍

[1] 张仲礼主编：《近代上海城市研究》，上海人民出版社 1990 年版，第 948 页。
[2] 《申报》1872 年 7 月 11 日；1872 年 12 月 16 日。
[3] 张仲礼主编：《东南沿海城市与中国近代化》，上海人民出版社 1996 年版，第 714 页。

将筹办情形即行电奏"[1]。但9月21日"百日维新"失败，改革举措停顿。新式教育在通商口岸以外地区较普遍的开展，是在清末新政期间。

1901年后"新政"的推行，需要相应的新式人才，张之洞、刘坤一奏称，现行科举章程本是沿袭前明旧制，"承平之世，其人才尚足以佐治安民。今国蹙患深，才乏文敝，若非改弦易辙，何以拯此艰危"。[2] 1901年9月，清廷颁旨："著各省所有书院，于省城均改设大学堂，各府及直隶州均改设中学堂，各州县均改设小学堂，并多设蒙养学堂。其教法当以四书五经纲常大义为主，以历代史鉴及中外政治艺学为辅。"同年12月又颁布学堂选举鼓励章程，规定大学堂毕业生考试合格者可得举人、进士等出身，"量加擢用，因材器使，优予官阶"。[3] 传统的教育制度因此发生重大变革。

1902年，清朝政府拟定颁布了《钦定学堂章程》，是年为旧历壬寅年，故称"壬寅学制"。它将学校分为七级，修业年限共计二十年，从蒙学堂起始，依次为寻常小学堂、高等小学堂（另含简易实业学堂）、中学堂（另含中等实业学堂）、高等学堂及大学预备科（另含高等实业学堂）、大学堂、大学院，此外还有师范学堂和高等教育性质的师范馆、仕学馆，这是中国首次颁布的较完备的近代学制系统。它几乎照搬了明治三十三年（1900）的日本学制，但删除了女子教育，学制的年限增加了两年。壬寅学制规定，学制系统同时也是教育行政系统，大学院既是最高学府，又是全国最高教育行政机构。但该学制并未具体实施。

1904年1月，经过修订后的《奏定学堂章程》即"癸卯学制"正式颁布实施。较之壬寅学制，正式推行的癸卯学制又有新的内容。修订后的学制专设总理学务大臣，主管全国学政，与学校教育系统分开，初步形成中央一级的教育行政机构；癸卯学制承认女子在家庭范围内接受教育的权利，并将初等教育十年减为九年，初小一级增设艺徒学堂，中学分设实业科，大学预科与高等实业学堂平行，增加了中学选择实业深造的途径，癸卯学制加强了师范教育，扩大了师范学校的类型；癸卯学制增设了译学馆及方言学堂，增强了外语教学。癸卯学制的实施和1905年宣布废除科举考试制度，标志了中国近代教育体制的建立。

---

[1] 中国第一历史档案馆编：《清代军机处电报档汇编》，中国人民大学出版社2005年版，第2册，第85、86、87、88、89页。
[2] 张之洞：《张文襄公全集·奏议》卷52，第11页。
[3] 朱寿朋：《光绪朝东华录》，中华书局1958年版，第4719、4787页。

另一方面，清朝政府还鼓励出洋留学，1901 年 9 月颁谕声称："造就人才，实系当今急务"，要求各省督抚选派学生出洋游学，"其游学经费，著各直省妥筹发给，准其作正开销"，并许诺对学成回国的留学生经考试合格，"分别赏给进士、举人各项出身，以备任用，而资鼓舞"。同时规定，对自费出洋留学者，也给予奖励，"准照派出学生一体考验奖励"。[1] 以后，清朝政府又先后颁发《游学章程十款》《奖励章程十款》和《游学西洋简明章程》等，出洋留学的人也越来越多，后来对归国留学生经考试授予功名的资格也有明确规定，1907 年 4 月学部称："游学东西洋各国毕业学生，上年经臣部先后奏准每年考验一次，必以在外国大学堂、高等专门学堂毕业者为限。其肄业速成中学堂、寻常专门学堂毕业者，概不准与考，所以于奖励人才之中，寓慎重名器之意。"[2] 1909 年 5 月 28 日，摄政王载沣记述："廷试留学毕业生于保和殿。"[3]

自清朝政府宣布改革教育制度和废除科举后，各地的新式教育发展很快。当时，"一班革新人士，以为欲改革政治与社会，非兴教育不可。况且江苏省内，上海、南京、苏州、无锡，以及各府各县的学校，也风起云涌了。江苏教育总会设立在上海，因为上海是人文荟萃之区，而交通亦利便，可以支持各地的新教育而总其成"[4]。包天笑忆述，当时他在苏州的新式学堂任教，并与人合办了一家书店，取名"东来书庄"：

> 那时不全是贩卖日本图书、文具了，因为中国的风气渐开，上海也出了许多新书、杂志，我们每天看上海来的报纸（这时苏州还不能看上海当天报纸，一直要到苏沪火车通后），见有什么新出的书籍杂志，连忙写信去接洽，要求在苏州推销。……东来书庄有一件事，使我觉得非常得意，就是我们对于各乡各镇的顾客很有信誉。苏州有许多乡镇，文化的发展并不输于城市，尤其苏州当时是个省城，而交通也甚发达，人文尤为荟萃。即以苏州府的几个县份而言，如常熟、吴江、昆山等县都是文风极盛的，他们知道苏州有个东来书庄，便都来买书、定杂志，不

---

[1] 朱寿朋：《光绪朝东华录》，第 4720 页。
[2] 中国第一历史档案馆：《光绪三十三年留学生史料》，《历史档案》1998 年第 1 期，第 61 页。
[3] 爱新觉罗·载沣：《醇亲王载沣日记》，群众出版社 2014 年版，第 327 页。
[4] 包天笑：《钏影楼回忆录》，上海三联书店 2014 年版，第 331 页。

必到上海去了……生意愈推愈广，不仅是苏府各县、各乡镇，连常州、无锡、嘉兴等处，也都有写信到苏州东来书庄来问讯配书了。[1]

1896 年，上海浦东三林镇富商汤学钊曾与人在镇上创办了三林书院，清末新政后，该书院改为学堂。此外，他还兴办了三林第三小学堂、五权、三民等小学。[2]1901 年，史量才入学杭州蚕学馆。该校创立于 1897 年，此时课程有理化、动植物、蚕体生理、病理、解剖、气象、土壤、养蚕、栽桑、制丝、显微镜检查等，外加实习，两年毕业，总教习多聘自日本。1903 年史量才从该校毕业，回到家乡上海，先后任教于王氏育才学堂、兵工学堂、务本女塾、南洋中学等。[3]清末奉贤《乡土历史》载：

> 近年以来，朝廷颁行新政，我邑亦闻风兴起。首创学堂，肇文、文游兴，而瀹智、砺金、开泰次第办。丙午（指 1906 年——引者）春，劝学所成立，逾年复倡设教育会，议事行政机关略备，于是划区（划全境为二十三区）兴学，渐谋普及。惟财政支绌异常，不宜急为清理者也。[4]

1903 年，黄炎培与友人张访梅一起兴办了川沙小学堂。他忆述："全堂七十多学生，分两班，五六个教师，我们各授课每日三小时。但不收女生，我和我兄济北（名洪培）在家另开一女学，名开群女学，我兄、我和访梅都兼授课。"[5]1905 年，史量才在黄公续的资助下，利用沪南高昌庙桂墅里经正女校的旧校舍，以近郊种桑养蚕的农田为基地，开办了上海女子蚕业学校。其招生广告曰："本校注重育蚕、栽桑、缫丝等一切理学，兼授普通学科、手工余课，以扩充女子之职业。"学校注重结合课程教学的动手实践，包括催青、饲育、缫丝、制种、肉眼考种、显微镜考种、栽培、解剖等；此外，还开设刺绣、织物、铁机

---

[1] 包天笑：《钏影楼回忆录》，第 159 页。

[2] 申克满：《汤氏民宅》，《上海城建档案》2013 年第 2 期。

[3] 姚霏：《史量才与近代女子教育》，傅德华等主编：《史量才与〈申报〉的发展》，复旦大学出版社 2013 年版，第 215、216 页。

[4]（清）裴晃编，（清）朱昂若鉴定，上海市奉贤区人民政府地方志办公室校点：《乡土历史·新政萌芽》，上海市地方志办公室等编：《奉贤县志》（上海府县旧志丛书），上海古籍出版社 2009 年版，第 712 页。

[5] 黄炎培：《八十年来——黄炎培自述》，文汇出版社 2000 年版，第 61 页。

织缝等手工课程以供选修。该校是已知中国最早的女子蚕桑职业学校，其毕业生或被各地蚕业学堂聘为教习，或自设养蚕所。1910年，学校由史量才在杭州蚕学馆时的同学、曾在日本学习蚕桑业的郑辟疆接办。后江苏巡抚将其归入公立学堂，并迁往吴县浒墅关，改名"江苏省立女子蚕桑学校"。[1]

在上海还有走出乡村兴办实业成功，反哺家乡捐资办学者。其中有沪上川沙籍建筑业界的代表性人物杨斯盛，1907年他在浦东出资兴建了浦东中学。胡适忆述："他（指杨斯盛——引者）未死之前，便把家产分为数份。把所有家产的三分之二捐入那学校（指浦东中学——引者）；以外的家产，捐助南市医院，改筑桥梁，捐助旁的学堂。"[2]在嘉定县范家桥镇，1906年"由范祥善、季朝桢等曾设私立启东两等小学堂于庵内，为疁东第二最先设立之学校。光绪三十三年暑假期内，曾在校开办疁东塾师讲习所，疁东各私塾之日渐改良而改变为小学者，讲习所之力也"[3]。同年8月，崇明县有因在庙宇改办学堂而引发冲突者，据1906年9月22日《汇报》称："崇明县地处滨海，民情梗顽。近日兴办学堂，将关帝庙改作学舍，神像拟迁往他处，先由某绅董等出而阻挠，不能如愿。至上月初五日，乡民集众数千，将某学堂恣意捣毁。其时营县极力弹压，反遭窘辱。"[4]在青浦县，"自清季废科举为学堂，趋重科学及东西洋文字，有游学国外者，比其归，多有剪发易胡服者"[5]。

同一时期，以上海为中心的通商口岸城市新式教育的开展，特别是工商实业各门类的技能教育及高等院校的设立，明显推进。据估计，"清末十年间，上海至少就培养了13万多名新学学生"[6]。这是上海历史上第一个数量颇为可观的近代学生群体。他们的知识素养、智能结构、思想倾向、社会联系层面和行为方式等方面，明显有别于传统士大夫，并影响和作用于整个社会。[7]民国建立以前，上海已基本形成了小学、中学、大学三级教育体系，其中如交通大学、复旦大

---

[1] 姚霏：《史量才与近代女子教育》，傅德华等主编：《史量才与〈申报〉的发展》，第215—220页。
[2] 胡适：《胡适日记选编》，新世界出版社2013年版，第127页。
[3] 民国《嘉定疁东志》卷1，区域，市集。
[4] 刘萍等主编：《辛亥革命资料选编》，社会科学文献出版社2012年版，第6卷，第280页。
[5] 民国《青浦县续志》卷2，疆域，风俗。
[6] 施扣柱：《青春飞扬——近代上海学生生活》，上海辞书出版社2009年版，第3页。
[7] 施扣柱：《清末上海教育改革之研究》，《上海研究论丛》第7辑，上海社会科学院出版社1991年版。

学、同济大学、圣约翰大学、震旦大学、沪江大学等校的前身，都是在这一时期创办的，它们培养了一批学有专长的人文科技和管理人才。

辛亥革命后，南京临时政府极为重视倡导和普及新式教育，提高国民文化素质。孙中山曾以临时大总统名义，令教育部通告各省将已设立之优级、初级师范一并开学，并指出"教育主义，首贵普及，作人之道，尤重童蒙，中小学校之急应开办，当视高等专门为尤要"。[1]各地的新式教育，都有程度不同的发展。据1912年至1921年《海关十年报告》的统计，"民国成立以来，上海的学校估计已增加一倍，学生人数为以前的三倍。在外国教会和已参加教育工作的留学生们的影响下，中国对现代教育开始产生了强烈的要求，这同过去一个时期的偏见形成了鲜明的对照"。[2]

新式教育的这种发展，在上海郊县也有体现。1914年出生于青浦白鹤江镇的杨宽忆述："因为白鹤江对上海的来往比较方便，镇上居民在上海参加文化教育工作的很多，在上海开设商店当老板和做伙计的也不少，青年学子在上海的大学和中学读书的更多；因为本地只有一所小学，凡是小学生以后要进一步升学，除了少数投考青浦城内的初级中学以外，都要前往外地，其中以到上海升学最多。"[3]上海宝山县光复后，新政权着力改革和发展国民教育，为此而发布的各类文件也最多，仅1912年在《宝山共和杂志》1至5期刊出者，就有80余件。他们认为，"方今民国新兴，教育之一端，实为莫大之要务"，决心"励精整理"，改革旧时的弊端，"冀达普及教育之目的"。[4]为此，他们改革教育行政，裁撤劝学所，在县署设学务课，统辖全县学务；又设县级自治委员，统一筹划、管理全县学校公款、公产；作为基层的市乡学务，则统由市乡自治公所的总董、乡董掌管，并各设学务专员（后改称学务委员）1名，专司本市乡的教育行政事宜。

1912年10月始，又分别成立校长会和县教育行政会议。前者由各小学校长和县视学及学务课长组成，每年召开一至三次会议，具体商议有关教育的设施等问题，后者由县政府知事钱淦、县学务课长、县视学、各市乡董及学务员组成，

[1]　孙中山：《令教育部通告各省优初级师范开学文》，《孙中山全集》第2卷，中华书局1982年版，第253页。

[2]　徐雪筠等译编，张仲礼校订：《上海近代社会经济发展概况（1882—1931）——〈海关十年报告〉译编》，上海社会科学院出版社1995年版，第221页。

[3]　杨宽：《历史激流：杨宽自传》，（台北）大块文化出版股份有限公司2005年版，第20页。

[4]　钱淦：《通告各市乡公所文》，《宝山共和杂志》第1期，文牍，第46页。

负责研究统一和促进各市乡学务和教育改革等重要问题。[1]钱淦强调："市乡行政，以学务为第一项"，要求市乡公所不得玩忽、粉饰。[2]

在改革和健全教育行政的同时，新政权又采取了一系列措施，切实发展国民教育。择其要者，一是多方筹集教育经费。除了原有的学田、义渡公款和官契中笔二厘（1912 年始再增一厘）等继续拨充教育费以外，又明文规定清丈出来的沙田围垦所得租息，全县每年征收的田赋附加税的 65%，县署经费的 40%。盐税每斤加一文所得等，悉数拨充教育经费，同时扩增学田，数年后增长近五倍。为此，1912 年始专门设立"教育款产经理处"，制定章程，由专人按章具体管理。此外，"各市乡地方经费，较从前实蹭数倍"。[3]这些都为民初宝山推广国民教育提供了条件。

二是加强师资培养。光复以后，新政权明确提出普及小学教育"必先造就师资"的方针。拟定办法七条，决定先开办师范讲习所，由县议会批准拨出专款，每期招生 50 名。[4]1913 年，又筹办师范学校和教育讲习所。这些校、所，陆续为宝山的小学教育提供了必要的师资。

三是提高了人们对教育的重要性的认识。1912 年 3 月，钱淦布告全县父老，指出"东西各国以教育为立国之本"，强调发展教育、提高人民的文化与开拓社会生计、增强国力的密切关系，指出"方今民国崛兴，共和建设，普及教育尤为共和国民之天职"，使子女就学是家长"应尽义务"，全县父老应"确信教育为有益身家之事"，所有学龄儿童均应学满四年初小，使之"无一人不受教育"，"将来成人之后，无一人不有职业"。[5]除了布告，还针对文盲众多的实际，在各市乡组织宣讲团，以民众喜闻乐见的形式宣传教育立国的思想。

通过各种切实的措施，民国成立后，宝山的国民教育有明显的推进。1911 年全县有小学 41 所，1912 年头 7 个月即增加 23 所，并把一些办学条件较差的学校加以合并，全年实增 18 所，共有学校 59 所。到 1913 年 9 月，全县有小学 71 所；在校学生，1911 年为 1400 人，1912 年为 1784 人，1913 年为 2914 人，1914

---

[1]《宝山共和杂志》第 4 期，文牍，第 19—20 页；第 4 期，章程，第 4—7 页。

[2] 钱淦：《照会各市乡公所文》，《宝山共和杂志》第 4 期，文牍，第 24—25 页。

[3]《宝山共和杂志》第 1 期，文牍，第 46 页；朱保和主编：《宝山县志》，上海人民出版社 1992 年版，卷 25，教育，第 856 页。

[4] 钱淦：《照会县议会文》，《宝山共和杂志》第 4 期，文牍，第 30—31 页。

[5] 钱淦：《布告各市乡父老文》，《宝山共和杂志》第 1 期，文牍，第 47—48 页。

年为 3831 人，各年分别比上年增长 27.4%、63.3% 和 31.5%。[1] 在此期间，在各市乡还实施识字扫盲工作。在教育内容上，新政权也作了改革，废除读经，摒弃旧课本而采用 1912 年初商务印书馆编印的民国新课本；在高小开设历史、地理、英语课程，并把农业规定为必修课程等。

民国建立以后，上海城市教育近代化的步伐也明显加快，不仅新式学校大量增加，而且各种层次、水平的学校的比例渐趋合理；学校教育的专业类别多了，许多学校适时新设了与推进上海城市建设相关的工程技术、工商管理和市政建设等专业，高等学校的专业设置也以面向实际的应用科学为主；各种形式的社会教育和各类职业学校也都应运而生，尤其是工厂、企业办学较为普遍，有的还开办中等或高等专业学校，也有的自办研究社、研究所，并出现了教育界、科技界与企业界相互协作的新型关系，不仅在企业中产生了良好的经济效应，对整个社会也具有积极的影响。[2] 有研究显示，"从 1929 年至 1936 年，上海各类职业教育学校（包括职业实习学校）开设的学科门类，大致有农业、工业、商业、商业管理、金融、交通、建筑、运输、通讯、医卫、外语、打字、文秘、会计、簿记、家政、戏剧、师范教育、新闻等，举凡上海社会所需的职业门类几乎应有尽有"[3]。如沪上川沙籍建筑业界名人杜彦耿，在其经营过程中，有感于提高本行业技术水平的必要，于 1931 年发起成立了集设计、施工、材料为一体的跨行业的学术团体——上海市建筑协会。该协会不仅编辑出版专业学术刊物，还创办了上海第一所建筑职业学校——正基建筑工业补习学校，在抗日战争爆发前的 7 年间，培养了一批建筑业的技术骨干。其在 1936 年还主办了上海首届建筑展览会，向民众展示建筑业的技术进步和成就。[4]

据一项综合性的研究表明，20 世纪二三十年代，上海新企业的创办和老企业的发展，受过中等以上专业教育的经理、厂长显著增多。1934 年的一份抽样调查显示，在 118 家中小企业的经理、厂长中，大专院校毕业或从国外留学回来的专

[1]《宝山共和杂志》第 10 期，表册，第 1—10、33—38 页；第 4 期，表册，第 7—10 页；第 6 册，表册，第 7—11 页；第 6 期，文牍，第 59—60 页；民国《宝山县续志》卷 7，教育；朱保和主编：《宝山县志》，卷 25，教育，第 821 页。

[2] 黄汉民等：《近代上海工业企业发展史论》，上海财经大学出版社 2000 年版，第 227 页。

[3] 忻平主编：《城市化与近代上海社会生活》，广西师范大学出版社 2011 年版，第 11、12 页。

[4] 高红霞、贾玲：《近代上海营造业中的"川沙帮"》，《上海档案史料研究》第八辑，上海三联书店 2010 年版，第 27 页。

门技术人才和管理人才所占的比重为 31.4%。至于大企业中的高学历专业人才担任经理、厂长的人数所占的比例则更多。[1]上海著名实业家刘鸿生是圣约翰大学的毕业生和董事，他利用同学、同校师谊关系，招揽了一些圣约翰大学的毕业生加入企业管理团队，其中有的人担任重要的职务，如出任章华毛纺厂会计主任的林兆棠。1920 年后，刘鸿生在家乡宁波定海捐款设立了两所学校，一是专招男生的定海中学，另一是定海女子中学，这两所在其家乡设立的学校，成为刘鸿生企业招聘和培养员工的基地。其中一些人被选派日本学习毛纺织工业的生产技术和管理知识，学成归国后，在各车间负责生产技术和管理工作，其他的毕业生则直接入厂就业。[2]

在近代工业颇盛的无锡，新式教育的开展，得助于一批工商及知识界人士的积极参与和推动。1905 年，周延弼在周新镇开办了商业半日学校，后改为延弼商业学校。继而，荣氏兄弟开办了公益小学和公益工商中学，曾在上海经营钱庄和创办亨吉利织布厂等实业的匡仲谋在其家乡杨墅园开办了匡村中学，在上海经营桐油贸易致富的沈瑞洲在家乡方桥镇开办了沈氏小学和锡南中学。此外，留日学生侯鸿鉴 1905 年在无锡城内设立竞志女学，是无锡最早的女子学校。同年他还与人合作，在钱业公所内创办了商余补习夜校，是无锡最早的职工业余学校。[3]其中，匡仲谋于 1918 年开办匡村中学前，已在 1906 年在家乡创办匡村初等小学堂，后又开设高等小学堂，增设女子部及匡村初等小学分校，并拨出 25 万元基金作为学校经常费用及扩充校舍之用[4]。1910 年，江苏常熟的《虞阳新闻》刊有"常昭公立淑琴女校"的招生广告："编制：分师范、高等、初等三级。程度：不拘定格，酌量浅深分别插班。年龄：八岁以上二十五岁以下。纳费：学费不收，膳宿者每学期念元，午膳者每学期七元半。报名：须有的实介绍人具保。"[5]

与无锡工商业较发展相联系，当地的工商职业教育较活跃。继商余补习夜校

［１］潘君祥等主编：《近代中国国情透视》，上海社会科学院出版社 1992 年版，第 87—88 页。

［２］上海社会科学院经济研究所：《刘鸿生企业》上册，第 311 页；浙江省政协文史资料委员会编：《宁波帮的崛起》，浙江人民出版社 1989 年版，第 153 页。

［３］佚名：《无锡最早的职业学校》，《无锡地方资料汇编》第 8 辑，1986 年 12 月；方玉书等：《解放前的无锡职业教育》，《无锡文史资料》第 14 辑，1986 年 7 月。

［４］徐兵：《上海钱庄资本家家族之无锡杨墅园匡氏》，《银行博物》2015 春季号，上海锦绣文章出版社 2015 年版。

［５］江苏档案精品选编纂委员会：《江苏省明清以来档案精品选·苏州卷》，江苏人民出版社 2013 年版，第 228 页。

设立后，1907年无锡城区锡山绣工会附设刺绣传习所，传授刺绣工艺。同年，西门外的菁茂学校增设商业科。1911年，无锡县立初等工业学堂在荣安寺设立，设染、织专科，学制3年，是无锡最早的职业学校。次年，该校迁入学前街，并易名为乙种工业学校，附设有染、织工场。1916年添设商科，改名乙种实业学校，到1922年又改名乙种商业学校。1911年，在无锡东北乡还开设了泾皋女子职业学校，开设缝纫、刺绣等课程，学制4年，是无锡最早的女子职校。辛亥革命前，无锡城乡共有公立、私立学校152所，其中职校和业余补习学校有10多所。民国建立后，职业教育又有新的推进，先后有设于城区的无锡实业学校和设于开原乡的商业学校开办，还有荣德生创办的公益工商中学，米豆业公会创办的积余商业职业学校等。[1]这些学校的开办，得助于无锡工商业的发展，也给当地近代经济以新的活力。

在浙江，清末浙江省谘议局曾有《附加契税推广简易识字学塾案》，其中规定"每契应征收银一元者，带征附加简字学塾费五分，照原征加税定数为二十分之一；各厅州县带征附加税银，全数拨作该厅州县推广简易识字学塾经费，不得提作别用"[2]。沈钧儒于1912年2月至10月出任该省教育司司长。在任期间，他发布命令、照会等，制订教育规章制度，对省内学校进行整顿。这些规章制度涉及检定小学教员资格、规定派遣游学资格与学生冠服程式，以及学生的升级、毕业、告假、退学、奖惩、品行成绩考核等，此外还涉及学校校址、校舍、教室采光、课桌椅等直接与学生健康有关的规定和建议。他强调："国家之强弱，视教育发达与否为标准。东西各国规定义务教育，凡学龄儿童已达就学之期，非有不得已事故不得废学，否则罪其父母，此教育之所以溥及而国乃以强盛。方今民国初定，百端待理，顾尤以普及教育为根本之要图。而谋普及教育，须从调查学龄儿童入手，某地应添设学校几所，某地应需经费若干，种种设施，皆恃是以为准则。而以学龄儿童之人数比较就学差数之多少，尤足觇各地文化之迟速。"[3]1921年的《浔游小志》记述湖州南浔："有体操专门学校一所，新自沪上迁来。此校

---

［1］ 佚名：《无锡最早的职业学校》，《无锡地方资料汇编》第8辑，1986年12月；方玉书等：《解放前的无锡职业教育》，《无锡文史资料》第14辑，1986年7月。

［2］（清）浙江省谘议局编辑：《浙江省谘议局议案四种》，国家图书馆古籍馆编：《国家图书馆藏清代民国调查报告丛刊》，北京燕山出版社2007年版，第1册，第380页。

［3］ 郭之莎整理：《沈钧儒民初教育轶文》，《近代史资料》总108号，中国社会科学出版社2004年版，第45页。

本系浔人所办，因沪地费甚巨，故迁移至此。"1928年《湖州月刊》载："南浔人旅外读书的实在很多，但向来本地教育只限于中等以下，一般小学毕业希求升学的人，只有望湖州、嘉兴、苏州、上海等一带地方跑。"[1]

一些宁波籍在沪经营工商业者，相继回乡捐资助学。1918年5月15日，《申报》以《巨商热心兴学》为题载："镇海谢蘅牕，沪巨商也，凡遇到地方公益、慈善之举，靡不慨输巨款，对于桑梓教育事业，尤尽力提倡。民国前六年时，乡间学校尚稀，谢君在鄞镇交界梅墟地方，独出巨资创办求精国民小学，越年复添设高小部。历年成绩卓著，入学者众，校舍不敷，去冬出资万余，建筑西式校舍。而谢君犹以本乡各处未获教育普及为憾，今春复择地设立分校十所（已成立者八所），以宏造就。"[2]1920年6月17日，《时事公报》以《学务佳音》为题载："鄞县东乡镇东桥地方金芝山君商于上海，鉴于该乡风气闭塞，特筹资万余金建设镇东国民学校一所，用去六千余元，尚余四千余元。现又拟在该乡筹办镇东义务第一国民学校一所，将来以次推及第二、第三，以冀该乡之教育普及云。"[3]1924年11月17日，《申报》以《热心兴学之踵起》为题载："定海自朱葆三创办申义学校以来，相继而起者，有刘鸿生之兴办定海中学，胡鸣凤之兴办鸣凤义务初级小学，许廷佐之兴办廷佐义务初级小学，丁慎安之兴办平民夜校，梓桑子弟受惠非浅。"[4]1925年10月23日，《时事公报》又以《巨商捐资创建学校》为题载："鄞东同善区旅沪巨商张继光，素性慷慨，于民国八年间，在宗祠内创办张氏私立国民学校一所，聘张友梅为教员，教授合法，学生颇形发达，乃因教室狭小，不堪容纳，慨拨二万金，以八千金作建筑费，其余作学校基本金。现正兴工庀材，从事建造，定明春行落成礼。"[5]

（二）乡村知识人的流失

近代中国新式教育的开展，显然得助于以通商口岸为主体的近代文化和工商

［1］ 陆剑等辑录：《留下南浔的脚印：民国报刊涉浔文图选辑》，浙江摄影出版社2015年版，第14、19页。

［2］ 宁波市档案馆编：《〈申报〉宁波史料集》，宁波出版社2013年版，第2126页。

［3］ 宁波市鄞州区人民政府地方志办公室编：《近代鄞县见闻录》，中国文史出版社2016年版，第471页。

［4］ 宁波市档案馆编：《〈申报〉宁波史料集》，第2492页。

［5］ 宁波市鄞州区人民政府地方志办公室编：《近代鄞县见闻录》，第565页。

业的发展和促进，上海尤为突出。1907年，由著名建筑商、浦东人杨斯盛捐资30万银两创办了浦东中学。校址在浦东六里桥南，校训是"勤朴"，首任校长黄炎培、教务长张志鹤。学校以培养学生能从事实业或进习专科为目的，占地60余亩，拥有可容千人的大礼堂，实验室、宿舍、饭厅和风雨操场，声名远播[1]。1912年，13岁的钱昌照从家乡常熟考入浦东中学。他忆述：

> 浦东中学是由有名的建筑工人杨斯盛用一生的积蓄创办起来的。我进浦东中学的时候，杨斯盛已经过世。校长是朱叔源，校董有黄炎培、沈恩孚等人。我在浦东中学读了五年。那时的浦东中学与南洋中学齐名，是上海两所办得最好的中学。[2]

1916年，人们立碑纪念1908年去世的杨斯盛，缅怀他"晚年累金约三十万，一意兴教育。清光绪甲辰，设广明小学于上海公共租界，其明年增设广明师范讲习所，又明年在六里桥建浦东中学及附属高等小学、第一初等小学，以故里先设之初小学为第一。开校之日，揭'勤朴'二字为校训。委校董十人主之，增中学基本银为十二万两，计先后捐充学费者三十余万圆"[3]。这座碑，现仍在浦东中学校园内。1920年，浦东大湾西宋家宅人、纺织实业家、上海瑞记洋行经理宋晋渠创办了浦东第一所商业学校——培德商业学校，学制两年，收工班为一年，学生60名。[4]同为浦东人的建筑商谢秉衡，曾在家乡高桥镇独资兴办日新小学。梅林罐头食品股份有限公司董事长冯义祥，原籍川沙顾路群乐村，1936年在家乡独资创办兴东小学。[5]1932年，上海富商叶鸿英捐助50万元（当时约合黄金1万两），建立"鸿英教育基金会"，其中10万元指定专办乡村教育，计划在上海的10个郊县各建一所"鸿英乡村义务小学"；40万元用于扩充人文图书馆。次年9月，该基金会委托中华职业教育社，在沪西漕河泾开办鸿英师资训练班，在沪郊筹设乡村教育实验区，开办4所鸿英小学，使附近学龄儿童和失学成

[1] 柴志光等编著：《浦东名人书简百通》，上海远东出版社2011年版，第103、173、285页。
[2] 钱昌照：《钱昌照回忆录》，东方出版社2011年版，第6页。
[3] 浦东新区档案馆等编：《浦东碑刻资料选辑（修订本）》，上海古籍出版社2015年版，第414页。
[4] 申克满：《培德商业学校旧址》，《上海城建档案》2017年第1期。
[5] 柴志光等编著：《浦东名人书简百通》，第173页。

人有上学的机会。[1]

上海城区，有商业补习夜校等开办。1921年10月15日，上海总商会会董常会决议与中华职业教育社、上海商科大学合作，成立上海商业补习教育委员会，拟定《上海商业补习教育会简章》，旨在"扶助上海商界青年，增进商业知识，养成商业适当人材"。其任务是调查上海商业教育情况、商界人员对商业补习教育的需求、上海商店对人才的需求，研究实施上海商业补习教育方法、筹设以及扶助上海商业补习学校，组织商业讲演部，编辑及印行关于商业补习教育的各项调查和言论。1922年3月15日，上海总商会商业补习夜校正式开学。校址设于上海总商会所内，修业年限为4年，课程有国文、英语、簿记、经济速记、商事要项、商业文件等科，各科课程考试及格者，给予毕业证书。商业夜校的学生来自商号、行号的学徒，以及社会青年，求学者逐年增加，第一年为94人，第二年为221人，后多达1000余人。任教的多为学有专长者，其中有之江大学法政专门学校毕业生、总商会商品陈列所文牍股股长于楚卿，美国芝加哥大学商科硕士李培恩等。[2]上海近郊，也有职业学校开办。1928年，钮永建在上海县马桥开办私立强恕职业学校，半年后改名为强恕园艺学校。学制三年，其中两年学习、一年实习。1934年后，分为三年制初中和二年制实习班二部分。1937年日寇侵华后，被迫停办。[3]

1930年对上海市140户农家的调查载："一般农民之谋生，不仅全恃田亩，教育之需要亦颇感迫切，故虽贫乏农民亦多忍其艰苦，使其儿童就学，惟仍狃于重男轻女习惯，农家女子之入学者犹属少数。"[4]浦东杨思乡，贫苦农家在女儿八九岁时，就有令其下田参与劳作者[5]。农户的家庭经济状况与其受教育程度直接相关，该项调查显示："其受教育之人数，以自耕农为最多，半自耕农次之，佃耕农为最少。"其中，"佃农止于小学，绝无就学于中学者。半自耕农受中等教育者3人。自耕农受中等教育者13人，大学教育者1人。就中成年女子受教育

[1] 施扣柱：《论近代上海教育发展中的民间参与》，《史林》2014年第3期，第11页。
[2] 上海市工商业联合会编：《上海总商会历史图录》，上海古籍出版社2011年版，第124页。
[3] 上海市闵行区档案馆编：《留史存真——近现代上海闵行历史与档案典藏》，复旦大学出版社2015年版，第21页。
[4] 《上海市百四十户农家调查》，原载《社会月刊》第2卷第2—5号（1930年8月至11月），转引自李文海主编：《民国时期社会调查丛编（二编）·乡村社会卷》，福建教育出版社2009年版，第495页。
[5] 陈鹤书：《上海杨思乡施行义务教育之实况》，《小学教育月刊》第1卷第4期（1925年10月）。

者，中学 2 人，私塾 1 人，小学 4 人，皆属自耕农也。半自耕则甚鲜，而佃农则绝无矣"[1]。

对新式学堂在农村的推广，不能估计过高。1911 年，黄炎培在其邻近上海的家乡川沙县调查所见，"全境私塾百七十一所，内男教员百五十六人，女教员十五人，学生共二千五百八十五人"，而当时该县只有小学 17 所，学生 674 人，只占当地适龄儿童的 6.3%，私塾的学生则占适龄儿童的 24.1%。据黄炎培的调查，"学堂有学生父兄所不喜者三焉，一体操，二读经钟点太少，三习字不用描红簿，以是私塾多学生而学堂较少也"。此外，还有新式学堂的开办经费及学生缴费过多。其影响，如黄炎培的调查所显示的，城乡间教育的不平衡极为突出，教育资源集中于城市，而农村的新式学堂相对较少，同时新式教育相对于科举时代的旧式教育来说，是非常昂贵的教育，其后果是乡村儿童的入学率非常低，乡村初等教育仍然是以旧式的私塾为主。[2]

时至民国，"在法制上，书院制与私塾制不能存在，然而在实际则私塾遍布全国"[3]。在新式教育比较发达的无锡，1916 年前后亦有私塾 2000 余所。[4] 即使在上海，1930 年对 140 户农家的调查显示："农家所受之教育，以私塾为最多。计自耕农 70 人，半自耕农 52，佃农 20，共 142 人。与受学校教育者 111 人较，尚超出 31 人之多。故上海乡村私塾尚有多数存在，于此可见。"当时从事这项调查者感叹："农村教育苟能与都市教育并进，以都市教育费之一部振兴农村教育，使上海之普及教育名副其实，则将来农业之改良庶有望焉。"[5] 民国《奉贤县乡土志》亦载："各处的私塾仍不少，是当设法改良的。"[6]

因毗邻都市，谋生机会相对较多，一些农家子弟未及成年就设法打工挣钱。

---

[1]《上海市百四十户农家调查》，转引自李文海主编：《民国时期社会调查丛编（二编）·乡村社会卷》，第 495 页。

[2] 赵利栋：《从黄炎培的调查看清末江苏兴办学堂的一些情况》，《中国社会科学院近代史研究所青年学术论坛（2008 年卷）》，社会科学文献出版社 2009 年版。

[3] 舒新城：《近代中国教育史存稿》，中华书局 1936 年版，第 6 页。

[4] 赵利栋：《从黄炎培的调查看清末江苏兴办学堂的一些情况》，《中国社会科学院近代史研究所青年学术论坛（2008 年卷）》。

[5]《上海市百四十户农家调查》，转引自李文海主编：《民国时期社会调查丛编（二编）·乡村社会卷》，第 495、496 页。

[6]（民国）朱醒华、胡家骥编，上海市奉贤区人民政府地方志办公室标点：《奉贤县乡土志·学校》，上海市地方志办公室等编：《奉贤县志》（上海府县旧志丛书），上海古籍出版社 2009 年版，第726 页。

1921 年在浦东杨思乡的调查记载，其"与上海相隔咫尺，乡人求食甚易"，一些农户"本有遣其子弟进学之余力，而实际上儿童鲜有国民学校毕业者，因求食甚易，儿童一到十三四岁以上，其父母即令其退学，以从事于生利之事业也"；"统计入学儿童不过占总数之百分之二十二"。[1] 1934 年对上海杨树浦厂区附近 4 个村落 50 个农家的调查："50 家内有失学的学龄儿童 37 人，女占 21 人，男占 16 人，这些失学的儿童将来均成为文盲的。"从事这项实地调查者感叹："我们不能说工业化的结果，对于这些农村的教育发生若何影响。照达到学龄而未入学的儿童数目看，以及照前所表示教育费用之微少，我们大可以说，这方面并没有改进。一般皆认教育为富人的特权，儿童普通皆不送进学校，村人以为教育是不需要的。他们对一个调查员讲，有一孩子读书 10 年，现在无事可做，无法用他的学问。这件事更使他们相信教育只能耗费时间与金钱。"其结果，"这里学校并不敷用，益以父母忽视教育，儿童之不愿就学，于是养成大批文盲"。[2] 1928 年上海特别市对所属近郊闸北、彭浦、真茹、沪南、蒲淞、法华、洋泾、引翔、漕泾、塘桥、陆行、高行、杨思、曹行、塘湾、颛桥、北桥、马桥、闵行、陈行、三林、吴淞、殷行、江湾、高桥、杨行、大场、莘庄、周浦、七宝等 30 个区的农村调查结果："各区农民，识字者极居少数。"[3] 另据 1929 年刊印的《上海特别市真如区调查统计报告表册》载："调查百家的 572 人中，入过学者计 89 人，其中入学年数未满四年者约占半数，在十年以上者只有 4 人。"[4]

清末在新式教育起步时，浙江钱塘县私塾俞氏就敏感地意识到时势的变化，劝导自己的学生骆憬甫："现在的时代，光光做策论是不够的。英文、算学、物理、化学、地理、历史、体操、图画等，家塾哪里学得到？而且也请不到这样多才多艺的名师。……我刚从杭州回来，知道安定学堂、杭州府中学堂都在招考，这是一个绝好的机会。……奉劝你俩赶快去报名投考，勿再过家塾生活以埋没一

---

［1］ 孙恩麟等：《调查杨思乡报告》，《中华农学会报》第 2 卷第 5 号（1921 年 2 月）。

［2］ 何学尼译：《工业化对于农村生活之影响——上海杨树浦附近四村五十农家之调查》，原载《社会半月刊》第 1 卷第 1—5 期（1934 年），转引自李文海主编：《民国时期社会调查丛编·乡村社会卷》，福建教育出版社 2005 年版，第 252、259 页。

［3］ 《上海特别市各区农村概况》，原载《社会月刊》第 2 卷第 5—11 号（1930 年 11 月至 1931 年 5 月），转引自李文海主编：《民国时期社会调查丛编（二编）·乡村社会卷》，福建教育出版社 2009 年版，第 487 页。

［4］ 民国《上海特别市真如区调查统计报告表册》（上海乡镇旧志丛书），农务。

世!"[1]经历了两次乡试失败的骆憬甫在老师劝导下,在1905年秋考入了杭州府中学堂,开始了他的人生转折。

杭州城内各级新式学校的设立,为年轻的学子们打开了一个崭新的世界,也为他们提供了较之前人更多的人生和职业选择。民国年间曾任北京大学校长的蒋梦麟,追忆他在20世纪初叶入学浙江高等学堂,"眼前豁然开朗,对一切都可以看得比较真切了"。他开始读包括英文原版的世界史在内的各类书籍,"所接触的知识非常广泛,从课本里,从课外阅读,以及师友的谈话中,我对中国以及整个世界的知识日渐增长"。[2]时值革命思潮日渐高涨,"浙江高等学堂本身就到处有宣传革命的小册子、杂志和书籍,有的描写清兵入关时暴行,有的描写清廷的腐败,有的则描写清廷对满人和汉人的不平等待遇。学生们如饥似渴地读着这些书刊,几乎没有任何力量足以阻止他们"。[3]

各种新知识的接受,促使这些学生更多地去观察社会、时局和思考。当时杭州"大部分湖滨地区均被八旗兵军营所占,旗营一直延伸到了城内半英里之处"[4]。这些所谓的旗兵,"实际上绝对不是兵,他们和老百姓毫无区别。他们在所谓'兵营'里娶妻养子,对冲锋陷阵的武事毫无所知。唯一的区别是他们有政府的俸饷而无所事事,他们过的是一种寄生生活,因之身体、智力和道德都日渐衰退。他们经常出入西湖湖滨的茶馆,有的则按当时的习尚提着鸟笼到处游荡,一般老百姓都敬而远之。如果有人得罪他们,就随时有挨揍的危险。这些堕落、腐化、骄傲的活榜样,在青年学生群中普遍引起憎恨和鄙夷"[5]。

于是学生们更倾向革命,"我们从梁启超获得精神食粮,孙中山先生以及其他革命志士,则使我们的革命情绪不断增涨。到了重要关头,引发革命行动的就是这种情绪"。蒋梦麟追忆:"这就是浙江高等学堂的一般气氛,其他学校的情形也大都如此。"[6]

即便如此,在科举制度明令废止前,家长和学生们仍对科举中仕抱有期望。蒋梦麟自述:"为求万全,我仍旧准备参加科举考试。除了革命,科举似乎仍旧

---

[1] 骆憬甫:《1886—1954:浮生手记——一个平民知识分子的纪实》,上海古籍出版社2004年版,第47页。

[2] 蒋梦麟:《西潮与新潮——蒋梦麟回忆录》,东方出版社2006年版,第66页。

[3][5][6] 蒋梦麟:《西潮与新潮——蒋梦麟回忆录》,第69页。

[4] 〔美〕威廉·埃德加·盖洛著,沈弘等译校:《中国十八省府》,第19页。

348　近代上海与江南——传统经济、文化的变迁

是参加政府工作的不二途径。"他也如愿考上了秀才。有趣的是,"郡试以后,又再度回到浙江高等学堂,接受新式教育"。而且"回到学校以后,马上又埋头读书,整天为代数、物理、动物学和历史等功课而忙碌。课余之暇,又如饥似渴地阅读革命书刊,并与同学讨论当时的政治问题。郡试的那段日子和浙江高等学堂的生活恍若隔世"。而他的父亲和亲友们则为他考上了秀才而兴奋不已,都希望他就此有远大的前程,"能一步一步由秀才而举人,由举人而进士,光大门楣,荣及乡里,甚至使祖先在天之灵也感到欣慰"。[1]

但蒋梦麟自己则另有打算,已不再满足于已接受的新知新学,"渴望找个更理想、更西化的学校",更多地去充实自己。不久,他就"趁小火轮沿运河到了上海,参加上海南洋公学的入学考试,结果幸被录取"。他记得很清楚,"那是1904年的事"。1908年,他回到杭州"参加浙江省官费留美考试,结果被录取"。[2]从此,他步入新的人生历程。

一旦有机会走出乡村求学乃至出洋留学者,很少有人学成后再回到乡村。据1915年的调查,清华留美归国学生无一人住在乡镇。另据1925年对584名归国留学生的调查,其中34%住在上海。一些农科毕业生,也远离农村,1926年有一位外国人指出:"据我所知,没有一个在美国大学农科毕业的中国学生,回国后真正地到农村服务。"[3]原因之一,在城市任职的收入丰厚。有人估算,在1927年的上海,一个非熟练工人抚养五口之家每月需费21.34元,其中伙食费11.1元;而一个月薪300元左右的副教授或教授抚养五口之家,其生活水平至少要高出一个普通工人的十三四倍以上。[4]据一项范围较广的综合考察,"三四十年代时回国留学生任职于教育界的约8500人,若减去兼职者40%则为5100人;政界约1558人,军界近1000人,工商界约1500人,共计近1万人"[5]。

即使那些土生土长的读书人,也不愿呆在农村。有学者指出:"近代以还,由于上升性社会变动的途径多在城市,边缘知识分子自然不愿认同于乡村;但其在城市谋生甚难,又无法认同于城市,故其对城乡分离的情势感触最深。他们不

[1] 蒋梦麟:《西潮与新潮——蒋梦麟回忆录》,第75页。
[2] 蒋梦麟:《西潮与新潮——蒋梦麟回忆录》,第76、84页。
[3] 汪一驹:《中国知识分子与西方》,(台北)久大文化股份有限公司1991年版,第241、166页。
[4] 慈鸿飞:《二三十年代教师、公务员工资及生活状况考》,《近代史研究》1994年第3期。
[5] 虞和平:《民国时期的人力资源开发》,华中师范大学中国近代史研究所编:《庆祝章开沅先生八十华诞中国近代史论集》,华中师范大学出版社2005年版,第255页。

中不西，不新不旧；中学、西学、新学、旧学的训练都不够系统，但又粗通文墨，能读报纸；因科举的废除已不能居乡村走耕读仕进之路，在城市又缺乏'上进'甚至谋生的本领；既不能为桐城之文、同光之诗而为遗老所容纳，又不会做'八行书'以进入衙门或做漂亮骈文以为军阀起草通电，更无资本和学力去修习西人的'蟹行文字'从而进入留学精英群体。他们身处新兴的城市与衰落的乡村以及精英与大众之间，两头不沾边也两头都不能认同——实际上当然希望认同于城市和精英一边而不太为其所接受。"[1] 1927年的农村调查，也折射了读书人在村民眼中的尴尬处境："读书成本太大，出来非但没有官做，即教员位置亦粥少僧多，而况学些空架子，文不像秀才，武不像丁，手不能提篮，肩不能挑担，不事生产，要吃要用。"[2]

农村知识人的流失，如当时人所描述的，"农村中比较有实力的分子不断地向城市跑，外县的向省会跑，外省的向首都与通商大埠跑"[3]，令很多有识之士十分焦虑，1919年2月李大钊以《青年与农村》为题，撰文指出："现在有许多青年，天天在都市上漂泊，总是希望那位大人先生替他觅一个劳少报多的地位"。一方面，"都市上塞满了青年，却没有青年活动的道路。农村中很有青年活动的余地，并且有青年活动的需要，却不见有青年的踪影。到底是都市误了青年，还是青年自误？到底是青年辜负了农村，还是农村辜负了青年，只要我们青年自己去想！"认为"只要青年多多的还了农村，那农村的生活就有了改进的希望"。[4]但情况依旧，1921年陶行知疾呼："乡村教育不发达，可说已达极点。我国人民，乡村占百分之八十五，城市占百分之十五，就是有六千万人居城，三万万四千万人居乡，然而乡村的学校只有百分之十。"[5]

南京国民政府时期，乡村新式教育有所推进，但成效甚微。就在南京城郊的江宁县淳化镇，1931年乔启明实地调查所见："教育在淳化镇乡村社会中，是不

[1] 罗志田：《近代中国社会权势的转移——知识分子的边缘化与边缘知识分子的兴起》，许纪霖编：《20世纪中国知识分子史论》，新星出版社2005年版，第143页。

[2] 巫宝三：《各地农民状况调查句容》，《东方杂志》第24卷第16号（1927年8月）。

[3] 潘光旦：《说乡土教育》，《潘光旦文集》，光明日报出版社1999年版，第371—372页。

[4] 李大钊：《青年与农村》，原载北京《晨报》1919年2月20日至23日，转引自陈元晖主编：《中国近代教育史资料汇编·教育思想》，上海教育出版社2007年版，第992页。

[5] 陶行知：《师范教育之新趋势》（1921年的演讲记录），转引自陈元晖主编：《中国近代教育史资料汇编·实业教育、师范教育》，上海教育出版社2007年版，第893页。

很发达的，大半学校多系私塾，俗名叫做'蒙馆'，就是在一个乡村中的农人，他们互相联合起来，大家摊派几个钱，请一位能教四书五经的老先生，来教学生读古书。在淳化镇乡村社会里56村中，共有34村有了这种私塾，占全体村数中51.8%，什么新式小学倒反很少。近年江宁县政府及私人方面极力提倡，到了现在，总算共有5个村庄已经设立，但亦仅占全体7.1%。"[1]1930年代在浙江湖州的调查载："自逊清末叶，各省提倡兴学，吴兴亦得风气之先。民国初元，各大乡村均设有小学校。惟限于人才及经济，一切设备多极简单。即在今日，乡村教育仍不发达，除各区设有民众教育馆、各镇市有民众学校一二所不等外，其他乡村仅合数村设一校。偶有乡村民众学校，亦仅徒具虚名，设备简陋，规模狭小。每校不过一师，以校长而兼作教员，所授多为单级课程，一班之中，程度大相参差。所谓学校，不免为私塾之变相，所不同者仅课本舍经书而取教科书而已。更有以教科书供遮掩官厅耳目之用者，平日学生所读仍系三字经、千字文乃至大学、中庸、论语、孟子之类（鲜有读至诗、书、易、礼以上者），俨然为一不折不扣之私塾。但一风闻县镇查学委员下乡时，校中即立时易旧书为教科书，学生则咿咿唔唔，一如常日，外人固不知其所诵为何物也。"[2]

同时也应该看到，即使在近代城市里，新式教育也与众多贫困者无缘。1936年，时任浙江大学校长的竺可桢指出："今日高等教育，几全为中产阶级以上子弟所独享。中人之产，供给子弟毕业高中已甚艰辛。至于大学学生，每年非三四百元不敷应用。即如江苏富庶甲于全国，而据该省统计，居民每年收入在九十元以下者占百分之六十六，浙江尚恐不及此数，则因经济关系不能享受高等教育之子弟，实占全民百分之九十九以上。"[3]况且当时的高等院校又多设在少数大城市，据1934年至1935年的统计，全国110所高校中，有41所设在上海和北平，内地的四川为4所，湖南、广西各2所，甘肃、陕西、云南、新疆各1所，贵州、西康则空白。[4]费孝通曾不无感慨地指出："现代的教育，从乡土社

---

[1] 乔启明：《江宁县淳化镇乡村社会之研究》，原载南京《金陵大学农林丛刊》第23号（1934年11月），转引自李文海主编：《民国时期社会调查丛编·乡村社会卷》，福建教育出版社2005年版，第105页。

[2] 中国经济统计研究所编：《吴兴农村经济》，1939年版，转引自李文海主编：《民国时期社会调查丛编（二编）·乡村经济卷》上册，福建教育出版社2009年版，第771、772页。

[3] 《浙江大学设置公费生》，《申报》1936年5月9日，第15版。

[4] 金以林：《近代中国大学研究》，中央文献出版社2000年版，第301—302页。

会论，是悬空了的，不切实的。乡间把子弟送了出来受教育，结果连人都收不回。不但大学是如此，就是中等教育也是如此。"[1]

显然在近代中国，新式教育虽在以通商口岸为主体的少数城市有较明显的推进，但在广袤的农村仍很隔膜，城乡间近代文化教育的联系微弱，甚至呈现出明显的断层，远不足以能触动乡村经济凋敝、文化闭塞、教育落后的普遍状况。政府却依旧冷漠和无所作为，穆藕初曾尖锐地指出："农村经济之破碎零落，已至不堪收拾之程度，此其故何在，盖徒托空言，而不务实际是也。国家虽设有农业专部，学校、农场于改良农事、振兴农业之文章，亦日接触于吾人之眼帘，而于脚踏实地，躬赴农村，从事改革者，实为罕见。故三四十年来，重农之呼声，徒见诸行政要员之谈片、报馆时人之言论，而未收丝毫之效果，其原因盖在此。故欲致农业于振兴之道，首宜少发空言，实事求是。"[2]

有鉴于此，20世纪二三十年代，一些城市知识分子，人称乡村建设派，曾在河北定县、山东邹平等地尝试乡村改造，推行诸如识字扫盲等社会改良举措，但在当时的历史条件下，收效甚微。1936年，吴景超就直言：

> 中国今日的普遍农村破产，于是有一些志士仁人出来提倡农村运动。现在各地的农村运动风起云涌，数得出来的总在数十以上。他们的目标，自然不专为改进农民经济状况，但无论如何，救穷总是他们主要目标之一。经这许多人在各地的努力，对于农民的生计问题，不能说是全无影响。在现在这种农村运动已经成为一种时髦的时候，我愿意诚恳地指出，就是中国农民的生计问题，不是现在各地的农村运动所能解决的。假如现在还有人迷信农村运动可以解决中国农民的生计问题，将来一定会失望，会悲观。[3]

显然，枝节的改革无补于大局。曾致力于乡村改造的梁漱溟也感叹："号称乡村运动而乡村不动。"[4]诚如有学者肯定其良好的愿望和一定的实际成效后

---

[1] 费孝通：《乡土中国》，上海人民出版社2007年版，第300页。
[2] 穆藕初：《李馥荪氏重农说之再进一解》，赵靖主编：《穆藕初文集》，北京大学出版社1995年版，第379页。
[3] 吴景超：《第四种国家的出路——吴景超文集》，商务印书馆2008年版，第16页。
[4] 梁漱溟：《我们的两大难处》，《梁漱溟全集》第1卷，山东人民出版社1990年版，第573页。

指出："它的改良主义的政治出发点、依赖地方政府和国内外社会力量资助的经费来源，及其所推行地区和所取得实际成效的局限性，相对于当时半殖民地半封建社会的国情背景和普遍贫穷的广大农村，显然不能成为乡村建设派所期望的解决近代中国农村问题的有效途径，更不能成为解决近代中国问题的根本之路。"[1]

二、近代科技的传播

上海开埠后，对外贸易和近代工商业的发展，带动了长江三角洲乡村农业生产技术和经营方式的改进。以上海为中心的民族工业自 19 世纪六七十年代兴起后，至 19 世纪末 20 世纪初，有了较大的发展。据统计，中日甲午战争以前，中国民族资本近代企业共 100 多家，1895 年至 1913 年间，共新设厂矿 549 家，资本总额 12000 多万元。[2] 其中，棉纺织工业发展显著。1895 年民族资本企业共有纺机 174564 锭，1913 年则达 484192 锭，增长 150% 以上。[3]

随着民族工业的发展，一些实业家开始注意中国农作物品种改良问题。东南大学农科主任邹秉文忆述，20 世纪 20 年代中叶，该校农科每年经费开支 20 余万元，其中三分之一以上是向上海工商企业募捐而来。[4] 江浙地区的丝业资本家关心和支持蚕种改良，建立了江浙皖丝茧业总公所，后又参加中国合众蚕桑改良会，并对各地蚕桑学校或农学院蚕桑系的蚕种改良给予资助。[5] 上海合众蚕桑改良会，"为上海法、美、意、日等国丝商会同吾国丝茧公所发起成立……办理江浙皖三省蚕桑改良事宜"[6]。上海工商界人士郁怀智，"尝购桑秧数千株及美棉种

[1] 虞和平：《民国时期乡村建设运动的农村改造模式》，杜恂诚等：《汪敬虞教授九十华诞纪念文集》，人民出版社 2007 年版，第 314 页。
[2] 孙毓棠：《中国近代工业史资料》第 1 辑，科学出版社 1957 年版，第 1166—1173 页；汪敬虞：《中国近代工业史资料》第 2 辑，科学出版社 1957 年版，第 654 页。
[3] 严中平：《中国棉纺织史稿》，科学出版社 1955 年版，第 114、140 页。
[4] 章楷：《近代农业教育和科研在南京》，《中国农史》1992 年第 4 期。
[5] 高景岳等：《近代无锡蚕丝业资料选辑》，江苏古籍出版社 1987 年版，第 175 页。
[6] 邹秉文编纂：《中国农业教育问题》(商务印书馆 1923 年版)，孙燕京、张研主编：《民国史料丛刊续编》第 534 册，《经济·农业》，大象出版社 2012 年版，第 88 页。

子，劝令乡民种植，为提倡实业之先锋"[1]。嘉定县娄塘镇的印有模，幼时随父亲在上海日新盛布号习商，后经营近代棉纺织业。为了提高纱布质量，改进棉花品种，他赴欧美考察后引进国外优良品种，免费分发给家乡农民，并且聘请专家下乡指导。美棉的引种成功，提高了他的纱布质量，也改进了家乡的植棉业，惠及四方乡民。[2]1936年刊印的上海浦东《二区旧五团乡志》载："团地濒海，多数种棉，向以根密主义，年收每亩至多六七十斤。近自傅雪堂改良宜稀不宜密之种法（密则根多茎短，铃结较小，朵以钱计，遇雨易烂。稀则节外生枝，铃结较大，朵以两计，遇雨不烂），逢熟年每亩可收一二百斤，价值每斤四五百文，农家赖以起家。"[3]

上海德大纱厂创办人穆藕初，认为原棉不足、棉质退化是中国棉纺织工业发展的两大障碍，指出"工业中所最重要者，厥惟原料。棉质不改良，纱布竞争难于制胜"。[4]为此，他提出改良中国棉种和扩大植棉面积两项措施，而改良棉质又包括两项内容，"一为改良华棉，采用选种、治地、疏栽、培肥、排水、摘芯、扫除虫害等方法，逐年求进，不厌不倦以改良之；一为移植美棉，选取合于我国天气地质之美国棉种，注意严格选种，以及治地、疏栽、排水、摘芯、扫除虫害等方法，逐步培育以发达之"。[5]

他亲自编写《植棉改良浅说》一书，散发给纺织界同仁及棉农，以传播植棉改良知识。同时，他还身体力行，从事棉种改良的实践。1914年，他在筹办德大纱厂时，又租借了上海杨树浦引翔港附近60亩土地，开办了穆氏植棉试验场，引进美国长纤维棉种。经过两年的探索，第三年终于获得成功，单株产铃最多达40个，一般都在20个以上，比一般农家旧的棉种高出五六倍。继而，穆藕初又和上海工商界名流聂云台、郁屏翰、吴善庆、黄首民、尤惜阴等六人，联合发起组织了中华植棉改良社，推举郁屏翰为社长，穆藕初为书记，并制定了中华植棉改良社简章。简章指出："本社以联络振兴内国棉产之同志，交换知识，以求棉业改良之普及为主旨"，其宗旨是"专以研究棉产为范围，冀以天然之地利，施

［1］民国《法华乡志》卷6，游寓。
［2］上海市档案馆编：《上海古镇记忆》，东方出版中心2009年版，第53页。
［3］民国《二区旧五团乡志》卷13，风俗。
［4］穆藕初：《振兴实业之程序》，《穆藕初文集》，第176页。
［5］穆藕初：《上农商部》，《穆藕初文集》，第248页。

以人力之改良，庶将来东亚棉产成为商战健将，用兴实业而挽利权。"[1]

中华植棉改良社的一切费用，由郁屏翰、聂云台、吴善庆、穆藕初四人承担。该社社员有两个义务，即独力或合力举办植棉试验场和就近提倡植棉改良以图普及。该社在上海浦东杨思桥附近开辟棉种试验场，并购买了许多美棉种子分送各省试种，向各地提供植棉技术咨询，还刊印了一些有关植棉改良的书刊散发指导，"用最通俗、最浅近的文字，向农民解释怎样来改进植棉的方法"。[2]穆藕初还亲赴浦东各地演讲植棉方法[3]。听者踊跃，1915年8月6日《申报》载，穆藕初赴浦东三林塘作题为"农作改良问题"的演讲，"听讲者虽值天雨，亦颇拥挤。可见浦东乡间风气渐开，农民已知所竞进矣"。并初见成效，1918年8月27日《申报》以《松江试种美棉之成绩》为题报道："本年春间，金山植棉专家张寄畦君，向沪上创办植棉场之穆藕初君处分得美棉种子若干，归而试种。辟地数亩，以其所余分给乡人。讵乡人富于保守性，无改良之心，恐受异种不合土性之损失，均不敢轻于尝试，故仅张君一人试种。现此棉非常发达，身长干粗，平均有花四十五朵，结实二十余枚，大似鸡子叶，如桐叶，预计获利必多，向之目笑腹诽者，至此无不称美，参观者日必数起。"1919年华商纱厂联合会成立后，设立了植棉改良推广委员会，由穆藕初任委员长。他特意聘请了东南大学农科主任邹秉文等农学专家协助工作，从国外引进优良棉种，在鄂、豫、湘、冀等省设立植棉试验场16所，就地研究指导植棉改良。[4]据统计，1922年洋棉的种植面积占全国植棉总面积的15%，产量占总产量的16%；经过植棉改良运动的推动，至1936年所占总面积及总产量，分别增至52%和51%。[5]有学者指出，穆藕初和中华植棉改良社的努力，使中国的原棉产量大增，为上海以及本国的纺织工业提供了充足的原料[6]。

1920年，南京东南大学农学院应上海面粉厂协会之请，在南京建立了1所小麦实验场。由于地方狭小，次年在南京大胜关找到一块新的场地，占地1300亩，

---

[1]《中华植棉改良社缘起》，《东方杂志》14卷11号，1917年11月。

[2] 陆治：《悼穆藕初先生》，《穆藕初文集》，第612页。

[3] 穆家修等编著：《穆藕初年谱长编》，上海交通大学出版社2015年版，第216、217页。

[4] 穆家修等编著：《穆藕初先生年谱（1876—1943）》，上海古籍出版社2006年版，第180页。

[5] 虞和平：《穆藕初与近代中国棉纺织业》，《20世纪中国企业家风云录》，青岛出版社1992年版，第98页。

[6] 沈祖炜主编：《近代中国企业：制度和发展》，上海人民出版社2014年版，第313—314页。

作小麦和稻米改良之用。在此后 5 年的实验中，成绩显著：

> 在 900 种小麦品种和 280 种稻米品种中，已经发现武进的"无芒"、南京的"赤壳"以及日本的"赤皮"，无论在品质上或产量上都是最好的小麦品种；而江宁的"洋籼"和"东莞白"，则为稻米的最好品种。改良的小麦品种，平均每亩比农民种植的小麦的一般产量要 2 斗，按时价计算，就等于增加 1 元 6 角的收入。改良稻种每亩增加的产量为 3 斗，共值 1 元 5 角。[1]

如前所述，上海开埠后对外贸易和近代工商业的发展，带动了附近一些乡村农业生产技术和经营方式的改进。甲午战争后，实业救国思潮高涨，一些旨在以近代科学技术振兴农业的学会相继成立。1896 年，由汪康年、罗振玉等人在上海发起成立了务农会，后改名农学会。计划刊行农学报、讲演农学知识、购买土地采用新法试办农业、购买国外先进农具并仿制和推广、销售和推广优良种子、举办农业展览会等，但大多都停留在纸面上，未能实现。次年，汪康年自述：

> 开办之始，条理万端，同人聚谋，约有数说，或主先立学堂，肄习化学，以立大纲；或主垦荒购器，先求实效；或谓宜制造肥料，以代筹款；或谓宜先译书报，立定根基，再求进步。首立学堂，继垦荒地，然后制肥料、造农器，以广利源，而便民用。学堂则募捐设立；垦荒等事则借款兴办，还清借款永为公产。如借贷不易，则设开垦公司，成熟后以几成归股主，以几成为会中经费。此数说者次第不同，用心则一。然译书、印报，实扼要之举，故此事已经开办，其余诸事尚未举行。众说既多，莫衷一是。[2]

戊戌维新运动兴起后，西学广泛传播，虽然中国传统农书仍有出版，但呈现明显的颓势。至 19 世纪末，除蚕桑方面的书籍外，其余传统农书出版几乎终

---

[1] 章有义：《中国近代农业史资料》第 2 辑，三联书店 1957 年版，第 173 页。
[2] 汪林茂编：《中国近代思想家文库·汪康年卷》，中国人民大学出版社 2014 年版，第 39—40 页。

结，被新起的近代农学书刊逐步取代，翻译出版西方近代农业科技著作逐渐成为主流，而期刊出版则完全属于近代农学的范畴。[1]清末新政期间，沿海的江苏、浙江、福建等省都有农学会设立，它们或引进外国优良品种，或购买外国农具试用，或"略采欧美种植之方，以兴本邑自然之利"。据不完全统计，至1907年全国有28家以上的农学会设立，国外农学书籍也更多地翻译刊行。其中，罗振玉编辑了"农学丛书"，收农书152种，其中111种是西方近代农学书籍，介绍了有关农业原理、作物各论、土壤、肥料、气象、农具、水利、蚕桑、畜牧、林业、水产、园艺、植保、兽医、农经等方面的科学知识；范迪吉等人翻译的日本《普通百科全书》共100册，其中有不少是日本农业学校的教科书。[2]

民国初年，依托口岸城市，农学会的活动又有新的进展。1917年，中华农学会在上海成立，推举张謇为名誉会长，日本北海道帝国大学农科毕业的陈嵘为会长。其主要会务活动，一是举办年会，进行学术讨论，宣读学术论文，在抗日战争前，年会几乎年年举办。二是出版《中华农学会报》，从1918年创办至1948年出版了190期，基本上未中断，共发表农、林、牧、水产、农业经济、农业教育、农业工程等方面的论文、报告、译文2500多篇。此外，还编印出版了82期《中华农学会通讯》和10多种中华农学会丛书。三是主办"中华农学会奖学金"，分国内和国外两大部分，前者又分专科优秀论文奖、农业院校优秀学生和研究生奖，有100多人先后得奖；后者一部分面向各种专业，另一部分侧重农机和农业工程，先后有50多人获奖。[3]

自机器应用于农业灌溉后，1930年上海中华职业教育社农村服务部设立了中华新农具推行所，与上海的大隆机器厂订约协作，将该厂生产的火油汲水引擎帮浦"装置船上，游行于江苏省之昆山、常熟、无锡、苏州、青浦、南汇各县，召集民众，实地试验，并广劝农民利用新式机件，以增农产"[4]。此前，在苏南浙北已有电力灌溉发端，1924年"戚墅堰电厂实开其端，继之而起者为苏州电厂，随后为湖州电厂"。可见下表：

[1] 冯志杰：《晚清农学书刊出版研究》，《中国农史》2006年第4期。
[2] 中国农业博物馆编：《中国近代农业科技史稿》，中国农业科技出版社1996年版，第11—15页。
[3] 吴觉农：《回忆中国农学会》，《文史资料选辑》（合订本）第39卷第115辑，第15、16页。
[4] 上海市第一机电工业局机器工业史料组等编：《上海民族机器工业》，中华书局1966年版，第375页。

表 6-1　戚墅堰、苏州、湖州电厂电力灌溉情况

厂　名	开始年份	用电容量（启罗瓦特）	灌溉亩数（亩）
戚墅堰电厂	1924 年	500	50000
苏州电厂	1926 年	600—700	60000—70000
湖州电厂	1927 年	50	5000

资料来源：《江浙电气事业概况》，《中行月刊》1931 年第 3 卷第 4 期，第 95 页，转引自谭备战：《机遇与发展——抗战前建设委员会对电力工业之推动（1929—1937）》，《民国研究》2016 年秋季号，总第 30 辑，社会科学文献出版社 2016 年版，第 125 页。

1934 年，长江中下游发生大旱灾，苏州地区也旱情严重，当地商会积极参与抗旱保苗，吴县商会执行委员张云搏赶赴上海购办了大批戽水电机到苏州分发到各乡抽水灌溉。同年 7 月 17 日，他又第二次赴上海定购最新式的电机 43 台，并由商会雇船 43 艘，每船一机，直接运抵各乡镇戽水入田。[1]

　　清末民初，农业学堂也在各地先后设立。除了官办的以外，有不少是由诸如"南张北周"等工商界人士创办的。1917 年 11 月，黄炎培曾在南通参观由张謇兄弟创办的南通农业学校，该校秉持张謇倡导的"棉铁主义"，注重试验植棉方法的改进，"所获皆浮于寻常农家二倍有余"。同时，"该校以渐得社会之信用，乃仿欧美制度设扩充部，分讲演会、俱乐部、贩卖部等，而以'贷种所'为联络农夫社会之主要方法"。其规章制度令黄炎培印象深刻，曾特为摘录如下："一、贷种所以选择良种，并授以改良之种法为宗旨；二、贷种暂以棉麦为限；三、贷者以南通县境为限；四、贷种量每户以四亩为限；五、每届作物收获，贷者须依本校之招集，开会一次，比较成绩之优秀；六、所贷种子，俟收获后，征取其原值；七、凡播种、栽培、施肥、去草等，均须依本校所定方法，受校员之指导；八、作物收获后，仍须售于本校，惟每石得较市价加十分之一。另择最优者三名，分甲、乙、丙等奖给褒状及园艺花卉种子。连得三次甲等奖者，次年贷种不取值。凡此种种，大都仿自美国，在中国当属仅见。"[2]

　　当时，上海还有以中华职业教育社为代表的改良农业和农村的实践。中华职

---

[1]　王仲：《民国时期苏州商会对地区农业的扶持（1927—1937）》，《情缘江南：唐力行教授七十华诞庆寿论文集》，上海书店出版社 2014 年版，第 456—457 页。

[2]　黄炎培：《江阴、南通、苏州农业教育调查报告（1917 年）》，陈元晖主编：《中国近代教育史资料汇编·实业教育、师范教育》，上海教育出版社 2007 年版，第 462、463 页。

业教育社于 1917 年 5 月 6 日成立于上海，是城市社团影响农村改进农村的重要代表。当时教育界名人蔡元培、黄炎培、蒋梦麟、郭秉文，实业界先进钱永铭、宋汉章、聂云台、穆藕初"诸先生鉴于当时教育界与社会不相联系；毕业学生因缺乏职业训练与素养，每不为事业界所重视。而事业界一本成法，各种生产事业，无由改进，遂共同发起本社，以期补救"[1]。因此最初仅致力于职业教育的宣传提倡和工务教育的试验实施，其后"鉴于农村的衰落，与一般农业学校造就的人才不合实际的需要，并且不能担当挽救农村衰落的重任"，于是将职业教育的范围扩大到农村，并办理农村改良实验区。1926 年 5 月联合中华教育改进社、中华平民教育促进会和东南大学农科合作办理其第一个农村实验区于昆山徐公桥。

此后中华职业教育社还办有江苏吴县善人桥农村改进实验区、泰县顾高庄农村改进实验区等。其中有中华职业教育社自行主持办理的，以昆山徐公桥最为典型；有因为办理农村改良成绩显著受其他机关或个人委托办理的，以镇江黄墟农村改进实验区为代表；有与地方政府或团体或个人合作办理的，其中以三益改良蚕种制造场最有影响。无论中华职业教育社以何种方式办理农村改进事业，他们关注农村的重点除了推广良种而外，主要是通过对农村民众的教育来改进农村社会，因此其农村改进实验区主要以办理学校为重心，然后以学校来开展其农村改进事业。此外，还注意到农村的经济和其他社会生活诸如改进卫生状况、破除封建迷信等。[2]

除了中华职业教育社，也有实业家的参与和推动。1934 年 11 月 19 日，中国银行薛光前等人至上海近郊南翔，参观上海振兴纺织厂所办的振兴农村副业协助会。"进大门，见桑树凡六七百株，占地约十余亩，桑田之后，有屋三椽。甫经修葺，前有围墙，刷有标语，语曰：'不耕不织，饥寒交迫；男耕女织，丰衣足食。'又曰：'勤俭作生计，连年买天地，织布用新机，农村生大利。'盖该会以提倡农村副业为主旨，尤以该地附近一带妇女善于纺织，故先从改良织布入手，俟有成效，获得农民信仰后，再及其他，若养猪养鸡养牛等事，以是该会于纺织

---

[1]《中华职业教育社概况》，1947 年 5 月印刷，第 1 页。

[2] 据统计，20 世纪二三十年代，中华职业教育社在长江在三角洲地区办有十余处乡村建设实验区，其中还包括镇江的丁卯乡村小学、浙江绍兴的善庆农村学校、余姚的诸家桥农村实验学校、鄞县的白沙实验区以及上海的沪郊农村改进实验区等，详可参阅朱庆葆、崔军伟：《改造乡村中国的有益尝试——民国时期中华职业教育社乡村建设实验考论》，张宪文主编：《民国研究》总第 17 辑（2010 年春季号），社会科学文献出版社 2011 年版。

一项特别加以宣传，借以唤起其注意。""旋入内参观，有新式织布机十余架，乡女或纺或织，个个勤奋工作。据顾君云：此项新机共有三十架，先由乡女来会练习，一俟手法纯娴，即可依照该会所订之'租赁或转让布机暂行办法'，将机搬家纺织，以资便利。租赁按期纳费二元，转让则每架收回成本五十元，并可分期付款。现已有八架租出，熟工每日可织一匹，工资可得一元，于农民经济不无裨益。"[1]

当时，上海的大夏大学在农村改良的理念又是另一路径。大夏大学以"提倡土货，实行社会节约，努力社会生产，发展国民经济，改进民众生活，协谋中华民族之复兴"为宗旨发起"念二运动"。[2] 为了落实其理想，创办了民众教育实验区，在区内的金家巷创立"金家巷农村念二社"，实行"民生本位的教育"，其教育方法是一种"打破一切传统观念的教育，是一种在最经济的设施中以求最宏大的效果的教育"：第一与农民实际生活切合，第二是以民众切身的关系为出发点，第三是把教育送到民众面前，第四是民众在家自修，团长巡回指导。由于金家巷过去是种棉纺织地段，由于工业化和城市化，一般人都进厂做工去了，而且放弃了小手工业。因此念二社组织了一个纺织团，欲恢复该地的手工业，"救济手工生产，协谋民族复兴"。成立了洗衣合作团，专门承洗大夏大学学生的衣服，开办四月有余，"进行颇为顺利，承洗农户 151 个，承洗衣服大小 1423 件"。还成立编藤团，"训练编藤技能，实行生产合作，共同购买材料，共同编制藤器，而共同运销贩卖"，以"避免奸商的渔利，养成合作的精神"。因为当地农民抱怨"这几年种小菜，真不是生意经！虫子太多，雨水勿调匀，小菜时常要出毛病，并且价钱真跌得可怕。"虽然自然雨水无能为力，但对付虫子与销路还是应该有所作为的，于是决定成立种植团。宗旨不仅是"改良种植，推广良种，指导农民以科学方法经营农业，以谋产量之增加，产品之完好"，还要改进销售，但收效甚微。

大夏大学在举办这些农业改良时，关键是以这些与农民有切身利益的地方，

---

[1] 刘平编纂：《稀见民国银行史料三编》，上海书店出版社 2015 年版，第 781 页。
[2] 按其说法，叫"念二运动"是因为 1933 年是中华民族的关键年份，他们的运动也是从 1933 年开始的，因此"有纪念和警惕的意思"。关于大夏大学的农村改良工作见徐国屏等：《金家巷农村念二社实验报告》，乡村工作讨论会编：《乡村建设实验》（第三集），中华书局，出版时间不详，收入"民国丛书"第四编第 16 册。

向农民传授知识，改良农民的生活，其主要目的是进行农民教育。他们宣称从事农村教育"万不可提高民众消费的欲望，万不可直接或间接的替帝国主义者推销货物，万不可用士大夫的方法把民众造成新士大夫。因此我们反对呢帽子下乡，皮鞋下乡，自来水笔下乡，学生装下乡，西装下乡，洋钮扣下乡，……雪花膏下乡，幼稚园下乡，运动场下乡，摩登男女青年下乡。我们反对到乡下去造洋房做办公室，我们反对用提高民众生活欲望的卫生图表去提倡民众卫生。我们反对在洋房、校园、草地、钢床、电灯、种种新式设备的环境里训练民众或民教和乡教领袖人才。……我们主张用我国固有的乐器代替风琴和留音机，我们主张用我们固有的武术来代替西方式的运动，我们主张在茅草屋或因陋就简的房屋里训练民众或训练民教及乡教的领袖人才"[1]。

孙晓村当时将乡村建设运动分为七种类型：第一是从近代的教育观点出发，想用最实际的社会教育的方法，来改善农民的生活，并欲将此介绍推广到全国，以晏阳初的定县为代表。第二也是从教育入手，不过是发扬固有的传统礼教精华，培养农民的内在能力，将农村自治与教育打成一片，以梁漱溟的邹平为典型。第三种是从纯粹的乡村"自卫"出发进行乡村自治，彭禹廷的镇平是为标本。第四是自上而下，从改革县政入手，促使地方自治，江宁和兰溪是榜样。第五是专门从事合作社的组织和推广，并认为将来农村中的一切事务，诸如教育、自治乃至自卫都可以通过此一途径得到实现，华洋义赈会是代表。第六种类型是以推广改良农作物品种为主要目标，金陵大学和中央大学的乡村建设工作可为代表。最后一种也就是在全中国最一般的农村改进事业，它们既少雄厚的行政力量的资助，又缺乏特殊的乡村建设哲学观念，只是看到中国乡村社会的几多欠缺，于是要进行各方面的社会改良，如中华职业教育社、燕京大学的农村改良等。[2]

孙晓村的分析也许有些道理，但是第四种是依靠政府的行政力量进行，不能算作是严格意义上的"乡村建设运动"；同时对中华职业教育社和大夏大学的农村改良而言，其分类也许有些偏差。上海地区的乡村建设运动有其自身的特征，基本上是由社会团体自身的力量，从教育或直接从推广良种出发改进农村，最后将实

---

[1] 邰爽秋：《目前中国农村教育之三大弊祸》，大夏大学《教育学会刊》第二期。

[2] 孙晓村：《中国乡村建设运动的估价》，原载《大众生活》第1卷4期（1935年11月7日）；收入中国人民政治协商会议全国委员会文史资料委员会编：《孙晓村纪念文集》，中国文史出版社1993年版。

验区交给地方自行办理，而不是像邹平或定县要用一种哲学理念去改变农村，也不借助于政府力量，更不要向传统伦理寻求支持，这与上海地区的开放程度与文化水准等方面不无关系。

总的说来，近代中国在传播农业科技方面，虽有城市工商界和知识界的努力、新式农垦企业和农学会及农学堂等的设立，但面对封建土地所有制主导的广袤的贫困的农村，如同雨落古潭，除了激起些许涟漪，难有实质性的推进和成效。当时有人指出，诸如改良农具、种植方式、种子和肥料等举措，"都是表面的，即使办理得当，也不能根本解除农民痛苦和救济农村。因为农民的痛苦，除了缺乏农业技术与知识外，尚有土地及租税制度等问题的存在。若不设法善谋解决，那么我们的农村建设工作，直等于隔靴搔痒"[1]。有学者认为："严格的说，抗战前中国农村的改进运动多半是浮面的，枝节的，虽有成就却不一定能解决全部的农村问题。"[2]

同时，农村文化教育的落后，也阻碍了近代科技的传播。1917年，留学美国的蒋梦麟回到家乡浙江余姚蒋村探亲，"三叔父告诉我，上一年大家开始用肥田粉种白菜，结果白菜大得非常，许多人认为这种大得出奇的白菜一定有毒，纷纷把白菜拔起来丢掉。但三叔却不肯丢，而且廉价从别人那里买来腌起来"[3]。20世纪30年代上海郊区农家，"所用为耕种、收获之农具，皆属历代相传之物，即一锄一铲亦绝无新式品。在自耕农及半自耕农之较富有者，非绝对无力采购，实因知识低微且无人为之倡导耳"[4]。

在这种历史背景下，农村对近代科技传播的反响，确实微乎其微。海关资料显示，即使在通商口岸城市附近农村，古老的农耕方法依然占支配地位，复种轮作没有创新，农民普遍使用的依然是古老的农具，依旧是传统的农家肥，改良种子和新品种的引进在总体上有名无实。清末杭州海关报告载："杭州和嘉兴平原大量种植谷物，使用的仍然是原始农具，耕作的方法也没有改进。"[5]民国初年

［1］ 余霖：《乡村工作的理论和实践》，《中国农村》第2卷第1期。

［2］ 吕芳上：《抗战前江西的农业改良与农村改进事业（1933—1937）》，"中研院"近代史研究所1989年编印：《近代中国农村经济史论文集》，第555页。

［3］ 蒋梦麟：《西潮与新潮——蒋梦麟回忆录》，东方出版社2005年版，第125页。

［4］ 冯和法主编：《中国农村经济资料》，上海黎明书局1935年版，第266页。

［5］ 陈梅龙等译编：《近代浙江对外贸易及社会变迁——宁波、温州、杭州海关贸易报告译编》，宁波出版社2003年版，第251页。

的海关报告谈到上海的农业时指出："不幸的是，中国的农民缺少知识，在经济上，他们没有什么力量去冒试验的风险。这种尝试也许会失败，使他们和他们的家庭掉进近在眼前的饥饿的深渊里去。因此他们总是以安分为上，老盯着陈年的土法。"[1]

近代上海崛起后，巨大的城市人口所形成的粪尿收集，通过内河船只输运至四周乡村。清末，美国土壤学家金博士在沪考察，目睹苏州河上有大量的粪船。1908 年，上海租界每年有七八万吨的人粪收集量。在松江华阳镇，农民可以从镇上的粪行中买到粪肥，有的则从邻近的泗泾镇购得。除粪行外，还有流动的"粪头"，他们专门将收集的粪肥从上海贩运至乡村。自 1924 年起，松江就有硫酸铵俗称"肥田粉"销售，但乏人问津，当地农民依然用人畜粪便和种植的绿肥等肥田。[2] 20 世纪 30 年代上半叶，在上海任职的英国籍巡捕彼得斯记述："外国人所在的区域使用的卫生设施当然都是最现代的，不过这毕竟只是很小的一片区域，……到了夜晚，有专门负责处理粪便污物的苦力，推着一个有两个轮子固定于其上的大桶，到他们负责的区域里收集一天产生的废物，他们工作的时间是凌晨三点到早上八点。……收集完粪便之后，苦力会把这个大桶运到某条小河边，把里面的污物倒进敞开的驳船。装满之后的驳船就会沿着小河漂到城市郊外，那里有农民购买这些粪便做肥料施在田地里。"[3] 在绍兴长大的陈桥驿记述："城市中每天的废物数量很大。这些称'废物'的东西，其实都是可以卖钱的，第一项就是粪便，绍兴人通常称'料'，……由农民买去作田间的肥料。第二项是灶下余烬，绍兴人多以稻草烧饭，灶下都用石板围出一个舱，贮藏稻草灰，绍兴人都简称作'灰'，每天也有很大的数量。'灰'也是农民需要的一种肥料，也由农民来买去。每天一早，许多空船进城，就是为装粪便和稻草灰来的。中午前后，这许多满装粪便和稻草灰的船就纷纷出城。假使没有满城大小河港，这两项事物就无法解决。而农民若无粪便和稻草灰，农事也就无法进行。而这两项，就都是借河港进行的。"[4] 1928 年对上海近郊农村的调查："农具悉系旧式，如铁锄、耜

---

[1] 徐雪筠等译编，张仲礼校订：《上海近代社会经济发展概况（1882—1931）——〈海关十年报告〉译编》，上海社会科学院出版社 1995 年版，第 206 页。

[2] 王建革：《水乡生态与江南社会（9—20 世纪）》，北京大学出版社 2013 年版，第 401、554、575 页。

[3] 〔英〕E. W. 彼得斯著，李开龙译：《英国巡捕眼中的上海滩》，中国社会科学出版社 2015 年版，第 132、133 页。

[4] 陈桥驿：《八十逆旅》，中华书局 2011 年版，第 491 页。

头、镰刀、铁钯、铁铲、粪桶等。"其中，真如乡间"农具如铁搭、齿耙、锄头、镰刀、犁、铲等，均为旧式农具"。[1]次年刊印的《上海特别市高行区概况》载："耕种情形仍用人力及牛马，鲜有利用机器者，施肥以及种植方法，均墨守旧例。"[2]1930年《上海市百四十户农家调查》："上海市场出售之农具，式样虽多，但皆旧式，故140农家所用为耕种收获之农具，皆属历代相传之旧物，即一锄一铲亦绝无新式品。"[3]

1922年至1931年的杭州海关十年报告载："当地农民对机器耕作并不感兴趣，他们经常使用有限的几种办法和旧式的工具进行小规模的生产，只有农学院的湘湖农场有一些用于教学的机器，但这些机器也不足以来进行生产。农民们满足于旧式的耕作工具，如牛拉的木犁、木制的簸谷机以及木制的链斗式水车等，这些工具目前仍然流行。"[4]制造这些工具的手工业，也散布各处，有的还颇有名声，上海郊区的青浦练塘，"农具如水车、风车、水桶、竹筛、竹匾等，制造较他处为优"[5]；其中的水车制造还颇具规模，"农民力耕捕鱼外，大半以制车为业俗名镶车。车为田家灌水之具，或以人力，或以牛力，形式不一，制作灵便，迥非他处所及，即诗家所谓桔槔者也。环练塘数十村庄，车船约三百多艘，其营业发达，西至常州以西，东至浦东间，有修花车者，车业之利，不亚于力耕，颇有倚为终岁之生涯焉"[6]。

总的说来，在与上海毗连的长江三角洲，个别乡村地区采用了机械灌溉技术，棉花、蚕桑等新品种有所引进，化肥也有使用，但机械灌溉的耕地面积所占比重微乎其微，化肥的使用并未推广展开，即使最易为农业生产者接受的蚕种改良、棉种改良，也缺乏普遍性和持久性的成效。[7]农民家庭手工业的生产技术，

---

[1]《上海特别市各区农村概况》，原载《社会月刊》第2卷第5—11号（1930年11月至1931年5月），转引自李文海主编：《民国时期社会调查丛编（二编）·乡村社会卷》，福建教育出版社2009年版，第429、431页。

[2] 民国《上海特别市高行区概况》（上海乡镇旧志丛书），上海社会科学院出版社2006年版，六，农工商业状况。

[3]《上海市百四十户农家调查》，原载《社会月刊》第2卷第2—5号（1930年8月至11月），转引自李文海主编：《民国时期社会调查丛编（二编）·乡村社会卷》，第504页。

[4] 陈梅龙等译编：《近代浙江对外贸易及社会变迁——宁波、温州、杭州海关贸易报告译编》，第290页。

[5] 民国《章蒸风俗述略》（上海乡镇旧志丛书），上海社会科学院出版社2005年版，制造物。

[6] 光绪《章练小志》（上海乡镇旧志丛书），上海社会科学院出版社2005年版，卷3，风俗。

[7] 李学昌等：《近代江南农村经济研究》，华东师范大学出版社2015年版，第409页。

也少有改进。1929 年，江苏海门的邢广世"曾发明新机，将弹花、拼条、纺纱用一机完成"，后经王孟研究改良，又能提高工效 20 多倍，但是"把纺纱当作副业，每年只能工作百十来日的农民，以二三十元去购置改良纺车，其从纺织业所得的利益少，而所负担的纺车折旧甚大，这已经是不经济的事了，所以纺车纵能改良，而始终却总不能普遍通行"。[1]

这绝非农民因循守旧所致，是与中国绝大多数农民的贫困直接相关。清末宁波海关报告称："种植的方法和几百年间一样，……事实上农民们采取的是同样的方法，在同样的时间，用的是跟祖先相同的原始工具。当然，贫穷也是其中原因之一，向他们细述蒸汽犁的妙处没有用处，对农民来说他们要养活自己和一家人，一年的收入不足以购买这种洋货。"[2] 1935 年 1 月《南京市政府公报》载："查本市各乡区上年多被旱灾，农民异常困苦，以致近来纷纷售卖耕牛，维持生活。"[3] 如 1930 年代南京国民政府官员所承认的，"（农民）救死不遑，籽种、耕牛穷无所措，讵有提倡科学化之余地"[4]。

三、乡镇习俗的演变

上海开埠后，受其城市经济的强力辐射，近郊乡镇格局变动明显，一些原先以个体小生产者之间交换日用必需品或家庭手工业所需原料为基本特征的农村集镇的商业活动，率先受到外国商品输入的冲击日趋衰落，代之而起的则是一批适应上海开埠后进出口贸易迅速增长的需要，依附、服务于对外贸易和近代城市经济颇具活力的乡镇。明清时期，上海地区农村的商品生产特别是手工棉纺织业的发展，促使一批乡镇兴起和繁盛。嘉定县娄塘镇，"所产木棉、布匹倍于他镇，所以客商鳞集，号为花、布码头，往来贸易岁必万余，装载船只动以百计"。宝山县罗店镇，"东西三里，南北二里，出棉花纱布，徽商丛集，贸易甚盛"。[5] 上海开

[1] 彭泽益：《中国近代手工业史资料（1840—1949）》，中华书局 1962 年版，第 3 卷，第 683 页。
[2] 陈梅龙等译编：《近代浙江对外贸易及社会变迁——宁波、温州、杭州海关贸易报告译编》，第 89、90 页。
[3] 叶皓主编：《金陵全书》（丙编·档案类），南京出版社 2012 年版，第 27 册，第 40 页。
[4] 章有义：《海关报告中的近代中国农业生产力状况》，《中国农史》1991 年第 2 期。
[5] 《嘉定县为禁光棍串通兵书扰累铺户告示》，上海博物馆：《上海碑刻资料选辑》，上海人民出版社 1980 年版，第 96 页；乾隆《宝山县志》卷 1，市镇。

埠后，大量廉价外国机制棉纺织品的涌入，致使农民的家庭手工棉纺织业趋于衰败。"本邑妇女向称朴素，纺织而外亦助农作。自通商而后，土布滞销，乡妇不能得利，往往因此改业者"。[1] 原先一批立足于手工棉纺织业发展基础上的乡镇的商业活动，亦归于萧条。嘉定县城南门，原先"布经市极盛，城内吴三房最著，城外业此者十余家，远自刘河浮桥，近则一二十里内外，布经卖买麇集于此，辰聚西散，熙攘竟日"；"自洋纱盛行，不数年间无复有布经营业，而市况顿衰"。前引该县娄塘镇，"从前布市最盛，近年减色"。[2] 宝山县高桥镇，"从前布市颇盛，由沙船运往牛庄、营口者，皆高桥产也，今利为洋布所攘"，市面凋零。罗店镇，昔日因棉布贸易兴旺而有"金罗店"之称，这时也随土布的衰落而趋冷落。[3]

同一时期，另有一批乡镇随着上海的发展而兴旺。吴淞镇因地扼中外船只入港要口备受各方青睐，几成市区之"飞地"。地处南北两翼内河船只进港要道的闵行、黄渡，客货船过往频繁，乡镇经济活跃。民国初年，有人纵览宝山县境内诸集镇兴衰的历史过程后感叹："综计三十年来，历时初非久远，而生计之丰约，一视地势之通塞为衡。自铁路通，商埠辟，或昔盛而今衰，或昔衰而今盛，非独市镇，即小而村集且然。"[4] 1929年对真如镇及其周边地区的实地调查载："本镇商业滥觞于元明，盛于有清乾嘉时代。近三十年来日形式微。往昔市廛繁盛，乡人贸易都麇集于此。今本区东有闸北，东南有小沙渡，南有曹家渡，西南有北新泾，店肆林立，气象日新，以真如较之，相差远甚。故乡人入市，除花、布、米、菜、南货等少数贸易外，舍而之他者十之六七。近更行驶公共汽车，顾客往返益形便利，数元值之货物多趋而之沪。"[5]

可见上海开埠后，郊区乡镇的商品流通结构，也由先前面向国内市场并以粮棉产品交换为主，逐步转化为纳入国际市场的以外国机制工业品与中国农副产品间的交换为主。并使一部分以个体小生产者之间交换日用必需品或家庭手工业所

[1] （清）李维青纂修：《上海乡土志》，女工。现藏浙江省绍兴县档案馆宣统元年（1909）《上海土布一览表》载："查土布产额近来逐年递减，缘各地工厂林立，乡镇妇女多入厂工作，冀得资较丰。东稀一项产额稍旺，因闽广人士多爱国产，不吝重值，乐为购办。西稀机户因利改织者甚伙，西稀锐减，自无待言。东、北两套，向以浦东及上海北乡产者为著，近自工厂日多，产额猝受影响，且销处银根奇紧，业此者咸有戒心，产额销场互为因果，市面凋敝，远不如前。"其影印件及由马元泉整理的全文见上海市档案馆主办的《档案与史学》2004年第6期。
[2] 民国《嘉定县续志》卷1，市镇。
[3] 民国《宝山县续志》卷1，市镇；民国《嘉定瞭东志》，市集。
[4] 民国《宝山县续志》卷1，市镇。
[5] 民国《上海特别市真如区调查统计报告表册》（上海乡镇旧志丛书），上海社会科学院出版社2004年版，商业。

需原料为基本特征的乡镇的商业活动趋于衰败，代之而起的则是一批适应进出口贸易增长及城市发展需要的新兴乡镇。从历史发展的角度看，这种由内向型朝外向型的逐步转化是积极的，它在一定程度上打破了原有相对封闭的状态，逐渐卷入世界资本主义市场，从而推动了这些乡镇经济结构的演化。如奉贤县"北部金汇桥一带农民，因与上海交通较便，故兼运土产及农村副产为生，该处附近农村妇女亦勤于纺织，兼糊火柴盒为生。东北偶之新桥一带，民间女子入纱厂、袜厂工作甚多。以上二地，为吾奉农村生计较优裕地带"[1]。

上海开埠后，都市经济及文化对市郊农村的辐射强烈，并促使后者人们的思想观念、职业选择、社会习俗乃至家庭生活等各方面，都发生了顺应时代潮流的变化。近年来，中国近代城市史研究成果丰硕，但总的说来，对城乡间文化互动关系的论述较少；成果累累的近代上海史研究，也有这种缺憾[2]。

1843年上海开埠后，逐渐成为近代中国的商贸、工业和金融中心，都市文化也同步演进，在中国乃至远东独领风骚[3]。沈宝昌为1918年刻印的《上海县续志》作序时感叹："上海介四通八达之交，海禁大开，轮轨辐辏，竟成为中国第

---

[1] 民国《奉贤县志稿》卷28，农民生活之演进。

[2] 以往中国近代城市史研究状况，可参阅熊月之、张生：《中国城市史研究综述（1986—2006）》，《史林》2008年第1期。中外学术界有关近代上海史的研究成果丰硕，如熊月之主编《上海通史》（上海人民出版社1999年版）、熊月之等编《上海史研究译丛》（上海古籍出版社2003—2004年版）、张忠民主编《近代上海城市发展与城市综合竞争力》（上海社会科学院出版社2005年版）、罗苏文著《上海传奇：文明嬗变的侧影（1853—1949）》（上海人民出版社2004年版）、许纪霖主编"都市空间与知识群体研究书系"（上海人民出版社2006—2007年版）、熊月之等著"上海城市社会生活史丛书"（上海古籍出版社2008—2011年版）、李长莉著《晚清上海——风尚与观念的变迁》（天津人民出版社2010年版）等，但尚少对近代上海都市文化习俗对市郊及江南农村渗透及其反响的专题研究。新近出版的由张宪文、张玉法主编《中华民国专题史》第九卷《城市化进程研究》（南京大学出版社2015年版），第十章第三节列有第三目"城乡风俗的异同"，为总共2页的概述。

[3] 其表现甚多，上述论著已有论述。笔者再举两例：1859年上海就有行西式婚礼者，是年4月30日王韬记述："前日为春甫婚期。行夷礼。至虹口禅治文室，往观其合卺。西人来者甚众。禅妇鼓琴讴歌，抑扬有节。小异亦在。其法：牧师衣冠北立，其前设一几，几上置婚书、约约；新郎新妇南向立，牧师将条约所载一一举问，俟相为之代答，然后望空而拜。继乃夫妇交揖。礼成即退，殊为简略。"（中华书局编辑部编，汤志钧等校订：《王韬日记（增订本）》，中华书局2015年版，第287页）又如1873年11月22日《伦敦新闻画报》载："本报特派画家辛普森先生从上海的一条客运小舢板上写下了以下这封来信，信中所描述的这条舢板也是他所画速写的对象：'到达上海以后，当我坐着一条小舢板从轮船上岸时，我很吃惊地发现，在舢板所特有的竹篾凉棚内壁上，整齐地贴满了从画报上剪下来的图片，其中最多的就是《伦敦新闻画报》和《笨拙》这两种最受欢迎的杂志的图片。……我看到那些图片都是比较新进（似应译为"新近"——引者）才发表的，而且贴得很整齐。船夫们似乎为这些图片颇感骄傲，而且当乘客称赞这些图片的品位不错时，会感到很高兴。在黄浦江上游有几百条这样的舢板，我很怀疑里面会有哪一条舢板没贴这样的图片。'"（沈弘编译：《遗失在西方的中国史——〈伦敦新闻画报〉记录的晚清1842—1873》，北京时代华文书局2014年版，第605页）

一繁盛商埠。迩来世变迭起，重以沧桑，由同治视嘉庆时，其见闻异矣；由今日视同治时，其见闻尤异矣。更阅数十年，人心风俗之变幻，必且倍于今日。"这种态势，对市郊农村以持续、有力的触动，其中城市文化和习俗的渗透及其反响引人注目[1]。

上海开埠前，市郊农村的生活习俗和人们的思想观念，是与传统小农经济占主导地位的社会形态相吻合的，"重农务本"[2]为人们所遵从。"女子庄洁自好，无登山、入庙等事，井臼之余，刺绣旨蓄，靡不精好。至于乡村纺织，尤尚精敏，农暇之时，所出布日以万计，以织助耕。"[3]松江县张泽镇，"服用率尚朴素，乡民终岁力田，远出谋生大都不喜，故工不越乡，商不越府治各县"[4]。上海开埠后，特别是19世纪七八十年代后，中外近代企业明显增多。机器工业的兴盛，促进了商业、金融、交通运输、市政建设等各个方面的发展。随着城市经济的发展、城市人口的增长和城区范围的扩大，上海的城市面貌已发生根本的变化，可以作为衡量近代城市的几个要素，如资本主义工商业，近代市政设施和管理，新式科技、文化、教育事业等，在这里都已有了较大的发展，城市人口也从开埠初期的约27万增至1910年的128万余人[5]。上海，已从一个旧式县城发展成为中国最大的近代都市。

以工业文明为基干的近代上海都市文化，直接辐射市郊农村。1861年，在沪的德国人柯艾雅曾描述：

> 这里是一马平川，土地特别肥沃，种满了农作物，到处是农家小屋和院子，……从外表上看，很像我们的农舍，而且四周还围着篱笆，将小院子、花园和一片小竹林围在其中。房子却没有窗户，没有地板，也没有地砖，完全缺乏舒适和清洁，只有很少几件用具，在这样可怜的住

---

[1] 如上海市松江区博物馆藏稀见文献载，晚清松江士人席裕琨关注阅读新学书刊，其《融斋精舍日记》多有记述，其中1898年10月9日午后"看《昌言报》"，并在"记读书行事所得"，表述他对当时铁路问题的认识："中国之营造铁路，西人所视为利薮者也。"(上海市松江区博物馆等编：《明清松江稀见文献丛刊》第1辑，上海古籍出版社2015年版，第402、403页)

[2] 光绪《南汇县志》，刘瑞芬序。

[3] 光绪《重修华亭县志》卷23，风俗。

[4] 光绪《张泽志》(上海乡镇旧志丛书)，上海社会科学院出版社2004年版，卷11，风俗。

[5] 〔美〕罗兹·墨菲著，章克生等译：《上海：现代中国的钥匙》，上海人民出版社1986年版，第82页；邹依仁：《旧上海人口变迁的研究》，上海人民出版社1980年版，第90页。

房里，穷人要度过相当寒冷的冬天。其余季节的农闲之时，他们整天就在屋里忙着纺纱。[1]

此后，逐渐繁华的近代经济和都市文化，给市郊农户提供诸多新的谋生途径，也对闭塞守旧的传统观念及生活习俗带来很大触动，并促使其逐渐让位于新的呼应都市文化的思想观念和社会习俗。人们不再安于厮守土地，纷纷将眼光投向大上海，向往并投入都市生活。1880年2月8日《申报》载："人谓来沪上者，无不有发洋财之望，闻某人现在上海业某洋行生理，则啧啧然称道之；见某人自上海回，则欣欣焉歆羡之。"引人注目的是，其中不乏众多农妇村姑。清光绪年间，嘉定县真如镇四乡，原先"女工殊为发达，盖地既产棉花，纺织机杼之声相闻，而又勤苦殊甚，因非此不足以补家用也，所织之布名杜布，缜密为全邑之冠"，此时则"自沪上工厂勃兴，入厂工作所得较丰，故妇女辈均乐就焉"。[2]

1883年8月《申报》载，上海"合城内外，洋场南北，岁有百金、家三四口者，无不雇用佣妇，大抵皆自乡间来"[3]。同年12月《申报》称，自上海"缫丝局开，女工之受雇者不少，其他之有需乎妇女者不及备述，总之至于女工而亦藉通商之故，而得以自求口实"[4]。光绪《上海乡土志》载："本邑妇女向称朴素，纺织而外，亦助农作。自通商而后，土布滞销，乡妇不能得利，往往有因此改业者。近来丝厂广开，各招妇女以缫丝。此外，精于铁车者可制各种衣服及鞋袜，精于针线者可制各种顾绣，精于手工者可制各种绒线之物，苟擅一长，即能借以生活。"[5]

此种情景，有增无减。1888年4月《申报》云："一闻有人招雇女工，遂觉勃然以兴，全家相庆，举国若狂，利之所在，人争趋之，于是相与联袂随裙或行逐队以去……呼朋引类，无论小家碧玉，半老徐娘，均各有鼓舞，踊跃之心，说项钻求，惟恐不能入选。"[6]据1893年12月《北华捷报》估计，当时上海"有一万五千或两万妇女被雇佣，从事清理禽毛以便载运出口，从事清拣棉花与丝，

[1] 王维江等辑译：《另眼相看——晚清德语文献中的上海》，上海辞书出版社2009年版，第67页。
[2] 民国《真如志》卷3，实业志，工业。
[3] 《书朱陈氏愿归原夫案》，《申报》1883年8月7日。
[4] 《中外之交以利合论》，《申报》1883年12月11日。
[5] 光绪《上海乡土志》，第137课，女工。
[6] 《论妇女作工宜设善章》，《申报》1888年4月1日。

从事制造火柴与卷烟"[1]。其收入则明显高于以往，"缫丝厂和棉纺厂所雇用的许多中国女工……每月能赚得 5 到 15 元，对于以前整天在手织机前辛苦地生产土布，一个月要想赚到 2 元，对之抵去材料成本后要多余一点作为劳力代价还感到困难的女工来说，这确是一笔大钱"[2]。在青浦县，"乡村妇女助耕馈饷之外，兼事纺织为生，光绪中叶以后，梭布低落，风俗日奢，乡女沾染城镇习气，类好修饰，于是生计日促，一夫之耕不能兼养，散而受雇于他乡者比比矣，尤以上海为独多，利其工值昂也"[3]。有守旧者抱怨："女工本事纺织，今则洋纱洋布盛行，土布因之减销，多有迁至沪地入洋纱厂、洋布局为女工者，虽多一生机，而风俗不无堕落。"[4]

令人眩目的都市文化和各类舶来品，持续辐射市郊农村。"上海番舶所聚，洋货充斥，民易炫惑，洋货率始贵而后贱，市商易于财利，喜为贩运，大而服食器用，小而戏要玩物，渐推渐广，莫之能遏。"[5]嘉定县真如镇，"僻在邑之西南，自成市廛，士习诗书，民勤耕织，俗尚敦厚，少奢靡越礼之举。中外互市以来，洋货充斥，绚彩夺目，喜新厌故者流弃其已有，群相购置"[6]。如火柴，"敲石取火，沿用已久。海禁初开，始有火柴，而内地尚不通行。光绪中叶以后，火柴渐推渐广，已成人家通用之物，后生少年几不知刀石作何状矣"[7]。

嘉定县农村，"洗面擦身之布，旧时多用土布，有用高丽布者已为特殊，其布仿于高丽，质厚耐久，自毛巾盛行，即下至农家亦皆用之。洗衣去垢，曩日皆用本地所产之皂荚，自欧美肥皂行销中国后，遂无有用皂荚者"[8]。南汇县，"光绪以前，人燃灯，注豆油或菜油于盏，引以草心，光荧荧如豆。未几，有火油灯，明亮远胜油灯。然煤灰飞扬，用者厌之，未几加以玻璃罩，光益盛而无烟，

---

[1]《北华捷报》（1893 年 11 月 24 日），转引自孙毓棠编：《中国近代工业史资料》第 1 辑下册，科学出版社 1957 年版，第 1231 页。
[2]《代理总领事满思礼 1897 年度上海贸易报告》，李必樟编译，张仲礼校订：《上海近代贸易经济发展概况（1854—1898 年）：英国驻上海领事贸易报告汇编》，上海社会科学院出版社 1993 年版，第 938 页。
[3] 民国《青浦县续志》卷 2，疆域下，风俗。
[4] 民国《川沙县志》卷 14，风俗。
[5] 光绪《松江府续志》卷 5，风俗。
[6] 民国《真如里志》，风俗。
[7] 民国《南汇县续志》卷 18，风俗。
[8] 民国《嘉定县续志》卷 5，风俗。

且十光五色，或悬于空中，或置于几上，或垂于壁间，使光反射，其色各各不同，而又各各合用。于是，上而缙绅之家，下至蓬户瓮牖，莫不乐用洋灯，而旧式之油盏灯淘汰尽矣"[1]。1905 年在沪的英国人实地游历上海静安寺涌井泉旁的集市后描述：

> 集市一开市，便呈现出一番热闹景象。买卖双方都来自周边乡村，闭市后便散往各处。来到涌井泉之前，这集市应该也曾在其他地方举办过。集市主要的货物是木制品，如水桶、浴盘、脸盆、锅盖、车把手和纺纱机，不过大部分商品都制作粗糙，基本上都没有油漆或磨光。此外，竹制品也是大宗，包括篮子、凳子、椅子、席子、苍蝇拍、筷子和鸟笼，而绳子、除尘刷、带子和其他小玩意儿也很畅销。这儿交易的还有刀、斧头和扇子，而有一种锡制的要用手指遮住一边才能吹出声音的扁平哨子，很受少年们的欢迎。同样受欢迎的还有玩具戟以及其他古代兵器、小鸟、风车和智力玩具，最后者是用铜线制成的，立等可取。转糖，字义是旋转的糖货摊，即通过将糖浆旋转制成小鸟、野兽和鱼的形象，再加上一点小小的博彩，更是平添了别样的风味。饮食摊则出售各式各样的汤羹，还有用味道很难闻的油炸出来的面团、烘煎饼、粢饭团、甘蔗和其他当地美食，总之琳琅满目，不可胜数。算命先生是每有集市必到，我们就看到了一位戴着一副大大的眼镜的算命先生，他正在为两个乡下人算命；西洋镜以及留声机之类的西洋玩意儿，让这位算命先生更容易招徕顾客。[2]

1914 年出生于青浦的杨宽忆述："在我童年时期，一年一度的庙会也还举行，每当举行庙会的节日，附近农民纷纷前往游览，叫做'游青龙'。这是我童年时期每年必去游览的地方，因为从这个庙会上可以看到那些平时在镇上看不到的商品和民间的游艺表演。"[3]

一旦突破了闭塞守旧的生活方式，很多人便发现传统的谋生手段不敷支用，

---

[1] 民国《南汇县续志》卷18，风俗。
[2] 〔英〕威廉·R. 葛骆著，叶舟译：《环沪漫记》，三联书店 2018 年版，第 47 页。
[3] 杨宽：《历史激流：杨宽自传》，（台北）大块文化出版股份有限公司 2005 年版，第 22 页。

遂纷纷另辟新径。上海县法华乡，"光绪中叶以后，开拓市场，机厂林立，丁男妇女赴厂做工。男工另有种花园，筑马路，做小工，推小车。女工另有做花边，结发网，粘纸锭，帮忙工。生计日多，而专事耕织者日见其少"[1]。宝山县彭浦里，原先"农家最劳苦而安分，终岁勤动，竟无休日，若无产者受值佣工，不少偷懒。妇女亦事耕耘，暇则纺织，犹存勤俭之遗风焉。然自租界北辟，男以鬻贩营生而奢华渐启，女以纱丝工作而礼教鲜存"[2]。清末民初，"上海之介绍佣仆者，曰荐头，有店，设于通衢，以苏州、常熟、扬州为最多，且有松江、镇江、通海、绍兴、杭州、宁波人所设者，男女佣仆均可介绍。……扬州、苏州、松江、无锡之乡女，以上海工资较内地为昂，每出而就佣于巨室，至沪则投荐头店。荐头者，介绍佣仆之人也"[3]。地处远郊的青浦县农村，亦有"妇女贪上海租界佣价之昂趋之若鹜，甚有弃家者，此又昔之所未见者也"[4]。有当地守旧者哀叹："欧化东渐，竞尚自由，女德日以堕落，已嫁而离，宁肯未婚而殉。"[5]崇明亦有人慨叹，崇明地"处海隅，梯航不易，沧桑屡更，生事又艰啬，宜习尚之朴塞也。今海通大畅，殊方异化浸淫而败礼俗，邑密迩淞沪，海上华靡不免有渐渍者"。并称"风教之责，非士大夫而谁与？"[6]

以工业文明为基干的近代上海都市文化持续有力的辐射，促使市郊农村闭塞守旧的社会习俗逐渐被打破，如妇女缠足陋俗的破除："光宣之交，上海创行天足会，风行甚速，吾乡（指宝山县杨行乡——引者）虽未曾设会宣传，而民国以来女子无复裹足之害"[7]；上海县法华乡，"乡间妇女，亦效时装，不缠足者比比皆是"[8]；嘉定县真如乡，"妇女缠足，相沿成习，自清季沪上风行天足，一般妇女咸知缠足为无益而有害，群相戒勉，真如密迩申地（指上海——引者），闻风相效"[9]。新式婚礼亦有采用并被人称许，1906年2月12日，《申报》以"结婚

[1] 民国《法华乡志》卷2，风俗。
[2] 宣统《彭浦里志》卷1，风俗。
[3] 熊月之主编：《稀见上海史志资料丛书》，上海书店出版社2012年版，第1册，第568、576页。
[4] 葛冲编：《青浦乡土志》，风俗。
[5] 光绪《章练小志》卷6，拾遗。
[6] 曹炳麟著，唐圣勤等整理：《钝庐诗集 钝庐文集》（崇明历代文献丛书），上海社会科学院出版社2013年版，第177页。
[7] 民国《杨行乡志》卷5，礼俗志，风俗。
[8] 民国《法华乡志》卷2，风俗。
[9] 民国《真如里志》，礼俗志，风俗。

新式（松江）"为题载：

> 正月初十日，松属青浦有沈、朱两姓，行文明结婚礼，所有冠袍面红以及拜天地、合卺、坐床种种俗例，一概屏弃。当场谓见证人某君宣证书，男女又各设誓：男守不娶妾、不吸鸦片烟之约；女守不缠足、不迷信鬼神之约。亲友观礼者皆以办法甚当，可见内地风气已有转机矣。

日常消费和习俗乃至建筑样式等，也有较明显的变化。每当节庆时节，近郊农民往往成为上海老城厢商家的主要客源。1893年2月11日《申报》以《沪滨杂志》为题载："时届岁关，乡人来沪购买年货有荤击肩摩之势，各店伙在柜交易几于应接不暇。"郊区农业的丰歉，往往也会影响这些商家的生意，如1891年2月2日《申报》以《沪滨琐话》为题载："往年每至十二月望后，乡民之入城购办年货者络绎不绝，油、酒、米、南货、鱼行、肉庄、水果摊等，莫不利市三倍，店伙等皆有应接不暇之势。今年关在即，而乡民之办货寥寥无几，各店铺之生意皆不甚起色，惟索欠争闹之事日有所闻。市面衰颓，于此可见。"

宝山县月浦，"地处海滨，民情素称醇朴。光绪季年，时势虽经转移，然婚丧喜庆祭祀犹有古人遗意。民国以来，因接近淞沪，开通较早，俗尚乃为之一变，而社会举动亦随潮流而踵事增华矣"[1]；浦东五团乡，"团区濒海，素著俭勤，虽士大夫家，居只布素，有事偶服绸绫。同光间，衣服渐渐逾格"[2]；浦东高行，原先"大抵俗尚勤朴"，"近年以来，更以接近沪渎，身濡目染，婚嫁丧祭之用途、亲朋宴集之供应渐趋奢侈"[3]。金山县张堰，"衣服之制，历来宽长，雅尚质朴，即绅富亦鲜服绸缎。咸丰以来，渐起奢侈，制尚紧短。同治年，又尚宽长，马褂长至二尺五六寸，谓之'湖南褂'（时行营哨官管带皆宽袍长褂，多湘产，故云）。光绪年，又渐尚短衣窄袖。至季年，马褂不过尺四五寸，半臂不过尺二三寸，且仿洋装，制如其体，妇女亦短衣窄袖（先行长至二尺八九寸），胫衣口仅三寸许（先行大口至尺二三寸），外不障裙（女子十七八犹辫而不梳髻，不缠足，

---

[1] 民国《月浦里志》卷4，礼俗志，风俗。
[2] 民国《二区旧五团乡志》卷13，风俗。
[3] 民国《上海特别市高行区概况》（上海乡镇旧志丛书），上海社会科学院出版社2006年版，五、风俗习惯。

遵天足会令也），尤近今风尚之变"[1]。

1927 年的实地调查载，松江县叶榭乡"农民一年辛勤所得，仅足以温饱，所以他们的消费情形也可想见了，但是比之十年前或二十年前，可以说有很大的差别。他们以前只穿自纺自织的布衣，现在因洋布的充斥，他们也奢华起来了；以前只吸水烟或旱烟的，现在香烟盛行了"[2]。1931 年在该县的实地调查记述："自清末沪杭铁路造成后，交通便利，受新潮流之灌输，风气丕变。"[3] 毗邻的金山县，"乡村妇女日渐摩登，以交通之便，艳羡上海之繁华、工价之昂贵，不惜弃其田园，佣工于富商大贾家者"；家境富裕者，"憧憬都市繁华，亦均呢帽围巾，竞效富贵人装。入夜出门，皆携电筒；遇雨，革履阳伞。青年者又无不抽吸卷烟，以为洋气（乡人称时髦为洋气）"。[4]

在川沙县，有在上海投资实业致富者返乡建造西式住宅。1935 年，沪上川沙籍建筑业界名人陶桂松在川沙镇自己设计建造自家住宅。砖木结构，外形是沪上常见的石库门式，二层五间两厢房，平面呈"门"形。南侧厢房延伸部分，各建一对六角形塔楼，窗的立柱是古典柱式，别具风格。女儿墙一侧开漏窗，天井庭院设玻璃棚，石库门门楣上有西洋小装饰，外墙立面为青砖砌筑清水墙，宅前大前石地坪。宅内窗柱、门廊均用罗马柱式装置。室内装饰中式风格，正厅两侧立面仍采用立贴式抬梁木构架。梁、枋、柱间有精美木雕。侧房一边的卫生间，瓷浴缸、抽水马桶、白面瓷盆等现代卫生设备一应俱全，几同上海城区的花园洋房，直观地向乡民展示了中西合璧的新颖建筑样式，颇为引人瞩目。[5]

浦东"三林乡为黄浦所隔，俗尚耕织，风犹俭勤。近自四达建埠、上南通车，渐变奢侈，酒席则由八簋而炒点矣，衣服则由本布而丝织矣，良由耳濡目染，与上海接近故也"。其背景之一，"昔时风气未开，耕织得以温饱。今则纱布利薄，男之勤者习贩卖，日以鱼虾菜蔬等物肩挑往沪，名'贩鲜担'，此于生计不无小补也"。[6] 民国初年，当地富商汤学钊在三林镇建造了一幢四合院式的庭院，属于中西合璧混合式建筑风格。其坐北朝南，人字屋面，两层砖木结构，前

---

[1] 宣统《重辑张堰志》（上海乡镇旧志丛书），上海社会科学院出版社 2005 年版，卷 1，风俗。
[2] 章有义：《中国近代农业史资料》第 2 辑，三联书店 1957 年版，第 256 页。
[3] 南京图书馆编：《二十世纪三十年代国情调查报告》，凤凰出版社 2012 年版，第 83 册，第 21 页。
[4] 《金山县鉴 1935》，《民国上海县鉴汇编·金山县鉴》，上海书店出版社 2013 年版，第 157、158 页。
[5] 上海市档案馆编：《上海古镇记忆》，东方出版中心 2009 年版，第 209、210 页。
[6] 民国《三林乡志残稿》（上海乡镇旧志丛书），上海社会科学院出版社 2006 年版，卷 2，风俗。

374　近代上海与江南——传统经济、文化的变迁

有门楼，正立面为西式红砖清水硬山墙，中间是四合院式的两层楼房，后面是六角凉亭。外观为明清传统建筑风格，中式走马楼雕梁画栋，但阳台是西式风格的券形，水泥栏杆，西式建筑的影响显而易见。[1]

应该指出，远郊且交通相对闭塞的乡村这类变化相对迟缓，1868年，有官员赴青浦县"泖西章练塘勘案，归途飓风大作，舟颠簸不可泊，乃沿溽行，良久见一小港，滩际有小径，摄而登。田畸绮错，抵一村，男子舂揄，妇人织纺，熙熙然有自得之乐，因询此地去县城几里，皆相顾曰不知也"[2]。时至民国年间，在青浦县的练塘和蒸淀乡，"居民衣服大都尚朴素，而农民尤为俭约，至妇女装束亦多朴实，乡村仍以荆布相尚，惟住市镇者间有短发蓬松、旗袍革履有之"[3]。奉贤县，"农民之服装及居住方面，大都朴实无华，离南桥、庄行、青村诸大市镇较远乡区尚盛行土布。吾奉庄行土布与上海颛桥土布齐名。中产之家除少数女子学习欧化以外，余皆在过极原朴之生活"[4]。即使在近郊的真如区农村，内部亦因交通等因素而呈现出经济状况的差异，1929的实地调查载："今本区已成之马路均在东南境，其余村道多属泥路，崎岖窄狭，行者苦之。一遇天雨，路泞难行，运输不便，固无论矣。职是之故，东南之户农产品向以棉、豆、麦、稻为大宗者，今应沪地之需要而改艺园蔬矣。此次调查真如全区，有住户5410户，而艺蔬者有1315户之多，盖园蔬之出息，因优于棉、稻、麦、豆数倍也。而西北之民，因交通之不便，运输艰难，墨守成规，不事变通，此因交通关系，西北之户不及东南民众生活裕如之原因一也。又如农民副业，东南之户虽十二三龄之童子往纱厂或丝厂做工，故每人每月可得十元左右之工资。此次调查，业此者有710户，而西北之民几无与也，此因交通上关系，西北之户不及东南民众生活裕如之原因又一也。"[5]

"重农务本"之类的观念退居一旁，商品经济的意识则越来越浓，前述宝山月浦，"南塘村、陆家湾、东寺头以及镇南河港等处，菜圃尤多，所种蔬菜四时

［1］ 申克满：《汤氏民宅》，《上海城建档案》2013年第2期。

［2］ 民国《长水塔志》（上海乡镇旧志丛书），上海社会科学院出版社2005年版，卷1，泖塔杂纪。

［3］ 民国《章蒸风俗述略》（上海乡镇旧志丛书），上海社会科学院出版社2005年版，服饰习尚。

［4］ 《民国奉贤县志稿·农民生活之演进》，《奉贤县志》（上海府县旧志丛书），上海古籍出版社2009年版，第672页。

［5］ 民国《上海特别市真如区调查统计报告表册》（上海乡镇旧志丛书），上海社会科学院出版社2004年版，讨论。

不断，红、白萝卜尤为著名，恒至吴淞、城市、盛桥销售，获利颇不薄"[1]。浦东高行，"出产品秋熟以棉花、稻、大豆为大宗，春熟以蚕豆、小麦、圆麦为大宗，蔬菜之属仅供本区市民之需要，间有少数运沪销售"[2]。浦东五团乡，"傍海民多捕鱼，春夏张网，鱼随潮上，得鱼载贩上海，谓之'鲜船'"；"农隙时，担篮沿村收买鸡蛋，或以鸭蛋兑换，积至千数，贩至上海，亦可获利。现各镇均有收买鸡蛋行，转运洋商"[3]。据 1937 年的记载："宝山四五两区，常有农民利用冬季农闲，做一时小贩，如收鸡收蛋，卖到上海去。"[4]

人们安土重迁的习惯淡化，众多村民离开乡村流入上海，扩大了商品消费者的队伍，也为资本主义的发展提供了劳动力市场，给城市经济的发展注入新的活力，这些人的生活状况和精神面貌也有明显的改观。1892 年至 1902 年《海关十年报告》称，在毗邻厂区的农村，"村民衣着和一般外表有了显著改善。这些村民在走向进步的历程中，已从贫困和不足的状态逐渐改变为中等程度的舒适和富裕状态，特别是妇女和少女更是如此。随便哪个下午，都可以看到从闸北或杨树浦各厂家走出愉快和看来满足的人群，他们当中大部分人的情况能得到改善，同大型地方工业的建立有关"[5]。剔除其中夸饰的成分，这段描述还是反映了一些实情。19 世纪 90 年代，苏州河畔由外资开办的火柴厂"大约雇用了 300 个本地的工人，其中大约有 200 个是妇女、年轻的女孩和儿童。另外还有很多被雇用的中国家庭在他们自己家里做火柴盒，在新闸周边的村落和新闸路上都可以看到有许多放在门口晾晒的盒子。每做 1000 个火柴盒，他们就能得到 170 块钱的报酬，工厂提供盒子的原料，他们只要自备胶水就可以了。工厂每个星期的火柴产量大约是 560 箱，接近 7000 盒，火柴在全中国的销量很好。每盒火柴的出厂价是 2.5元，上海中国商店里的零售价是 3.2 元，我们听说有时候价格还会涨到 5 元"[6]。

20 世纪初，上海的工业增长加速，更多的农民进入工厂，他们所在的市郊农

---

[1] 民国《月浦里志》卷 5，实业志，物产。

[2] 民国《上海特别市高行区概况》(上海乡镇旧志丛书)，六、农工商业状况。

[3] 民国《二区旧五团乡志》卷 13，风俗。

[4] 唐希贤：《江苏省太嘉宝农事改良研究会辅导三县合作事业概况》，《农报》第 4 卷第 9 期（1937年 4 月 30 日）。

[5] 徐雪筠等译编，张仲礼校订：《上海近代社会经济发展概况（1882—1931）——〈海关十年报告〉译编》，上海社会科学院出版社 1985 年版，第 45 页。

[6] 〔英〕克拉克著，王健译：《1890 年代的上海及其周边地区》，熊月之主编：《上海史国际论丛》第 2 辑，三联书店 2017 年版，第 303—304 页。

村，更多地接受都市文化的辐射，其生活习俗和思想观念，也因此逐渐发生深刻的变化。浦东三林塘，起初"附近有几家纱厂开设，但当时工厂管理混乱，姑娘们深怕玷污名声，故除家庭困难别无出路的进厂工作外，一般是不愿进厂的"[1]；至1933年，当地的5家轧花厂共有150名做工的农民，其中男性约30人，女工约120人[2]。1934年对上海杨树浦附近4个村庄50户农家的实地调查，从一个侧面生动地反映了这种辐射和引发的相应变化。

其一，家庭形式的分化。调查显示，"那些首先与城市经济接触的村落，因为工厂及其他工业林立，提供他们新的雇佣机会，其变动的情形极为显著。妇女们从工业方面获得新的生产能力，因之增高了她们独立的地位与生活情状。许多已婚及未婚的男工，离乡背井，群趋于邻近都市的区域，他们使住宅与工作场所接近。因都市具有吸引男女职工的势力，农民离村的运动日益增剧，家庭中因袭的团结力脆弱了，大家庭制崩溃，小家庭制起而代之"。家庭内部长幼之间的关系，也相应发生变化。以往，"儿子结婚及居住，皆靠近父母，有时竟住在一间屋内，大家互相帮助，互相照顾。现在就不然了，许多儿辈皆是单身或者和妻小搬进城，许久才回家一次，固然有些人送钱回来给村中的父母，但多半则因城市中开销大、家庭负担重，只能留少许钱给父母。于是家庭关系，日见淡薄"。[3]

其二，离土进厂者日多。"在上海市的东端，越出公共租界数里，沿直趋吴淞的引翔港路两侧，散处着许多小村落。数十年前这些村落中的农民，与中国其他各地无数农家一般，完全处于耕种及村镇交易的状态中。但在最近一二十年内，上海市的工厂范围已扩展至杨树浦区域。于是这些村落，距离工厂很近了，现在每日朝夕，成群的工人——其中以女工占多数，每个人的手中携着一只盛饭的竹篮，终岁不断地到工厂内工作。"在杨树浦，"大多数邻近乡村的工厂，似乎多为极需要女工的纺织厂。有些女工，不论在什么天时，都要花费两小时或更多的时间跑路穿陌"。工厂的劳作也并不轻松，"眼病殆为多数工人之通患，在一星期夜班之后，尤其如此。这是由于厂中光线设备不良，或由于工作时间太长，或

[1] 徐新吾等：《江南土布史》，上海社会科学院出版社1992年版，第305页。

[2] 《中国实业志（江苏省）》第8编第7章，第1165—1166页。

[3] 何学尼译：《工业化对于农村生活之影响——上海杨树浦附近四村五十农家之调查》（以下简称《农户调查》），原载《社会半月刊》第1卷第1—5期（1934年），转引自李文海主编：《民国时期社会调查丛编·乡村社会卷》，福建教育出版社2005年版，第238、254页。

者两种原因皆有。有一个女工说，虽则她去年因为眼痛患病 10 天，但她仍觉厂工比农事有趣"。吸引他（她）们的是，"工业方面之规则的工作，与夫固定而且可靠的收入，较之于农业方面，天时难料，谷价及棉价皆不固定，当然更能引人入胜"。因为害怕失去工作，"怀胎的女工常在分娩的前两三天还做工；并且在婴孩产下以后，不久又去上工。虽然有些妇人应用村中的产婆，但多半则生产时候并不要人帮助，不待他人进房，就很快的洗浴并包好了婴儿。无疑的，多得收入的想头，常使孕妇在应当停工之时还久留在厂中，且使她们在没有十分恢复健康之前，早就回进厂去。经济的压迫，以及失业的恐怖，实足使工人不健康"。[1]

其三，那些女工在家庭中的地位，明显提高。在调查一户农家时，"发现主妇正预备晚餐，她烹饪着肉类。主妇向我们说：'肉价太贵，我自己是不吃的，我的女儿在工厂做工，她能够赚钱回家，所以我特别地优待她。'"一位农妇直言："现在女儿纵然不比男儿更有用，也和男儿一样有用，我两个女儿在厂里很能做工。"另一位农妇对调查员说："现在男女是同样的，女子也有能力供养父母。"调查显示："在未受工厂影响以前，妇女对于家庭的收入，很少作为。假如她们是粗壮的，就在田里工作；不然，便纺纱织布，为家中人缝衣做鞋子，并做普通家庭工作。工作既慢，产物亦少。平常妇女们不得费时谈天，男子们在家时更是如此。"而"现在父母令女儿结婚，女儿显然能加拒绝，这是数年前的农村社会中未之前闻的现象。一个女子曾说：'假如我们能够自营生计，我们为什么要结婚呢？我们不是能享受完全的自由呀。'另一女子说：'现在男子们不能骄傲了，因为我们能够谋生，不再似从前的妇女般依赖男子了。'"她们未婚时，"仍留居家内，每日至工厂工作，直到结婚时为止。事实上女子较易觅得固定工资的工作，她们为父母觅取家庭经济的财源，所以父母不愿女儿在这时期内出嫁的。女儿自身却可在这时期内自由选择意中人"。有一位老年村民反映："女人做工和经济独立的机会增多了，女儿们也自由得多了，可是少年人具有自立的力量以后，凡事都跟外面学，自有主张。他们常对我们说：'你不懂这个，你不懂那个。'"[2]

其四，有着独立经济收入的女工，较主动地适应和融入都市文化的氛围。"工

---

［1］《农户调查》，第 238、255、256、258、259 页。
［2］《农户调查》，第 261、260、261、254、261、241、254 页。

厂女工经济既能独立，她们便有钱可以修饰，从前妇女自身没有生产的能力，所以赶不及。丝手巾、手表、金耳环、擦面膏粉、漂亮衣服等项成为她们新的购置品。"调查载："工厂内的女工常好装饰，尤以日本纱厂的女工特别地重视梳妆。数日前作者在殷翔港小店内费洋1角购了一个雪花膏。某日，在同处走过一群女工，某教授将我说：'这些农村内人们的容貌已有显著的变化，尤以工厂工人的容貌特别地改革了。从前我从这些农村走过时，农民的面貌很脏的，现在他们常好修饰了。他们的生活程度似已提高。'有些青年女子仿效城市中的时髦女子，也学着烫发了。这使得理发店的营业发达，同时她们增加了梳妆的费用。"其中一位女工，"爱好装饰，常暗以一部分收入花在自己身上，其余才拿回家"。[1]

其五，远郊的农民也有追慕城市生活，离乡迁居者。在被调查的村庄里，"近年有一部分，就有崇明人搬来居住。他们以为居近上海，便于寻找较好的生活。其中有一家，寄居一位来自崇明的少女，目的在向工厂里找工做。但学习以后，仍然没有工做，只得跑回来为村民缝衣，以维持生活。工厂对于少年人，尤其是对于女子，给与种种赚钱机会，为返回农村中所不能得的，所以各家都被引到城市来。在城市里，他们的孩子或可变为经济材"。其中，"也有人因为营业失败或失业，跑回乡下去"。[2]

其六，受都市文化的习染，农户的生活习俗渐趋城市化。"进工厂中工作，比较单靠土地，家庭可以增加收入。但是收入增加，消费也增加了。因为他们遇到从他村而来之同类的工人与夫享乐欲望。因为在工业区域见到店铺中许多物品，产生新的需要，要求较美的服装，并且稍习于奢侈了。"具体而言，"衣布从前系由家自制，且以自种之棉，自家纺纱；今则向布贩或向杨树浦商店中，购用机器制造之布。土产棉花，大部分变卖现金，仅有一小部分保存，以供制造棉衣及被褥之用。从前使用土产油纸伞，今则通行使用外国式之布伞。昔日雨天使用之皮鞋，系套在布鞋外面，今则每每使用外国式之皮鞋，直接穿在袜外，比较进步的人民，亦多在店铺中购买机器制造的橡皮雨鞋。工人现已多用弹性吊袜带，不似从前一样，使用细绳或布条。当你问女工人是否购买洋货时，她便答道：'价廉物美，我们就买，不管是国货还是洋货'。另外，"因为工厂方面不需要缠足的女

---

[1]《农户调查》，第261、251、258页。
[2]《农户调查》，第255页。

子，所以女子缠足的陋习也渐次革除了"。[1]

其七，稍有文化的农家子弟，多不愿继续务农。"他们以为农业是下等的职业，而认有学问的职业为高尚职业。凡是受教育的农民，普通不从事任何农业工作。有机会能进学校的农民，毕业之后，是不希望仍回农村的。他们愿意在都市中寻些工作，例如书记等是。假如无人介绍此类工作，则宁愿在家住闲，亦不肯帮忙农事。有时即令承应做些家庭农事，但亦非常勉强，不甚愿意。"有些父母也认为："既然我们的孩子受过教育，我们不想他还做农夫。"与此相联系，"有土地的家庭，喜将土地出租，或者租出一部分于他人，以便省出余时，自由从事于都市职业"。实地调查者还注意到，"似乎有种倾向，即较聪明能干的人，多离开村庄寻城市工作"。[2]

其八，进厂女工的独立意识空前增强。她们"对于家务好发议论，她们与村中的男子很自由地谈话，她们着时髦衣服，她们的黑发与其他村姑不同。女工从同伴方面学会了编花边，许多有用的手工艺品如围巾、汗衫、手套等物均这样地学会了。她们每日与其他工人及城市中工业生活接触，自会发生精神的刺激，结果有些女子不服从家长的命令"。农村的精神生活也较前活跃，"社会新闻与笑谈，均由工厂女工带回家中，否则各种消息实无法传至农村社会的"。[3]

其九，随着村民谋生途径有多种选择，留在村庄继续务农的大多为年长者。"据说较富的户口，多半离开乡村，搬进城市。一位老居民这样说：工厂中的男工，很少住在乡村中，因为他们要搬出去，找邻近做事的地方居住，他们皆留着父母在家看门种田"。"即令父母愿意儿子留在家中作自耕农，但城市工作之吸引力却非常之大，易使其脱离农村。"实地调查者有这样的感受："城市工作之各种机会，易使许多家庭出租其土地，而不自己耕种。如果不与都市临近，缺乏广大有收益的职业之机会，他们势必自己耕田。"对务农和务工者的年龄调查显示："在这些村庄中，17个农夫平均年龄为37岁（实际上是36.9），由17至54岁不等；而13个工厂及产业工人，则平均年龄为27.6，由20至40。再看女性方面，8个农妇平均年龄51.5岁，由32至69；而70个女工之平均年龄则为22.7岁，由12岁达40岁。由这些数字，我们可知在我们的研究范围内，产业工人平均年

[1]《农户调查》，第255、256、261页。
[2]《农户调查》，第260、256、257、259页。
[3]《农户调查》，第262页。

龄较低于农人。在 15 家自耕农的家庭中，除去一家以外，其余每家至少皆有一个厂工；在没有土地，但是租地耕种的家庭中，也是各家至少皆有一个厂工。老年人种田，少年人则进工厂帮佣。"[1]

综上所述，近代上海都市文化对市郊农村的辐射强烈，并促使后者人们的思想观念、职业选择、社会习俗乃至家庭生活等各方面，都发生了顺应时代潮流的变化。这些变化，进一步加强了城乡间的经济和文化互动联系，推动了上海城乡社会的近代化进程。这种辐射亦波及长江三角洲其他地区。1879 年 2 月 4 日上海《申报》刊载《缠足说》，批评缠足是"衰世之风"。1895 年，英国传教士立德的夫人在上海创立天足会，继而苏州等地也设立分会，抨击缠足的旧习，倡导天足和放足。立德夫人还从上海来到苏州，集会演说，积极宣传。1898 年，苏州名媛江漱芳率先放足，"以为表率，再劝导女界，复集合王谢长达、胡蔡振儒诸同志，特开放足大会，不惮苦口演说，以劝导女子不当缠足，即已缠者亦须解放"。她们还分赴苏南乡镇劝导放足，"屡次开导，果竟有效，青年女子后竟无缠足者，即中年缠足之妇女者亦肯解放矣"。[2] 养蚕业在吴江农村经济中举足轻重，"妇女是主要劳动力，因而蚕桑产区妇女在家庭和社会上的地位相对比纯耕作区要高，有些蚕户往往是妇女当家。栽桑、养蚕、缫丝技术出众的妇女，尤其受到家族和村坊邻里的称道"[3]。江苏昆山、新阳县，"邑人素尚俭约，食不厌疏粝，衣不尚文绣，城居之民有老死未尝越境者。自苏沪铁路成，邑境实为孔道，商贾贸易繁盛于旧，而居民亦习于奢华，轻于出游"[4]。

19 世纪末 20 世纪初，无锡农村新兴的集镇，几乎都和茧行有关，是与生丝出口和近代缫丝工业及上海相关联的。有人忆述："我在十六岁时，即 1914 年冬的腊月里，离乡背井到无锡城里一家米行去当学徒时，梅村南街朝南场上的居民大门前还是一片空地，各家种着菜蔬瓜果与少数桑树，没有一间房舍，只有几个稻草堆积。但是六七年后，我失业回家时，这个朝南场的空地上，就盖起了新房子，并且都是楼房，计有十二间，新开设了茶楼、酱园糟坊、南北货铺，还

---

[1] 《农户调查》，第 255、256、257 页。

[2] 徐茂明：《互动与转型：江南社会文化史论》，上海人民出版社 2012 年版，第 54、55 页。

[3] 〔法〕蓝克利主编：《中国近现代行业文化研究：技艺和专业知识的传承与功能》，国家图书馆出版社 2010 年版，第 103 页。

[4] 民国《昆新两县续补合志》卷 1，风俗。

有一家中医和一家西医。新砌了宽有五米左右的砖路，路面平整干净。这里俨然从一个农业村子，一变而成商业小社会了。"附近居民不少人到上海做工或经商。[1] 1932 年的资料载：

> 沪宁铁路通车以前，（无锡）礼社之经济组织尚逗留于自足经济之中，开明地主每年亦仅入城一次，农民更墨守乡土，终生未尝一睹都市文明者十之八九，其赴沪、宁、平、津各处者，更如凤毛麟角，全镇仅二三人而已。一切主要消费品均属土制，食土产，衣土布，非惟洋货不易多见，即京货、广货亦视为珍奇。当铁道初通时，乡校购置小风琴一架，乡民争先参观，门为之塞，今则即留声机亦已不复能引起乡民注意。因交通发达而使自足经济迅速破坏，都市工业品长驱直入，首当其冲者为纺织家庭手工业，近年来农业之机器化亦逐渐发达，电力亦已开始引用。[2]

浙江嘉善县，"乾嘉时，风尚敦朴。咸同而后，渐染苏沪风气，城镇尤甚，男女服饰厌故喜新"[3]。浙江定海县，"敦尚质朴，虽殷富之家，男女皆衣布素。非作客、喜事，罕被文绣者。海通以后，商于沪上者日多，奢靡之习由轮舶运输而来，乡风为之不变，……往往时式服装甫流行于沪上，不数日乡里之人即仿效之，较鄞镇等邑有过之无不及"[4]。亦有效仿沪上女士发型者，1927 年湖州南浔"通津桥下某理发店，处翊新由海上归，善剪鸡屁股式，于是该店生意骤盛，大有应接不暇之势，其它各理发店莫不艳羡。"[5] 成书于 1936 年的《澉志补录》载，浙江海盐县澉浦镇"近以经商沪上者多，一切喜效沪俗，……妇女向多从事绩麻，近已极少；至城外居民仍多务农，间亦有往上海习商者"[6]。江苏吴江人柳亚子忆述："我叔父和金爷他们都去过上海，见过大场面，觉得要做一点事业，还

---

[1] 贺云翱主编：《无锡人与中国近现代化》，南京大学出版社 2011 年版，第 351、352 页。

[2] 章有义：《中国近代农业史资料》第 2 辑，三联书店 1957 年版，第 256 页。

[3] 光绪《重修嘉善县志》卷 8，风俗。

[4] 民国《定海县志》第五册，方俗志第十六，风俗。

[5] 陆剑等辑录：《留下南浔的脚印：民国报刊涉浔文图选辑》，浙江摄影出版社 2015 年版，第 243 页。

[6] 民国《澉志补录》，风俗。

得到都会中去，至少是在市镇上住，生活也可以舒服一些，热闹一些，乡村醇朴的空气，再也不能够吸引少年子弟的灵魂了。"[1]江苏金坛县，1921 年县城里的"道安"理发店主从上海大兴车行购回自行车两辆，在店内兼营出租业务，每辆每小时租金 2 角，损坏照价赔偿。如要手把手教会骑车，每人收费 5 元。因是稀罕事，颇为轰动和赢利，之后效仿者有三四家商号，其中有一次从上海购回 6 辆者，金坛县城里也"学骑车者日益增多"[2]。1927 年在江苏海门的调查所见："洋货布匹盛销内地以来，乡农关于衣着方面的消费就不觉增加起来，这笔衣着上增加的消费，属于老农自身的还少，属于他们子女的实占多数。"[3]

同时也不能无视受近代中国社会环境的制约，与上海作为鸦片贸易主要集散地相伴的鸦片流毒等社会丑恶现象，也波及上海附近及长江三角洲城镇乡村[4]。上海开埠尤其是租界设立后，烟赌娼就充斥其间。1850 年，英国传教士裨治文记述："中国人吸食鸦片的数量，从来没有像现在那么快地增长过，鸦片的恶劣影响从未如此明显。……在上海，走私和服用鸦片都不用隐藏，整箱整箱的鸦片在光天化日之下从大街上运过，处处都有人谈及走私的合法化的问题，包括那些从事贸易的人，甚至那些政府官员们。"[5]1927 年英国人撰写出版的《上海公共租界与华人》直言："上海自开埠以来，一直是鸦片集散中心，几乎找不到一个外国进口商不是直接或间接靠鸦片起家并致富的。"[6]

1864 年 7 月 27 日，公共租界工部局董事会专门讨论了"向鸦片馆、赌场、妓院、茶馆等征税的问题"，时任工部局董事会总董的典题称："由于根除恶习是不可能的，最好的办法是对随之发生的混乱，作尽可能有效的检查，而且由于随之而来的费用的自然增加，向经营那些场所者征收必要的税，是完全正当的。"并举例说："在法租界，向鸦片馆每月征税 8 元，而妓院的捐税每年可收到 12000 元。"结果，征税的决议案"以多数票获得通过"。[7]1865 年的法租界，"来自税

[1] 柳亚子：《柳亚子文集（自传·年谱·日记）》，上海人民出版社 1986 年版，第 99 页。
[2] 沈新甫：《略谈自行车在金坛的发展》，《金坛文史资料》第 7 辑，1989 年编印。
[3] 黄孝先：《海门农民状况调查》，《东方杂志》第 24 卷第 16 号。
[4] 近代上海的鸦片贸易和鸦片烟馆猖獗，详见黄苇、戴鞍钢：《鸦片贸易与鸦片流毒在上海》，上海文史馆编：《旧上海的烟赌娼》，百家出版社 1988 年版。
[5] 裨治文撰，邵文菁译：《上海风土人情录（一）》，上海市历史博物馆编：《沪城往昔追忆》，上海书画出版社 2011 年版，第 155 页。
[6] 〔俄〕郭泰纳夫著，朱华译：《上海公共租界与华人》，上海书店出版社 2017 年版，第 272 页。
[7] 上海市档案馆编：《工部局董事会会议录》，上海古籍出版社 2001 年版，第 2 册，第 482 页。

收的款项为 103000 两，其中 48000 两是来自鸦片馆、妓院及赌场的执照费"[1]。

1887 年，有外国牧师"来信提请工部局注意福州路上有大量的妓院、赌场和鸦片烟馆，这些都是巨大罪恶之源，导致租界境内华人青年道德败坏，在中国司法管辖下，是不会予以容忍的，因此他请求工部局采取一些明智而有益的措施予以取缔"，而工部局董事会竟然"决定答复如下：对这些游乐场所进行干预，并不是工部局职权范围之事"。[2]当时在沪的英国人直言："鸦片烟馆的老板们肯定能赚非常多的钱，每次提供给顾客的鸦片最少是 1/10 盎司，价格是 100 元，这是最便宜的，主要是提供给二等包厢内的顾客。那些在一等包厢内吸烟的绅士们经常抽的是每 1/10 盎司 200 元的鸦片。据说，每天光顾龙云沙龙的顾客非常多，就像蜂巢中的蜜蜂，客人们进进出出，而我们确信股东们所赚取的利润肯定已经悄无声息地流入了那些最大的外国商行。"[3]法租界的状况类似，清末在沪的德国人记述："在离中国人居住区一箭之遥，就是大名鼎鼎的上海法租界。那里有全中国最大、最豪华的大烟馆，远近闻名。要想进入这家烟馆，必须经过所谓的'租界'大街，穿过不起眼的小巷。小巷两边是卖水果、饰品和吸食大烟用具的摊位。这条巷子总是熙熙攘攘，挤挤扛扛，人满为患。既有衣衫褴褛的苦力，也有腰缠万贯的茶商和绸缎商，甚至佛堂方丈和政府官员们也不顾自己的身份，不时光顾一下这家大烟馆。"[4]

1887 年在华游历的日本人宗方小太郎至嘉定县江桥，"投村中之茶馆休憩，店中兼售鸦片，吃烟之客出入频纷，怪臭扑鼻，甚为可厌。鸦片分洋烟、土烟，洋烟系英人所输入，土烟系清国内地所制，其价值亦大相径庭，中等以上之客多吃舶来品，下等客概用土烟云"。之后，他夜宿江苏太仓县城张源顺客店，"此店兼营烟馆，数客横卧，喷吸洋烟（鸦片之别名），面无人色，恍兮惚兮，如醉如眠，令人仿佛立于僵尸之间"；他惊呼："今日始知烟毒甚于鸩毒！"[5]1889 年编

［1］ 上海市档案馆编：《工部局董事会会议录》，第 23 册，第 589 页。

［2］ 上海市档案馆编：《工部局董事会会议录》，第 9 册，第 563 页。

［3］〔英〕克拉克著，王健译：《1890 年代的上海及其周边地区》，熊月之主编：《上海史国际论丛》第 2 辑，三联书店 2017 年版，第 277—278 页。

［4］〔德〕B. 纳瓦拉：《中国和中国人》，苏芙、龚荷花等编译：《走向没落的"天朝"》，国家图书馆出版社 2013 年版，第 243 页。

［5］〔日〕宗方小太郎著，甘慧杰译：《宗方小太郎日记（未刊稿）》，上海人民出版社 2016 年版，第 5、8 页。

篆《唐市志补遗》的常熟唐市镇人龚文洵描述："洋药，自同治后，穷乡僻壤均有烟馆开设，本镇达四十余家。"[1]光绪《松江府续志》载："吾郡自道光以前吸食（鸦片）者无多。季年以后，其毒乃不可遏，通衢列肆，嗜者日众，城市而外，渐及乡镇，一日之费倍蓰米粮，往往因之败业，以促其年。"[2]道光至同治年间，南汇县"鸦片流毒无穷，三四十年来，吸食者不特城市殆遍，即乡僻亦然"[3]。光绪年间，宝山县"鸦片流毒，为祸烈矣。邑当海口，渐染尤多，市肆开设烟馆，一镇辄十余处，多者竟至百余处"[4]。

一些乡村小镇，鸦片流毒也很严重。1875年纂修的青浦县《盘龙镇志》载："西洋鸦片之来，流毒中国。吾乡去上海数十里，习染较便。虽小小村镇，必有烟室。其中三五成群，所讲无一正经话。伤财废事，民生日形憔悴。"[5]嘉定县钱门塘镇，"鸦片流毒最烈，光绪中叶，镇中烟馆林立，良家子弟，受害不浅"[6]。一些在沪的外地人，也因染上吸烟恶习而不能自拔。浙江湖州《南浔志》载："自中外互市以来，遂有印度之鸦片烟土流毒中原。吾镇营业海上之人（指该镇在上海经商者——引者），与洋商接近，沾染尤早，嗜此者形容枯槁，易入难出。"[7]民国以后，这种情况愈演愈烈。1929年刻印的《南汇县续志》载："鸦片流毒，其害已深。近更有吗啡针毒，以吗啡注射于皮肤内，一针可抵鸦片一钱，效力甚大，时间亦省。其始止见于一团镇，沿及城厢。良家子弟下至乞丐、小窃弗趋之若骛，然药力毒烈，吸烟不能过瘾，卒至体无完肤，病瘵而死。"[8]

鸦片泛滥，加重了社会风气的败坏。光绪年间，青浦县"间阎销耗，以烟赌为最。鸦片极盛时，虽妇女、胥吏、细民亦无不染其毒。赌则岁首元旦至元夕尤甚，摇宝、牌九，随处有之，地方官以习俗相沿，亦勿之禁"[9]。1907年前后，宝山县"鸦片极盛时普及于吏胥，下逮于苦力，亲朋宴集，几视为必需之供应，

---

[1] 龚文洵:《唐市志补遗》(抄本)，变迁说，转引自沈秋农等主编:《常熟乡镇旧志集成》，广陵书社2007年版，第397页。
[2] 光绪《松江府续志》卷5，疆域志，风俗。
[3] 《光绪南汇县志》卷20，风俗志。
[4] 光绪《宝山县志》卷14，志余，风俗。
[5] 光绪《盘龙镇志》，风俗。
[6] 童世高:《钱门塘乡志》卷1，风俗；1963年"上海史料丛编"本。
[7] 民国《南浔志》卷33，风俗。
[8] 民国《南汇县续志》卷18，风俗志一，风俗。
[9] 民国《青浦县续志》卷2，疆域下，风俗。

士君子不敢讼言屏斥，以犯众忌"[1]。金山县张堰镇，"鸦片之传染，咸（丰）同（治）以来，日盛一日，至光绪间列肆通衢，仿沪烟室，陈设精致，绅士亦迹及，借为消遣，可谓盛矣"。以往人们招待客人，"不过水、旱二烟，今则家喻户晓，戚友盘桓，倘无鸦片，以为简慢"。[2]许多人因沾染上吸食鸦片的恶习，弄得倾家荡产，甚至家破人亡，光绪《月浦志》载："鸦片之害人最烈，每有富家子弟先将田房吃尽，继将妻子变卖而仍至饿死。"[3]

清末至民国，虽屡有禁烟令，但多流于空文。宁波《四明朱氏支谱》记述："罂粟……光绪间，吾乡盛种之。"[4]奉贤《乡土历史》载："禁烟为自强要政，朝廷三令五申，务期根株尽绝。本邑虽亦奉文示禁，并谕董办理，而阳奉阴违所在多有，是宜仰体朝旨，官绅合力，惩劝兼施，以造地方之福。"[5]青浦练塘、蒸淀一带，"鸦片烟虽于厉禁，而嗜之者亦颇不少"[6]。宝山县杨行乡，"鸦片极盛时，普及于吏胥、下逮于苦力，亲朋宴集几视为必须之供应……烟馆之禁绝，在清光绪三十三年五月，民国以来，亦经政府三令五申，而地处交通，贩私者尚未绝迹。吾乡由此次兵燹（指1924年8月江浙军阀之战——引者）以来，更多一种嗜白面海落英者，为害尤烈"[7]。浦东三林乡，"鸦片未禁以前，镇上烟间多于米店，禁后稍杀，虽破获灯吃私贩年有所闻，总不能绝"；并有"吗啡流毒"，"人呼为打药水针"。[8]浦东五团乡，"鸦片价值，倍贵于米。又有花烟馆，名为夫妻店，勾引良家子弟，尤为藏奸之所。民国来，颁布禁烟条例，实则较盛于前，且有海洛因、吗啡……等名称"[9]。1931年在松江县的实地调查："烟赌娼妓之风，犹未尽绝。"[10]1933年的《浔中月刊》以《南浔禁烟谈》为题，以辛辣地笔调，描述当地所谓的禁烟："捉烟徒，叫他们去戒除，是禁烟的一个治标办法。那些

---

[1] 民国《宝山县续志》卷5，礼俗志，风俗。

[2] 宣统《重辑张堰志》卷1，风俗。

[3] 光绪《月浦志》卷10，天人志，轶事。

[4] 上海图书馆编，陈绛整理：《中国家谱资料选编·经济卷》，上海古籍出版社2013年版，第861页。

[5] （清）裴晃编，（清）朱昂若鉴定，上海市奉贤区人民政府地方志办公室校点：《乡土历史·新政萌芽》，上海市地方志办公室等编：《奉贤县志》（上海府县旧志丛书），上海古籍出版社2009年版，第713页。

[6] 民国《章蒸风俗述略》（上海乡镇旧志丛书），饮食嗜好。

[7] 民国《杨行乡志》卷5，礼俗志，风俗。

[8] 民国《三林乡志残稿》（上海乡镇旧志丛书），卷2，风俗；卷1，地名。

[9] 民国《二区旧五团乡志》卷13，风俗。

[10] 南京图书馆编：《二十世纪三十年代国情调查报告》，凤凰出版社2012年版，第83册，第21页。

穷苦的烟徒们都送进了戒烟所，那些绅士富商依旧高枕而卧，喷云吐雾，好像是因为他们有钱，让他们吃吃也不妨，等他们吃穷了，再捉进去也不迟。"[1]1935年的《金山县鉴》载："赌风之盛，于今为烈，以乡村小镇为更甚，抽头营生者比比皆是，繁盛市镇规模益大。赌博场所，大都美其名曰俱乐部，每年头钱可赢数千元。一般富商大贾、农夫贩卒各以类聚，破产丧身在所不顾。"[2]

民国年间，也有一些富庶人家为防子弟沾染嫖赌或离家远游，竟有放任其吸食鸦片者。有当代学者沈氏忆述，他是宁波人，"祖父一辈子家产丰足，曾有话留给儿子，只要你不嫖不赌，只靠守业，便可一生衣食无忧，于是祖母有意让沈父染上烟瘾，因此便疏懒了筋骨，无力风流了，然而却也因此早早断送了性命——二十九岁上便遗下四个儿女，撒手人寰"[3]。无独有偶，有学者近年在南浔探访，得知1949年前当地有钱人家都会让自己的孩子吸一点鸦片，着实令他意外，询以究竟，答曰："这里有钱人家的父母都不希望孩子到外面去闯荡，吸一点鸦片，可使他们留在家里，不离开父母。"[4]当时鸦片的泛滥和人们对烟毒的麻木，于此可见一斑。1937年2月11日江苏常熟的徐兆玮记述，当地曾有不分青红皂白强行禁绝烟毒之举："检举烟民，城中一日逮捕三百余，医院无容身之地。警察视行人面目黧黑者辄以索拘挛。医生谓有毒则百口不能辨矣。医生未验，虽大力者亦不能保出。邑人鸣之省厅，岁底始电示，如实系无瘾，得由乡、镇长暂保候传，然已骚扰不堪矣。树儿言，有人自苏城来，述苏城烟民之被拘者以数千计，盖数倍于我邑云。"[5]常熟市档案馆藏有一份1937年4月的判决书，事由为"未领凭证，吸食鸦片"[6]。可见吸食者之多，竟成为当地政府敛财途径之一。

---

［1］ 陆剑等辑录：《留下南浔的脚印：民国报刊涉浔文图选辑》，浙江摄影出版社2015年版，第291页。

［2］《金山县鉴1935》，《民国上海县鉴汇编·金山县鉴》，上海书店出版社2013年版，第158页。

［3］ 扬子水：《〈读书〉十年（一）》，中华书局2011年版，第37页。

［4］ 王家范主编：《明清江南史研究三十年（1978—2008）》，上海古籍出版社2010年版，第94页。

［5］（清）徐兆玮著，李向东等标点：《徐兆玮日记》，黄山书社2013年版，第4035页。

［6］ 肖芃主编：《档案里的老苏州》，古吴轩出版社2014年版，第247页。

结　语

　　本书通过具体研究近代上海与长江三角洲之间主要由通商口岸城市经济引领的，在周围农村所呈现的城乡经济互动关系中，资金、技术、劳动力等要素的运作轨迹，论证了中国传统农业生产的结构性变动，诸如农产品改良、经济作物产销、种植技术和经营方式改进的主要动因，得助于中外工商资本的介入，与此同时，后者也因此在原料供应及其优质化、进出口贸易品种和市场的拓展、涉农企业的规模化经营等方面受益。而劳动力在城乡间的流动，在减缓农民生存窘困，增加其谋生途径的同时，也为起步阶段的近代工业和城市提供了必要的人力支撑，也多少有助于近代文化科技知识和技能的传播。

　　总体而言，前近代的中国社会，在相对封闭的自然经济形态下，城市和乡村的社会经济并无质的差异，彼此之间的联系松散。鸦片战争后，这种局面被打破。随着外国资本主义的入侵，中国在主权遭受巨大损害的同时，传统的社会经济结构逐步分解，沿海沿江一批通商口岸城市相继增辟，以这些城市为基点，资本主义企业陆续兴办，轮船和铁路先后运行，市场贸易和商业资本日趋活跃，新式金融业次第崛起，科学技术渐有传播，劳动力流动的规模和空间距离增大，这些都给中国农村以耕织结合为主要特征的传统经济结构带来猛烈冲击，相当一部分受到通商口岸城市经济直接或间接辐射的农村经济开始发生一系列深刻变化，而这种演变同时也支撑和推动了近代中国城市经济的变革。[1] 应该说，这种双向的互动关系客观上符合中国社会向前发展的历史要求，而当时的社会环境，又明显制约了这种关系的地域范围和实际效应[2]。这些在本书专题研究的上海与长江三角洲经济及文化关系各领域演进的历史进程中，已有清晰体现，其中长期存在的一些现象和问题也不应忽略。

近代长江三角洲城乡经济关系是由上海为首的通商口岸城市主导的，这些通商口岸城市的设立，主要是服务于外国资本主义在华经济扩张的需要。1912年10月孙中山曾尖锐地指出："外人之在我国百计营求，无非欲握特别利权，冀达其自私之目的。"[3] 通商口岸的基本格局，是由外国资本主义依仗不平等条约强行开埠后逐渐形成的市场格局所决定的，这种市场发育的不平衡性决定了城市分布的偏在，如地处长江入海口和面向太平洋的上海开埠后所伴随的进出口贸易，及其不断增长所带动的交通业、工商业和金融业的发展，并由商业贸易中心逐渐发展成为长江流域乃至全国的经济中心，进而对毗连的长江三角洲农村经济的演进发生了深刻的影响。

主导这种演进的列强在华活动的主旨，是追逐尽可能多的经济利益，并因此主要集中在经济发展潜力大、水陆交通便捷、城乡人口相对密集的上海及毗连的苏南和浙东北即习称的长江三角洲；而同一时期，更广大地区的城乡经济的近代化进程则处于明显迟滞的状态，不属长江三角洲区域的苏北地区的经济社会就呈现出长期凋敝的状况。1930年有实地踏访者记述："进入沛县县城就好像进入一个农村，人们都在忙于农作。如果有人驾着一辆装着一些粗糙货物的马车沿着路边贩卖，就成了所谓的布店。我们看到的那些仅有的店铺，只是小货摊的规格。在沛县全境，仅有大约三十家店铺的资本投入超过1000元。将其所有的资本相

---

[1] 有统计显示，鸦片战争后迄抗日战争前，中国的农业生产力是有所增长的。就农作物产量说，确实增长极慢，年率也许不过0.5%—1.5%，掣了工业发展的后腿。但经济作物占农作物总产值的比重，由19世纪末的约10%增为1920年的17%和1936年的23%；加以棉种、蚕种的改良和烤烟的种植，基本上能满足当时工业发展对农产原料的需要。详可参阅吴承明：《近代中国工业化的道路》，载《文史哲》1991年第6期。

[2] 其间，帝国主义的侵华战争和国内军阀间的战争对城乡经济的破坏，就极其严重。如1932年的"一二八事变"，"日本在沪上挑战所给与江浙各地农村经济之打击，据上海市战区复兴委员会发表统计，吴淞、殷行、江湾、彭浦、引翔、真如六处农村损失，计房屋破坏13898（？——原编者注）间，值洋3990770元，农具损失洋143472元，家畜损失洋61900元。其他各地，受上海事变连带蒙受损失不计其数"（章有义：《中国近代农业史资料》第3辑，三联书店1957年版，第7、8页）。这方面的研究成果，以往颇多，本书暂略。

[3] 张金超辑注：《孙中山佚文三篇》，《民国档案》2010年第2期。

加，仅仅相当于上海一个小商号的资本水平，虽说沛县在土地面积上是无锡县的三倍。"[1]近代浙西南地区的经济发展状况，也明显滞后于浙东北。1911年辛亥革命前夕，浙江金华革命志士曾办有《萃新报》，据知情者回忆："创办《萃新报》的共同动机，原因当时金衢两府属僻在山区，对沪杭各大城市的交通，全靠不定期不定时的民船（行期有时须一二星期），所以风气相当闭塞，一般人对外间情形知道得很少，所以办此一定期刊物来开通民智的。此刊的性质实有类于剪报，新闻大都取自上海各日报，专论则转载当时国内外有名期刊如《浙江潮》之类。自撰者只社论一篇，是每期都有的。"[2]浙江衢州人曹聚仁描述："从我的家乡到杭州计三百六十华里之遥，……那些到过上海的商人，一回来就得写'天方夜谭'了。"[3]可见对诸如上海这样的口岸城市与广大农村的经济关联度应有客观的认识。19世纪70年代至1947年的统计数字显示，上海一直是近代中国对外贸易的中心，其在对外贸易总值中所占的比重，多数年份是50%。[4]另据统计，1929年英国在上海的企业投资占其在华投资总额的72%，1930年美国在上海的投资占其在华总投资的65%，同期日本在上海的投资占其关内投资的50%。1931年，上海的外国投资占外国在华投资总额的46%。[5]英国当时在华投资的重心，在上海和长江流域。据1930年的估计，在英国直接投资中，上海占投资总额的76.6%，香港占9.3%。1936年，英商银行资产的80%、贸易的70%、工业的64%都集中在上海，总计上海约占71%，香港占12%。另据更详细的统计，1931年英国在华直接投资的1.979618亿英镑中，上海占1.3亿英镑，约占总数的66%弱；香港占0.35亿英镑，约占总数的18%弱；国内其他地区仅有0.3亿英镑，约占总数的15%强。1937年，英国在华商业投资的2亿英镑中，有1.8亿英镑投在上海，约占总数的90%。[6]上海的地理区位以及当时诸如铁路、公路等近代交通方式推进的缓慢，使得内地省份除了大宗出口商品长途运销外，其农产品运销多局限于狭小的地域范围内，"中国近代市场发育呈现出明显的不平衡性，沿海经济

---

［1］ 吴寿彭：《逗留于农村经济时代的徐海各属》，《东方杂志》第27卷第6期。

［2］ 上海市文史馆编：《辛亥革命亲历记》，中西书局2011年版，第188页。

［3］ 曹聚仁：《我与我的世界》，人民文学出版社1983年版，第39页。

［4］ 王玉茹等：《制度变迁与中国近代工业化》，陕西人民出版社2000年版，第333页。

［5］〔美〕雷麦著，蒋学楷等译：《外人在华投资》，商务印书馆1959年版，第295、210、319、72、73页。

［6］ 陈谦平等：《近代英国在华直接投资评析》，吴景平等主编：《近代中国的经济与社会》，上海古籍出版社2002年版。

发达地区与内地偏远地区判若两个世界。这种情况到 20 世纪 30 年代在不发达地区还很普遍，他们靠地方小市场生活而与全国市场乃至世界市场联系不多或全无联系"[1]。这种状况也导致近代上海城市经济的辐射力和向心力，主要反映在与其毗连的长江三角洲地区，没有也不可能对更大范围的农村经济有直接和广泛的影响，对此应有清醒的认识。

由列强主导的这种城乡经济关系的演进，当时历届中国政府的弱势和不作为[2]，决定了上海与长江三角洲民众的生计，在得益于市场经济推进的同时，也常受到其冲击伤害。上海与长江三角洲农村的经济联系，主要表现为由进出口贸易维系的商品流通，以及与此相关的农产品商品化。这种商品流通和农产品的商品化，如经济作物种植种类的增多和面积的扩大，受制于外国资本主义的市场需求；一些主要出口农副产品如茶叶和生丝的销量和价格乃至其盛衰，亦多受外商主导。1935 年有人实地踏访杭州附近的笕桥："年来海外丝市不振，农村经济几濒破产，此间农民以育蚕无利可图，大都毁桑植麻。"[3] 进城谋生者在城乡间的颠沛流离，蚕农茶农等遭遇市场萧条时的窘困无助，都是鲜明的例证。此外，近代中国国内市场的商品流通格局，主要表现为进口商品和机制工业品从沿海通商口岸流向内地城乡，农副产品和工业原料则从内地输往沿海口岸城市。上海也不例

[1] 王玉茹：《增长、发展与变迁——中国近代经济发展研究》，中国物资出版社 2004 年版，第 278 页。
[2] 中外学术界有关近代中国历届政府相应举措的研究成果，可参阅曾业英主编：《五十年来的中国近代史研究》(上海书店出版社 2000 年版)、张海鹏主编：《中国近代史论著目录 (1979—2000)》(上海人民出版社 2005 年版)、周惠民主编：《1945—2005 年台湾地区清史论著目录》(人民出版社 2007 年版)、马钊主编：《1971—2006 年美国清史论著目录》(人民出版社 2007 年版) 等。有研究指出，南京国民政府虽然认识到农村经济破产的危险，并先后制订出 "十年计划"(孙科，1929 年)、"训政时期物质建设计划及预算案"(国民党第三次全国代表大会，1929 年)、"物质建设六年计划"(全国国民会议，1931 年 5 月)、"三年计划"(全国经济委员会，1932 年 11 月)、"国际联盟中国十年建设计划"(国民政府，1931 年 8 月)，各部、省也制订了各类振兴计划，对发展国民经济尤其是农业经济都曾作过详细规划，但这些计划多限于 "纸上谈兵"，最终均不了了之 (彭南生等：《南开经济学人的乡村工业理论与实践》，《安徽大学学报》2012 年第 5 期)。1949 年 2 月 3 日，"下野" 的蒋介石回家乡奉化，游历城乡，发觉当地乡村 40 年来毫无改革，在当天的日记中，痛感当政二十年，党政机构守旧、腐化，"对于社会与民众福利毫未着手"。他意识到问题的严重。同年 9 月 13 日，新中国成立前夕，他飞抵成都负隅顽抗时称："我们今天真正要造福于农民，就惟有彻底实现二五减租。这是我们实行民生主义的第一步，也是我们反共的最后、最有效的武器"(杨天石：《找寻真实的蒋介石：蒋介石日记解读 (第二集)》，华文出版社 2010 年版，第 313、315 页)。此时，这只能是痴人呓语。同年 4 月，上海解放前夕，金融家陈光甫在日记中感慨："今日之争非仅国民党与共产党之争，实在可说是一个社会革命。共产党的政策是穷人翻身，土地改革，努力生产，清算少数分子……所以有号召，所以有今天的成就。反观国民党执政二十多年，没有替农民做一点事，也无裨于工商业"(杨天石：《追寻历史的印迹——杨天石解读海外秘档》，重庆出版社 2016 年版，第 490 页)。
[3] 刘平编纂：《稀见民国银行史料初编》，上海书店出版社 2014 年版，第 45 页。

外，在这种受列强主导的商品流通过程中，工农业产品的不等价交换格外突出。工农业产品交换比价问题，涉及工农业劳动生产率的差异等因素，也与市场结构和价格结构有关。在近代中国的商品流通中，工业品的价格水平是在通商口岸城市决定的。要经过批发、中转、零售等许多环节销往内地和农村，每个环节都要加上商业利润、利息和捐税等，所以它们是逐级加价的。而农产品是由农村和内地流往通商都市，它们往往要比工业品经过更多的中间环节。但是，它们的价格水平（基准价）也是由通商口岸城市这一端决定的，因而在流通中它们是按已定的价格水平逐级压价，以充商业利润、利息和捐税的。[1]至于农产品销售过程中农民所得价格占销地价格或曰产地价格占销地价格的比率，一般而言，大约在35%至75%之间；而工业品在农村的售价则要比产地价格大约高100%。[2]显然，工农业产品交换比价很不利于农产品。可见，对受诸如上海这样的口岸城市促动的长江三角洲农副产品商品化进程给农家经济带来的实际效益，应有具体分析，不能脱离当时的社会环境，作泛泛之谈或过高的估计。

近代上海的崛起与长江三角洲城乡市场经济的明显推进，并没有撼动封建土地所有制在这一地区的统治地位。这种经济关系的演进，虽然在很多方面带来了新的积极的内容，但在总体上没有也不可能真正实现中国城乡关系的良性互动如城乡经济的协调发展，其主要症结在于其主导方的通商口岸一直被外国列强所控制，而当时对外妥协退让，对内根植于封建土地所有制的历届中国政府虽曾也有一些技节的改良举措，但都没有也无意去从根本上改变这种局面[3]。能够引领包括上海与长江三角洲在内的中国全新的城乡关系的建构，有待于在中国共产党领导下由人民当家作主的那一天。

---

[1] 吴承明：《中国资本主义与国内市场》，中国社会科学出版社1985年版，第280页。

[2] 陈其广：《百年工农产品比价与农村经济》，社会科学文献出版社2003年版，第216页。

[3] 有学者专题研究近代中国乡村工业后认为，以蚕丝和织布为代表的近代中国乡村工业的发展，主要是得益于市场或"斯密型动力"的驱动，也体现了"勤勉革命"的基本特征。乡村工业的"斯密型增长"，在一定程度上推动了经济发展和收入提高，其技术变迁也具有明显的劳动密集型特征，但仅凭借"斯密型增长"并不足以将近代中国导入工业化和高速经济增长。在单纯市场机制的作用下，近代中国的乡村工业往往更倾向于选择那些较少依赖资本投入的劳动密集型技术类型，这也使其更容易长期处于国际技术分工体系和全球产业链的低端，无法通过技术和组织的革新进入"库兹涅茨型增长"；而且在20世纪30年代初还因国内外市场的大萧条而引致了劳动力边际报酬急剧下降甚至低于维持生计费用水平的情况。中国工业化的实现和向"库兹涅茨型增长"转变的成功，最终有赖于新中国政府调控与市场机制的有效配合。（关永强、张东刚：《"斯密型增长"——基于近代中国乡村工业的再评析》，《历史研究》2017年第2期）

征引书目举要

一、已刊档案、官方文书

中国第一历史档案馆:《英使马戛尔尼访华档案史料汇编》,国际文化出版公司,
　　1996 年。

中国第一历史档案馆:《鸦片战争档案史料》,天津古籍出版社,1992 年。

中国第一历史档案馆:《清代军机处电报档汇编》,中国人民大学出版社,
　　2007 年。

太平天国历史博物馆:《吴煦档案选编》,江苏人民出版社,1983 年。

《四国新档·俄国档》,"中研院"近代史研究所,1966 年。

章开沅等主编:《苏州商会档案丛编》第 1 辑,华中师范大学出版社,1991 年。

南通市档案馆:《大生企业系统档案选编》,南京大学出版社,1987 年。

南通市档案馆等:《大生集团档案资料选编》,南通市档案馆等 2007 年印行。

南通市档案馆、张謇研究中心编:《大生集团档案资料选编·纺织编(二)》,方
　　志出版社,2003 年。

南通市档案馆等编:《大生集团档案资料选编·盐垦编(一)》,南通市档案馆
　　2009 年刊印。

南通市档案馆等编:《大生集团档案资料选编·盐垦编(二)》,南通市档案馆

2009 年刊印。

陈旭麓等主编,陈绛等编:《轮船招商局》(盛宣怀档案资料选辑之八),上海人民
　　出版社,2002 年。

中国第二历史档案馆:《中华民国史档案资料汇编》第 5 辑第 1 编"财政经济"
　　(四),江苏古籍出版社,1994 年。

上海市档案馆:《日本在华中经济掠夺史料(1937—1945)》,上海书店出版社,
　　2005 年。

叶皓主编:《金陵全书》(丙编·档案类),南京出版社 2012 年版。

江苏档案精品选编纂委员会:《江苏省明清以来档案精品选》,江苏人民出版社,
　　2013 年。

上海市闵行区档案馆编:《留史存真——近现代上海闵行历史与档案典藏》,复旦
　　大学出版社,2015 年。

中国第二历史档案馆:《抗战爆发前后江苏省及上海市之制丝工业》,《民国档案》
　　2010 年第 4 期。

夏秀丽等整理:《中南银行档案资料选编》,《近代史资料》总 127 号,中国社会
　　科学出版社,2013 年。

董婷婷等整理:《上海市内河轮船商业同业公会调查抗战期间船舶损失档案选》,
　　《上海档案史料研究》第 18 辑,上海三联书店,2015 年。

《筹办夷务始末》(道光朝),中华书局,1964 年。

《筹办夷务始末》(咸丰朝),中华书局,1979 年。

《筹办夷务始末》(同治朝),中华书局,2008 年。

北京大学图书馆藏《筹办夷务始末补遗(道光朝)》,北京大学出版社,1988 年影
　　印本。

《清实录》,中华书局,1986 年影印本。

朱寿朋:《光绪朝东华录》,中华书局,1958 年。

赵尔巽等:《清史稿》,中华书局,1977 年。

二、海关资料、外交文书

中国第二历史档案馆等编：《中国旧海关史料（1859—1948）》，京华出版社，
　　2001 年。

天津海关译编委员会译编：《津海关史要览》，中国海关出版社，2004 年。

镇江市图书馆藏《清末民初镇江海关华洋贸易情形》，《近代史资料》总 103 号，
　　中国社会科学出版社，2002 年。

中华人民共和国杭州海关译编：《近代浙江通商口岸经济社会概况——浙海关、
　　瓯海关、杭州关贸易报告集成》，浙江人民出版社，2002 年。

陈梅龙等译编：《近代浙江对外贸易及社会变迁——宁波、温州、杭州海关贸易
　　报告译编》，宁波出版社，2003 年。

海关总署本书编译委员会：《旧中国海关总税务司署通令选编》，中国海关出版
　　社，2003 年。

徐雪筠等译编，张仲礼校订：《上海近代社会经济发展概况（1882—1931）——
　　〈海关十年报告〉译编》，上海社会科学院出版社，1985 年。

陆允昌编：《苏州洋关史料》，南京大学出版社，1991 年。

李必樟译编，张仲礼校订：《上海近代贸易经济发展概况（1854—1898 年）：英国
　　驻上海领事贸易报告汇编》，上海社会科学院出版社，1993 年。

三、地方志、古籍

正德《松江府志》。

嘉靖《太仓新志》。

万历《常熟水利全书》。

崇祯《松江府志》。

崇祯《太仓州志》。

乾隆《乍浦志》。

乾隆《吴江县志》。

乾隆《续外冈志》。

乾隆《宝山县志》。

乾隆《上海县志》。

道光《元和唯亭志》。

道光《刘河镇记略》。

道光《乍浦备志》。

道光《厦门志》。

同治《长兴县志》。

同治《南浔镇志》。

同治《湖州府志》。

同治《安吉县志》。

同治《苏州府志》。

光绪《太仓州镇洋县志》。

光绪《重修华亭县志》。

光绪《菱湖镇志》。

光绪《平湖县志》。

光绪《昆新两县续修合志》。

光绪《常昭合志稿》。

光绪《重辑枫泾小志》。

光绪《盛湖志》。

光绪《川沙厅志》。

光绪《江阴县志》。

光绪《松江府续志》。

《光绪桐乡县志》。

宣统《续修枫泾小志》。

宣统《上元江宁乡土合志》。

宣统《黄渡续志》。

宣统《蒸里志略》。

民国《续修江都县志》。

民国《宝山县续志》。

民国《宝山县再续志》。

民国《上海乡土志》。

民国《嘉定县续志》。

民国《嘉定疁东志》。

民国《法华乡志》。

《民国上海县志》。

民国《青浦县志》。

民国《青浦县续志》。

民国《盛桥里志》。

民国《南汇县续志》。

民国《章练小志》。

民国《陈行乡土志》。

民国《奉贤县志稿》。

民国《上海乡土地理志》。

民国《松江志料》。

民国《昆新两县续补合志》。

匡尔济编:《嘉定乡土志》。

民国《南浔志》。

民国《吴县志》。

民国《乌青镇志》。

民国《上海县续志》。

民国《杨行乡志》。

民国《真如志》。

民国《江湾里志》。

民国《濮院志》。

民国《丹阳县续志》。

民国《川沙县志》。

民国《月浦里志》。

民国《双林镇志》。

民国《盛湖志》。

民国《木渎小志》。

民国《阜宁县志》。

民国《泗阳县志》。

民国《六合续志稿》。

民国《续纂山阳县志》。

民国《续修盐城县志》。

上海市地方志办公室等编:《上海乡镇旧志丛书》,上海社会科学院出版社,2004
　　年始出版。

上海市地方志办公室等编:《上海府县旧志丛书》,上海古籍出版社,2009 年始
　　出版。

殷惟和纂:《江苏六十一县志》,商务印书馆,1936 年。

姜卿云编:《浙江新志》,1936 年铅印本。

余绍宋等纂:《重修浙江通志稿》,民国年间稿本,浙江图书馆 1983 年誊录本。

沈秋农等主编:《常熟乡镇旧志集成》,广陵书社,2007 年。

戴鞍钢、黄苇主编:《中国地方志经济资料汇编》,汉语大词典出版社,1999 年。

新编《青浦县志》,上海人民出版社,1990 年。

新编《吴江丝绸志》,江苏古籍出版社,1992 年。

史梅定主编:《上海租界志》,上海社会科学院出版社,2001 年。

袁采主编:《上海侨务志》,上海社会科学院出版社,2001 年。

（清）梁章巨：《浪迹丛谈》。

（清）钱泳：《履园丛话》。

纳蓝常安：《宦游笔记》。

刘献廷：《广阳杂记》。

《皇朝经世文编》。

《皇朝经世文续编》。

《皇朝经世文四编》。

四、报刊

《申报》。

《江南商务报》。

《杭州商业杂志》。

《时务报》。

《中外日报》。

《东方杂志》。

《北华捷报》。

《农学报》。

《字林沪报》。

《中华农学会报》。

《中央大学农学院旬刊》。

《江苏实业月志》。

《经济半月刊》。

《中外经济周刊》。

《小学教育月刊》。

《档案与史学》。

《中国档案报》。

宁波市档案馆编：《〈申报〉宁波史料集》，宁波出版社，2013年。

陆剑等辑录：《留下南浔的脚印：民国报刊涉浔文图选辑》，浙江摄影出版社，
　　2015年。

宁波市鄞州区人民政府地方志办公室编：《近代鄞县见闻录》，中国文史出版社，
　　2016年。

上海社会科学院历史研究所：《太平军在上海——〈北华捷报〉选译》，上海人民
　　出版社，1983年。

郑曦原编：《帝国的回忆——〈纽约时报〉晚清观察记（1854—1911）》（修订本），
　　当代中国出版社，2007年。

郑曦原编：《共和十年：〈纽约时报〉民初观察记（1911—1921）·社会篇》，当代
　　中国出版社，2011年。

郑曦原编：《共和十年：〈纽约时报〉民初观察记（1911—1921）·政治篇》，当代
　　中国出版社，2011年。

万仕国等校注：《天义·衡报》，中国人民大学出版社，2016年。

五、文集、笔记、家谱、年谱、信札、回忆录、游记、日记、口述实录

《曾国藩全集》，岳麓书社，1989年。

《陶澍集》，岳麓书社，1998年。

谢俊美编：《翁同龢集》，中华书局，2005年。

夏东元编：《郑观应集》上册，上海人民出版社，1982年。

曹炳麟著，唐圣勤等整理：《钝庐诗集 钝庐文集》（崇明历代文献丛书），上海社
　　会科学院出版社，2013年。

秦约等著，徐兵等整理：《秦约诗文集（外三种）》（崇明历代文献丛书），上海社
　　会科学院出版社，2015年。

王清穆著，周惠斌等整理：《农隐庐文钞》（崇明历代文献丛书），上海社会科学院
　　出版社，2015年。

赵德馨主编：《张之洞全集》，武汉出版社，2008年。

李明勋等主编：《张謇全集》，上海辞书出版社，2012年。

陶水木编：《沈定一集》，国家图书馆出版社，2010年。

虞和平编：《经元善集》，华中师范大学出版社，2011年。

穆家修等编：《穆藕初文集（增订本）》，上海古籍出版社，2011年。

（清）刘坤一撰，陈代湘等校点：《刘坤一奏疏》，岳麓书社，2013年。

汪林茂编：《中国近代思想家文库·汪康年卷》，中国人民大学出版社，2014年。

汪林茂编：《中国近代思想家文库·汤寿潜卷》，中国人民大学出版社，2015年。

姚公鹤：《上海闲话》，商务印书馆，1933年。

王莘元：《星周纪事》，上海古籍出版社，1989年。

（清）王韬：《瀛壖杂志》，上海古籍出版社，1989年。

（清）葛元煦撰，郑祖安标点：《沪游杂记》，上海书店出版社，2009年。

宁波市江北区史志办公室（档案局）编：《记忆江北——旧闻录》，中国文史出版
　　社，2012年。

陈定山：《春申旧闻》，海豚出版社，2015年。

〔日〕内藤湖南、青木正儿著，王青译：《两个日本汉学家的中国纪行》，光明日
　　报出版社，1999年。

〔日〕曾根俊虎著，范建明译：《清国漫游志》，中华书局，2007年。

〔美〕威廉·埃德加·盖洛著，晏奎等译校：《扬子江上的美国人——从上海经华
　　中到缅甸的旅行记录（1903）》，山东画报出版社，2008年。

（清）王韬：《弢园老民自传》，江苏人民出版社，1999年。

周作人：《知堂回想录》，安徽教育出版社，2008年。

曹汝霖：《曹汝霖一生之回忆》，中国大百科全书出版社，2009年。

蒋梦麟：《西潮与新潮——蒋梦麟回忆录》，东方出版社，2006年。

夏衍：《懒寻旧梦录》（增补本），三联书店，2006年。

虞洽卿：《虞洽卿自述》，《宁波旅沪同乡会纪》（《上海文史资料选辑》2010年第

1 期）。

杨宽：《历史激流：杨宽自传》，（台北）大块文化出版股份有限公司，2005 年。

钱昌照：《钱昌照回忆录》，东方出版社，2011 年。

陈桥驿：《八十逆旅》，中华书局，2011 年。

叶浅予：《细叙沧桑记流年》，江苏文艺出版社，2012 年。

柳亚子著，文明国编：《柳亚子自述》，人民日报出版社，2012 年。

舒新城著，文明国编：《舒新城自述》，安徽文艺出版社，2013 年。

卢作孚著，文明国编：《卢作孚自述》，安徽文艺出版社，2013 年。

柳亚子：《柳亚子自述》，群言出版社，2014 年。

沈怡：《沈怡自述》，中华书局，2016 年。

包天笑：《钏影楼回忆录》，上海三联书店，2014 年。

丰子恺：《丰子恺自述：我这一生》，中国青年出版社，2015 年。

上海图书馆编，陈绛整理：《中国家谱资料选编·经济卷》，上海古籍出版社，
　　2013 年。

段光清：《镜湖自撰年谱》，中华书局，1960 年。

谢俊美：《杨坊与〈杨憩棠年谱〉》，《上海档案史料研究》第 15 辑，上海三联书
　　店，2013 年。

张守广：《卢作孚年谱长编》，中国社会科学出版社，2014 年。

穆家修等编著：《穆藕初年谱长编》，上海交通大学出版社，2015 年。

北京大学历史系：《盛宣怀未刊信稿》，中华书局，1960 年。

中国社会科学院近代史研究所资料室：《曾国藩未刊函稿》，岳麓书社，1986 年。

柴志光等编著：《浦东名人书简百通》，上海远东出版社，2011 年。

彭晓亮编注：《周作民日记书信集（文字版）》（上海市档案馆藏近代中国金融变迁
　　档案史料汇编·人物卷），上海远东出版社，2014 年。

《柳兆薰日记》，太平天国历史博物馆：《太平天国史料专辑》，上海古籍出版社，
　　1979 年。

陈左高等编：《清代日记汇抄》，上海人民出版社，1982年。

袁英光等整理：《李星沅日记》，中华书局，1987年。

黄炎培著，中国社会科学院近代史研究所整理：《黄炎培日记》，华文出版社，
　　2008年。

王世儒编：《蔡元培日记》，北京大学出版社，2010年。

孙善根整理：《乐振葆1926年赴日〈东游日记〉》，《上海档案史料研究》第14
　　辑，上海三联书店，2013年。

（清）管廷芬撰，虞坤林整理：《淳溪日记（外三种）》，中华书局，2013年。

（清）徐兆玮著，李向东等标点：《徐兆玮日记》，黄山书社，2013年。

胡适：《胡适日记选编》，新世界出版社，2013年。

爱新觉罗·载沣：《醇亲王载沣日记》，群众出版社，2014年。

任青、马忠文整理：《张荫桓日记》，中华书局，2015年。

中华书局编辑部编，汤志钧等校订：《王韬日记（增订本）》，中华书局，2015年。

〔日〕宗方小太郎著，甘慧杰译：《宗方小太郎日记（未刊稿）》，上海人民出版
　　社，2016年。

〔美〕费正清等编，傅曾仁等译校：《赫德日记（一）》，中国海关出版社，
　　2003年。

〔日〕日比野辉宽、高杉晋作等著，陶振孝、阎瑜等译：《1862年上海日记》，中
　　华书局，2012年。

成梦溪整理：《〈张泰荣日记〉所记上海史料汇抄（1922—1932）》，周武主编：
　　《上海学》第3辑，上海人民出版社，2016年。

粟奉之著，江潮等整理：《粟奉之日记》，凤凰出版社，2017年。

黄秉义著，周兴禄整理：《黄秉义日记》，凤凰出版社，2017年。

陈亦卿：《沪杭甬铁路修筑与营运的追述》，全国政协文史资料委员会：《文史资
　　料存稿选编·经济（下）》，中国文史出版社，2002年。

汪佩青：《沪宁、沪杭甬两路接通和统一调度的经过》，《文史资料存稿选编·经
　　济（下）》，中国文史出版社，2002年。

沈叔玉：《关于沪宁、沪杭甬铁路的片断回忆》，《文史资料存稿选编·经济
　　（下）》，中国文史出版社，2002年。

邵力夫等：《上海南火车站》，本书编委会编：《20世纪上海文史资料文库》，上海
　　书店出版社，1999年。

盛国策：《旧上海的长途汽车》，上海市政协文史资料委员会：《上海文史资料存
　　稿汇编》，上海古籍出版社，2001年。

曹师柳：《锡沪公司回忆点滴》，常熟市政协文史委员会编：《常熟文史资料选
　　辑》，上海社会科学院出版社，2009年。

尔冬强主编：《口述历史：尔冬强和108位茶客》，上海古籍出版社，2010年。

李振广编著：《民国外交：亲历者口述实录》，中国大百科全书出版社，2016年。

六、资料汇编和辑录

交通部、铁道部交通史编纂委员会：《交通史·航政编》，1935年编印。

交通部、铁道部交通史编纂委员会：《交通史·路政编》，1935年编印。

实业部国际贸易局：《中国实业志（江苏省）》，上海民光印刷公司，1932年。

《通海垦牧公司开办十年之历史》，1911年刊本。

上海市社会局：《上海之农业》，中华书局，1933年。

上海市社会局：《上海市工人生活程度》，中华书局，1934年。

罗志如：《统计表中之上海》，国立中央研究院，1932年。

严中平等编：《中国近代经济史统计资料选辑》，科学出版社，1957年；中国社会
　　科学出版社，2012年。

彭泽益：《中国近代手工业史资料（1840—1949）》，中华书局，1962年。

孙毓棠：《中国近代工业史资料》第1辑，科学出版社，1957年

汪敬虞：《中国近代工业史资料》第2辑，科学出版社，1957年。

陈真等编：《中国近代工业史资料》，第1至第4辑，三联书店1957、1958、1961年。

李文治：《中国近代农业史资料》第1辑，三联书店，1957年。

章有义：《中国近代农业史资料》第2、3辑，三联书店，1957年。

姚贤镐编：《中国近代对外贸易史资料（1840—1895）》，中华书局，1962年。

聂宝璋：《中国近代航运史资料》第一辑，上海人民出版社，1983年。

宓汝成：《中国近代铁路史资料》，中华书局，1963年

许道夫：《中国近代农业生产及贸易统计资料》，上海人民出版社，1983年。

"中研院"近代史研究所：《清季中日韩关系史料》，1972年。

萧铮主编：《民国二十年代中国大陆土地问题资料》，成文出版社，1977年。

江苏省博物馆：《明清苏州工商业碑刻集》，江苏人民出版社，1981年。

上海博物馆：《上海碑刻资料选辑》，上海人民出版社，1980年。

浦东新区档案馆等编：《浦东碑刻资料选辑（修订本）》，上海古籍出版社，
　　2015年。

中国史学会主编：《太平天国》（中国近代史资料丛刊），上海神州国光社，
　　1952年。

罗尔纲、王庆成主编：《太平天国》（中国近代史资料丛刊续编），广西师范大学出
　　版社，2004年。

赵德馨编：《太平天国财政经济资料汇编》上册，上海古籍出版社，2017年。

陈元晖主编：《教育思想》（中国近代教育史资料汇编），上海教育出版社，2007年。

王铁崖：《中外旧约章汇编》，三联书店，1957年。

孙燕京、张研主编：《民国史料丛刊续编》，大象出版社，2012年。

中国科学院上海经济研究所等编：《南洋兄弟烟草公司史料》，上海人民出版社，
　　1958年。

上海市第一机电工业局机器工业史料组等编：《上海民族机器工业》（中国资本主
　　义工商业史料丛刊），中华书局，1966年。

上海市工商行政管理局编：《上海市棉布商业》（中国资本主义工商业史料丛刊），
　　中华书局，1979年。

上海社会科学院经济研究所编：《荣家企业史料》，上海人民出版社，1982年。

朱邦兴等编：《上海产业与上海职工》（上海史资料丛刊），上海人民出版社，
　　1984年。

清华大学历史系编：《戊戌变法文献资料系日》，上海书店出版社，1998 年。

全国图书馆文献缩微复制中心：《中国早期博览会资料汇编》，全国图书馆文献缩
　　微复制中心，2003 年。

上海市档案馆等：《近代中国百货业先驱——上海四大公司档案汇编》，上海书店
　　出版社，2010 年。

上海市工商业联合会编：《上海总商会历史图录》，上海古籍出版社，2011 年。

陈玉庆整理：《国民政府清查整理招商局委员会报告书》，社会科学文献出版社，
　　2013 年。

程源编：《程益泰商号经营史料选辑》，上海财经大学出版社，2014 年。

李文海主编：《民国时期社会调查丛编·底边社会卷》，福建教育出版社，
　　2004 年。

李文海主编：《民国时期社会调查丛编·人口卷》，福建教育出版社，2004 年。

李文海主编：《民国时期社会调查丛编（二编）·社会组织卷》，福建教育出版社，
　　2009 年。

李文海主编：《民国时期社会调查丛编（二编）·乡村经济卷》，福建教育出版社，
　　2009 年。

李文海主编：《民国时期社会调查丛编（二编）·乡村社会卷》，福建教育出版社，
　　2009 年。

全国图书馆文献缩微复印中心：《民国时期市政建设史料选编》，全国图书馆文献
　　缩微复印中心 2009 年影印本。

南京图书馆编：《二十世纪三十年代国情调查报告》，凤凰出版社，2012 年。

国家图书馆古籍馆编：《国家图书馆藏清代民国调查报告丛刊》，北京燕山出版
　　社，2007 年。

国家图书馆选编：《民国时期社会调查资料汇编》，国家图书馆出版社，2013 年。

郑成林选编：《民国时期经济调查资料汇编》，国家图书馆出版社，2013 年。

冯天瑜等选编，李少军等译：《东亚同文书院中国调查资料选译》，社会科学文献
　　出版社，2012 年。

孙晓村等编：《浙江粮食调查》，上海社会经济调查所 1935 年印行。

丁贤勇等译编：《1921年浙江社会经济调查》，北京图书馆出版社，2008年。

对外贸易部海关总署研究室编：《中国海关与邮政》（中国近代经济史资料丛刊），
　　中华书局，1983年。

高景岳等编：《近代无锡蚕丝业资料选辑》，江苏古籍出版社，1984年。

张謇印行：《南通地方自治十九年之成绩》，张謇研究中心、南通博物苑，2003年
　　重印本。

中国人民银行上海市分行：《上海钱庄史料》，上海人民出版社，1960年

王春瑜编：《中国稀见史料》第1辑，厦门大学出版社，2007年。

林举百：《通海关庄布史料》，1962年油印本。

无锡市史志办公室等编：《民国时期无锡年鉴资料选编》，广陵书社，2009年。

王立人主编：《无锡文库（第二辑）》，凤凰出版社，2011年。

云南省档案馆编：《清末民初的云南社会》，云南人民出版社，2005年。

姚谦调查整理：《张謇农垦事业调查》，江苏人民出版社，2000年。

《上海研究资料》，上海书店，1984年影印本。

《太平天国史料丛编简辑》，中华书局，1962年。

《太平天国史料专辑》，上海古籍出版社，1979年。

全国政协文史资料委员会：《文史资料存稿选编》，中国文史出版社，2002年。

上海市文史馆编：《辛亥革命亲历记》，中西书局，2011年。

熊月之主编：《稀见上海史志资料丛书》，上海书店出版社，2012年。

龙向洋主编：《美国哈佛大学哈佛燕京图书馆藏民国文献丛刊》，广西师范大学出
　　版社，2012年。

陈树平主编：《明清农业史资料（1368—1911）》，社会科学文献出版社，2013年。

国家清史编纂委员会编：《晚清文献七种》，齐鲁书社，2014年。

刘平编纂：《稀见民国银行史料初编》，上海书店出版社，2014年。

刘平编纂：《稀见民国银行史料二编》，上海书店出版社，2015年。

刘平编纂：《稀见民国银行史料三编》，上海书店出版社，2015年。

何品等编注：《陈光甫日记言论集》（上海市档案馆藏近代中国金融变迁档案史料
　　汇编·人物卷），上海远东出版社，2015年。

何品等编注：《上海商业储蓄银行》（上海市档案馆藏近代中国金融变迁档案史料汇编·机构卷），上海远东出版社，2015年。

吴晶晶编选：《上海银行业同业公会联合会 上海银钱业联合准备会》（上海市档案馆藏近代中国金融变迁档案史料汇编·机构卷），上海远东出版社，2015年。

上海市社会局：《上海市人力车夫生活状况调查报告书》，《社会半月刊》1934年第1期。

江阴市政协学习文史委员会编：《江阴文史资料集粹》，上海古籍出版社，2004年。

徐鼎新等整理：《永安企业口述史料》，《上海档案史料研究》第3辑，上海三联书店，2007年。

七、专著、论文集

陈翰珍：《二十年来之南通》（1925年），南通张謇研究中心2014年重印本。

许地山：《达衷集》，商务印书馆，1928年。

张辉：《上海市地价研究》，正中书局，1935年。

马寅初：《中国经济改造》，商务印书馆，1935年。

中国经济统计研究所编：《吴兴农村经济》，中国经济统计研究所，1939年。

杨荫溥等编著：《本国金融概论》，邮政储金汇业局1943年印发行。

（民国）倪锡英：《上海》，南京出版社，2011年。

容闳：《西学东渐记》，湖南人民出版社，1981年。

谢国桢：《明清笔记谈丛》，上海古籍出版社，1981年。

蒯世勋等：《上海公共租界史稿》（上海史资料丛刊），上海人民出版社，1980年。

张同铸主编：《江苏省经济地理》，新华出版社，1993年。

程潞主编：《上海市经济地理》，新华出版社，1988年。

熊月之等主编：《上海：一座现代化都市的编年史》，上海书店出版社，2009年。

刘石吉：《明清时代江南市镇研究》，中国社会科学出版社，1987年。

樊树志：《明清江南市镇探微》，复旦大学出版社，1990年。

樊树志：《江南市镇：传统的变革》，复旦大学出版社，2005 年。

费孝通：《江村经济》，上海人民出版社，2006 年。

唐力行等：《苏州与徽州》，商务印书馆，2007 年。

何一民主编：《近代中国城市发展与社会变迁（1840—1949 年）》，科学出版社，
　　2004 年。

邹依仁：《旧上海人口变迁的研究》，上海人民出版社，1980 年。

丁名楠等：《帝国主义侵华史》，人民出版社，1973 年。

黄苇：《上海开埠初期对外贸易研究》，上海人民出版社，1961 年。

上海社会科学院经济研究所等：《上海对外贸易》，上海社会科学院出版社，
　　1989 年。

《浙江航运史》（古近代部分），人民交通出版社，1993 年。

郭孝义主编：《江苏航运史（近代部分）》，人民交通出版社，1990 年。

刘明逵：《中国近代工人阶级和工人运动》，中共中央党校出版社，2002 年。

茅家琦等：《横看成岭侧成峰：长江下游城市近代化的轨迹》，江苏人民出版社，
　　1993 年。

《上海港史话》编写组：《上海港史话》，上海人民出版社，1979 年。

杜恂诚：《民族资本主义与旧中国政府（1840—1937）》，上海社会科学院出版社，
　　1991 年。

樊百川：《中国轮船航运业的兴起》，四川人民出版社，1985 年。

丁日初主编：《上海近代经济史》第 2 卷，上海人民出版社，1997 年。

徐德济：《连云港港史（古近代部分）》，人民交通出版社，1987 年。

汪敬虞：《唐廷枢研究》，中国社会科学出版社，1983 年。

汪敬虞：《十九世纪西方资本主义对中国的经济侵略》，人民出版社，1983 年。

宓汝成：《帝国主义与中国铁路》，上海人民出版社，1980 年。

熊月之主编：《上海通史》，上海人民出版社，1999 年。

张忠民主编：《近代上海城市发展与城市综合竞争力》，上海社会科学院出版社，
　　2005 年。

丁贤勇：《新式交通与社会变迁——以民国浙江为中心》，中国社会科学出版社，
　　2007 年。

杨文渊主编：《上海公路史》第 1 册，人民交通出版社，1989 年。

刘荫棠主编：《江苏公路交通史》第 1 册，人民交通出版社，1989 年。

虞晓波：《比较与审视——"南通模式"与"无锡模式"研究》，安徽教育出版社，2001 年。

陈其广：《百年工农产品比价与农村经济》，社会科学文献出版社，2003 年。

张后铨主编：《招商局史（近代部分）》，人民交通出版社，1988 年。

徐之河等主编：《上海经济（1949—1982）》，上海人民出版社，1983 年。

陈国灿：《江南农村城市化历史研究》，中国社会科学出版社，2004 年。

张忠民：《经济历史成长》，上海社会科学院出版社，1999 年。

万灵：《常州的近代化道路》，安徽教育出版社，2002 年。

陶士和：《民国浙江史研究》，陕西人民出版社，2003 年。

张国辉：《洋务运动与中国近代企业》，中国社会科学出版社，1979 年。

吴承明：《帝国主义在旧中国的投资》，人民出版社，1955 年。

张仲礼主编：《近代上海城市研究》，上海人民出版社，1990 年。

徐新吾等：《中国近代缫丝工业史》，上海人民出版社，1990 年。

徐新吾：《近代江南丝织工业史》，上海人民出版社 1991 年。

宋钻友等：《上海工人生活研究（1843—1949）》，上海辞书出版社，2011 年。

徐新吾等主编：《上海近代工业史》，上海社会科学院出版社，1998 年。

黄汉民等：《近代上海工业企业发展史论》，上海财经大学出版社，2000 年。

潘君祥等主编：《近代中国国情透视》，上海社会科学院出版社，1992 年。

汪敬虞：《中国资本主义的发展和不发展》，中国财政经济出版社，2002 年。

张海林：《苏州早期城市现代化研究》，南京大学出版社，1999 年。

严中平主编：《中国近代经济史（1840—1894）》，经济管理出版社，2007 年。

汪敬虞主编：《中国近代经济史（1895—1927）》，人民出版社，2000 年。

马俊亚：《规模经济与区域发展——近代江南地区企业经营现代化研究》，南京大学出版社，1999 年。

张鸿雁等：《1949 中国城市》，东南大学出版社，2009 年。

本书编写组：《大生系统企业史》，江苏古籍出版社，1990 年。

金普森等主编：《浙江通史》，浙江人民出版社，2005 年。

傅璇琮主编：《宁波通史》，宁波出版社，2009 年。

苏利冕主编：《近代宁波城市变迁与发展》，宁波出版社，2010 年。

郭华巍主编：《潮落潮起：近代三门湾开发史事编年（1899—1949）》，上海人民出版社，2010年。

张海鹏等：《中国十大商帮》，黄山书社，1993年。

上海社会科学院经济研究所：《上海资本主义工商业的社会主义改造》，上海人民出版社，1980年。

许涤新等主编：《中国资本主义发展史》第2卷，人民出版社，1990年。

许涤新等主编：《中国资本主义发展史》第3卷，人民出版社，1993年。

林金枝：《近代华侨投资国内企业史研究》，福建人民出版社，1983年。

吴必虎：《历史时期苏北平原地理系统研究》，华东师范大学出版社，1996年。

严中平：《中国棉纺织史稿》，科学出版社，1955年；商务印书馆2011年版。

上海市粮食局等编：《中国近代面粉工业史》，中华书局，1987年。

徐新吾：《江南土布史》，上海社会科学院出版社，1992年。

李学昌主编：《20世纪南汇农村社会变迁》，华东师范大学出版社，2001年。

孙家山：《苏北盐垦史初稿》，农业出版社，1984年。

胡国枢：《光复会与浙江辛亥革命》，杭州出版社，2002年。

胡焕庸等：《中国人口地理》上册，华东师范大学出版社，1984年。

葛剑雄主编，曹树基著：《中国人口史》第5卷，复旦大学出版社，2001年。

葛剑雄主编，曹树基著：《中国移民史》第6卷，福建人民出版社，1997年。

张根福：《抗战时期的人口迁移》，光明日报出版社，2006年。

马敏等：《传统与近代的二重变奏——晚清苏州商会个案研究》，巴蜀书社，1993年。

马敏：《拓宽历史的视野：诠释与思考》，华中师范大学出版社，2006年。

张一平：《地权变动与社会重构——苏南土地改革研究》，上海人民出版社，2009年。

吴景超：《第四种国家的出路——吴景超文集》，商务印书馆，2008年。

张仲礼等主编：《长江沿江城市与中国近代化》，上海人民出版社，2002年。

张仲礼主编：《东南沿海城市与中国近代化》，上海人民出版社，1996年。

郑忠：《非条约口岸城市化道路——近代长江三角洲的典型考察》，上海辞书出版社，2010年。

陈志让：《军绅政权》，广西师范大学出版社，2008年。

马长林：《上海的租界》，天津教育出版社，2009年。

阮清华：《上海游民改造研究（1949—1958）》，上海辞书出版社，2009 年。

王云骏：《民国南京城市社会管理》，江苏古籍出版社，2001 年。

谢健：《东部发达城市的欠发达地区发展研究——以温州为例》，上海三联书店，
　　2010 年。

朱云云、姚富坤：《江村变迁：江苏开弦弓村调查》，上海人民出版社，2010 年。

陈铨亚：《中国本土商业银行的截面：宁波钱庄》，浙江大学出版社 2010 年版。

张丽：《非平衡化与不平衡——从无锡近代农村经济发展看中国近代农村经济的
　　转型（1840—1949）》，中华书局，2010 年。

黄华平：《国民政府铁道部研究》，合肥工业大学出版社，2011 年。

贺云翱主编：《无锡人与中国近现代化》，南京大学出版社，2011 年。

程以正：《江阴史事纵横》，上海古籍出版社，2011 年。

巫宝三：《中国国民所得（一九三三年）》，商务印书馆，2011 年。

方显廷：《方显廷文集》第 1 卷，商务印书馆，2011 年。

忻平主编：《城市化与近代上海社会生活》，广西师范大学出版社，2011 年。

徐茂明：《互动与转型：江南社会文化史论》，上海人民出版社，2012 年。

刘克祥等主编：《中国近代经济史（1927—1937）》，人民出版社，2012 年。

上海社会科学院中国城市史研究中心、浙江省嘉兴市南湖区大桥镇人民政府合
　　著：《浙北一座名镇的兴起——嘉兴大桥镇社会变迁》，上海辞书出版社，
　　2012 年。

陶水木等：《江浙财团研究》，人民出版社，2012 年。

庄维民：《中间商与中国近代交易制度的变迁：近代行栈与行栈制度研究》，中华
　　书局，2012 年。

燕红忠：《中国的货币金融体系（1600—1949）》，中国人民大学出版社，2012 年。

王家范：《漂泊航程：历史长河中的明清之旅》，北京师范大学出版社，2013 年。

王建革：《水乡生态与江南社会（9—20 世纪）》，北京大学出版社，2013 年。

沈祖炜主编：《近代中国企业：制度和发展》，上海人民出版社，2014 年。

冯绍霆：《李平书传》，上海书店出版社，2014 年。

《交通银行史》编委会：《交通银行史》，商务印书馆，2015 年。

李学昌等：《近代江南农村经济研究》，华东师范大学出版社，2015 年。

梁志平：《水乡之渴：江南水质环境变迁与饮水改良（1840—1980）》，上海交通

大学出版社，2015年。

吴俊范：《水乡聚落——太湖以东家园生态史研究》，上海古籍出版社，2016年。

范金民：《衣被天下：明清江南丝绸史研究》，江苏人民出版社，2016年。

黄敬斌：《郡邑之盛：明清江南治所城市研究》，中华书局，2017年。

王翔：《晚清丝绸业史》，上海人民出版社，2017年。

费孝通：《乡土中国·乡土重建》，北京联合出版公司，2018年。

张东刚等主编：《世界经济体制下的民国时期经济》，中国财政经济出版社，2005年。

吴松弟等主编：《走入中国的传统农村——浙江泰顺历史文化的国际考察与研究》，齐鲁书社，2009年。

朱偰：《汗漫集》，凤凰出版社，2008年。

聂宝璋：《聂宝璋集》，中国社会科学出版社，2002年。

张仲礼主编：《中国现代城市：企业·社会·空间》，上海社会科学院出版社，1998年。

吴承明：《市场·近代化·经济史论》，云南大学出版社，1996年。

章开沅：《章开沅学术论著选》，华中师范大学出版社，2000年。

姜进主编：《都市文化中的现代中国》，华东师范大学出版社，2007年。

潘君祥主编：《上海会馆史研究论丛》第一辑，上海社会科学院出版社，2011年

上海市历史博物馆编：《都会遗踪》第5辑，学林出版社2012年版。

唐国良主编：《近代东外滩》，上海社会科学院出版社，2013年。

邹逸麟主编：《明清以来长江三角洲地区城镇地理与环境研究》，商务印书馆，2013年。

范金民等主编：《江南地域文化的历史演进文集》，三联书店，2013年。

肖芃主编：《档案里的老苏州》，古吴轩出版社，2014年。

八、译著、资料辑译

〔美〕马士著，张汇文等译：《中华帝国对外关系史》，三联书店，1957年。

〔美〕墨菲著，章克生等译：《上海：现代中国的钥匙》，上海人民出版社，1986年。

〔美〕费正清编，中国社会科学院历史研究所编译室译：《剑桥中国晚清史》，中国社会科学出版社，1985年。

〔英〕肯德著，李宏等译：《中国铁路发展史》，三联书店，1958年。

〔德〕卫贤理著，王宇洁等译：《中国心灵》，国际文化出版公司，1998年。

〔美〕郝延平著，陈潮等译：《中国近代商业革命》，上海人民出版社，1991年。

〔美〕里默著，卿汝楫译：《中国对外贸易》，三联书店，1958年。

〔日〕滨下武志著，高淑娟等译：《中国近代经济史研究——清末海关财政与通商口岸市场圈》，江苏人民出版社，2006年。

〔日〕宇野哲人著，张学锋译：《中国文明记》，中华书局，2008年。

〔美〕周锡瑞著，张俊义译：《义和团运动的起源》，江苏人民出版社，1994年。

〔美〕施坚雅主编，陈桥驿等译校：《中华帝国晚期的城市》，中华书局，2000年。

容闳著，恽铁樵等译：《容闳自传》，团结出版社，2005年。

〔法〕梅朋等著，倪静兰等译：《上海法租界史》，上海译文出版社，1983年。

〔美〕托马斯·罗斯基著，唐巧天等译校：《战前中国经济的增长》，浙江大学出版社，2009年。

王维江等辑译：《另眼相看——晚清德语文献中的上海》，上海辞书出版社，2009年。

〔日〕古田和子著，王小嘉译，虞和平审校：《上海网络与近代东亚——19世纪后半期东亚的贸易与交流》，中国社会科学出版社，2009年。

〔英〕苏慧廉著，张永苏等译注：《晚清温州纪事》，宁波出版社，2011年。

〔英〕怀特文，托马斯·阿鲁姆图，刘佳等译：《清帝国图记》，天津教育出版社，2011年。

夏伯铭编译：《上海1908》，复旦大学出版社，2011年。

〔美〕卡尔·克劳著，夏伯铭译：《洋鬼子在中国》，复旦大学出版社，2011年。

〔法〕帕吕著，谢洁莹译：《远征中国纪行》，中西书局，2011年。

〔英〕斯坦利·莱恩—普尔等著，金莹译：《巴夏礼在中国》，中西书局，2011年。

〔日〕内山完造著，杨晓钟等译：《上海下海——上海生活35年》，陕西人民出版社，2012年。

〔葡〕裴昔司著，孙川华译，吴健熙等校：《晚清上海史》，上海社会科学院出版社，2012 年。

〔美〕怀礼著，王丽、戴如梅译：《一个传教士眼中的晚清社会》，国家图书馆出版社，2012 年。

〔英〕约翰·汤姆逊著，徐家宁译：《中国与中国人影像：约翰·汤姆逊记录的晚清帝国》，广西师范大学出版社，2012 年。

〔英〕约翰·弗朗西斯·戴维斯著，易强译：《崩溃前的大清帝国：第二任港督的中国笔记》，光明日报出版社，2013 年。

〔法〕L.F. 朱以亚著，赵珊珊译：《中国战争纪行》，中西书局，2013 年。

〔法〕F. 卡斯塔诺著，张昕译：《中国之行》，中西书局，2013 年。

〔美〕玛丽布朗布洛克著，韩邦凯等译：《油王：洛克菲勒在中国》，商务印书馆，2014 年。

〔美〕柯必德著，何方昱译：《天堂与现代性之间：建设苏州（1895—1937）》，上海辞书出版社，2014 年。

〔美〕何振模著，张笑川等译：《上海的美国人：社区形成与对革命的反应（1919—1928）》，上海辞书出版社，2014 年。

赵省伟主编，沈弘等编译：《海外史料看甲午》，中国画报出版社，2015 年。

〔美〕格蕾丝·汤普森·西登著，邱丽媛译：《中国灯笼：一个美国记者眼中的民国名媛》，中国言实出版社，2015 年。

〔英〕E.W. 彼得斯著，李开龙译：《英国巡捕眼中的上海滩》，中国社会科学出版社，2015 年。

〔英〕罗伯特·福琼著，敖雪岗译：《两访中国茶乡》，江苏人民出版社，2015 年。

〔瑞士〕阿道夫·克莱尔照片收藏，李欣照片考证：《一个瑞士人眼中的晚清帝国》，华东师范大学出版社，2015 年。

〔英〕托马斯·阿罗姆著，宗端华等译：《百年前的中国——19 世纪大英皇家建筑师笔下的中国画卷》，中国青年出版社，2016 年。

〔德〕乔治·弗朗鸠斯著，刘姝等译：《1897：德国在东亚考察报告》，福建教育出版社，2016 年。

〔英〕托马斯·阿罗姆绘，〔英〕乔治·N. 怀特著，赵省伟编译：《西洋镜：一个英国皇家建筑师画笔下的大清帝国》，台海出版社，2017 年。

〔美〕朗格等著，高俊等译，王敏等校：《上海故事》（上海地方志外文文献丛书），三联书店，2017 年。

〔俄〕郭泰纳夫著，朱华译：《上海公共租界与华人》，上海书店出版社，2017 年。

〔英〕麦克法兰等著，王健译：《上海租界及老城厢素描》，三联书店，2017 年。

〔英〕威廉·R.葛骆著，叶舟译：《环沪漫记》，三联书店，2018 年。

严中平辑译：《英国鸦片贩子策划鸦片战争的幕后活动》，《近代史资料》1958 年
　　　第 4 期。

严中平辑译：《英国资产阶级纺织利益集团与两次鸦片战争的史料》，《经济研究》
　　　1957 年第 2 期。

严中平辑译：《怡和书简选》，《太平天国史译丛》第 1 辑，中华书局，1981 年。

《上海日资纺织厂罢工资料选译》，《近代史资料》总 114 号，中国社会科学出版
　　　社，2006 年。

陈梅龙等：《宁波英国领事贸易报告选译》，《档案与史学》2001 年第 4 期。

〔英〕艾约瑟：《访问苏州的太平军》，王崇武等编译《太平天国史料译丛》，神州
　　　国光社，1954 年。

虞和平等译校：《大来日记——1910 年美国太平洋沿岸联合商会代表团访华记》，
　　　《辛亥革命史丛刊》第 9 辑，中华书局，1997 年。

〔英〕胡夏米撰，张忠民译：《“阿美士德”号 1832 年上海之行记事》，《上海研究
　　　论丛》第 2 辑，上海社会科学院出版社，1989 年。

陈吉人：《丰利船日记备查》，杜文凯等编：《清代西人见闻录》，中国人民大学出
　　　版社，1985 年。

吴乃华摘译：《英国议会文件有关瓜分狂潮时期列强争夺中国铁路权益资料选
　　　译》，《清史译丛》第 6 辑，中国人民大学出版社，2007 年。

吴乃华摘译：《英国议会文件有关上海法租界资料选译》，《清史译丛》第 8 辑，
　　　中国人民大学出版社，2010 年。

李少军编译：《武昌起义前后在华日本人见闻集》，武汉大学出版社，2011 年。

裨治文撰，邵文菁译：《上海风土人情录（一）》，上海市历史博物馆编：《沪城往
　　　昔追忆》，上海书画出版社，2011 年。

〔英〕雒魏林著，房芸芳译：《上海岁月（1844—1849）》，《上海档案史料研究》
　　　第 11 辑，上海三联书店，2011 年。

江冬妮译：《上海300万人口的"食"》，上海市历史博物馆编：《都会遗踪》第6辑，学林出版社，2012年。

〔德〕B.纳瓦拉：《中国和中国人》，苏芙、龚荷花等编译：《走向没落的"天朝"》，国家图书馆出版社，2013年。

沈弘编译：《遗失在西方的中国史：〈伦敦新闻画报〉记录的晚清1842—1873》，北京时代华文书局，2014年。

〔美〕朗格著，高俊译：《社会视野中的上海——来自朗格的报告》，熊月之主编：《上海史国际论丛》第1辑，三联书店，2014年。

〔法〕福威勒著，蒋杰编译：《上海法租界纪事（1846—1898）》，《上海档案史料研究》第17辑，上海三联书店，2014年。

施茂华译：《日本〈支那省别全志浙江省卷〉杭州史料译编（一）》，《杭州文史》2016年第3辑，杭州出版社，2016年。

〔英〕克拉克著，王健译：《1890年代的上海及其周边地区》，熊月之主编：《上海史国际论丛》第2辑，三联书店，2017年。

〔美〕D.沃尔斯·史密斯著，施恬逸译，王敏校：《1900年以前的上海》，熊月之主编：《上海史国际论丛》第3辑，上海人民出版社，2017年。

埃里克·阿迈德、于贝尔·博宁著，牟振宇译，侯庆斌校：《上海法国人史料二则》，熊月之主编：《上海史国际论丛》第3辑，上海人民出版社，2017年。

九、论文

徐方干、汪茂遂：《宜兴之农民状况》，《东方杂志》第24卷第16号（1927年8月）。

殷云台：《常熟农村土地生产关系及农民生活》，《乡村建设》第5卷第5期（1935年9月）。

王绍猷：《九峰三泖话松江》，《农业周刊》第4卷第9期（1935年3月）。

徐洛：《黄渡农村》，《中国农村经济研究会会报》第1期（1933年11月）。

吴至信：《中国农民离村问题》，《东方杂志》第34卷第15号（1937年）。

《南汇织袜业现状》，《工商半月刊》第5卷第11号。

李积新：《江苏盐垦事业概况》，《东方杂志》21卷11号（1924年）。

郭孝先:《上海的钱庄》,《上海市通志馆期刊》第1卷第3期。

李文治:《历代水利之发展和漕运的关系》,《学原》第2卷第8期。

《扬州金融调查》,《中央银行月报》第3卷第10号（1934年10月）。

夏鼐:《太平天国前后长江各省之田赋问题》,《清华学报》第10卷第2期。

曹博如:《发展太湖沿岸农村副业的研究》,《实业部月刊》第2卷第6期（1937
年6月）。

刘选民:《中俄早期贸易考》,《燕京学报》第25期（1939年6月）。

陈学文:《明清时期的苏州商业》,《苏州大学学报》1988年第2期。

周振鹤:《城外城——晚清上海繁华地域的变迁》,复旦大学文史研究院、哈佛大
学东亚系编:《都市繁华——1500年来的东亚城市生活史国际学术研讨会论
文集》（2009年编印）。

王树槐:《清末民初江苏省城市的发展》,台北《近代史研究所集刊》第8辑。

严中平:《太平天国侍王李世贤部宁波攻守纪实》,《严中平文集》,中国社会科学
出版社,1996年。

赵永良:《百余年来无锡农村集镇的变迁》,《中国地方志通讯》1984年第1期。

赵永复、傅林祥撰:《历史时期上海地区水系变迁》,《上海研究论丛》第12辑,
上海社会科学院出版社,1998年。

王庆成:《上海开埠初期的华商外贸业——英国收藏的敦利商栈等簿册文书并考
释（上）》,《近代史研究》1997年第1期。

陈国灿:《浙江城市经济近代演变述论》,邹振环等主编:《明清以来江南城市发
展与文化交流》,复旦大学出版社,2011年。

冯筱才:《虞洽卿与中国近代轮运业》,金普森等主编:《虞洽卿研究》,宁波出版
社,1997年。

闵杰:《浙路公司的集资与经营》,《近代史研究》1987年第3期。

闵杰:《清末上海对沪杭铁路的投资》,《上海研究论丛》第9辑,上海社会科学
院出版社,1993年。

钟华:《20世纪30年代南浔镇的社会状况》,梅新林等主编:《江南城市化进程与
文化转型研究》,浙江大学出版社,2005年。

汪熙:《关于买办和买办制度》,《近代史研究》1980年第2期。

丛翰香：《关于中国民族资本的原始积累问题》，《历史研究》1962 年第 2 期。

徐新吾等：《上海近代工业主要行业的概况与统计》，《上海研究论丛》第 10 辑，上海社会科学院出版社，1995 年。

侯风云：《南京现代工业化的进程及其特点（1865—1937）》，《民国研究》总第 15 辑，社会科学文献出版社，2009 年。

严学熙：《近代中国第一个民族资本企业系统》，《中国社会经济史研究》1987 年第 3 期。

朱健安等：《辛亥革命前后的湖州工业》，《湖州师专学报》1991 年第 3 期

王水：《清代买办收入的估计及其使用方向》，《中国社会科学院经济研究所集刊》第 5 辑，中国社会科学出版社，1983 年。

丁日初等：《对外贸易同中国经济近代化的关系》，《近代史研究》1987 年第 6 期。

林刚、唐文起：《1927—1937 年江苏机器工业的特征及其运行概况》，《中国经济史研究》1990 年第 1 期。

严学熙：《蚕桑生产与无锡近代农村经济》，《近代史研究》1986 年第 4 期。

吴承明：《中国资本主义的发展述略》，《中华学术论文集》，中华书局，1981 年。

张丽：《江苏近代植棉业概述》，《中国社会经济史研究》1991 年第 3 期。

经盛鸿：《日伪时期的南京郊县农业》，《中国农史》2009 年第 4 期。

巫宝三等：《抗日战争前中国的工业生产和就业》，《巫宝三集》，中国社会科学出版社，2003 年。

林刚：《试论大生纱厂的市场基础》，《历史研究》1985 年第 1 期。

林刚：《再论中国现代化道路的民族性特征》，《近代中国》第 7 辑，立信会计出版社，1997 年。

陶士和：《民国时期杭州民间资本发展的几个特征》，杭州文史研究会编印：《民国杭州研究学术论坛论文集》（2009 年 12 月，杭州）。

汪敬虞：《十九世纪外国在华银行势力的扩张及其对中国通商口岸金融市场的控制》，《历史研究》1963 年第 5 期。

徐畅：《20 世纪二三十年代中国农村高利贷分析》，中国社会科学院近代史研究所编：《中华民国史研究三十年（1972—2002）》，社会科学文献出版社，2008 年。

陈旭麓：《太平天国的悲喜剧》，《历史研究》1991 年第 1 期。

徐民华等：《近二十年苏北研究的域外视角》，《江海学刊》2003 年第 4 期。

姜涛：《通商口岸体系的形成与中国近代城市体系的变动》，《四川大学学报》2006 年第 5 期。

蔡亮：《近代上海棚户区与国民政府治理能力》，《史林》2009 年第 2 期。

吴俊范：《河道、风水、移民：近代上海城周聚落的解体与棚户区的产生》，《史林》2009 年第 5 期。

樊树志：《文献解读与实地考察》，王家范主编：《明清江南史研究三十年（1978—2008）》，上海古籍出版社 2010 年版。

郝宏桂：《"棉铁主义"与清末民初江苏沿海地区的产业转型》，《民国档案》2010 年第 2 期。

高红霞、贾玲：《近代上海营造业中的"川沙帮"》，《上海档案史料研究》第 8 辑，上海三联书店，2010 年。

张会芳：《1929—1948 年无锡县农村土地占有的变化趋势》，《中国社会科学院近代史研究所青年学术论坛（2009 年卷）》，社会科学文献出版社，2011 年。

许永峰：《20 世纪二三十年代"商资归农"活动运作的特点》，《中国经济史研究》2012 年第 2 期。

杜恂诚：《近代上海早期城市化过程中的农田收购与利益分配》，《中国经济史研究》2012 年第 3 期。

陈祖恩：《抗战前上海日商广告的调适与本地化》，《上海档案史料研究》第 13 辑，上海三联书店，2012 年。

慈鸿飞：《20 世纪二三十年代教师、公务员工资及生活状况考》，侯建新主编：《经济—社会史评论》第 6 辑，三联书店，2012 年。

姚霏：《史量才与近代女子教育》，傅德华等主编：《史量才与〈申报〉的发展》，复旦大学出版社，2013 年。

申克满：《汤氏民宅》，《上海城建档案》2013 年第 2 期。

牟振宇：《近代上海的土地开发模式——以马斯南路为例》，《安徽史学》2013 年第 3 期。

任吉东：《历史的城乡与城乡的历史：中国传统城乡关系演变浅析》，《福建论坛》2013 年第 4 期。

王家范：《动乱以别样的方式降临小镇》，《东方早报·上海书评》2014 年 7 月 13

日，第 7 版。

满志敏:《城市空间扩展的尺度定义和条件》,复旦大学历史地理研究中心等编:《国家视野下的地方》,上海人民出版社 2014 年版。

〔日〕夏井春喜:《民国前期苏州的田业会:与吴县田业银行、苏州电气厂的关系》,唐力行主编:《江南社会历史评论》第 6 期,商务印书馆 2014 年版。

王仲:《民国时期苏州商会对地区农业的扶持(1927—1937)》,《情缘江南:唐力行教授七十华诞庆寿论文集》,上海书店出版社 2014 年版。

施扣柱:《论近代上海教育发展中的民间参与》,《史林》2014 年第 3 期。

黄敬斌:《近代嘉兴的城镇体系与市场层级》,《复旦学报》2014 年第 4 期。

岳钦韬:《近代长江三角洲地区的交通发展与人口流动——以铁路运输为中心》,《中国经济史研究》2014 年第 4 期。

云妍:《盛宣怀家产及其结构》,《近代史研究》2014 年第 4 期。

徐兵:《上海钱庄资本家家族之无锡杨墅匼氏》,《银行博物》2015 春季号,上海锦绣文章出版社,2015 年。

林刚:《民生工业与近代经济的兴起》,胡政等主编:《招商局与中国企业史研究》,社会科学文献出版社,2015 年。

黄鹏:《近代中外南京口岸范围之争疏证》,《史林》2015 年第 5 期。

费成康等:《上海英、美租界正式合并日期考》,《上海档案史料研究》第 19 辑,上海三联书店,2015 年。

朱玛珑:《"港际工程":1875 年来自日本的两位荷兰水利工程师对上海吴淞内沙的调查》,"中研院"《近代史研究所集刊》第 90 期(2015 年 12 月)。

王国平等:《论晚清苏州工商业的发展与城市空间的拓展》,《史林》2016 年第 1 期。

李少军:《甲午战争后六年间长江流域通商口岸日租界设立问题述论》,《近代史研究》2016 年第 1 期。

王路曼等:《再评史翰波〈乱世中的信任〉——兼论美国的中国城市史研究》,《史林》2016 年第 3 期。

罗婧:《移民社会的整合与地域认同感的构建——以盛泽市镇社会的成长为例》,《江南社会历史评论》第 8 期,商务印书馆,2016 年。

牟振宇:《1902 年上海法租界地籍图所反映的城乡变迁》,《上海法租界史研究》

第一辑，上海社会科学院出版社，2016 年。

子然：《民国湖州的政治结构与社会公共事业——以 1931 年南浔政治经济社会状况调查为研究》，湖州市民国史研究院主办：《湖州民国史》2016 年创刊号。

关永强、张东刚：《"斯密型增长"——基于近代中国乡村工业的再评析》，《历史研究》2017 年第 2 期。

王涛：《天险变通途：鸦片战争时期英军在中国沿海的水文调查》，《近代史研究》2017 年第 4 期。

十、年鉴、工具书

《民国上海年鉴汇编》，上海书店出版社，2013 年。

曾业英主编：《五十年来的中国近代史研究》，上海书店出版社 2000 年版。

张海鹏主编：《中国近代史论著目录（1979—2000）》，上海人民出版社 2005 年版。

周惠民主编：《1945—2005 年台湾地区清史论著目录》，人民出版社 2007 年版。

马钊主编：《1971—2006 年美国清史论著目录》，人民出版社 2007 年版。